Instruction budgétaire et comptable M57 commentée 2023

Chez le même éditeur

Budget des communes et des EPCI 2023, Roland Brolles, Bernadette Straub et Thierry Maréchal, 33e édition, 2023.
Cimetières, sites cinéraires et opérations funéraires, Emmanuel Aubin, 10e édition, 2023.
Code de l'urbanisme commenté 2023, Soazic Marie et Vincent Guinot, 10e édition, 2023.
Le service public de la petite enfance, Martine Long, 2023.
La politique éducative locale. Analyse et illustrations, Ahmed El Bahri, 2022.
Réussir son budget. Guide pratique pour les élu·es des communes et des EPCI, François Valembois, 9e édition, 2022.
Code électoral commenté 2022, Olivier Couvert-Castéra, 17e édition, 2021.
Le développement économique local, Jean-Luc Sauron (dir.), 2021.
Pour des politiques locales d'égalité femmes-hommes, Élise Michaud et Marion Oderda, 2021.
Le pilotage des politiques locales. De la planification à l'évaluation, David Carassus, 2020.
La ville face au changement climatique. Nouveaux instruments juridiques, Camille Mialot, 2020.
Statut de la fonction publique territoriale commenté, Aurélie Virot-Landais, 2019.

Base d'information juridique en ligne
Légibase Collectivités, *https://collectivites.legibase.fr*

Bernadette **Straub**

Instruction budgétaire et comptable M57 commentée 2023

1re édition

À jour au 15 janvier 2023

Berger-Levrault

892 rue Yves Kermen, 92100 Boulogne-Billancourt
ISBN : 978-2-7013-2212-4

Sommaire

Avertissement de l'éditeur

Chère lectrice, cher lecteur,

L'ouvrage que vous tenez entre vos mains ne reproduit que l'architecture du référentiel M57, pas le texte détaillé.

Sa longueur ne permettait pas de vous en proposer une version imprimée d'un volume – et d'un prix – raisonnable. Nous vous invitons donc à la consulter directement sur le site *collectivites-locales.gouv.fr*.

Nous avons conscience que cette gymnastique peut être désagréable, et nous vous prions de nous en excuser.

Seuls les commentaires apportés par l'autrice figurent donc ici, afin d'éclairer votre usage de l'instruction. Toutes les parties ne font pas l'objet de commentaires. Pour certaines, le texte officiel est suffisamment explicite ; pour d'autres, de nouveaux développements pourront être à venir en fonction de l'actualité.

Nous espérons que cet ouvrage vous sera d'une aide précieuse dans votre quotidien professionnel.

Le cadre comptable (la nomenclature par nature)

TOME **1**

TITRE 1

La classification des comptes

CHAPITRE 1

La codification

SECTION 1

Répartition des opérations dans les classes de comptes

1 **Répartition des opérations dans la section d'investissement.** La section d'investissement ne comporte que des comptes de bilan. Outre des dépenses et des recettes que la commune constate et enregistre pour son propre compte, elle intègre également les stocks de terrains, les opérations ainsi que les travaux effectués d'office pour le compte de tiers.

2 **Financement de la section d'investissement.** La section d'investissement est constituée de ressources propres d'origine interne et de ressources propres d'origine externe (définitives ou non définitives). Les produits réels d'investissement sont constitués des produits comptabilisés dans les comptes retraçant les dotations et fonds d'investissement, les subventions d'investissement, les participations et créances rattachées à des participations, les autres immobilisations financières et les produits des cessions d'immobilisation.

3 **Les ressources propres d'origine interne.** Elles représentent l'ensemble de l'autofinancement dégagé par la commune. Elles comprennent :
- les excédents de fonctionnement antérieurs affectés en réserves ;
- les amortissements (immobilisations et charges à répartir) ;

- les provisions ;
- la valeur nette des immobilisations cédées corrigée des plus ou moins-values de cessions ;
- le virement de la section de fonctionnement à la section d'investissement.

4 **Les ressources propres d'origine externe.** Les ressources propres d'origine externe définitives comprennent la dotation initiale et diverses dotations affectées globalement à l'investissement :
- les fonds globalisés d'investissement qui sont des recettes affectées en totalité par la loi à la section d'investissement. Il s'agit du fonds de compensation pour la TVA (FCTVA), de la taxe d'aménagement ;
- les dons et legs en capital acceptés par la commune, lorsqu'ils sont constitués d'immobilisations physiques ou financières, ou bien lorsqu'ils sont affectés à des opérations d'investissement ou à des acquisitions de valeurs mobilières ;
- les subventions d'investissement affectées globalement au financement d'un ensemble d'investissements ou d'une partie de la dette.

Les ressources d'origine externe non définitives comprennent les emprunts et dettes qui constituent soit le financement d'une opération spécifique, ou qui participent de façon globalisée à l'autofinancement de la section d'investissement.

5 **Les subventions d'équipement.** Contrairement aux subventions d'investissement, elles sont affectées à l'acquisition ou à la réalisation d'un équipement déterminé ou d'une catégorie d'équipement. Elles ne financent que des investissements directs et n'ont pas le caractère de fonds propres. Certaines dotations ou taxes d'urbanisme sont plus particulièrement destinées au financement de certaines catégories de dépenses : la voirie pour les amendes de police, les places de parking pour les participations pour non-réalisation d'aires de stationnement, etc.

Lorsque la commune pratique l'amortissement des immobilisations, les subventions d'équipement sont reprises au compte de résultat en principe à hauteur de la dotation à l'amortissement du bien acquis ou créé au moyen de la subvention. L'assemblée peut toutefois décider par délibération de reprendre la subvention sur la durée d'amortissement de l'immobilisation concernée. Cette opération d'ordre budgétaire s'effectue par dépense au compte 139 et recette au compte 777.

6 **Catégories de dépenses d'investissement.** Les dépenses d'investissement comprennent essentiellement des opérations qui se traduisent par une modification de la consistance ou de la valeur du patrimoine de la commune : achats de matériels durables ; construction ou aménagement de bâtiments ; travaux d'infrastructure (voirie, réseaux divers) ; grosses réparations de bâtiments existants ; acquisitions de titres de participation ou autres titres immobilisés.

Elles comprennent également le montant du remboursement en capital des emprunts et les différences sur réalisations d'immobilisation, en cas de moins-value lors de la cession d'une immobilisation.

Sont intégrés dans le patrimoine les biens meubles acquis remplissant des conditions suffisantes de durabilité et consistance. Afin d'harmoniser les critères d'imputation des biens meubles en investissement, une nomenclature des biens pouvant être considérés comme biens immobilisés quelle que soit leur valeur unitaire, et être intégrés, à ce titre, dans le patrimoine a été publiée par circulaire interministérielle NOR:INTB0200059C du 26 février 2002 (notifiée par Instr. CP n° 02-028-M0, 3 avr. 2002). Sont également considérés comme biens immeubles les adjonctions aux biens figurant sur cette nomenclature, quelle qu'en soit la valeur, et les biens assimilables par analogie à ceux-ci.

Les biens ne figurant pas sur la liste ou ne pouvant pas y être assimilés, mais ayant un caractère de consistance et de durabilité suffisant, peuvent être imputés en section d'investissement ; cette imputation doit toutefois faire l'objet d'une délibération spécifique du conseil municipal lorsqu'il s'agit de biens dont la valeur unitaire est inférieure à 500 € TTC. Les travaux qui ont pour effet une augmentation de la valeur d'un élément d'actif ou une augmentation de sa durée probable d'utilisation sont considérés comme des dépenses d'investissement, par conséquent éligibles au fonds de compensation pour la TVA (FCTVA). En revanche, si les travaux ont pour effet de maintenir les éléments d'actif dans un état normal d'utilisation jusqu'à la fin de la durée des amortissements (ou de la durée d'usage), les dépenses ont le caractère de charges de fonctionnement.

Pour les dépenses de voirie, seuls les travaux conduisant à des modifications des caractéristiques de la voirie constituent des dépenses d'investissement ; en revanche, le comblement des nids-de-poule ou des ornières ainsi que toutes les autres dépenses visant au rétablissement des qualités superficielles de la chaussée constituent des travaux d'entretien courant imputables en fonctionnement. Ainsi, le renouvellement de la couche de surface ou couche de roulement, par sa fonction d'étanchéité, est indispensable au maintien de la voirie dans un état normal d'utilisation et ne représente qu'une modalité d'entretien visant à conserver les voies dans de bonnes conditions d'utilisation.

L'article 47 de la loi n° 98-1267 du 30 décembre 1998 de finances rectificative pour 1998 donne expressément compétence à l'assemblée délibérante des collectivités territoriales et de leurs groupements s'agissant de l'imputation en section d'investissement des dépenses d'équipement relatives aux biens meubles de faible valeur.

Une délibération exécutoire jointe à l'appui d'un mandat de dépense ne dispense pas le comptable d'exercer les contrôles auxquels il est tenu, lors de la prise en charge du mandat, par l'article 19 du décret n° 2012-1246 du 7 novembre 2012 portant règlement général sur la comptabilité publique. Ainsi, en présence d'une délibération prévoyant d'imputer, de façon erronée, une dépense à la section d'investissement, le comptable doit refuser de prendre en charge la dépense pour mauvaise imputation budgétaire. En la matière, le comptable n'est pas tenu de déférer à l'ordre de réquisition qui lui aurait adressé, le cas échéant, l'ordonnateur (NdS n° 00-144-M0, 14 déc. 2000 ; Instr. CP n° 02-028-M0, 3 avr. 2002, préc.).

Sont également retracées, à la fois en recettes et en dépenses en section d'investissement, les opérations relatives aux stocks.

7 **Évaluation des coûts de fonctionnement.** Les dépenses d'investissement ont un impact sur les dépenses de fonctionnement. En vertu de l'article 107 de la loi n° 2015-991 du 7 août 2015 portant nouvelle organisation territoriale de la République, dite « loi NOTRe », les collectivités qui engagent d'importants investissements doivent évaluer l'ampleur des coûts de fonctionnement qu'ils génèrent. Les seuils financiers à partir desquels ces obligations s'appliquent ont été fixés par le décret n° 2016-892 du 30 juin 2016 relatif à la définition des seuils d'opérations exceptionnelles d'investissement.

8 **Répartition des opérations dans la section de fonctionnement.** Au contraire de la section d'investissement, qui ne retrace que les opérations accroissant le patrimoine de la commune, ou le modifiant, la section de fonctionnement regroupe toutes les dépenses nécessaires au fonctionnement des services communaux, c'est-à-dire les dépenses qui reviennent régulièrement chaque année : rémunération du personnel, fournitures et consommation courante (papeterie, carburant, électricité, téléphone et paiement des prestations de services), petit entretien (nettoyage, réparations), participation aux charges d'organismes extérieurs (aide sociale, syndicats intercommunaux, etc.), paiement des intérêts des emprunts et dettes et des frais financiers. Les dépenses de fonctionnement sont reclassées de manière à faire apparaître en priorité le coût des services publics gérés par la commune.

SECTION **2**

Structure décimale des comptes

9 Cette partie ne fait pas l'objet de commentaires.

SECTION **3**

Critères de classement

10 Cette partie ne fait pas l'objet de commentaires.

CHAPITRE **2**

La nomenclature comptable

11 Cette partie ne fait pas l'objet de commentaires.

TITRE **2**

Classe 1 : Les comptes de capitaux

CHAPITRE **1**

Les principes de comptabilisation

12 Cette partie ne fait pas l'objet de commentaires.

CHAPITRE **2**

Le fonctionnement des comptes

COMPTE **10**

Dotations, fonds divers et réserves

13 ***Nota bene.*** Ces comptes ne peuvent pas être débiteurs.

Compte **102** – Dotations et fonds d'investissement

14 ***Nota bene.*** Les subventions destinées à l'acquisition de biens spécifiques ou d'une opération d'ensemble sont imputées aux subdivisions du compte 13 « Subventions d'investissement ».

▪ Compte **1021** – Dotation

15 Cette partie ne fait pas l'objet de commentaires.

▪ Compte **1022** – Fonds d'investissement

▸ Compte **10222** – FCTVA

16 **Éligibilité au FCTVA.** Il ne peut pas y avoir à la fois compensation et récupération par la voie fiscale. Seules les dépenses réelles d'investissement peuvent donner lieu sous certaines conditions aux attributions de FCTVA. Toutefois, depuis le 1er janvier 2016, les articles 34 et 35 de la loi n° 2015-1785 du 29 décembre 2015 de finances pour 2016 ont élargi le bénéfice du FCTVA aux dépenses de fonctionnement d'entretien des bâtiments publics (compte 615221) et de la voirie (615231) payées sous conditions fixées par le CGCT.

Les équipements cédés ou confiés à des tiers ne sont pas éligibles.

La liste des bénéficiaires du FCTVA ainsi que les opérations éligibles figurent aux articles L. 1615-1 à 12, R. 1615-1 à 6 et D. 1615-7 du CGCT.

17 **Automatisation du FCTVA.** L'article 251 de la loi n° 2020-1721 du 29 décembre 2020 de finances pour 2021 met en œuvre l'automatisation de la gestion du fonds de compensation de la taxe sur la valeur ajoutée (FCTVA) pour les dépenses exécutées à compter du 1er janvier 2021. Cette réforme entre en vigueur à compter du 1er janvier 2021 pour le régime N, qui correspond au versement des attributions de FCTVA la même année que la réalisation des dépenses d'investissement éligibles constatées, puis respectivement en 2022 et 2023 pour les régimes N-1 et N-2. Dans le système déclaratif, l'assiette était fixée par voie réglementaire. Avec cette réforme, l'éligibilité des dépenses se constate lorsqu'elles sont imputées régulièrement sur un compte éligible, dont la liste est fixée par l'arrêté interministériel du 30 décembre 2020 modifié par l'arrêté du 17 décembre 2021 (CGCT, art. L. 1615-1).

Dans le cadre de la procédure avant l'automatisation, les collectivités devaient procéder elles-mêmes à une déclaration des dépenses éligibles. L'assiette des dépenses éligibles est dorénavant définie par référence à des comptes dont la liste a été déterminée par l'arrêté du 30 décembre 2020.

18 **Assiette du FCTVA.** Le dispositif de FCTVA réservé aux seules dépenses réelles d'investissement a été élargi par la loi de finances pour 2016 (art. 34 et 35), aux dépenses d'entretien des bâtiments publics et de voirie.

Les attributions du FCTVA calculées sur la base des dépenses réelles d'investissement sont destinées à compenser globalement la TVA payée par les bénéficiaires. L'assiette des dépenses éligibles est établie au vu du compte administratif de la pénultième année (CGCT, art. R. 1615-6), ce qui explique le décalage de deux ans entre la réalisation de la dépense éligible et l'attribution du FCTVA. Toutefois, pour les communautés d'agglomérations et les communautés de communes, l'assiette des dépenses éligibles est constituée des dépenses réalisées l'année même et établie au vu des états de mandatements (L. nos 92-125, 6 févr. 1992, art. 118, et 99-586, 12 juill. 1999, art. 102 ; CGCT, art. L. 1615-6). Il en est de même pour les communes nouvelles (L. n° 2010-1563, 16 déc. 2010, de réforme des collectivités territoriales).

Les dépenses réelles d'investissement à retenir pour le calcul du FCTVA doivent être nettes des subventions spécifiques d'État lorsqu'elles sont calculées TVA incluse. Depuis 2009, les dépenses réelles d'investissement à prendre en compte sont celles afférentes à l'exercice précédent sous réserve d'un engagement conventionnel à augmenter les dépenses réelles d'investissement. En cas de non-respect de cet engagement, les dépenses prises en compte sont à nouveau celles de N–2.

19 **Liste des dépenses à prendre en compte dans le calcul du FCTVA.** L'assiette du FCTVA est constituée par (CGCT, art. R. 1615-1, préc.) :

- les dépenses d'investissement figurant aux comptes 21 et 23 de la section d'investissement du compte administratif principal et de chacun des comptes administratifs à comptabilité distincte de la pénultième année correspondant à une opération ayant pour but d'accroître le patrimoine de la collectivité (Instr. CP n° 94-113-M0, 24 nov. 1994). Pour les communautés de communes et d'agglomérations, les dépenses à prendre en considération sont celles afférentes à l'exercice en cours (L. n° 92-125, 6 févr. 1992, art. 118) ;
- l'ensemble des opérations réalisées au nom et pour le compte des collectivités bénéficiaires du fonds dans le cadre d'une convention de mandat (D. n° 89-645, 6 sept. 1989, art. 1-1) ;
- les opérations réalisées à partir du 1er janvier 1995 pour le compte d'un bénéficiaire du fonds donnent lieu à une attribution au titre du FCTVA, à partir de 1997, au profit de la collectivité ou de l'établissement mandant. Cette disposition introduite par la circulaire NOR:INTB9400257C du 23 septembre 1994 a été modifiée, en ce qui concerne les travaux de voirie, par l'article 33 de la loi n° 96-1181 du 30 décembre 1996 de finances pour 1997. En effet, les EPCI compétents en matière de voirie bénéficient du FCTVA au lieu et place des communes propriétaires pour les dépenses d'investissement réalisées à compter du 1er janvier 1997 ;
- les fonds de concours versés à l'État en sa qualité de maître d'ouvrage des travaux sur les monuments classés (D., 6 sept. 1989, préc., art. 12) ;
- les travaux réalisés en régie par les agents de la commune (compte 722) et transférés en fin de chaque exercice de la section du fonctionnement à celle d'investissement. Les dépenses de personnel servaient de base au calcul des attributions ;
- les achats de logiciels imputés au compte 205 ;
- les dépenses relevant de l'informatique en « nuage » imputées aux comptes ;
- les dépenses exposées pour les études et révision des documents d'urbanisme imputées au compte 202 ;
- les frais d'étude et de recherche suivis de réalisation et imputés au compte 203 sont inéligibles en raison de leur caractère incertain ;

- les frais d'étude liés à l'élaboration, la modification ou la révision des plans d'occupation des sols et imputés au compte 617 ne donnent pas droit aux attributions du FCTVA (Circ. intermin., 16 oct. 1987) ;
- les indemnités attribuées aux commissaires enquêteurs (Circ. intermin., 21 nov. 1989) ;
- les honoraires des entreprises privées apportant leur concours aux communes (Instr. CP n° 90-8-M0, 17 janv. 1990) ;
- les dépenses d'investissement réalisées pour les cantines servant des repas exclusivement aux élèves ou aux patients des établissements de santé.

20 **Liste des comptes éligibles au FCTVA.** À partir du 1er janvier 2021, la liste des comptes servant à déterminer l'assiette éligible au fonds de compensation pour la taxe sur la valeur ajoutée selon la procédure de traitement automatisé prévue au dernier alinéa de l'article R. 1615-1 du Code général des collectivités territoriales est fixée en annexe de l'arrêté du 30 décembre 2020 pour les opérations réelles régulièrement imputées aux comptes listés.

À compter du 1er janvier 2021, sont également retenues, au titre de la procédure de traitement automatisé visée à l'article 1er, les opérations d'ordre régulièrement imputées sur les comptes suivants pour les plans de comptes M14 des communes de 500 habitants et plus, M22, M4, M41, M42, M43 développé, M49 développé, M52, M57, M61 et M71 :

1 – Compte 2031 « Frais d'études » pour retracer l'intégration des frais d'étude aux immobilisations imputées sur un compte défini à l'article 1er ;

2 – Compte 238 « Avances versées sur commandes d'immobilisations corporelles » pour retracer l'intégration des avances versées sur commandes d'immobilisations corporelles imputées sur un compte défini à l'article 1er.

Pour les plans de comptes M14 abrégé des communes de moins de 500 habitants, M14 CCAS, M14 Caisse des écoles, M43 abrégé, M49 abrégé, M831 et M832, sont retenues les opérations d'ordre régulièrement imputées sur le compte 203 « Frais d'études » et sur le compte 238 « Avances versées sur commandes d'immobilisations corporelles » permettant leur intégration sur un compte défini à l'article 1er.

21 **Assiette : dérogations.** Ne sont pas à exclure de la base de calcul du FCTVA :
- les subventions provenant de fonds juridiquement distincts de l'État (FEDER, FEOGA, FACE) ;
- les subventions attribuées par le conseil départemental ou régional (Rép. min. n° 12667 : *JOAN*, 16 févr. 1987) ;
- les dépenses pour la numérisation du cadastre (LF 2009 n° 2008-1425, 27 déc. 2008, art. 46) ;
- les attributions reçues au titre de la dotation globale d'équipement (DGE), de la dotation régionale d'équipement scolaire (DRES) et de la dotation départementale d'équipement des collèges (DDEC) (Circ., 3 févr. 1986) ;

- par principe, les biens mis à disposition de tiers inéligibles au FCTVA sont eux-mêmes inéligibles (LFR n° 93-1353, 30 déc. 1993, art. 49 ; CGCT, art. L. 1615-7, préc. ; CE, 29 juill. 1998, n° 172155, *Commune de Flamanville*). Toutefois, un régime dérogatoire a été introduit par les lois n°s 98-1267 du 30 décembre de finances rectificative pour 1998 et 98-1266 du 30 décembre 1998 de finances pour 1999.

Par dérogation, les communes et EPCI bénéficient des attributions du FCTVA au titre des dépenses d'investissement exposées sur les immobilisations affectées à l'usage d'alpage.

22 **FCTVA et critère de propriété.** La collectivité bénéficiaire du FCTVA doit être propriétaire de l'équipement pour lequel cette dépense a été engagée, ce qui exclut les travaux pour le compte de tiers, sous réserves des dispositions nouvelles, introduites par les lois de finances pour 1997, 1998 et 1999 relatives aux EPCI et aux travaux à caractère d'urgence ou d'intérêt général.

La circulaire interministérielle n° 2302 du 5 juin 1998 étend à toutes les compétences intercommunales la dérogation au principe de propriété, admise en 1997 au titre de la voirie et qui conditionne l'éligibilité au FCTVA.

Ainsi, les EPCI peuvent désormais bénéficier directement du FCTVA, au lieu et place des communes-membres propriétaires, pour les dépenses qu'ils réalisent dans le cadre de leurs compétences, y compris de voirie, et sur le patrimoine mis à disposition par leurs communes-membres. Dans ces situations, le FCTVA est attribué aux EPCI sur la base de dépenses éligibles comptabilisées aux comptes 217 et 2317 lorsqu'ils agissent dans le cadre de leurs compétences autres que voirie et au compte 457 lorsqu'ils agissent dans le cadre de leur compétence voirie (les dépenses de voirie étant traitées comptablement comme des opérations pour le compte de tiers). Il est donc indispensable que la mise à disposition, qui est juridiquement automatique en vertu de l'article L. 1311-1 du CGCT, soit constatée comptablement (Instr. CP n° 98-090-M0, 29 juill. 1998).

Les articles 60 et 61 de la loi de finances pour 1999 (n° 98-1266, 30 déc. 1998) complètent l'article L. 1615-2 du CGCT relatif aux bénéficiaires du FCTVA (Circ., 10 juin 1999, NOR:INTB9900135C ; Instr. CP n° 99-083-M0, 4 août 1999). L'article 60 permet désormais, par dérogation au critère de propriété, aux collectivités territoriales et à leurs groupements de bénéficier des attributions du FCTVA au titre des dépenses d'investissement exposées sur des biens dont ils n'ont pas la propriété, dès lors qu'elles concernent des travaux de lutte contre les avalanches, glissements de terrains, inondations, ainsi que des travaux de défense contre la mer, présentant un caractère d'intérêt général ou d'urgence. S'agissant des travaux effectués sur le domaine public de l'État, seules ouvrent droit aux attributions du fonds les dépenses d'investissement réalisées pour les collectivités locales ou leurs groupements ayant conclu une convention avec l'État précisant notamment les équipements à réaliser, le programme technique des travaux et les engagements financiers des parties.

L'article 61 complète le second alinéa de l'article 1615-2 du CGCT en permettant aux syndicats mixtes, lorsqu'ils sont composés exclusivement de membres éligibles au FCTVA, de bénéficier directement du FCTVA, à l'instar des EPCI, au lieu et place de leurs membres propriétaires, lorsqu'ils agissent dans le cadre de leurs compétences.

Enfin, l'article 62 prévoit que les collectivités locales et leurs groupements bénéficient des attributions du FCTVA au titre des dépenses d'investissement exposées sur des biens de section au titre d'opérations de réhabilitation du patrimoine.

L'article 33 de la loi n° 2001-602 du 9 juillet 2001 étend le dispositif dérogatoire au principe de propriété introduit par l'article 60 de la loi de finances pour 1999 (n° 98-1266, 30 déc. 1998, préc.) aux travaux de prévention des incendies de forêts réalisés par les collectivités locales sur le patrimoine de tiers.

L'article 34 de la loi de finances pour 2016 prévoit que les dépenses d'investissement réalisées entre 2015 et 2022 sous maîtrise d'ouvrage publique en matière d'infrastructures numériques sont éligibles sous certaines conditions.

La jurisprudence considère que l'activité commerciale exercée par un tiers à qui ont été mis à disposition des équipements pour une mission d'intérêt général (hors délégation de service public) ne fait pas obstacle au bénéfice du FCTVA pour la collectivité (CAA Nantes, 19 oct. 2012, n° 11NT03234, *Ministère de l'Intérieur c/ Commune de Saint-Malo*, validé par CE, 28 juin 2013 ; CAA Douai, 31 mai 2012, n° 11DA00471, *Ministère de l'Intérieur c/ SI des Dunes de Flandres*, validé par CE, 5 juill. 2013).

S'agissant des délégations de services publics, le décret n° 2015-1763 ayant supprimé le mécanisme du transfert de droit à déduction à compter du 1er janvier 2016, certains équipements mis à disposition deviennent éligibles au FCTVA.

23 Les opérations d'équipement éligibles réalisées par la collectivité. Les opérations éligibles mais non intégrées dans le patrimoine de la collectivité doivent être exclues :

- les participations financières aux syndicats de communes, syndicats mixtes, associations libres ou associations syndicales de propriétaires.

  Sont également exclues les participations financières versées par les communes pour équilibrer le budget des services publics concédés ou affermés (Instr. CP n° 90-8-M0, 17 janv. 1990, préc.) ;
- les fonds de concours versés à l'État, sauf s'ils concernent des travaux sur monuments historiques classés (D. n° 89-645, 6 sept. 1989, préc., art. 1-2) ;

- les dépenses concernant des activités imposables à la TVA (Rép. min. n° 22050 : *JOAN*, 5 mars 1990). Aucune dépense ne doit donner lieu à double récupération de la TVA (CGI, art. 216 *ter*, ann. II) ;
- les dépenses n'entrant pas dans le domaine de compétence de la collectivité (Circ. intermin., 21 nov. 1989, préc., art. 2-2-4) ;
- les cessions et mises à disposition d'immobilisations à des tiers non bénéficiaires du FCTVA (LF 1993 n° 92-1376, 30 déc. 1992, art. 49) :
  - les immobilisations mises à disposition pour les besoins des services de l'État par location tels les gendarmeries, bureaux de poste, trésoreries,
  - les immobilisations mises à disposition, à titre gratuit ou louées, à un tiers non bénéficiaire, à titre exclusif et pour ses seuls besoins propres. Il peut s'agir, par exemple, d'équipements sportifs utilisés exclusivement par les seuls membres d'une association ;
- les marchés d'entreprise et de travaux publics ainsi que les marchés comportant des clauses de paiement différé sont exclus de l'assiette du FCTVA ; il est à noter que le Code de la commande publique interdit toute clause de paiement différé ;
- les opérations d'investissement réalisées pour les cantines servant des repas exclusivement aux personnels administratifs de la collectivité (Instr. CP n° 02-065-M0, 29 juill. 2002) ;
- s'agissant des cas particuliers d'assujettissements partiels, dans la mesure où ils ne sont utilisés qu'à titre accessoire pour les besoins d'une activité imposable à la TVA, les investissements « mixtes » utilisés à la fois pour des opérations situées hors du champ d'application de la TVA et pour des opérations imposables peuvent bénéficier d'une attribution du FCTVA à hauteur de la fraction pour laquelle la TVA n'a pas été déduite fiscalement. Il en est ainsi pour une usine d'incinération des ordures ménagères comprenant une unité de valorisation énergétique.

24 Exclusions du FCTVA.

1 – Les subventions spécifiques de l'État, lorsqu'elles sont calculées sur la base de l'opération TVA incluse (D. n° 89-645, 6 sept. 1989, préc., art. 3). Sont considérées comme subventions spécifiques de l'État celles provenant du budget général ou d'un compte spécial du Trésor.

Sont donc exclues les aides attribuées sur une base TTC par le fonds national pour le développement des adductions d'eau (FNDAE), le fonds d'épargne forestière (FEF), le fonds national pour le développement des sports (FNDS), le fonds interministériel d'aménagement du territoire (FIAT), le fonds interministériel de développement et d'aménagement rural (FIDAR) et l'agence de l'environnement et de la maîtrise de l'énergie (ADEME) (Circ. intermin., 23 sept. 1994).

2 – Les acquisitions de terrains nus et les achats de matériels d'occasion pour lesquels aucune TVA n'est acquittée par la commune. Néanmoins, les frais de notaires, de géomètres ou de marchands de biens donnent lieu à attribution du FCTVA s'ils sont assujettis à la TVA (Circ. intermin., 16 oct. 1987, préc.).

3 – Les dépenses afférentes à des travaux effectués par le compte de tiers ou financés par un tiers non bénéficiaire du fonds, à l'exception des travaux de remembrement. Doivent être considérées comme telles :
- les dépenses réalisées par une commune pour l'acquisition de biens mobiliers mis à disposition d'un établissement public local d'enseignement et intégrés dans le patrimoine de ce dernier (Circ. intermin., 23 sept. 1994, préc.) ;
- les dépenses d'entretien de cours d'eau non domaniaux supportées par les communes pour le compte des riverains (Circ., 17 août 1994, relative aux modalités de gestion des travaux contre les risques d'inondation, NOR:INT9400227C).

Le Gouvernement reprend la question écrite sénatoriale n° 09851 et réaffirme que les dépenses liées au déneigement des routes constituent des dépenses de fonctionnement, conformément à la circulaire INTB0200059C du 26 février 2002 et ne sont pas éligibles au FCTVA.

25 Calcul du FCTVA. Le montant du FCTVA versé est égal au produit du montant total (TTC) des dépenses réelles d'investissement retenues par un taux de compensation forfaitaire égal au taux normal de la TVA prévu à l'article 278 du CGI calculé en dedans du prix et à la troisième décimale (Instr. CP n° 90-8-M0, 17 janv. 1990, préc.). Depuis le 1er janvier 2015, ce taux est fixé à 16,404 %.

26 Versement du FCTVA. Sauf exception, le FCTVA est versé deux ans après la réalisation de la dépense.

La loi n° 2009-122 de finances rectificative pour 2009 a modifié l'article L. 1615-6 du CGCT afin de faire bénéficier d'attributions anticipées du FCTVA les collectivités qui s'engagent avant le 15 mai 2009 à faire progresser leurs dépenses réelles d'équipement par rapport à la moyenne constatée dans leurs comptes pour les exercices 2004 à 2007. Ce dispositif a été depuis reconduit.

L'article L. 1615-6 du Code général des collectivités territoriales dispose que les dépenses réalisées afin de réparer les dégâts causés par les intempéries exceptionnelles peuvent donner lieu à attribution du FCTVA l'année au cours de laquelle le règlement des travaux est intervenu, dès lors que ces intempéries sont reconnues par décret et que l'état de catastrophe naturelle a été constaté par arrêté.

27 Notification des attributions de FCTVA. Les attributions sont notifiées par arrêté aux collectivités locales au vu d'un état des dépenses certifiées conforme par l'ordonnateur. Cet état annuel doit détailler les dépenses soumises à la TVA, celles qui en sont exonérées et celles qui sont exclues de l'assiette du FCTVA (D. n° 85-1378, 26 déc. 1985, art. 2 et 5). Les modèles d'états à communiquer aux maires sont joints à la circulaire interministérielle du 21 novembre 1989.

Les attributions définitives peuvent être calculées et versées aux bénéficiaires, dans la mesure où les justificatifs sont fournis aux préfets. Les bénéficiaires peuvent demander le versement d'un acompte de 70 % de l'attribution prévisionnelle (Circ. intermin., 31 janv. 1983, relative au régime de la sous-traitance dans les marchés publics et aux modalités de paiement par la collectivité publique contractante). Cet acompte ne doit être attribué qu'à titre exceptionnel et en cas de difficultés de trésorerie des collectivités demanderesses. La mise à disposition des fonds doit être achevée au premier jour ouvrable du mois de juin.

28 **Opérations sous mandat des syndicats intercommunaux.** Les syndicats intercommunaux bénéficient du FCTVA (fonds de compensation pour la TVA) pour les travaux qu'ils exécutent lors d'opérations sous mandat des communes adhérentes. Il est admis que les assemblées délibérantes des syndicats peuvent, en accord avec la collectivité intéressée, décider qu'une partie ou la totalité des sommes ainsi encaissées lui soient ristournées (Instr. CP n° 79-171-M0, 26 nov. 1979).

29 **Bail emphytéotique.** Les cessions ainsi que les mises à disposition, au profit d'un tiers non éligible au FCTVA, d'immobilisations réalisées par la commune sur un bien pris à bail emphytéotique ou à construction ayant donné lieu au versement du FCTVA entraînent le remboursement de ce versement. Toutefois, pour tenir compte de l'utilisation du bien, ce remboursement sera égal au FCTVA obtenu, diminué d'un abattement de 20 % par année ou fraction d'année d'utilisation écoulée entre la date d'acquisition et la date de la vente ou de la mise à disposition (Circ. intermin., 21 nov. 1989, préc., art. 2-2-3-2). Cet abattement est de 10 % s'il s'agit d'un bien immeuble. Le décret n° 95-1328 du 28 décembre 1995 porte la période de régularisation de dix à vingt ans sur les immeubles. Les communes sont tenues de produire un état annuel des cessions.

30 **Annulation de marché public.** En cas d'annulation d'un marché public par le juge, les dépenses réelles d'investissement engagées et qui sont concernées par l'annulation ouvrent droit au remboursement au titre du fonds de compensation pour la TVA (FCTVA) même si elles ont le caractère d'une indemnité inscrite à la section de fonctionnement (Instr. CP n° 02-065-M0, 29 juill. 2002, préc. ; LF 2016 n° 2015-1785, 29 déc. 2015, art. 34, préc.).

31 **Comptabilité.** Les collectivités bénéficiant du FCTVA l'année de réalisation de la dépense les attributions de FCTVA sont imputées au compte d'investissement 10222. La quote-part correspondant aux attributions versées au titre

de dépenses de fonctionnement est transférée en section de fonctionnement par opération d'ordre budgétaire en débitant le compte 10229 (chap. 040) « Reprise sur FCTVA » par le crédit du compte 777 (chap. 042) « Quote-part des subventions d'investissement transférée au compte de résultat ».

Dans tous les autres cas, les recettes de FCTVA sont imputées au compte 10222 « FCTVA ».

▸ Compte **10223** – TICPE 2e part

32 Cette partie ne fait pas l'objet de commentaires.

▸ Compte **10226** – Taxe d'aménagement

33 **Opérations concernées par la taxe d'aménagement.** Depuis 2012, la taxe d'aménagement se substitue à la taxe locale d'équipement (TLE), à la taxe complémentaire à la TLE en région Île-de-France, à la taxe départementale des espaces naturels et sensibles (TDENS), à la taxe départementale destinée au financement des conseils d'architecture, d'urbanisme et de l'environnement (TDCAUE), à la taxe spéciale d'équipement du département de la Savoie (TSES) et au programme d'aménagement d'ensemble (PAE). Elle est instituée de plein droit dans les communes dotées d'un plan local d'urbanisme (PLU) ou d'un plan d'occupation des sols (POS) et dans les communautés urbaines, par délibération dans les autres communes (C. urb., art. L. 331-1 et s. ainsi que R. 331-1 et s.).

La taxe d'aménagement est applicable à toutes les opérations d'aménagement, de construction, de reconstruction et d'agrandissement de bâtiments ou d'installations, nécessitant une autorisation d'urbanisme (permis de construire ou d'aménager, déclaration préalable), et qui changent la destination des locaux dans le cas des exploitations agricoles.

Elle s'applique aux demandes de permis (y compris les demandes modificatives générant un complément de taxation) et aux déclarations préalables déposées depuis mars 2012 (ou à partir de 2014 pour Mayotte).

34 **Composition.** La taxe est composée de trois parts (communale, départementale et régionale), chaque part étant instaurée par délibération de l'autorité locale : conseil municipal, conseil général et conseil régional (uniquement en Île-de-France).

La part communale ou intercommunale est instituée :
- de plein droit dans les communes ayant un plan local d'urbanisme (PLU) ou un plan d'occupation des sols (POS) et les communautés urbaines (sauf renonciation expresse par délibération) ;
- de façon facultative dans les autres communes, par délibération du conseil municipal.

35 **Instauration de la taxe d'aménagement.** Dans tous les cas, la délibération (instauration, renonciation, exonérations) doit être prise avant le 30 novembre pour une application l'année suivante.

La taxe est exigible à la date de :
- la délivrance de l'autorisation de construire ou d'aménager, ou du permis modificatif ;
- la naissance d'une autorisation tacite de construire ou d'aménager ;
- la décision de non-opposition à une déclaration préalable ;
- l'achèvement des constructions réalisées sans autorisation ou en infraction, constaté par procès-verbal (taxation d'office).

36 **Exonérations.** L'article 141 de la loi de finances pour 2021 supprime les exonérations facultatives de la part communale ou intercommunale et départementale de la taxe d'aménagement appliquées aux places de stationnements intégrées au bâti annexe des immeubles collectifs et aux habitations individuelles bénéficiant de prêts aidés et les remplace par l'institution d'une nouvelle exonération obligatoire de la part communale ou intercommunale de la taxe d'aménagement qui s'appliquera aux surfaces annexes, à usage de stationnement, aménagées au-dessus ou en dessous des immeubles ou intégrées au bâti, dans un plan vertical.

Certains aménagements et constructions sont exonérés de la taxe d'aménagement (C. urb., art. L. 331-7) :
- les constructions dont la surface est inférieure ou égale à 5 m² ;
- les aménagements affectés à un service public ;
- les logements sociaux ou habitations à loyers modérés (HLM) ;
- les locaux agricoles (serres, locaux de production et de stockage des récoltes et des matériels, centres équestres, etc.) ;
- un bâtiment détruit ou démoli depuis moins de dix ans, reconstruit à l'identique.

Les communes et EPCI ont la possibilité d'exonérer en partie ou en totalité de la part communale, départementale ou régionale (C. urb., art. L. 331-9) :
- les logements sociaux bénéficiant de taux réduit de TVA ou de prêts aidés ;
- les surfaces de construction (supérieures à 100 m² et dans certaines limites) pour résidence principale financées par un prêt à taux zéro (PTZ) ou les logements évolutifs sociaux dans les départements d'outre-mer (DOM) ;
- les constructions industrielles ;
- les commerces de détail de moins de 400 m² ;
- les travaux sur des monuments historiques.

37 **Calcul.** L'assiette a deux composantes : la valeur de la surface de la construction et la valeur des aménagements et installations. La valeur est déterminée forfaitairement, par mètre carré de la surface de la construction (C. urb., art. L. 331-10 à L. 331-13).

Le montant de la taxe correspond à la multiplication de la surface taxable de construction (ou de l'aménagement) par une valeur forfaitaire, actualisée chaque année en fonction de l'indice du coût de la construction (ICC).

Un abattement de 50 % est prévu pour les logements aidés et hébergements sociaux.

Pour certaines installations, la taxe est fixée de façon forfaitaire :
- emplacement de tente, caravane et résidence mobile de loisirs : 3 000 €/emplacement (terrain de camping ou aire naturelle) ;
- habitation légère de loisirs (HLL) : 10 000 €/emplacement ;
- piscine : 200 €/m² ;
- éolienne de plus de 12 m de hauteur : 3 000 €/éolienne ;
- panneau photovoltaïque (capteurs solaires destinés à la production de l'électricité) fixé au sol : 10 €/m² de surface de panneau (les panneaux solaires thermiques, qui produisent de la chaleur, ne sont pas taxés) ;
- aire de stationnement extérieure : de 2 000 à 5 000 €/emplacement (sur délibération de la collectivité territoriale).

Le taux de la taxe d'aménagement est voté par la collectivité locale pour la part qui la concerne.

La part communale se situe entre 1 et 5 %, et peut être portée jusqu'à 20 % dans certains secteurs (travaux substantiels de voirie ou de réseaux, par exemple). Le taux peut varier selon les secteurs du territoire de la commune.

Si la construction ou l'aménagement est réalisé dans des lieux avec des taux différents, c'est le taux le plus bas qui s'applique.

Le taux de la part départementale est unique et ne peut pas dépasser 2,5 %.

Pour la part régionale (Île-de-France uniquement), le taux ne peut pas excéder 1 %. Le chiffre peut être différent entre les départements.

Le régime juridique de la taxe d'aménagement est modifié par les articles 141 et 155 de la loi n° 2020-1721 du 29 décembre 2020 de finances pour 2021 (C. urb., art. L. 331-3, L. 331-5, L. 331-7, L. 331-9, L. 331-15 et L. 331-2).

L'article 141 de la loi de finances pour 2021 prévoit plusieurs évolutions entrant en vigueur à compter du 1er janvier 2022. En premier lieu, il étend les critères d'institution de la majoration de la part communale ou intercommunale de la taxe d'aménagement sur certains secteurs, dans la limite de 20 %, au financement d'opérations de rénovation urbaines, auparavant restreint au financement des travaux substantiels de voirie ou de réseaux ou la création d'équipement publics généraux. Il précise également la nature des dépenses pouvant justifier la majoration du taux de la taxe d'aménagement.

38 Taxe d'aménagement – Taux différenciés par secteurs. Dans le cadre du transfert de la gestion et de la liquidation des taxes d'urbanisme à la direction générale des finances publiques (DGFiP), l'article 155 de la loi n° 2020-1721 du 29 décembre 2020 de finances pour 2021 a modifié l'article L. 331-14 du Code de l'urbanisme.

La nouvelle rédaction de cet article prévoit, lorsque les communes ou les établissements publics de coopération intercommunale bénéficiaires de la part communale ou intercommunale de la taxe d'aménagement fixent des taux différents par secteurs de leur territoire, que ces mêmes secteurs soient définis et présentés par référence aux documents cadastraux selon des modalités définies par décret. Le décret n° 2021-1452 du 4 novembre 2021 pris pour l'application des articles L. 331-14 et L. 331-15 du Code de l'urbanisme permet d'appliquer un taux modulable de la taxe, allant de 1 à 5 %, selon un découpage de son territoire en secteurs. Ces secteurs peuvent être délimités « par unité de découpage cadastral, c'est-à-dire par section cadastrale entière, ou par unité foncière cadastrale, c'est-à-dire par parcelle ». En revanche, la sectorisation « infra-parcellaire » reste interdite, car le décret précise que « la limite entre deux secteurs ne peut en aucun cas traverser une ou plusieurs parcelles, chaque parcelle ne pouvant qu'être entièrement incluse dans le périmètre d'un seul secteur. »

En application du C du VI de l'article 155 de la loi précitée, ces nouvelles modalités sont applicables aux délibérations prenant effet à compter du 1er janvier 2022.

Les délibérations adoptées par les communes ou établissements publics de coopération intercommunale avant le 30 novembre 2021 et prenant effet au 1er janvier 2022, fixant des taux différents par secteurs de leur territoire seront donc soumises à un nouveau formalisme. Un décret du 4 novembre définit les éléments cadastraux qui devront figurer dans les nouvelles délibérations prévoyant différents secteurs.

Au vu de cette définition, les délibérations nommeront précisément l'intégralité des sections ou parcelles composant le secteur considéré, sur la base de leur identification en vigueur à la date de la délibération. Il est précisé que la validité de la délibération demeure même en cas d'évolution d'identification cadastrale postérieure à l'intérieur du secteur considéré.

39 Gestion par la DGFiP. Le premier alinéa de l'article 1635 *quater* P du CGI, issu de l'article 1er de l'ordonnance n° 2022-883 du 14 juin 2022 relative au transfert à la direction générale des finances publiques de la gestion des taxes d'urbanisme, prévoit que le redevable de la taxe d'aménagement déclare, suivant des modalités définies par décret, les éléments nécessaires à l'établissement de celle-ci dans les quatre-vingt-dix jours à compter de la date à laquelle la taxe devient exigible, c'est-à-dire dans les quatre-vingt-dix jours suivant l'achèvement des opérations imposables.

Le second alinéa de l'article 1635 *quater* P du CGI prévoit que le redevable des acomptes de taxe d'aménagement déclare, suivant des modalités définies par décret, les éléments nécessaires à l'établissement de ceux-ci avant le septième mois qui suit celui de la délivrance de l'autorisation d'urbanisme.

Le VII de l'article 235 *ter* ZG du CGI, issu de l'article 9 de l'ordonnance du 14 juin 2022, prévoit que le redevable de la taxe d'archéologie préventive déclare les éléments nécessaires à l'établissement de celle-ci selon les mêmes modalités que celles prévues pour la taxe d'aménagement au premier alinéa de l'article 1635 *quater* P du CGI.

Le décret du 26 août 2022 fixe les modalités déclaratives des éléments servant au calcul et à la liquidation de la taxe d'aménagement et de la taxe d'archéologie préventive ainsi que des acomptes de la taxe d'aménagement.

Réf.
- D. n° 2022-1188, 26 août 2022 : *JO* 28 août 2022
- A.17 août 2022, NOR:ECOE2219154A : *JO* 18 août 2022

40 **Paiement.** Lors du dépôt de permis de construire, d'aménager ou de la déclaration préalable, le demandeur doit remplir une déclaration des éléments nécessaires au calcul des impositions. La notice d'information figurant dans le dossier de demande de permis ou de déclaration permet de remplir cet imprimé fiscal. Par ailleurs, pour aider à la déclaration des surfaces, une fiche d'aide au calcul permet d'établir la déclaration de sa surface taxable et de sa surface de plancher.

La date d'exigibilité de la taxe fixée à l'article L. 331-27 du Code de l'urbanisme est modifiée.

Aujourd'hui, la taxe d'aménagement est payable en deux fois lorsqu'elle dépasse 1 500 €, au 12e et 24e mois suivant la délivrance du permis de construire. À compter de 2023, le fait générateur et la temporalité sont modifiés : pour les permis délivrés après cette date, le produit de la taxe aménagement sera dorénavant versé à compter de la réception de la déclaration d'achèvement de travaux (DAACT) par la mairie (première moitié versée à quatre-vingt-dix jours après réception et à six mois pour le solde).

Les bénéficiaires d'autorisations acquittent la taxe auprès des comptables de la direction générale des finances publiques dans le ressort desquelles l'immeuble doit être édifié. Deux titres sont émis.

41 **Reversement entre commune et intercommunalité.** Lorsque la taxe d'aménagement (TA) est perçue au profit de l'intercommunalité, le Code de l'urbanisme prévoit que « tout ou partie » doit être reversé aux communes, les conditions de reversement étant fixées par délibération. La réciproque, c'est-à-dire le reversement de tout ou partie de la TA des communes vers les intercommunalités, n'était jusqu'alors pas obligatoire, mais simplement

facultatif. La loi de finances pour 2022 (art. 109) corrige cette anomalie et harmonise les règles de reversement : elle impose aux communes ayant institué une taxe d'aménagement d'en reverser une fraction à leur intercommunalité compte tenu de la charge des équipements publics relevant, sur le territoire de cette commune, de leurs compétences.

La répartition, en volume ou en proportion, du montant perçu de taxe d'aménagement est laissée à la libre définition des parties, soit en prenant en compte les dépenses passées enregistrées dans les comptes administratifs des communes et de la communauté ; soit en évaluant les dépenses sur les trois exercices à venir.

▸ Comptes **10227** et **10228** – Versement pour sous-densité et Autres fonds d'investissement

42 Cette partie ne fait pas l'objet de commentaires.

▸ Compte **10229** – Reprise FCTVA et autres fonds d'investissement

43 Cette partie ne fait pas l'objet de commentaires.

▪ Compte **1025** – Dons et legs en capital

44 **Généralités.** Comme toute personne physique, les communes peuvent bénéficier de libéralités qui proviennent de dons et de legs émanant d'administrés ou de tiers. Un legs est une libéralité contenue dans un testament par lequel le testateur gratifie une personne, le légataire, d'un ou plusieurs biens sans contrepartie. La donation, quant à elle, est un contrat par lequel le donateur transfère sans contrepartie et avec une intention libérale la propriété d'un bien au donataire qui l'accepte.

Les donateurs consentent des libéralités le plus souvent sous condition. En effet, les libéralités, de montant très variable, stipulent fréquemment des charges que la collectivité doit assumer. C'est pour cette raison que le conseil municipal doit examiner avec attention les dispositions énoncées par le donateur. Les communes et établissements publics communaux acceptent ou refusent les dons et legs qui leur sont faits.

Les dons et legs sont des recettes de fonctionnement hormis ceux affectés à l'achat d'une immobilisation. En application des dispositions des articles L. 2311-6 et D. 2311-14 du CGCT, l'excédent d'investissement peut être repris en section de fonctionnement lorsqu'il résulte du produit de la cession issu d'un don ou d'un legs non expressément affecté à l'investissement. Les dons et legs en nature affectés à l'acquisition de biens amortissables sont imputés au compte 131. Les dons et legs et les libéralités reçus sans affectation spéciale s'imputent au compte 7713 « Libéralités reçues ».

Le produit de la cession d'un bien reçu en don ou legs peut faire l'objet d'une reprise en fonctionnement.

45 Legs en capital : l'ouverture de la succession. Tout notaire constitué dépositaire d'un testament contenant un legs en faveur d'une commune est tenu, dès l'ouverture du testament, d'adresser au représentant de la commune légataire (CGCT, art. R. 2242-1) :
- la copie intégrale, écrite sur papier libre, des dispositions testamentaires ;
- un état des héritiers dont l'existence lui a été révélée avec leurs nom, prénoms, profession, degré de parenté et adresse.

Il est donné récépissé de ces pièces. Le notaire serait pécuniairement responsable s'il omettait de donner avis d'un legs. Le notaire n'a plus à prévenir le préfet (D. n° 2002-449, 2 avr. 2002). Le notaire est aussi tenu de donner avis au receveur de la commune. Tout acte portant donation entre vifs est passé devant notaire (C. civ., art. 931), sauf les dons manuels.

46 Acceptation par la commune légataire. Le maire a la faculté d'accepter le legs à titre conservatoire (CGCT, art. L. 2242-4). Il peut en demander la délivrance. Le maire peut toujours, à titre conservatoire, accepter la donation (*ibid.*). Cette pratique est fortement recommandée car elle rend l'offre du donateur irrévocable, même s'il venait à décéder avant l'acceptation définitive de la commune. La date d'effet de l'acceptation définitive remonte d'ailleurs à celle de l'acceptation provisoire. Le maire peut faire procéder à une expertise.

C'est au conseil municipal qu'il appartient de statuer sur l'acceptation du legs (CGCT, art. L. 2242-1). La délibération n'est soumise à aucune autorisation particulière. Elle est exécutoire de plein droit dès qu'il a été procédé à sa transmission au préfet (*ibid.*). La commune peut refuser le legs s'il s'avère que les renseignements recueillis ne plaident pas en faveur de l'acceptation.

Le maire peut, par délégation du conseil municipal, être chargé, pour la durée de son mandat, d'accepter les legs qui ne sont grevés ni de conditions ni de charges (CGCT, art. L. 2122-22, 9°). En cas de désaccord entre une commune et une section de commune ou un hameau sur l'acceptation d'un legs, le préfet statue après avis du tribunal administratif (CGCT, art. L. 2242-2).

47 Recours des héritiers. Les réclamations des héritiers sont recevables auprès du ministre de l'Intérieur dans un délai de six mois suivant l'ouverture du testament (D. n° 2002-449, 2 avr. 2002, préc.).

48 Révision des conditions et charges grevant une libéralité. La demande en révision des charges est conditionnée par un changement de circonstances rendant l'exécution soit extrêmement difficile, soit sérieusement dommageable (C. civ., art. 900-2 à 900-8). Elle est formée devant le tribunal civil (TGI) contre les héritiers. En l'absence d'héritiers connus, elle est formée contre le ministère public (CE, 19 févr. 1990, n° 73923, *Éguilles*).

La demande en révision n'est recevable que dix ans après la mort du disposant (L. n° 84-562, 4 juill. 1984).

49 **Droits de mutation.** Les communes et leurs établissements publics sont exonérés de droits de mutation à titre gratuit sur les biens qui leur adviennent par donation ou succession (CGI, art. 794, I). Mais lors de la publication des actes de donation, la taxe de publicité foncière est due (CGI, art. 663).

50 **Administration par un tiers des biens légués.** L'administration des biens légués peut être confiée à des tiers durant le délai qui s'écoule entre le décès du testateur et la remise matérielle des biens légués. La gestion des sommes, créances, objets ou immeubles légués aux collectivités est parfois confiée à des administrateurs ou des liquidateurs de succession.

51 **Comptabilisation.** Les valeurs léguées à une collectivité ne peuvent être inscrites à son patrimoine tant qu'il n'y a pas eu acceptation définitive du legs. Néanmoins, ces valeurs doivent être déposées entre les mains du comptable, qui en délivre reçu. Elles sont enregistrées dans la comptabilité des valeurs inactives de la collectivité légataire. Dès l'acceptation définitive du legs, les valeurs sont portées à l'actif (Instr. CP n° 85-40-M0, 20 mars 1985).

52 **Recouvrement.** Le comptable poursuit le recouvrement des dons et legs en argent dans les conditions prévues pour le recouvrement des créances communales. Si la libéralité consiste en immeubles, objets mobiliers, rentes ou autres valeurs, il appartient au maire d'en poursuivre la délivrance, soit auprès des héritiers ou légataires universels saisis, soit, en l'absence de ceux-ci, à un curateur à succession vacante dont il doit demander la nomination.

53 **Donations entre collectivités territoriales.** Pour une donation entre elles, deux collectivités territoriales ne peuvent avoir recours à un acte rédigé en la forme administrative (CE, avis, 26 juin 1975). Elles doivent donc obligatoirement faire appel à un notaire.

54 **Régime fiscal des dons.** Les versements et dons effectués au profit d'organismes d'intérêt général à caractère social ouvrent droit à un avantage fiscal (CGI, art. 200 et 238 *bis*). Les dons consentis aux centres communaux d'action sociale (CCAS) ou aux caisses des écoles ouvrent droit par conséquent à une réduction d'impôt de 66 % dans la limite d'un plafond maximum de versements ne pouvant dépasser 20 % du revenu imposable. Le receveur municipal délivre aux donateurs un reçu P1F « carnet de reçus des dons faits aux CCAS et caisses des écoles » (Instr. CP n° 93-43-M0, 26 mars 1993).

▸ Compte **10251** – Dons et legs en capital

55 Cette partie ne fait pas l'objet de commentaires.

▪ Compte **1027** – Mise à disposition (chez le bénéficiaire)

56 Cette partie ne fait pas l'objet de commentaires.

Comptes **103** à **106** – Plan de relance FCTVA à Réserves

57 Ces parties ne font pas l'objet de commentaires.

COMPTE **11**

Report à nouveau

Compte **110** – Report à nouveau (solde créditeur)

58 Cette partie ne fait pas l'objet de commentaires.

Compte **119** – Report à nouveau (solde débiteur)

59 **Les événements postclôture.** Ce sont les événements intervenant entre la date de clôture (31/12/N) et la date d'arrêté des états financiers, qui sont susceptibles d'avoir un impact sur la situation financière de l'entité publique locale.

Lorsque la comptabilité de l'entité publique locale ne peut plus être ajustée selon le schéma budgétaire et comptable classique, un événement postclôture peut être comptabilisé par le biais des fonds propres (plus précisément, en contrepartie du compte 11x « Report à nouveau »), par opération d'ordre non budgétaire. Cette écriture entraîne, *de facto*, une incidence positive ou négative, selon le cas, sur le résultat de fonctionnement cumulé de l'entité publique locale et doit être prise en compte dans la délibération d'affectation du résultat (modification du résultat de fonctionnement cumulé sur le compte administratif de l'exercice N).

Afin d'être en mesure de comptabiliser un événement postclôture, le comptable ne doit pas clôturer l'exercice N et reprendre les balances d'entrée dans Hélios avant la date d'arrêté des états financiers.

COMPTE **12**

Résultat de l'exercice (excédentaire ou déficitaire)

60 Cette partie ne fait pas l'objet de commentaires.

COMPTE **13**

Subventions d'investissement

61 **Les différentes subventions d'État.**

> **Les différentes subventions d'État**
>
> Le décret n° 2018-514 du 25 juin 2018 régit les subventions que l'État peut accorder aux personnes physiques ou morales de droit privé ainsi qu'aux personnes publiques, à l'exception des établissements publics de l'État, en vue de la réalisation de projets d'investissement matériel ou immatériel.
>
> Ces subventions sont également régies par le Code des relations entre le public et l'administration, en l'absence de dispositions spéciales de ce décret. Les subventions régies par le présent décret sont celles accordées sur le budget général, les budgets annexes ou les comptes spéciaux de l'État. Les dispositions du présent décret ne s'appliquent pas aux dotations aux collectivités territoriales et à leurs établissements publics prévues par le Code général des collectivités territoriales, aux subventions prévues par le Code de la construction et de l'habitation et aux subventions pour des projets réalisés intégralement en dehors du territoire de la République française.
>
> Les subventions d'investissement peuvent être consacrées « au financement des différentes phases d'une opération, telles que les études, la recherche et le développement, les acquisitions immobilières, les travaux de construction ou d'aménagement, les grosses réparations et restaurations, l'équipement en matériel à l'exclusion du simple renouvellement ».
>
> Le site *collectivités-locales.gouv.fr* met à disposition les différents tableaux récapitulatifs.

Compte **131** – Subventions d'investissement rattachées à des actifs amortissables

▪ Comptes **1311** à **1314** – État et établissements nationaux à Communes

62 Ces parties ne font pas l'objet de commentaires.

▪ Compte **1315** – Groupements de collectivités et collectivités à statut particulier

▸ Compte **13151** – GFP de rattachement

63 **Subventions d'investissement entre un groupement de communes et ses communes-membres.** L'article 186 de la loi n° 2004-809 du 13 août 2004 prévoit la possibilité de versement de fonds de concours entre un groupement à fiscalité propre et ses communes-membres (CGCT, art. L. 5214-16, L. 5215-26 et L. 5216-5). En comptabilité, la commune porte les sommes aux comptes 13151 ou 13251 et l'émetteur au compte 204151 ; s'il s'agit d'un groupement decommunes aux comptes 13141 ou 13241 et au compte 204141 chez l'émetteur.

64 **Traitement budgétaire du fonds de concours.** Le traitement budgétaire et comptable du fonds de concours diffère en fonction de son objet : deux cas peuvent être distingués. Si le fonds de concours finance la construction, l'acquisition ou la réhabilitation d'un équipement, il est assimilé à une subvention d'équipement à des organismes publics et est imputé sur l'article 2041 en dépenses, et à l'article 131 ou 132 en recettes.

À l'inverse, si le fonds de concours contribue au fonctionnement d'un équipement, la dépense doit être imputée à l'article 6573 « subventions de fonctionnement aux organismes publics ». Le bénéficiaire du fonds l'inscrit à son tour en recettes au compte 747 « Participations ». La loi n° 2004-809 du 13 août 2004 relative aux libertés et responsabilités locales prévoit le versement de fonds de concours entre un EPCI à fiscalité propre et ses communes-membres.

L'article 102 de la loi NOTRe a étendu le dispositif pour des projets d'aménagement numérique.

Réf.
- CGCT, art. L. 5214-16, V, L. 5216-5, VI, et L. 5215-26
- CGCT, art. L. 5722-11

▸ Compte **13156** – Attributions de compensation d'investissement

65 **Réduction des attributions de compensation.** Le V de l'article 1609 *nonies* C du Code général des impôts (CGI) prévoit que « le conseil de l'EPCI ne peut procéder à une réduction des attributions de compensation qu'après accord des conseils municipaux des communes intéressées.Toutefois, dans le cas où une diminution des bases imposables réduit le produit global disponible des impositions [...], l'organe délibérant de l'EPCI peut décider de réduire les attributions de compensation ».

La loi de finances pour 2022 dans son article 197 complète le V de l'article 1609 *nonies* C du CGI :
- la réduction ne peut avoir pour effet de baisser l'attribution de compensation de la commune intéressée d'un montant supérieur au montant le plus élevé entre d'une part, 5 % de ses recettes réelles de fonctionnement et, d'autre part, le montant qu'elle a perçu, le cas échéant, au titre FNGIR (VIII du 2.1 de l'article 78 de la loi n° 2009-1673 du 30 décembre 2009 de finances pour 2010) ;

- un EPCI à fiscalité propre bénéficiant, de la part de l'État, d'un des mécanismes de compensation en cas de perte de CET (LFI 2010, art. 78) ou perte d'IFER (LFI 2019, art. 79) peut décider de procéder à une révision (réduction) unilatérale des AC sur plusieurs années s'il le souhaite. Dans ce cas, les modalités d'appréciation de la perte de produit et donc de la réduction d'AC, prennent en compte dans le calcul, les compensations suivantes et leur échéancier.

▸ Compte **13158** - Autres groupements

66 **Attribution de compensation d'investissement.** Les comptes 13156 et 13256 enregistrent les attributions de compensation d'investissement perçues par les établissements publics de coopération intercommunale (EPCI) conformément aux dispositions de l'article 81 de la loi n° 2016-1918 du 29 décembre 2016 de finances rectificative pour 2016. Les EPCI peuvent imputer une partie du montant de l'attribution de compensation en section d'investissement, en tenant compte du coût des dépenses d'investissement liées au renouvellement des équipements transférés calculé par la commission locale d'évaluation des transferts de charges. L'article 81 précise que la part de l'AC pouvant être affectée à la section d'investissement doit tenir compte uniquement du coût de renouvellement des équipements transférés évalué par la commission.

Par analogie, les attributions de compensation d'investissement versées par les communes constituent des subventions d'équipement versées comptabilisées au compte 2046. La reprise au compte de résultat des attributions de compensation d'investissement reçues s'effectue selon les mêmes conditions que les subventions d'équipement reçues.

67 **Commission d'évaluation des charges.** Le mécanisme de l'attribution de compensation a pour objet de garantir la neutralité budgétaire des transferts de ressources opérés lorsqu'un établissement public de coopération intercommunale (EPCI) opte pour le régime de la fiscalité professionnelle unique et lors de chaque transfert de compétence entre l'EPCI et ses communes membres ou en dehors de tout transfert de charges, à la demande de l'organe délibérant de l'EPCI à FPU ou d'un tiers des conseils municipaux des communes-membres afin de réaliser une évaluation prospective des charges susceptibles d'être transférées à l'EPCI à professionnelle unique (FPU) ou restituées aux communes-membres.

Dans ce cadre, l'article 1609 *nonies* C du Code général des impôts prévoit qu'une commission d'évaluation des charges transférées (CLECT) se réunit à chaque transfert de compétences afin de déterminer objectivement le coût des charges afférentes selon l'une des deux méthodes mentionnées aux alinéas 4 à 6 du IV de l'article précité. Néanmoins, la CLECT n'est pas chargée de fixer le montant de l'attribution de compensation. Cette fixation relève de la seule compétence de l'organe délibérant de l'EPCI, le cas échéant avec l'accord des communes intéressées. Dès lors, la composition de la CLECT, qui se distingue de celle de l'organe délibérant de l'EPCI, est en principe sans incidence sur la fixation du montant de l'attribution de compensation.

Par ailleurs, lors d'un transfert de charges entre des communes et leur EPCI, et après élaboration et adoption par les communes-membres du rapport d'évaluation des charges transférées, l'EPCI peut décider de s'écarter de ce rapport pour proposer à ses communes-membres de réviser librement le montant de leur attribution de compensation. Dans ce cas, l'EPCI et les communes doivent prendre des délibérations concordantes. Celles-ci doivent viser le rapport de la CLECT qui, dans le cadre de cette procédure, n'a qu'une valeur informative.

▪ Compte **1316** – Autres établissements publics locaux

68 Cette partie ne fait pas l'objet de commentaires.

▪ Compte **1317** – Fonds européens

▸ Comptes **13171** à **13173** – Fonds social européen à FEADER

69 Ces parties ne font pas l'objet de commentaires.

▸ Compte **13178** – Autres fonds européens

70 **Concours communautaires.** Les interventions des communes se situent parfois au niveau européen et peuvent, à ce titre, être financées par la Communauté européenne, notamment en matière agricole, forestière et industrielle. Le droit interne français n'autorise pas les collectivités territoriales à négocier avec des États ou des organisations interétatiques.

Les demandes de concours communautaires des communes doivent donc transiter par la préfecture (Circ., 12 mai 1987, relative à l'action extérieure des collectivités territoriales). Le fonctionnement des fonds structurels (mode d'attribution, type d'opérations pouvant être financées, principales conditions de mise en oeuvre, etc.) est décidé par la Commission européenne. Il existe cinq fonds : le fonds de développement régional (FEDER), le fonds social européen (FSE), le fonds de cohésion, le fonds européen agricole pour le développement rural (FEADER) et le fonds européen pour les affaires maritimes et la pêche (FEAMP). Les fonds structurels, la banque industrielle d'investissement (BEI) et les autres instruments financiers existants contribuent chacun de façon appropriée à la réalisation des trois objectifs prioritaires suivants :
- objectif de convergence ;
- objectif de compétitivité régionale et emploi ;
- objectif de coopération territoriale européenne.

La loi de modernisation de l'action publique territoriale et d'affirmation des métropoles du 27 janvier 2014, dite « MAPTAM », qui a confié aux régions françaises la gestion de la majorité des fonds européens structurels et d'investissement (FESI). Les régions gèrent presque totalement le fonds européen de développement économique régional (FEDER) ainsi que le fonds européen agricole pour le développement rural (FEADER) ; le fonds social européen (FSE) qui représente 6 Md€ est quant à lui cogéré avec l'État. Le fonds européen pour les affaires maritimes et la pêche (FEAMP) est quant à lui totalement géré par l'État.

Réf.
- Règl. (UE) n° 1303/2013, 17 déc. 2013, du Parlement européen et du Conseil de l'Union européenne portant dispositions générales sur les fonds structurels

71 **Fonds européens de développement régional (FEDER).** Sont particulièrement concernées par le FEDER les actions visant : le développement de la compétitivité et des investissements durables des PME/PMI, la recherche et le développement technologique, l'innovation, la protection de l'environnement et la prévention des risques. Le FEDER contribue à renforcer la cohésion économique et sociale au sein de l'Union européenne en corrigeant les déséquilibres régionaux.

Réf.
- Règl. (UE) n° 1303/2013, 17 déc. 2013, du Parlement européen et du Conseil de l'Union européenne portant dispositions générales sur les fonds structurels
- Instr. NOR:INTB1431225J, 11 févr. 2015, relative au traitement budgétaire et comptable des opérations aux fonds européens

72 **Fonds social européen (FSE).** Ce fonds est mis en oeuvre conformément à la stratégie européenne pour l'emploi et est axé sur quatre domaines principaux : augmenter la capacité d'adaptation des travailleurs et des entreprises, améliorer l'accès à l'emploi, renforcer l'intégration sociale, et promouvoir les partenariats pour la réforme dans les domaines de l'emploi et de l'intégration.

Réf.
- Règl. (UE) n° 1303/2013, 17 déc. 2013, du Parlement européen et du Conseil de l'Union européenne portant dispositions générales sur les fonds structurels
- Instr. NOR:INTB1431225J, 11 févr. 2015, relative au traitement budgétaire et comptable des opérations aux fonds européens

73 **Fonds européen agricole pour le développement rural (FEADER).** Ce fonds remplace, depuis le 1er janvier 2007, le fonds européen d'orientation et de garantie agricole (FEOGA). Le FEADER constitue l'instrument financier de la politique agricole commune (PAC). Un décret du 28 juillet 2022 fixe les conditions dans lesquelles l'État peut confier aux régions, ou aux

départements d'outre-mer en cas de renonciation de la région d'outre-mer concernée, la gestion de certaines aides du FEADER, en qualité d'autorité de gestion régionale.

Enfin, existe encore le fonds européen pour les affaires maritimes et la pêche (FEAMP).

Réf.
- Règl. (UE) n° 1305/2013, 17 déc. 2013, du Parlement européen et du Conseil de l'Union européenne concernant le soutien au développement rural
- D. n° 2022-1051, 28 juill. 2022 : *JO* 29 juill. 2022

74 **Comptabilité.** Pour les collectivités appliquant la nomenclature par nature :
- les recettes sont imputées aux comptes 1317, 1327 et 1387 « Budget communautaire, et fonds structurels » en investissement et aux comptes 7477 en fonctionnement ;
- les dépenses sont imputées aux comptes de classe 2 ou 6 si la collectivité est destinataire et aux comptes 204 ou 657 si le bénéficiaire est un tiers ;
- au budget, les recettes figurent à la rubrique fonctionnelle 041 « Subvention globale » ; les dépenses à la rubrique 041 si le bénéficiaire est un tiers ou une rubrique de dépense ordinaire si la collectivité est bénéficiaire *in fine*.

▪ Compte **1318** – Autres

75 **Autres subventions.** Il s'agit de subventions versées par des particuliers et non assorties de conditions restrictives relatives à leur destination définitive. Ce compte enregistre aussi les dons et legs en espèces ou nature affectés à l'acquisition de biens amortissables.

76 **Fonds d'amortissement des charges d'électrification (FACE).** Le fonds d'amortissement des charges d'électrification (FACE) a été créé par la loi de finances du 31 décembre 1936. Les dispositions relatives au FACE ont été codifiées à l'article L. 2224-31 du CGCT dès 1947, la gestion du fonds, auparavant assurée par la caisse des dépôts et consignations, ayant été alors confiée à EDF.

Afin de moderniser le fonctionnement du fonds et de le rendre conforme aux dispositions de la loi organique relative aux lois de finances (LOLF), un compte d'affectation spéciale (CAS) a été créé par la loi n° 2011-1978 du 28 décembre 2011 de finances rectificative pour 2011, ce CAS étant rattaché à la mission « Politique des territoires » depuis 2013. Le système d'aide du FACE permet de subventionner les travaux des autorités organisatrices de la distribution publique d'électricité (ou AODE : communes, établissements publics de coopération, syndicats d'électrification) qui, ayant généralement conservé en zone rurale la possibilité de maîtrise d'ouvrage, entreprennent elles-mêmes des travaux sur les réseaux de distribution d'électricité. Les dotations du FACE sont réparties entre départements sur la base de l'inventaire des besoins réalisé dans chaque département. Cette répartition est fixée par le ministre chargé de l'Énergie, sur la base des propositions du conseil à l'électrification rurale, composé de représentants de l'administration, des collectivités et des entreprises de distribution.

77 **Versement du FACE.** Les recettes du compte d'affectation spéciale sont apportées par la contribution versée par les gestionnaires des réseaux publics de distribution d'électricité, prévue à l'article L. 2224-31 du Code général des collectivités territoriales (CGCT), qui est assise sur le nombre de kilowattheures (kWh) distribués à des clients finals à partir des ouvrages en basse tension constatés au cours de l'année écoulée.

Le taux de la contribution est défini annuellement par arrêté ministériel. Cette participation, dans le cadre des programmes d'électrification arrêtés par les conseils départementaux est versée sous trois formes :

- une avance égale à 10 % du montant des marchés dont le versement peut être sollicité dès l'agrément préfectoral de ces marchés (Circ. intermin., 14 mai 1991) ;
- des acomptes calculés en fonction de l'état d'avancement des travaux ;
- éventuellement, un solde.

Le taux et le plafond de cette participation sont notifiés par le FACE à la collectivité et à son receveur (Instr. CP n° 71-101-B8-R-M1, 17 août 1971). Le maire, maître d'ouvrage, établit en six exemplaires un certificat et les pièces justificatives. Ces exemplaires sont remis à raison de :

- un pour le maire ;
- un au FACE par lettre simple ;
- deux au receveur municipal ;
- un à la direction départementale des territoires (DDT) ;
- un à ERDF (Instr. CP n° 91-76-B8-R-M1, 10 juin 1991).

Si dans les huit jours qui suivent la date d'envoi des documents au FACE, ce dernier n'a pas fait connaître son opposition, un titre de recette lui est adressé. Le FACE est alimenté par des prélèvements opérés sur les recettes des distributeurs d'énergie électrique en basse tension (arrêté annuel).

Compte **132** – Subventions d'investissement rattachées aux actifs non amortissables

▪ Comptes **1321** à **1328** – État et établissements nationaux à Autres

78 Ces parties ne font pas l'objet de commentaires.

Compte **133** – Fonds affectés à l'équipement amortissable

▪ Comptes **1331** à **1333** – Dotations à l'équipement à Fonds spécifiques – Région Île-de-France

79 Ces parties ne font pas l'objet de commentaires.

▪ Compte **1334** – Contributions locales temporaires

80 **Assiette des contributions locales temporaires.** Les montants de ces contributions ne peuvent être perçus par la SNCF qu'à raison de la provenance et à raison de la destination. Ils ne peuvent l'être à raison du lieu d'émission du titre de transport. L'assiette est limitée aux éléments de trafic qui sont susceptibles de profiter de la réalisation des installations concernées (L. n° 93-896, 10 juill. 1993).

81 **Taux des contributions locales temporaires.** Le montant des contributions perçues sur les voyageurs, les chiens et petits mammifères domestiques accompagnés correspond à un pourcentage du prix des billets délivrés. Ce pourcentage ne peut être supérieur à 4 %. En outre, le montant ne peut excéder trente fois la valeur de la taxe kilométrique de base applicable aux voyageurs de deuxième classe.

Le montant des contributions perçues sur les marchandises est égal à un pourcentage du prix de transport. Ce pourcentage ne peut être supérieur à 2 %. En outre, le montant ne peut excéder 4,57 € par envoi et six fois la valeur de la base précitée.

82 **Recouvrement des contributions locales temporaires.** Le transporteur perçoit les contributions et les verse dans la caisse de la collectivité au plus tard l'avant-dernier jour ouvrable des échéances des annuités d'emprunt auxquelles la collectivité doit faire face.

▪ Compte **1335** – Amendes de radars automatiques et amendes de police

83 **Bénéficiaires.** Le produit des amendes est partagé, proportionnellement au nombre des contraventions à la police de la circulation dressées sur leur territoire respectif au cours de l'année précédant celle au titre de laquelle est faite la répartition entre :

- les communautés urbaines et autres groupements comptant au moins 10 000 habitants, auxquels les communes ont transféré la totalité de leurs compétences en matière de voies communales, de transports en commun et de parcs de stationnement, et les communes de 10 000 habitants et plus ne faisant pas partie de ces groupements ;

- les groupements de moins de 10 000 habitants exerçant la totalité des compétences précitées et les communes de moins de 10 000 habitants ne faisant pas partie de ces groupements (CGCT, art. R. 2334-10).

84 **Affectation par les communes.** L'utilisation par les collectivités territoriales du produit des amendes de la circulation est régie pour les communes et EPCI, par l'article R. 2334-12 du Code général des collectivités territoriales, qui dispose : « Les sommes allouées en application des articles R. 2334-10 et R. 2334-11 sont utilisées au financement des opérations suivantes :

1° pour les transports en commun :

a) aménagements et équipements améliorant la sécurité des usagers, l'accueil du public, l'accès aux réseaux, les liaisons entre réseaux et avec les autres modes de transport,

b) aménagements de voirie, équipements destinés à une meilleure exploitation des réseaux,

c) équipements assurant l'information des usagers, l'évaluation du trafic et le contrôle des titres de transport ;

2° pour la circulation routière :

a) étude et mise en œuvre de plans de circulation,

b) création de parcs de stationnement,

c) installation et développement de signaux lumineux et de la signalisation horizontale,

d) aménagement de carrefours,

e) différenciation du trafic,

f) travaux commandés par les exigences de la sécurité routière,

g) études et mise en œuvre de zones à circulation restreinte prévues à l'article L. 2213-4-1 du Code général des collectivités territoriales. »

85 **Affectation par les départements et métropole.** Pour les départements et métropoles bénéficiaires, le produit des amendes forfaitaires perçues par la voie de systèmes automatiques de contrôle et sanction est destiné, aux termes du décret du 30 janvier 2009 relatif aux investissements susceptibles d'être financés par le produit des amendes de police perçues par la voie de systèmes automatiques de contrôle et de sanction versé aux départements en application de l'article 40 de la loi n° 2007-1822 du 24 décembre 2007 de finances pour 2008, au financement des investissements suivants :

« a) aménagements et équipements améliorant la sécurité des usagers et l'accès aux réseaux de transport en commun, y compris la création, l'amélioration ou l'aménagement de points d'arrêt pour les usagers ;

b) aménagements de sécurisation des infrastructures et de leurs équipements, aménagement de carrefours, différenciation du trafic ;

c) équipements assurant l'information des usagers et la gestion du trafic. »

Ces sommes doivent obligatoirement être inscrites en section d'investissement.

86 **Répartition du produit des amendes.** Les sommes mises en répartition au titre des amendes de police et versées annuellement aux collectivités territoriales correspondent, pour ce qui concerne les communes et EPCI, au produit effectivement recouvré au cours de l'exercice précédent.

Les sommes revenant aux communautés urbaines et autres groupements comptant au moins 10 000 habitants ainsi qu'aux communes de 10 000 habitants et plus leur sont versées directement.

Les sommes revenant aux groupements de moins de 10 000 habitants ainsi qu'aux communes de moins de 10 000 habitants sont :
- partagées entre les départements proportionnellement au nombre de contraventions dénombrées l'année précédente sur le territoire de ces communes et groupements ;
- réparties dans chaque département entre les communes et groupements qui ont à faire des travaux définis ci-dessus. La répartition est faite par le conseil général qui arrête la liste des bénéficiaires et le montant des attributions à leur verser en fonction de l'urgence et du coût des opérations à réaliser (CGCT, art. R. 2334-11).

La population à prendre en compte est celle qui résulte des recensements généraux ou complémentaires, majorée chaque année des accroissements de population dans des conditions définies par décret en Conseil d'État (D. n° 87-299, 30 avr. 1987).

Dans la région d'Île-de-France, des prélèvements fixés respectivement à 50 et 25 % des sommes calculées au profit des bénéficiaires énoncés ci-dessus sont opérés au bénéfice du syndicat des transports parisiens et de la région.

▪ Compte **1336** – Fonds communaux et intercommunaux

▸ Compte **13361** – Dotation d'équipement des territoires ruraux

87 **Règles d'éligibilité.** Institué par l'article 179 de la loi n° 2010-1657 du 29 décembre 2012 de finances pour 2011, cette dotation regroupe la dotation globale d'équipement (DGE) et la dotation de développement rural (DDR).

Sont éligibles à la DETR (CGCT, art. L. 2334-32 à L. 2334-39 et R. 2334-19 à R. 2334-35) les communes répondant à certaines conditions démographiques et de richesse fiscale remplissant les conditions suivantes :
- celles dont la population n'excède pas 2 000 habitants dans les départements de métropole et 3 500 habitants dans les départements d'outre-mer ;

- celles dont la population est supérieure à 2 000 habitants dans les départements de métropole (3 500 habitants dans les départements d'outre-mer) et n'excède pas 20 000 habitants dans les départements de métropole (35 000 habitants dans les départements d'outre-mer) et dont le potentiel financier par habitant est inférieur à 1,3 fois le potentiel financier par habitant moyen de l'ensemble des communes des départements de métropole et d'outre-mer, dont la population est supérieure à 2 000 habitants et n'excède pas 20 000 habitants.

Concernant les critères de population, la population à prendre en compte est la population DGF, définie à l'article L. 2334-2 du Code général des collectivités territoriales.

Sont éligibles à la DETR les établissements publics de coopération intercommunale à fiscalité propre remplissant toutes les conditions suivantes :
- avoir une population qui n'excède pas 50 000 habitants (métropole et départements d'outre-mer) ;
- un territoire d'un seul tenant et sans enclave ;
- absence de communes membres de plus de 15 000 habitants.

Concernant les critères de population, la population à prendre en compte pour le nouveau dispositif est la population INSEE, c'est-à-dire celle définie à l'article R. 2151-1 du Code général des collectivités territoriales.

Enfin, sont éligibles, à titre dérogatoire, les EPCI éligibles en 2010 à la DGE des communes ou à la DDR, les syndicats mixtes de moins de 60 000 habitants composés d'EPCI et de communes, les syndicats de communes de moins de 60 000 habitants et les communes nouvelles dont au moins une ancienne commune était éligible à la DETR ou dont la formation s'est faite par regroupement de toutes les communes d'un même EPCI.

88 **Attribution de la dotation.** La dotation est attribuée sous la forme de subventions par opération. Des enveloppes départementales de crédits sont mises à la disposition des préfets, après répartition effectuée par l'administration centrale en fonction des critères physico-financiers énoncés par la loi (communes : écart relatif de potentiel fiscal, population, longueur de voirie classée dans le domaine public et doublée en zone de montagne, nombre de groupements : au *prorata* des investissements).

Le représentant de l'État dans le département attribue les subventions après avis d'une commission d'élus chargée, comme dans le précédent dispositif, de déterminer les catégories d'opérations prioritaires et fourchettes de taux applicables à chacune d'elles, dans la limite de 20 % à 60 % du montant hors taxe de l'investissement. La loi dispose que l'avis de ladite commission porte également sur les montants de crédits respectivement attribués, au sein de l'enveloppe départementale, aux communes et groupements de communes de moins de 2 000 habitants (7 500 dans les DOM), correspondant théoriquement à la première fraction de crédits mentionnée par la loi de finances, et à ceux dont la population excède ce seuil, auxquels se rapporte la deuxième fraction.

La règle de non-commencement de l'opération avant la notification de la subvention est supprimée (CGCT, art. R. 2334-24). L'opération doit faire l'objet d'un commencement d'exécution dans un délai de deux ans à compter de la notification de la subvention, délai pouvant être prorogé de deux ans. Le commencement d'exécution de l'opération est constitué par le premier acte juridique passé pour la réalisation de l'opération ou, dans le cas de travaux effectués en régie, par la constitution d'approvisionnement ou le début d'exécution des travaux. Les études ou l'acquisition de terrains, nécessaires à la réalisation de l'opération et réalisées préalablement, ne constituent pas un commencement d'exécution.

89 **Dispositions particulières.** Les villes nouvelles bénéficient de dotations et de subventions spécifiques inscrites sur une ligne particulière du budget de l'État et non cumulables avec la dotation d'équipement des territoires ruraux (DETR).

Conformément à l'article L. 2522-1 du CGCT, la commission d'élus n'est pas instituée dans les départements des Hauts-de-Seine, de la Seine-Saint-Denis et du Val-de-Marne.

90 **Liquidation de la dotation.** Le préfet liquide les droits des collectivités sur présentation des mandatements par les maires et non des paiements par les comptables locaux. Les états des mandatements sont arrêtés par les collectivités à la fin de chaque trimestre civil.

Réf.
- Instr. CP n° 88-86-M0, 25 juill. 1988

91 **Modalités de versement de la dotation.** Le versement d'avances et d'acomptes au titre de la dotation d'équipement des territoires ruraux, de la dotation politique de la ville et de la dotation de soutien à l'investissement local est régi par l'article R. 2334-30 du CGCT. Cet article prévoit que le versement d'une avance de 30 % peut être opéré « au vu du document informant le préfet du commencement d'exécution de l'opération » ou bien « lors de la notification de l'arrêté attributif » si l'on se trouve « dans le cas d'une autorisation de commencement anticipé ». Il prévoit également que le versement d'un acompte est possible en fonction de l'avancement de l'opération et au vu des pièces justificatives des paiements à condition que la somme de ce montant et de celui de l'avance ne dépasse pas 80 % du montant prévisionnel de la subvention. Le reliquat de l'opération, quant à lui, est versé à l'achèvement de l'opération. Par ailleurs, le préfet peut, en application du II de l'article R. 2334-24 du CGCT, « notifier à la collectivité

que le commencement d'exécution de l'opération avant la date de réception de la demande de subvention n'entraîne pas un rejet d'office de la demande de subvention ».

92 **Pièce justificative :**
- l'état de répartition dressé par la préfecture.

93 **Comptabilité.**

	Débit	Crédit
Encaissement	515	4713
Imputation définitive	4713	13361

▸ Compte **13362** – Dotation de soutien à l'investissement local

94 **Affectation de la dotation.** Elle est destinée au soutien de projets de communes et EPCI pour :

1° rénovation thermique, transition énergétique, développement des énergies renouvelables ;

2° mise aux normes et de sécurisation des équipements publics ;

3° développement d'infrastructures en faveur de la mobilité ou de la construction de logements ;

4° développement du numérique et de la téléphonie mobile ;

5° création, transformation et rénovation des bâtiments scolaires ;

6° réalisation d'hébergements et d'équipements publics rendus nécessaires par l'accroissement du nombre d'habitants.

95 **Actions de soutien au développement des territoires ruraux.** La DSIL est également destinée à financer la réalisation d'opérations visant au développement des territoires ruraux inscrites dans un contrat signé entre, d'une part, le représentant de l'État et, d'autre part, l'établissement public de coopération intercommunale à fiscalité propre ou le pôle d'équilibre territorial et rural mentionné à l'article L. 5741-1 du CGCT.

Ces opérations peuvent concerner des actions destinées à favoriser l'accessibilité des services et des soins, à développer l'attractivité, à stimuler l'activité des bourgs-centres, à développer le numérique et la téléphonie mobile et à renforcer la mobilité, la transition écologique et la cohésion sociale. Les attributions sont inscrites à la section d'investissement du budget des bénéficiaires. Par dérogation, lorsque la subvention s'inscrit dans le cadre d'un contrat signé avec le représentant de l'État, les crédits attribués au titre de cette dotation peuvent financer des dépenses de fonctionnement de modernisation et d'études préalables, et être inscrits en section de fonctionnement de leur budget, dans la limite de 10 % du montant total attribué au bénéficiaire de la dotation. Dans ce cas, la subvention n'est pas reconductible.

Le matériel informatique relève de la section d'investissement, ce qui permet à la collectivité de le financer par l'emprunt et d'étaler la charge que cet investissement représente. Le matériel informatique est par ailleurs éligible au fonds de compensation pour la TVA. Ce caractère de dépense d'investissement peut également permettre, sous certaines conditions, de rendre ces dépenses éligibles aux dotations de soutien à l'investissement des collectivités.

▪ Comptes **1337** et **1338** – Fonds régional pour le développement et l'emploi (Outre-mer) et Autres

96 Cette partie ne fait pas l'objet de commentaires.

Compte **134** – Fonds affectés à l'équipement non amortissable

▪ Compte **1341** – Dotations à l'équipement

▸ Compte **13411** – DGE

97 Cette partie ne fait pas l'objet de commentaires.

▸ Compte **13413** – Dotation de soutien à l'investissement des départements

98 **Dotation de soutien à l'investissement des départements (DSID).** Depuis la loi de finances pour 2019, la dotation de soutien à l'investissement des départements (DSID) a remplacé la dotation globale d'équipement (DGE) des départements. Elle se décompose d'une part (77 % de son montant total), destinée au financement de projets d'investissement et d'une part (23 % de son montant total) qui abonde la section d'investissement des budgets en fonction de critères de péréquation.

▪ Comptes **1344** à **1348** – Contributions locales temporaires à Autres

99 Ces parties ne font pas l'objet de commentaires.

Compte **138** – Autres subventions d'investissement non transférables

100 Cette partie ne fait pas l'objet de commentaires.

Compte **139** – Subventions d'investissement transférées au compte de résultat

101 Pièces justificatives (D. n° 2016-33, 20 janv. 2016).

102 Subventions d'équipement d'organismes publics.

1 – Subventions d'équipement reçues de la Communauté européenne :
- décision d'attribution de la partie versante ;
- à défaut, avis de crédit transmis par le directeur départemental des finances publiques à l'appui de l'avis de règlement ou lettre-avis de virement postal (Lettre intermin., 7 mai 1948).

2 – Autres subventions d'équipement :
- délibération du conseil municipal fixant ou acceptant le montant de la subvention et décidant de son affectation ;
- participation du FACE : certificat d'encaissement établi en six exemplaires par l'ordonnateur.

COMPTE **15**

Provisions pour risques et charges

103 ***Nota bene.*** La budgétisation accroît l'autofinancement pour financer des dépenses d'investissement. La non-budgétisation permet une mise en réserve budgétaire pour financer le risque lorsqu'il se produit.

104 Traitement budgétaire des provisions.

	Communes	Départements et régions	Métropoles
Provisions/dépréciations	Obligatoire : – à l'apparition d'un contentieux ; – en cas de procédure collective ; – en cas de recouvrement compromis malgré les diligences du comptable. Facultatif pour tous les autres risques et dépréciation.	Obligatoire pour risques et charges dès lors qu'il y a apparition du risque et la constatation de dépréciations est obligatoire en cas de perte de valeur d'une immobilisation.	Obligatoire pour risques et charges dès lors qu'il y a apparition du risque et la constatation de dépréciations est obligatoire en cas de perte de valeur d'une immobilisation.
Traitements	Semi-budgétaire par principe, budgétaire sur option.	Semi-budgétaire.	Semi-budgétaire par principe, budgétaire sur option.
Étalement	Possibilité d'étaler la constitution d'une provision en dehors des trois cas de provisions obligatoires.	Pas d'étalement.	Pas d'étalement.
Neutralisation	Non prévu.	Non prévu.	Possibilité de neutraliser les provisions et dépréciations facultatives en M14 de neutraliser les provisions et dépréciations facultatives en M14.

Comptes **151** à **157** – Provisions pour risques et charges sur emprunts à Provisions pour charges à répartir sur plusieurs exercices

105 Ces parties ne font pas l'objet de commentaires.

Compte **158** – Autres provisions pour risques et charges

106 **Pièce justificative (D. n° 2016-33, 20 janv. 2016) :**
- délibération du conseil municipal fixant l'objet de la provision et son montant.

COMPTE **16**

Emprunts et dettes assimilés

107 **Le droit à l'emprunt des collectivités territoriales.** Aux termes des articles L. 2337-3, L. 3336-1, L. 4333-1 et L. 5211-36 du CGCT, les communes, les départements, les régions et les EPCI peuvent recourir à l'emprunt. Le produit des emprunts constitue l'une des recettes non fiscales de la section d'investissement du budget des collectivités (CGCT, art. L. 2331-8). Les emprunts correspondent au volume global des dettes contractées à plus d'un an pendant l'exercice.

Le contrat d'emprunt étant essentiellement un contrat de droit privé, il ne relève pas du contrôle de légalité et n'a pas à être transmis au représentant de l'État pour être exécutoire (CE, 12 févr. 2003, n° 234917, *Ministère des Finances*). Le préfet ne peut donc pas s'opposer aux emprunts dont les conditions lui apparaitraient défavorables aux intérêts de la collectivité si aucune illégalité n'est relevée. Seules les conventions d'emprunt qui revêtent le caractère de contrat administratif sont soumises à l'obligation de transmission aux services préfectoraux.

Toutefois, le représentant de l'État peut demander la transmission de tout document annexe nécessaire à l'appréciation de la légalité des actes pris par les autorités locales (CE, 13 janv. 1988, n° 68166, *Mutuelle générale des personnels des collectivités locales et de leurs établissements*). Ainsi, lors du contrôle de la délibération d'une collectivité autorisant le recours à l'emprunt, le représentant de l'État peut utilement demander la transmission du projet de contrat de prêt.

En cas d'illégalité des délibérations ou décisions de recours à l'emprunt, le représentant de l'État peut adresser un recours gracieux à l'exécutif local pour lui demander de modifier ou de retirer ces actes. À défaut de réponse dans un délai de deux mois, le préfet peut déférer l'acte devant le tribunal administratif, éventuellement assorti d'une demande de suspension à l'encontre des seuls actes administratifs (CE, 16 déc. 1994, n° 116564, *Préfet du Haut-Rhin*). À cet égard, il faut remarquer que l'annulation par le tribunal administratif de la délibération ou la décision n'affecte pas directement la validité du contrat d'emprunt.

En revanche, l'emprunt n'est pas soumis au Code des marchés publics. Le décret n° 2005-601 du 27 mai 2005 modifiant le décret n° 2004-15 du 7 janvier 2004 portant Code des marchés publics l'a expressément exclu des procédures de mises en concurrence nationales et européennes en vertu de la directive n° 2004/18/CE du 31 mars 2004.

Aux termes des articles L. 2337-3, L. 3336-1, L. 4333-1 et L. 5211-36 du CGCT, les communes, les départements, les régions et les EPCI peuvent recourir à l'emprunt. Le produit des emprunts constitue l'une des recettes non fiscales de la section d'investissement du budget des collectivités (CGCT, art. L. 2331-8). Les emprunts correspondent au volume global des dettes contractées à plus d'un an pendant l'exercice.

■ *Nota bene*

Pour faire face à leurs dépenses d'équipement, les collectivités bénéficient de subventions, de leur autofinancement et des prêts accordés par des caisses publiques ou par des organismes privés. En souscrivant un emprunt, la collectivité s'engage à rembourser non seulement le capital, mais également les intérêts dont le taux est déterminé dans le contrat de prêt. Parmi les dépenses obligatoires figure l'acquittement des dettes exigibles (CGCT, art. L. 2321-2, 31°) et les intérêts de la dette (CGCT, art. L. 2321-2, 30°).

108 Capacité de désendettement. Afin de consolider la participation des collectivités territoriales à la réduction du déficit public, la loi n° 2018-32 du 22 janvier 2018 de programmation des finances publiques 2018-2022 a introduit une « règle prudentielle » qui définit, pour chaque catégorie de collectivités, des ratios nationaux de capacité de désendettement. L'article 13 de la loi de programmation des finances publiques 2018-2022 et le décret n° 2018-309 du 27 avril 2018 fixent l'objectif d'évolution maximale des dépenses réelles de fonctionnement des collectivités à 1,2 % par an sur la base des dépenses de l'année 2017.

L'article 29 de cette loi énonce que les collectivités doivent s'engager sur un objectif d'évolution des dépenses réelles de fonctionnement et sur un objectif de réduction du besoin de financement. Les collectivités dont la capacité de désendettement dépasse le plafond national devront s'engager sur une trajectoire d'amélioration de celle-ci.

La capacité de désendettement d'une collectivité se mesure en nombre d'années d'autofinancement nécessaire au remboursement de la totalité des emprunts dus : elle permet d'évaluer la solvabilité financière d'une collectivité. La trajectoire d'amélioration de la capacité de désendettement figure dans le contrat mentionné ci-dessous seulement pour les collectivités qui dépassent en 2016 et en moyenne sur les trois derniers exercices 2014, 2015 et 2016, le plafond national de référence soit :

- 9 années pour les régions, la collectivité de Corse, les collectivités territoriales de Guyane et de Martinique ;
- 10 années pour les départements et la métropole de Lyon ;
- 12 années pour les communes et EPCI à fiscalité propre.

Le législateur n'a pas souhaité que la « trajectoire d'amélioration de la capacité de désendettement » ne revête un caractère contraignant.

Les collectivités dont les dépenses de fonctionnement du budget principal dépassent 60 M€ négocient depuis 2018 des contrats de trois ans avec le préfet.

109 **Instruments de couverture des emprunts.** Pour pallier les éventuelles difficultés que peuvent représenter les emprunts pour les collectivités locales, la circulaire interministérielle NOR:IOCB1015077C du 25 juin 2010 relative aux produits financiers offerts aux collectivités locales et à leurs établissements publics réglemente ce domaine. Cette circulaire abroge les celles du 15 septembre 1992 (NOR:INTB9200260C) et du 4 avril 2003 (NOR:LBLB0310032C). Dans le cadre d'une gestion active de leur dette, les collectivités ont la possibilité de se prémunir contre le risque de taux d'intérêt par divers instruments. Le décret n° 2014-984 du 28 août 2014, pris en application de la loi n° 2013-672 du 26 juillet 2013 de séparation et de régulation des activités bancaires, fixe les conditions destinées à encadrer le recours aux contrats financiers afin de limiter les risques financiers qui peuvent en découler.

110 **Nature des emprunts.** Seuls les emprunts sont comptabilisés au compte 16. Les relais temporaires de trésorerie sont imputés au compte 51.

Il s'agit de deux types de concours proposés par l'ensemble des établissements de crédit :

- l'ouverture d'une ligne de crédit de trésorerie ;
- l'avance de trésorerie.

S'agissant de produits flexibles, les collectivités peuvent bénéficier de différés d'amortissement ou de différés totaux permettant de ne supporter la charge financière du remboursement que lorsque l'exploitation de l'équipement financé par l'emprunt produit ses premières recettes. Des prêts à annuités progressives ajustent les charges d'emprunt aux revenus de la commune. Des prêts à option de taux et de durée permettent aux communes à chaque période de renouvellement de choisir soit le taux fixe, soit le taux révisable.

L'emprunt obligataire constitue un moyen de financement direct des collectivités locales, et en particulier des plus importantes d'entre elles, sur le marché des capitaux. Les collectivités locales qui décident de réaliser une émission obligataire sont schématiquement confrontées à deux solutions : l'accès au marché obligataire public, qui nécessite des montants importants (pas moins de 200 M€) et une bonne image de l'émetteur (évalué par notation) ; le placement privé, qui consiste à trouver un petit nombre de souscripteurs (ex. : les caisses de retraite), qui achèteront la totalité de l'émission. La loi n° 83-1 du 3 janvier 1983 sur le développement des investissements et la protection de l'épargne fixe les modalités d'information du public applicables aux emprunts obligataires des collectivités locales.

Les emprunts qui font l'objet d'un appel public à l'épargne sont soumis à une réglementation spécifique destinée à protéger les épargnants et à assurer le bon fonctionnement des marchés financiers. Les collectivités locales doivent se conformer aux règles applicables à tous les emprunteurs et à celles qui régissent l'émission de titres, l'appel public à l'épargne et, le cas échéant, l'admission à la cote. Il s'agit des dispositions des lois et décrets – notamment loi du 2 juillet 1996 de modernisation des activités financières et l'ordonnance n° 2000-1223 du 14 décembre 2000 dont les dispositions ont été codifiées dans le Code monétaire et financier. De plus, afin de pouvoir émettre et/ou faire admettre leurs titres obligataires à la cote, les émetteurs doivent réaliser un prospectus, soumis au visa de l'Autorité des marchés financiers (AMF).

111 Décision d'emprunter. La décision d'emprunter incombe au conseil municipal, qui délibère sur l'affectation et les conditions de réalisation de l'emprunt (montant, taux d'intérêt nominal et réel, durée d'amortissement et conditions de remboursement). Toutefois, le maire peut, par délégation du conseil municipal, procéder, dans les limites fixées par le conseil municipal, à la réalisation des emprunts destinés au financement des investissements prévus par le budget et aux opérations financières utiles à la gestion des emprunts, y compris les opérations de couverture des risques de taux et de change, et passer à cet effet les actes nécessaires. (Circ. intermin., 4 avr. 2003, NOR:LBLB0310032C ; Instr. CP n° 03-027-M0, 24 avr. 2003 ; CGCT, art. L. 2122-22, préc., 3°). Le maire ne peut subdéléguer ses pouvoirs en cette matière.

112 Contrôle des emprunts. La loi n° 82-213 du 2 mars 1982 a supprimé tout régime d'approbation préalable et tout contrôle *a priori* sur les emprunts des collectivités locales comme sur tous leurs autres actes (CGCT, art. L. 2314-4, L. 2322-1 et L. 1612-1 à L. 1612-20).

Les délibérations relatives aux emprunts des collectivités locales sont donc exécutoires de plein droit dès leur publication et leur transmission au préfet. Il en va de même des contrats de prêts qui sont des conventions de droit privé. En tant qu'actes budgétaires, délibérations et contrats sont soumis au contrôle budgétaire (L., 2 mars 1982, préc., art. 7). Ce mécanisme et le caractère de dépense obligatoire de l'annuité d'emprunt assurent le prêteur du bon règlement des annuités dues, le préfet pouvant se substituer au maire défaillant, et inscrire ces dépenses au budget ou les mandater.

Les emprunts sont destinés exclusivement à financer des investissements et ne peuvent couvrir un déficit de la section de fonctionnement ou une insuffisance de ressources propres pour amortir la dette ainsi que les dépenses imprévues d'investissement. Tant que le budget n'est pas voté, l'exécutif de la collectivité ne peut contracter de nouveaux emprunts.

La loi n° 2013-672 du 26 juillet 2013 de séparation et de régularisation des activités bancaires a fixé un cadre juridique de recours à l'emprunt (CGCT, art. L. 1611-3-1) et autorisé la création d'une agence de financement des collectivités locales (CGCT, art. L. 1611-3-2). Le CGCT définit limitativement les emprunts que les collectivités territoriales peuvent souscrire. Le recours aux emprunts en devises et à taux variables est encadré.

113 Emprunts à risque. Le décret n° 2014-444 du 29 avril 2014, relatif au fonds de soutien aux collectivités territoriales et à certains établissements publics ayant souscrit des contrats de prêts ou des contrats financiers structurés à risques, a été publié le 2 mai 2014. Ce décret prévoit que le montant de l'aide allouée par le fonds de soutien tienne compte de plusieurs critères : la dette de l'organisme public bénéficiaire, sa capacité de désendettement, son potentiel financier et la part de l'encours structuré éligible au fonds dans son encours de dette total. Conformément à la loi de finances, cette aide est plafonnée à 45 % de l'indemnité de remboursement anticipé (IRA), telle que calculée au moment de la demande d'éligibilité (compte 7681). Le décret n° 2014-984 du 28 août 2014 relatif à l'encadrement des conditions d'emprunt précise les conditions de souscription d'emprunts et de contrats structurés ; il énumère limitativement les indices sur lesquels les emprunts peuvent être indexés. La souscription d'un contrat financier adossé à un emprunt ne peut déroger à ces règles. Ce dernier décret a été modifié et complété par le décret n° 2015-619 du 4 juin 2015.

114 Taux d'intérêt des emprunts. Les collectivités locales sont soumises aux règles de droit commun qui s'imposent à tout emprunteur. Elles peuvent ainsi négocier librement les taux d'intérêt et les conditions financières de leur dette avec le prêteur de leur choix. Elles ont accès à des formules d'emprunt très diverses :
- emprunts à taux fixes, à taux variables, à taux révisables ;
- emprunts référencés sur des taux d'intérêt du marché monétaire (TAM, T4M, TIOP), du marché obligataire (TME, TMO), voire des marchés internationaux (EURIBOR, etc.).

La pertinence des choix financiers opérés par les élus locaux dépend des anticipations sur l'évolution future des taux d'intérêt et induit, à l'inverse, un risque financier. Ainsi, une collectivité qui s'endette à taux fixe peut viser à se garantir contre une hausse future des taux, mais ne pourra bénéficier de leur baisse éventuelle ; à l'inverse, une collectivité qui emprunte à taux variable souhaite bénéficier d'une baisse des taux d'intérêt, mais s'expose à leur hausse éventuelle.

Il est à noter que la loi n° 2013-672 du 26 juillet 2013 de séparation et régulation des activités bancaires prévoit pour les emprunts à taux variables que les indices et écarts d'indice doivent être fixés par décret en Conseil d'État (CGCT, art. L. 1611-3-1, préc.). Une collectivité doit donc prévenir les évolutions de taux qui lui seraient défavorables.

115 **Cession de contrats de prêts.** La cession de créance, aussi appelée transport de créance, est une convention par laquelle un créancier, le cédant, transmet sa créance à un tiers, le cessionnaire. Le débiteur, dont le consentement n'est pas requis, est désigné sous le nom de cédé. La cession peut indifféremment avoir lieu à titre onéreux, le cédant percevant un prix, ou à titre gratuit, et donnant sa créance au cessionnaire. La première hypothèse étant de beaucoup la plus fréquente, l'opération apparaît comme une vente : vente de créance. C'est pourquoi elle est réglementée par le Code civil (art. 1689 et s.). En vertu de l'article 1690 du Code civil, « le cessionnaire n'est saisi à l'égard des tiers que par la signification du transport faite au débiteur ». La cession de créance ayant été valablement signifiée par voie d'huissier, d'une part au débiteur cédé, et d'autre part au comptable assignataire de la collectivité, ce dernier est tenu de payer à l'établissement cessionnaire le remboursement des échéances à venir dues au titre des contrats cédés, sous réserve que l'économie des contrats ne soit pas modifiée.

116 **Contrats de désendettement de fait.** Cette technique permet à un débiteur donné d'atteindre un résultat équivalent à l'extinction d'une dette figurant au passif de son bilan par transfert de titres à une entité juridique distincte (généralement une banque), qui sera chargée du service de la dette, cette opération n'ayant pas pour effet de libérer juridiquement le débiteur de son obligation initiale. L'introduction de ce type d'opération dans le secteur public local est à proscrire impérativement car les deux hypothèses envisageables sont toutes deux irrégulières :

- soit la collectivité transfère des fonds et non des titres à la banque, à charge pour celle-ci de constituer le portefeuille de titres nécessaire : ce règlement est un type de placement qui ne correspond à aucune des dérogations à la règle du dépôt des fonds au Trésor ;
- soit la collectivité transfère à la banque un portefeuille préalablement constitué en valeurs d'État ou garanties par l'État : cette opération est contraire au règlement général sur la comptabilité publique stipulant

que seuls les comptables publics sont chargés de la garde et de la conservation des fonds et valeurs appartenant aux organismes publics (Instr. CP n° 92-111-M0, 11 sept. 1992).

117 **Contrats de remboursement anticipé par voie de novation.** Ces contrats entraînent l'extinction juridique des obligations nées de l'emprunt initial avec l'accord exprès et sans réserve du créancier à la substitution des débiteurs. La convention tripartite entre la collectivité, l'établissement de crédit créancier et le nouveau débiteur permet au comptable de rembourser par anticipation l'emprunt entre les mains du débiteur délégué. Un contrat type est joint en annexe à la circulaire Budget-Intérieur NOR:INTB9200212C du 6 août 1992.

118 **Remboursement anticipé des emprunts.** Le remboursement anticipé doit être prévu et autorisé par le contrat. Une collectivité ne peut procéder unilatéralement à un remboursement anticipé d'emprunt. Seul l'accord des parties résultant d'une clause du contrat initial ou d'un avenant permet cette opération (Rép. min. n° 7808 : *JOAN*, 13 mars 1989). Toute délibération de remboursement anticipé n'ayant pas donné lieu à un accord exprès et préalable du prêteur serait illégale (C. civ., art. 1134). Le comptable serait fondé à suspendre le règlement du mandat de dépense pour défaut de caractère libératoire du règlement et non-concordance avec le contrat d'emprunt et son tableau d'amortissement valant pièces justificatives de la dépense (Instr. CP n° 92-111-M0, 11 sept. 1992, préc.). De plus, il serait fondé à refuser de déférer à une éventuelle réquisition de l'ordonnateur (L. n° 82-213, 2 mars 1982, art. 15).

Le remboursement par anticipation des emprunts est le plus souvent subordonné au paiement par la commune d'une pénalité destinée à couvrir le préjudice subi par le prêteur. Dans ce cas, la renégociation de la dette ne se traduit pas toujours par un gain financier aussi important que prévu par la collectivité. Cette pénalité de réaménagement, capitalisée ou non, constitue une charge financière imputée au compte 668. Toutefois, elle peut faire l'objet d'un engagement sur la durée résiduelle de l'emprunt. Une renégociation de dette s'analyse en droit comme une simple modification des caractéristiques financières du contrat initial réalisée par voie d'avenant ou par l'établissement d'un nouveau contrat auprès du prêteur initial. La renégociation d'une dette n'entraîne donc aucun flux de trésorerie contrairement au refinancement. Les opérations de réaménagement de dette (refinancement, renégociation) peuvent être déléguées au maire (CGCT, art. L. 2122-22, préc.).

119 **Remboursement d'emprunt donnant lieu à un décaissement effectif.** Le financement intervient soit sur les ressources propres de la collectivité, soit par un nouvel emprunt de refinancement souscrit auprès d'un autre établissement de crédit qui ne peut excéder le montant du capital restant dû renégocié (Circ. Budget-Intérieur, 6 août 1992, NOR:INTB9200212C).

120 Remboursement d'emprunt ne donnant pas lieu à un décaissement effectif. Dans ce cas, l'opération de renégociation d'emprunt n'implique aucun mouvement effectif de fonds. Elle s'analyse en droit comme une simple modification des caractéristiques financières du contrat initial réalisée par voie d'avenant ou par l'établissement d'un nouveau contrat. C'est une opération non budgétaire ne donnant lieu ni à inscription budgétaire au compte 16 en dépenses et en recettes pour le montant du capital restant dû renégocié, ni à l'émission de mandats de paiement et de titres de recettes. Les effets budgétaires d'une telle opération demeurent limités aux charges d'intérêts futures et, éventuellement, à la pénalité de renégociation.

121 Les garanties d'emprunt. Les dispositions suivantes ne sont pas applicables aux garanties d'emprunt ou aux cautionnements accordés par une commune pour les opérations de construction, d'acquisition ou d'amélioration de logements bénéficiant d'une subvention de l'État ou réalisées avec le bénéfice des prêts aidés par l'État, en application du plan départemental prévu à l'article 2 de la loi n° 90-449 du 31 mai 1990 visant à la mise en œuvre du droit au logement modifiée par la loi n° 2010-788 du 12 juillet 2010 (CGCT, art. L. 2252-2 ; L. n° 96-314, 12 avr. 1996, art. 20).

Une commune ne peut accorder à une personne de droit privé une garantie d'emprunt ou un cautionnement que si :

- le montant total des annuités, déjà garanties ou cautionnées à échoir au cours de l'exercice d'emprunts contractés par toute personne de droit privé ou de droit public, majoré du montant de la première annuité entière du nouveau concours garanti, et du montant des annuités de la dette communale, ne peut excéder un pourcentage, défini par décret, des recettes réelles de la section de fonctionnement du budget communal ; le montant des provisions spécifiques constituées par la commune pour couvrir les garanties et cautions accordées, affecté d'un coefficient multiplicateur fixé par décret, vient en déduction du montant total défini au présent alinéa ;
- le montant des annuités garanties ou cautionnées au profit d'un même débiteur, exigible au titre d'un exercice, ne doit pas dépasser un pourcentage, défini par décret, du montant total des annuités susceptibles d'être garanties ou cautionnées en application de l'alinéa précédent ;
- la quotité garantie par une ou plusieurs collectivités territoriales sur un même emprunt ne peut excéder un pourcentage fixé par décret.

Les dispositions de l'alinéa précédent ne sont pas applicables aux garanties d'emprunts ou cautionnements accordés par une commune aux organismes d'intérêt général visés aux articles 200 et 238 *bis* du Code général des impôts.

Aucune stipulation ne peut faire obstacle à ce que la mise en jeu des garanties ou cautions accordées par une commune porte, au choix de celle-ci, soit sur la totalité du concours, soit sur les annuités déterminées par l'échéancier contractuel.

Le budget primitif doit comporter l'état des emprunts garantis par la commune, conçu selon le même modèle que l'état de la dette communale (CGCT, art. L. 2313-1, 6°).

122 **Garanties d'emprunt à des établissements privés d'enseignement.** Il faut distinguer deux situations :

- celle antérieure à la loi n° 86-972 du 19 août 1986 et définie par l'arrêt du Conseil d'État du 6 avril 1990, n°s 72873, 73656 et 74359, *Ville de Paris et École Alsacienne* : la commune peut garantir des emprunts contractés par tous les établissements d'enseignement privés sauf les établissements privés d'enseignement primaire ;
- celle postérieure à la loi du 19 août 1986 précitée : la commune non seulement est autorisée à garantir des emprunts contractés par des établissements privés d'enseignement primaire, mais ne peut garantir que ceux-ci. Elle se voit donc refuser toute possibilité de garantir des emprunts contractés par des établissements privés d'enseignement secondaire, technique ou supérieur.

123 **Garanties d'emprunt à des groupements sportifs.** L'article 15 de la loi n° 92-652 du 13 juillet 1992 a exclu les groupements sportifs (associations, sociétés d'économie mixte, société à objet sportif, etc.) du bénéfice des garanties d'emprunt (C. sport, art. L. 113-2).

124 **Garanties d'emprunt pour des opérations immobilières destinées au logement des personnels de police et de la gendarmerie, des services d'incendie et de secours et de l'administration pénitentiaire.** L'article 99 de la loi n° 2015-991 du 7 août 2015, dite « loi NOTRe », prévoit que les collectivités territoriales et leurs groupements peuvent décider de garantir tout ou partie des emprunts contractés par des sociétés ou organismes et ayant pour objet des opérations immobilières destinées au logement des personnels de police, de gendarmerie, des services d'incendie et de secours et de l'administration pénitentiaire. Des conventions entre l'État, les organismes bailleurs de logements sociaux, les collectivités territoriales et leurs groupements fixent les conditions de réalisation et de financement de chaque opération envisagée, suivant les modalités définies par décret. Cette disposition a été codifiée à l'article L. 312-3-1 du Code de la construction et de l'habitation.

125 **Mise en jeu de la garantie.** À l'échéance de la dette, le prêteur peut s'adresser directement à la commune qui s'est portée caution, mais la loi permet à la commune d'opposer au prêteur le bénéfice de discussion et de le contraindre à s'adresser d'abord à l'emprunteur (Rép. min. n° 72960 : *JOAN*, 14 oct. 1985). La commune qui paye tout ou partie de la dette à la place de l'emprunteur dispose d'un recours contre ce dernier pour être complètement indemnisée de toutes les conséquences dommageables que le paiement de la dette a entraînées pour elle (C. civ., art. 2028). La mise en jeu des garanties

ou cautions accordées par une commune peut porter, au choix de celle-ci, soit sur la totalité du concours, soit sur les annuités déterminées par l'échéancier contractuel (CGCT, art. L. 2252-1). La commune peut s'acquitter des sommes garanties soit en totalité, soit par annuités (Circ. intermin., 14 oct. 1988).

126 Litiges concernant les garanties d'emprunt. Les difficultés d'exécution de la convention de garantie relèvent de la compétence du juge judiciaire s'il y a absence de mission de service public. Le tribunal administratif est donc incompétent (Instr. CP n° 88-73-M0, 17 juin 1988). Certes, l'engagement est souscrit par la commune, personne morale de droit public. Mais un contrat passé par une personne publique n'est pas, *ipso facto*, un contrat de droit administratif (Instr. CP n° 92-28-M0, 18 févr. 1992). Il n'en est ainsi que s'il se rattache à l'exécution d'une mission de service public ou s'il comporte des clauses exorbitantes de droit commun (CE, 6 déc. 1989, n° 74140, *Crédit mutuel d'Île-de-France*).

Un contrat de garantie d'emprunt portant la signature d'un adjoint au maire n'ayant pas qualité pour engager la commune ne peut conférer aux sommes que celle-ci s'était engagée à garantir le caractère d'une dette exigible (CE, 6 déc. 1989, n° 75991, *SA de Crédit à l'industrie française*). Seul le maire est autorisé à signer la convention de garantie d'emprunt, par délégation du conseil municipal. En cas d'empêchement du maire, seul le conseil municipal peut prendre la décision. Le maire peut toutefois déléguer à son adjoint son pouvoir de signature.

127 Pièces justificatives – Remboursement d'emprunt et frais (D. n° 2016-33, 20 janv. 2016) :

1 – Remboursement d'emprunt souscrit auprès d'organismes prêteurs :
- première échéance :
  - contrat de prêt,
  - le cas échéant[1], tableau d'amortissement ; avis d'échéance ou avis de domiciliation[2] ;
- échéances suivantes :
  - le cas échéant, tableau d'amortissement actualisé,
  - avis d'échéance ou avis de domiciliation[2].

2 – Remboursement anticipé d'emprunt :
- remboursement intégral :
  - décision de remboursement,
  - le cas échéant, état de liquidation des sommes dues produit par le prêteur ;
- remboursement partiel :
  - décision de remboursement,
  - nouveau tableau d'amortissement[3],
  - pour toute échéance suivant le remboursement partiel, pièces prévues aux rubriques 1611 ou 1612.

3 – Remboursement d'emprunt émis directement par la collectivité[4] :
- état récapitulatif établi le cas échéant par l'organisme financier ;
- le cas échéant, contrat de service financier.

1. Cette pièce n'est pas à fournir lorsque les caractéristiques financières du prêt ne permettent pas la production du tableau d'amortissement dès la signature du contrat.

2. L'avis de domiciliation doit être produit en cas de recours à la procédure du débit d'office.

3. Un nouveau tableau d'amortissement doit être produit au comptable lorsque la variation du taux a un impact sur l'échéancier de remboursement du capital ou sur la durée résiduelle du prêt (ex. : emprunt à durée ajustable).

4. En cas de paiement de coupons prescrits : décision de l'assemblée délibérante et état récapitulatif des coupons prescrits (à l'exclusion des EPS).

128 Pièces justificatives – Bonification d'emprunt :

1 – Décision fixant les modalités du concours de la collectivité, et notamment le montant de la participation.

2 – Copie du contrat de prêt souscrit par le tiers et du tableau d'amortissement.

Réf.
- D. n° 2022-505, 23 mars 2022, § 74

129 Pièces justificatives – Garanties d'emprunt :

1 – Avance en garantie d'emprunt :
- décision de l'assemblée délibérante précisant les caractéristiques de la garantie et autorisant le cas échéant l'exécutif à signer la convention et/ou l'acte formalisant l'engagement ;
- le cas échéant, convention d'octroi[1] de la garantie et/ou convention définissant notamment les modalités de concours entre les diverses collectivités ayant accordé leur garantie ;
- demande du prêteur fixant le montant de l'échéance non honorée par l'emprunteur à laquelle est joint le tableau d'amortissement du prêt ;
- décompte des sommes dues, établi par le prêteur.

2 – Fonds de garantie :
- dotation initiale :
  - décision de constitution du fonds de garantie précisant sa dotation et définissant les modalités de concours du ou des divers organismes parties prenantes,
  - le cas échéant, convention passée avec l'organisme gestionnaire[2] ;
- dotation supplémentaire : décision d'octroi d'une dotation supplémentaire.

Réf.
- D. n° 2022-505, 23 mars 2022, § 731-732

1. La conclusion d'une convention avec l'organisme prêteur permet à la collectivité locale de négocier les conditions de mise en œuvre de la garantie.

2. Notamment au regard des dispositions de l'article L. 2253-7 ou de l'article L. 4211-1, alinéa 10 du Code général des collectivités territoriales.

Compte **163** – Emprunts obligataires

▪ Compte **1631** – Emprunts obligataires

130 Cette partie ne fait pas l'objet de commentaires.

▪ Compte **1632** – Opérations sur capital non échu des emprunts obligataires remboursables *in fine* – Anticipation du remboursement en capital

131 ***Nota bene.*** Le capital remboursé s'impute au compte 163 et les primes de remboursement au compte 169 « Primes de remboursement des obligations ». Les frais d'émission sont inscrits au compte 627 « Services bancaires et assimilés ».

132 **Émissions dans le public des emprunts obligataires.** Ce régime particulier des émissions des collectivités locales a été posé par l'article 24 de la loi n° 58-335 du 29 mars 1958 de finances pour 1958, par l'article 82 de la loi n° 46-2914 du 23 décembre 1946 et par l'article 42 de la loi n° 53-79 du 7 février 1953. Ces émissions s'analysent comme des émissions d'obligations communales dans le public. Au taux d'intérêt en général plus élevé que celui pratiqué dans le cas de marché négocié s'ajoutent les frais d'impression et de courtage. Il n'y a pas de montant minimal légal pour lancer une émission dans le public. La seule obligation est d'obtenir le visa de la commission des opérations de bourse (COB) dont l'intervention est gratuite.

Une circulaire interministérielle du 10 août 1983 précise les modalités d'information des souscripteurs d'obligations par une note soumise au visa de la COB (Ord. n° 67-833, 28 sept. 1967, art. 6 et 7). Compte tenu du taux de défaillance financière des collectivités locales, cette note est une précaution considérée comme satisfaisante pour un épargnant. La COB apporte un réel soutien technique mais ne se charge pas du montage de l'opération.

L'établissement d'un cahier des charges exige une connaissance approfondie des conditions du marché. Le placement des titres s'effectue par l'intermédiaire soit des comptables du Trésor, soit d'établissements de crédit.

Les titres sont en principe émis au pair. Il est possible d'assortir les emprunts de primes d'émission et de remboursement qui ne peuvent être respectivement supérieures à 10 % et 5 % de la valeur nominale des titres. À la fin de la souscription, il est dressé un procès-verbal de clôture par le maire et le receveur municipal. Les titres remis aux souscripteurs comportent obligatoirement les signatures manuscrites du maire et du receveur municipal, accompagnées de leurs sceaux respectifs.

Annuellement, un tirage au sort a lieu pour déterminer les obligations amorties. Elles sont, comme les coupons d'intérêt, payées selon les modalités des emprunts publics.

La renégociation des emprunts obligataires est toujours possible.

133 Pièces justificatives (D. n° 2016-33, 20 janv. 2016) :

1 – Émissions dans le public des emprunts

a) frais d'impression : facture de l'imprimeur.

b) lors de la souscription :
- cahier des charges fixant le montant des obligations émises, leur nombre, leur affectation, les dates de tirage, le taux et le montant des intérêts annuels. Il doit préciser si les obligations bénéficient de primes d'émission et de remboursement ;
- délibération du conseil municipal ;
- procès-verbal de clôture de la souscription, dressé par le maire et le receveur municipal.

c) lors du paiement aux souscripteurs : se reporter au compte 661.

d) en fin de chaque exercice :
- état détaillé des restes à payer non atteints par la prescription quinquennale ;
- état sommaire des arrérages payés et des restes à payer ;
- état sommaire des restes à rembourser sur obligations remboursables depuis moins de trente ans.

L'état des restes spéciaux sur coupons et obligations est supprimé (Instr. CP n° 85-73-T1, 17 juin 1985).

e) primes de remboursement : décompte présentant le nombre total d'obligations émises et le montant des primes de remboursement prévues au cahier des charges.

f) paiement coupons et obligations amorties[1] :
- bordereau P 565 pour les obligations amorties ;
- bordereau liquidatif d'intérêt pour coupons.

1. En cas de paiement de coupons prescrits, décision de l'assemblée délibérante et état récapitulatif des coupons prescrits (à l'exclusion des établissements publics de santé).

Compte **164** – Emprunts auprès des établissements financiers

▪ Compte **1641** – Emprunts en euros

134 Cette partie ne fait pas l'objet de commentaires.

▪ Compte **1643** – Emprunts en devises

135 **Risques liés aux emprunts en devises.** Les communes jouissent d'une grande liberté en matière d'emprunt à l'étranger. Mais il apparaît sage de n'utiliser qu'exceptionnellement de telles sources de financement (Rép. min. n° 25189 : *JOAN*, 9 mai 1988, p. 1992). Ce type d'opération présente des risques pour les communes. En effet, si les taux d'intérêt proposés sont généralement inférieurs à ceux des prêts en euros, les emprunteurs en devises sont exposés à des risques de perte de change qui peuvent être supérieurs aux économies escomptées sur les taux d'intérêt (Instr. CP n° 88-115-M0, 12 oct. 1988). De plus, les emprunteurs mésestiment le coût réel de leurs emprunts en devises. Outre le taux nominal, il faut prendre en compte les commissions, y compris de change, et les charges accessoires qui y sont associées. Les emprunteurs en devises peuvent se prémunir auprès des organismes agréés, tant contre le risque de perte de change que contre le risque de taux, par des achats de devises à terme, sous forme notamment de contrats à terme (Circ., 21 mai 1987, NOR:ECOT8770005C). Cette couverture du risque a un coût qui réduit d'autant l'attrait initial des taux d'intérêt.

Les différends entre créanciers et débiteurs sont portés devant les tribunaux de l'ordre judiciaire dont relève le créancier étranger.

La Cour des comptes a appelé l'attention sur les difficultés d'évaluation du capital restant à rembourser sur les emprunts en devises et demandé que soient révisées, au bilan et à l'état de la dette, les modalités d'inscription de ces opérations afin que leur montant corresponde à l'engagement réel de la collectivité emprunteuse. La loi n° 2013-672 du 26 juillet 2013 de séparation et régulation des activités bancaires a fixé le cadre juridique de recours à l'emprunt (CGCT, art. L. 1611-3-1 et L. 1611-3-2, préc.). Pour que l'emprunt en devises soit autorisé, un contrat d'échange de devises contre euros doit être conclu pour la durée de l'emprunt.

136 **Comptabilisation des différences de change.**

	Débit	Crédit
Si perte latente au 31 décembre N		
Enregistrement de la perte latente (non budgétaire) en N	4 762	1 643
Constatation d'une provision (budgétaire) en N	6 865	1 515
Contre-passation en N+1	1 643	4 762

.../...

	Débit	Crédit
Règlement de l'annuité en N+1 :		
– en capital	1 643	515
– pour la perte de change	666	515
Reprise de la provision	1 515	7 865
Si gain latent		
Enregistrement du gain latent (non budgétaire) en N	1 643	4 772
Contre-passation en N+1	4 772	1 643
Règlement de l'annuité en N+1 :		
– en capital	1 643	46 711
– pour le gain de change	46 711	766
– décaissement de l'annuité	46 711	515

▪ Compte **1644** – Emprunts assortis d'une option de tirage sur ligne de trésorerie

137 ***Nota bene.*** Ces emprunts sont destinés au financement de dépenses d'investissement prévues par les collectivités dans leur programme d'investissements annuels ou pluriannuels. Ces derniers se caractérisent par des facilités de gestion au sein de chaque exercice budgétaire et par des tirages infra-annuels mouvementant des comptes financiers.

▸ Compte **16441** – Opérations afférentes à l'emprunt

138 Cette partie ne fait pas l'objet de commentaires.

▸ Compte **16449** – Opérations afférentes à l'option de tirage sur ligne de trésorerie

139 ***Nota bene.*** Les opérations imputées au compte 16449 nécessitent l'ouverture de crédits budgétaires mais n'entrent pas dans le calcul de l'équilibre réel.

▸ Compte **16451** – Remboursements temporaires sur emprunts en euros

140 Cette partie ne fait pas l'objet de commentaires.

▸ Compte **16452** – Remboursements temporaires sur emprunts en devises

141 **Pièces justificatives (D. n° 2016-33, 20 janv. 2016).** Souscription de l'emprunt (pièces à fournir en double exemplaire) :
- délibération du conseil municipal ou décision du maire précisant le nom et la raison sociale du prêteur, l'objet, le montant et la durée de l'emprunt, le taux nominal d'intérêt annuel et le taux réel, le montant de l'annuité et la stipulation que les intérêts et l'amortissement ne courront qu'à partir de la date du versement effectif des fonds ;

- contrat de prêt faisant mention des dispositions précitées ;
- tableau d'amortissement que le receveur municipal émargera lors de chaque remboursement annuel.

142 **Couverture du risque de taux d'intérêt (Instr. CP n° 92-137-M0, 27 oct. 1992) :**
- délibération du conseil municipal mentionnant l'encours de la dette actuelle et envisagée, la politique d'endettement engagée par la collectivité et les caractéristiques essentielles du contrat (consistance du capital de référence, durée maximale des opérations, références des taux) ;
- contrat se conformant strictement au cadre établi par la délibération ;
- tableaux retraçant le détail des opérations de couverture du risque ;
- facture de l'établissement de crédit pour le montant de la prime d'assurance de taux et des éventuelles commissions stipulées dans le contrat.

143 **Paiement des annuités d'emprunts.** Se reporter au compte 661.

144 **Remboursement anticipé.** Se reporter au compte 661.

Comptes **165** et **166** – Dépôts et cautionnements reçus et Refinancement de dette

145 Cette partie ne fait pas l'objet de commentaires.

Compte **167** – Emprunts et dettes assortis de conditions particulières

▪ Compte **1671** – Avances consolidées

146 **Conditions de l'avance.** L'avance présente un caractère précaire et provisoire, au contraire de l'emprunt qui présente un caractère de capital permanent à la disposition de l'emprunteur. La précarité de l'avance résulte de sa brièveté dans le temps, ce qui se traduit par la possibilité d'un remboursement au gré du bénéficiaire, qui se libérera dès qu'il disposera des moyens suffisants, sans être lié à ce propos par le terme prévu.

Les avances du Trésor ne peuvent être accordées qu'aux collectivités qui justifient :
- que leur situation de caisse compromet le règlement de dépenses indispensables et urgentes ;
- que cette situation n'est pas due à une insuffisance des ressources affectées à la couverture définitive de leurs charges et, en particulier, à un déséquilibre budgétaire.

Par exception à ces dispositions, des avances peuvent être accordées pour couvrir les dépenses supplémentaires imposées au cours d'un exercice par des circonstances qui ne pouvaient être prévues lors de l'établissement des prévisions de recettes.

Les demandes d'avances sont examinées par la direction du Trésor. Le taux d'intérêt de ces avances est fixé par le ministère des Finances. Il est égal à celui des prêts à court terme de la Caisse des dépôts (Circ. intermin., 8 déc. 1988, relative à la modernisation des formules de virement des dépenses publiques du secteur local, NOR:BUDR8806002C).

Les demandes d'avances adressées par l'ordonnateur au préfet. Transformées en emprunts, les avances sont consolidées et doivent, à ce titre, figurer parmi les dettes à long ou à moyen terme.

147 **Pièces justificatives (D. n° 2016-33, 20 janv. 2016) - Avances consolidées :**
- contrat d'emprunt ou avenant au contrat initial mentionnant l'affectation du prêt à des opérations d'investissement et définissant le montant et le terme de la dette d'emprunt ;
- titre de recette sur le chapitre 16 émis par l'ordonnateur pour le montant de la dette consolidée ;
- délibération autorisant le recours à l'emprunt.

▪ Compte **1672** - Emprunts sur comptes spéciaux du Trésor

148 Cette partie ne fait pas l'objet de commentaires.

▪ Compte **1675** - Dettes afférentes aux METP et PPP

149 ***Nota bene.*** Les montants inscrits à ce compte ne sont pas pris en compte dans le calcul de l'équilibre des opérations financières (annexes figurant aux budgets).

▪ Comptes **1676** et **1678** - Dettes envers locataires-acquéreurs et Autres emprunts et dettes

Compte **168** - Autres emprunts et dettes assimilées

▪ Compte **1681** - Autres emprunts

▸ Compte **16811** - Organismes d'assurances

150 **Les prêts aux collectivités.** Les compagnies d'assurances constituent des provisions techniques pour couvrir les risques qu'elles assurent et procèdent au placement des fonds ainsi mis en réserve suivant des règles fixées par

décret. Dans la limite de 50 % de leurs provisions, elles peuvent accorder des prêts directs qui jouissent d'une moindre liquidité du fait que ces prêts ne sont pas négociables. Les taux d'intérêt sont, en conséquence, plus élevés. Toutefois, les compagnies d'assurances ne sont autorisées à consentir des prêts directs qu'aux collectivités locales éprouvant des difficultés de placement de leurs emprunts destinés au financement d'opérations non subventionnables par l'État.

151 **Pièces justificatives.** Se reporter au compte 164.

▸ Compte **16812** – Entreprises non financières

152 Cette partie ne fait pas l'objet de commentaires.

▸ Compte **16813** – Particuliers

153 **Emprunts auprès d'entreprises et de particuliers.** Les conditions de réalisation des emprunts des communes auprès d'organismes privés ou de particuliers sont précisées par l'instruction de la comptabilité publique n° 72-135-M0 du 7 novembre 1972.

Au second rang des prêteurs du secteur privé (le premier étant occupé par les compagnies d'assurances) figurent :
- les sociétés mutualistes : leur régime de placement est régi par l'article 20 du Code de la mutualité, qui dispose que leurs disponibilités peuvent être placées auprès des collectivités locales. L'ensemble des prêts accordés par les sociétés mutualistes ne peut dépasser 40 % de l'ensemble de leurs fonds placés (D. n° 83-1260, 30 déc. 1983) ;
- les institutions de retraite : le décret n° 67-485 du 17 juin 1967 a posé le principe selon lequel la moitié de l'actif de ces institutions devait être placée en valeurs de l'État ou jouissant de sa garantie. L'usage de la seconde moitié est libre.

Cependant, le ministère de la Santé a rappelé à différentes reprises que dans le placement de leurs fonds, les divers organismes doivent tenir compte des impératifs de sécurité et de rentabilité qu'exige la gestion de leurs réserves (C. comptes, *Rapport public*, 1973).

Les prêts aux collectivités locales apparaissent comme le type de placement le plus approprié aux institutions de retraites.

▪ Compte **1682** – Bons à moyen terme négociables

154 ***Nota bene.*** Les titres de créance négociables sont soit des bons à moyen terme négociables (BMTN), soit des billets de trésorerie (voir comptes 5193 et 5194). Les BMTN sont souscrits pour une durée d'un an et un jour minimum, ce qui justifie leur comptabilisation au compte 16.

▪ Compte **1687** - Autres dettes

155 **Prêts et avances consentis par des collectivités locales : cadre réglementaire.** À l'origine, de tels emprunts étaient prohibés, en application du principe selon lequel tous les fonds d'une collectivité locale doivent obligatoirement être déposés au Trésor (Ord. n° 59-2, 2 janv. 1959, art. 15). Ce principe souffre quelques exceptions, bien qu'il soit interdit à toute personne autre qu'un établissement de crédit d'effectuer des opérations de banque à titre habituel (L. n° 84-46, 24 janv. 1984, art. 10).

156 **Prêts des départements aux communes.** Les départements sont autorisés à prêter aux communes situées dans leur aire géographique pour le financement de leurs investissements présentant un intérêt départemental (Instr. CP n° 63-16-M0, 28 janv. 1963). Le financement des dépenses de fonctionnement des communes ainsi que les avances de trésorerie sont *a priori* exclus.

Dans l'arrêt du 30 novembre 1994 (n° 145198), *Préfet de la Meuse*, le Conseil d'État a considéré que le département, « en décidant d'offrir à une catégorie déterminée de collectivités locales la possibilité de se voir accorder, [...] des prêts avec intérêts », devait « être regardé comme ayant institué, au sens de l'article 3 de la loi (n° 84-46) du 24 janvier 1984 et même en l'absence d'intention spéculative, un système lui permettant de se livrer à titre habituel [...] à des opérations de crédit ». La qualification d'un prêt en opération de crédit résulte ainsi de la présence d'intérêts, et non de l'intention spéculative du prêteur, dès lors qu'en l'espèce, l'opération était financièrement neutre pour le département (CE, 31 mai 2000, n° 170563, *Commune de Dunkerque*). Il ressort, par conséquent, de ces arrêts que les collectivités locales ne peuvent pas effectuer des opérations de crédit, sauf de façon ponctuelle et exceptionnelle, et ne doivent en aucun cas instituer des mécanismes généraux d'octroi d'avances et de prêts à caractère systématique et à titre onéreux.

Les collectivités locales peuvent accorder une avance ou un prêt à une autre collectivité sans violer la règle du dépôt des fonds libres au Trésor, dès lors qu'ils sont prévus dans le budget de la collectivité qui les octroie. Dans la mesure où les avances attribuées par les départements aux communes n'ont pas pour effet d'orienter les choix de gestion de ces dernières, ni d'entraîner des risques d'ingérence, l'octroi d'avances n'est nullement en contradiction avec le principe constitutionnel de libre administration des collectivités territoriales et avec l'article L. 1111-4 du CGCT, selon lequel « les décisions prises par les collectivités locales d'accorder ou de refuser une aide financière à une autre collectivité locale ne peuvent avoir pour effet l'établissement ou l'exercice d'une tutelle, sous quelque forme que ce soit, sur celle-ci » (CAA Marseille, 3 avr. 2001, n° 99MA01095, *Aubagne*).

157 **Prêts des établissements publics locaux.** Une commune ne peut contracter un emprunt auprès d'un établissement public local (régies municipales dotées de la personnalité juridique, par exemple), même si celui-ci dispose d'excédents.

Toutefois, le ministère de l'Intérieur estime qu'un syndicat d'adduction d'eau potable peut prêter l'argent dont il dispose à d'autres collectivités uniquement s'il y a un intérêt pour le groupement. Il est ajouté que si le syndicat détient un fonds de roulement réellement important qui excède ses besoins normaux, il peut retarder l'augmentation du prix de l'eau et, le cas échéant, diminuer les contributions des communes-membres (Rép. min. n° 19974 : *JOAN*, 29 nov. 1982).

Les centres communaux d'action sociale, les hospices et hôpitaux (à statut public local) peuvent employer une partie de leur patrimoine en prêts aux organismes d'HLM (habitation à loyer modéré) (CCH, art. L. 431-5).

158 **Prêts des communes.** La loi n° 82-213 du 2 mars 1982 n'a, en aucune façon, modifié l'obligation de dépôt au Trésor des disponibilités des communes. Il n'entre pas dans les compétences d'une commune de se substituer aux établissements bancaires en prêtant, même temporairement, une partie de ses fonds à des organismes publics ou privés, sauf exceptions légales ou réglementations particulières relatives notamment aux interventions économiques des collectivités locales. Une telle intervention serait sanctionnée au titre de l'article L. 511-5 du Code monétaire et financier.

Les communes peuvent néanmoins consentir des avances aux établissements hospitaliers pour pallier les difficultés de trésorerie résultant de la mise en service de nouveaux établissements ou la création de nouveaux services (Circ. Santé, 26 oct. 1972, modification des art. 84 et 87 du règlement sanitaire départemental type). Elles peuvent également consentir des prêts aux organismes d'HLM (habitation à loyer modéré) (CCH, art. L. 431-4).

159 **Pièces justificatives.** Se reporter au compte 164.

160 Compte **168741** – Autres dettes communes-membres du GFP

161 Cette partie ne fait pas l'objet de commentaires.

162 Compte **168751** – Autres dettes GFP de rattachement

163 **Transferts d'emprunt entre un groupement de communes et ses communes-membres.** Dans le cadre des transferts de compétences, des emprunts peuvent être transférés ; le titulaire de l'emprunt ne peut pas toujours être modifié, selon les banques.

164 Comptabilité.

	Dépenses	Recettes
Capital		
Commune (168 751)	Titulaire du contrat	276 351
Groupement de communes à fiscalité propre (168 741)	Titulaire	276 341
Intérêts		
Commune (661 132)	Titulaire du contrat	76 232
Groupement de communes à fiscalité propre (661 131)	Titulaire	76 232

▪ Compte **1688** – Intérêts courus

165 Cette partie ne fait pas l'objet de commentaires.

Compte **169** – Primes de remboursement des obligations

166 Cette partie ne fait pas l'objet de commentaires.

COMPTE **18**

Compte de liaison : affectation (budgets annexes – régies non personnalisées)

Compte **181** – Compte de liaison : affectation à... (budgets annexes – régies non personnalisées)

167 Cette partie ne fait pas l'objet de commentaires.

COMPTE **19**

Neutralisations et régularisations d'opérations

168 **Cessions d'immobilisations – Avis des domaines.** L'article L. 2241-1 du Code général des collectivités territoriales prévoit que toute cession d'immeubles ou de droits réels immobiliers (vente, apport en société, échanges) par une commune de plus de 2 000 habitants doit donner lieu à délibération motivée portant sur les conditions de vente et ses caractéristiques au vu de l'avis de France-Domaine. Cet avis est réputé donné à l'issue du délai d'un mois à compter de la saisine des services fiscaux.

« Une cession par une commune d'un terrain à une association locale pour un prix inférieur à sa valeur ne saurait être regardée comme méconnaissant le principe selon lequel une collectivité ne peut céder un élément de son patrimoine à un prix inférieur à sa valeur à une personne poursuivant des fins d'intérêt privé lorsque la cession est justifiée par des motifs d'intérêt général et comporte des contreparties suffisantes [...] en l'espèce, la différence entre le prix de cession et l'évaluation des domaines doit être regardée comme ayant le caractère d'une aide [...] » (CE, 25 nov. 2005, n° 310208, *Commune de Mer ;* CAA Nantes, 2e ch., 20 avr. 2021, n° 20NT03049).

Compte **192** – Plus- ou moins-values sur cessions d'immobilisations

169 Cette partie ne fait pas l'objet de commentaires.

Compte **193** – Autres neutralisations et régularisations d'opérations

170 **Cession d'un bien réformé.** La mise à la réforme d'un bien consiste à sortir ce bien de l'actif, sans contrepartie financière, pour sa valeur nette comptable en cas de destruction ou de mise hors service résultant d'un acte volontaire ou d'un événement indépendant de la volonté de la collectivité.

Les opérations de réforme sont des opérations d'ordre non budgétaires (débit 193, crédit 21). La vente d'un bien réformé nécessite de réintégrer ce bien dans l'actif de la commune (en annulant l'opération initiale de mise à la réforme) et de procéder aux écritures habituelles de cessions des immobilisations.

Comptes **194** et **197** – Provisions pour risques et charges sur emprunts – Stock à la date de première application et Neutralisation des provisions et dépréciations

171 Ces parties ne font pas l'objet de commentaires.

TITRE 3

Classe 2 : Les comptes d'immobilisations

CHAPITRE 1

Les principes de comptabilisation

172 Cette partie ne fait pas l'objet de commentaires.

CHAPITRE 2

Le fonctionnement des comptes

COMPTE 20

Immobilisations incorporelles

Compte 202 – Frais d'études, d'élaboration, de modifications et de révisions des documents d'urbanisme

173 **Frais d'études et FCTVA.** Les frais d'études ouvrent droit à compensation au titre du FCTVA, dans la mesure où ils sont suivis de la réalisation des travaux correspondants. Dans ce cas, ils constituent en effet l'un des éléments du prix de revient des travaux (CGCT, art. L. 1615-7).

174 **Documents d'urbanisme et FCTVA.** Ces dépenses bénéficient des attributions de FCTVA. En effet, conformément à l'article L. 132-16 du Code

de l'urbanisme, les dépenses relatives aux documents d'urbanisme et à la numérisation du cadastre sont éligibles au FCTVA (L. n° 2021-953, 19 juill. 2021, de finances rectificative pour 2021).

▪ Comptes **2032** et **2033** – Frais de recherche et de développement et Frais d'insertion

175 Ces parties ne font pas l'objet de commentaires.

Compte **204** – Subventions d'équipement versées

176 **Les aides économiques : le rôle de la région.** Les circulaires NOR:RDFB1520836N et NOR:RDFB1531125J du 22 décembre 2015, relatives à la nouvelle répartition des compétences en matière d'intervention économique des collectivités territoriales et de leurs groupements issue de l'application de la loi n° 2015-991 du 7 août 2015 portant nouvelle organisation territoriale de la République (loi NOTRe), fixent les modalités d'intervention matière économique.

Le conseil régional établit un rapport relatif aux aides et régimes d'aides mis en œuvre sur son territoire au cours de l'année civile, dans les conditions prévues au présent chapitre, par les collectivités territoriales et leurs groupements. À cette fin, ces collectivités et groupements transmettent, avant le 30 mars de chaque année, toutes les informations relatives aux aides et régimes d'aides mis en œuvre dans leur ressort au titre de l'année civile précédente. Ce rapport est communiqué au représentant de l'État dans la région avant le 31 mai de l'année suivante et, sur leur demande, aux collectivités précitées. Les informations contenues dans ce rapport permettent à l'État de remplir ses obligations au regard du droit communautaire. Ce rapport présente les aides et régimes d'aides mis en œuvre sur le territoire régional au cours de l'année civile et en évalue les conséquences économiques et sociales. Il donne lieu à un débat devant le conseil régional.

177 **Les différentes formes d'aides économiques.** Les aides économiques (CGCT, art. L. 1511-1 à L. 1511-8) peuvent prendre diverses formes :

1 – L'aide au développement économique, au sens strict, c'est-à-dire l'aide à la création ou l'extension d'activités économiques

Cette dernière est prévue à l'article L. 1511-2 du CGCT qui, dans sa version issue de la loi du 7 août 2015, précise que : « Le conseil régional est seul compétent pour définir les régimes d'aides et pour décider de l'octroi des aides aux entreprises dans la région. Dans le cadre d'une convention passée avec la région, la métropole de Lyon, les communes et leurs groupements peuvent participer au financement des aides et des régimes d'aides mis en place par la région. Ces aides revêtent la forme de prestations de services, de subventions, de bonifications d'intérêts, de prêts et d'avances remboursables, à taux nul ou à des conditions plus favorables que les conditions du marché. Le conseil régional peut déléguer l'octroi de tout ou partie des aides à la métropole de Lyon, aux communes et à leurs groupements ; il peut déléguer la gestion de tout ou partie des aides à des établissements publics ou à la société mentionnée à l'article 6 de l'ordonnance n° 2005-722 du 29 juin 2005 relative à la Banque publique d'investissement. »

2 – L'aide aux entreprises en difficulté

L'aide aux entreprises en difficulté relève désormais des régions. Cette aide doit se situer dans une logique de protection des intérêts économiques et sociaux de la population. Elle doit faire l'objet d'une convention avec l'entreprise bénéficiaire prévoyant les contreparties. En cas de reprise de l'activité ou de retour à meilleure fortune, la convention peut prévoir le remboursement de tout ou partie des aides de la région. La métropole de Lyon, les communes et leurs groupements peuvent participer au financement des aides dans le cadre d'une convention passée avec la région.

3 – L'immobilier d'entreprise et la création de zones d'activités industrielles

Il s'agit de créer un environnement propice à l'implantation d'entreprises et pour l'immobilier d'entreprise de fournir des usines clefs en main, moyennant paiement d'un loyer. Il peut s'agir également de vente de terrains à un prix modéré, de garantie d'emprunt ou encore de rabais sur des opérations de crédit-bail ou de location-vente. Cette modalité d'aide est désormais réservée au bloc local, dans le respect des préconisations du schéma régional. La région peut simplement venir le cas échéant en appui.

4 – L'exonération fiscale et/ou de charges sociales pendant une certaine durée

Ces possibilités sont aujourd'hui étroitement encadrées et réservées à certaines zones (zones franches urbaines ou zones de revitalisation rurale) ou à certains types d'entreprises (jeunes entreprises innovantes, par exemple, etc.).

178 **Aides au maintien de services en milieu rural.** La désertification d'un certain nombre de territoires a amené les collectivités territoriales à intervenir afin de maintenir certains services à la population et la dynamique territoriale. Cette modalité d'aide permet dans les territoires ruraux le maintien de commerces tels une épicerie ou encore un bar-restaurant. Il s'agit d'un outil important afin d'éviter la désertification de certains territoires.

De la même façon, la loi permet aux collectivités territoriales d'intervenir afin de maintenir une offre de soins sur le territoire. Le département est le principal maître d'œuvre en la matière. Il peut, pour des raisons de solidarité territoriale et lorsque l'initiative privée est défaillante ou absente, contribuer au financement des opérations d'investissement en faveur des entreprises de services marchands nécessaires aux besoins de la population en milieu rural, dont la maîtrise d'ouvrage est assurée par des communes ou des établissements publics de coopération intercommunale à fiscalité propre, ainsi qu'en faveur de l'entretien et de l'aménagement de l'espace rural réalisés par les associations syndicales autorisées.

179 **Subventions aux services d'eau et d'assainissement.** Il est interdit aux communes de prendre en charge dans leur budget propre des dépenses au titre des services publics à caractère industriel ou commercial exploités en régie, affermés ou concédés par les communes. Toutefois, le conseil municipal peut décider une telle prise en charge lorsque celle-ci est justifiée par l'une des raisons suivantes :

- services d'eau ou d'assainissement des communes de moins de 3 000 habitants : possibilité de recevoir des subventions de fonctionnement et d'investissement sans restriction ni justification ;
- services d'eau ou d'assainissement des communes de 3 000 habitants et plus : possibilité de recevoir des subventions pour les investissements lourds (investissements de départ et extensions importantes des réseaux) dans les conditions définies à l'article L. 2224-2, 2° du CGCT. Ces subventions font l'objet d'une délibération motivée de la commune appuyée de justifications. Elles sont limitées dans le temps. Les subventions d'exploitation et d'équilibre sont prohibées ;
- services d'eau et d'assainissement des groupements composés de communes de moins de 3 000 habitants : mêmes possibilités que les communes de moins de 3 000 habitants ;
- services d'eau ou d'assainissement des groupements composés de communes de 3 000 habitants et plus : subventions d'investissement dans les mêmes conditions que les communes de 3 000 habitants et plus ;
- les communes de moins de 500 habitants peuvent intégrer les dépenses et recettes des services d'eau et d'assainissement gérés sous la forme de régie simple ou directe dans leur budget général à condition de produire en annexe du budget primitif et du compte administratif un état sommaire présentant les recettes et dépenses (CGCT, art. L. 2221-11).

180 **Subventions aux établissements d'enseignement privés.** Les communes peuvent verser des subventions aux établissements privés d'enseignement secondaire général. Les collectivités territoriales fixent librement les modalités de leur intervention. Néanmoins, leur aide ne doit pas excéder, en proportion du nombre des élèves des classes faisant l'objet du contrat, rapporté au nombre des élèves scolarisés dans l'enseignement public, le montant des investissements réalisés dans l'enseignement public. Toute aide allouée donne lieu à conclusion d'une convention précisant

l'affectation de l'aide, les durées d'amortissement des investissements financés et, en cas de cessation de l'activité d'éducation ou de résiliation du contrat, les conditions de remboursement des sommes non amorties ainsi que les garanties correspondantes (L. n° 94-51, 21 janv. 1994, art. 4) (compte 2043).

181 **Fonds de concours.** Le traitement budgétaire et comptable du fonds de concours diffère en fonction de son objet : deux cas peuvent être distingués.

Si le fonds de concours finance la construction, l'acquisition ou la réhabilitation d'un équipement, il est assimilé à une subvention d'équipement à des organismes publics et il est imputé sur l'article 2041 en dépenses, et à l'article 131 ou 132 en recettes.

À l'inverse, si le fonds de concours contribue au fonctionnement d'un équipement, la dépense doit être imputée à l'article 6573 « Subventions de fonctionnement aux organismes publics ». Le bénéficiaire du fonds l'inscrit à son tour en recettes en compte 747 « Participations ».

La loi n° 2004-809 du 13 août 2004 relative aux libertés et responsabilités locales prévoit le versement de fonds de concours entre un EPCI à fiscalité propre et ses communes-membres.

L'article 102 de la loi NOTRe a étendu le dispositif pour des projets d'aménagement numérique.

Réf.
- CGCT, art. L. 5214-16, V, L. 5216-5, VI, et L. 5215-26
- CGCT, art. L. 55722-11

182 **Fonds de concours entre syndicat et commune ou EPCI.** Afin de financer la réalisation ou le fonctionnement d'un équipement public local, des fonds de concours peuvent être versés entre un syndicat visé à l'article L. 5212-24 et les communes ou les établissements publics de coopération intercommunale membres, après accords concordants exprimés à la majorité simple du comité syndical et des conseils municipaux ou des organes délibérants des établissements publics de coopération intercommunale concernés. Le montant total des fonds de concours ne peut excéder les trois quarts du coût hors taxes de l'opération concernée (CGCT, art. L. 5212-26)

« L'article L. 5212-26 du Code général des collectivités territoriales, par les renvois successifs aux articles L. 5212-24 et L. 2224-31 de ce code, n'autorise le financement de travaux sous la forme de fonds de concours qu'en ce qui concerne les domaines relevant strictement de la compétence d'autorité organisatrice de la distribution publique d'électricité ; dès lors que l'éclairage public et les bornes de recharge pour véhicules électriques ne relèvent pas de cette compétence, le syndicat intercommunal ne pouvait légalement prévoir un financement de ces travaux sous la forme de fonds de concours » (CAA Lyon, 14 janv. 2021, n° 19LY01487).

183 Pièces justificatives – Fonds de concours :

1 – Décision fixant les conditions d'engagement de la collectivité.

2 – Le cas échéant, convention ou délibérations concordantes des autres collectivités concernées[1].

3 – Titre de perception ou état visé pour valoir titre de perception émis par la collectivité gérant le fonds de concours.

Réf.
- CGCT, art. L. 5214-16, L. 5215-26 et L. 5216-5
- D. n° 2022-505, 23 mars 2022, § 76

1. Notamment CGCT, art. L. 5214-16, L. 5215-26 et L. 5216-5.

184 Les subventions versées à des personnes de droit privé. Les collectivités territoriales, et notamment les communes et les EPCI, peuvent octroyer des subventions pour faciliter l'accès au logement ou pour des travaux effectués dans le logement. Par exemple, de nombreuses communes ont mis en place des dispositifs d'aides financières pour les propriétaires qui rénovent leur façade (compte 2042).

185 Les subventions d'équipement en nature. Sont considérés comme constituant une subvention en nature (compte 2044) :
- la remise d'un bien à titre gratuit ou pour un prix inférieur à sa valeur nette comptable, s'il ne s'agit pas d'une donation à une régie communale ou d'un transfert d'actif résultant d'un transfert de compétences ;
- le financement partiel de travaux effectués par un EPCI dans le cadre de ses compétences pour une commune non membre ;
- le financement partiel de travaux effectués par un EPCI pour une commune-membre en dehors du cadre de ses compétences.

186 Les attributions de compensation d'investissement. L'article 81 de la loi n° 2016-1918 de finances rectificative pour 2016 a modifié les modalités de versement de l'attribution de compensation aux communes, en rendant possible la création, sous certaines conditions, d'une « attribution de compensation d'investissement ». Elle permet d'inscrire en section d'investissement une partie de l'attribution de compensation versée par l'EPCI à ses communes-membres. Un EPCI à fiscalité professionnelle unique peut également verser à ses communes-membres, dans les conditions prévues au VI de l'article 1609 *nonies* C du Code général des impôts, une dotation de solidarité communautaire. Cette dotation est destinée à réduire les écarts de richesse entre les différents territoires d'un même espace intercommunal. C'est un dispositif relevant de l'évaluation libre des attributions de compensation ouvert aux communes et à l'EPCI (compte 2046).

Compte **205** - Concessions et droits similaires, brevets, licences, marques et procédés, droits et valeurs similaires

187 Cette partie ne fait pas l'objet de commentaires.

Compte **208** - Autres immobilisations incorporelles

▪ Compte **2087** - Immobilisations incorporelles reçues au titre d'une mise à disposition

188 Cette partie ne fait pas l'objet de commentaires.

▪ Compte **2088** - Autres immobilisations incorporelles

189 **Pièces justificatives - Opérations conférant le droit de jouir d'un immeuble.**

> **Réf.**
> - D. n° 2022-505, 23 mars 2022, § 54

190 **Opérations de louage de choses - Dépenses exécutées en qualité de preneur à bail.**

1 - Dépenses exécutées en qualité de preneur à bail

a) loyer d'un bail

Premier paiement :
- en cas de bail écrit :
  - le cas échéant, décision approuvant la conclusion du bail,
  - bail ;
- en cas de bail verbal :
  - décision récognitive de location, précisant l'identité du bailleur et les conditions de la location.

Paiements ultérieurs[1] :
- avis d'échéance, facture ou décompte ;
- en cas de révision du montant du loyer, décompte de révision ;
- en cas de modification des clauses du contrat avenant ou si la modification résulte d'une modification législative qui s'impose aux parties, décompte établi par le bailleur visant la disposition en cause ;
- en cas de changement de bailleur, acte établissant la qualité et les droits du nouveau bailleur.

b) charges locatives : décompte des charges établi par le bailleur

2 – Dépenses exécutées en qualité de bailleur

a) remboursement de dépôt de garantie :
- copie du contrat de bail ;
- état liquidatif.

b) indemnité d'éviction d'un bail commercial

Paiement par l'entremise d'un tiers séquestre :
- convention de résiliation ;
- délibération autorisant la signature de la convention de résiliation ;
- le cas échéant, convention constituant séquestre[2].

Paiement sans l'entremise d'un tiers séquestre

Paiement au preneur à bail évincé en l'absence de créanciers inscrits :
- convention de résiliation ;
- délibération autorisant la signature de la convention de résiliation ;
- état des inscriptions prises[3] négatif ou ne comporte pas de créanciers inscrits.

Paiement au preneur évincé en présence de créanciers inscrits :
- attestation de l'exécutif précisant la date de chaque notification faite aux créanciers inscrits ;
- état des inscriptions prises[4] ne comporte pas de créanciers inscrits disposant d'un droit de préférence.

Consignation de l'indemnité d'éviction :
- décision de consignation ;
- état des inscriptions prises fait mention de créanciers inscrits disposant d'un droit de préférence.

Réf.
- D. n° 2022-505, 23 mars 2022, § 541

1. Cette convention de séquestre est nécessaire si la convention de résiliation ne contient pas de clause en ce sens.
2. Cet état est délivré par le greffier du tribunal de commerce et sa période de certification doit porter effet jusqu'à la date de la convention de résiliation.
3. Le paiement ne peut être réalisé qu'un mois après dernière notification faite aux créanciers inscrits.
4. Le mandatement doit porter référence au mandatement à l'appui duquel a été jointe la copie du contrat.

COMPTE **21**

Immobilisations corporelles

191 **Biens du domaine public.** Les biens du domaine public des collectivités territoriales, de leurs établissements publics et de leurs groupements sont

inaliénables et imprescriptibles. L'occupation ou l'utilisation par des personnes privées des dépendances immobilières de ce domaine ne confère pas de droit réel à ces dernières (L. n° 96-142, 21 févr. 1996). Un bail emphytéotique peut néanmoins être conclu.

Pour qu'un bien ne fasse plus partie du domaine public, il faut qu'il soit déclassé par la commune propriétaire et qu'il ne soit plus affecté au service public (CE, 22 avr. 1977, n° 95539, *Michaud*). Le bien devient alors aliénable (CE, 11 oct. 1995, n° 116544, *Tête*).

192 **Les immobilisations corporelles et le droit de propriété.** Les immobilisations corporelles se composent des choses sur lesquelles s'exerce un droit de propriété (terrains, constructions, installations techniques, matériels et outillage industriels, etc.). Le droit de propriété s'entend dans les conditions définies par le Code civil.

La propriété d'un bien, soit mobilier, soit immobilier, donne droit sur tout ce qu'elle produit et sur ce qui s'y unit, accessoirement ou artificiellement (C. civ., art. 546).

En cas d'incertitude quant à l'intégration d'un bien dans le patrimoine d'une collectivité, il appartient à cette dernière d'apporter la preuve de son droit de propriété sur le bien. Les modes de preuve de la propriété sont libres.

Cependant, certains textes attribuent une propriété de droit sur certaines immobilisations :
- l'ensemble des biens affectés aux besoins de la circulation terrestre à l'exception des voies ferrées, se répartit entre le domaine public de l'État, des départements et des communes (C. voirie routière, art. L. 111-1) ;
- la commune est propriétaire des locaux des écoles (Ord. n° 2000-549, 15 juin 2000).

Les adjonctions à un bien ou les aménagements effectués sur ce bien et qui en augmentent la valeur sont constatés en immobilisations corporelles dans le patrimoine de la collectivité propriétaire du bien.

Ainsi, lorsqu'une commune fait réaliser, par un tiers, des travaux d'adjonctions à un bien meuble ou immeuble dont elle a la propriété, les adjonctions sont intégrées dans son patrimoine et non dans celui du tiers qui les réalise. Ce dernier ne peut les constater dans ses propres immobilisations.

193 **Classification des biens : les biens immeubles.** Les biens sont immeubles, ou par leur nature, ou par leur destination, ou par l'objet auquel ils s'appliquent (C. civ., art. 517).

Les fonds de terre et les bâtiments sont immeubles par leur nature (C. civ., art. 518).

Les objets que le propriétaire d'un fonds y a placés pour le service et l'exploitation de ce fonds sont immeubles par destination (C. civ., art. 524).

Sont aussi immeubles par destination tous les effets mobiliers que le propriétaire a attachés au fonds à perpétuelle demeure.

Le propriétaire est censé avoir attaché à son fonds des effets mobiliers à perpétuelle demeure quand ils sont scellés en plâtre ou à chaux ou à ciment, ou lorsqu'ils ne peuvent être détachés sans être fracturés et détériorés, ou sans briser ou détériorer la partie du fonds à laquelle ils sont attachés (C. civ., art. 525).

Sont immeubles par l'objet auquel ils s'appliquent, l'usufruit des choses immobilières, les servitudes ou services fonciers, et les actions qui tendent à revendiquer un immeuble (C. civ., art. 526). Les immeubles ont alors un caractère incorporel.

194 Classification des biens : les biens meubles. Les biens sont meubles par leur nature ou par détermination de la loi (C. civ., art. 527) :

- sont meubles par leur nature les corps qui peuvent se transporter d'un lieu à un autre soit qu'ils se meuvent par eux-mêmes, comme les animaux, soit qu'ils ne puissent changer de place que par l'effet d'une force étrangère, comme les choses inanimées (C. civ., art. 528) ;
- sont meubles par détermination de la loi les obligations et actions qui ont pour objet des sommes exigibles ou des effets mobiliers, les actions ou intérêts dans les compagnies de finance, de commerce ou d'industrie, encore que des immeubles dépendant de ces entreprises appartiennent aux compagnies. Ces actions ou intérêts sont réputés meubles à l'égard de chaque associé seulement, tant que dure la société. Sont aussi meubles par détermination de la loi, les rentes perpétuelles ou viagères, soit sur l'État, soit sur des particuliers (C. civ., art. 529).

Les critères de détermination des biens meubles prennent en compte les définitions données par le Code civil.

L'article 47 de la loi de finances rectificative pour 1998 a modifié les articles L. 2122-21, L. 3221-2 et L. 4231-2 du Code général des collectivités territoriales en donnant à l'assemblée délibérante la compétence pour décider qu'un bien meuble de faible valeur peut être imputé en section d'investissement, s'agissant de biens ne figurant pas dans une liste et dont le montant est inférieur à un seuil, fixé par arrêté ministériel. L'arrêté du 26 octobre 2001 (NOR:INTBO100692A) fixe, à compter du 1er janvier 2002, à 500 € toutes taxes comprises, le seuil au-dessous duquel les biens meubles ne figurant pas dans la liste sont comptabilisés à la section de fonctionnement.

Il diffuse également la liste des biens meubles constituant des immobilisations par nature, quel que soit leur coût unitaire.

195 Comptabilisation des travaux sur des biens immeubles. Les travaux effectués sur des biens immeubles existants peuvent représenter, soit des adjonctions au bien, soit des travaux de remise ou de maintien en l'état. Les règles d'imputation comptable obéissent aux principes suivants :

- si les travaux ont pour effet de maintenir les éléments d'actif dans un état normal d'utilisation jusqu'à la fin de la durée des amortissements (ou de la durée d'usage), les dépenses ont le caractère de charges de fonctionnement ;
- si, en revanche, les travaux ont pour effet une augmentation de la valeur d'un élément d'actif ou une augmentation de sa durée probable d'utilisation, ils ont le caractère d'immobilisation.

Sous réserve du caractère spécifique des grosses réparations, les dépenses d'entretien et de réparation sont des charges de fonctionnement, alors que les dépenses d'amélioration constituent généralement des dépenses d'investissement.

Les immobilisations qui n'auraient pas été comptabilisées à l'origine sont comptabilisées pour leur valeur vénale (prix du marché) ou, à défaut, pour leur coût de remplacement.

196 Distinction entre dépenses d'entretien et de réparations. Une distinction doit être opérée entre l'entretien, d'une part, et les réparations, d'autre part.

L'entretien est préventif : il a pour objet de conserver les biens dans de bonnes conditions d'utilisation.

La réparation est destinée à remettre les biens en bon état d'utilisation.

Les dépenses d'entretien et de réparations constituent des dépenses de fonctionnement. Ainsi, le simple remplacement ou échange standard d'un élément indispensable au fonctionnement d'un matériel ne doit pas entraîner l'immobilisation de la dépense, quel qu'en soit le montant, à partir du moment où la réparation n'a eu pour effet que de maintenir le matériel en état de marche sans entraîner une augmentation de sa valeur réelle.

Toutefois, les « grosses réparations » font l'objet d'un traitement spécifique. Selon l'article 606 du Code civil, « les grosses réparations sont celles des gros murs et des voûtes, le rétablissement des poutres et des couvertures entières, celui des digues et des murs de soutènement et de clôture aussi en entier. Toutes les autres réparations sont d'entretien ».

Lorsque les « grosses réparations » accroissent la valeur du bien sur lequel elles sont exécutées ou augmentent sa durée de vie, elles constituent des immobilisations. Dans les autres cas, ce sont des charges de fonctionnement.

197 Entretien des bâtiments. En matière d'entretien des bâtiments, les travaux de ravalement et des peintures extérieures, la réfection d'une toiture ou d'une charpente sont des dépenses d'investissement.

En revanche, les peintures intérieures, la révision des toitures, le remplacement des vitres ou de toute autre pièce détachée, correspondent à des dépenses de fonctionnement.

198 **Dépenses d'amélioration.** Constitue une dépense d'amélioration toute dépense qui a pour effet, soit d'augmenter la valeur et/ou la durée de vie du bien immobilisé, soit, sans augmenter cette durée de vie, de permettre une diminution des coûts d'utilisation ou une production supérieure.

Les améliorations peuvent provenir soit du remplacement d'un élément usagé par un élément neuf soit de la réparation d'un élément existant.

Ainsi, le remplacement d'une installation de chauffage par une autre plus moderne constitue une dépense d'amélioration.

199 **TVA sur travaux d'entretien des immeubles d'habitation.** Les travaux portant sur des locaux à usage d'habitation achevés depuis plus de deux ans bénéficient du taux réduit de TVA à 10 % (CGI, art. 279-0 *bis*).

Les maisons de retraite destinées à l'hébergement de personnes âgées, les maisons d'accueil pour personnes handicapées ainsi que les foyers de jeunes travailleurs et autres établissements de même nature sont assimilés à des locaux à usage d'habitation.

Le taux réduit s'applique aux prestations de main-d'œuvre, aux fournitures de matériaux et de certains équipements incluses dans la réalisation des travaux. Toutefois, les gros appareils de chauffage installés dans les immeubles collectifs, les gros appareils sanitaires (saunas, jacuzzis, par exemple) ainsi que les ascenseurs continuent à être soumis au taux normal.

Pour bénéficier du taux réduit sur les travaux qu'elle engage, la personne bénéficiaire doit remettre à l'entreprise une attestation justifiant de l'ancienneté et de l'affectation des locaux à usage d'habitation. Lorsque le comptable se trouve en présence d'une facture relative à des travaux portant sur des locaux à usage d'habitation comportant un taux de TVA égal à 10 %, il doit, afin de vérifier la bonne application du taux, demander à l'ordonnateur une copie certifiée conforme à l'original de l'attestation que celui-ci a transmise à l'entrepreneur.

200 **Travaux d'entretien des établissements dont l'objet est l'hébergement des personnes physiques (BOI-TVA-LIQ-30-20-90-10 au II-A-2-b, § 120 et s.).**

Sont éligibles au taux réduit de TVA les travaux portant sur :
- les logements des résidences universitaires, exploitées par les centres régionaux des œuvres universitaires et scolaires (CROUS) ou par toute autre structure ;
- les établissements hébergeant des personnes âgées, qu'il s'agisse de maisons de retraite, d'établissements d'hébergement pour personnes

âgées dépendantes (EHPAD), de maisons d'accueil rural de personnes âgées (MARPA), d'unités de moyen ou long séjour ou de maisons de convalescence, ainsi que les établissements psychiatriques.

Ces établissements sont concernés par l'application du taux réduit même s'ils comportent une unité de soins longue durée ou s'ils sont rattachés à un hôpital, pour autant que les travaux éligibles au taux réduit de TVA portent sur les parties effectuées à l'hébergement durable des personnes (BOI-TVA-LIQ-30-20-90-10 au II-A-2-a, § 110).

Les travaux portant sur des parties communes aux structures précitées et à des structures affectées à un autre usage que l'hébergement ne sont pas soumis au taux réduit (BOI-TVA-LIQ-30-20-90-10 au II-A-2-b, §§ 130 et 140 ; BOI-TVA-LIQ-30-20-90-10 au II-A-2-a, § 110).

201 Travaux d'entretien dans les établissements dont l'activité d'hébergement est un accessoire.

Relèvent du taux normal de TVA (BOI-TVA-LIQ-30-20-90-10 au II-B-2-a, §§ 220 et 230) :
- les établissements scolaires avec internats et établissements d'éducation spéciale ;
- les établissements d'éducation spéciale relevant de l'annexe XXIV au décret du 9 mars 1956 modifié, qui sont principalement à vocation éducative ou pédagogique ;
- les établissements de congrégations religieuses (couvents ou monastères) ;
- les casernes (casernes militaires, de gendarmerie ou de pompiers) ;
- les établissements pénitentiaires.

Toutefois, les travaux portant sur les locaux affectés uniquement à l'habitation au sein de ces établissements sont soumis au taux réduit, dès lors que l'activité d'hébergement n'est pas soumise à la TVA (BOI-TVA-LIQ-30-20-90-10 au II-B-2-b, §§ 240 et s.).

202 TVA sur travaux d'entretien des logements de fonction. Lorsque le logement de fonction est situé dans un immeuble indépendant des bâtiments administratifs, le taux réduit s'applique à l'ensemble des travaux.

Si le logement fait partie d'un bâtiment affecté aussi à l'activité administrative, le taux réduit s'applique selon les modalités suivantes :

Part des locaux affectés exclusivement à l'habitation au sein du bâtiment	Supérieur à 50 %	Inférieur à 50 %
Travaux soumis au taux réduit de TVA	Ensemble des travaux réalisés dans le bâtiment	Travaux réalisés dans les locaux affectés à l'habitation

Les travaux portant uniquement sur les locaux affectés à l'activité administrative sont exclus du champ d'application de la TVA à taux réduit.

203 Authentification des actes. Conformément, aux dispositions de l'article 98, III et IV de la loi n° 82-213 du 2 mars 1982 modifiée, le maire est légalement habilité à recevoir et à authentifier les actes en la forme administrative ayant même valeur que les actes notariés. Cette habilitation est un pouvoir propre qui ne peut être délégué, le pouvoir d'authentifier étant en effet déjà une délégation de la puissance publique à titre personnel.

Les maires, les présidents des conseils départementaux et les présidents des conseils régionaux, les présidents des établissements publics rattachés à une collectivité locale ou regroupant ces collectivités, et les présidents des syndicats mixtes sont donc habilités à recevoir et à authentifier, en vue de leur publication au bureau des hypothèques, les actes concernant les droits réels immobiliers ainsi que les baux passés en la forme administrative par ces collectivités et établissements publics (CGCT, art. L. 1311-13).

La mise en œuvre de cette procédure n'est qu'une faculté prévue par la loi, et les collectivités et établissements publics peuvent toujours, s'ils le souhaitent, recourir à un officier ministériel (Instr. CP n° 82-178-M0, 3 nov. 1982).

Elle a le mérite de permettre à la commune de faire l'économie des honoraires des notaires et l'inconvénient d'alourdir la tâche des agents communaux. Cette procédure est autorisée par l'article L. 1212-1 du Code général de la propriété des personnes publiques (CG3P).

L'habilitation à recevoir et authentifier les actes passés en la forme administrative est un pouvoir propre qui ne peut être délégué. Le maire ne peut donc déléguer son pouvoir (Rép. min. n° 2984 : *JOAN*, 10 nov. 1997, p. 3976). Un adjoint peut être habilité par délibération du conseil municipal.

Dans le cas où la transaction intéresse un parent du maire, l'acte doit être établi par un notaire. La réception de l'acte implique la présence physique des parties et témoins (D. n° 71-941, 26 nov. 1971). L'authenticité de l'acte implique que la personne qui le reçoit puisse s'assurer de façon certaine de la réalité de la déclaration des parties mentionnées dans l'acte auquel doit être conféré le caractère authentique (Rép. min. n° 16677 : *JOAN*, 25 déc. 1989, p. 5667).

204 Frais d'actes. Les frais d'actes et autres accessoires à la vente sont à la charge de l'acheteur (C. civ., art. 1593). Si, lorsqu'un acte est passé en la forme administrative, le vendeur, personne privée, se fait assister par un notaire, les frais résultant de l'intervention de ce dernier n'ont pas à être pris en charge par la commune qui acquiert le bien (Rép. min. n° 33711 : *JOAN*, 7 mars 1988, p. 1040).

205 Frais d'arpentage. Le géomètre expert inscrit à l'ordre peut seul réaliser les études et les travaux topographiques qui fixent les limites des biens fonciers. Ce monopole n'est pas opposable aux services publics pour l'exécution des travaux qui leur incombent (L. n° 87-998, 15 déc. 1987, art. 2). Les services techniques municipaux peuvent donc procéder, sans l'aide d'un géomètre expert, à toute division ou partage dans le cadre des opérations d'aménagement de biens fonciers leur appartenant et utilisés pour l'édification de réseaux ou d'équipements collectifs qui n'implique pas transfert de propriété ou modification du statut du bien foncier (Rép. min. n° 45660 : *JOAN*, 17 févr. 1992, p. 787). Le recours à un géomètre expert est toutefois fortement recommandé pour éviter toute contestation.

206 Droits de mutation. Les acquisitions immobilières faites à l'amiable et à titre onéreux par les communes et syndicats de communes ne donnent lieu à aucune perception au profit du Trésor (CGI, art. 1042). L'exonération bénéficie à toutes les acquisitions immobilières, quelle que soit la destination des biens acquis.

207 Consultation du domaine. La consultation du domaine (direction de l'immobilier de l'État : DIE) est obligatoire dans certains cas (CGCT, art. L. 1311-9 à L. 1311-12 et L. 2241-1).

Les projets d'opérations immobilières doivent être précédés, avant toute entente amiable, d'une demande d'avis de l'autorité compétente de l'État lorsqu'ils sont poursuivis par les collectivités territoriales, leurs groupements et leurs établissements publics.

Ces projets d'opérations immobilières comprennent :

1° les baux, accords amiables et conventions quelconques ayant pour objet la prise en location d'immeubles de toute nature d'un loyer annuel, charges comprises, égal ou supérieur à un montant fixé par l'autorité administrative compétente ;

2° les acquisitions à l'amiable, par adjudication ou par exercice du droit de préemption, d'immeubles, de droits réels immobiliers, de fonds de commerce et de droits sociaux donnant vocation à l'attribution, en pleine propriété, d'immeubles ou de parties d'immeubles, d'une valeur totale égale ou supérieure à un montant fixé par l'autorité administrative compétente, ainsi que les tranches d'acquisition d'un montant inférieur, mais faisant partie d'une opération d'ensemble d'un montant égal ou supérieur ;

3° les acquisitions poursuivies par voie d'expropriation pour cause d'utilité publique.

208 Portée de l'avis du domaine. Le but de cette formalité est que les biens immobiliers publics puissent être cédés ou loués à un prix inférieur à leur valeur réelle, ou qu'une personne publique puisse procéder une acquisition à un prix excédant la valeur réelle du bien.

L'avis du service des domaines porte sur la valeur vénale ou locative du bien, et les personnes visées par cette obligation doivent délibérer au vu de l'avis de l'autorité compétente de l'État sur cette valeur (CGCT, art. L. 1311-11). La consultation du service des domaines est obligatoire : en cas d'absence, la décision d'aliéner est irrégulière (CE, 22 févr. 1995, *Commune de Ville-La Grand* : *Dr. adm.* 1995, n° 233).

La collectivité n'est pas liée par l'avis rendu, et elle peut décider de modifier le montant, sous réserve de motiver sa décision. Cependant, le montant arrêté ne doit pas être disproportionné au regard de l'avis rendu ; un prix manifestement trop faible est constitutif d'une erreur manifeste d'appréciation et vicie la décision de vendre l'immeuble (CE, 8 févr. 1999, n° 168043, *Ville de Lourdes*).

209 **Les seuils de consultation du domaine.** S'agissant des cessions d'immeubles, l'arrêté du 5 décembre 2016 (*JO* 11 déc. 2016, n° 0288) maintient le seuil de consultation au premier euro pour les cessions des communes de plus de 2 000 habitants. Quant aux communes de moins de 2 000 habitants, elles sont désormais dispensées de consulter le service France Domaine pour leurs cessions.

S'agissant des acquisitions :
- acquisition amiable, par adjudication ou par exercice du droit de préemption hors ZAD : la consultation est obligatoire pour tous les biens dont la valeur vénale est égale ou supérieure à 180 000 €, hors droits et taxes ;
- acquisition poursuivie par voie d'expropriation ou par exercice du droit de préemption en ZAD, il n'y a pas de seuil : la consultation est obligatoire pour tous les biens.

Pour les prises à bail : tous types de baux (y compris avenants et renouvellements), location-vente, etc., la consultation est obligatoire à partir de 24 000 € de loyer annuel, charges comprises.

210 **Cessions de biens à titre gratuit.** Les cessions à titre gratuit ou à l'euro symbolique s'analysent comme des subventions d'équipement versées et s'imputent au compte 2044 « Subventions d'équipement en nature » ; chez le vendeur, l'euro symbolique fait l'objet d'une recette au compte 75888 « Autres produits divers de gestion courante ».

Si la collectivité choisit de retenir un prix de cession très inférieur à la valeur du bien, cette décision peut être analysée par le juge comme une forme de libéralité contraire au principe d'égalité des citoyens qui s'oppose à ce que des biens appartenant au patrimoine public soient cédés à des personnes poursuivant des fins d'intérêt privé pour des prix manifestement inférieurs à leur valeur. Une telle cession n'est pas contraire au principe d'égalité ci-dessus énoncé lorsque la cession est justifiée par des motifs d'intérêt général et comporte des contreparties suffisantes (CE, 3 nov. 1997, n° 169473, *Commune de Fougerolles*).

Dans le domaine des interventions économiques des collectivités locales (Rép. min. n° 22478 : *JOAN*, 16 juill. 1990), celles-ci peuvent librement accorder des aides indirectes, au rang desquelles figurent les apports de terrains ou leur vente à un prix symbolique (Instr. CP n° 90-150-M0, 27 déc. 1990).

L'article L. 3212-2 du Code général de la propriété des personnes publiques prévoit dans quels cas des cessions de biens de l'État et de ses établissements publics peuvent être réalisées gratuitement. Conformément à l'article L. 3212-3 du même code, ces dispositions sont aussi applicables aux collectivités territoriales, à leurs groupements et à leurs établissements publics, à l'exception des cas mentionnés aux 1°, 6° et 8° du même article L. 3212-2. Un décret du 6 mai fixe le plafond de la valeur unitaire de ces biens pouvant être cédés à titre gratuit.

211 **Vente à un maire d'un bien immobilier du domaine privé communal.** Il s'agit d'un délit d'ingérence ; une telle acquisition par le maire est frappée de nullité relative qui ne peut être invoquée que par la commune. Si cette dernière néglige d'engager l'action civile, un contribuable de la commune pourra l'exercer avec l'autorisation du tribunal administratif (CGCT, art. L. 2132-5).

212 **Interventions d'agents immobiliers dans la vente de biens du domaine privé.** La rémunération due à l'agent immobilier ne saurait dépasser le montant des honoraires que ce dernier est en droit d'attendre d'une personne privée. Le recours à ces agents d'affaires doit être strictement limité au cas où des difficultés particulières l'exigent et où la commune ne dispose pas de moyens propres à les résoudre (Instr. CP n° 66-50-M0, 26 avr. 1966).

Ce contrat de vente entre dans le champ d'application du Code des marchés publics et les règles de publicité et de mise en concurrence doivent être respectées.

213 **Cession gratuite de matériel informatique.** La cession gratuite de matériels informatiques constitue une dérogation au principe d'incessibilité à vil prix des biens publics, lequel découle de l'interdiction plus générale faite aux personnes publiques de consentir des libéralités. Ce principe a valeur constitutionnelle (Cons. const., n° 86-207 DC, 26 juin 1986) et se matérialise en droit, pour ce qui concerne les biens meubles, à l'article L. 3211-18 du Code général de la propriété des personnes publiques (CG3P), qui dispose que « les opérations d'aliénation du domaine mobilier de l'État ne peuvent être réalisées ni à titre gratuit, ni à un prix inférieur à la valeur vénale ».

Le législateur a, dans le cas présent, entendu assouplir ce principe en offrant la possibilité aux collectivités territoriales de consentir des libéralités de leurs matériels informatiques. Ainsi, il résulte de l'article L. 3212-3 du Code général de la propriété des personnes publiques appliquant le régime en vigueur pour ce qui relève de l'État ou l'un de ses établissements publics visé à l'article L. 3212-2 du même code, que « les collectivités territoriales, leurs groupements et leurs établissements publics sont autorisés à céder gratuitement les matériels informatiques dont ils n'ont plus l'emploi ».

La valeur unitaire des matériels informatiques qui peuvent être cédés gratuitement aux associations de parents d'élèves, aux associations de soutien scolaire, aux associations reconnues d'utilité publique, aux organismes de réutilisation et de réemploi agréés « entreprise solidaire d'utilité sociale » et aux associations d'étudiants ne peut excéder 300 € (D. n° 2022-791, 6 mai 2022 : *JO* 8 mai 2022). Il en est de même pour :
- les cessions de matériels et d'équipements destinés à l'enseignement et à la recherche scientifiques, lorsqu'ils ont été remis, dans le cadre d'une convention de coopération, à un organisme assurant des missions de même nature ;
- les cessions des biens de scénographie ;
- les cessions des biens archéologiques mobiliers déclassés ;
- les cessions de constructions temporaires et démontables ;
- les cessions de biens meubles.

214 Immobilisations sinistrées. En cas de destruction totale ou de vol, l'immobilisation doit être sortie de l'actif au cours de la même année. S'il y a indemnisation, elle est considérée comme étant un prix de cession. Dans le cas contraire, le bien doit être réformé en le sortant de l'actif pour sa valeur nette comptable.

215 Immobilisations réformées. La réforme d'un bien est une opération d'ordre non budgétaire constaté par le comptable après réintégration des amortissements. La valeur nette comptable du bien réformé est portée au débit du compte 193 par le crédit de la subdivision du compte de classe 2.

216 Purge des hypothèques suite à acquisition immobilière. Lorsque les communes procèdent à des acquisitions immobilières à l'amiable, ou lorsque l'acquisition a lieu sur licitation, le notaire rédacteur de l'acte procède s'il y a lieu, sous sa responsabilité, à la purge de tous privilèges et hypothèques. Les fonds qui lui sont remis sont alors considérés comme reçus en raison de ses fonctions (CGCT, art. L. 2241-3).

Si le paiement a lieu entre les mains du notaire, le comptable ne peut exiger la justification hypothécaire du bien acquis. Le notaire doit alors produire un certificat par lequel il s'engage à prendre à sa charge les sommes qui, après paiement au vendeur du prix de l'acquisition, s'avéreraient être dues, à la suite de l'inscription au fichier immobilier, à des créanciers inscrits ou à un autre propriétaire.

Si le paiement a lieu entre les mains du vendeur, le comptable doit exiger soit le certificat négatif d'inscription hypothécaire, soit le certificat de radiation des inscriptions prises, soit la quittance notariée portant mainlevée (CGCT, ann. I, rub. 521 « Pièces justificatives des dépenses publiques »). Si le paiement intervient sans ces pièces, la responsabilité du comptable sera mise en jeu (CRC Corse, 22 sept. 1988, *Commune de Morosaglia*).

Lorsque les formalités de purge sont accomplies, le notaire, si tous les créanciers inscrits sont d'accord, établit un ordre consensuel, contrat qui répartit le prix entre les créanciers inscrits et qui radie les inscriptions. Faute de consentement de tous les créanciers, le notaire ouvre un ordre judiciaire avec consignation du prix de la vente à la Caisse des dépôts.

217 **Dispense de purge des hypothèques : acquisition immobilière par voie administrative.** Le prix des acquisitions à l'amiable portant sur des immeubles dont la valeur n'excède pas 7 700 € (D. n° 2000-318, 7 avr. 2000) peut être payé au vendeur après publication de l'acte au fichier immobilier sans que soient accomplies les formalités de purge. Le maire doit y être autorisé par le conseil municipal.

La dispense de l'accomplissement des formalités de purge est une mesure facultative. La commune doit en effet se garantir contre toute réclamation des créanciers inscrits (Circ. Budget, 30 sept. 1987). La méconnaissance des droits de ces créanciers exposerait la commune à un double paiement.

Lorsqu'il est envisagé de ne pas accomplir les formalités de purge, la décision incombe à l'ordonnateur, qui apprécie seul les éléments à prendre en compte : solvabilité du vendeur, accord amiable obtenu entre le vendeur et les créanciers inscrits, ancienneté des inscriptions (Instr. CP n° 87-115 B1-M0-M9, 6 oct. 1987).

Lorsque les acquisitions portent sur des immeubles appartenant à d'autres collectivités, les formalités de purge n'ont pas à être effectuées si le vendeur était propriétaire depuis plus de trente ans ou s'il les a lui-même effectuées lors de l'acquisition de l'immeuble.

218 **Acomptes sur acquisitions immobilières.** La réglementation ne permet pas le versement d'acomptes avant la publication de l'acte au fichier immobilier. Cette interdiction résulte de la combinaison des dispositions de l'article 33 du décret n° 2012-1246 du 7 novembre 2012, qui pose le principe du paiement après service fait, et des dispositions du décret n° 55-22 du 4 janvier 1955 relatives aux formalités d'enregistrement au fichier immobilier.

Tant que l'acte n'est pas publié au fichier immobilier, la convention n'est pas opposable aux tiers, et un acquéreur subséquent qui aurait inscrit son droit avant l'inscription du premier acquéreur serait aux yeux des tiers le véritable propriétaire.

C'est pourquoi l'inscription au fichier immobilier est considérée comme une condition nécessaire pour qu'il y ait service fait, c'est-à-dire transfert de la propriété à l'égard des tiers (NdS CP n° 84-80-M0, 23 mars 1984).

219 Droit de préemption. Le droit de préemption urbain (DPU) est exercé en vue de la réalisation, dans l'intérêt général, des actions ou opérations d'aménagement répondant aux objets définis à l'article L. 300-1 du Code de l'urbanisme, à l'exception de ceux visant à sauvegarder ou à mettre en valeur les espaces naturels. Le DPU est un dispositif permettant aux collectivités d'acquérir prioritairement des biens immobiliers que des propriétaires ont l'intention d'aliéner, dans le but de réaliser un projet d'aménagement ou d'équipement qui serait nécessaire à la collectivité.

Les droits de préemption sont exercés en vue de la réalisation, dans l'intérêt général, de certaines actions et opérations (mise en œuvre d'un projet urbain, du renouvellement urbain, d'une politique locale de l'habitat, de mesures en faveur des activités économiques, du développement des loisirs et du tourisme, de la réalisation d'équipements collectifs, de la lutte contre l'insalubrité) ou pour constituer des réserves foncières en vue de permettre la réalisation desdites actions et opérations (C. urb., art. L. 210-1, L. 211-1 et s.).

Toute aliénation de biens immeubles visés à l'article L. 213-1 du Code de l'urbanisme est subordonnée, à peine de nullité, à une déclaration préalable faite par le propriétaire à la mairie de la commune où se trouve situé le bien. Le silence du titulaire du droit de préemption pendant deux mois à compter de la réception de cette déclaration vaut renonciation à l'exercice du droit de préemption (C. urb., art. L. 213-2).

La commune qui exerce son droit de préemption par substitution à l'acheteur avec lequel le vendeur avait passé un accord sur le prix et les conditions de vente est tenue de s'acquitter des frais que l'acheteur s'était engagé à payer (Cass. 3e civ., 19 juill. 1982, n° 81-11080).

Le service du Domaine dispose d'un mois pour faire connaître l'évaluation du bien au maire ; à défaut le maire peut prendre la décision de préemption le lendemain de la date butoir (CE, 23 janv. 2008, n° 308995, *Commune de Romainville*).

Les collectivités peuvent exercer le droit de préemption à condition de justifier de la réalité d'un projet d'action ou d'aménagement (C. urb., art. L. 300-1) et de faire apparaître la nature de ce projet dans la décision de préemption (CE, 7 mars 2008, n° 299371, *Commune de Meung-sur-Loire*).

220 **Droit de préemption d'un terrain agricole.** Pour qu'une commune ou un établissement public de coopération intercommunale puisse préempter un terrain exploité par un agriculteur, le terrain doit être situé en zone urbaine ou à urbaniser du document d'urbanisme et avoir été inclus dans le périmètre du droit de préemption urbain lors de son instauration par la collectivité.

S'agissant des droits de l'agriculteur exploitant en place, les articles L. 412-1 et suivants du Code rural et de la pêche maritime (CRPM) prévoient la possibilité d'un droit de préemption par le preneur à bail en place. L'article L. 412-4 du même code précise cependant que le droit de préemption (de l'agriculteur exploitant) peut être exercé s'il n'a pas été fait usage des droits de préemption établis par les textes en vigueur, notamment au profit de l'État, des collectivités publiques et des établissements publics. En d'autres termes, si le droit de préemption du preneur en place est susceptible, sous certaines conditions, de primer celui de la Société d'aménagement foncier et d'établissement rural, il ne peut primer celui de la collectivité bénéficiant d'un DPU sur des biens classés en zone U ou AU du PLU même si ceux-ci sont exploités via un bail rural au moment de l'aliénation. Ce droit de préemption de l'exploitant est ouvert au preneur ayant exercé, au moins pendant trois ans, la profession agricole et exploitant par lui-même ou par sa famille le fonds mis en vente. Il est d'application stricte dans le cas d'une vente de gré à gré conclu entre le propriétaire et la collectivité hors toute procédure de préemption.

221 **Usucapion ou prescription acquisitive.** Les communes peuvent devenir propriétaires d'immeubles par prescription (C. civ., art. 2219 et 2224). La possession doit être continue, paisible, publique et à titre de propriétaire.

En matière immobilière, la prescription acquisitive est soumise à un délai de trente ans (C. civ., art. 2272, al. 1er ; L. n° 2008-561, 17 juin 2008).

Il existe une prescription acquisitive abrégée de dix ans justifiée par l'existence d'un juste titre et la bonne foi (C. civ., art. 2272, al. 2).

Le délai de la prescription acquisitive est interrompu lorsque le possesseur d'un bien est privé pendant plus d'un an de la jouissance de ce bien, soit par le propriétaire, soit par un tiers (C. civ., art. 2271).

Les biens du domaine privé des communes peuvent aussi être acquis par des particuliers grâce à l'usucapion.

222 **Gestion des biens et droits indivis entre plusieurs communes.** Une commission syndicale assure l'administration et la mise en valeur des biens et droits indivis. Toutefois, les ventes, échanges, partages, acquisitions de biens immobiliers demeurent réservés aux conseils municipaux, qui peuvent autoriser le président de la commission à passer les actes qui y sont relatifs (CGCT, art. L. 5222-2).

Les structures administratives et financières des biens indivis sont définies dans la circulaire Intérieur du 10 février 1986 (*JO*, 27 févr. 1986) relative à la gestion des biens et droits indivis entre plusieurs communes.

223 **Biens des collectivités membres d'un EPCI à fiscalité propre.** Le transfert des compétences entraîne de plein droit l'application à l'ensemble des biens, équipements et services publics nécessaires à leur exercice, ainsi qu'à l'ensemble des droits et obligations qui leur sont attachés à la date du transfert, les dispositions des trois premiers alinéas de l'article L. 1321-1, des deux premiers alinéas de l'article L. 1321-2 et des articles L. 1321-3 à L. 1321-5 du Code général des collectivités territoriales (CGCT, art. L. 5211-5). Ainsi, le transfert d'une compétence entraîne de plein droit la mise à disposition de la collectivité bénéficiaire des biens meubles et immeubles utilisés, à la date du transfert, pour l'exercice de la compétence.

Ainsi, un établissement public de coopération intercommunale (EPCI) ne peut intervenir, en application des principes de spécialité et d'exclusivité, que dans le champ des compétences qui lui ont été transférées. Il est ensuite le seul à pouvoir agir dans ces domaines de compétences. À ce titre, le III de l'article L. 5211-5 du Code général des collectivités territoriales prévoit que le transfert de compétence d'une commune à un EPCI s'accompagne du transfert de l'ensemble des biens, équipements et services publics nécessaires à son exercice, ainsi qu'à l'ensemble des droits et obligations qui lui sont attachés à la date du transfert. L'EPCI est également substitué de plein droit, à la date du transfert, aux communes qui le créent dans toutes leurs délibérations et tous leurs actes. S'agissant plus particulièrement du transfert à l'EPCI des contentieux dont peuvent être grevées les compétences transférées, les règles applicables en la matière sont essentiellement issues de la jurisprudence administrative.

Classiquement, le juge estime que dans l'hypothèse où le fait générateur du contentieux intervient postérieurement au transfert de la compétence, l'EPCI en assume la responsabilité. À l'inverse, lorsque le fait générateur du contentieux intervient antérieurement au transfert de la compétence, la question du transfert des contentieux portant sur des compétences transférées nécessite un examen au cas par cas (CE, 4 déc. 2013, n° 349614 ; CAA Nancy, 6 mars 1990, n° 89NC00027 ; CE, 3 déc. 2014, n° 383865, *Société Citelum* ; CE, 12 juill. 2019, n° 418818, *Commune de Corenc*).

En outre, la collectivité bénéficiaire de la mise à disposition peut, sur sa demande, devenir propriétaire des biens désaffectés lorsqu'ils ne font pas partie du domaine public.

Le retour des biens en pleine propriété au remettant est régi par la loi n° 99-586 du 12 juillet 1999, et les articles L. 5211-19 et L. 5211-25-1 du Code général des collectivités territoriales.

224 Biens des collectivités membres d'un EPCI à fiscalité propre : les ZAC. En matière de zones d'activité économique, les conditions financières et patrimoniales du transfert (obligatoire) des biens immobiliers liés à la compétence d'une zone d'aménagement économique (ou concerté) sont déterminées à la majorité qualifiée. En effet, le « toutefois » du 2e alinéa du III de l'article L. 5211-5 du Code général des collectivités territoriales introduit une dérogation au principe de mise à disposition obligatoire à titre gratuit posé par l'article L. 1321-1 du même code dans le cas des zones d'activité et des zones d'aménagement concerté, qui font partie du domaine privé des communes, car l'EPCI doit être en mesure de vendre les terrains une fois l'aménagement achevé. Cet alinéa permet le transfert en pleine propriété des terrains de ces zones dans les conditions définies par les parties : transfert immédiat ou à terme (au plus tard au moment de la commercialisation), à titre gratuit ou à titre onéreux, etc.

Cette disposition ne doit pas s'interpréter comme interdisant le transfert de propriété en dehors du cas des zones d'activité (l'article L. 1321-3 du CGCT est toujours applicable).

Compte **211** – Terrains

225 Aliénation de terrains. Les communes peuvent aliéner les biens et droits immobiliers de leur domaine privé de gré à gré ou par voie d'adjudication. Aucune obligation législative ou réglementaire n'impose à la commune de donner la préférence au mieux offrant pour la vente amiable de biens appartenant à son domaine privé (CE, 12 juin 1987, nos 71507 et 71961, *Cestas*).

Le conseil municipal délibère sur la gestion des biens et les opérations immobilières effectuées par la commune, sous réserve, s'il s'agit de biens appartenant à une section de commune, des dispositions des articles L. 2411-1 à L. 2411-19 du CGCT.

Le bilan des acquisitions et cessions opérées sur le territoire d'une commune de plus de 2 000 habitants par celle-ci, ou par une personne publique ou privée agissant dans le cadre d'une convention avec cette commune, donne lieu chaque année à une délibération du conseil municipal. Ce bilan est annexé au compte administratif de la commune.

Toute cession d'immeubles ou de droits réels immobiliers par une commune de plus de 2 000 habitants donne lieu à délibération motivée du conseil municipal portant sur les conditions de la vente et ses caractéristiques essentielles. Le conseil municipal délibère au vu de l'avis de l'autorité compétente de l'État. Cet avis est réputé donné à l'issue d'un délai d'un mois à compter de la saisine de cette autorité (CGCT, art. 2241-1).

226 Échange de terrains. Une commune peut, dans le cadre de la gestion de son patrimoine, procéder par voie d'échange de terrains avec des particuliers, sous réserve que les terrains échangés relèvent de son domaine privé et à l'exception de ceux soumis à dispositions particulières. Ne peuvent notamment faire l'objet d'échange les chemins ruraux qui, lorsqu'ils ne sont plus affectés à l'usage du public, ne peuvent qu'être vendus conformément aux dispositions de l'article L. 161-10 du Code rural.

Ces échanges doivent faire l'objet d'une délibération motivée du conseil municipal prise après consultation du service des domaines, conformément aux dispositions de l'article L. 2241-1 du Code général des collectivités territoriales.

L'échange est constaté par un acte authentique, qui évalue les terrains échangés et fixe la différence éventuelle entre le terrain cédé et le terrain acquis, appelé la soulte, que la collectivité doit constater dans sa comptabilité.

Il peut être passé en la forme administrative ou par acte notarié, puis publié au bureau des hypothèques (CGCT, art. L. 1311-13). Ces acquisitions opérées sur le territoire de ces personnes publiques sont soumises à l'avis du service des domaines (CGCT, art. L. 1311-9 à L. 1311-12).

227 Les biens sans maître. En application de l'article 713 du Code civil et de l'article L. 1123-1 du CG3P, les biens qui n'ont pas de maître appartiennent à la commune sur le territoire de laquelle ils sont situés. Les biens sans maître sont acquis par la commune de plein droit, en application des articles 713 du Code civil et L. 1123-2 du CG3P, lorsqu'ils font partie d'une succession ouverte depuis plus de trente ans et pour laquelle personne ne s'est présenté. Ils peuvent également être acquis à l'issue de la procédure décrite à l'article L. 1123-3 du CG3P lorsque ce sont des immeubles qui n'ont pas de propriétaire connu et pour lesquels les taxes foncières n'ont pas été acquittées ou ont été acquittées par un tiers depuis plus de trois ans, ou bien lorsque ce sont des immeubles qui n'ont pas de propriétaire connu, ne sont pas assujettis à la taxe foncière sur les propriétés bâties et pour lesquels, depuis plus de trois ans, la taxe foncière sur les propriétés non bâties n'a pas été acquittée ou a été acquittée par un tiers. Il convient, cependant, qu'une enquête relative à la propriété desdits biens ait été préalablement diligentée par la commune.

Par délibération du conseil municipal, la commune peut renoncer à exercer ses droits, sur tout ou partie de son territoire, au profit de l'établissement public de coopération intercommunale à fiscalité propre dont elle est membre. Les biens sans maître sont alors réputés appartenir à l'établissement public de coopération intercommunale à fiscalité propre.

228 Zone d'aménagement différé (ZAD). La ZAD peut être créée sur les territoires non couverts par des plans d'occupation des sols par décision motivée du préfet, sur propositions ou après avis des communes concernées ou de l'établissement public de coopération intercommunale ayant les compétences visées au second alinéa de l'article L. 211-2 du Code de l'urbanisme (C. urb., art. L. 212-1). Les zones urbaines ou d'urbanisation future délimitées par un plan d'occupation des sols rendu public ou un plan local d'urbanisme approuvé et comprises dans un périmètre provisoire de zone d'aménagement différé ou dans une zone d'aménagement différé ne sont plus soumises au droit de préemption urbain institué sur ces territoires. En cas d'avis défavorable de la commune ou de l'établissement public compétent, la zone d'aménagement différé ne peut être créée que par décret en Conseil d'État.

Dans les zones d'aménagement différé, un droit de préemption, qui peut être exercé pendant une période de six ans renouvelable à compter de la publication de l'acte qui a créé la zone, sous réserve de ce qui est dit à l'article L. 212-2-1, est ouvert soit à une collectivité publique ou à un établissement public y ayant vocation, soit au concessionnaire d'une opération d'aménagement.

L'acte créant la zone désigne le titulaire du droit de préemption.

229 **Zone d'aménagement concerté (ZAC).** La ZAC est une zone à l'intérieur de laquelle une commune décide d'intervenir pour réaliser ou faire réaliser l'aménagement et l'équipement de terrains (C. urb., art. L. 311-1). La ZAC est créée par délibération du conseil municipal ou de l'organe délibérant de l'EPCI compétent en matière de ZAC.

Les ZAC réalisées à l'initiative de l'État, des régions, des départements ou de leurs établissements publics ou concessionnaires ainsi que celles situées, en tout ou partie, à l'intérieur d'un périmètre d'opération d'intérêt national sont créées par le préfet. Préalablement à la création, le préfet sollicite l'avis de l'organe délibérant de la ou des communes ou de l'EPCI concernés. L'avis est réputé émis à l'issue d'un délai de trois mois à compter de la réception du dossier de création par le maire ou le président de l'EPCI.

230 **Le droit de préemption urbain.** Les communes dotées d'un POS rendu public ou d'un PLU approuvé peuvent instituer, par délibération, un droit de préemption urbain (DPU), lorsqu'il n'a pas été créé de zone d'aménagement différé (ZAD) ou de périmètre provisoire de ZAD :
- sur tout ou partie des zones urbaines (U) et d'urbanisation future (AU) délimitées par ce plan ;
- sur les périmètres de protection rapprochée de prélèvement d'eau destinée à l'alimentation des collectivités humaines ;
- dans les plans de prévention des risques technologiques (PPRT), dans lesquels les aménagements ou constructions sont interdits ou subordonnés à des restrictions ;

- dans les zones soumises aux servitudes dites « d'inondation » prévues par l'article L. 211-12 du Code de l'environnement ;
- tout ou partie des territoires couverts par un plan de sauvegarde et de mise en valeur (PSMV).

Elles peuvent déléguer leurs droits à l'État, aux collectivités locales, aux établissements publics y ayant vocation (notamment les établissements publics fonciers) ou aux concessionnaires d'une opération d'aménagement.

Les communes ayant une carte communale approuvée peuvent, par délibération, instituer un droit de préemption urbain en vue de la réalisation d'un équipement ou d'une opération d'aménagement dans un ou plusieurs périmètres délimités par la carte.

Les communes faisant partie d'un EPCI y ayant vocation peuvent, en accord avec l'établissement, leur déléguer leurs compétences. Toutefois, lorsqu'un EPCI est compétent de par la loi ou ses statuts en matière de documents d'urbanisme et de ZAC, il est compétent de plein droit en matière de droit de préemption urbain.

Les collectivités titulaires du droit de préemption urbain peuvent légalement l'exercer si elles justifient, à la date à laquelle elles l'exercent, de la réalité d'un projet d'action ou d'opération d'aménagement répondant aux objets mentionnés à l'article L. 300-1 du Code de l'urbanisme, alors même que les caractéristiques précises de ce projet n'auraient pas été définies à cette date. Toute décision de préemption doit mentionner l'objet pour lequel le droit est exercé.

231 **Expropriation pour cause d'utilité publique.** Cette procédure est codifiée dans le Code de l'expropriation pour cause d'utilité publique : l'expropriation, en tout ou partie, d'immeubles ou de droits réels immobiliers ne peut être prononcée qu'à la condition qu'elle réponde à une utilité publique préalablement et formellement constatée à la suite d'une enquête et qu'il ait été procédé, contradictoirement, à la détermination des parcelles à exproprier ainsi qu'à la recherche des propriétaires, des titulaires de droits réels et des autres personnes intéressées. Elle donne lieu à une juste et préalable indemnité (art. L. 1).

232 **La notion d'utilité publique (C. expr., art. 110-1 à 141-2).** La notion d'utilité publique, employée à l'occasion des acquisitions immobilières poursuivies par voie d'expropriation, a pour objet de faire reconnaître l'intérêt des opérations projetées. Une opération ne peut légalement être déclarée d'utilité publique que si les atteintes portées à la propriété privée, le coût financier de réalisation et les inconvénients qu'elle présente pour l'environnement ne sont pas excessifs au regard de son propre intérêt. L'opération doit présenter un intérêt communal (CE, 3 nov. 1971, n° 80445, *Bardonnenche*).

La commune qui exproprie est tenue de demander l'avis du service des domaines pour produire au dossier de l'enquête l'estimation sommaire et globale des biens dont l'acquisition est nécessaire (Circ. int., 21 mars 1990).

233 **Expropriation irrégulière : jurisprudence.** Si la commune a pris possession des terrains avant l'annulation de la déclaration d'utilité ou avant la cassation de l'ordonnance d'expropriation, on doit considérer qu'il y a emprise irrégulière, et non voie de fait (Cass. 3e civ., 17 janv. 1978, n° 76-15016).

Dans le cas d'emprise irrégulière, l'expropriant doit normalement rendre le bien au propriétaire injustement dépossédé. Toutefois, si la commune a déjà réalisé un ouvrage public, les tribunaux considèrent qu'il y a alors expropriation indirecte du bien (Cass., 25 mai 1964, n° 264).

En vertu du principe d'intangibilité des ouvrages publics, il est impossible d'ordonner la démolition de ces ouvrages, même s'ils ont été irrégulièrement établis (CE, 17 oct. 1986, n° 60043, *Époux Weibel*). La commune peut, par une nouvelle procédure d'expropriation, régulariser la situation, le juge étant compétent pour fixer l'indemnité de dépossession (Rép. min. n° 39944 : *JOAN*, 17 févr. 1992, p. 786).

234 **Réserves foncières.** Il s'agit là d'un mode d'intervention dont disposent les communes pour conduire leur politique d'urbanisme. Son utilité est évidente : elle permet, en réalisant des acquisitions sans hâte et selon les opportunités du marché, en saisissant les ventes à moindre prix, de freiner la hausse des coûts fonciers.

Depuis la loi du 23 février 2005 relative au développement des territoires ruraux (loi DTR) l'aménagement foncier rural est défini à l'article L. 221-1 du Code de l'urbanisme : « L'État, les collectivités locales, ou leurs groupements y ayant vocation, les syndicats mixtes, les établissements publics mentionnés aux articles L. 321-1 et L. 324-1 du Code de l'urbanisme (C. urb., art. L. 221-1) et les grands ports maritimes sont habilités à acquérir des immeubles, au besoin par voie d'expropriation, pour constituer des réserves foncières en vue de permettre la réalisation d'une action ou d'une opération d'aménagement répondant aux objets définis à l'article L. 300-1. »

235 **Sociétés d'aménagement foncier et d'établissement rural (SAFER).** Dans le cadre du concours technique prévu à l'article L. 141-5, les sociétés d'aménagement foncier et d'établissement rural peuvent être chargées par les collectivités territoriales ou les établissements publics qui leur sont rattachés et pour leur compte notamment des missions suivantes :

1° l'assistance à la mise en œuvre des droits de préemption dont ces personnes morales sont titulaires ;

2° la négociation de transactions immobilières portant sur les immeubles mentionnés à l'article L. 141-1 ;

3° la gestion du patrimoine foncier agricole de ces personnes morales ;

4° la recherche et la communication d'informations relatives au marché foncier ;

5° l'aide à la mise en œuvre et au suivi des politiques foncières en zone rurale.

Les missions de concours technique mentionnées aux 2° et 3° ci-dessus font l'objet d'un mandat spécial écrit de la collectivité territoriale ou de l'établissement public précisant notamment les conditions dans lesquelles la société d'aménagement foncier et d'établissement rural est autorisée à recevoir, verser ou remettre des sommes d'argent, biens, effets ou valeurs, les modalités de reddition de compte ainsi que le montant de sa rémunération (C. rur., art. D. 141-2).

▪ Compte **2116** – Cimetière

236 **Cimetière.** (CGCT, art. L. 2223-1 à L. 2223-51) Chaque commune ou chaque établissement public de coopération intercommunale compétent en matière de cimetières dispose d'au moins un cimetière comprenant un terrain consacré à l'inhumation des morts et, dans les communes de 2 000 habitants et plus ou les établissements publics de coopération intercommunale de 2 000 habitants et plus compétents en matière de cimetières, d'au moins un site cinéraire destiné à l'accueil des cendres des personnes décédées dont le corps a donné lieu à crémation. Les cimetières sont enregistrés au compte 2116 dans les écritures de la collectivité.

237 **Cimetière – Entretien.** La création, l'agrandissement et la translation d'un cimetière sont décidés par le conseil municipal. Toutefois, dans les communes urbaines et à l'intérieur des périmètres d'agglomération, la création, l'agrandissement et la translation d'un cimetière à moins de 35 mètres des habitations sont autorisés par arrêté du représentant de l'État dans le département, pris après une enquête publique réalisée conformément au chapitre III du titre II du livre Ier du Code de l'environnement et avis de la commission départementale compétente en matière d'environnement, de risques sanitaires et technologiques.

238 **Cimetière – Régime de la TVA sur travaux.** L'article 261-4-10 du Code général des impôts exonère de la TVA les travaux de construction, d'aménagement, de réparation et d'entretien des monuments, cimetières, sépultures, commémoratifs des combattants, héros, victimes ou morts des guerres, lorsque ces travaux sont effectués pour des collectivités publiques ou des organismes également constitués agissant sans but lucratif.

239 **Cimetière – Aliénation.** Les cimetières ne peuvent être aliénés qu'après dix ans à compter de la dernière inhumation (CGCT, art. L. 2223-8). Ils doivent être désaffectés.

▪ Compte **2117** - Bois et forêts

240 **Protection de la nature.** L'article 28 de la loi n° 76-629 du 10 juillet 1976, relative à la protection de la nature modifiée par la loi n° 2010-788 du 12 juillet 2010, a étendu les motifs d'utilité publique permettant le classement comme forêts de protection aux bois et forêts situés à la périphérie des grandes agglomérations ainsi que dans les zones où leur maintien s'impose soit pour des raisons écologiques soit pour le bien-être de la population (C. for., art. L. 411-1).

En outre, l'article L. 411-2 du Code forestier interdit dans les forêts de protection tout changement d'affectation ou tout mode d'occupation du sol de nature à compromettre la conservation ou la protection des boisements.

Les communes peuvent classer dans leur plan d'occupation des sols comme espaces boisés, les bois, forêts, parcs à conserver, à protéger ou à créer. Les coupes et abattages d'arbres sont alors soumis à autorisation préalable (Rép. min. n° 15278 : *JOAN*, 9 oct. 1989, p. 4505).

241 **Gestion des forêts.** Pour leurs forêts non protégées, des communes boisées peuvent tirer de substantiels revenus de leurs domaines (compte 702).

La loi n° 85-30 du 9 janvier 1985 relative à la montagne donne aux communes de nouvelles possibilités d'interventions dans les massifs.

L'Office national des forêts peut être chargé, en vertu de conventions passées avec des personnes publiques ou privées, de la réalisation d'opérations de gestion et de travaux en vue de l'aménagement et du développement des ressources forestières (C. for., art. L. 121-4).

242 **Semis.** Les frais de semis s'imputent en fonctionnement lorsque les opérations correspondent à un renouvellement normal de la forêt effectué selon une périodicité constante.

243 **Plantations.** Les plantations importantes correspondant à des opérations de boisement ou de reboisement qui ont pour objet de créer une richesse nouvelle au profit de la commune s'imputent en section d'investissement.

Les travaux préparatoires à la plantation (nettoyage de la végétation existante, ouvertures de pistes, etc.) s'imputent également en section d'investissement mais au compte 2312.

244 **Opérations de régénération naturelle ou artificielle.** Ces opérations effectuées durant les quinze premières années sur une parcelle forestière donnée sont considérées comme des travaux d'investissement. Elles englobent les travaux dits « de conversion » entrepris dans les taillis ou futaies (Rép. min. n° 633 : *JOAN*, 29 août 1988, p. 2401).

245 **Travaux forestiers et la TVA.** Les travaux de défense des forêts contre les incendies et les travaux d'équipement pour l'accueil du public sont également des travaux d'investissement éligibles au Fonds de compensation pour la TVA (CGI, art. 279, b *septies*).

L'ensemble des travaux forestiers réalisés au profit d'exploitants agricoles bénéficie du taux réduit de la TVA à 10 % ; la loi de finances pour 2020 n° 2019-1479 du 28 décembre 2019 (art. 136 : *JO*, 29 déc. 2019) limite l'application de ce taux réduit aux travaux réalisés jusqu'au 31 décembre 2023.

Cette disposition s'applique aux travaux forestiers réalisés au profit de communes exploitant leurs forêts mais également au profit d'établissements publics locaux, et notamment les établissements publics de santé et les établissements publics sociaux et médico-sociaux lorsqu'ils sont exploitants agricoles au titre de leur domaine privé.

Les communes forestières sont identifiées auprès de leur centre des impôts en tant qu'exploitant agricole. Elles relèvent soit du remboursement forfaitaire agricole, soit du régime simplifié agricole prévus par les articles 298 *bis* à 298 *quinquies* du Code général des impôts. Dans le premier cas, elles retracent comptablement leurs opérations toutes taxes comprises. Dans le second, elles distinguent le montant hors taxe et la TVA.

246 **Pièces justificatives : opérations portant sur les immeubles et les fonds de commerce (D. n° 2022-505, 23 mars 2022).**

247 **Acquisitions amiables d'immeubles à titre gratuit[1] – Administration directe de dons et legs.**

1 – Dépenses payées avant l'acceptation définitive

a) premier paiement :
- décision de l'assemblée délibérante ou de l'autorité investie du pouvoir exécutif ;
- copie de l'acte de disposition à titre gratuit ;
- le cas échéant, demande de délivrance de legs (sauf lorsqu'en l'absence d'héritier réservataire, la collectivité ou l'établissement est légataire universel) ;
- pièces justificatives des opérations prévues à la présente liste.

b) autres paiements : pièces justificatives des opérations portant référence au premier mandat.

2 – Dépenses payées après l'acceptation définitive

a) premier paiement :
- décision de l'assemblée délibérante ou de l'autorité investie du pouvoir exécutif ;
- copie de l'acte de disposition à titre gratuit ;

- justification de l'accomplissement des formalités de publicité ;
- état-réponse délivré, daté, signé et certifié par le responsable du service de la publicité foncière dont l'échéance de la période de certification est postérieure d'au moins deux mois à l'acte d'acquisition par le testateur ou le donataire de l'immeuble ;
- le cas échéant, décision renonçant à la purge des droits réels immobiliers ;
- le cas échéant, copie de l'acte constitutif d'usufruit et copie de la caution produite par l'usufruitier ;
- pièces justificatives des opérations prévues à la présente liste.

b) autres paiements : pièces justificatives des opérations portant référence au premier mandat.

1. Le caractère gratuit de l'acquisition n'exclut pas l'acceptation de charges honorées dans les conditions fixées par la présente nomenclature.

248 Modification des conditions d'exécution des charges assortissant les libéralités.

1 – Modification amiable (uniquement pour les EPS) :
- arrêté du représentant de l'État dans le département autorisant la révision des conditions et charges ;
- le cas échéant, convention conclue entre l'établissement et l'auteur de la libéralité ou ses ayants droit stipulant les nouvelles conditions et charges (sauf si l'arrêté préfectoral le précise) ;
- pièces justificatives des opérations.

2 – Modification judiciaire :
- copie de la décision de justice indiquant les nouvelles conditions et charges grevant la libéralité ;
- pièces justificatives des opérations.

249 Acquisition amiable d'immeubles à titre onéreux – Acquisition sous forme de vente simple.

1 – Indemnité d'immobilisation :
- délibération autorisant l'autorité investie du pouvoir exécutif à conclure la promesse de vente ;
- promesse de vente précisant les modalités d'octroi et de paiement d'une indemnité d'immobilisation.

2 – Acte authentique dressé en la forme administrative

a) l'acte est déjà publié au fichier immobilier :
- pièces générales :
  - délibération autorisant l'acquisition,
  - expédition du titre de propriété revêtu de la mention d'inscription au fichier immobilier et de la mention d'enregistrement, précisant les modalités de règlement et spécifiant la destination du paiement,

- déclaration de plus-values afférente à la cession ou mention dans l'acte de la nature et du fondement de l'exonération ou de l'absence de taxation (il est admis qu'une déclaration ou annotation de l'acte par laquelle le vendeur déclare sous sa responsabilité que la cession n'entre pas dans le champ d'application de l'imposition des plus-values des particuliers peut se substituer à une mention expresse dans l'acte),
- décompte en principal et intérêts ;

– pièces particulières :
  - cas de l'immeuble non grevé de charges : état-réponse attestant l'absence d'inscription (hypothèques, privilèges ou nantissements) délivré, daté, signé et certifié par le responsable du service de la publicité foncière dont l'échéance de la période de certification s'étend jusqu'à la plus lointaine des échéances suivantes : la publication de l'acte de vente ou deux mois à compter de la date de l'acte d'acquisition de l'immeuble par le vendeur (la signature et la mention de certification ne sont pas requises lorsque l'état-réponse est issu de Télé@ctes),
  - cas de l'immeuble qui est grevé de charges : état-réponse présentant des inscriptions encore valides délivré, daté, signé et certifié par le conservateur des hypothèques dont l'échéance de la période de certification s'étend jusqu'à la plus lointaine des échéances suivantes : la publication de l'acte translatif de propriété ou deux mois à compter de la date de l'acte d'acquisition de l'immeuble par le vendeur ;

b) paiement du prix de vente :

– certificat de radiation délivré par le responsable du service de la publicité foncière, quittance authentique, autre acte notarié ou décision de justice portant mainlevée (toutes les justifications sont produites en original. Toutefois, lorsque ces pièces ont été déposées au rang des minutes d'un notaire, il peut être suppléé aux originaux par production d'une expédition de l'acte de dépôts et des copies délivrées *in extenso* par l'officier ministériel. Les documents ne sont produits par l'ordonnateur que s'ils lui ont été fournis par le vendeur ; lorsque ces documents ne sont pas produits, la situation hypothécaire est réputée établie au regard du vendeur par les énonciations de l'état délivré par le conservateur des hypothèques) ;
– consignation du prix de vente : décision prescrivant la consignation ;
– dispense d'accomplissement des formalités de purge : décision (cette décision relève du directeur pour les EPS ou de l'organe délibérant) renonçant à la purge des droits réels immobiliers lorsqu'ils n'excèdent pas 7 700 €, conformément à l'article R. 3213-8 du Code général des collectivités territoriales ;
– acompte sur le prix : décision de l'autorité investie du pouvoir exécutif prescrivant le versement d'un acompte sur le prix ; décision prescrivant la consignation du reliquat du prix.

c) acte en instance de publication au fichier immobilier :
- pièces prévues aux 1, 3 et 4, rubrique 511211 du décret des pièces justificatives (voir A., ci-dessus) ;
- expédition du titre de propriété précisant les modalités de règlement et spécifiant la destination du paiement ;
- état-réponse attestant l'absence d'inscription délivré, daté, signé et certifié par le responsable du service de la publicité foncière dont le certificat de dépôt porte mention de l'acte de mutation concerné et dont l'échéance de la période de certification est postérieure à la plus lointaine des échéances suivantes : au délai d'un mois de la date de dépôt de l'acte (la couverture de ce délai n'est pas exigée lorsque l'ordonnateur atteste que l'acte n'a pas fait l'objet d'une notification d'une cause de rejet par le responsable du service de la publicité foncière dans le délai d'un mois suivant le dépôt de l'acte) ; ou au délai de deux mois de la date de l'acte d'acquisition de l'immeuble par le vendeur.

3 – Acquisition par acte notarié :
- pièces prévues aux 1 et 4, rubrique 511211 du décret des pièces justificatives (voir A., ci-dessus) ;
- copies authentiques du titre de propriété précisant que le paiement sera effectué dans la comptabilité du notaire par mandat administratif (il peut être suppléé à la production de l'original de la copie authentique par une photocopie de cette copie authentique ou par une simple photocopie de la minute) ; certificat du notaire par lequel il atteste sous sa responsabilité qu'il n'existe pas, à sa connaissance, de vente ou promesse de vente antérieure.

250 Acquisition sous forme de vente en l'état futur d'achèvement.

1 – Dépôt de garantie :
- délibération autorisant la signature du contrat préliminaire ;
- contrat préliminaire mentionnant le montant du dépôt de garantie ou les modalités de sa détermination, la date à laquelle le contrat de vente définitif pourra être conclu, le prix prévisionnel de vente et, le cas échéant, ses modalités de révision.

2 – Prix de vente

a) paiement entre les mains du vendeur :
- premier paiement :
  - le contrat authentique de vente en l'état futur d'achèvement revêtu de la mention de publication au fichier immobilier précisant le prix, ses modalités de paiement et de révision éventuelle, pièces prévues à la rubrique 511211 sauf pièces n° 2 de la rubrique 511211 du décret des pièces justificatives (voir A., ci-dessus),
- paiements ultérieurs : décompte en principal et intérêts.

b) paiement entre les mains d'un notaire :
- premier paiement :
  - le contrat authentique de vente en l'état futur d'achèvement précisant le prix, ses modalités de paiement et de révision éventuelle et précisant que le paiement est effectué dans la comptabilité du notaire par mandat administratif,
  - pièces prévues à la rubrique 5113 du décret des pièces justificatives sauf pièces n° 2 (voir « Acquisition par acte notarié » ci-dessus) ;
- paiements ultérieurs : décompte en principal et intérêts.

251 Acquisition sous forme de vente en viager.

1 – Premier paiement : selon le cas, se reporter à la rubrique 511 du décret des pièces justificatives (pièces prévues pour les acquisitions sous forme de vente simple ci-dessus).

2 – Autres paiements : décompte.

252 Acquisition par voie d'échange-soulte. Selon le cas, se reporter à la rubrique 511 du décret des pièces justificatives (voir pièces prévues pour les acquisitions sous forme de vente simple ci-dessus).

253 Acquisitions immobilières par voie d'expropriation pour cause d'utilité publique – Mandatement de l'indemnité allouée au propriétaire de l'immeuble ou au titulaire d'un droit réel exproprié à titre principal[1].

1 – Justification de la déclaration d'utilité publique (DUP) (§ 53111) :
- délibération d'intention d'acquérir par voie d'expropriation pour cause d'utilité publique ;
- copie de l'acte DUP ou mention dans l'acte portant transfert de propriété (acte de cession amiable ou ordonnance d'expropriation) de cette DUP ainsi que, éventuellement, de l'acte en prorogeant la validité.

2 – Justification de la détermination du bien exproprié ou du droit réel exproprié à titre principal (§ 53112) :

Si l'acte déclaratif d'utilité publique ne mentionne pas la liste des biens à exproprier ou des droits réels à exproprier à titre principal :
- copie de l'arrêté de cessibilité[2] portant :
- identification du bien à exproprier ou du droit réel à exproprier à titre principal,
- identification du titulaire du droit ou mention que cette identification n'a pas été possible ;

ou
- certificat attestant que l'exproprié a consenti à la cession amiable de son bien avant l'intervention de l'arrêté de cessibilité.

3 – Justification du transfert de propriété ou de l'extinction d'un droit réel exproprié à titre principal et justification des droits (§ 53113).

a) droit de propriété :

– transfert par voie de vente amiable consentie avant l'intervention de la DUP[3] :
  - copie de l'acte de vente, cet acte étant enregistré et publié au fichier immobilier[4],
  - copie de l'ordonnance de donné acte de la vente amiable ainsi consentie, dûment publiée au fichier immobilier et mentionnant la date de la notification à moins que l'exproprié n'ait acquiescé avant la notification de l'ordonnance,
  - copie de l'acte d'acquiescement à l'ordonnance rendue ;
– transfert par voie de convention amiable après l'intervention de l'acte déclaratif d'utilité publique :
  - copie de la convention amiable, cet acte étant enregistré et publié au fichier immobilier[4] ;
  - selon le cas :
    - état hypothécaire requis du chef de l'exproprié lorsque cet état ne révèle, depuis la transcription ou la publication du titre établissant le droit de l'exproprié, aucun acte translatif ou extinctif portant sur ce droit,
    - extrait des documents cadastraux mentionnant l'inscription de l'exproprié sur les documents cadastraux au titre du bien exproprié,
    - extrait des documents cadastraux et mention, soit dans la convention amiable, soit dans un acte portant origine de propriété, des conditions dans lesquelles le bien exproprié est passé du propriétaire désigné dans les documents cadastraux à celui qui consent la vente,
    - acte portant origine de propriété, à moins que celle-ci ne soit mentionnée dans la convention amiable.
– copie de l'ordonnance d'expropriation enregistrée et publiée au fichier immobilier et mentionnant la date de la notification, à moins que l'intéressé n'ait acquiescé avant la notification de l'ordonnance ;
– si l'exproprié est identifié dans l'ordonnance d'expropriation, justification de son droit dans les conditions prévues à la rubrique 531131b. Si l'exproprié n'est pas identifié dans l'ordonnance d'expropriation, mais s'il a justifié de son droit de propriété selon les règles du droit commun : acte portant origine de propriété, à défaut, décision de consignation fondée sur l'absence de justification du droit de propriété ;
– hypothèse où l'indemnité fixée en appel n'a pas un caractère définitif (pourvoi en cassation) : copie ou expédition de l'arrêt motivé fixant l'indemnité statuant sur les dépens et mentionnant la date de signification à la partie intéressée, à moins que celle-ci n'ait acquiescé à l'arrêt avant notification.

b) droit réel exproprié à titre principal :
- extinction par voie amiable avant l'intervention de l'acte déclaratif d'utilité publique :
  - copie de la convention amiable indiquant l'origine de la propriété, l'origine de la servitude, le fonds dominant et le fonds servant, cet acte étant enregistré et publié au fichier immobilier[4],
  - pièces 2 et 3, rubrique 531131a ;
- extinction par voie de convention amiable après l'intervention de l'acte déclaratif d'utilité publique :
  - copie de la convention amiable indiquant l'origine de la servitude, le fonds dominant et le fonds servant, cet acte étant enregistré et publié au fichier immobilier[4],
  - pièces visées à la rubrique 531131b, pièce n° 2 ;
- extinction par voie d'ordonnance d'expropriation :
  - pièces 1 et 2 visées à la rubrique 52113-a3,
  - certificat administratif indiquant l'origine de la servitude, le fonds dominant et le fonds servant.

2 – Justification du montant de l'indemnité lorsque celui-ci n'a pas été fixé dans l'acte de cession amiable (§ 53114)

a) lorsque l'indemnité a été fixée à l'amiable (§ 531141) :
- copie de la convention amiable dite « traité d'adhésion à expropriation » cet acte étant enregistré, le cas échéant ;
- si l'accord amiable intervient pendant le cours de la fixation judiciaire des indemnités, copie du procès-verbal de donné acte dressé par le juge de l'expropriation.

b) lorsque l'indemnité a été fixée par décision de justice (§ 531142) :
- hypothèse où l'indemnité fixée par jugement a un caractère définitif :
  - copie ou expédition du jugement motivé fixant l'indemnité, document sur lequel est indiquée la date de notification à la partie intéressée à moins que cette dernière n'ait acquiescé au jugement avant sa notification,
  - selon le cas : certificat de non-appel contre le jugement fixant l'indemnité, délivré par le greffe du tribunal à l'expiration du délai d'un mois à dater de la notification du jugement ou copie de l'acte d'acquiescement au jugement rendu ;
- hypothèse où l'indemnité fixée par jugement n'a pas un caractère définitif :
  - copie ou expédition du jugement motivé fixant l'indemnité et mentionnant le montant des propositions formulées par la collectivité,
  - selon le cas : attestation de l'ordonnateur que la collectivité souhaite entrer en possession ou, si la collectivité conteste le montant fixé par le juge, décision de consignation à concurrence du montant autorisé par le juge de l'expropriation,
  - copie de l'acte par lequel la chambre de l'expropriation de la cour d'appel a été saisie ;

- hypothèse où l'indemnité fixée en appel a un caractère définitif :
  - copie ou expédition du jugement motivé fixant l'indemnité et mentionnant le montant des propositions formulées par la collectivité,
  - selon le cas, attestation de l'ordonnateur que la collectivité ne conteste pas l'indemnité fixée par jugement ou, si la collectivité conteste ce montant, décision de consignation à concurrence de la différence entre les propositions formulées par la collectivité et le montant de l'indemnité fixé par le juge de l'expropriation,
  - copie de l'acte par lequel la chambre de l'expropriation de la cour d'appel a été saisie ;
- hypothèse où l'indemnité fixée en appel n'a pas un caractère définitif (pourvoi en cassation) :
  - copie ou expédition de l'arrêt motivé fixant l'indemnité statuant sur les dépens et mentionnant la date de signification à la partie intéressée,
  - copie de l'acte par lequel la Cour de cassation a été saisie ;
- hypothèse où le jugement fixant l'indemnité provisionnelle a un caractère définitif.

Cas particulier

Il s'agit du cas particulier d'une indemnité provisionnelle dans la prise de possession d'urgence :
- copie ou expédition du jugement fixant l'indemnité provisionnelle et mentionnant la date de signification à la partie intéressée à moins que celle-ci n'ait acquiescé à l'arrêt avant sa notification ;
- selon le cas, certificat de non-pourvoi en cassation contre le jugement fixant l'indemnité provisionnelle, délivré par le greffe de la chambre à l'expiration du délai de quinze jours à dater de la notification de l'arrêt ou copie de l'acte d'acquiescement à l'arrêt rendu.

- hypothèse où le jugement fixant l'indemnité provisionnelle n'a pas un caractère définitif.

Cas particulier

Il s'agit du cas particulier d'une indemnité provisionnelle dans la prise de possession d'urgence :
- copie ou expédition du jugement fixant l'indemnité statuant sur les dépens ;
- copie de l'acte par lequel la Cour de cassation a été saisie.

3 – Justification de la situation hypothécaire du bien exproprié (§ 53115)[5]

a) cas général (§ 531151) :
- état-réponse délivré, daté, signé et certifié par le conservateur des hypothèques dont l'échéance de la période de certification s'étend jusqu'à la plus lointaine des échéances suivantes : la publication de l'acte translatif de propriété (ordonnance d'expropriation, acte de vente ou convention amiable) ou deux mois à compter de la date de l'acte d'acquisition par le vendeur de l'immeuble objet de la procédure d'expropriation ;
- s'il existe des inscriptions devenues sans objet, certificat de radiation délivré par le conservateur des hypothèques, quittance authentique, autre acte notarié ou décision de justice portant mainlevée[6,7].

b) cas particulier où l'indemnité a été fixée à l'amiable (§ 531152)[8] : certificat administratif mentionnant la date de la notification aux créanciers inscrits de l'accord amiable intervenu et précisant que ceux-ci n'ont pas exigé que l'indemnité soit fixée par jugement.

4 – Justification de la liquidation du mandatement (§ 53116)

a) cas général (§ 531161)[9] :
- décompte du mandatement, en principal, et, le cas échéant, en intérêts, si l'exproprié en a demandé le versement, et référence, s'il y a lieu, aux mandatements antérieurs. Le décompte porte, éventuellement, déduction des dépens mis à la charge de l'exproprié ;
- si des intérêts sont versés, demande de l'exproprié avec mention de la date de réception du pli recommandé.

b) cas particulier d'une indemnité alternative (§ 531162)[9] :
- voir rubrique 531161, pièce n° 1 ;
- demande de l'exproprié ;
- décision de consignation pour la différence entre l'indemnité alternative la plus élevée et l'indemnité alternative la moins élevée.

c) cas particulier du mandatement d'une fraction disponible de l'indemnité dans l'hypothèse de l'existence d'inscriptions hypothécaires (§ 531163)[10] :
- voir rubrique 531161, pièce n° 1 ;
- demande de l'exproprié ;
- décompte de la fraction disponible de l'indemnité dont le versement est admis ;
- le cas échéant, attestation des créanciers inscrits quant au montant des sommes restant dues sur le montant des créances garanties par les inscriptions et, le cas échéant, sur les intérêts non payés.

d) paiement de l'indemnité en présence d'inscriptions de privilèges, d'hypothèques ou de nantissement (§ 531164) :
- décision renonçant à la purge des droits réels immobiliers lorsqu'ils n'excèdent pas 7 600 € ;
- pièce 1 de la rubrique 531161.

e) cas particulier de l'acompte sur indemnités versé au profit des propriétaires occupant de locaux d'habitation ou à usage professionnel (§ 531165)[11] :
- copie de l'ordonnance d'expropriation enregistrée et publiée au fichier immobilier et mentionnant la date de la notification à moins que l'intéressé n'ait acquiescé avant la notification de l'ordonnance ;
- selon le cas : certificat de non-pourvoi en cassation contre l'ordonnance d'expropriation délivrée à l'expiration du délai de 2 mois à dater de la notification de l'ordonnance ou copie de l'acte d'acquiescement à l'ordonnance rendue ;

- demande de paiement d'acompte de l'exproprié ;
- justification du droit de l'exproprié par l'expropriant, précisant notamment que le juge de l'expropriation a été saisi pour fixation de l'indemnité, que le relogement de l'exproprié ne sera pas assuré par l'expropriant et indiquant, en outre, le montant des propositions chiffrées de l'expropriant ainsi que celles du service des domaines.

1. Les plans, procès-verbaux, certificats, significations, contrats et autres actes faits en vertu du titre Ier du Code de l'expropriation pour cause d'utilité publique sont dispensés de la formalité de l'enregistrement, à l'exception des décisions judiciaires, des contrats de vente, des actes fixant l'indemnité et des quittances qui sont enregistrées gratis lorsqu'il y a lieu à la formalité de l'enregistrement visée à l'article 647 du CGI. Les copies des actes soumis à l'enregistrement et à la publicité foncière doivent relater textuellement la publication et la mention de l'enregistrement. Lorsque l'expropriation vise des biens appartenant à des personnes différentes, les documents communs ne sont produits qu'une fois. Ils sont produits en double exemplaire lorsque les mandatements n'interviennent pas simultanément. Lorsque la consignation de l'indemnité est motivée par différents obstacles au paiement, la décision de consignation doit mentionner les diverses causes de consignation. Sauf des cas particuliers, telle la prise de possession avant fixation définitive de l'indemnité, ou des raisons d'ordre pratique tenant à l'organisation mécanographique des services ordonnateurs ou comptables, il n'est, en principe, établi qu'un seul mandatement pour le règlement de la totalité de l'indemnité allouée à un exproprié, quelle que soit la destination des fonds : paiement partiel et consignation partielle.

2. Cette copie peut être remplacée par le visa de l'arrêté de cessibilité dans l'acte portant transfert de propriété (acte de cession amiable ou ordonnance d'expropriation).

3. Les effets de l'expropriation sont également attachés à la cession amiable consentie antérieurement à la déclaration d'utilité publique (DUP) à la double condition :
- que la DUP soit intervenue ;
- que, par voie d'ordonnance, le juge de l'expropriation ait donné acte de cette cession amiable. Lorsque la vente amiable n'a pas donné lieu à ces formalités, le paiement du prix de vente est effectué dans les conditions prévues à la rubrique 501 du décret.

4. La mention d'inscription au fichier immobilier et la mention d'enregistrement n'ont pas à être exigées lorsque les fonds sont remis au notaire et que celui-ci produit un certificat par lequel il s'engage à prendre à sa charge les sommes qui, après paiement au vendeur du prix de l'acquisition, s'avéreraient être dues, à la suite de l'inscription au fichier immobilier, à des créanciers inscrits ou à un autre propriétaire.

5. Dans le cas d'un droit réel exproprié à titre principal (servitude) c'est le propriétaire du fonds dominant qui a la qualité d'exproprié et c'est de son chef et sur ce fonds que doit être requis l'état des inscriptions.

6. Toutes les justifications visées ci-contre sont produites en original. Toutefois, lorsque ces pièces ont été déposées au rang des minutes d'un notaire, il peut être suppléé aux originaux par production d'une expédition de l'acte de dépôt et des copies délivrées *in extenso* par l'officier ministériel.

7. Les documents ne sont produits par l'ordonnateur que s'ils lui ont été fournis par l'exproprié ; lorsque ces documents ne sont pas produits, la situation hypothécaire est réputée établie au regard de l'expropriant par les énonciations de l'état délivré par le conservateur des hypothèques.

8. Lorsque l'indemnité est inférieure ou n'est pas supérieure d'au moins 10 % au montant de la ou des créances et accessoires garantis par les inscriptions.

9. La situation hypothécaire telle qu'elle résulte des pièces visées à la rubrique 521151 atteste l'absence d'inscription d'hypothèque, de privilège ou de nantissement.

10. La situation hypothécaire telle qu'elle résulte des pièces visées à la rubrique 521151 révèle au moins une inscription d'hypothèque de privilège ou de nantissement encore valide.

11. La situation hypothécaire telle qu'elle résulte des pièces visées à la rubrique 521151 atteste l'absence d'inscription d'hypothèque, de privilège ou de nantissement.

254 Mandatement d'indemnités mobilières (§ 5312).

1 – Indemnités accessoires allouées à des propriétaires d'immeubles expropriés (§ 53121)[1] :
- justification du droit de propriété sur le fonds de commerce[2] ;
- certificat négatif ou état des inscriptions sur le fonds de commerce délivré par le greffier du tribunal de commerce, tant du chef du propriétaire du fonds que des précédents propriétaires[3] ;

- si le montant de l'indemnité fixée à l'amiable n'est pas supérieur de 10 % au montant des inscriptions, certificat administratif mentionnant la date de notification de l'accord intervenu aux créanciers inscrits et l'absence d'une demande tendant à faire fixer l'indemnité par le juge[4].

2 – Indemnités allouées à des fermiers, locataires ou autres intéressés (§ 53122) :
- référence au mandatement de l'indemnité allouée au propriétaire de l'immeuble exproprié ou engagement de l'administration expropriante de différer la possession jusqu'au mandatement de l'indemnité d'expropriation ou copie de la convention par laquelle le propriétaire accepte la prise de possession avant mandatement de l'indemnité d'expropriation ainsi que la pièce justifiant du transfert de propriété ;
- justification des droits des indemnitaires, de la qualité de la partie prenante ou décision de consignation ;
- lorsque l'indemnité a été fixée à l'amiable, copie de la convention dûment approuvée ;
- lorsque l'indemnité a été fixée par décision de justice, pièces visées au paragraphe 531142 ;
- cas particulier d'un exploitant de fonds de commerce, pièces 2 et 3 de la rubrique 53121 ;
- justification de la liquidation du mandatement : pièces 1 et 2 visées à la rubrique 5311611.

3 – Acompte sur indemnité (§ 53123) : voir rubrique 531165.

1. Le montant de ces indemnités étant fixé dans le même acte que celui relatif à l'indemnité concernant l'immeuble proprement dit, leur mandatement suit le sort de cette dernière sans qu'il y ait lieu d'exiger d'autres justifications. Toutefois, dans l'hypothèse où le propriétaire de l'immeuble exproprié exploite un fonds de commerce sis à la même adresse, il convient de rapporter au soutien du mandatement les justifications complémentaires visées au présent paragraphe.

2. Cette justification résulte de l'origine de la propriété du fonds de commerce mentionnée selon le cas dans la convention amiable ou dans un acte séparé portant origine de propriété en tenant compte du délai de validité des inscriptions susceptibles de grever un fonds de commerce.

3. L'indemnité allouée correspondant au dommage causé par la perte du droit au bail et aux dommages accessoires, parmi lesquels celui résultant de l'impossibilité d'exercer le commerce dans l'immeuble, il y a lieu de ne rechercher que les créanciers dont l'inscription couvre ces éléments du fonds de commerce. Il s'ensuit que la réquisition de l'état des inscriptions concerne seulement les inscriptions du privilège du vendeur, de nantissements du Trésor, d'hypothèque légale du Trésor, les inscriptions de privilège général de la sécurité sociale.

4. Dans le cas d'acquisition antérieure à la DUP, la notification à faire aux créanciers inscrits ne peut intervenir que postérieurement à l'ordonnance de donné acte.

255 Indemnités de prise de possession selon des procédures spéciales définies par la loi et la réglementation[1].

1 – Copie de l'arrêté du représentant de l'État dans la région ou dans le département.

2 – Copie de l'évaluation de l'indemnité provisionnelle par le service des domaines.

3 – Justification, selon les formes signifiées prévues à l'article 1er du décret n° 61-164 du 13 février 1961, du droit de propriété de l'exproprié.

4 – État hypothécaire hors formalité levé du chef de l'exproprié et éventuellement du chef de précédents propriétaires quand le droit de l'exproprié ne découle pas lui-même d'un acte emportant purge des hypothèques.

5 – Déclaration en la forme authentique souscrite par le propriétaire exproprié s'engageant à ne pas consentir de nouvelles inscriptions postérieurement à la prise de possession par l'administration expropriante, publiée au fichier immobilier.

1. Exemple : procédure spéciale instituée par la loi n° 70-612 du 10 juillet 1970 tendant à faciliter la suppression de l'habitat insalubre.

256 Acquisition immobilière par voie de préemption[1].

1 – Ventes volontaires (§ 5321)

a) le prix a été fixé à l'amiable (§ 53211) :
- le transfert de propriété a été réitéré par acte authentique (§ 532111) :
  - copie de la proposition d'acquérir[2] ou de la déclaration d'intention d'aliéner[3],
  - décision d'acquérir ou décision portant exercice du droit de préemption,
  - selon le cas pièces prévues à la rubrique 511 sauf pièce 1 de la rubrique 511211 ou appel de fonds signé du rédacteur de l'acte visant l'opération en cause ;
- le transfert de propriété n'a pas été réitéré par acte authentique (§ 53212) :
  - décision de consignation motivée par le refus du vendeur de réitérer la vente,
  - pièces 1 et 2 visées à la rubrique 532111.

b) le prix a été fixé par le juge (§ 53212) :
- consignation consécutive à la saisine du juge de l'expropriation (§ 532121) :
  - décision de consignation,
  - acte par lequel la juridiction a été saisie,
  - évaluation établie par l'autorité compétente de l'État ;
- le jugement est définitif ou l'arrêt d'appel est intervenu (§ 532122)[4] : pièce générale (§ 5321221).

I. – Le jugement est définitif :
- copie ou expédition du jugement fixant le prix et mentionnant la date de signification à la partie intéressée à moins que celle-ci n'ait acquiescé à l'arrêt avant notification ;
- selon le cas : certificat de non-appel contre le jugement fixant le prix, délivré par le greffe à l'expiration du délai d'un mois à dater de la signification du jugement ou copie de l'acte d'acquiescement à l'arrêt rendu.

II. – L'arrêt d'appel est intervenu :
- copie ou expédition de l'arrêt fixant le prix ;
- pièces particulières (§ 5321122).

III. – Le transfert de propriété a été réitéré par acte authentique :
- pièces visées à la rubrique 532111 ;

IV. – Le transfert de propriété n'a pas été réitéré par acte authentique sans que les parties aient renoncé à la mutation[5] :
- pièces 1 et 2 prévues à la rubrique 532111 ;
- certificat de l'autorité investie du pouvoir exécutif précisant l'absence de renonciation du propriétaire à la mutation dans le délai de deux mois de la décision juridictionnelle devenue définitive ;
- décision de consignation.

V. – Le jugement n'est pas définitif (§ 532123) :
- pièces 1 et 2 visées à la rubrique 532111 ;
- copie ou expédition du jugement fixant l'indemnité ;
- acte par lequel la chambre de l'expropriation de la cour d'appel a été saisie ;
- décision de consignation.

VI. – Honoraires de négociation (§ 53213) :
- mention des honoraires portée dans la déclaration d'intention d'aliéner ;
- note d'honoraire du mandataire du vendeur ou mention de ces honoraires dans l'acte authentique.

2 – Ventes réalisées sous forme d'adjudication (§ 5322) :
- pièce générale (§ 53221) ;
- décision de se substituer à l'adjudicataire ;
- pièces particulières (§ 53222) ;
- frais de poursuites émoluments et déboursés (§ 532221) ;
- état de frais taxé par le juge établi par l'avocat poursuivant ;
- facture ;
- prix d'adjudication (§ 532222).
- titre d'adjudication publié[6].

1. Ces pièces justificatives de cette rubrique sont valables pour l'acquisition immobilière par voie de préemption exercée dans le cadre du droit de préemption urbain, des zones d'aménagement différé, des espaces agricoles et naturels périurbains et des espaces naturels sensibles des départements.

2. Acquisition sur proposition directe du propriétaire au titulaire du droit de préemption.

3. Acquisition lors d'une aliénation volontaire.

4. En l'absence d'appel interjeté dans un délai d'un mois de sa notification le jugement est définitif. Un arrêt d'appel est définitif au sens de l'article L. 213-3 du Code de l'urbanisme sans qu'il y ait lieu de prendre en considération le pourvoi en cassation.

5. Pendant un délai de deux mois de décision devenue définitive les parties peuvent renoncer à la mutation.

6. Le titre d'adjudication est délivré par le greffier, il consiste dans l'expédition du cahier des charges tel qu'il a été maintenu ou modifié et du jugement d'adjudication non compris les dires de simple formalité, jugement ou pièce de procédure et la décision de se substituer à l'adjudicataire.

257 Pièces justificatives – Opérations portant sur les fonds de commerce (D. n° 2022-505, 23 mars 2022, § 55).

1 – Acquisition des terrains d'assiette d'activités commerciales par exercice du droit de préemption :
- décision portant exercice du droit de préemption ;
- pièces prévues à la sous-rubrique 511 : « Acquisitions amiables d'immeubles à titre onéreux – Sous forme de vente simple » sauf pièce n° 1 de la sous-rubrique 511211.

2 – Acquisition d'un fonds de commerce à l'amiable ou par voie de préemption :

a) paiement du prix au cédant sans intervention d'un intermédiaire :
- décision de l'assemblée délibérante décidant de se porter acquéreur du fonds de commerce ou décision portant exercice du droit de préemption ;
  acte de cession du fonds de commerce ;
- copie de la publication de la vente au journal d'annonces légales et au BODACC relatant la mention d'enregistrement ;
- certificat de l'ordonnateur attestant qu'aucune opposition au paiement n'a été faite entre ses mains ;
- copie de la déclaration de la cession totale ou partielle de l'entreprise, prévue à l'article 201 du Code général des impôts ;
- état négatif des inscriptions prises sur le fonds de commerce dont la période de certification porte effet au moins quinze jours[1] après la précédente vente[2] ;
- le cas échéant, mainlevées.

b) paiement du prix au cédant avec l'intervention d'un intermédiaire :
- décision de l'assemblée délibérante décidant de se porter acquéreur du fonds de commerce ou décision portant exercice du droit de préemption ;
- acte de cession du fonds de commerce constituant séquestre ;
- le cas échéant, mémoires de l'intermédiaire.

c) acquisition isolée d'un bail commercial :
- décision de l'assemblée délibérante décidant l'acquisition du bail commercial ou décision portant exercice du droit de préemption ;
- contrat de cession de bail.

1. Ce délai de 15 jours correspond au délai de quinzaine d'inscription du privilège du vendeur par le précédent propriétaire.

2. Un état où figurent des inscriptions doit être regardé comme négatif dès lors qu'a été obtenue la radiation des inscriptions prises.

258 Pièces justificatives – Charges de copropriété (D. n° 2022-505, 23 mars 2022, § 56) :

1 – Premier paiement :
- règlement de copropriété fixant la répartition des charges entre les copropriétaires ;

- décision de l'assemblée générale des copropriétaires désignant le syndic ;
- pièces exigées pour les paiements ultérieurs.

2 - Paiements ultérieurs :
- procès-verbal de l'assemblée générale des copropriétaires fixant le montant des charges à répartir ;
- appel de fonds du syndic ;
- le cas échéant, décision de l'assemblée générale des copropriétaires modifiant la répartition des charges ;
- le cas échéant, décision de l'assemblée générale des copropriétaires entérinant un changement de syndic.

Compte **212** - Agencements et aménagements de terrains

259 Cette partie ne fait pas l'objet de commentaires.

Compte **213** - Constructions (sur sol propre)

▪ Compte **21318** - Autres bâtiments publics

260 **Définition.** Cet article comprend notamment les édifices cultuels, les édifices industriels ainsi que divers bâtiments publics autres que l'hôtel de ville et les bâtiments scolaires.

261 **Gendarmerie.** Le décret n° 93-130 du 28 janvier 1993 fixe les conditions dans lesquelles les collectivités territoriales peuvent porter une opération immobilière au profit de la gendarmerie nationale et bénéficier à ce titre de la subvention de l'État. Le montant de chaque subvention est calculé sur la base du coût hors taxe des travaux, dans la limite du coût plafond de l'opération. Le montant maximal oscille entre 18 et 20 % du coût plafond moyennant un loyer plafonné à 6 % (Circ., 28 janv. 1993, relative aux conditions de prise à bail par l'État des locaux destinés aux unités de gendarmerie départementale, édifiés par les collectivités territoriales).

La loi n° 2015-991 du 7 août 2015 portant nouvelle organisation territoriale de la République et le décret n° 2016-1884 du 26 décembre 2016 permettent à un organisme HLM d'assurer la maîtrise d'ouvrage et la location de logements à disposition de la gendarmerie.

Ainsi, les collectivités lorsque les projets portent sur un volume de logements plus élevé que les plafonds fixés en décret de 1993 ou lorsque les capacités d'investissement sont limitées, peuvent se porter garantes des emprunts contractés par ces organismes, leur garantissant un droit de regard sur les projets à réaliser sur leur territoire.

Il convient de noter que la loi n° 2018-1021 du 23 novembre 2018 portant évolution du logement, de l'aménagement et du numérique a introduit la faculté pour les sociétés d'économie mixte de construction et de gestion de logements sociaux de réaliser des travaux, acquérir, construire et gérer des immeubles à usage d'habitation au profit de la gendarmerie. Cependant, cette disposition n'emporte pas la possibilité de se prévaloir de l'application du décret du 26 décembre 2016 quant au dispositif de garantie des emprunts par les collectivités territoriales.

262 **Logements sociaux.** Le dispositif issu de l'article 55 de la loi « solidarité et renouvellement urbains » (SRU) du 13 décembre 2000 prévoit que les communes soumises aux dispositions de ladite loi (de plus de 3 500 habitants, 1 500 habitants dans l'agglomération parisienne et disposant de moins de 25 ou 20 % de logements sociaux) s'acquittent d'un prélèvement annuel sur leurs ressources fiscales, proportionnel au nombre de logements manquant. Ces communes ont cependant la faculté de déduire du prélèvement les montants qu'elles investissent en faveur du logement social.

En application des articles L. 302-7 et R. 302-16 du Code de la construction et de l'habitation, parmi les dépenses éligibles à la déduction du prélèvement figurent les subventions foncières accordées par les communes directement au propriétaire ou au maître d'ouvrage qui réalisent sur des terrains ou des biens immobiliers des opérations ayant pour objet la création de logements locatifs sociaux. Entrent notamment dans cette catégorie, les subventions accordées aux organismes HLM au titre de la surcharge foncière, ou pour favoriser l'équilibre d'une opération de logements locatifs sociaux. Au regard de ces dispositions, une subvention foncière accordée à un établissement public foncier (EPF) n'est pas déductible du prélèvement, l'EPF ne réalisant pas directement les logements.

263 **Édifices cultuels : désaffectation.** Les édifices cultuels appartiennent suivant le cas à l'État, aux départements ou aux communes. Leur désaffectation n'est possible que dans le cadre du décret n° 70-220 du 17 mars 1970.

Depuis ce texte, un arrêté préfectoral, pris à la demande du conseil municipal et fondé sur le consentement écrit de la personne physique ou morale qualifiée pour représenter le culte affectataire, suffit pour désaffecter un édifice cultuel. Cette mesure ne peut être prise que dans les cinq cas suivants (L., 9 déc. 1905, concernant la séparation de l'Église et de l'État, art. 13) :

- dissolution de l'association bénéficiaire ;
- cessation de la célébration du culte pendant un délai supérieur à six mois ;
- mise en danger par insuffisance d'entretien de l'édifice ou des objets mobiliers classés ;
- cessation par l'association de l'objet ou détournement des édifices de leur destination.

264 **Édifices cultuels en Alsace-Lorraine.** Seul le maire de la commune du chef-lieu de la cure est membre de droit du conseil de fabrique alors que la charge des travaux d'entretien et de réfection de l'église peut être répartie entre les communes coparoissiales (D., 30 déc. 1809, concernant les fabriques des églises, art. 4).

Dans le cas prévu au deuxième alinéa de l'article 92 du décret de 1809, le budget de la fabrique, après approbation de l'évêque, est soumis à la délibération du conseil municipal. Lorsque l'insuffisance des fonds disponibles prévus au budget est due à des projets de travaux de quelque nature qu'ils soient, ou de recrutement de personnel, une délibération spéciale du conseil de fabrique est jointe au budget pour fournir à la commune tous les éléments d'information et d'appréciation nécessaires sur les dépenses envisagées. Si la commune est amenée à assurer le financement principal des travaux, il lui appartient d'en revendiquer la maîtrise d'ouvrage et la direction (D., 1809, art. 93 et 94).

265 **Édifices cultuels : subventions pour réparations aux associations ayant pour objet l'exercice d'un culte.** Ces associations ne peuvent, sous quelque forme que ce soit, recevoir des subventions de l'État, des départements et des communes. Ne sont pas considérées comme subventions les sommes allouées pour réparations aux édifices affectés au culte public, qu'ils soient ou non classés monuments historiques (L., 9 déc. 1905, concernant la séparation de l'Église et de l'État, art. 19).

▪ Compte **21321** – Immeubles de rapport

266 **Définition.** Les immeubles productifs de revenus sont obligatoirement amortissables. Ils comprennent les immeubles remis en location contre paiement à condition qu'ils ne soient pas affectés à l'usage du public ou un service public administratif. Il convient donc de prendre en compte son affectation et de vérifier que le loyer couvre *a minima* l'amortissement du bien.

Les immeubles productifs de revenus mais non amortissables s'inscrivent au compte 2138.

▪ Compte **2135** – Installations générales, agencements, aménagement des constructions

267 **Définition.** Les installations générales sont des ensembles d'éléments dont la liaison organique est la condition nécessaire de leur utilisation et sont distinctes des unités techniques annexées à des installations d'exploitation ou de transport par canalisation (installations téléphoniques, installations de douches pour le personnel, installation de bureaux administratifs, etc.).

Par ailleurs, les agencements et aménagements des constructions sont les travaux destinés à mettre les bâtiments en état d'utilisation.

Compte **214** – Constructions sur sol d'autrui

268 **Droit de propriété.** Conformément à l'article 552 du Code civil, « la propriété du sol emporte la propriété du dessus et du dessous » ; le propriétaire du sol est considéré comme propriétaire des constructions effectuées par son locataire.

Toutefois, selon la jurisprudence de la Cour de cassation, l'accession n'a lieu, sauf stipulation contraire, qu'à l'expiration du contrat de bail. Ainsi, le locataire reste propriétaire des constructions qu'il a édifiées, tant que dure le bail ; il perd, en revanche, ce droit de propriété à l'expiration du bail lorsque joue la clause d'accession.

La règle édictée ci-dessus est simplement supplétive, et les parties sont en droit de décider que l'accession du propriétaire du terrain joue dès l'édification des constructions.

269 **Dispositions budgétaires et comptables.** Lorsque les effets de l'accession sont reportés à la fin du bail, seul le terrain figure à l'actif du bailleur pendant la durée du bail. Les constructions des adjonctions et aménagements réalisées par le locataire pendant la durée du bail sont également immobilisés à son actif au compte 214.

À l'expiration du bail, le locataire doit sortir de l'actif les immobilisations concernées, la différence entre la valeur comptable (compte 675) et le montant de l'indemnisation éventuelle (compte 775) étant portée au compte 19. Il est fortement recommandé aux collectivités qui construiraient sur le sol d'autrui de procéder à l'amortissement de ces biens.

Pour le propriétaire, la différence entre la valeur vénale du bien intégrée à son patrimoine et le montant de l'indemnisation éventuelle constitue un produit exceptionnel ou une subvention reçue.

Les constructions sur sol d'autrui ne doivent pas être confondues avec les installations générales, agencements et aménagements divers incorporés dans des bâtiments dont la collectivité est locataire et qui sont enregistrés au compte 2181.

Compte **215** – Installations, matériel et outillage techniques

▪ Compte **2151** – Réseaux de voirie

270 **Création de chemins ruraux.** La décision de créer un chemin rural est prise par délibération du conseil municipal (C. rur., art. L. 121-17).

L'acquisition des terrains a lieu de gré à gré, à titre gratuit ou onéreux ou par voie d'expropriation. Pour que le chemin entre dans le domaine public, il faut qu'il soit la propriété de la commune et qu'il fasse l'objet d'une procédure d'affectation (Rép. min. n° 25387 : *JOAN*, 11 juin 1990, p. 2761).

L'acquisition forcée (expropriation) ne peut être utilisée pour créer un chemin rural. Elle peut l'être pour élargir ou redresser une voie existante mais, dans ce cas, seul un terrain non bâti peut être exproprié.

271 **Aliénation de chemins ruraux.** Les chemins ruraux sont des chemins appartenant aux communes, affectés à l'usage du public, qui n'ont pas été classés comme voies communales. Ils font partie du domaine privé de la commune (C. rur., art. L. 161-1). Ils sont prescriptibles et aliénables.

Un chemin rural non entretenu depuis plusieurs années et non régulièrement utilisé est considéré comme désaffecté (CE, 25 nov. 1988, n° 59069, *Laney*). Lorsqu'un chemin rural cesse d'être affecté à l'usage du public, sa vente peut être décidée par le conseil municipal, à moins que les intéressés groupés en association syndicale n'aient demandé à se charger de l'entretien dans les deux mois qui suivent l'ouverture de l'enquête. Lorsque l'aliénation est ordonnée, les propriétaires riverains sont mis en demeure d'acquérir les parcelles aux droits de leurs propriétés jusqu'au milieu dudit chemin. Si, dans le délai d'un mois à compter de l'avertissement, les propriétaires riverains n'ont pas déposé leur soumission ou si leurs offres sont insuffisantes, il est procédé à l'aliénation des terrains selon les règles suivies pour la vente des propriétés communales (C. rur., art. L. 161-10). L'aliénation est libre.

Si les riverains achètent le chemin rural, la commune peut établir un acte unique, sous réserve de l'accord des cocontractants. L'acte peut être reçu et authentifié par le maire (Rép. min. n° 42139 : *JOAN*, 26 août 1991, p. 3466).

Les chemins ruraux peuvent être acquis par le biais de la prescription trentenaire. Un particulier peut ainsi s'approprier un chemin rural suite à son abandon ou à son défaut d'entretien (Rép. min. n° 16032 : *JOAN*, 11 sept. 1989, p. 4074).

Le maire est chargé de la police et de la conservation des chemins ruraux (C. rur., art. L. 161-5).

Les litiges sont portés devant le juge judiciaire.

272 **Échange de chemins ruraux.** L'aliénation d'un chemin rural par voie d'échange avec un propriétaire déterminé est illégale (CE, 23 mai 1986, *Richard* : *Lebon*, p. 147). Seule la vente est possible (Rép. min. n° 16701 : *JOAN*, 9 oct. 1989, p. 4531).

273 **Chemins d'exploitation.** Ces chemins servent exclusivement à la communication entre divers héritages ou à leur exploitation. Acquis par la commune, ils entrent dans son domaine privé. Affectés à l'usage du public, ils sont alors soumis aux dispositions relatives aux chemins ruraux. Pour ce faire, le conseil municipal doit statuer après enquête publique (Rép. min. n° 44110 : *JOAN*, 4 nov. 1991, p. 4550).

274 **Dépenses de voirie.** L'article L. 131-2 du Code de la voirie routière dispose que les dépenses relatives à la construction, à l'aménagement et à l'entretien des routes départementales sont à la charge du département. Cette disposition s'applique non seulement à la chaussée, mais aussi aux dépendances de la route, comprenant notamment les trottoirs et les arbres plantés en bordure d'une voie publique.

Le département peut confier l'exécution de ces travaux aux communes, dans le cadre d'une convention de mandat, afin que celles-ci réalisent, pour le compte du département, des travaux d'investissement sur la voirie départementale. Ce mécanisme permet aux communes d'inscrire les dépenses afférentes à ces travaux en section d'investissement, dans un chapitre budgétaire particulier, et au département de bénéficier du Fonds de compensation pour la TVA (FCTVA) pour les travaux effectués.

Cependant, les dépenses effectuées par les communes sur la voirie départementale pour le compte du département ne sont donc pas considérées automatiquement comme des dépenses de fonctionnement, du simple fait qu'elles sont réalisées pour le compte d'un tiers. C'est leur nature qui détermine leur classement en fonctionnement ou en investissement.

275 **Caractère des dépenses de voirie.** En matière de voirie, les dépenses d'investissement financent des opérations lourdes qui permettent d'améliorer le service rendu à l'usager, comme l'élargissement des chaussées ou le remplacement généralisé des bordures pour les accotements.

Pour ce qui concerne les plantations en bordure de chaussée, seules les dépenses de première plantation sont considérées comme des investissements.

Les dépenses qui concernent l'arrachage de souches d'arbres constituent des dépenses d'entretien et doivent donc être considérées comme des dépenses de fonctionnement.

Les travaux conduisant à des modifications des caractéristiques de la voirie constituent des dépenses d'investissement. En revanche, le comblement des nids-de-poule ou des ornières et le maintien en état des fossés sont des travaux d'entretien courant imputables au fonctionnement (Cir. intermin., 28 avr. 1987, NOR:INTB8700120C ; Circ. min. Budget, 1er oct. 1992, exposant les règles d'imputation comptable des dépenses du secteur public local).

Compte **216** – Biens historiques et culturels

276 **Achat d'œuvres d'art.** Les communes, les départements et les régions doivent consacrer 1 % du montant de l'investissement à l'insertion d'œuvres d'art dans toutes les constructions qui faisaient l'objet, au 23 juillet 1983, date de publication de la loi n° 83-663 du 22 juillet 1983 complétant la loi n° 83-8 du 7 janvier 1983 relative à la répartition de compétences entre les communes, les départements, les régions et l'État, de la même obligation à la charge de l'État.

Dès que le maître d'œuvre d'une construction mentionnée au premier alinéa du présent article est choisi, la commune, le département ou la région sélectionne sans délai l'auteur de l'œuvre d'art faisant l'objet d'une insertion dans ladite construction (CGCT, art. L. 1616-1). Les communes, les départements et les régions veillent à la diversité des œuvres et des artistes sélectionnés en application du présent article.

Compte **217** – Immobilisations reçues au titre d'une mise à disposition

277 **Procès-verbal de mise à disposition.** La mise à disposition est constatée par un procès-verbal établi contradictoirement entre les représentants de la collectivité antérieurement compétente et de la collectivité bénéficiaire. Le procès-verbal précise la consistance, la situation juridique, l'état des biens et l'évaluation de la remise en état de ceux-ci.

Pour l'établissement de ce procès-verbal, les parties peuvent recourir aux conseils d'experts dont la rémunération est supportée, pour moitié, par la collectivité bénéficiaire du transfert, et pour moitié, par la collectivité antérieurement compétente. À défaut d'accord, les parties peuvent recourir à l'arbitrage du président de la chambre régionale des comptes compétente. Cet arbitrage est rendu dans les deux mois.

278 **Les effets de la mise à disposition.** La collectivité bénéficiaire de la mise à disposition est substituée à la collectivité propriétaire dans ses droits et obligations découlant des contrats, portant notamment sur des emprunts affectés et des marchés que cette dernière a pu conclure pour l'aménagement, l'entretien et la conservation des biens remis ainsi que pour le fonctionnement des services.

La collectivité propriétaire constate la substitution et la notifie à ses cocontractants.

La collectivité bénéficiaire de la mise à disposition est également substituée à la collectivité antérieurement compétente dans les droits et obligations à l'égard des tiers découlant de l'octroi de concessions ou d'autorisations de toute nature sur tout ou partie des biens remis ou de l'attribution de ceux-ci en dotation.

279 **Mise à disposition et TVA.** Lorsqu'une collectivité territoriale ou un groupement de collectivités territoriales transfère à un établissement public de coopération intercommunale (EPCI) ou un syndicat mixte une compétence au titre de laquelle ils étaient assujettis à la TVA, ces derniers deviennent assujettis à leur tour.

Ils peuvent cependant, sous certaines conditions, obtenir une dispense de taxation et de régularisation selon que, au titre de l'exercice de la compétence transférée, la collectivité locale qui procède au transfert est assujettie à la TVA et la collectivité locale bénéficiaire du transfert n'est pas assujettie à la TVA (CGI, art. 260 A) ou au titre de l'exercice de la compétence transférée, la collectivité locale qui procède au transfert et la collectivité locale bénéficiaire du transfert sont toutes deux assujetties à la TVA (CGI, art. 256 B).

280 **Retour des biens d'un EPCI dans le patrimoine des communes remettantes (hors dissolution).** Ce retour correspond à deux cas de figure :
- retrait d'une commune d'un EPCI (CGCT, art. L. 5211-19) ;
- retrait de la compétence transférée à un EPCI (CGCT, art. L. 5211-25-1).

Dans les deux cas, les dispositions de l'article L. 5211-25-1 du Code général des collectivités territoriales s'appliquent et distinguent :
- les biens meubles et immeubles qui avaient été mis à disposition de l'EPCI bénéficiaire du transfert de compétences ;
- les biens meubles et immeubles acquis ou réalisés postérieurement au transfert de compétences.

1 – Cas des biens mis à disposition de l'EPCI par les communes

Les biens meubles et immeubles mis à la disposition de l'EPCI bénéficiaire du transfert de compétences sont restitués aux communes antérieurement compétentes et réintégrés dans leur patrimoine pour leur valeur nette comptable, avec les adjonctions effectuées sur ces biens liquidés sur les mêmes bases. Le solde de l'encours de dette transférée afférente à ces biens est également restitué à la commune propriétaire, si l'emprunt n'est pas complètement amorti.

Le compte 1027 est remouvementé (voir schémas d'écritures au compte 1027).

2 – Cas des biens acquis ou réalisés par l'EPCI

Les biens meubles et immeubles acquis ou réalisés postérieurement au transfert de compétences sont répartis entre les communes qui reprennent la compétence, ou entre la commune qui se retire de l'établissement public de coopération intercommunale et l'établissement, ou, dans le cas particulier d'un syndicat dont les statuts le permettent, entre la commune qui reprend la compétence et le syndicat de communes. Il en va de même pour le produit de la réalisation de tels biens, intervenant à cette occasion. Le solde de l'encours de la dette contractée postérieurement au transfert de compétences est réparti dans les mêmes conditions entre les communes qui reprennent la compétence ou entre la commune qui se retire et l'établissement public de coopération intercommunale ou, le cas échéant, entre la commune et le syndicat de communes. À défaut d'accord entre l'organe délibérant de l'établissement public de coopération intercommunale et les conseils municipaux des communes concernés, cette répartition est fixée par arrêté du ou des représentants de l'État dans le ou les départements concernés. Cet arrêté est pris dans un délai de six mois suivant la saisine du ou des représentants de l'État dans le ou les départements concernés par l'organe délibérant de l'établissement public de coopération intercommunale ou de l'une des communes concernées.

Les contrats sont exécutés dans les conditions antérieures jusqu'à leur échéance, sauf accord contraire des parties. La substitution de personne morale aux contrats conclus par les établissements publics de coopération intercommunale n'entraîne aucun droit à résiliation ou à indemnisation pour le cocontractant. L'établissement public de coopération intercommunale qui restitue la compétence informe les cocontractants de cette substitution.

281 **Dissolution d'un EPCI.** L'autorité administrative compétente prononce la dissolution de l'établissement public de coopération intercommunale par arrêté ou décret et constate, sous réserve des droits des tiers, la répartition entre les membres de l'ensemble de l'actif et du passif au vu du dernier compte administratif de l'établissement public de coopération intercommunale dissous voté par l'organe délibérant ou arrêté par le représentant de l'État dans le département dans les conditions prévues au II.

Les membres de l'établissement public de coopération intercommunale dissous corrigent leurs résultats de la reprise des résultats de celui-ci, par délibération budgétaire, conformément à l'arrêté ou au décret de dissolution (CGCT, art. L. 5211-26).

Compte **218** – Autres immobilisations corporelles

282 **Achat de matériel d'occasion.** L'achat de matériel d'occasion à des particuliers par une collectivité publique est soumis aux règles applicables aux marchés publics. Il convient de respecter les principes de liberté d'accès à la commande publique, d'égalité de traitement des candidats et de transparence des procédures.

283 **Aliénation de biens meubles.** La procédure de vente est librement choisie par le conseil municipal. Toutefois, sur délégation du conseil municipal, le maire peut décider l'aliénation de gré à gré de biens mobiliers jusqu'à 4 600 € (CGCT, art. L. 2122-22, 10°).

284 **Cheptel.** Quelques rares communes possèdent du bétail qu'il faut comptabiliser à l'article 2186. Les animaux que le propriétaire du fonds livre au fermier ou au métayer pour la culture, estimés ou non, sont censés immeubles tant qu'ils demeurent attachés au fonds par l'effet de la convention.

Ainsi, parmi les animaux d'une ferme sont seuls immeubles par destination ceux qui sont propres à la culture et qui ont été placés sur le fonds en vue de son exploitation ; restent meubles ceux qui ne sont destinés qu'à la reproduction ou à l'engrais.

285 **Bibliothèque.** Le compte 2188 retrace notamment la constitution du fonds initial d'une bibliothèque.

Par la suite, livres, encyclopédies, disques et cassettes doivent être imputés en section de fonctionnement car ils participent au maintien ou au renouvellement du fonds de documentation.

En revanche, les fonds anciens sont enregistrés au compte 2162 « Fonds anciens des bibliothèques et musées » (se reporter au compte 216, « Fonds anciens des bibliothèques et musées »).

286 **Matériel informatique.** Le matériel informatique relève de la section d'investissement (compte 2183), ce qui permet à la collectivité de le financer par l'emprunt et d'étaler la charge que cet investissement représente. Le matériel informatique est par ailleurs éligible au fonds de compensation pour la TVA. Ce caractère de dépense d'investissement peut également permettre, sous certaines conditions, de rendre ces dépenses éligibles aux dotations de soutien à l'investissement des collectivités.

COMPTE **22**

Immobilisations reçues en affectation

287 **Définition.** Comme la mise à disposition, l'affectation est une procédure qui, tout en conservant à la collectivité la propriété d'un bien, autorise le transfert à un tiers de la jouissance de ce bien, avec les droits et obligations qui s'y attachent.

L'affectation concerne en premier lieu les services individualisés de la commune non dotés de la personnalité morale : budgets annexes et régies dotées de la seule autonomie financière.

Cette notion d'affectation n'est toutefois pas limitée aux relations entre une collectivité et ses propres démembrements. Elle peut jouer aussi entre une collectivité et une autre personne morale. Ainsi, une collectivité peut affecter des biens à un établissement public à caractère industriel et commercial, un centre communal d'action sociale, une caisse des écoles ou une régie dotée de la personnalité morale et de l'autonomie financière.

288 **Caractéristiques de l'affectation.** L'affectation se distingue de la subvention parce qu'elle n'emporte pas transfert de propriété, mais laisse prévoir au contraire un retour du bien affecté.

Cette dernière caractéristique la distingue aussi de la mise à disposition, qui ne prévoit pas de retour du bien à la collectivité propriétaire, à moins d'un changement de la législation en matière de transfert obligatoire de compétence ou de la remise en cause d'une compétence facultative définie librement par les statuts.

Elle se distingue aussi de la location parce qu'elle procède, non d'une convention, mais d'une décision administrative unilatérale prise par l'affectant. En outre, la location implique le versement d'un loyer tandis que l'affectation ne comporte aucune rémunération, les conditions d'usage qui l'assortissent parfois ne constituant pas des charges financières.

Enfin, l'affectation ne doit pas être confondue avec la prise de participation dans des sociétés privées ou des établissements publics ou semi-publics ; elle suppose un retour intégral du bien affecté dans le patrimoine de l'affectant, tandis que la prise de participation, matérialisée ou non par des titres de participation, peut laisser envisager, soit une récupération du capital augmenté du bénéfice, soit une participation aux pertes.

289 **Droits et obligations de l'affectataire.** Comme la mise à disposition, l'affectation confère à son bénéficiaire les droits et obligations du propriétaire, mais sans transfert du droit de propriété. Ainsi, les charges d'amortissement et d'entretien incombent, en principe, à l'affectataire.

COMPTE **23**

Immobilisations en cours

Comptes **231** et **232** – Immobilisations corporelles en cours et Immobilisations incorporelles en cours

290 Ces parties ne font pas l'objet de commentaires.

Compte **235** - Part investissement - PPP

291 **Pièces justificatives - Contrats de partenariat (D. n° 2022-505, 23 mars 2022, rub. 419, ann. H) :**

1 - Pièces générales :
- marché de partenariat comportant les mentions obligatoires décrites à l'annexe H y compris un échéancier des paiements ;
- certificat attestant que les conditions du versement de la rémunération sont remplies ;
- mémoire ou facture.

2 - Pièces particulières :
- le cas échéant, pièces justificatives définies dans le marché de partenariat, lorsqu'elles emportent des conséquences financières ;
- le cas échéant, acte constatant la prise de possession de l'ouvrage ;
- en cas de versement d'avance prévu dans le marché, marché de partenariat ;
- en cas de versement d'acompte, état liquidatif ;
- en cas de sous-traitance, caution personnelle et solidaire d'un organisme financier (ou délégation du maître de l'ouvrage au sous-traitant à concurrence du montant des prestations exécutées par le sous-traitant) ;
- en cas de marché de partenariat conclu par un groupement de commande, convention constitutive du groupement ;
- en cas de subvention du marché de partenariat, échéancier de versement et écrit fixant les modalités de versement ;
- en cas de versement de primes aux candidats, règlement de la consultation ou avis d'appel public à la concurrence prévoyant les modalités d'allocation de primes et état liquidatif par bénéficiaire ;
- en cas de défaillance du titulaire du marché, document constatant le transfert des contrats passés par le partenaire privé vers la personne publique.

3 - Paiement en cas de cession de créance ou de nantissement :

Paiement à un établissement de crédit ou paiement à un organisme de financement dans le cadre d'une cession prévue aux articles L. 214-169 et suivants du Code monétaire et financier :
- pièces énumérées aux rubriques 4191 et 4192 ;
- notification de la cession (ou du nantissement) par lettre recommandée avec avis de réception, ou par tout autre moyen permettant de donner date certaine (le bordereau de cession ou de nantissement n'a pas à être produit au comptable assignataire) ;
- le cas échéant, notification de la transmission du bordereau par le bénéficiaire de la transmission par lettre recommandée avec avis de réception, ou tout autre moyen permettant de donner date certaine ;

- en cas de cession en application de l'article L. 313-29-1 du Code monétaire et financier, attestation de la personne publique constatant la réalisation des investissements.

4 – Paiement au cédant (ou au titulaire du contrat)

Mainlevée de la cession (ou du nantissement) donnée par l'établissement de crédit ou l'organisme de financement par lettre recommandée avec demande d'avis de réception, ou par tout autre moyen permettant de donner date certaine ou pour une cession (ou un nantissement) de droit commun, attestation de désistement définitif délivrée par le cessionnaire (ou le bénéficiaire du nantissement) de droit commun par lettre recommandée avec demande d'avis de réception, ou par tout autre moyen permettant de donner date certaine.

Mentions obligatoires devant figurer dans un contrat de partenariat (D. n° 2022-505, 23 mars 2022, ann. H)

1. Identification des parties contractantes[1] ;
2. Définition de l'objet du marché de partenariat[1] ;
3. Durée[2] ;
4. Rémunération du cocontractant comportant, notamment, la ventilation entre les coûts d'investissement, les coûts de fonctionnement et les coûts de financement et, le cas échéant, les revenus issus de l'exercice d'activités annexes ou de la valorisation du domaine[3] ;
5. Modalités de variation des éléments de la rémunération pendant la durée du contrat[4] ;
6. Conditions dans lesquelles est établi le partage des risques entre la personne publique et son cocontractant[5] ;
7. Objectifs de performance assignés au cocontractant[3] ;
8. Sanctions et pénalités applicables au titulaire en cas de manquement à ses obligations, notamment en cas de non-respect des objectifs de performance[3] ;
9. Périodicité de reddition des comptes et leur mode de justification[6] ;
10. Modalités de paiement, notamment conditions dans lesquelles, chaque année, les sommes dues par la personne publique à son cocontractant et celles dont celui-ci est redevable au titre de pénalités ou de sanctions, font l'objet d'une compensation[7] ;
11. Conséquences de la fin, anticipée ou non, du marché, notamment en ce qui concerne l'indemnisation des dépenses engagées par le titulaire, la propriété des ouvrages, équipements ou biens immatériels[8] ;
12. Le cas échéant, conditions du versement d'avances ou d'acomptes[9].

1. D. n° 2012-1246, 7 nov. 2012, relatif à la gestion budgétaire et comptable publique, art. 19.
2. CCP, art. L. 2213-2.
3. CCP, art. L. 2213-8 et R. 2213-1.
4. CCP, art. R. 2213-2.
5. CCP, art. L. 2213-1.
6. CCP, art. L. 2234-3, R. 2234-1 à R. 2234-2.
7. CCP, art. R. 2213-3.
8. CCP, art. L. 2213-13.
9. CCP, art. L. 2232-1.

Comptes **236** et **237** – Avances versées aux EPLE sur immobilisations et Avances versées sur commandes d'immobilisations incorporelles

292 Ces parties ne font pas l'objet de commentaires.

Compte **238** – Avances versées sur commandes d'immobilisations corporelles

293 **Avances aux sociétés d'économie mixte.** Le fonctionnement des sociétés d'économie mixte (SEM), essentiellement issu de la loi n° 2002-1 du 2 janvier 2002, a été codifié dans le titre II du livre V du Code général des collectivités territoriales (art. L. 1521-1 à L. 1525-3). Les statuts types des SEM sont définis par le décret n° 86-35 du 10 janvier 1986 portant approbation des statuts types des SEM.

La collectivité territoriale ou le groupement ne peut consentir l'avance à la société d'économie mixte locale si la totalité des avances déjà consenties par la collectivité ou le groupement à des sociétés d'économie mixte excède, avec cette nouvelle avance, 5 % des recettes réelles de la section de fonctionnement du budget de la collectivité ou du groupement. Aucune avance ne peut être accordée par les collectivités ou leurs groupements si, du fait des pertes constatées dans les documents comptables, les capitaux propres de la société d'économie mixte sont devenus inférieurs à la moitié du capital social (CGCT, art. L. 1522-5).

COMPTE **24**

Immobilisations concédées, affermées ou mises à disposition

294 **Pièces justificatives – Dépenses dans le cadre de délégations de service public (D. n° 2016-33, 20 janv. 2016)[1] :**

1 – Pièces générales :
- document portant la référence à la délibération ou à la décision d'attribution de la délégation de service public ;
- contrat, s'il y a lieu, et, le cas échéant, cahier des charges ;
- le cas échéant, pièces justificatives prévues dans le contrat ;
- le cas échéant, pour les contrats en cours, avis du DRFIP ou du DDFiP, ainsi que la délibération, portant sur la durée de la convention ;
- facture ou mémoire.

2 – Paiement à un tiers opposant : pièces communes : pièces énumérées aux rubriques ci-dessus et ci-dessous selon le titulaire de la créance.

a) paiement des créances afférentes à une cession ou à un nantissement de créance de droit commun :
- signification de la cession (ou du nantissement) énonçant la qualité du comptable assignataire, du cédant (du titulaire de la convention de délégation de service public à l'initiative du nantissement), du cessionnaire (ou du bénéficiaire du nantissement) et désignant la créance cédée (ou nantie) ;
- lorsque le paiement est dû en raison de la seule acceptation de la cession de créance, copie de l'acte d'acceptation de la cession signée du représentant du pouvoir adjudicateur.

b) paiement à un établissement de crédit cessionnaire ou bénéficiaire d'un nantissement dans le cadre d'une cession de créance prévue aux articles L. 313-23 et suivants du Code monétaire et financier :
- notification de la cession (ou du nantissement) par lettre recommandée avec avis de réception, ou par tout autre moyen permettant de donner date certaine[2] ;
- le cas échéant, notification de la transmission du bordereau par le bénéficiaire de la transmission par lettre recommandée avec avis de réception, ou tout autre moyen permettant de donner date certaine.

c) paiement au cédant (ou au titulaire de la délégation de service public) :
- mainlevée de la cession (ou du nantissement) donnée par l'établissement de crédit par lettre recommandée avec demande d'avis de réception, ou par tout autre moyen permettant de donner date certaine ;

ou

- pour une cession (ou un nantissement) de droit commun, attestation de désistement définitif délivrée par le cessionnaire (ou le bénéficiaire du nantissement) de droit commun par lettre recommandée avec demande d'avis de réception, ou par tout autre moyen permettant de donner date certaine.

d) paiement dans le cadre d'une délégation de créance afférente à une DSP :
- pièces énumérées aux rubriques ci-dessus selon le titulaire de la créance ;
- convention de délégation de créance.

1. Si les prestations concernent un immeuble, sa localisation géographique est mentionnée sur une des pièces justificatives jointes au mandat.

2. Le bordereau de cession ou de nantissement n'a pas à être produit au comptable assignataire.

COMPTE **26**

Participations et créances rattachées à des participations

Compte **261** – Titres de participation

295 **Participations des communes.** Sont exclues, sauf autorisation prévue par décret en Conseil d'État, toutes participations d'une commune dans le capital d'une société commerciale et de tout autre organisme à but lucratif n'ayant pas pour objet d'exploiter les services communaux ou des activités d'intérêt général dans les conditions prévues aux articles L. 2253-2 du CGCT ; L. 3231-6 pour les départements ; L. 4211-1-6 pour les régions.

Par dérogation au premier alinéa, les communes et leurs groupements peuvent, par délibération de leurs organes délibérants, participer au capital d'une société anonyme ou d'une société par actions simplifiée dont l'objet social est la production d'énergies renouvelables par des installations situées sur leur territoire ou, pour une commune, sur le territoire d'une commune limitrophe ou, pour un groupement, sur le territoire d'un groupement limitrophe. L'acquisition de ces actions peut être réalisée au travers de la prise de participations au capital de sociétés commerciales ayant pour seul objet de détenir les actions au capital des sociétés mentionnées à la première phrase du présent alinéa. Les communes et leurs groupements peuvent consentir aux sociétés de production d'énergie renouvelable auxquelles ils participent directement des avances en compte courant aux prix du marché et dans les conditions prévues à l'article L. 1522-5.

296 **Participations dans des SEM.** Les communes et leurs groupements peuvent, par délibération de leurs organes délibérants, acquérir ou recevoir des actions des sociétés d'économie mixte locales répondant aux conditions fixées par les articles L. 1521-1 et L. 1522-1. Les collectivités locales et leurs groupements doivent ensemble posséder plus de la moitié des actions de chaque SEM dont ils sont actionnaires. Leur participation est plafonnée à 85 % (CGCT, art. L. 1522-2).

Ils peuvent, dans les mêmes conditions, détenir des obligations des sociétés chargées d'exploiter des services publics communaux à caractère industriel et commercial.

297 **Participations de collectivités étrangères.** Sous réserve, pour les États qui ne sont pas membres de l'Union européenne, de la conclusion d'un accord préalable avec les États concernés, des collectivités territoriales étrangères et leurs groupements peuvent participer au capital de sociétés d'économie mixte locales dont l'objet social est conforme à l'article L. 1521-1 du CGCT.

Ils ne peuvent toutefois pas détenir, séparément ou à plusieurs, plus de la moitié du capital et des voix dans les organes délibérants détenus par l'ensemble des collectivités territoriales et leurs groupements.

298 **Participations à la ville de Paris.** Par dérogation au même premier alinéa, la ville de Paris peut souscrire de plein droit des parts dans un fonds commun de placement à risques à vocation locale ayant pour objet d'apporter des fonds propres à des entreprises concourant à la protection du climat, à la qualité de l'air et de l'énergie, à l'amélioration de l'efficacité énergétique, au retraitement des déchets et au développement des énergies renouvelables et des mobilités durables dans les conditions mentionnées au 9° de l'article L. 4211-1.

299 **Participations au capital de sociétés.** (CGCT, art. L. 2253-1 à 2253-7) Les communes peuvent participer de plein droit à des fonds de garanties constitués auprès d'établissements de crédit spécialisés (CGCT, art. L. 2253-7). Elles participent au capital et versent aussi des subventions. L'établissement concerné doté du statut de société anonyme régie par la loi sur les sociétés commerciales doit avoir pour objet exclusif de garantir les prêts accordés aux personnes morales de droit privé.

La garantie cumulée de l'établissement de crédit et des collectivités locales ne doit pas excéder 50 % du montant de chaque concours financier. La quotité maximale susceptible d'être garantie par l'établissement est fixée à 65 %. La garantie directe des collectivités locales, cumulée à celle de l'établissement, ne peut excéder cette même quotité.

La prise de participation traduit la remise d'une somme d'argent ou d'un bien en nature par la commune, en constitution ou en augmentation des capitaux de l'organisme. La commune devient alors soit actionnaire, soit participant de la société ou de l'établissement.

À ce titre, il lui est remis un titre de participation (action), à moins que ses droits soient seulement consignés dans les comptes de la société (parts et titres nominatifs).

Dans tous les cas, la commune a vocation à recueillir, d'une part, les intérêts du dividende de ses apports, et d'autre part, la part du capital de clôture proportionnelle à son apport en cas de dissolution de la société ou de l'établissement.

Compte **266** – Autres formes de participation

300 Cet article enregistre notamment les prises de participations au capital d'une société d'intérêt collectif agricole (SICA), d'une coopérative d'utilisation de matériel agricole (CUMA) dans le cas où la commune est propriétaire d'un domaine agricole exploité en faire-valoir direct, ou les parts sociales du Crédit agricole.

301 Participations dans les sociétés locales d'épargne. Le Code monétaire et financier (art. L. 512-93) prévoit que les collectivités territoriales peuvent être sociétaires de sociétés locales d'épargne. La participation de l'ensemble des collectivités locales ne doit pas être supérieure à 20 % du capital de chaque société (D. n° 2000-221, 8 mars 2000 ; L. n° 99-532, 25 juin 1999, relative à l'épargne et à la sécurité financière).

Les collectivités territoriales ne peuvent prendre des participations que dans le capital des sociétés locales d'épargne affiliées à une caisse d'épargne et de prévoyance qui exerce son activité dans leur ressort territorial.

Les collectivités territoriales qui souhaitent participer au capital des sociétés locales d'épargne doivent prendre une délibération formelle en ce sens qui doit comporter le montant maximum de la participation que la collectivité souhaite acquérir.

L'acquisition des parts sociales de société locale d'épargne (SLE) donne lieu à une opération budgétaire. L'opération d'achat de ces parts par les collectivités territoriales nécessite l'ouverture des crédits correspondant soit dans le budget de l'exercice d'acquisition de ces parts sociales, soit dans une décision modificative de ce même budget.

Les parts sociales de SLE étant nominatives, elles seront tenues dans les livres de la SLE émettrice. Ainsi, les parts sociales acquises par les collectivités territoriales seront gérées sur le mode du nominatif.

302 Pièces justificatives – Participation au capital de sociétés ou organismes (D. n° 2022-505, 23 mars 2022, § 75) :
- décision de l'organe délibérant fixant les conditions de la prise de participation ;
- le cas échéant, décret en Conseil d'État ou arrêté préfectoral autorisant la prise de participation[1] ;
- décompte ou certificat du dépositaire ou bulletin de souscription des parts sociales désignant le destinataire des fonds et liquidant la dépense.

1. Ce type de pièce est, dans certains cas, prévu par la réglementation, notamment aux articles L. 2253-1 et L. 1115-4 du CGCT.

COMPTE **27**

Autres immobilisations financières

Compte **271** – Titres immobilisés (droit de propriété)

303 Cette partie ne fait pas l'objet de commentaires.

Compte **272** – Titres immobilisés (droit de créance)

304 Placements des fonds des collectivités territoriales. Principe. L'article 26-3 de la loi organique n° 2001-692 du 1er août 2001 relative aux lois de finances en fixe le principe :

« Sauf disposition expresse en loi de finances, les disponibilités des collectivités territoriales de la République et de leurs établissements publics sont déposées auprès de l'État. »

La LOLF admet la possibilité de dérogation à l'obligation de dépôt de fonds au Trésor à condition qu'elles soient prévues par la loi (art. 26, 3°). L'article 116 de la loi de finances pour 2004 définit un tel régime de dérogation, codifié aux articles L. 1618-1 et suivants du Code général des collectivités territoriales. Il est complété par le décret n° 2004-628 du 28 juin 2004 portant application de l'article 116 de la loi de finances pour 2004 et relatif aux conditions de dérogation à l'obligation de dépôt auprès de l'État des fonds des collectivités territoriales et de leurs établissements publics.

Peuvent ainsi être placés les fonds qui proviennent :
- de libéralités ;
- de l'aliénation d'éléments du patrimoine ;
- d'emprunts dont l'emploi est différé pour des raisons indépendantes de la volonté de la collectivité ;
- de recettes exceptionnelles dans l'attente de leur réemploi :
  - les indemnités d'assurance,
  - toutes sommes perçues dans le cadre de litiges et contentieux,
  - les recettes provenant de la vente de biens du domaine suite à des situations de force majeure (il s'agit des recettes du type « vente de chablis » suite aux intempéries de décembre 1999),
  - les dédits et pénalités reçus.

305 Les régies à caractère industriel et commercial (SPIC) dotées ou non de la personnalité morale. Elles peuvent déroger à l'obligation de dépôt auprès de l'État pour les fonds qui proviennent des excédents de trésorerie résultant de leur cycle d'activité : « Les régies chargées de la gestion d'un service public à caractère industriel et commercial mentionnées à l'article (CGCT, art. L. 2221-5-1) peuvent déposer leurs fonds, après autorisation expresse de l'autorité compétente de l'État, sur un compte ouvert à La Poste ou dans un établissement de crédit ayant obtenu un agrément en vertu des dispositions applicables dans les États membres de la Communauté européenne ou les autres États parties à l'accord sur l'Espace économique européen. »

306 Dispositions particulières. Les collectivités territoriales qui perçoivent des recettes de vente de bois (CGCT, art. L. 1618-2, V.) peuvent placer les

ressources provenant de la vente de bois sur un compte ouvert dans le cadre d'un fonds d'épargne forestière. Le fonds d'épargne forestière (FEF) a été créé par l'article 9 de la loi n° 2001-602 du 9 juillet 2001 d'orientation sur la forêt :
- les syndicats de communes et les syndicats mixtes peuvent placer les fonds qui correspondent au montant du solde d'exécution de la section d'investissement de l'exercice précédent, dans la limite de la dotation aux amortissements des immobilisations exploitées dans le cadre d'un SPIC ;
- les établissements publics de santé (CSP, art. L. 6145-8-1, a) dont certaines activités subsidiaires telles que l'exploitation de brevets, de licences ou les prestations de services au profit de tiers génèrent des excédents de trésorerie peuvent placer ces derniers ;
- les offices publics de l'habitat (CCH, art. L. 421-18, 20 et 22), quel que soit leur statut, sont autorisés à placer l'ensemble de leur trésorerie disponible.

307 Procédure de placement des fonds :
- décision de l'organe délibérant, avec possibilité de délégation à l'exécutif ; cas particulier : compétence du directeur pour les établissements publics de santé (EPS) et établissement public social et médico-social (EPSMS) ;
- soumission au contrôle de légalité (à l'exception des EPS et des EPSMS) : les délibérations de placement (ou les décisions prises par délégation) sont transmises au représentant de l'État dans le département ou à son délégué dans l'arrondissement (CGCT, art. L. 2131-2), que ce soit pour un placement à court terme ou à long terme ;
- comptabilisation au choix de l'autorité compétente, en fonction de l'horizon temporel du placement :
  - placement à court terme (classe 5) : durée inférieure à un an,
  - placement à long terme (classe 2) : durée supérieure à un an.

308 Pièces justificatives – Placement de certains fonds (D. n° 2022-505, 23 mars 2022).

1 – Le cas échéant, décision précisant l'origine des fonds, le montant de la souscription, la durée du placement et la nature des valeurs souscrites.

2 – Le cas échéant, relevé d'opéré faisant apparaître la commission d'achat.

Comptes **273** – Comptes de placements (longs termes)

▪ Compte **2731** – Compte de placements rémunérés

309 Cette partie ne fait pas l'objet de commentaires.

▪ Compte **2732** – Fonds d'épargne forestière

310 **Définition.** Ce dispositif comporte deux phases :

- une phase d'épargne : durant six ans minimum et quinze ans maximum, les collectivités peuvent déposer leurs revenus fonciers sur un compte épargne forestière (CEF) (compte rémunéré) ;
- une phase d'investissement : le capital et les intérêts peuvent être utilisés pour financer un projet d'investissement forestier. En cas d'emprunt, la collectivité bénéficie d'une prime d'État à hauteur de 85 % des intérêts acquis au cours de la phase d'épargne et plafonnée à 7 500 € (D. n°s 2005-348, 13 avr. 2005, et 2007-1498, 18 oct. 2007 ; Circ. n° DGPAAT/C2008-3011, 12 août 2008).

Le fonds d'épargne est réservé aux communes, départements, régions et syndicats intercommunaux de gestion forestière.

Compte **274** – Prêts

311 **Prêts et avances aux entreprises.** Le conseil régional est seul compétent pour définir les régimes d'aides et pour décider de l'octroi des aides aux entreprises dans la région. Dans le cadre d'une convention passée avec la région, la métropole de Lyon, les communes et leurs groupements peuvent participer au financement des aides et des régimes d'aides mis en place par la région.

Ces aides revêtent la forme de prestations de services, de subventions, de bonifications d'intérêts, de prêts et d'avances remboursables, à taux nul ou à des conditions plus favorables que les conditions du marché.

Lorsque la protection des intérêts économiques et sociaux de la population l'exige, le conseil régional peut accorder des aides à des entreprises en difficulté (CGCT, art. L. 1511-2).

Les communes ne peuvent accorder de prêts ou avances à une entreprise qu'en complément d'une aide de même nature préalablement octroyée par la région.

312 **Avance de trésorerie aux associations.** Les collectivités locales ne sont pas autorisées à effectuer des opérations de banque et notamment des avances de trésorerie.

Cependant, les collectivités locales sont libres de décider le versement d'une subvention, soit totalement, soit partiellement avant que l'opération ou la manifestation subventionnée n'ait été réalisée. Dès lors, une décision individuelle d'attribution prise par délibération de l'assemblée délibérante permettra le versement de la subvention à l'association. Ce dispositif ne s'apparente pas toutefois à une avance de trésorerie et la collectivité devra inscrire les crédits correspondants dans son budget (TA Lyon, 21 avr. 1983, *Préfet du Rhône c/ Ville de Lyon*).

Il reste qu'en pratique les délibérations d'attribution des subventions subordonnent le versement à la réalisation d'objectifs par les associations bénéficiaires. Tant que ces objectifs ne sont pas atteints, les associations ne peuvent pas valablement prétendre au versement de la subvention.

Il convient d'indiquer que le recours à la technique des autorisations d'engagement et des crédits de paiement pour les dépenses de fonctionnement offre la possibilité aux collectivités de programmer leur politique de soutien aux associations et d'éviter les ruptures de financement en début d'exercice budgétaire, préjudiciables au bon exercice de leurs missions.

313 **Le prêt social d'urgence accordé aux familles en difficulté.** Ces prêts sont gérés par le CCAS.

Pour faciliter la gestion des prêts aux familles, le comptable doit recevoir le mandat émis pour le versement du prêt et le titre de recette autorisant le recouvrement dudit prêt, l'engagement de remboursement du bénéficiaire étant recueilli au pied de l'échéancier des remboursements.

L'octroi de délais pour le recouvrement d'échéances exigibles relève de la responsabilité du comptable.

Les prêts peuvent être transformés en aides définitives.

314 **Pièces justificatives – Prêts et avances (D. n° 2022-505, 23 mars 2022).**

1 – Premier paiement :
- décision fixant le caractère de l'avance (du prêt), les conditions d'octroi, les modalités de remboursement, précisant le bénéficiaire et, le cas échéant, la constitution de sûretés ;
- contrat comportant un tableau d'amortissement ;
- le cas échéant, justification des sûretés ;
- le cas échéant, convention entre le bénéficiaire et la collectivité (CGCT, art. L. 523-7).

2 – Autres paiements : décompte portant récapitulation des sommes déjà versées.

Comptes **275** à **279** – Dépôts et cautionnements versés à Versements restant à effectuer sur titres immobilisés non libérés

315 Ces parties ne font pas l'objet de commentaires.

COMPTES **28** ET **29**

Amortissement des immobilisations et Dépréciations des immobilisations

316 Cette partie ne fait pas l'objet de commentaires.

CHAPITRE **3**

Dispositions sur des modalités particulières d'entrée à l'actif d'immobilisations non financières

317 Cette partie ne fait pas l'objet de commentaires.

CHAPITRE **4**

Les différents modes de sortie d'actif d'une immobilisation non financière

318 Cette partie ne fait pas l'objet de commentaires.

CHAPITRE **5**

Différents modes d'utilisation des immobilisations par des tiers

319 Cette partie ne fait pas l'objet de commentaires.

TITRE 4

Classe 3 : Les comptes de stocks et encours

320 Cette partie ne fait pas l'objet de commentaires.

TITRE **5**

Classe 4 : Les comptes de tiers

CHAPITRE **1**

Les principes de comptabilisation

321 Cette partie ne fait pas l'objet de commentaires.

CHAPITRE **2**

Le fonctionnement des comptes

COMPTE **40**

Fournisseurs et comptes rattachés

Comptes **401** à **407** - Fournisseurs à Différences de conversion - Fournisseurs

322 Ces parties ne font pas l'objet de commentaires.

Compte **408** – Fournisseurs – Factures non parvenues

323 **Principes.** Le rattachement des charges (compte 408) et des produits (compte 418) à l'exercice vise à intégrer au résultat de l'exercice toutes les causes d'enrichissement ou d'appauvrissement effectivement constatées au cours de cet exercice indépendamment de la date de paiement des dépenses ou de celle de l'encaissement des recettes. Cette technique ne s'applique qu'à la section de fonctionnement. Elle concerne les charges ou les produits dont l'omission aurait une incidence significative sur le résultat comptable de l'exercice.

324 **Procédure.** S'agissant des charges à payer, l'opération est constatée par un mandat récapitulatif sur les comptes de classe 6 intéressés. Chaque mandat, établi au nom du receveur municipal, est accompagné d'un état de dépenses engagées non mandatées, indiquant, outre le numéro d'ordre attribué à chaque opération, la nature de la dépense, la date du service fait, le montant du rattachement et la désignation du créancier.

À réception des factures ou mémoires, les mandats de paiement se rapportant aux charges rattachées à l'exercice précédent, accompagnés des pièces justificatives faisant apparaître la date du service fait, sont émis et pris en charge dans les conditions habituelles.

Les charges sur exercice précédent n'ayant pas donné lieu à mise en paiement à la clôture de l'exercice font l'objet d'un nouveau rattachement : le compte de classe 6 crédité en début d'exercice lors de la contre-passation est débité par le crédit du compte de charges à rattacher. Si, exceptionnellement, le compte de classe 6 présentait un solde créditeur (cas d'une facture inférieure à l'engagement), il conviendrait de l'apurer par un mandat et de constater une recette au compte 7718 (opération réelle).

Compte **409** – Fournisseurs débiteurs

▪ Comptes **4091** et **4092** – Fournisseurs – Avances versées sur commandes et Avances aux établissements sociaux et médico-sociaux

325 Ces parties ne font pas l'objet de commentaires.

▪ Compte **4093** – Mandat – Avance de fonds ou remboursement de débours

326 **Convention de mandat.** Pris en application des articles L. 1611-7, L. 1611-7-1 et L. 1611-7-2 du Code général des collectivités territoriales (CGCT), le décret du 12 octobre 2022 précise les dispositions comptables et financières applicables aux conventions de mandat conclues par les collectivités territoriales et leurs établissements publics pour l'exécution des dépenses et des recettes publiques. Il prévoit la possibilité de confier à un

même organisme et par le biais d'une convention unique des opérations d'encaissement de recettes et de paiement de dépenses.

Suite à l'article 48 de la loi n° 2021-1308 du 8 octobre 2021 portant diverses dispositions d'adaptation au droit de l'Union européenne dans le domaine des transports, de l'environnement, de l'économie et des finances, il étend le champ des conventions de mandat concernant l'encaissement des revenus tirés d'un projet de financement participatif.

Il permet de confier à un tiers l'attribution et le paiement d'aides à la mobilité.

Réf.
- D. n° 2022-1307, 12 oct. 2022.

▪ Comptes **4097** et **4098** – Fournisseurs – Avoirs et Rabais, remises, ristournes à obtenir et avoirs non encore reçus

327 Ces parties ne font pas l'objet de commentaires.

COMPTE **41**

Redevables et comptes rattachés

328 Cette partie ne fait pas l'objet de commentaires.

COMPTE **42**

Personnel et comptes rattachés

Comptes **421** à **428** – Personnel – Rémunérations dues à Personnel – Charges à payer et produits à recevoir

329 Ces parties ne font pas l'objet de commentaires.

Compte **429** – Déficits et débets des comptables et régisseurs

330 **Apurement des débets des comptables et régisseurs.** Les modalités d'apurement des débets des comptables et régisseurs sont décrites par les textes ci-après :
- arrêté du 12 février 2015, portant déconcentration des actes relatifs à la constatation et à l'apurement des débets des comptables publics et des régisseurs ;

- décret n° 2012-1386 du 10 décembre 2012, portant application du deuxième alinéa du VI de l'article 60 de la loi de finances de 1963 modifié, dans sa rédaction issue de l'article 90 de la loi n° 2011-1978 du 28 décembre 2011 de finances rectificative pour 2011 ;
- décret n° 2012-1387 du 10 décembre 2012, modifiant le décret n° 2008-228 du 5 mars 2008 relatif à la constatation et à l'apurement des débets des comptables publics et assimilés, et le décret n° 2008-227 du 5 mars 2008, abrogeant et remplaçant le décret n° 66-850 du 15 novembre 1966 relatif à la responsabilité personnelle et pécuniaire des régisseurs.

331 **Assurance des régisseurs de recettes et d'avances.** Les régisseurs communaux bénéficient en matière d'indemnité de responsabilité et de cautionnement du régime en vigueur pour les régisseurs de l'État.

La prise en charge par la commune des frais de cautionnement des régisseurs ou du montant de la prime d'assurance qu'ils souscrivent irait à l'encontre du principe de la responsabilité personnelle et pécuniaire de ces agents. L'assurance est personnelle et facultative (Rép. min. n° 60908 : *JOAN*, 18 févr. 1985, p. 676).

Le montant du fonds de caisse éventuellement mis à disposition du régisseur de recettes doit être pris en compte lors de la souscription du contrat d'assurance. Le montant du fonds de caisse, déterminé en fonction des besoins de la régie, sera mentionné dans l'acte constitutif de la régie.

332 **Indemnité de responsabilité des régisseurs :**
- délibération fixant le taux de l'indemnité de responsabilité susceptible d'être allouée aux régisseurs ;
- arrêté fixant le montant de l'indemnité[1].

1. Cet arrêté peut consister en l'acte de nomination du régisseur.

333 **Déficit des régisseurs.** Lorsque le comptable constate un déficit dans la comptabilité du régisseur, il provoque l'émission d'un titre de recette pour le montant manquant.

« Les sommes allouées en décharge de responsabilité ou en remise gracieuse aux régisseurs ou celles dont ceux-ci ont été déclarés responsables mais qui ne pourraient pas être recouvrées ne peuvent être mises à la charge du comptable assignataire par le juge des comptes ou par le ministre sauf si le débet est lié à une faute ou une négligence caractérisée commise par le comptable public à l'occasion de son contrôle sur pièces ou sur place » (D. n° 2004-737, 21 juill. 2004 ; Instr. CP n° 05-002 AMV, 20 janv. 2005).

Le comptable demande à l'ordonnateur d'émettre un ordre de versement pour apurer le déficit figurant au compte 429. Cet ordre de versement n'est pas un titre exécutoire et ne donne pas lieu à prise en charge comptable.

Il est notifié par lettre recommandée avec accusé de réception au régisseur qui dispose d'un délai de quinze jours pour demander un sursis de versement une remise gracieuse ou une décharge de responsabilité. L'ordonnateur est seul compétent pour accorder le sursis de versement.

La demande en décharge de responsabilité doit être revêtue de l'avis de l'ordonnateur et du comptable. La demande en remise gracieuse doit faire l'objet d'un avis motivé de l'ordonnateur, du comptable et de l'organe délibérant. Le décret n° 2008-227 du 5 mars 2008 relatif à la responsabilité des régisseurs a introduit la notion de force majeure. L'arrêté constatant la force majeure permet au comptable de combler le déficit de la régie.

COMPTE **43**

Sécurité sociale et autres organismes sociaux

334 Cette partie ne fait pas l'objet de commentaires.

COMPTE **44**

État et autres collectivités publiques

Comptes **441 à 444** – État et autres collectivités publiques – Subventions à recevoir à Opérations pour le compte de la Communauté européenne

335 Ces parties ne font pas l'objet de commentaires.

Compte **445** – État – Taxes sur le chiffre d'affaires

336 **Assujettissement des collectivités locales à la TVA.** Les dépenses soumises à TVA sont exclues du bénéfice du Fonds de compensation pour la TVA (CGCT, art. R. 1615-2). Les opérations effectuées par les collectivités locales dans le cadre de leurs services administratifs, sociaux, éducatifs, culturels, sportifs, sont situées hors d'un champ d'application de la TVA.

Toutefois, ces services deviennent imposables à la TVA si leur non-assujettissement entraîne des distorsions dans les conditions de la concurrence (Instr. CP n° 94-113 M0, 24 nov. 1994). En effet,les communes ne sont pas considérées comme des assujetties pour leurs services

administratifs, sociaux, culturels et sportifs et les opérations qu'elles accomplissent à deux conditions :
- qu'elles agissent en tant qu'autorités publiques ;
- que ce non-assujettissement n'entraine pas des distorsions de concurrence d'une certaine importance (CGI, art. 256 B).

Ainsi, l'exploitation d'un terrain de campement n'est pas soumise à la TVA si les services rendus dans ce cadre par la collectivité sont de nature sociale (tarifs modulés en fonction des revenus) et ne sont pas concurrentiels. Le caractère concurrentiel ou non concurrentiel de l'activité d'un organisme public dépend essentiellement des circonstances locales : nature et conditions d'exercice de l'activité, prix pratiqués, public concerné, existence ou non d'entreprises du secteur commercial proposant des services similaires, etc.

Pour les mêmes raisons, les cantines scolaires, en tant que service éducatif, et les piscines, services à caractère sportif, sont exonérées de TVA, (CE, 28 mai 2021, n° 441739). En revanche, l'exploitation de parcs aquatiques, proposant à la clientèle la participation à des activités telles que piscines à vagues ou toboggans, constitue une activité qui est soumise de plein droit à la TVA et qui relève du taux normal de la taxe.

Le décret n° 2015-1763 du 24 décembre 2015 a supprimé à compter de 2016 le mécanisme du transfert de droit à déduction en matière de TVA.

337 Activités imposables de plein droit. Il s'agit :
- des activités mentionnées à l'article 256 B du CGI : distribution de gaz, distribution de télécommunication, transports de biens et de personnes, prestations de services portuaires, livraisons de biens neufs fabriqués en vue de la vente, etc. ;
- des opérations ne pouvant être rattachées à l'activité de services à caractère administratif, social, éducatif, culturel et sportif : location de salles de spectacles, de parkings, de meublés.

L'article 293 B du CGI fixe :
- le seuil de la franchise en base (c'est-à-dire le montant du chiffre d'affaires au-delà duquel une activité concurrentielle imposable à la TVA est obligatoirement taxée) à :
  - 82 200 € l'année civile précédente,
  - ou 90 300 € l'année civile précédente, lorsque le chiffre d'affaires de la pénultième année n'a pas excédé le montant mentionné ci-dessus ;
- un chiffre d'affaires afférent à des prestations de services, hors ventes à consommer sur place et prestations d'hébergement, supérieur à :
  - 32 900 € l'année civile précédente,
  - ou 34 900 € l'année civile précédente, lorsque la pénultième année il n'a pas excédé le montant mentionné ci-dessus.

L'article 257-I du CGI soumet de plein droit certaines opérations immobilières.

Dans le cadre d'une délégation de service public, la mise à disposition des investissements constitue une activité soumise à la TVA.

Les dépenses réalisées dans le cadre d'une activité bénéficiant d'une exonération de TVA au titre de la franchise en base peuvent, sous réserve de satisfaire les autres conditions d'éligibilité, bénéficier du fonds de compensation pour la TVA (Instr. CP n° 99-083 M0, 4 août 1999).

La TVA grevant une immobilisation est totalement déductible lorsque le bien est utilisé exclusivement à des opérations ouvrant droit à déduction ; à l'inverse, aucune déduction n'est possible lorsque le bien est utilisé totalement pour des opérations n'ouvrant pas droit à déduction ; la déduction est opérée de manière forfaitaire lorsque le bien a un caractère mixte. Les subventions non imposables ne sont pas prises en compte pour le calcul du quantum de déduction.

338 Taux d'imposition à la TVA. Le taux varie en fonction du service (CGI, art. 278 et s.).

Il existe plusieurs taux de TVA au 1er janvier 2014 : le taux normal à 20 %, deux taux réduits (5,5 et 10 %) et un taux particulier (2,1 %).

Afin de savoir quel taux appliquer, il convient de se référer :
- pour le taux normal, à l'article 278 du Code général des impôts ;
- pour le taux réduit à 5,5 %, aux articles 278-0 *bis* A, 3°, 2°, B, E, C *bis*, D *bis*, B *sexies* du Code général des impôts ;
- pour le taux réduit à 10 %, aux articles 278-0 *bis*, A1, 279 m et n, 278 *bis* 4° et 3°, *quater* et *septies*, 279 et 298 du Code général des impôts ;
- pour le taux particulier à 2,1 %, aux articles 281 et 298 du Code général des impôts.

Le taux réduit de TVA a été relevé de 5,5 % à 7 % selon l'article 13 de la loi de finances rectificative pour 2011 (n° 2011-1978, 28 déc. 2011), à l'exclusion des biens et services visés à l'article 278-0 *bis* du Code général des impôts (Instr. DGFiP n° 3C-1-2, 8 févr. 2012).

Le chiffre d'affaires imposable à déclarer est égal au total des sommes ayant fait l'objet des titres de recettes émis par l'ordonnateur et prises en charge dans les écritures du comptable au cours de cette période. Le montant des déductions correspond au total de la taxe déductible figurant sur les factures ayant donné lieu à émission de mandats et prises en charge par le comptable au cours de la période considérée. L'annexe II du Code général des impôts détermine les règles des droits à déduction. La refonte des règles en la matière est commentée dans l'instruction n° 12-002 M0 du 19 janvier 2012.

339 **Comptabilisation de la TVA dans un budget annexe.** Les collectivités doivent isoler les opérations des services assujettis :
- dans leur budget, en raison de l'obligation d'établir les prévisions de recettes hors taxe collectée et les prévisions de dépenses hors taxe déductible ;
- dans la comptabilité car la réglementation fiscale exige, pour l'application des droits à déduction, la constitution de secteurs d'activités distincts (CGI, art. 201 *octies*, ann. II). Cette obligation peut résulter tout d'abord du principe général de sectorisation énoncé à l'article 213 de l'annexe II au Code général des impôts, en application duquel des activités qui ne sont pas soumises à des dispositions identiques au regard de la TVA (par exemple, une activité exonérée et une activité imposée) doivent être érigées chacune en un secteur distinct.

L'obligation de sectorisation peut également résulter de dispositions spécifiques concernant des activités nettement précisées.

Il s'agit des services publics pouvant faire l'objet d'un assujettissement à la TVA sur option en application de l'article 260 A du Code général des impôts (CGI), parmi lesquels le service public de distribution d'eau potable pour les communes de moins de 3 000 habitants et le service public d'assainissement pour l'ensemble des communes. Il s'agit également de l'activité de location de locaux nus soumis à la TVA sur option en application de l'article 260 du Code général des impôts, des opérations de lotissement et d'aménagement de zones ainsi que des opérations de livraison à soi-même de logements sociaux à usage locatif.

La sectorisation fiscale impose la tenue d'une comptabilité distincte par le biais d'un budget annexe ou, dans certaines conditions, d'une série distincte de bordereaux de titres et de mandats par activité.

Toutefois, la réglementation fiscale autorise le suivi de plusieurs activités soumises à des dispositions identiques de TVA au sein d'un même budget annexe sous réserve que les opérations propres à chaque activité soient ventilées dans des états annexes au budget unique, de manière extra-comptable. Tel est le cas des services d'eau et d'assainissement gérés par une commune de moins de 3 000 habitants au sein d'un budget unique lorsque l'option pour l'assujettissement à la TVA a été exercée pour chacun de ces services.

Par ailleurs, l'obligation de constitution de secteurs d'activités distincts entraîne l'obligation le dépôt de déclaration séparée de TVA pour certaines activités limitativement énumérées. Il s'agit de la réalisation d'une opération de lotissement ou d'aménagement de zone et de services publics soumis à la TVA sur option en application de l'article 260 A du CGI, parmi lesquels le service public d'eau dans les communes de moins de 3 000 habitants et le service public d'assainissement.

Partant de là, les services d'eau et d'assainissement soumis, tous les deux, à la TVA sur option et retracés au sein d'un budget unique doivent faire l'objet d'une déclaration séparée de TVA.

Toutefois, cette réglementation a été assouplie en autorisant désormais les communes et les groupements de communes de moins de 3 000 habitants à souscrire une déclaration unique de TVA au titre des opérations de leurs services d'eau et d'assainissement soumises à la TVA sur option et retracées dans un budget unique. Les collectivités souhaitant utiliser cette faculté doivent le signaler par écrit au centre des impôts dont elles relèvent (NdS DGCP n° 00-074 M0, 28 juill. 2000).

En revanche, il n'y a pas lieu de constituer de secteur distinct lorsqu'une commune réalise plusieurs activités placées dans le champ d'application de la TVA qui sont toutes soumises à des dispositions identiques au regard de la taxe et qui ne sont pas concernées par une obligation spécifique de sectorisation.

Lorsque l'activité se limite à un nombre restreint d'opérations de recettes et de dépenses, qu'elle n'a pas trait à un service public industriel et commercial pour lequel le budget annexe est obligatoire, que cette activité ne comporte aucune dépense ou recette de la section d'investissement (y compris d'amortissement), il est admis que les obligations d'ordre comptable qui résultent de l'article 201 *octies* de l'annexe 2 au Code général des impôts sont satisfaites lorsque les opérations soumises à la taxe font l'objet de séries distinctes de bordereaux de titres et de mandats par activité faisant apparaître le montant des opérations budgétaires hors taxe, le montant de la TVA applicable à ces opérations et le net à payer ou à recouvrer.

L'ordonnance n° 2005-1027 du 27 août 2005 a rendu facultative la création de budgets annexes pour retracer l'activité des services assujettis à la TVA. Il est désormais possible de suivre au sein du budget général les opérations assujetties à la TVA par l'émission de séries distinctes de titres et mandats hors taxes. Ces opérations devront être récapitulées sur un état joint au compte administratif.

Lorsque les règles de la comptabilité publique permettent le regroupement au sein d'un même budget annexe de plusieurs activités, la collectivité locale ne peut pas être dispensée, si la réglementation fiscale rappelée ci-dessus l'exige, du suivi distinct au regard de la TVA de chacune de ces activités ou de certaines d'entre elles. Par conséquent, il est admis que l'ensemble de ces activités soit retracé au sein d'un même budget annexe, sous réserve que la collectivité soit en mesure de ventiler les opérations propres à chaque secteur, le cas échéant, de manière extracomptable. Tel serait le cas notamment des collectivités locales qui donnent en location nue plusieurs ateliers-relais et qui ont opté pour le paiement de la TVA pour chaque atelier (NdS n° 00-028 M0, 17 févr. 2000).

▪ Comptes **4452** à **4458** – TVA due intracommunautaire à Taxes sur le chiffre d'affaires à régulariser ou en attente

340 Ces parties ne font pas l'objet de commentaires.

Comptes **447** à **449** – Autres impôts, taxes et versements assimilés à Quotas d'émission de GES à acquérir

341 Ces parties ne font pas l'objet de commentaires.

COMPTE **45**

Comptabilité distincte rattachée

Comptes **451 à 453** – Compte de rattachement (à subdiviser par budget annexe) à Fonds gérés par l'entité

342 Ces parties ne font pas l'objet de commentaires.

Compte **454** – Travaux effectués d'office pour le compte de tiers

343 **Immeubles menaçant ruine.** En cas d'exécution d'office par la commune de travaux sur un immeuble menaçant ruine, le maire recouvre les sommes avancées auprès du propriétaire. Le recouvrement de ces sommes est effectué comme en matière d'impôts directs (CCH, art. L. 511-4).

L'exécution d'office des travaux ne peut intervenir qu'après décision préalable du TA autorisant la commune à agir en lieu et place du propriétaire.

Réf.
– L. n° 2000-1208, 13 déc. 2000, relative à la solidarité et au renouvellement urbain (SRU)

344 **Pièces justificatives – Dépenses pour compte de tiers sur immeubles, en copropriété, insalubres ou menaçant ruine[1] :**

1 – Décision de substitution.

2 – Attestation de défaillance établie par le syndic de copropriété précisant notamment la date du procès-verbal de l'assemblée générale et le récapitulatif des impayés pour chaque copropriétaire.

Réf.
– D. n° 2022-505, 23 mars 2022, §11

Comptes **455** et **456** – Opérations d'investissement sur établissements publics locaux d'enseignement et Recettes sur rôle pour le compte de tiers

345 Ces parties ne font pas l'objet de commentaires.

Compte **458** – Opérations sous mandat (à subdiviser par mandat)

346 **Procédure.** Le décret n° 2015-1670 du 14 décembre 2015 porte dispositions relatives aux mandats confiés par les collectivités locales en application des articles L. 1611-7 du CGCT. Tout projet de mandat donne lieu à la consultation préalable du comptable public du mandant, auquel sont transmis les projets de documents contractuels. L'avis du comptable sur ces documents est rendu au regard du respect de la nature des opérations sur lesquelles porte le mandat, et des dispositions du présent paragraphe. À l'expiration d'un délai d'un mois, le comptable est réputé avoir rendu un avis conforme. Lorsque le comptable rend un avis non conforme, il motive sa décision et la notifie à l'ordonnateur. Le mandant lui transmet l'ampliation du mandat dès sa conclusion. L'instruction NOR:ECFE1704988J du 9 février 2017 relative aux mandats passés par les collectivités territoriales, leurs établissements publics et leurs groupements destinés à l'exécution de certaines de leurs recettes et de leurs dépenses a pour objet de préciser les modalités d'application des articles L. 1611-7 et L. 1611-7-1 du CGCT. Les contrats de mandat sont soumis aux dispositions relatives aux marchés publics :

- mandataires non dotés d'un comptable public : ils sont tenus de transmettre à l'intention du comptable du mandant, qui doit en justifier, l'ensemble des pièces afférentes à l'opération ;
- mandataires dotés d'un comptable public : un modèle de convention de mandat de maîtrise d'ouvrage entre deux personnes publiques dotées d'un comptable public a été élaboré par la commission centrale des marchés ;
- marchés passés par le mandataire : ces marchés sont soumis aux règles relatives aux marchés publics et au contrôle de légalité même si le mandataire est une personne privée. Le non-respect des règles de passation des marchés est sanctionné par la nullité du marché.

347 **Paiement de dépenses par le mandataire.** Lorsque le mandataire procède au paiement d'une dépense au titre du mandat, les mêmes contrôles que ceux prévus aux d) et e) du 2° de l'article 19 du décret n° 2012-1246 du 7 novembre 2012 relatif à la gestion budgétaire et comptable publique ; il en est de même lorsque le mandataire recouvre des indus résultant des paiements effectués.

La reddition des comptes est soumise à l'approbation de l'ordonnateur du mandant selon l'article D. 1611-26 du CGCT : « L'ordonnateur du mandant donne l'ordre de payer ou de recouvrer à son comptable public et lui transmet les pièces justificatives afférentes pour les seuls éléments de la reddition qu'il a approuvés. »

348 **Contrôles du mandataire.** Avant réintégration dans ses comptes, le comptable du mandant contrôle les opérations exécutées par le mandataire en application de ses obligations résultant du décret n° 2012-1246 du 7 novembre 2012 relatif à la gestion budgétaire et comptable publique.

Le comptable intègre définitivement dans ses comptes les opérations qui ont satisfait aux contrôles précités. Il notifie à l'ordonnateur du mandant les opérations dont il a refusé la réintégration définitive et les inscrit sur un compte d'attente.

Les mandataires sont soumis aux contrôles du comptable public assignataire et de l'ordonnateur du mandant ou de leurs délégués auprès desquels ils sont placés. Ces contrôles s'étendent aux systèmes d'information utilisés par les mandataires pour l'exécution des opérations qui leur sont confiées. Ils sont également soumis aux vérifications des autorités habilitées à contrôler sur place le comptable public assignataire ou l'ordonnateur. L'organisme mandataire opère la reddition des comptes prévus à l'article D. 1611-32-4 au moins une fois par an. La date limite de reddition est fixée par le mandat de telle sorte que le comptable public du mandant soit en mesure de produire son compte de gestion ou son compte financier dans les délais réglementaires (CGCT, art. D. 1611-32-7).

Les comptes 4581 et 4582 présentant après cette régularisation un montant égal, le comptable du mandataire procède à la clôture des comptes 451 et 452 en les soldant l'un par l'autre. L'état visé ci-dessus et signé par l'ordonnateur et par le comptable est transmis à la collectivité mandante et à son comptable. Au vu de cet état, le comptable du mandant intègre les travaux et les financements externes.

349 **Emprunt réalisé par le mandataire.** Lorsque le mandataire a mobilisé en son nom un emprunt pour l'opération et que le mandant s'est engagé à rembourser cet emprunt, il impute la dette au compte 16 dans les conditions habituelles puisqu'il est le débiteur du prêteur et il constate en même temps l'affectation de l'emprunt à l'opération sous mandat par une recette au compte 4582 en contrepartie d'une dépense au compte 2763 « Créances sur des collectivités publiques ». Avant chaque échéance de l'annuité de l'emprunt due par le mandataire, ce dernier émet à l'encontre du mandant un titre de recette au compte 2767 pour la partie correspondant au remboursement en capital et au compte 768 « Autres produits financiers » pour les intérêts.

350 **Éligibilité au FCTVA.** Sont éligibles au fonds de compensation pour la TVA (FCTVA) les dépenses réelles, les dépenses réelles d'investissement engagées par une collectivité publique ou pour son compte par un mandataire légalement autorisé.

Les sommes versées par une société d'économie mixte à un aménageur non mandaté par une collectivité ne sont pas éligibles au FCTVA (CAA Lyon, 20 juin 2006, nº 00LY02160, *SIVOM des Sept-Laux*).

351 **Travaux d'enfouissement des lignes téléphoniques.** Les travaux d'enfouissement des lignes de télécommunication réalisés par les collectivités au nom et pour le compte d'Orange sont retracés, dans la comptabilité au compte 458. La collectivité mandataire ne peut pas récupérer par la voie fiscale la TVA afférente aux travaux facturés par les différents prestataires. En effet, il s'agit de dépenses engagées pour le compte d'Orange qui donnent lieu à récupération de la TVA par France Télécom. Elle ne peut pas non plus récupérer cette TVA par le biais du fonds de compensation pour la TVA puisqu'elle réalise des travaux pour le compte d'un tiers (compte 605).

▪ Compte **4581** – Dépenses (à subdiviser par mandat)

352 Cette partie ne fait pas l'objet de commentaires.

▪ Compte **4582** – Recettes (à subdiviser par mandat)

353 **Pièces justificatives – Paiement d'opérations réalisées sous mandat (D. nº 2022-505, 23 mars 2022, § 4184) :**

1 – Rémunération du mandataire :
- convention de mandat ;
- décompte.

2 – Financement des opérations réalisées sous mandat :

a) lorsque le mandataire est un organisme doté d'un comptable public :
- avances :
  - premier paiement : convention de mandat et, le cas échéant, document matérialisant les modifications apportées à la convention,
  - autres paiements : décompte des opérations et de leur montant justifiant l'utilisation de l'avant-dernière avance, accompagné des pièces justificatives prévues par la présente liste selon la nature des dépenses afférentes à ces opérations ;
- remboursement des débours :
  - premier paiement,
  - convention de mandat et, le cas échéant, document matérialisant les modifications apportées à la convention,

- décompte des opérations effectuées accompagné des pièces justificatives prévues aux rubriques concernées de la présente liste selon la nature des dépenses afférentes à ces opérations ;
- autres paiements : décompte des opérations effectuées accompagné des pièces justificatives prévues aux rubriques concernées de la présente liste selon la nature des dépenses afférentes à ces opérations.

b) lorsque le mandataire est un organisme doté d'un comptable public :
- avances :
  - premier paiement : convention de mandat et, le cas échéant, document matérialisant les modifications apportées à la convention,
  - le cas échéant, délibération fixant le montant de l'avance et ses bases de calcul ;
- autres paiements : décompte des opérations et de leur montant justifiant l'utilisation de l'avant-dernière avance, accompagné d'une attestation du comptable certifiant que les paiements effectués par lui sont appuyés des pièces justificatives prévues aux rubriques concernées de la présente liste selon la nature des dépenses afférentes à ces opérations et qu'il est en possession de toutes ces pièces ;
- remboursement des débours :
  - premier paiement :
    - convention de mandat et, le cas échéant, avenant,
    - décompte des opérations effectuées,
  - autres paiements : décompte des opérations effectuées.

354 Pièces justificatives – Opérations pour le compte d'organismes rattachés à la collectivité :

1 – Remboursement des prestations ou de charges[1] :
- état liquidatif fixant les bases de la liquidation et le montant des prestations ou charges dont le remboursement est demandé.

2 – Opérations pour le compte de tiers :
- décision concernant le débours pour le compte de tiers ;
- convention de mise à disposition du bien ;
- justifications de l'achat (voir les rubriques correspondantes).

Réf.

– D. n° 2022-505, 23 mars 2022, §77

1. Il s'agit d'opérations de dépenses réciproques entre la collectivité et l'organisme rattaché à la collectivité.

COMPTE **46**

Débiteurs et créditeurs divers

Compte **461** – Dons et legs en instance

355 Cette partie ne fait pas l'objet de commentaires.

Compte **462** – Créances sur cessions d'immobilisations

▪ Compte **4621** – Créances sur cessions d'immobilisations – Amiable

356 Cette partie ne fait pas l'objet de commentaires.

▪ Compte **4626** – Créances sur cessions d'immobilisations

357 **TVA sur cessions d'immobilisations.** Les cessions de terrains à bâtir ou d'immeubles achevés depuis moins de cinq ans, réalisées par des collectivités locales, sont soumises de plein droit à la TVA. Les cessions d'immeubles réalisées par une collectivité locale ne sont pas soumises à la TVA lorsqu'elles s'inscrivent dans le cadre de la gestion de leur patrimoine (CGI, art. 271, I, 1) : « La TVA qui a grevé les éléments du prix d'une opération imposable est déductible de la TVA applicable à cette opération. »

La production d'un immeuble neuf par une collectivité locale, qui l'utilise pour des activités partiellement situées dans le champ de la taxe (même si ces activités bénéficient d'une exonération ou de la franchise en base de TVA), constitue une opération immobilière soumise à la TVA nommée « livraison à soi-même d'immeuble » (CGI, art. 257).

▪ Comptes **4632** à **4633** – Intérêts à payer à Titres amortis (ou capital) à rembourser

358 Ces parties ne font pas l'objet de commentaires.

Comptes **464** à **468** – Opérations pour le compte de particuliers à Divers – Charges à payer et produits à recevoir

359 Cette partie ne fait pas l'objet de commentaires.

COMPTE **47**

Comptes transitoires ou d'attente

Compte **471** – Recettes à classer ou à régulariser

▪ Compte **4711** – Versements des régisseurs

360 **Dépôts des chèques par les régisseurs de recettes.** La périodicité de remise des chèques à l'encaissement doit être fixée dans l'acte constitutif de la régie dès lors que le régisseur ne dispose pas de comptes de disponibilités.

▪ Comptes **4712** et **4713** – Virements réimputés et Recettes perçues avant émission des titres

361 Ces parties ne font pas l'objet de commentaires.

▪ Comptes **4714** à **4718** – Recettes à réimputer à Autres recettes à régulariser

362 Ces parties ne font pas l'objet de commentaires.

Comptes **472** à **478** – Dépenses à classer ou à régulariser à Autres comptes transitoires

363 Ces parties ne font pas l'objet de commentaires.

COMPTE **48**

Comptes de régularisation

Compte **481** – Charges à répartir sur plusieurs exercices

▪ Comptes **4815** à **4817** – Charges liées à la crise sanitaire du covid-19 à Indemnités de renégociation de la dette

364 Ces parties ne font pas l'objet de commentaires.

▪ Compte **4818** – Charges à étaler

365 **Pièces justificatives – Charges à étaler (D. n° 2016-33, 20 janv. 2016) :**
- état énonçant les charges de fonctionnement qu'il a été décidé d'étaler, ainsi que la durée de cet étalement ;
- le mandat, imputé à la subdivision intéressée du compte 681, est accompagné d'un état indiquant la charge à amortir, la durée d'amortissement, les amortissements antérieurs, l'annuité d'amortissement de l'exercice et le montant restant à amortir ;
- état, annexé aux documents budgétaires (budget et compte administratif), détaille, en outre, la nature et le montant de la charge à étaler, la date de la délibération prise par l'assemblée, la durée retenue pour l'étalement dans les limites fixées par la présente instruction et le montant de l'amortissement de l'exercice.

Comptes **486** et **487** – Charges constatées d'avance et Produits constatés d'avance

366 Ces parties ne font pas l'objet de commentaires.

COMPTE **49**

Dépréciations des comptes de tiers

367 Cette partie ne fait pas l'objet de commentaires.

TITRE 6

Classe 5 : Les comptes financiers

CHAPITRE 1

Les principes de comptabilisation

SECTION 1

Généralités

368 Cette partie ne fait pas l'objet de commentaires.

SECTION 2

Les éléments d'actif composant la trésorerie

369 Cette partie ne fait pas l'objet de commentaires.

SECTION **3**

Les éléments de passif composant la trésorerie (trésorerie passive)

Sous-section 1 – Les crédits de trésorerie

▪ Paragraphe 1 – Définition

370 **Ligne de crédit de trésorerie.** L'ouverture d'une ligne de crédit de trésorerie, autorisée par délibération du conseil municipal ou par le maire par délégation (CGCT, art. L. 2122-22, 20° ; Instr. CP n° 2003-027-M0), permet à la commune de faire face à un besoin ponctuel et éventuel de disponibilités. Elle fait l'objet d'une convention par laquelle l'établissement de crédit offre la possibilité à la commune de tirer des fonds lorsqu'elle le souhaite, en une ou plusieurs fois, dans les limites du plafond fixé par la convention consentie pour une durée d'un an, renouvelable.

Les frais financiers et les intérêts figurent au budget. Une facture de l'établissement de crédit pour le montant des différentes commissions stipulées dans le contrat est produite à l'appui du mandat de paiement émis par l'ordonnateur sur le compte 627. La procédure de débit-crédit d'office peut être appliquée aux lignes de trésorerie.

371 **Procédure de versement des fonds d'une ligne de crédit de trésorerie.** Quand la commune estime avoir besoin de fonds, elle adresse une demande (par écrit, mail ou télécopie) à l'établissement de crédit et transmet la copie de celle-ci à son comptable.

L'apport des fonds se fait en principe par virement. En cas de chèques émis par les établissements financiers, ceux-ci ne sont pas crédités dès leur remise sur le compte des collectivités, mais le jour de leur encaissement effectif sur le compte du Trésor à la Banque de France.

Une commission de réservation est prélevée sur le premier versement. Au cas où la collectivité ne demanderait pas de crédit au cours de la période de validité de la convention, cette commission serait exigible dans les dix jours suivant l'expiration de ladite convention (Instr. CP n° 91-62-K1-M, 16 mai 1991).

372 **Remboursement du capital et paiement des intérêts.** Il est effectué au gré de la commune qui donne l'ordre au comptable de rembourser tout ou partie du montant emprunté. Les mouvements en capital ne sont pas retracés au compte 16 mais hors budget au compte 519 (Circ. intermin., 22 févr. 1989, NOR:INTB8900071C).

Les intérêts sont exigibles à la date d'expiration de la convention. Ils sont liquidés par l'établissement de crédit, qui adresse une facture à la collectivité dix jours avant la date d'échéance. Les frais financiers et les intérêts figurent au budget au chapitre 6611.

373 Information du conseil municipal. Il convient d'assurer l'information des élus sur les mouvements financiers résultant de l'exécution du contrat en produisant à l'appui du budget primitif l'état joint en annexe à la circulaire interministérielle NOR:INTB8900071C du 22 février 1989.

374 Prorogation. Avant la date d'expiration de la convention, l'établissement de crédit reprend contact avec la commune afin d'examiner si elle doit être prorogée. Dans l'affirmative, une délibération spécifique de l'assemblée délibérante est exigée. Cette dernière doit accepter les clauses du projet de contrat et autoriser l'ordonnateur à le signer, sauf si le maire dispose d'une délégation au titre de l'article L. 2122-22 du Code général des collectivités territoriales.

375 Consolidation de lignes de trésorerie en emprunt. Certains concours financiers permettent, dans le cadre d'un même contrat à long terme et à l'intérieur de plafonds annuels dégressifs, de réaliser des opérations de trésorerie à l'intérieur de chaque exercice, consolidables en emprunts à long terme destinés au financement des investissements.

Ces concours financiers suivent le régime budgétaire et comptable détaillé par la circulaire du 22 février 1989. Les fonds prêtés sont suivis hors budget, dans les comptes financiers de la classe 5, jusqu'à la clôture de l'exercice budgétaire, puis peuvent être consolidés en fin d'exercice au compte budgétaire 16 « Emprunts ». Cette consolidation doit toujours se traduire par une délibération spécifique de l'assemblée délibérante ou de la commission permanente.

La consolidation de la ligne de trésorerie en emprunt s'effectue à la seule initiative de l'ordonnateur, par l'émission d'un titre de recette sur le compte 16. De même, le remboursement d'une ligne de trésorerie n'est pas une opération budgétaire mais un simple mouvement de trésorerie diligenté par l'ordonnateur. Il n'y a jamais de mandatement d'office pour le remboursement des lignes de trésorerie.

376 Pièces justificatives – Ligne de crédit de trésorerie (D. n° 2016-33, 20 janv. 2016) :

1 – Ouverture de crédit :
- décision du conseil municipal autorisant l'opération ou décision du maire prise par délégation ;
- convention ;
- demande de versement des fonds rédigée par le maire ;
- avis de versement de l'établissement de crédit.

2 – Remboursement du capital :
- ordre de paiement établi par le maire (l'opération n'est pas budgétaire).

3 – Paiement des intérêts et de la commission de réservation (Circ. intermin., 22 févr. 1989, NOR:INTB8900071C) :
- mandat de paiement ;
- facture de l'établissement de crédit.

377 **Avances de trésorerie.** L'avance de trésorerie est destinée à faire face à un besoin ponctuel et certain de disponibilités. Elle fait l'objet d'un contrat par lequel l'établissement de crédit prête des fonds à court terme à la collectivité. La date de remboursement est fixée librement par l'emprunteur, dans la limite de six mois à partir de la mise à disposition des fonds sur le compte de la commune. Les fonds sont versés une seule fois. Du fait de ses caractéristiques qui l'apparentent à un emprunt à court terme, l'avance de trésorerie est moins utilisée que les ouvertures de crédit, dont les conditions d'utilisation sont plus souples.

378 **Versement de l'avance de trésorerie.** Après signature du contrat, la collectivité remet au comptable une copie de cet acte, accompagnée de la demande de réalisation de l'avance. L'établissement de crédit adresse au comptable un avis de versement lui demandant de mettre les fonds à disposition de la commune. Il précise le montant de l'avance et la date de valeur du versement. Lorsque le comptable est en possession de tous les documents, il passe les écritures correspondantes.

Réf.
- Instr. CP n° 91-62-K1-M, 16 mai 1991

379 **Remboursement du capital et paiement des intérêts de l'avance de trésorerie.** L'établissement de crédit adresse à la commune un avis d'échéance indiquant le montant à payer (en capital et en intérêts) plusieurs jours avant la date d'échéance. Sur demande du maire (ordre de paiement pour le remboursement du capital et mandat de paiement pour le règlement des intérêts), le comptable verse les fonds. L'avance est remboursable en une seule fois. Le capital s'impute au compte hors budget 519. Seuls les frais financiers et les intérêts sont imputés au budget au compte 66.

Réf.
- Instr. CP n° 89-38-M0, 28 mars 1989

380 **Pièces justificatives – Avance de trésorerie :**

1 – Mise à disposition des fonds :
- décision du conseil municipal autorisant l'opération (le maire ne peut, en aucun cas, bénéficier d'une délégation du conseil) ;
- contrat ;

- demande de réalisation de l'avance rédigée par le maire ;
- avis de versement de l'établissement de crédit.

2 – Remboursement du capital :
- ordre de paiement établi par le maire (l'opération n'est pas budgétaire) ;
- avis d'échéance de l'établissement de crédit.

3 – Paiement des intérêts (Circ. intermin., 22 févr. 1989, NOR:INTB8900071C) :
- mandat de paiement ;
- avis d'échéance de l'établissement de crédit.

■ Paragraphe 2 – Comptabilisation et évaluation

381 Cette partie ne fait pas l'objet de commentaires.

CHAPITRE **2**

Le fonctionnement des comptes

COMPTE **50**

Valeurs mobilières de placement

382 Cette partie ne fait pas l'objet de commentaires.

COMPTE **51**

Trésor, établissements financiers et assimilés

Compte 511 – Valeurs à l'encaissement

■ Compte 5113 – Titres spéciaux de paiement

383 **Chèques-vacances.** L'ordonnance n° 82-283 du 26 mars 1982 et le décret n° 82-719 du 16 août 1982 ont mis en place, au bénéfice des salariés, un système de chèques-vacances en partie financé par une contribution de leurs employeurs (Instr. n° 06-031-A-B-M, 21 avr. 2006). Les comptables publics sont seuls habilités à recevoir les chèques-vacances. Cependant, les prestations donnant lieu à réception de chèques sont souvent distribuées par des services municipaux où fonctionne une régie de recettes. Les régisseurs peuvent recevoir les chèques-vacances dans les mêmes conditions que les comptables (Instr. CP n° 84-141-M0, 4 oct. 1984).

L'ordonnance du 26 mars 1982 susvisée portant création des chèques-vacances, et notamment son article 3, précise que le versement des fonds est un préalable à l'émission et à la délivrance des titres, une facture étant délivrée à l'acquéreur dès réception du paiement. Cet article prévoit que la contribution des salariés, augmentée le cas échéant de celle de l'employeur, est immédiatement versée à l'Agence nationale pour les chèques-vacances (ANCV) qui la comptabilise. « Une autorisation générale est donnée aux comptables assignataires des opérations des collectivités locales de payer ces dépenses au vu d'un exemplaire du bon de commande, la pièce justificative de la dépense étant constituée par ce duplicata » (NdS DGCP n° 5B, 8 déc. 2004). Les chèques-vacances peuvent être commandés sur Internet (Instr. CP n° 05-003-M0, 24 janv. 2005 ; voir n° 2531).

Réf.
- D. n° 2007-107, 29 janv. 2007

384 **Chèques-transports.** Lorsque le bénéficiaire effectue un travail à temps partiel pour un nombre d'heures égal ou supérieur à la moitié de la durée légale ou conventionnelle, si elle lui est inférieure, du travail à temps complet, l'attribution de chèques-transports est effectuée dans les mêmes conditions que si le bénéficiaire travaille à temps complet. Sont exclus des chèques-transports :
- les salariés ayant un véhicule mis à disposition permanente ;
- les salariés logés dans des conditions ne nécessitant pas l'utilisation de transport ;
- les salariés dont le transport est assuré gratuitement par l'employeur ;
- les salariés bénéficiant de remboursement de frais pour leurs trajets.

Réf.
- D. n° 2007-175, 9 févr. 2007

▪ Comptes **5115** à **5118** – Cartes bancaires à l'encaissement à Autres valeurs à l'encaissement

385 Ces parties ne font pas l'objet de commentaires.

Comptes **515** à **519** – Compte au Trésor à Crédits de trésorerie

386 Ces parties ne font pas l'objet de commentaires.

COMPTE **54**

Régies

387 ***Nota bene.*** Pour le fonctionnement des régies d'avances et recettes, se reporter à l'instruction codificatrice n° 06-031-A-B-M du 21 avril 2006.

Comptes **541** et **542** – Disponibilités chez les régisseurs et Disponibilités chez d'autres tiers

388 Ces parties ne font pas l'objet de commentaires.

COMPTES **55** À **59**

Avances de trésorerie versées à Dépréciations des comptes financiers

389 Cette partie ne fait pas l'objet de commentaires.

TITRE 7

Classe 6 : Les comptes de charges

CHAPITRE 1

Les principes de comptabilisation

SECTION 1

Définition

390 Cette partie ne fait pas l'objet de commentaires.

SECTION 2

Comptabilisation

391 **Les opérations doivent être justifiées : le décret des pièces justificatives.** Un décret du 23 mars 2022 n° 2022-505 (*JO* 8 avr. 2022) fixe la liste des pièces justificatives des dépenses des collectivités territoriales, des établissements publics locaux et des établissements publics de santé.

Lors du mandatement d'une dépense, les ordonnateurs des collectivités territoriales, des établissements publics locaux et des établissements publics de santé doivent produire aux comptables publics assignataires de ces collectivités les pièces justificatives fixées dans ce décret, afin que ceux-ci puissent valablement effectuer les contrôles prévus aux articles 19 et 20 du décret n° 2012-1246 du 7 novembre 2012 relatif à la gestion budgétaire et comptable publique.

CHAPITRE **2**

Le fonctionnement des comptes

COMPTE **60**

Achats et variation de stocks

Section **1** – Principes

392 Cette partie ne fait pas l'objet de commentaires.

Section **2** – Description des comptes

▪ Compte **601** – Achats stockés – Matières premières et fournitures

393 ***Nota bene.*** Ce compte enregistre aussi le prix d'acquisition et des frais d'acquisition des terrains destinés à être aménagés et à être vendus (6015) que les achats de quotas d'émission de gaz à effet de serre et de certificats d'économie d'énergie assimilés comptablement à des matières premières administratives.

▪ Comptes **602** à **604** – Achats stockés – Autres approvisionnements à Achats d'études, prestations de services

394 Ces parties ne font pas l'objet de commentaires.

▪ Compte **605** – Achats de matériel, équipements et travaux

395 **Travaux d'enfouissement.** La collectivité locale réalise et finance les travaux d'enfouissement : les travaux d'enfouissement réalisés par les collectivités pour le compte d'opérateurs font l'objet d'une imputation sur le compte 605 « Achats de matériels, équipements et travaux ». Leur facturation à Orange donne lieu à l'émission d'un titre de recette sur le compte 704 « Travaux » (CGCT, art. L. 2224-35).

La collectivité locale réalise les travaux au nom et pour le compte de France Télécom par convention de mandat : les travaux d'enfouissement sont dans ce cas retracés au compte 458 « Opérations d'investissement sous mandat ».

La circulaire NOR:BUDR0100114J – instruction fiscale du 27 avril 2001 : *BOI* n° 86 du 9 mai 2001 – indique que, quel que soit celui qui réalise les travaux d'enfouissement de lignes téléphoniques (la collectivité locale ou

France Télécom, etc.), le fonds de compensation pour la TVA ne peut être versé à la collectivité car ces dépenses ne représentent pas une dépense réelle d'investissement éligible au FCTVA.

▪ Compte **606** - Achats non stockés de matières et fournitures

▸ Compte **6062** - Fournitures non stockées

396 Compte **60623** – Alimentation

397 L'achat de denrées alimentaires est soumis au décret relatif aux marchés publics. Les marchés publics de denrée alimentaires sont des marchés de fournitures courantes ; pour ce type de marchés, la DAJ préconise le recours aux prix révisables.

398 Compte **60628** – Autres fournitures non stockées

399 **Définition.** Toutes les dépenses de denrées et de fournitures consommées ne pouvant faire l'objet d'une imputation précise au sein du compte 606 doivent être inscrites à cet article.

400 **Nourriture pour animaux en fourrière.** La lutte contre les animaux errants incombe aux municipalités (L. n° 89-412, 22 juin 1989). Les chiens errant sur la voie publique, dans les champs ou dans les bois, doivent, à l'initiative des maires, être capturés et conduits à la fourrière où ils sont conservés pendant un délai de quatre jours ouvrables et francs, délai porté à huit jours si l'animal est identifié par le port d'un collier ou par tatouage.

Les achats de nourriture pour ces animaux sont imputés au compte 60628.

Les animaux ne sont restitués à leur propriétaire qu'après paiement des frais de fourrière imputés au compte 758.

401 Compte **60633** – Fournitures de voirie

402 **Entretien des voiries.** Cet article enregistre toutes les dépenses de fournitures destinées à l'entretien des voies communales et réalisées par les employés municipaux. Il s'agit essentiellement de sables, graviers, gravillons, enrobés à chaud ou à froid.

Si les fournitures sont livrées et répandues par des entrepreneurs ou par le service de l'Équipement, l'imputation se fera au compte 61523 « Voies et réseaux ».

403 Compte **60636** – Habillement et vêtements de travail

404 **Vêtements de fonction.** Certains agents municipaux se voient dotés de tenues vestimentaires : blouses des agents techniques et femmes de

service ; uniformes de gardes champêtres et policiers municipaux ; chaussures de sécurité, gants de travail, tenues des sapeurs-pompiers, etc.

Les collectivités ne sont pas tenues d'acheter des vêtements de fonction à leurs agents. Si elles l'ont décidé, elles peuvent soit les acquérir et les fournir gratuitement, soit attribuer une indemnité de vêtements de travail (voir n°s 544 et s.).

Elle est attribuée aux agents dont les fonctions entraînent une usure anormalement rapide de leurs vêtements sans que ceux-ci soient fournis par la collectivité d'emploi.

La composition des effectifs de certains services justifie amplement le recours à des fournitures en nature, celui-ci s'avérant avantageux lorsqu'il se traduit par des achats globaux conclus par voie de marchés.

▸ Compte **6064** – Fournitures administratives

405 **Définition.** Sont assimilés à des fournitures administratives tous les petits matériels destinés au fonctionnement d'un service administratif : crayons, gommes, feutres, dossiers, etc.

Les biens amortissables sont imputés au compte 2183 « Matériel de bureau et matériel informatique ».

Parmi les dépenses obligatoires se trouvent les frais de bureau (CGCT, art. L. 2321-2).

▸ Compte **6065** – Livres, disques, cassettes (bibliothèques et médiathèques)

406 **Bibliothèque.** Les acquisitions courantes de livres ou d'encyclopédies doivent être imputées en section de fonctionnement (compte 6065) car elles participent au maintien ou au renouvellement du fonds de documentation indispensable au bon fonctionnement de toute bibliothèque ou assimilé.

En revanche, la constitution de ce fonds documentaire lors de la création d'une bibliothèque ou de son extension peut être considérée comme une opération d'investissement au même titre que les autres équipements nécessaires au fonctionnement de la bibliothèque (rayonnages, chaises, tables, etc.) et dans la mesure où elle conduit à accroître sensiblement et durablement l'actif immobilisé d'une collectivité.

▸ Compte **6066** – Produits pharmaceutiques

407 **Services communaux d'hygiène et de santé.** Les communes, quelle que soit leur taille, peuvent librement créer les services communaux d'hygiène et de santé. Ces services remplacent les bureaux municipaux d'hygiène (L. n° 86-13, 6 janv. 1986). Ils ont la possibilité d'intervenir dans le domaine de la santé publique (CSP, art. L. 772). Ils relèvent de la compétence des communes ou, le cas échéant, des groupements de communes, qui en assurent l'organisation et le financement sous l'autorité du maire ou du président.

Le contrôle administratif et technique des règles d'hygiène de ces établissements relève quant à lui de l'État, en vertu de l'article L. 49 du Code de la santé publique, les départements étant, en application de l'article L. 50 de ce code, compétents en matière de vaccination et de désinfection.

Aux termes des dispositions de l'article L. 772, alinéa 3, les services communaux d'hygiène et de santé qui, au 1er janvier 1984, date d'entrée en vigueur du transfert de compétences en matière d'aide sociale et de santé, exerçaient effectivement des attributions en matière de vaccination ou de désinfection ainsi qu'en matière de contrôle administratif et technique des règles d'hygiène continuent d'exercer ces attributions. Les communes concernées reçoivent la dotation de décentralisation correspondante et perçoivent les financements nécessaires. Les maires continuent donc d'agir dans ces cas-là au nom de l'État pour les attributions exercées par leurs services communaux d'hygiène et de santé.

408 Produits pharmaceutiques. Il s'agit des produits dits « de premiers soins » acquis par les collectivités en cas de blessure ou d'accident mineur d'un agent communal, d'un élève ou de toute autre personne dont la collectivité est responsable. Il est ainsi constitué des provisions de matériel de soins au centre social, dans les groupes scolaires ou dans les autres bâtiments administratifs.

▸ Compte **6067** – Fournitures scolaires

409 Imputation. Le petit matériel scolaire (cahiers, livres ou crayons) est imputé au compte 6067.

Le mobilier amortissable (chaises ou tables) s'impute au compte 2184 « Mobilier ».

410 Compétences. Les communes : le dispositif relatif aux écoles et classes élémentaires et maternelles figure dans le Code de l'éducation (art. L. 212-1 à L. 212-9 ; enseignement privé du premier degré : art. L. 442-5).

Le département a la charge des collèges et la région celle des lycées (C. éduc., art. L. 211-2 ; art. L. 213-1 ; art. L. 214-5 et L. 212-9 ; art. L. 216-5 ; art. L. 216-6 ; enseignement privé : C. ens. techn., art. L. 151-4).

411 Livres – Écoles primaires. En application de l'article 8 du décret du 29 janvier 1890 « Livres et fournitures obligatoires dans les écoles », modifié par le décret du 12 avril 1943 relatif à l'interdiction de certains livres scolaires, les manuels scolaires dans l'enseignement du premier degré sont pris en charge, d'une façon quasi générale, par les communes puisque 91 % d'entre elles assurent la gratuité des fournitures scolaires (Rép. min. n° 2253 : *JOAN*, 13 oct. 1986).

Cependant la loi n'oblige en rien les communes à acheter et renouveler les manuels scolaires.

412 **Fournitures – Écoles primaires.** Les fournitures ne sont accordées qu'aux établissements d'enseignement primaire.

Mais la commune peut prendre à sa charge tout ou partie des fournitures scolaires et même recevoir de l'État une allocation par élève au titre de la fourniture gratuite des livres scolaires aux élèves des classes de 6e et de 5e des collèges d'enseignement général (CEG).

Les fournitures scolaires individuelles demeurent à la charge des familles si leur gratuité n'est pas assurée par le budget municipal. Livres, cahiers, tenue d'éducation physique sont, en effet, la propriété de l'élève. Seul le matériel d'enseignement à usage collectif reste la propriété de l'école (Rép. min. n° 10841 : *JOAN*, 19 juin 1989, p. 2810).

Aucune participation aux frais ne peut être demandée aux parents d'élèves d'une école publique, qu'ils soient ou non domiciliés dans la commune dans laquelle se situe l'école, pour les frais d'acquisition, d'entretien et de renouvellement du matériel d'enseignement. En revanche, certaines prestations facultatives peuvent faire l'objet d'une participation des parents d'élèves (CE, 9 nov. 1990, n° 56049, *Compiègne*).

413 **Écoles maternelles publiques.** Le principe de la gratuité de l'enseignement primaire public (L., 16 juin 1881, établissant la gratuite absolue de l'enseignement primaire dans les écoles publiques, loi dite « Jules Ferry et Bert Paul ») s'applique à ces établissements.

Aucune participation aux frais ne peut être demandée aux parents d'élèves d'une école maternelle publique dès lors qu'il s'agit des frais d'acquisition, d'entretien et de renouvellement du matériel d'enseignement (CE, 11 déc. 1987, n° 48642, *Besançon*).

414 **Collèges.** Les ouvrages, depuis la loi Haby de 1975, sont gratuits pour les élèves et les parents avec le prêt à tous les élèves des collèges de tous les manuels scolaires. Ils sont achetés par les départements qui reçoivent une dotation budgétaire de l'État. Légalement les manuels doivent être renouvelés environ tous les quatre ans.

415 **Lycées.** Les familles assurent le financement, souvent au travers d'associations de parents ou de bourses aux livres. Mais certaines régions prennent progressivement en charge tout ou partie du financement. Les modalités de financement sont multiples : subventions directes aux familles, achat par la région des manuels prêtés aux jeunes, chèques livres ou cartes à puces.

▪ Compte **607** – Achats de marchandises

▸ Compte **6071** – Compteurs

416 Cette partie ne fait pas l'objet de commentaires.

▸ Compte **6078** – Autres marchandises

417 **Compteur d'eau.** Pour les communes de moins de cinq cents habitants ayant opté pour la réintégration des opérations des services d'eau et d'assainissement dans le budget principal, les compteurs d'eau destinés à être rétrocédés aux abonnés sont imputés, lors de leur achat, au compte 6071 « Compteurs ».

Ceux qui sont destinés à la location sont imputés au compte 2158 « Autres installations, matériel et outillage technique ». Les ventes de compteurs sont comptabilisées au compte 7071.

418 **Services d'eau et d'assainissement : règles budgétaires et fiscales.** L'article 84 de la loi n° 98-546 du 2 juillet 1998 portant diverses dispositions d'ordre économique et financier autorise ces communes, lorsqu'elles gèrent un service d'eau ou d'assainissement sous forme de régie simple ou directe, à opter soit pour le maintien du budget annexe d'eau ou d'assainissement, soit pour la réintégration des dépenses et des recettes du service dans le budget principal.

Dans cette dernière hypothèse, le budget annexe est remplacé par un état sommaire détaillant, article par article, toutes les dépenses et les recettes afférentes aux deux services.

419 **Services d'eau et d'assainissement des communes et des groupements.** Quelle que soit leur population, il y a nécessité d'un budget annexe du service en raison de son caractère industriel et commercial.

1 – Services d'eau et d'assainissement des communes de moins de 3 000 habitants et des groupements de communes d'une population regroupée de moins de 3 000 habitants : possibilité de faire un budget annexe commun aux services d'eau et d'assainissement avec ventilation des dépenses et des recettes entre les deux services, à condition que les deux services soient dans les mêmes conditions d'assujettissement à la TVA (soit tous deux assujettis, soit tous deux non assujettis). Si l'un des

deux services est assujetti et l'autre non, il y a lieu de constituer deux budgets séparés, de même si l'un des services est affermé et l'autre en régie.

2 – Services d'eau et d'assainissement des communes de plus de 3 000 habitants et des groupements d'une population regroupée supérieure à 3 000 habitants : nécessité d'un budget annexe par service. De plus, les services d'eau de ces collectivités sont assujettis à la TVA de plein droit. Les budgets des services d'eau de ces collectivités sont en conséquence présentés et votés hors taxe. Une partie des ressources de ces budgets peut être affectée à des actions de coopération internationale (CGCT, art. L. 1115-1).

▪ Comptes **608** et **609** – Frais accessoires sur terrains en cours d'aménagement et Rabais, remises, ristournes obtenus sur achats

420 Cette partie ne fait pas l'objet de commentaires.

COMPTE **61**

Services extérieurs

Compte **611** – Contrats de prestations de services

421 Cette partie ne fait pas l'objet de commentaires.

Compte **612** – Redevances de crédit-bail

422 **Pièces justificatives – Marché public de crédit-bail (D. nº 2022-505, 23 mars 2022, fixant la liste des pièces justificatives) :**

1 – Crédit-bail immobilier

a) exécution du marché
- premier paiement :
  - marché, le cas échéant, revêtu de la mention d'inscription au fichier immobilier et mentionnant, en particulier, les droits acquis par le bailleur de l'immeuble,
  - état-réponse[1] attestant l'absence d'inscription hypothécaire,
  - décompte ;
- autres paiements : décompte.

b) reprise[2] d'un marché de crédit-bail :
- contrat de cession et copie du marché de crédit-bail ;
- état-réponse attestant l'absence d'inscription hypothécaire[1] ;
- décompte.

c) indemnité versée par le preneur en cas de résiliation du marché :
- copie de l'acte portant résiliation du marché ;
- décompte appliquant la clause contractuelle portant pénalités ; ou indemnité fixée par le juge.

d) prolongation du marché de crédit-bail : avenant, le cas échéant, revêtu de la mention de publication au fichier immobilier et référence à la délibération autorisant la passation de l'avenant[3].

e) réalisation de la promesse de vente :
- décision de l'assemblée délibérante autorisant la levée de l'option ;
- décompte portant mention des paiements effectués et de la valeur résiduelle fixée par référence au marché ;
- état-réponse attestant l'absence d'inscription hypothécaire.

2 – Crédit-bail mobilier

a) exécution du marché :
- premier paiement :
  - marché[3],
  - décompte ;
- autres paiements : décompte.

b) reprise d'un marché de crédit-bail :
- premier paiement :
  - contrat de cession et copie du marché de crédit-bail,
  - décompte ;
- autres paiements : décompte.

c) indemnité versée par le preneur en cas de résiliation de marché :
- délibération autorisant la résiliation ;
- décompte appliquant la clause contractuelle portant pénalités ou indemnité fixée par le juge.

d) prolongation du marché de crédit-bail : avenant[3].

e) réalisation de la promesse de vente :
- décision de l'assemblée délibérante autorisant la levée de l'option ;
- décompte portant mention des paiements effectués et de la valeur résiduelle fixée par référence au marché.

Les cahiers des clauses administratives générales qui n'ont pas fait l'objet d'une approbation par arrêté sont produits à l'appui du premier mandatement du marché qui s'y réfère. Un des exemplaires de l'ensemble des pièces constitutives initiales du marché est conservé par le comptable pendant toute la durée du marché pour être joint à l'appui du mandat du paiement du solde.

1. État-réponse délivré dans les conditions énoncées à la rubrique « Acquisitions immobilières ».

2. La collectivité se substitue par cession au premier preneur.

3. Lorsqu'elles ne sont pas produites sous forme dématérialisée, les pièces constitutives initiales du marché sont adressées au comptable en double exemplaire.

Compte **613** – Locations

423 Cette partie ne fait pas l'objet de commentaires.

Compte **614** – Charges locatives et de copropriété

424 **Avis du service France Domaine.** Les projets d'opérations immobilières mentionnés doivent être précédés, avant toute entente amiable, d'une demande d'avis du directeur des services fiscaux et en particulier les baux, accords amiables et conventions quelconques ayant pour objet la prise en location d'immeubles de toute nature d'un loyer annuel, charges comprises, égal ou supérieur à un montant fixé par l'autorité administrative compétente (L. MURCEF n° 2001-1168, 11 déc. 2001, art. 23, mod. par L. n° 2011-525, 17 mai 2011, art. 139).

L'avis doit être formulé dans le délai d'un mois à compter de la date de la réception d'une demande d'avis (CGCT, art. L. 1311-9 à L. 1311-12). Il n'a pas à être fourni à l'appui du mandat de paiement.

425 **Délégation du conseil municipal.** Le maire peut, par délégation du conseil municipal, décider de la conclusion et de la révision du louage des choses pour une durée n'excédant pas douze ans (CGCT, art. L. 2122-22, 5°).

Compte **615** – Entretien et réparations

▪ Compte **61521** – Terrains

426 **Entretien des terrains.** Les dépenses de ce poste budgétaire concernent les espaces verts : achat de désherbants, d'engrais, d'insecticides ou de toute autre fourniture ou travail affectant un champ, un parc, un jardin ou une pelouse appartenant à une commune.

▪ Compte **61522** – Bâtiments

427 **Entretien de l'hôtel de ville.** L'entretien de l'hôtel de ville ou, si la commune n'en possède pas, la location d'une maison ou d'une salle pour en tenir lieu, est une dépense obligatoire (CGCT, art. L. 2321-2).

La commune est tenue d'entretenir les ouvrages publics. Aussi, en cas d'accident, et en l'absence d'entretien normal, la responsabilité de la commune peut être engagée (Cass. crim., 18 déc. 1986, n° 9086304).

428 **Les édifices cultuels.** La loi du 9 décembre 1905 relative à la séparation des Églises et de l'État (modifiée et complétée par L., 2 janv. 1907

et 13 avr. 1908) a institué le principe de laïcité. Une différenciation du régime de propriétés des édifices du culte est opérée selon leur date de construction :
- pour les édifices religieux (cathédrales, églises, chapelles, temples, synagogues, évêchés, etc.) construits avant 1905 : ils appartiennent à l'État, aux départements, aux communes et aux EPCI ayant pris la compétence en matière d'édifices des cultes (L. 1905, art. 12) ;
- pour les édifices du culte acquis ou construits après 1905 : ils sont la propriété des seules personnes privées (associations culturelles ou associations de 1901) qui les ont acquis ou construits.

429 Entretien des édifices cultuels.

Les communes peuvent :
- engager les dépenses nécessaires à l'entretien et à la conservation des édifices dont la propriété leur est reconnue par la loi de 1905 (L., 13 avr. 1908, modifiant l'article 13 de la loi du 9 décembre 1905). Il s'agit donc de dépenses réalisées sur des biens existants afin d'assurer la conservation de ce patrimoine et non de dépenses destinées à une extension ou un embellissement ;
- financer des travaux de réparation sur les édifices dont les associations cultuelles sont propriétaires (L., 25 déc. 1942, modifiant l'article 9 de la loi de 1905) ;
- financer les travaux sur les édifices classés comme monuments historiques (L., 31 déc. 1913).

Dépenses pouvant être financées dans les édifices cultuels.

Il faut entendre par « dépenses nécessaires pour l'entretien et la conservation des édifices », au sens de l'article 13 de la loi du 9 décembre 1905 précitée, les dépenses relatives aux grosses réparations à caractère conservatoire (sol, mur, toiture, réfection de charpente, etc.) et les dépenses d'entretien (électricité, peinture, etc.) qui peuvent être prises en charge par la collectivité publique propriétaire.

Les communes peuvent notamment financer :
- l'installation de l'éclairage des églises (CE, avis, 21 déc. 1928) ;
- le gros œuvre, la charpente et la toiture ;
- l'électrification des cloches, car ces dernières ne sont pas exclusivement réservées à l'exercice du culte mais peuvent être légalement utilisées pour des sonneries civiles ;
- les frais de chauffage pendant l'hiver ; la mise en place d'un chauffage dans un lieu de culte, car cela évite la détérioration du gros œuvre due à l'humidité et dispense l'engagement d'autres dépenses.

430 Dépenses d'entretien des presbytères. En application de l'article L. 2543-3, 3° du Code général des collectivités territoriales, la participation des communes aux frais de culte, parmi lesquels figurent les dépenses d'entretien et de réparation des logements mis à la disposition des ministres des cultes reconnus, n'est obligatoire qu'en cas d'insuffisance des ressources des établissements publics du culte investis à titre principal de cette charge.

La desserte des paroisses vacantes est assurée par un prêtre désigné par l'évêque en qualité d'administrateur, alors même que ce prêtre réside dans le presbytère de sa paroisse d'affectation. Le décret du 10 janvier 2001 a complété l'article 37 du décret du 30 janvier 1809 sur les fabriques en étendant la responsabilité des charges d'entretien du presbytère dans lequel réside le prêtre, aux fabriques des paroisses desservies par ce dernier en qualité de prêtre administrateur. En application de ce texte, il appartient à l'évêque de fixer la répartition des dépenses entre les fabriques et, le cas échéant, les communes bénéficiaires de cette desserte.

▪ Compte **61523** – Voies et réseaux

431 **Entretien des voies et réseaux.** Le Code de la voirie routière définit les droits et obligations des élus et des usagers (L. n° 89-412, 22 juin 1989).

Les dépenses d'entretien des voies communales sont des dépenses obligatoires (CGCT, art. L. 2321-2, 20°).

Les travaux modifiant les caractéristiques de la voirie constituent des dépenses d'investissement. Le comblement des nids-de-poule ou des ornières et le maintien en état des fossés sont des travaux d'entretien courant imputables en fonctionnement.

De même, lorsqu'il n'est pas exécuté pour le compte de tiers, le curage régulier des fossés et des rivières constitue une dépense de fonctionnement, sauf si ces travaux conduisent par leur ampleur à une amélioration des ouvrages existants (Instr. CP n° 92-132-M0, 23 oct. 1992).

432 **Débroussaillement.** La commune doit débroussailler les abords des voies, publiques ou privées, dès lors qu'elles sont ouvertes à la circulation du public (C. for., art. L. 131-10 et s.).

Le Code forestier comporte des dispositions visant à faire respecter les obligations légales de débroussaillement (OLD), tant pour les particuliers que pour les personnes morales.

Le débroussaillage (ou débroussaillement) est obligatoire dans les zones exposées à un risque d'incendie. En cas de non-respect, la commune peut mettre le propriétaire en demeure de le faire. La responsabilité du contrôle de l'exécution incombe au maire (C. for., art. L. 134-7). En cas de carence le préfet se substitue au maire (art. 134-9).

433 Police des chemins ruraux. Le maire est chargé de la police et de la conservation des chemins ruraux (C. rur., art. L. 161-5).

Il peut, d'une manière temporaire ou permanente, interdire l'usage de tout ou partie du réseau des chemins ruraux aux véhicules dont les caractéristiques sont incompatibles avec la résistance ou la largeur des chaussées (C. rur., art. D. 161-10 et D. 161-11). L'arrêté du maire doit être motivé (Rép. min. n° 44106 : *JOAN*, 4 nov. 1991, p. 455).

434 Entretien des chemins ruraux. L'entretien des chemins ruraux, contrairement à celui des voies communales, n'est pas inscrit au nombre des dépenses obligatoires de la commune à l'article L. 2321-2 du Code général des collectivités territoriales.

Cependant, le maire doit veiller à ce que soient assurées la sûreté et la commodité de passage sur l'ensemble de ces voies, ce qui comprend notamment le nettoiement.

Toutefois, dès lors que la commune a effectué des travaux destinés à assurer ou à améliorer la viabilité du chemin rural et a ainsi accepté d'en assumer l'entretien, sa responsabilité peut être mise en cause par les usagers pour défaut d'entretien normal (CE, 20 nov. 1964, *Ville de Carcassonne*).

Lorsque des travaux sont nécessaires ou lorsqu'un chemin rural n'est pas entretenu par la commune, l'article L. 161-11 du Code rural et de la pêche maritime prévoit la possibilité pour les propriétaires riverains du chemin rural de demander au conseil municipal de délibérer sur l'institution ou l'augmentation de la taxe prévue à l'article L. 161-7 du même code pour l'entretien des chemins ruraux en application de l'art. L. 2331-11 du CGCT : « Les taxes particulières dues par les habitants ou propriétaires en vertu des lois et usages locaux sont réparties par délibération du conseil municipal. »

435 Pose de numéros sur les maisons. Dans toutes les communes où l'opération est nécessaire, le numérotage des maisons est exécuté pour la première fois à la charge de la commune. L'entretien du numérotage est à la charge du propriétaire qui doit se conformer aux instructions ministérielles (CGCT, art. L. 2213-28).

Dans les communes de plus de 2 000 habitants, la numérotation des immeubles et maisons est une obligation, en vertu du décret n° 94-1112 du 19 décembre 1994 qui impose la notification du numérotage des habitations au centre des impôts fonciers et au bureau du cadastre.

▪ Compte **61524** – Bois et forêts

436 Travaux dans les bois et forêts. Il s'agit essentiellement de l'élagage des arbres par des entreprises spécialisées, mais aussi de plantations diverses destinées à augmenter le potentiel sylvicole des communes.

Les frais de semis et plantations sont compris parmi les dépenses de fonctionnement lorsque les opérations correspondent à un renouvellement normal de la forêt effectué selon une périodicité constante.

Si les employés communaux participent à ces différents travaux, seule la dépense de matériel et de fourniture est imputée à l'article 61524. Les frais de personnel s'inscrivent au chapitre 64.

▪ Compte **61551** – Matériel roulant

437 **Dépenses concernées.** S'imputent notamment à cet article les frais d'entretien et les dépenses de visite des véhicules, laquelle est effectuée par le service des Mines.

▪ Compte **61558** – Autres biens mobiliers

438 **Dépenses concernées.** Ces différents travaux sont effectués par des entreprises et non par des agents communaux.

Les collectivités territoriales font de plus en plus souvent appel à des techniciens assurant, dans le cadre d'une convention, l'entretien du matériel (extincteurs, machines comptables, ordinateurs, ascenseurs, etc.).

La durée des marchés d'entretien est libre sauf pour les marchés à bons de commande (4 ans maximum).

439 **Dépenses d'entretien :**
- facture.

> ***Nota bene***
> S'il s'agit de travaux ou de fournitures, la facture doit mentionner la localisation géographique de l'immeuble.

Compte **616** – Primes d'assurance

440 **Procédures de passation des contrats d'assurance.** Les contrats d'assurance entrent dans le champ d'application du Code des marchés publics.

Pièces justificatives (D. n° 2016-33, 20 janv. 2016, préc.)

Marchés publics d'assurances

1 – Première prime :
- copie du marché d'assurances ;
- avis de paiement de l'assureur.

2 – Autres primes :
– avis de paiement de l'assureur.

3 – Modification des clauses du marché :
– si la modification résulte de dispositions légales, décompte de révision ;
– si la modification résulte de la volonté des contractants, copie du marché d'assurances modifié ou avenant et avis de paiement.

▪ Comptes **6161** et **6162** – Multirisques et Assurance obligatoire dommage-construction

441 Ces parties ne font pas l'objet de commentaires.

▪ Compte **6168** – Autres

442 **Responsabilité personnelle du maire : assurance personnelle.** Dans certains cas exceptionnels, le dommage causé à un tiers trouve son origine dans une faute du maire, soit détachable de ses fonctions (intention de nuire, recherche d'un intérêt personnel, faute lourde inexcusable), soit commise dans l'exercice de ses fonctions d'officier d'état civil.

Dans ces hypothèses, le maire n'engage pas la responsabilité de la commune, mais la seule responsabilité personnelle. Le Conseil d'État et la Cour des comptes ont estimé que le paiement de la prime correspondant au contrat d'assurance de la responsabilité personnelle des maires ne présente pas un intérêt communal et ne peut donc être imputé sur le budget de la commune (Instr. CP n° 74-90-M0, 14 juin 1974).

Rien, en revanche, ne s'oppose à ce que les maires souscrivent eux-mêmes, sur leurs fonds propres, une assurance pour garantir leur responsabilité personnelle détachable de l'exercice de leurs fonctions ; des polices de ce type existent et sont d'ailleurs souvent proposées aux intéressés à l'occasion de la souscription ou du renouvellement d'une police par la collectivité qu'ils administrent.

443 **Assurance conseil juridique et assistance psychologique.** L'article 104 de la loi n° 2019-1461 du 27 décembre 2019 relative à l'engagement dans la vie locale et à la proximité de l'action publique a créé, pour l'ensemble des communes, l'obligation de souscrire, dans un contrat d'assurance, une garantie visant à couvrir le conseil juridique, l'assistance psychologique et les coûts qui résultent de leur obligation de protection fonctionnelle à l'égard de plusieurs membres du conseil municipal.

Elle prévoit également que, dans les communes de moins de 3 500 habitants, le coût résultant de la souscription de ces contrats fait l'objet d'une compensation par l'État, en fonction d'un barème défini par décret. C'est l'objet du décret n° 2020-1072 du 18 août 2020 fixant le barème relatif à la compensation par l'État des sommes payées par les communes de moins de 3 500 habitants pour la souscription de contrats d'assurance relatifs à la protection fonctionnelle de leurs élus.

La compensation prévue par ce décret, définit par strate démographique afin d'être proportionnelle au nombre d'adjoints susceptibles d'être désignés par le conseil municipal, prend la forme d'un forfait annuel dont le versement est confié aux préfets de département.

444 **Assurance de la voirie communale.** Sont exclus du champ d'application des garanties les biens situés en plein air, et notamment, la voirie communale.

L'absence de couverture par l'assurance des risques auxquels est exposée la voirie a pour fondement l'exposition naturelle de celle-ci aux effets de l'air et des variations climatiques qui entraîne une sinistralité élevée à laquelle les assurances ne pourraient faire face que difficilement, sauf à appeler des primes d'un montant très élevé (Rép. min. n° 59332 : *JOAN*, 6 mai 1985, p. 2052).

445 **Contrats d'assurance destinés à couvrir les communes contre les risques découlant de la délivrance des autorisations d'utilisation du sol.** Les communes et les EPCI qui délivrent en leur nom les autorisations d'utilisation du sol dans les conditions prévues par le Code de l'urbanisme et la loi n° 83-8 du 7 janvier 1983 et qui ont souscrit un contrat d'assurance destiné à les garantir contre les risques liés à l'exercice de cette compétence bénéficient, à ce titre, d'une attribution de la dotation générale de décentralisation à compter de la souscription du contrat.

Le versement unique annuel par le préfet est effectué sur présentation par l'ordonnateur d'une police d'assurance en cours de validité.

Un modèle de contrat pour l'assurance contre les risques liés aux actes pris par les communes en matière d'urbanisme a été joint à la circulaire du 26 octobre 1984 (Instr. CP n° 85-50-M0, 18 avr. 1985).

Réf.

- D. n° 84-221, 29 mars 1984, relatif à la dotation générale de décentralisation versée aux communes et aux établissements publics de coopération intercommunale au titre des contrats d'assurance destinés à les garantir contre les risques découlant de la délivrance des autorisations d'utilisation du sol

Compte **617** – Études et recherches

446 Cette partie ne fait pas l'objet de commentaires.

Compte **618** - Divers

▪ Compte **6182** - Documentation générale et technique

447 **Paiement des abonnements - Principe.** Pour les achats d'ouvrages et de publications vendues à l'unité, les collectivités locales peuvent procéder au paiement avant réception des biens commandés (Instr. CP n°s 90-122-B1-M0, 7 nov. 1990, et 01-082-B1, 4 sept. 2001). Cette mesure est applicable aux achats en France comme à l'étranger.

448 **Paiement des abonnements - Procédure.** L'ordonnateur procède à l'engagement de la dépense dans les conditions habituelles et rédige le bon de commande en trois exemplaires.

L'ordonnateur prépare en même temps que la commande le mandat accompagné du moyen de règlement.

Il transmet la liasse du bon de commande, le mandat et le moyen de règlement au comptable.

À réception, le comptable procède au visa de la dépense et à la prise en charge du mandat dans les conditions habituelles.

1 - Paiement par chèque sur le Trésor (pour les départements, les régions et la ville de Paris)

L'ordonnateur annote le bon de commande original et les deux copies de la mention « règlement joint à la commande par chèque sur le Trésor » dont il précise les références (numéro du chèque, date et numéro du mandat).

Le comptable, après avoir signé et comptabilisé le chèque, le renvoie à l'ordonnateur et conserve le bon de commande original comme pièce justificative à l'appui du mandat.

L'ordonnateur adresse au fournisseur le duplicata accompagné du chèque et conserve le triplicata.

2 - Paiement par virement (lorsque la collectivité ne dispose pas de chèque sur le Trésor)

L'ordonnateur transmet au comptable le mandat, le support pour le virement et le bon de commande annoté du numéro et de la date d'émission du mandat et de la mention « bon à payer ». Celui-ci effectue le règlement par virement et conserve le bon de commande original comme pièce justificative.

Le comptable adresse le duplicata du bon de commande au fournisseur, en précisant la date de mise en paiement par virement. Le triplicata sera renvoyé à l'ordonnateur.

Dès réception de l'ouvrage commandé et de la facture, le maire rapproche facture et bon de commande. Il vérifie que la mention « acquitté » a bien été portée par le fournisseur sur la facture. Cette opération évite tout double paiement.

Afin de prendre en considération les usages du commerce en matière d'achat d'ouvrages, de publications et d'abonnements, et pour répondre de manière satisfaisante aux attentes des collectivités dans ce domaine, les comptables du Trésor public sont autorisés à procéder au règlement de ces dépenses au vu d'un bon de commande.

Par ailleurs, si habituellement ces paiements interviennent par virement du comptable, la possibilité a été offerte aux régisseurs des collectivités locales de les réaliser par carte bancaire à distance. La commande peut être passée sur Internet (Instr. CP n° 05-003-M0, 24 janv. 2005).

449 Pièces justificatives.

Abonnements :
- facture.

La production d'une délibération du conseil municipal donnant la liste des abonnements souscrits, leur nature et leur quantité n'est plus obligatoire (Instr. CP n° 81-193-M0, 23 déc. 1981).

Bibliothèque administrative :
- facture ;
- en cas de marché, se reporter au compte 23.

▪ Compte **6183** – Frais de formation (personnel extérieur à l'entité)

450 Cette partie ne fait pas l'objet de commentaires.

▪ Compte **6184** – Versements à des organismes de formation

451 Formations professionnelles des agents. La formation des agents contractuels est décrite dans le décret n° 2007-1845 du 26 décembre 2007 relatif à la formation professionnelle tout au long de la vie des agents de la fonction publique territoriale.

Pendant les douze premiers mois durant lesquels il est placé en congé de formation, le fonctionnaire perçoit une indemnité mensuelle forfaitaire égale à 85 % du traitement brut et de l'indemnité de résidence qu'il percevait au moment de la mise en congé. Le montant de cette indemnité ne peut toutefois excéder le traitement et l'indemnité de résidence afférents à l'indice brut 650 d'un agent en fonctions à Paris.

Cette indemnité est à la charge de la collectivité dont relève l'intéressé.

452 **Formation des sapeurs-pompiers volontaires.** Les sapeurs-pompiers volontaires peuvent exercer une activité après avoir suivi et validé la formation correspondante.

Ils peuvent, compte tenu de leurs qualifications antérieures, être dispensés de suivre les formations correspondant à des compétences déjà acquises. Pour l'application de cette mesure, les sapeurs-pompiers volontaires peuvent demander à bénéficier de la procédure de reconnaissance des attestations, titres et diplômes ou de la procédure de validation des acquis de l'expérience. Ces demandes sont examinées par la commission de validation des acquis de l'expérience compétente (A., 8 août 2013, relatif aux formations des sapeurs-pompiers volontaires).

453 **Pièces justificatives (D. n° 2022-505, 23 mars 2022, § 2184, 2185) :**
1 – Indemnité représentative des dépenses de formation obligatoire et complémentaire des agents récemment titularisés et mutés

a) en cas d'accord sur le montant de l'indemnité :
- convention d'indemnisation établissant le montant de l'indemnité ;
- délibération autorisant la signature de convention d'indemnisation.

b) en cas de désaccord sur le montant de l'indemnité :
- titre de recettes émis par l'organisme d'accueil ;
- état liquidatif des dépenses engagées.

2 – Formation professionnelle

a) prise en charge des frais de formation engagés par l'agent
- indemnisation :
  - délibération autorisant à la prise en charge de frais de formation engagés par l'agent,
  - décompte, facture visée par l'autorité disposant du pouvoir de nomination.

3 – Frais de déplacement : se reporter à la rubrique 2171 du décret des pièces justificatives.

▪ Compte **6185** – Frais de colloques et séminaires

454 Cette partie ne fait pas l'objet de commentaires.

Compte **619** – Rabais, remises et ristournes obtenus sur services extérieurs

455 Cette partie ne fait pas l'objet de commentaires.

COMPTE **62**

Autres services extérieurs

Compte **621** – Personnel extérieur au service

▪ Compte **6215** – Personnel affecté par la collectivité de rattachement

456 **Fonctionnement du compte.** Ce compte est à ouvrir dans un budget annexe, dans un centre communal d'action sociale (CCAS) ou dans une caisse des écoles.

Le remboursement par les budgets annexes, par le CCAS et la caisse des écoles, des frais de personnel payés par le budget principal, est imputé au compte 6215.

Ce même remboursement constitue pour le budget principal de la commune une recette à inscrire au compte 70841.

▪ Compte **6216** – Personnel affecté par le GFP de rattachement

457 Cette partie ne fait pas l'objet de commentaires.

▪ Compte **6217** – Personnel affecté par la commune-membre du GFP

458 **Principe.** Le transfert de compétences d'une commune à un établissement public de coopération intercommunale entraîne le transfert du service ou de la partie de service chargé de sa mise en œuvre. Toutefois, dans le cadre d'une bonne organisation des services, une commune peut conserver tout ou partie du service concerné par le transfert de compétences, à raison du caractère partiel de ce dernier.

Les fonctionnaires territoriaux et agents territoriaux non titulaires qui remplissent en totalité leurs fonctions dans un service ou une partie de service transféré en application de l'alinéa précédent sont transférés dans l'établissement public de coopération intercommunale. Ils relèvent de cet établissement dans les conditions de statut et d'emploi qui sont les leurs (CGCT, art. L. 5211-4-1).

▪ Compte **6218** – Autre personnel extérieur

459 **Indemnités aux agents des services extérieurs de l'État.** Ne peuvent donner lieu à attribution d'indemnités que les travaux et déplacements que la collectivité supportant la dépense n'est pas en mesure de faire exécuter par ses propres agents et qui n'entrent pas dans les attributions

réglementaires des services de l'État. Des indemnités pourront être attribuées notamment pour :

1° les contrôles effectués par des agents des corps techniques de l'État ainsi que par des archivistes ;

2° les missions de surveillance et d'encadrement effectuées par des personnels des établissements scolaires ;

3° les participations à des jurys d'examens et de concours et les missions d'enseignement confiées à des agents des services déconcentrés de l'État ou des établissements publics de l'État ;

4° l'aide technique apportée aux collectivités territoriales et à leurs établissements publics par les agents des services déconcentrés du Trésor et des services fiscaux.

Réf.

- L. n° 82-213, 2 mars 1982, art. 97
- D. n° 82-979, 19 nov. 1982, précisant les conditions d'octroi d'indemnités par les collectivités territoriales et leurs établissements publics aux agents des services déconcentrés de l'État ou des établissements publics de l'État, mod. par D. n° 91-794, 16 août 1991

Le plafond indemnitaire applicable pour le gardiennage des églises communales depuis 2017 est de 479,86 €/an pour un gardien résidant dans la localité où se trouve l'édifice du culte et de 120,97 €/an pour un gardien ne résidant pas dans la commune, visitant l'église à des périodes rapprochées.

460 Pièces justificatives – Rémunérations d'intervenants extérieurs et des assistants familiaux et maternels (D. n° 2022-505, 23 mars 2022, § 216) :

1 – Gratifications :
- premier paiement :
  - décision[1] prévoyant les conditions dans lesquelles les stagiaires peuvent recevoir des gratifications,
  - pièces prévues pour les paiements ultérieurs ;
- paiements ultérieurs :
  - état liquidatif.

2 – Intervention de professionnels de santé extérieurs à l'établissement rattaché à un centre communal ou intercommunal d'action sociale :
- convention avec le professionnel de santé précisant sa position, sa fonction et les modalités de sa rémunération ;
- décompte.

3 – Indemnité des commissaires enquêteurs :
- ordonnance du président du tribunal administratif ou arrêté préfectoral fixant le montant de l'indemnité (vacations et remboursement des frais) ;

ou
- ordonnance du président du tribunal administratif fixant le montant de la provision.

4 – Assistants familiaux et maternels :
– premier paiement :
  - pièce prévue au 1 de la rubrique 2101,
  - pièces exigées pour les paiements ultérieurs ;
– paiements ultérieurs :
  - le cas échéant, état précisant, pour chaque enfant accueilli :
    - le nom et prénom de l'enfant,
    - la durée de l'accueil,
    - le caractère continu ou intermittent de l'accueil,
    - le cas, échéant, la majoration horaire applicable en cas de sujétions exceptionnelles.

Délibération précisant la nature, le montant et les conditions d'attribution des allocations versées dans le cadre du projet individualisé pour l'enfant.

Délibération ou mention au contrat précisant la nature, le montant et les conditions d'attribution des indemnités et fournitures versées.

Pièces prévues au 1 de la rubrique 21021.

Le cas échéant, si la pièce prévue au 4 ne permet pas d'établir la liquidation d'une allocation ou d'une indemnité, décompte.

1. La décision est soit une délibération, soit l'ensemble constitué par la délibération approuvant la convention de stage et la convention de stage dès lors que cette dernière précise les conditions d'octroi de gratifications.

Compte **622** – Rémunérations d'intermédiaires et honoraires

▪ Compte **6225** – Indemnités au comptable et aux régisseurs

461 **Indemnités de conseil aux comptables.** Depuis le 1er janvier 2020 les collectivités territoriales ne versent plus d'indemnités de conseil à leurs comptables.

462 **Indemnités de responsabilité des régisseurs.** Les indemnités versées aux régisseurs tendent à disparaître dans la mesure où elles peuvent de cumuler avec le RIFSEEP.

463 **Régies d'État au sein des polices municipales.** L'article L. 2212 -5-1 du Code général des collectivités territoriales (CGCT) prévoit que les communes et groupements de communes sont tenus de verser, au nom et pour le compte de l'État, une indemnité de responsabilité aux régisseurs d'État au sein des polices municipales, destinée notamment à compenser leurs charges de cautionnement et d'assurance éventuelle.

Ces régies d'État sont créées par arrêté préfectoral pour percevoir le produit des contraventions au Code de la route dressées par les agents de police municipale en application des articles L. 2212-5 et L. 2213-17 du Code général des collectivités territoriales et de l'article L. 130-4 du Code de la route, ainsi que le produit des consignations prévues par l'article L. 121-4 du Code de la route. L'indemnité de responsabilité fait l'objet d'un remboursement de l'État selon les modalités prévues par l'arrêté du 17 juin 2005 (*JORF* 14 juill. 2005, n° 163).

▪ Compte **6226** – Honoraires

464 **Indemnités versées aux commissaires enquêteurs.** En vertu des dispositions de l'article R. 123-25 du Code de l'environnement : « Les commissaires enquêteurs et les membres des commissions d'enquête ont droit à une indemnité, à la charge de la personne responsable du projet, plan ou programme, qui comprend des vacations et le remboursement des frais qu'ils engagent pour l'accomplissement de leur mission. »

Ces dépenses d'indemnisation et les charges sociales sont imputées au débit du compte 6226.

En revanche lorsque l'intervention du commissaire concerne l'élaboration ou la révision de documents d'urbanisme, ces dépenses s'imputent au compte 202 (D. n° 85-453, 23 avr. 1985).

En vertu des dispositions de l'article R. 123-25 du Code de l'environnement : « Les commissaires enquêteurs et les membres des commissions d'enquête ont droit à une indemnité, à la charge de la personne responsable du projet, plan ou programme, qui comprend des vacations et le remboursement des frais qu'ils engagent pour l'accomplissement de leur mission. »

Réf.
- L. n° 2010-788, 12 juill. 2010, portant engagement national pour l'environnement
- D. n° 85-453, 23 avr. 1985

465 **Pièces justificatives – Paiement de frais juridiques tarifiés :**

1 – Pièce commune : le cas échéant, décision de l'assemblée délibérante lorsque les frais et honoraires ne sont pas fixés en vertu d'un tarif réglementé.

2 – Pièces particulières :
- pour les honoraires des notaires : mémoire ou état de frais présenté par le notaire ;
- pour les frais d'huissier et d'expertise : jugement contenant liquidation des dépens ou état exécutoire des dépens ou ordonnance de taxe ou état de frais et/ou contrat passé avec l'huissier et/ou mémoire ;
- pour les legs (remboursement à l'exécuteur testamentaire) : acte notarié contenant les débours.

466 **Indemnités versées aux hydrogéologues agréés en matière d'hygiène publique.** Les hydrogéologues agréés en matière d'hygiène publique reçoivent, de la part du demandeur de l'autorisation, des indemnités au titre des consultations qui leur sont demandées aux articles R. 1321-6, R. 1321-9, R. 1321-11, R. 1321-14, R. 1322-5, R. 1322-6, R. 1322-12, R. 1322-13, R. 1322-17, R. 1322-24 et R. 1322-25 du Code de la santé publique.

Ces avis concernent :
- les périmètres de protection et les mesures de protection d'un point de prélèvement d'eaux destinées à la consommation humaine ;
- l'autorisation, la révision de l'autorisation et l'autorisation provisoire d'exploiter une source d'eau minérale naturelle ;
- le périmètre de protection d'une source d'eau minérale naturelle et les travaux à l'intérieur de ce dernier.

Ils sont aussi consultés dans le cadre de l'assainissement collectif avec rejet dans le sol. Ces conditions de rémunération sont également applicables lorsque l'avis d'un hydrogéologue agréé est requis pour l'inhumation dans une propriété particulière du corps d'une personne décédée et pour toute question mettant en cause la qualité des eaux (A., 30 avr. 2008, fixant les conditions d'indemnisation des hydrogéologues agréés en matière d'hygiène publique).

▪ Compte **6227** – Frais d'actes et de contentieux

467 **Honoraires des avocats, huissiers, notaires et experts.** S'imputent à cet article les honoraires ou émoluments des avocats, huissiers, experts et notaires dont l'intervention n'a pas été sollicitée pour un programme déterminé.

Les émoluments des notaires pour l'acquisition de terrains s'imputent au compte 211 et non au compte 6227.

468 **Pièces justificatives – Paiement à des mandataires :**

1 – Paiement à des mandataires de droit commun :
- mandat sous seing privé ou acte passé devant notaire ;
- avocat ;
- mandat sous seing privé ou authentique justifiant des pouvoirs de l'avocat[1] ;
ou
- jugement attestant de la qualité de représentant[2] ;
- notaire ;
- attestation du notaire[3].

Réf.
- D. n° 2022-505, 23 mars 2022, §23

1. Au-delà du délai d'un an après que le jugement soit passé en force de chose jugée.
2. Relevé d'identité bancaire du compte ouvert au nom de la CARPA créée par le Barreau auquel cet avocat est inscrit (CPC, art. 420).
3. Cette attestation précise quel est le notaire chargé de la succession ou quel est le notaire de la personne qui doit recevoir les fonds.

469 Pièces justificatives – Condamnation d'une collectivité à une astreinte. Décision juridictionnelle liquidant une astreinte à laquelle la collectivité locale a été condamnée par une précédente décision juridictionnelle.

> **Réf.**
> – D. n° 2022-505, 22 mars 2022, § 1512

470 Pièces justificatives – Paiement des frais de justice :

1 – Paiement des condamnations aux dépens :
- copie de la décision de justice ;
- état exécutoire des dépens ;

ou
- ordonnance de taxe rendue par le président de la juridiction ou le magistrat délégué à cet effet ou le président de la section du contentieux du Conseil d'État.

2 – Paiement de frais irrépétibles

Copie de la décision de justice qui condamne la collectivité au paiement de frais irrépétibles.

> **Réf.**
> – D. n° 2022-505, 23 mars 2022, §152

471 Pouvoir de l'exécutif d'ester en justice. Le maire peut, par délégation du conseil municipal, fixer les rémunérations et régler les frais et honoraires des avocats, notaires, avoués, huissiers de justice et experts (CGCT, art. L. 2122-22).

Le président du conseil départemental intente les actions au nom du département en vertu de la décision du conseil départemental et il peut, sur l'avis conforme de la commission permanente, défendre à toute action intentée contre le département. Il peut, par délégation du conseil départemental, être chargé pour la durée de son mandat d'intenter au nom du département les actions en justice ou de défendre le département dans les actions intentées contre lui, dans les cas définis par le conseil départemental. Il rend compte à la plus proche réunion du conseil départemental de l'exercice de cette compétence (CGCT, art. L. 3221-10-1 et 4231-7 pour la région).

– Les agences techniques départementales

Le département, des communes et des établissements publics intercommunaux peuvent créer entre eux un établissement public dénommé agence départementale. Cette agence est chargée d'apporter, aux collectivités territoriales et aux établissements publics intercommunaux du département qui le demandent, une assistance d'ordre technique, juridique ou financier (CGCT, art. 1511-1).

Les agences techniques départementales (ATD) sont des établissements publics administratifs (EPA) qui ont vocation à apporter, aux collectivités territoriales et intercommunalités du département qui le demandent, une assistance d'ordre technique, juridique ou financière dans des domaines diversifiés (eau et assainissement, bâtiment, voirie, aménagement, etc.).

472 Pièces justificatives – Frais de transcription et d'inscription hypothécaire :

1 – Imprimés de demandes de renseignements ou de copies de documents :
- renseignements portant sur de la documentation hypothécaire constituée avant le 1er janvier 1956 (imprimés 3230 SD ou 3231SD) ;
- renseignements portant sur de la documentation hypothécaire constituée après le 1er janvier 1956 (imprimés 3233 SD ou 3236SD ou 3240 SD).

2 – Imprimés de formalités de publicité foncière autres que les demandes de renseignements ou de copies de documents :
- les actes à publier (formulaire 3265-SD « formule de publication ») comme les ventes ou les constitutions de servitude par exemple ;
- les bordereaux d'inscriptions de privilèges et d'hypothèques (formulaires 3267-P-SD « bordereau d'inscription hypothécaire à plan », 3267-C-SD « bordereau d'inscription hypothécaire à cadres » et 3267-R-SD) ; « bordereau d'inscription hypothécaire [renouvellement] ») ;
- tout autre document à publier au fichier immobilier qui ne requiert pas l'utilisation d'un des formulaires précités, comme les mainlevées d'hypothèques par exemple.

Réf.
- D. nº 2022-505, 23 mars 2022, § 174

Compte **623** – Publicité, publications, relations publiques

▪ Compte **6231** – Annonces et insertions

473 Frais d'insertion relatifs à des marchés publics. S'imputent au compte 6231 les frais d'insertion relatifs à des marchés de fonctionnement ainsi que les frais relatifs à des marchés d'investissement en deçà du seuil de publicité obligatoire (voir compte 2033).

474 Frais d'impression. Les frais de bureau et d'impression pour le service de la commune, les frais de conservation des archives communales et du recueil des actes administratifs du département et, pour les communes chefs-lieux du canton, les frais de conservation du *Journal officiel* sont des dépenses obligatoires (CGCT, art. L. 2321-2).

475 **Bulletin municipal.** Le financement des bulletins d'informations peut être assuré par les ressources résultant de la publicité à laquelle ils servent de support. La publicité doit être ouverte à tous les commerçants et entrepreneurs. L'insertion de la publicité dans des publications administratives n'est légale que lorsqu'elle répond à un intérêt public ou lorsqu'elle est le complément de l'activité de service public (CE, avis, 19 nov. 1987).

Les conditions juridiques et financières des participations des sociétés de publicité à l'édition et à la diffusion des bulletins doivent être clairement définies par contrat.

Ce contrat doit stipuler que les listes des fournisseurs de la collectivité ou des destinataires de la brochure ne seront en aucun cas utilisées à des fins autres que l'édition ou la diffusion de la publication concernée.

En outre, lorsque la convention institue une concession au profit d'une personne physique ou morale, la production de celle-ci et celle des comptes détaillés des opérations effectuées doivent être exigées pour qu'il puisse être procédé aux vérifications indispensables.

Lorsqu'il n'y a pas de concession, toutes les recettes et dépenses afférentes à la publication doivent figurer dans les documents budgétaires de la commune (Circ. Intérieur, 10 mars 1975).

Est interdite toute campagne de promotion publicitaire des réalisations ou de la gestion d'une collectivité à compter du premier jour du sixième mois précédant le mois des élections générales (C. élect., art. 52-1). Toutefois, les publications périodiques des collectivités locales qui ont une existence et une périodicité bien établies avant le début de la période fixée ci-dessus peuvent continuer à paraître dans la période préélectorale puisque ce sont les dispositions de la loi du 29 juillet 1881 sur la liberté de la presse qui s'appliquent à elles. Le contenu d'une telle publication dans la période préélectorale ne doit pas cependant constituer une incitation à voter pour tel ou tel candidat (Rép. min. n° 43764 : *JOAN*, 10 juin 1991, p. 2264).

▪ Compte **6232** – Fêtes et cérémonies

476 **Justificatifs.** Concernant les dépenses imputées sur le compte 6232 « Fêtes et cérémonies », la réglementation est imprécise et n'édicte pas clairement la nécessité d'une délibération à l'appui du mandat délivré par l'ordonnateur.

Le décret n° 2022-505 du 23 mars 2022, portant établissement de la liste des pièces justificatives, ne prévoit pas de dispositions particulières pour ce type de dépenses.

Cependant, le comptable doit exiger toutes les pièces nécessaires pour dégager sa responsabilité. Pour ce faire, il pourra solliciter, de la part de l'assemblée délibérante, une délibération de principe autorisant l'engagement de telle catégorie de dépenses à imputer sur le compte 6232. Cette délibération fixera les principales caractéristiques des dépenses visées et l'ordonnateur mandatera suivant les limites établies par cette décision.

477 **Cotisations URSSAF pour les orchestres, artistes et musiciens.** Lors des fêtes votives ou autres animations, la commune engage souvent un orchestre pour animer les festivités. En tant qu'employeur, elle doit justifier du paiement des cotisations à l'URSSAF.

478 **Cotisations pour retraite complémentaire.** Le Code de la sécurité sociale prévoit que les musiciens et artistes qui ont prêté leur concours à des bals, spectacles et activités de loisirs peuvent bénéficier d'une retraite complémentaire.

La caisse de retraite complémentaire constituée sous le sigle AUDIENS CARBALAS (7, rue Henri-Rochefort, 75017 Paris) et administrée par le Groupement des institutions sociales du spectacle (GRISS) est alimentée par le versement, sous la responsabilité de l'employeur, d'une cotisation de 8,75 % supportée à parts égales (4,375 % chacun) par la collectivité et l'artiste. Cette cotisation est assise sur le salaire brut après déduction d'un abattement de 20 % pour les musiciens et de 25 % pour les artistes.

Le règlement doit être effectué à l'ordre du GRISS, organisme centralisateur des institutions sociales du spectacle dont fait partie la Caisse de retraite du personnel des bals et activités de loisirs (CARBALAS).

479 **Société des auteurs, compositeurs et éditeurs de musique (SACEM).** La loi n° 57-298 du 11 mars 1957 sur la propriété littéraire et artistique stipule en son article 46 que l'entrepreneur de spectacles est tenu de déclarer à l'auteur ou à ses représentants le programme exact des représentations ou exécutions publiques et de leur fournir un état justifié de ses recettes.

Il doit acquitter aux échéances prévues, entre les mains de l'auteur ou de ses représentants, le montant des redevances qui sont fixées contractuellement.

480 **Cadeaux offerts par les collectivités.** Le régime juridique applicable aux cadeaux offerts par les communes à leurs agents quittant le service, à l'occasion de leur départ en retraite, n'a pas encore été déterminé précisément.

Bien que cette qualification varie selon l'analyse qu'en fait le juge des comptes, celui-ci demande au comptable de disposer d'une délibération de la collectivité locale décidant le principe de l'octroi de cadeaux aux agents.

Ainsi, par jugement du 30 septembre 1992, la CRC de la Haute-Normandie a considéré que le bénéficiaire du cadeau étant le salarié de la collectivité publique en cause, cet avantage devait être considéré comme représentant « une rémunération accessoire », dont l'octroi est conditionné par l'adoption préalable d'une délibération. Cette position a été confirmée par la CRC de Lorraine par jugement du 4 mars 1997. De la même façon, la CRC de Bourgogne a assimilé un tel cadeau à un avantage en nature, par lettre d'observation du 21 septembre 1995.

En revanche, dans un jugement du 25 septembre 1996, la CRC de la Haute-Normandie a assimilé à une libéralité un cadeau offert par la commune à un de ses fonctionnaires, qui correspondait à l'achat d'un magnétoscope.

La chambre indique que les pièces justificatives de cette dépense n'étant pas répertoriées, « elles doivent s'entendre comme étant de la même nature que celles qui doivent être produites dans le cadre du règlement de prestations diverses ou de gratifications » conformément au décret n° 2016-33 du 20 janvier 2016 relatif aux pièces justificatives.

Les chambres régionales des comptes critiquent, par ailleurs, l'octroi de cadeaux qui représentent, en raison de leur montant, des dépenses dénuées d'intérêt communal (lettres d'observations de la CRC du Limousin, 27 mai 1997, et de la CRC de Poitou-Charentes, 4 déc. 1997 : *JO Sénat*, 27 janv. 2000, p. 326).

481 Cadeaux-Contrôle du comptable. Compte tenu de la jurisprudence financière ci-dessus analysée, et conformément aux termes du décret précité (rubrique 303), les comptables doivent se faire produire les délibérations exécutoires justifiant l'attribution de tels cadeaux. À défaut, leur responsabilité serait susceptible d'être engagée par le juge des comptes.

À noter toutefois que l'article 15 de la loi du 2 mars 1982 stipule que « le comptable ne peut subordonner ses actes de paiement à une appréciation de l'opportunité des décisions prises par l'ordonnateur » (CE, 30 juill. 2003, n° 232430, *Marty*).

Compte **624** – Transports de biens et transports collectifs

482 Compétence en matière de transports. Les mécanismes législatifs qui permettent de déléguer une compétence en matière d'organisation des mobilités relèvent du Code des transports.

Tout d'abord, l'article L. 3111-9 du Code des transports prévoit la faculté pour la région ou l'autorité compétente pour l'organisation des transports urbains de déléguer, dans les conditions prévues à l'article L. 1111-8 du Code général des collectivités territoriales, tout ou partie de l'organisation des transports scolaires au département ou à des communes, des établissements publics de coopération intercommunale, des syndicats mixtes, des établissements d'enseignement ou des associations de parents d'élèves et des associations familiales. L'autorité compétente pour l'organisation des transports urbains peut également confier, dans les mêmes conditions, tout ou partie de l'organisation des transports scolaires à la région.

En région Île-de-France, Île-de-France Mobilités peut y pourvoir de la même manière en vertu de l'article L. 3111-15 du Code des transports. Par ailleurs, la loi n° 2019-1428 du 24 décembre 2019 d'orientation des mobilités (LOM) est venue modifier l'article L. 1231-4 du Code des transports, de manière à y inscrire un mécanisme spécifique de délégation par la région de ses attributions en matière de mobilité. Cet article dispose que « la région peut déléguer, par convention, toute attribution ainsi que tout ou partie d'un service ou plusieurs services énumérés aux articles L. 1231-1-1 et L. 1231-3 du présent code, dans les conditions prévues à l'article L. 1111-8 du code général des collectivités territoriales, à une collectivité territoriale relevant d'une autre catégorie, à un établissement public de coopération intercommunale à fiscalité propre, à une autre autorité organisatrice de la mobilité ou à un syndicat mixte mentionné à l'article L. 1231-10 du présent code ».

La LOM a également rendu possible, aux termes de l'article L. 1241-3 du Code des transports, la délégation par Île-de-France Mobilités de tout ou partie de ses attributions mentionnées aux I et II de l'article L. 1241-1 du même code, à l'exception de la politique tarifaire, à des collectivités territoriales ou à leurs groupements. Les communautés de communes, qui sont des établissements publics de coopération intercommunale à fiscalité propre, ne peuvent pas déléguer la compétence d'organisation de la mobilité qu'elles détiennent par transfert de leurs communes membres.

Au regard de ce qui précède, dès lors qu'elles sont autorités organisatrices de la mobilité et qu'elles sont compétentes pour les services de transport scolaires effectués dans leur ressort territorial par application des dispositions de l'article L. 3111-5 du Code des transports, seule la capacité de déléguer en tout ou partie le transport scolaire, dans les formes prévues à l'article L. 3111-9 précité, leur est reconnue par la loi.

483 Pièces justificatives (D. n° 2022-505, 23 mars 2022) :

1 – Transports scolaires

a) reversement à l'organisateur de « second rang » en l'absence de convention : justificatif joint au titre de recette indiquant le montant reçu par le bénéficiaire du transfert de compétence.

b) participation aux charges du service géré par un tiers : délibération autorisant l'autorité compétente à passer la convention.

c) versement à l'organisateur de « second rang » ou à l'autorité compétente en cas de modification du périmètre urbain :
- premier paiement :
  - convention fixant les conditions de financement des services de transport dont la responsabilité est transférée,
  - état liquidatif ;
- autres paiements : état liquidatif.

d) versement à l'entreprise privée :
- convention comportant les stipulations réglementaires ;
- état liquidatif.

e) autres paiements : état liquidatif.

2 – Frais de transport des élèves et étudiants handicapés

a) pièce commune : certificat administratif attestant que l'intéressé remplit les conditions pour bénéficier des dispositions relatives à la prise en charge des frais de transport des élèves et étudiants gravement handicapés.

b) pièces particulières :
- en cas de remboursements aux familles des frais exposés par elles[1] :
  - premier paiement :
    - décision fixant les modalités de remboursement,
    - état liquidatif ;
  - autres paiements : voir rubrique ci-dessus, pièce n° 2 ;
- en cas d'utilisation de véhicules exploités par des tiers :
  - premier paiement :
    - convention,
    - état de frais ;
  - autres paiements : pièce n° 2 de la rubrique premier paiement.

1. Les frais peuvent résulter de l'utilisation d'un véhicule personnel, de transports en commun, de taxis.

Compte **625** – Déplacements et missions

484 **Textes régissant les frais de déplacements.** C'est le décret n° 2001-654 du 19 juillet 2001 qui régit les frais de déplacement ; il est calqué sur le décret n° 2006-781 du 3 juillet 2006 relatif aux agents de l'État qui sert de base de référence pour les agents territoriaux. Seule l'indemnité de changement de résidence comporte des règles différentes.

« Les conditions et modalités de règlement des frais occasionnés par les déplacements des personnels des collectivités et établissements publics mentionnés à l'article 2 de la loi du 26 janvier 1984 et de toute personne dont les frais de déplacement sont à la charge des budgets de ces collectivités et établissements sont, sous réserve des dispositions du présent décret, celles fixées par le décret du 28 mai 1990. »

Les indemnités recensées aux articles du compte 625 « Déplacements et missions » ne sont pas imposables.

Réf.

- L. n° 84-53, 26 janv. 1984, mod., portant dispositions statutaires relatives à la fonction publique territoriale
- D. n° 90-437, 28 mai 1990, fixant les conditions et les modalités de règlement des frais occasionnés par les déplacements des personnels civils sur le territoire métropolitain de la France lorsqu'ils sont à la charge des budgets de l'État, des établissements publics nationaux à caractère administratif et de certains organismes subventionnés, mod. par D. n° 2000-928, 22 sept. 2000
- D. n° 2001-654, 19 juill. 2001, fixant les conditions et les modalités de règlement des frais occasionnés par les déplacements des personnels des collectivités locales et établissements publics mentionnés à l'article 2 de la loi n° 84-53 du 26 janvier 1984 modifiée portant dispositions statutaires relatives à la fonction publique territoriale et abrogeant le décret n° 91-573 du 19 juin 1991, mod. par D. n° 2007-23, 5 janv. 2007

▪ Compte **6251** – Voyages, déplacements et missions

485 **Frais de transport et de déplacement du personnel communal : indemnités kilométriques.** Peuvent prétendre au remboursement des frais de transport les agents titulaires ou non, les stagiaires et les contractuels. La durée du travail ou les aménagements de cette durée sont sans effet sur les conditions d'attribution des frais qui restent dus au taux plein.

Les agents peuvent utiliser leur véhicule personnel pour les besoins du service sur autorisation de leur chef de service, à condition que cela entraîne une économie ou un gain de temps et qu'ils souscrivent une police d'assurance garantissant d'une manière illimitée leur responsabilité civile personnelle ainsi que la responsabilité de la commune (D. n° 2006-781, 3 juill. 2006).

486 **Taux de remboursement des frais de transport.** Le personnel communal peut bénéficier des indemnités suivantes non imposables et assujetties ni aux cotisations sociales et de retraite ni à la contribution sociale généralisée : indemnités kilométriques pour l'usage de la voiture automobile personnelle sur le territoire métropolitain de la France ; les kilomètres étant décomptés du 1er janvier au 31 décembre de chaque année (A., 26 févr. 2019).

Taux 2022 (A.,14 mars 2022)

Catégories de véhicules (par puissance fiscale) (A., 29 févr. 2019)	Jusqu'à 2 000 km	De 2 001 à 10 000 km	Après 10 000 km
5 CV et moins	0,32	0,40	0,23
6 et 7 CV	0,41	0,51	0,30
8 CV et plus	0,45	0,55	0,32
Motocyclette cylindrée supérieure à 125 cm³	0,15		

…/…

Catégories de véhicules (par puissance fiscale) (A., 29 févr. 2019)	Jusqu'à 2 000 km	De 2 001 à 10 000 km	Après 10 000 km
Vélomoteur et autres véhicules à moteur Le montant mensuel des indemnités kilométriques ne pourra être inférieur à une somme forfaitaire de 10 €	0,12		

487 **Frais de repas et d'hébergement.** Une indemnité forfaitaire de repas est versée (quel que soit le montant réel de la dépense) sans que les agents aient l'obligation de fournir un justificatif de paiement attestant de l'effectivité de la dépense.

Le montant de remboursement forfaitaire des frais supplémentaires de repas est de 17,50 €. Les collectivités et les établissements publics peuvent prévoir, par délibération, un remboursement des frais réellement engagés, dans la limite toutefois du plafond, soit 17,50 €.

Taux de remboursement forfaitaire des frais d'hébergement :
- taux de base : 70 € ;
- grandes villes (population ≥ 200 000 hab.) et communes de la métropole du Grand Paris : 90 € ;
- commune de Paris : 110 € ;
- agents reconnus en qualité de travailleur handicapé : 120 €.

488 **Indemnité forfaitaire de transport.** Elle est fixée à 615 € par an (A., 28 déc. 2020).

Le conseil municipal peut déterminer les fonctions essentiellement itinérantes à l'intérieur d'une commune dotée ou non d'un réseau de transport en commun régulier au titre desquelles peut être allouée cette indemnité forfaitaire annuelle.

Pour le remboursement des titres d'abonnement de transport (D. n° 2010-671, 21 juin 2010), voir le compte 6488.

Des avances peuvent être consenties trois mois avant le règlement définitif à hauteur de 75 %.

489 **Transport en commun.** L'agent peut être amené, pour les besoins du service, à utiliser différents modes de transport en commun (train, avion, etc.) ; le choix entre ces derniers s'effectue, en principe, sur la base du tarif le plus économique et le plus adapté à la nature du déplacement.

490 **Forfait mobilités durables.** Le forfait mobilités durables est une aide destinée à encourager les modes de transport alternatifs ou durables pour les trajets domicile-travail. Par son caractère facultatif (délibération), le dispositif est différent de la prise en charge des frais d'abonnement de transports publics ou de service public de location de vélos qui s'impose aux employeurs.

En bénéficient les agents suivants :
- agents titulaires et stagiaires ;
- agents contractuels de droit public ;
- agents de droit privé.

Une délibération de l'organe délibérant institue le dispositif au profit des agents de la collectivité et en définit les modalités d'octroi dans les conditions fixées par le décret.

Le forfait mobilités durables s'applique aux déplacements :
- entre la résidence habituelle et le lieu de travail ;
- à vélo (musculaire ou à assistance électrique) ou en covoiturage (passager ou conducteur) ;
- pendant une durée minimale de cent jours au cours d'une année civile (utilisation de l'un des deux modes de transport éligibles, ou des deux alternativement).

La durée minimale est modulée en fonction :
- de la quotité de temps de travail (temps partiel) ;
- de la durée de présence : recrutement ou radiation des cadres en cours d'année, placement dans une position autre que l'activité.

Le montant annuel au 1er janvier 2021 est de 200 €. Il est modulé a due proportion de la durée de présence de l'agent au cours de l'année.

L'attribution du forfait mobilités nécessite une déclaration sur l'honneur certifiant l'utilisation de l'un ou des moyens de transport éligibles à déposer par l'agent auprès de son employeur au plus tard le 31 décembre de l'année au titre duquel le forfait est versé ; le versement intervient au cours de l'année suivante celle du dépôt de la déclaration.

Ce forfait mobilité n'est pas cumulable avec :
- un véhicule de fonction ;
- le remboursement des frais de transports publics ou du recours à un service public de location de vélos (50 % de l'abonnement) ;
- un logement de fonction sur le lieu de travail ;
- le transport collectif gratuit ;
- le transport gratuit par l'employeur ;
- l'allocation spéciale de transport susceptible d'être versée par l'employeur aux personnes en situation de handicap en région parisienne.

Réf.
- C. trav., art. L. 3261-1 et L. 3261-3-1
- D. nº 2020-1547, 9 déc. 2020 (*JO* 10 déc. 2020)

491 **Frais de déplacements liés à des missions temporaires.** Est considéré en déplacement temporaire l'agent qui se déplace pour les besoins du service hors de sa résidence administrative et hors de sa résidence familiale.

À cette occasion, l'agent peut prétendre à la prise en charge de ses frais de nourriture, de logement et de transport.

Un état de frais doit être joint à l'ordre de mission pour le mandatement des indemnités.

492 **Frais de mission des agents.** Est en mission l'agent qui se déplace, pour l'exécution du service, hors de sa résidence administrative et hors de sa résidence familiale.

L'agent doit être muni au préalable d'un ordre de mission signé par le maire. L'indemnité de mission se décompose en :
- une indemnité de repas lorsque l'agent se trouve en mission pendant la totalité de la période comprise entre 11 h 00 et 14 h 00, pour le repas de midi ; l'indemnité de repas est réduite de 50 % lorsque les intéressés peuvent se rendre dans un restaurant administratif ;
- une indemnité de repas lorsque l'agent se trouve en mission pendant la totalité de la période comprise entre 18 h 00 et 21 h 00, pour le repas du soir ;
- une indemnité de nuitée lorsque l'agent se trouve en mission pendant la totalité de la période comprise entre 0 h 00 et 5 h 00, pour la chambre et le petit déjeuner.

Le taux d'hébergement est fixé à 120 € pour les agents reconnus en qualité de travailleurs handicapés et en situation de mobilité réduite.

La mission commence à l'heure de départ de la résidence administrative ou familiale et se termine à l'heure de retour à cette même résidence.

En cas de séjour dans une même localité, l'indemnité de nuitée est réduite de 10 % à partir du 11e jour et de 20 % à partir du 31e jour.

Les indemnités de mission, d'intérim et de stage ne sont pas cumulables entre elles. Elles le sont avec les indemnités pour frais de transport des personnels. L'indemnité de mission peut être majorée sur décision de l'autorité territoriale dans la limite des cinq tiers de l'indemnité journalière pour les personnes extérieures à la collectivité amenées à effectuer des déplacements pour le compte de celle-ci.

493 **Agents des structures intercommunales.** Une structure intercommunale comportant plusieurs lieux d'affectation des agents peut fixer plusieurs résidences administratives pour faciliter le règlement des frais de déplacement.

Chaque agent ou groupe d'agents se verra ainsi affecter une résidence administrative spécifique en fonction de son périmètre d'intervention. Dans ces conditions, les frais de déplacement seront indemnisés de la manière suivante :
- déplacements fréquents effectués sur le territoire de la commune « résidence administrative » : versement de l'indemnité forfaitaire ;

- déplacements effectués en dehors de la commune « résidence administrative » : versement des indemnités kilométriques.

494 **Frais annexes.** Les frais de péage d'autoroute, les frais de stationnement du véhicule, les frais de taxis ou de location de véhicules, peuvent également être remboursés quand l'intérêt du service le justifie, sur présentation des pièces justificatives.

495 **Les frais d'hébergement.** L'agent perçoit une indemnité forfaitaire d'hébergement, dont le montant est fixé par l'assemblée délibérante dans la limite d'un taux maximal.

496 **Indemnisation des frais lors de formation.** L'agent appelé à suivre une action de formation bénéficie de la prise en charge de ses frais de déplacement lorsque la formation est en relation avec les fonctions exercées (formation d'intégration, de professionnalisation, professionnelle continue) ou en vue d'accéder à un emploi d'avancement (préparation aux concours ou examens professionnels).

497 **Concours ou examens professionnels.** L'agent appelé à se présenter aux épreuves d'admissibilité ou d'admission d'un concours, d'une sélection ou d'un examen professionnel organisé par l'administration, hors de ses résidences administrative et familiale, peut prétendre à la prise en charge de ses frais de transport entre l'une de ses résidences et le lieu de convocation.

Cette prise en charge est limitée à un aller-retour par année civile ; il peut être fait exception à cette limitation dans le seul cas où l'agent se présente à des épreuves d'admission d'un concours.

498 **Déplacements entre domicile et lieu de travail.** Ces déplacements ne sont pas considérés comme des déplacements pour les besoins du service. Ils ne peuvent donc pas donner lieu à indemnisation.

Toutefois, les collectivités territoriales et leurs établissements publics doivent assurer une prise en charge partielle du prix des titres d'abonnement souscrits par leur personnel pour les déplacements effectués, au moyen de transports publics ou de services publics de location de vélos, entre leur résidence habituelle et leur lieu de travail.

499 **Pièces justificatives – Remboursement des frais de transport domicile-travail (D. n° 2022-505, 23 mars 2022).**

État de frais, précisant :
- le tarif de l'abonnement souscrit ;
- la quotité de temps de travail pour les agents à temps partiel, à temps non complet ;
- le montant pris en charge.

500 Pièces justificatives – Frais de déplacement des agents (D. n° 2022-505, 23 mars 2022, préc., rubrique 217) :

1 – Prise en charge des frais de déplacement

a) pièces générales :
– État de frais (voir ann. A, ci-dessous) :
  - pour les frais d'hébergement selon le cas :
    - délibération fixant les taux du remboursement forfaitaire des frais d'hébergement pour la métropole,
    - ou délibération fixant les taux du remboursement des indemnités de mission pour l'outre-mer ;
  - le cas échéant, délibération fixant une définition dérogatoire à la notion de commune ;
  - le cas échéant, délibération fixant des règles dérogatoires d'indemnisation et précisant leur durée d'application ;
  - délibération autorisant d'une manière générale la prise en charge des frais de transport lors de l'admission d'un agent à un concours.

b) pièces particulières

c) mission accomplie hors la résidence administrative et hors la résidence familiale : ordre de mission[1] indiquant notamment l'objet du déplacement et le moyen de transport utilisé.

d) tournée[2] : décision de l'autorité territoriale ordonnant la tournée indiquant notamment l'objet du déplacement, la classe autorisée et le moyen de transport utilisé.

e) intérim. hors de la résidence administrative et hors de la résidence familiale : décision de l'autorité territoriale désignant l'intéressé pour assurer l'intérim.

f) concours, sélection et examen professionnel : convocation.

g) stages hors de la résidence administrative et hors de la résidence familiale :
– ordre de mission *ad hoc* ;
– le cas échéant, délibération déterminant le pourcentage de réduction de l'indemnité de mission lorsque l'agent a la possibilité de se rendre dans un restaurant administratif ou d'être hébergé dans une structure dépendant de l'administration moyennant participation.

h) déplacements à l'intérieur du territoire de la commune de résidence administrative, de la commune où s'effectue le déplacement temporaire ou de la commune de résidence familiale : décision de l'autorité territoriale.

i) personnes autres que celles qui reçoivent d'une collectivité ou d'un de ses établissements publics à caractère administratif une rémunération au titre de leur activité principale : décision de l'autorité territoriale prescrivant la prise en charge des frais et précisant, le cas échéant, les modalités de prise en charge.

j) agents territoriaux et autres personnes collaborant aux commissions : décision ou attestation désignant l'intéressé en qualité de membre de la commission.

2 – Indemnité forfaitaire pour fonctions itinérantes à l'intérieur d'une commune
- délibération définissant ces fonctions et fixant le montant de l'indemnité forfaitaire allouée ;
- décision de l'autorité territoriale indiquant le nom des bénéficiaires.

3 – Transport du corps d'un agent décédé au cours d'un déplacement temporaire :
- demande de remboursement[5] ;
- ordre de mission ou autre pièce justifiant le déplacement de l'agent décédé ;
- factures acquittées.

ANNEXE A DU DÉCRET N° 2022-505 du 23 mars 2022
FRAIS DE DÉPLACEMENT DES AGENTS[3]

1 – Identification de l'agent
Préciser :
- nom ;
- prénom ;
- grade ou emploi ;
- la résidence familiale ;
- la résidence administrative.

2 – Liquidation détaillée des droits
Indiquer :
- le lieu du déplacement ;
- le motif du déplacement.

ANNEXE A (suite)

1 – Récapitulation concernant le paiement des frais
Préciser :
- le total des droits de l'agent ;
- le montant éventuel des avances consenties ;
- le total des sommes dues à l'agent.

2 – Signatures à porter sur l'état de frais[4]
a) l'agent :
- certifie l'exactitude des renseignements portés sur l'état de frais ;
- demande le versement de la somme indiquée sur la récapitulation ;
- date et signe l'état de frais.

b) le représentant de l'organisme local :
- certifie l'exactitude de l'ensemble des indications portées sur l'état de frais ;
- date et signe.

1. Si l'autorisation porte sur plus d'une mission, l'ordre de mission précise sa durée de validité (dans les limites de 12 mois), la limite géographique ou les destinations autorisées, les classes et les moyens de transport autorisés.

2. Agent en service outre-mer et qui se déplace à l'intérieur de sa collectivité territoriale d'affectation, mais hors de sa résidence administrative et hors de sa résidence familiale et agent en poste à l'étranger qui effectue un déplacement de service à l'intérieur du pays de sa résidence administrative ou à l'intérieur de sa zone de compétence.

3. Une mention rappellera à l'attention des agents que les pièces justificatives en leur possession doivent être produites, à l'appui de l'état, à leur service gestionnaire.

4. Lorsque l'état de frais est dématérialisé, la validation par l'agent de la demande de remboursement dans le logiciel de gestion des frais de déplacement de la collectivité vaut signature de l'état de frais par celui-ci. Par cette validation, l'agent certifie l'exactitude des renseignements portés sur l'état de frais. La signature du bordereau de mandats correspondant par la collectivité territoriale ou l'établissement public vaut signature de l'état de frais produit au format XML. Cette signature vaut certification de l'ensemble des indications portées sur l'état de frais.

5. La demande doit être présentée dans le délai d'un an à compter du décès à peine de forclusion.

501 Pièces justificatives – Avances sur frais de déplacement (D. n° 2022-505, 23 mars 2022, § 21715) :

1 – Versement d'avances :
- demande de l'agent ;
- décompte établi sur le modèle de l'état de frais de déplacement (voir ann. A) ;
- paiement du solde.

Pièces prévues à la rubrique 2171.

502 Pièces justificatives – Frais de déplacement des personnels des établissements publics à caractère industriel et commercial (EPIC) (D. n° 2022-505, 23 mars 2022, § 2172) :

Le cas échéant :
- conventions, accords collectifs de travail, conventions de branche ou accords professionnels visés au contrat de travail mentionnant le dispositif de remboursement ;
- mention du régime de prise en charge dans les conventions, accords collectifs de travail, ou décision du conseil d'administration ;
- état liquidatif et pièces prévues par la convention ou décision visée au 1.

503 Pièces justificatives – Frais de transport de personnes. Pour les déplacements dont le remboursement des frais est demandé, préciser : le trajet effectué et le mode de transport utilisé ou la nature du véhicule utilisé.

1 – Utilisation de transports publics

a) cas général : indiquer le prix du titre de transport acquitté.

b) pour l'agent qui se déplace fréquemment à l'intérieur du territoire de la commune de résidence administrative, de la commune où s'effectue le déplacement temporaire ou de la commune de résidence familiale : indiquer le prix de l'abonnement acquitté.

2 – Utilisation d'un véhicule personnel

a) utilisation d'un véhicule terrestre à moteur personnel :
- indemnisation réalisée sur la base du tarif de transport public de voyageurs le moins onéreux : indiquer le prix du mode de transport public retenu ;

- indemnisation sous forme d'indemnités kilométriques :
  - en cas d'utilisation du véhicule personnel (voiture) indiquer : la puissance fiscale, le nombre de kilomètres parcourus depuis le début de l'année civile pour les besoins du service, le nombre de kilomètres réalisés au titre du déplacement dont l'indemnisation est demandée, le ou les taux applicables, le montant des indemnités kilométriques,
  - en cas d'utilisation d'une motocyclette, d'un vélomoteur ou autre véhicule à moteur, indiquer : la cylindrée du véhicule, le nombre de kilomètres réalisés au titre du déplacement dont l'indemnisation est demandée, le ou les taux applicables, le montant des indemnités kilométriques ;
- indemnisation d'un agent en poste à l'étranger, indiquer : le prix moyen hors taxe en euros d'un véhicule de 5 à 7 CV de trois ans retenu par l'autorité territoriale, le nombre de kilomètres réalisés au titre du déplacement dont l'indemnisation est demandée, le prix du carburant dans le pays concerné.

3 – Utilisation d'un taxi, d'un véhicule de location ou d'un véhicule personnel autre qu'un véhicule terrestre à moteur : indiquer le montant de l'indemnisation.

4 – Remboursement des frais de parc de stationnement et de péage d'autoroute : indiquer le montant acquitté.

ANNEXE A DU DÉCRET N° 2022-505 du 23 mars 2022
DES PIÈCES JUSTIFICATIVES

1 – Pour les déplacements dont le remboursement des frais est demandé, préciser :
- le trajet effectué ;
- le mode de transport utilisé ou la nature du véhicule utilisé.

2 – Utilisation de transports publics :
- cas général : indiquer le prix du titre de transport acquitté ;
- pour l'agent qui se déplace fréquemment à l'intérieur du territoire de la commune de résidence administrative, de la commune où s'effectue le déplacement temporaire ou de la commune de résidence familiale : indiquer le prix de l'abonnement acquitté.

3 – Utilisation d'un véhicule personnel

a) utilisation d'un véhicule terrestre à moteur personnel :
- indemnisation réalisée sur la base du tarif de transport public de voyageurs le moins onéreux : indiquer le prix du mode de transport public retenu ;
- indemnisation sous forme d'indemnités kilométriques :
  - en cas d'utilisation du véhicule personnel (voiture), indiquer :
    - la puissance fiscale du véhicule,
    - le nombre de kilomètres parcourus depuis le début de l'année civile pour les besoins du service,
    - le nombre de kilomètres réalisés au titre du déplacement dont l'indemnisation est demandée,

…/…

.../...
- le ou les taux applicable(s),
- le montant des indemnités kilométriques,
- en cas d'utilisation d'une motocyclette, d'un vélomoteur ou un autre véhicule à moteur, indiquer :
  - la cylindrée du véhicule,
  - le nombre de kilomètres réalisés au titre du déplacement dont l'indemnisation est demandée,
  - le ou les taux applicable(s),
  - le montant des indemnités kilométriques ;
- indemnisation d'un agent en poste à l'étranger, indiquer :
  - le prix moyen hors taxe en euros d'un véhicule de 5 à 7 CV de trois ans retenu par l'autorité territoriale ;
  - le nombre de kilomètres réalisés au titre du déplacement dont l'indemnisation est demandée ;
  - le prix du carburant dans le pays concerné.

b) utilisation d'un taxi, d'un véhicule de location ou d'un véhicule personnel autre qu'un véhicule terrestre à moteur :
- indiquer le montant de l'indemnisation.

c) remboursement des frais de parc de stationnement et de péage d'autoroute :
- indiquer le montant acquitté.

504 Pièces justificatives – Remboursement des frais de transport domicile-travail (D. nº 2022-505, 23 mars 2022, § 2175) :

1 – État de frais, précisant :
- le tarif de l'abonnement souscrit ;
- la quotité de temps de travail pour les agents à temps partiel, à temps non complet ;
- le montant pris en charge.

505 Pièces justificatives – Frais de missions :

1 – Missions et intérims en métropole : indiquer le nombre de repas pris au cours de la mission ou de l'intérim, le nombre de nuitées effectuées au cours de la mission ou de l'intérim.

2 – Missions outre-mer ou à l'étranger : indiquer le nombre de jours de mission ; préciser, le cas échéant, si l'agent est logé gratuitement, est nourri à l'un des repas de midi ou du soir, et nourri et logé gratuitement aux repas de midi et du soir, la nature et le montant des frais divers exposés.

3 – Tournées outre-mer ou à l'étranger : indiquer le nombre de jours de tournée ; préciser, le cas échéant, si l'agent est logé gratuitement, est nourri à l'un des repas de midi ou du soir, est nourri et logé gratuitement aux repas de midi ou du soir ; la nature et le montant des frais divers exposés.

▪ Compte **6255** – Frais de déménagement

506 **Indemnités forfaitaires de changement de résidence.** Les dispositions n'étant pas les mêmes que pour les agents de l'État, le décret n° 2006-781 du 3 juillet 2006 ne s'applique pas.

Les indemnités sont à la charge de la collectivité d'accueil. Le paiement est effectué sur demande présentée par le bénéficiaire dans un délai de douze mois à compter du changement de résidence administrative. L'indemnité ne peut faire l'objet d'avances.

Toutefois, dans le cas où un logement meublé n'est pas remis par l'administration, l'indemnité peut être payée au plus tôt trois mois avant le changement de résidence administrative. Le transfert de résidence familiale ne doit pas être réalisé plus de neuf mois avant le changement de résidence.

507 **Taux de l'indemnité de changement de résidence.**

1 – Si l'agent dispose d'un logement meublé fourni par l'administration dans sa nouvelle résidence ou quitte un tel logement : il est remboursé de ses frais de transport de bagages au moyen d'une indemnité forfaitaire calculée ainsi :

$$i = 303,53 + (0,68 \times DP)$$

dans laquelle :
- i est le montant de l'indemnité forfaitaire exprimée en euros ;
- D est la distance kilométrique mesurée d'après l'itinéraire le plus court par la route ou la distance orthodromique exprimée en kilomètres entre l'ancienne et la nouvelle résidence ;
- P est le poids en bagages à transporter, fixé forfaitairement en tonnes à 0,600 pour l'agent, à 0,400 pour le conjoint ou concubin et à 0,200 par enfant ou ascendant à charge.

2 – Si l'agent ne dispose pas d'un logement meublé par l'administration dans sa nouvelle résidence : il est remboursé de tous les frais autres que les frais de transport des personnes au moyen d'une indemnité forfaitaire calculée ainsi :

$$i = 568,94 + (0,18\ VD), \text{ si le produit VD est égal ou inférieur à 5 000}$$
$$i = 1\ 137,88 + (0,07\ VD), \text{ si le produit VD est supérieur à 5 0000}$$

dans laquelle :
- i est le montant de l'indemnité forfaitaire exprimée en euros ;
- D est la distance kilométrique mesurée d'après l'itinéraire le plus court par la route ;
- V est le volume du mobilier transporté, fixé forfaitairement en m^3 à 14 pour l'agent, à 22 pour le conjoint ou concubin et à 3,5 par enfant ou ascendant à charge.

Pour les changements de résidence entre la France continentale et la Corse, il faut ajouter à cette indemnité une autre fixée à 691,21 € pour l'agent, 1 036,05 € pour le conjoint ou concubin et à 197,73 € par enfant ou ascendant à charge.

Dans le cas d'un déplacement entre la France continentale et une île côtière non reliée au continent, l'indemnité complémentaire est égale à 50 % du complément prévu pour la Corse.

Réf.
- D. n° 2001-654, 19 juill. 2001
- D. n° 90-437, 28 mai 1990
- A., 26 nov. 2001, modifiant l'arrêté du 12 avril 1989 modifié et fixant les taux des indemnités forfaitaires de changement de résidence prévues aux articles 25 et 26 du décret n° 90-437 du 28 mai 1990

508 **Conditions liées aux motifs du changement de résidence.** L'indemnité forfaitaire, totale ou réduite, doit être accordée lorsque les changements de résidence résultent des hypothèses listées à l'article 18 du décret n° 90-437 du 28 mai 1990.

L'article 19 énonce les cas où le fonctionnaire a droit à une indemnité forfaitaire réduite de 20 %, et à la prise en charge des frais mentionnés au 1° de l'article 24 du décret, limitée à 80 % des sommes engagées.

509 **Indemnité de mobilité en cas de changement de lieu de travail imposé.** Cette indemnité couvre les frais occasionnés par un changement d'employeur du fait de la création d'un EPCI ou de transferts de compétence dans le cadre des dispositions prévues à l'article L. 5111-7 du CGCT.

Le changement de lieu de travail doit occasionner un allongement de la distance du domicile au lieu de travail de 20 km au moins en l'absence de déménagement et 90 km dans le cas contraire.

En bénéficient les agents titulaires ou non et stagiaires. En cas de travail inférieur au mi-temps, l'indemnité est de moitié ; au-delà elle est versée dans son intégralité.

Si l'agent est affecté sur plusieurs lieux de travail, l'indemnité prend en compte la totalité des déplacements ; s'il a plusieurs employeurs, chacun d'eux verse au prorata du temps de travail.

L'indemnité est versée dans l'année qui suit le changement.

Si l'agent quitte ses fonctions dans un délai fixé par le comité technique, il peut être amené à rembourser l'indemnité.

510 **Barème de l'indemnité de mobilité.**

1 – Pour les agents qui changent de lieu de travail sans changer de résidence familiale, les plafonds de l'indemnité de mobilité qui peut leur être versée sont fixés ainsi qu'il suit :

a) aucune indemnité n'est due lorsque l'allongement de la distance aller-retour entre la résidence familiale et le nouveau lieu de travail est inférieur à 20 kilomètres ;

b) si l'allongement de la distance aller-retour entre la résidence familiale et le nouveau lieu de travail est égal ou supérieur à 20 kilomètres et inférieur à 40 kilomètres : 1 600 € ;

c) si l'allongement de la distance aller-retour entre la résidence familiale et le nouveau lieu de travail est égal ou supérieur à 40 kilomètres et inférieur à 60 kilomètres : 2 700 € ;

d) si l'allongement de la distance aller-retour entre la résidence familiale et le nouveau lieu de travail est égal ou supérieur à 60 kilomètres et inférieur à 90 kilomètres : 3 800 € ;

e) si l'allongement de la distance aller-retour entre la résidence familiale et le nouveau lieu de travail est égal ou supérieur à 90 kilomètres : 6 000 €.

2 – Pour les agents qui changent de résidence familiale à l'occasion du changement de lieu de travail, sous réserve que le trajet aller-retour entre la résidence familiale initiale et le nouveau lieu de travail soit allongé d'une distance égale ou supérieure à quatre-vingt-dix kilomètres, les plafonds de l'indemnité de mobilité qui peut leur être versée sont fixés ainsi qu'il suit :

a) agent sans enfants : 15 000 € ;

b) agent ayant un ou deux enfants à charge au sens de la législation sur les prestations familiales : 17 000 € ;

c) agent ayant au moins trois enfants à charge au sens de la législation sur les prestations familiales : 20 000 € ;

d) agent ayant au plus trois enfants à charge au sens de la législation sur les prestations familiales et dont le changement de résidence familiale entraîne la perte d'emploi de son conjoint : 25 000 € ;

e) agent ayant plus de trois enfants à charge au sens de la législation sur les prestations familiales et dont le changement de résidence familiale entraîne la perte d'emploi de son conjoint : 30 000 €.

Réf.
- D. n° 2015-933 et 934, 30 juill. 2015
- CGCT, art. L. 5111-7

511 Pièces justificatives – Changement de résidence (D. n° 2022-505, 23 mars 2022).

Ordre de mutation ou décision génératrice de droit[1] :
- état de frais de changement de résidence (voir ann. B, ci-après) ;
- le cas échéant, demande de remboursement[2].

1. L'ordre de mutation ou la décision génératrice de droit fait référence à la réglementation qui fixe les modalités de prise en charge des frais par la collectivité.

2. La signature de l'état de frais vaut demande de remboursement. Toutefois, lorsque l'état de frais est présenté par l'agent intéressé postérieurement au délai d'un an à compter de la date du changement de résidence administrative, une demande présentée antérieurement justifie l'absence de forclusion.

512 Pièces justificatives – Modalités de prise en charge des frais de changement de résidence (D. n° 2022-505, 23 mars 2022, ann. B).

1 – Versement d'avances :
- demande de l'agent ;
- décompte établi sur les modèles des états de frais de déplacement ou de changement de résidence (voir ann. A ou B).

2 – Paiement du solde : pièces prévues selon le cas aux rubriques 2171 ou 2173 du décret des pièces justificatives.

ANNEXE B

FRAIS DE CHANGEMENT DE RÉSIDENCE

Éléments devant figurer sur les documents présentés au comptable (la présentation sous forme de codes est exclue).

1 – Identification de l'agent :
- les nom, prénoms, grade ou emploi ;
- l'indice de rémunération ou la base de rémunération mensuelle ;
- la situation de famille (célibataire, marié, partenaire d'un PACS, concubin, veuf, divorcé, séparé de corps).

Droits de l'agent :
- la date d'entrée dans la fonction publique territoriale ou de l'État ;
- la date de prise de fonction dans l'ancien poste ;
- la date d'installation dans le nouveau poste ;
- la commune de l'ancienne résidence administrative ;
- l'adresse de l'ancien domicile familial ;
- l'adresse du nouveau domicile familial ;
- la date d'effet du changement de domicile familial ;
- la référence de la décision génératrice du droit avec article et paragraphe du décret n° 90437 du 28 mai 1990 modifié ou du décret n° 2001-654 du 19 juillet 2001 dont il est fait application ;
- s'il s'agit d'un rapprochement d'époux, de partenaire d'un PACS ;
- le cas échéant, les éléments permettant d'apprécier que la condition de durée de service est remplie ;
- si l'agent est ou n'est pas logé dans un logement meublé fourni par l'administration ;
- le cas échéant, que l'employeur du conjoint, partenaire d'un PACS ou concubin ne prend pas en charge les frais de déménagement de l'agent.

2 – Ayants droit

Conjoint, partenaire d'un PACS ou concubin :
- nom et nom de jeune fille ;
- prénom ;
- profession ;
- préciser que les frais de déplacement du conjoint, partenaire d'un PACS ou concubin ainsi que le transport de son mobilier ne sont pas pris en charge par l'employeur de celui-ci ;

.../...

.../...

- préciser si les deux conjoints, partenaires de pacte civil de solidarité ou concubins ne sont pas fonctionnaires, que les ressources personnelles du conjoint, du partenaire de pacte civil de solidarité ou du concubin n'excèdent pas le traitement minimal de la fonction publique, ou que le total des ressources personnelles du conjoint, du partenaire de pacte civil de solidarité ou du concubin et le traitement brut de l'agent n'excède pas trois fois et demie le traitement minimum ci-dessus.

3 – Enfants du couple, de l'agent, du conjoint, partenaire d'un PACS ou concubin, enfants recueillis, à charge au sens de la législation sur les prestations familiales, enfants infirmes au sens de l'article 196 du CGI vivant habituellement sous le toit de l'agent :

- nom ;
- prénom ;
- date de naissance ;
- observations éventuelles ;
- préciser, le cas échéant, que les frais de transport des enfants et de leur mobilier ne sont pas pris en charge par l'employeur du conjoint, partenaire d'un PACS ou concubin.

4 – Ascendants de l'agent ou du conjoint vivant habituellement sous le toit de l'agent et non assujettis à l'impôt sur le revenu des personnes physiques :

- nom ;
- prénom ;
- observations éventuelles ;
- préciser, le cas échéant, que les frais concernant les ascendants ne sont pas pris en charge par l'employeur du conjoint ou partenaire d'un PACS.

5 – Liquidation détaillée des droits

Les frais de transport des personnes.

Pour les déplacements dont le remboursement des frais est demandé, préciser : le trajet effectué ainsi que le mode de transport utilisé ou la nature du véhicule utilisé :

- utilisation de transports publics, indiquer le prix du titre de transport acquitté ;
- utilisation d'un véhicule personnel ;
- utilisation d'un véhicule terrestre à moteur personnel ;
- indemnisation réalisée sur la base du tarif de transport public de voyageurs le moins onéreux : indiquer le prix du mode de transport public retenu ;
- utilisation de la voiture personnelle, indiquer :
  - la puissance fiscale du véhicule,
  - le nombre de kilomètres parcourus depuis le début de l'année civile pour les besoins du service,
  - le nombre de kilomètres réalisés au titre du déplacement dont l'indemnisation est demandée,
  - le ou les taux applicables,
  - le montant des indemnités kilométriques ;
- utilisation d'un taxi, d'un véhicule de location ou d'un véhicule personnel autre qu'un véhicule terrestre à moteur : indiquer le montant de l'indemnisation ;
- remboursement des frais de parc de stationnement et de péage d'autoroute : indiquer le montant acquitté ;

.../...

.../...

- totalisation des frais de transport des personnes, préciser :
  - le total des droits de l'agent,
  - le montant éventuel des avances consenties ;
- le total des sommes dues à l'agent après application s'il y a lieu de l'abattement de 20 % (D. nº 2001-654, 19 juill. 2001, art. 10, 12 et 13, al. 2) ;
- indemnité forfaitaire pour le transport de mobilier ou de bagages :
  - poids des bagages (P),
  - ou volume de mobilier (v),
  - distance kilométrique entre l'ancienne et la nouvelle résidence,
  - calcul de l'indemnité,
  - montant de l'indemnité,
  - dans le cas de changement de résidence entre la France continentale et la Corse ou entre la France continentale et les îles côtières, montant de l'indemnité complémentaire totale,
  - le montant éventuel des avances consenties,
  - le montant à verser à l'agent après application, s'il y a lieu, de l'abattement de 20 % (D. nº 2001-654, 19 juill. 2001, art. 10, 12 et 13, al. 2).

6 – Engagement de l'agent

Si la famille de l'agent est déjà installée dans la nouvelle résidence familiale, l'agent certifie qu'il est définitivement réinstallé à son nouveau domicile personnel avec les membres de sa famille pour lesquels il demande la prise en charge des frais de déménagement.

Si la famille n'est pas installée dans la nouvelle résidence familiale, ou l'agent demande le bénéfice de l'indemnité forfaitaire pour lui seul, ou l'agent demande le bénéfice de l'indemnité forfaitaire pour lui-même et tous les membres de sa famille et, dans ce cas, s'engage à produire à son gestionnaire dans le délai d'un an à compter de la date de son changement de résidence administrative, sous peine de reversement au Trésor des sommes indûment perçues, la preuve que tous les membres de sa famille pris en compte pour le calcul de l'indemnité l'ont effectivement rejoint dans sa nouvelle résidence familiale au cours des neuf mois suivant son installation dans ses nouvelles fonctions.

7 – Récapitulation

Totaliser les sommes dues à l'agent.

8 – Signatures à porter sur l'état de frais[1]

L'agent :

- certifie l'exactitude des renseignements portés sur l'état de frais ;
- demande le versement de la somme indiquée sur la récapitulation ;
- date et signe l'état de frais.

Le représentant de l'organisme local :

- certifie l'exactitude de l'ensemble des indications portées sur l'état de frais (situation patrimoniale de l'agent, caractère d'ayants droit du conjoint, partenaire d'un PACS ou concubin, des enfants, des ascendants, etc.) ;
- date et signe.

Observation

Une mention rappellera à l'attention des agents que les pièces justificatives en leur possession doivent être produites à l'appui de l'état à leur service gestionnaire.

1. Lorsque l'état de frais est dématérialisé, la validation par l'agent de la demande de remboursement dans le logiciel de gestion des frais de déplacement de la collectivité vaut signature de l'état de frais par celui-ci. Par cette validation, l'agent certifie l'exactitude des renseignements portés sur l'état de frais. La signature du bordereau de mandats correspondant par la collectivité territoriale ou l'établissement public vaut signature de l'état de frais produit au format XML. Cette signature vaut certification de l'ensemble des indications portées sur l'état de frais.

Compte **626** – Frais postaux et frais de télécommunications

▪ Compte **6261** – Frais d'affranchissement

513 ***Nota bene.*** Les frais d'affranchissement bénéficient de la procédure des dépenses sans ordonnancement préalable (voir tome 2 « Paiement des dépenses »).

514 **Paiement des timbres-poste.** Les collectivités se sont équipées pour la plupart de machines à affranchir ; elles peuvent cependant être amenées à acheter des timbres postaux.

Pour approvisionner les services, l'ordonnateur émet un mandat, appuyé du relevé des timbres nécessaires.

Pour faire face à ces menues dépenses, la commune peut instituer une régie d'avances, ce qui évite l'émission de nombreux mandats. Toutefois, si les dépenses portent sur des achats de timbres-poste pour un faible montant, il est admis, lorsqu'un agent des services municipaux ou un élu de la collectivité consent à faire l'avance sur ses deniers, qu'il n'y a pas lieu d'instituer une régie d'avances et que la dépense ainsi consentie par l'agent ou par l'élu peut lui être remboursée au moyen d'un mandat établi à son profit et appuyé d'un décompte descriptif des timbres-poste ou des menues fournitures qui viennent d'être acquis.

▪ Compte **6262** – Frais de télécommunications

515 **Abonnement téléphone.** Les abonnements et consommation de téléphone fixe, de téléphonie mobile, de télévision et d'Internet sont payés sans ordonnancement préalable.

516 **Téléphone et astreinte.** En dehors du temps de travail, les agents publics ne sont pas contraints d'être joignables, à l'exception de ceux occupant un emploi concerné par un service d'astreinte, dont les conditions ont été déterminées par délibération après avis du comité technique. Dans ce cas,

l'organe délibérant peut, au titre des modalités d'organisation de l'astreinte, prévoir qu'un téléphone professionnel soit mis à la disposition des agents. Sont considérées comme étant des périodes d'astreintes les périodes durant lesquelles un fonctionnaire, bien qu'il ne se soit pas déplacé pour effectuer des interventions, a été pourvu d'un téléphone portable professionnel afin d'être joignable à tout moment (CAA Versailles, 7 nov. 2013, n° 12VE00164).

517 **Agences postales.** Les agences postales communales concourent à l'exercice de la mission d'aménagement du territoire, leur création faisant l'objet de conventions entre La Poste et les communes, à partir d'un protocole d'accord signé entre cet établissement public et l'Association des maires de France, le 28 avril 2005. Cet accord permet notamment d'offrir aux communes ou communautés de communes qui souhaitent s'engager dans un partenariat avec La Poste un cadre précis et pérenne ainsi qu'un financement assuré sur une période pouvant aller jusqu'à neuf ans.

Les communes restent toutefois tout à fait libres de concourir à l'établissement de telles agences et de signer une convention avec La Poste. Il ne s'agit donc pas d'un service public communal.

La convention type prévoit que les communes fournissent le local de l'agence et qu'un ou plusieurs agents communaux assurent les prestations postales, y compris des services financiers de dépannage, comme le dépôt ou le retrait d'espèces sur un compte courant ou sur un compte d'épargne dans la limite d'un plafond. En contrepartie, La Poste verse à la commune une indemnité compensatrice, qui couvre la rémunération des personnels ainsi que la part du coût du local affecté à l'agence postale.

Le cadre légal dans lequel s'inscrivent ces conventions résulte de deux articles législatifs : l'article 29-1 modifié de la loi n° 95-115 du 4 février 1995 d'orientation pour l'aménagement et le développement du territoire, d'une part, l'article 30 de la loi n° 2000-321 du 12 avril 2000 relative aux droits des citoyens dans leurs relations avec les administrations. Ces dispositions permettent notamment à une commune ou à un établissement public de coopération intercommunale de mettre ses personnels à la disposition de l'agence postale communale ou intercommunale.

Par ailleurs, la loi n° 2007-209 du 19 février 2007 relative à la fonction publique territoriale a complété l'article 6 de la loi n° 90-568 du 2 juillet 1990 relative à l'organisation du service public de La Poste et des télécommunications par les dispositions suivantes : « Les conditions dans lesquelles les agents titulaires ou non titulaires de la fonction publique territoriale exercent tout ou partie de leurs fonctions dans le cadre de ce partenariat sont définies par une convention passée entre La Poste et la collectivité territoriale ou l'établissement public de coopération intercommunale dont relève l'agent. Cette convention précise notamment la nature des activités que l'agent est appelé à exercer. »

518 Pièces justificatives – Affranchissements (compte 6261).

Relevé de l'ordonnateur, visé par le receveur des Postes et mentionnant la quantité, la valeur unitaire et le montant total des timbres-poste acquis.

519 Pièces justificatives – Télégrammes (compte 6262).

Relevé de frais établi par le receveur des Postes.

520 Pièces justificatives – Téléphone (compte 6262).

1 – Domiciliation :
- formule de domiciliation ;
- bordereaux de prélèvement CFRT-CT-49 ;
- bordereaux de prélèvement CFRT-CT-46 ;
- état récapitulatif des bordereaux de prélèvement ;
- facture du CFRT.

2 – Non-domiciliation : facture du CFRT.

3 – Installation du téléphone au domicile d'un agent communal ou d'un élu :
- délibération du conseil municipal décidant la prise en charge des frais d'installation ;
- facture du CFRT.

4 – Installation du téléphone au domicile d'un tiers :
- délibération ;
- facture du CFRT (le mandat de paiement doit faire état des références du titre de recette émis à l'encontre du gérant pour le montant des communications téléphoniques).

5 – Agences postales ou recettes auxiliaires : délibération du conseil municipal décidant la rétribution de l'agent postal ou du receveur auxiliaire.

521 Pièces justificatives – Frais de mandat-carte (compte 6261).

Relevé de frais établi par le receveur des Postes.

Compte **627** – Services bancaires et assimilés

522 Chèques-vacances. Les chèques-vacances donnent lieu à des frais bancaires imputés au compte 627. Se reporter au compte 5113.

523 Contrats de couverture du risque de taux d'intérêt des emprunts. Ces contrats donnent lieu à des charges financières ou à des produits financiers enregistrés en section de fonctionnement, à l'exclusion de toute écriture en section d'investissement.

Outre la fluctuation négative des taux, sont également imputées à cet article la prime d'assurance de taux et les éventuelles commissions stipulées dans le contrat.

524 **Pièces justificatives – Recouvrement des recettes par carte bancaire (Instr. CP n° 89-114-KM, 11 déc. 1989) :**
- le paiement des commissions est justifié par un mandat appuyé d'un état établi par le comptable, signé par l'ordonnateur, et indiquant sur une ligne les mouvements débiteurs du mois considéré du compte de charges auquel sont enregistrées les commissions ;
- contrats de couverture du risque de taux d'intérêt.

Compte **628** – Divers

▪ Compte **6281** – Concours divers (cotisations, etc.)

525 **Dépenses concernées.** S'imputent à cette rubrique notamment les cotisations aux associations d'élus locaux.

Les cotisations versées aux différentes associations d'élus peuvent être prises en charge si les statuts de l'association prévoient que c'est la commune qui adhère et non l'élu.

S'agissant par ailleurs des frais de déplacement engagés par les élus locaux pour participer aux réunions de ces associations, l'article L. 2123-18-1 du Code général des collectivités territoriales prévoit la possibilité de prise en charge par les budgets locaux des frais de transport et de séjour pour lesquels les élus auraient eu à faire l'avance financière, dès lors que ces déplacements avaient pour objectif de représenter leur collectivité (voir n°s 682 et s.).

▪ Compte **6282** – Frais de gardiennage

526 **Indemnité de gardiennage des églises communales.** Les prêtres affectataires ont naturellement vocation à assurer le gardiennage des églises communales et à percevoir à ce titre une indemnité servie sur le fondement de l'article 13 de la loi du 9 décembre 1905 concernant la séparation des Églises et de l'État modifié par l'article 5 de la loi du 13 avril 1908 (attribution des biens, édifices du culte).

Toutefois, en raison de la diminution des prêtres affectataires bénéficiaires de cette indemnité, des agents territoriaux sont de plus en plus amenés à assurer le gardiennage des églises communales.

La Direction générale des collectivités locales (DGCL) estime que des agents territoriaux peuvent exercer le gardiennage des églises communales à titre d'activité accessoire, en dehors de leurs heures de service, et percevoir à ce titre l'indemnité de gardiennage des églises.

L'indemnité de gardiennage des églises, versée notamment aux prêtres affectataires, est représentative des frais que les intéressés exposent pour s'acquitter de la tâche qui leur est confiée (Circ., 8 janv. 1987, NOR:INTA8700006C). À ce titre, l'indemnité est exonérée de l'impôt sur le revenu en application de l'article 81, 1°, du Code général des impôts. De même, cette indemnité n'est pas intégrée dans l'assiette de la contribution sociale généralisée (CSG) ni dans celle de la contribution pour le remboursement de la dette sociale (CRDS). Ce régime est applicable aux agents territoriaux bénéficiaires de l'indemnité de gardiennage des églises communales.

527 **Indemnité de gardiennage des églises communales – Taux.** L'indemnité varie suivant que le préposé à ce service est ou non domicilié dans la localité où est situé l'édifice du culte, objet du gardiennage (Circ. Intérieur, 8 janv. 1987 et 29 juill. 2011).

Le plafond indemnitaire applicable pour le gardiennage des églises communales au 1er juillet 2022 est de 496,65 € par an pour un gardien résidant dans la localité où se trouve l'édifice du culte et de 125,20 € par an pour un gardien ne résidant pas dans la commune, visitant l'église à des périodes rapprochées.

Ces sommes constituent des plafonds en dessous desquels il demeure possible aux conseils municipaux de revaloriser à leur gré des indemnités actuellement inférieures à ceux-ci.

528 **Frais de garderie et d'administration des forêts.** Lorsque les dépenses d'entretien et de conservation des forêts correspondent à des prestations de services effectuées par des tiers au titre de la garderie, elles doivent être imputées au compte 6282. Tel est le cas des prestations versées à ce titre à l'Office national des forêts (ONF).

Les communes confiant la garde de leurs bois et forêts à l'ONF sont tenues de contribuer au frais de garderie et d'administration (C. for., art. L. 147-1).

Ces contributions sont assises sur le montant des produits des forêts, diminué, pour les produits de vente de bois, des ristournes consenties aux acheteurs dans le cas de paiement comptable et, lorsqu'il s'agit de bois vendus façonnés, des frais d'abattage et de façonnage, y compris la chasse, la pêche, les conventions ou concessions de toute nature. Elles sont fixées, à compter du 1er janvier 1996, à 12 % du montant des produits sauf pour les communes classées en zone de montagne pour lesquelles le taux est de 10 %.

Réf.

- L. n° 78-1239, 29 déc. 1978, de finances pour 1979, art. 92
- D. n° 2012-710, 7 mai 2012, relatif aux frais de garderie et d'administration des bois et forêts relevant du régime forestier

Compte **629** – Rabais, remises et ristournes obtenus sur autres services extérieurs

529 Cette partie ne fait pas l'objet de commentaires.

COMPTE **63**

Impôts, taxes et versements assimilés

Compte **631** – Impôts, taxes et versements assimilés sur rémunérations (administration des impôts)

530 Cette partie ne fait pas l'objet de commentaires.

Compte **633** – Impôts, taxes et versements assimilés sur rémunérations (autres organismes)

▪ Compte **6332** – Cotisations versées au Fonds national d'aide au logement (FNAL)

531 **Taux de cotisation au FNAL.** La loi n° 71-82 du 16 juillet 1971 a prévu, en faveur de certaines catégories de personnes, une allocation logement et une prime de déménagement dont les conditions d'attribution ont été fixées par le décret n° 72-527 du 29 juin 1972.

Le financement de ces allocations est assuré, d'une part, par le produit d'une cotisation à la charge des employeurs, calculée sur les salaires plafonnés et recouvrée selon les règles applicables en matière de sécurité sociale, et, d'autre part, par une contribution de l'État. Les recettes et les dépenses sont centralisées par un FNAL dont la gestion est assurée par la Caisse des dépôts.

Depuis le 1er janvier 2020, le montant du FNAL est :
- en dessous de 50 salariés, l'employeur est redevable de la cotisation FNAL sur la part des rémunérations jusqu'au plafond de la Sécurité sociale. La contribution au FNAL au taux de 0,10 % est calculée sur les salaires plafonnés ;
- à partir de 50 salariés, la cotisation est due au taux de 0,50 % sur l'ensemble des rémunérations.

La collectivité agit en tant que cotisant au compte 6332 et en tant que payeur des prestations au compte 6471. Les restitutions sur cotisations communales sont enregistrées au compte 70878.

▪ Compte **6336** – Cotisations au CNFPT et au centre de gestion de la fonction publique territoriale

532 **Collectivités assujetties.** Pour être assujettie à une cotisation au CNFPT, la collectivité doit avoir, au moins, un emploi à temps complet inscrit à son budget au 1er janvier d'une année (L. n° 84-53, 26 janv. 1984, mod., art. 12-2) ou avoir un PEC (parcours emploi compétences), nouvelle appellation des emplois jeunes et CUI-CAE (D. n° 2013-37, 10 janv. 2013 ; D. n° 2016-1856, 23 déc. 2016).

Une collectivité ayant, au moins, un emploi à temps complet prévu à son budget (voir tableau des emplois) cotisera pour l'ensemble de son personnel, même celui à temps non complet.

Une collectivité n'ayant aucun emploi à temps complet mais uniquement un ou des PEC devra cotiser pour ces derniers dès leur date de recrutement.

Une collectivité n'ayant ni emploi à temps complet ni PEC est exonérée du paiement de la cotisation.

533 **Assiette.** L'assiette de la cotisation au CNFPT est la masse des rémunérations versées aux agents relevant de chaque collectivité telles qu'elles apparaissent sur ses BRC URSSAF mensuels ou trimestriels et soumises à cotisation URSSAF, au titre de l'assurance maladie.

Taux des cotisations.
- 0,50 % pour chaque PEC ;
- 0,90 % pour chaque personnel relevant de la Fonction publique territoriale ;
- 0,90 % pour chaque personnel de droit public et de droit privé des MDPH ;
- 0,95 % pour chaque agent de droit public des offices publics d'habitation (OPH).

Les services départementaux d'incendie et secours (SDIS) doivent régler deux cotisations au CNFPT :
- 0,90 % et une sur cotisation au taux de 0,86 %, soit 1,76 % pour chaque sapeur-pompier professionnel ;
- 0,90 % pour leurs autres personnels.

534 **Pièces justificatives – CNFPT et centres de gestion (D. n° 2016-33, 20 janv. 2016, préc., § 212) :**
- décompte indiquant notamment l'assiette, le taux et le montant des charges à payer ;
- avis d'appel de cotisation du Centre national de la fonction territoriale (CNFPT) : doit être joint au mandat (Instr. CP n° 88-36-M0, 22 mars 1988). La partie inférieure (vignette justificative) est destinée à l'agent comptable du CNFPT (Instr. CP n° 90-11-M0, 24 janv. 1990).

Pour le règlement des cotisations au centre de gestion, le maire joint au mandat un bordereau récapitulatif des rémunérations versées (Circ. Intérieur, 9 juin 1988, NOR:INTB8800219C).

▪ Compte **6338** – Autres impôts, taxes et versements assimilés sur rémunérations

535 La contribution solidarité autonomie. Elle doit s'imputer au compte 6338, « Autres impôts, taxes et versements assimilés sur rémunération ». Il s'agit d'un prélèvement instauré depuis le 1er juillet 2004 par la loi n° 2004-626 du 30 juin 2004 relative à la solidarité pour l'autonomie des personnes âgées et des personnes handicapées. C'est une charge patronale de 0,3 % calculée sur la même assiette que celle de la cotisation d'assurance maladie dont l'employeur est redevable.

La circulaire n° 307-2004 du 1er juillet 2004 fixe les modalités de mise en œuvre des dispositifs de la loi n° 2003-775 du 21 août 2003 portant réforme des retraites et de la loi n° 2004-626 du 30 juin 2004.

À défaut de la subdivision 6338, le compte 633 pourra être débité. Le compte 4378 (ou 437 à défaut de subdivision), « Autres organismes sociaux », sera quant à lui crédité.

Une caisse de solidarité pour l'autonomie chargée de la gestion de ces fonds (provenant de la contribution solidarité autonomie et de la journée de solidarité) a été créée.

Compte **635** – Autres impôts, taxes et versements assimilés (administration des impôts)

▪ Compte **63512** – Taxes foncières

536 Taxe foncière sur les propriétés bâties (TFB). Sont exonérés de la taxe foncière sur les propriétés bâties : les immeubles nationaux, les immeubles régionaux, les immeubles départementaux pour les taxes perçues par les communes et par le département auquel ils appartiennent et les immeubles communaux pour les taxes perçues par les départements et par la commune à laquelle ils appartiennent, lorsqu'ils sont affectés à un service public ou d'utilité générale et non productifs de revenus (CGI, art. 1382).

▪ Compte **6353** – Impôts indirects

537 Contribution sur les revenus locatifs.

1 – Assujettissement

Elle s'applique aux revenus tirés de la location d'immeubles achevés depuis plus de quinze ans. Cette contribution n'est due que par les personnes morales passibles de l'impôt sur les sociétés, les organismes sans but lucratif (associations loi 1901) et les personnes morales non imposables et sociétés de personnes dont un membre au moins est soumis à l'impôt sur les sociétés.

Sont exonérés :
- les revenus dont le montant annuel ne dépasse pas 1 830 € (le seuil de 1 830 € s'apprécie local par local). Pour les locations d'une durée inférieure à douze mois, la limite d'exonération est ajustée au prorata du temps de location ;
- les locations d'immeubles appartenant à l'État, aux collectivités territoriales, aux organismes publics et aux organismes d'HLM ;
- les locations d'habitation faisant partie d'une exploitation agricole ;
- les locations de locaux appartenant aux organismes sans but lucratif ;
- les revenus des locations ou sous-locations à vie ou à durée illimitée ;
- les terrains nus.

2 – Assiette

Les recettes nettes perçues au cours de l'année civile, c'est-à-dire les loyers principaux, y compris les loyers perçus d'avance et les arriérés de loyers et provisions pour charge, à l'exclusion du droit de bail et de la contribution représentative du droit de bail réclamée au locataire. Ces loyers sont augmentés des dépenses incombant au propriétaire et mises par convention à la charge des locataires, et diminués du montant des dépenses supportées par le propriétaire pour le compte du locataire (charges locatives).

Période d'imposition : l'année civile.

Taux : 2,5 %, appliqué aux revenus tirés de la location.

3 – Déclaration et paiement

L'obligation déclarative incombe à l'ordonnateur. Déclaration spéciale à souscrire auprès du centre des impôts du siège de la collectivité (bordereau avis de versement). Le paiement et le dépôt du bordereau avis de versement sont transmis au comptable du Trésor chargé du recouvrement de l'impôt sur les sociétés dans le département.

L'ordonnateur établit un mandat de paiement du montant de la contribution représentative du droit de bail et de l'acompte dont il doit s'acquitter avant le 15 octobre.

Réf.
- LFR n° 98-1267, 30 déc. 1998, art. 12
- CGI, art. 234 *nonies* et *quaterdecie*

538 **Pièces justificatives – Impôts et taxes indirectes, redevances diverses (D. n° 2022-505, 23 mars 2022, § 173).** Avertissement ou exemplaire de l'état liquidatif des droits ou de la déclaration expédiée aux directions des Finances publiques.

▪ Compte **6354** – Droits d'enregistrement et de timbre

539 **Droits sur les ventes de bois.** Les droits d'enregistrement sur les ventes de bois par adjudication, assimilées à des ventes de récoltes et passibles du droit fixe de 5,09 %, sont supportés par l'acheteur. Les droits de timbres sont pris en charge par l'Office national des forêts.

Quant aux ventes de gré à gré, elles ne sont soumises ni au droit de timbre ni aux droits d'enregistrement.

540 **Droits sur les baux emphytéotiques.** Ces baux ne s'analysant pas comme des acquisitions (C. rur., art. L. 451.1), l'exonération des droits réels mobiliers prévue à l'article 1042 du Code général des impôts n'est donc pas possible car cet article ne vise que les acquisitions.

541 **Pièces justificatives (D. n° 2022-505, 23 mars 2022, § 171).** Impôts, taxes, droits d'enregistrement et de timbre :
- avertissement ou état portant liquidation des droits, établi par les services fiscaux ou par toute administration financière habilitée ;
- dans l'hypothèse où la mutation de la cote n'est pas intervenue, certificat de l'ordonnateur.

▪ Compte **6355** – Taxes et impôts sur les véhicules

542 **Pièces justificatives – Carte grise (D. n° 2022-505, 23 mars 2022, § 172).** Avertissement ou état de liquidation des droits du service créancier ou référence du mandatement portant acquisition du véhicule quand la carte grise a été réglée par le fournisseur.

Compte **637** – Autres impôts, taxes et versements assimilés (autres organismes)

543 **Taxe hydraulique.** La loi n° 90-1168 du 29 décembre 1990 de finances pour 1991 (art. 124) est venue assujettir au paiement de la taxe hydraulique les titulaires d'ouvrages de prise d'eau, de rejet d'eau ou d'autres ouvrages hydrauliques destinés à prélever ou à évacuer des volumes d'eau sur le domaine public fluvial confié à Voies navigables de France (VNF). Son objet est de faire contribuer les usagers de ce domaine aux charges de gestion assumées par l'établissement. Ainsi, les collectivités territoriales équipées de stations d'épuration et de systèmes de rejet d'eau dans ce réseau fluvial entrent dans le champ d'application de la taxe.

Les taux applicables aux titulaires d'ouvrages de prise d'eau, de rejet d'eau ou d'autres ouvrages hydrauliques destinés à prélever ou à évacuer des volumes d'eau sur le domaine public fluvial sont prévus aux articles R. 4316-2 et suivants du Code des transports et sont fonction de la superficie occupée et du volume maximal prélevable ou rejetable par l'ouvrage.

La taxe hydraulique a été remplacée en 2020, en application de l'article 26 de la loi de finances n° 2018-1317 du 28 décembre 2018 de finances pour 2019, par une redevance hydraulique.

COMPTE **64**

Charges de personnel

Compte **641** – Rémunérations du personnel

▪ Compte **64118** – Autres indemnités

544 **Principes juridiques.** Les diverses indemnités citées ci-après sont imposables.

Le régime indemnitaire fixé par les assemblées délibérantes des collectivités territoriales pour les fonctionnaires locaux ne doit pas être plus favorable que celui dont bénéficient les fonctionnaires de l'État exerçant des fonctions équivalentes (D. n° 91-875, 6 sept. 1991, art. 1er, mod. par D. n° 2020-182, 27 févr. 2020). Chaque fois qu'une équivalence peut être directement établie, il convient de se référer aux textes réglementaires de la fonction publique de l'État, certains textes propres à la fonction publique territoriale pouvant demeurer en vigueur pour tenir compte de responsabilités particulières.

L'assemblée délibérante fixe, dans les limites ci-dessus, la nature, les conditions d'attribution et le taux moyen des indemnités applicables aux agents (L. n° 90-1067, 28 nov. 1990). Pour la détermination du montant des indemnités, seuls sont pris en compte les emplois inscrits au budget communal. Le maire détermine, dans cette limite, le taux individuel applicable à chaque fonctionnaire. Le comptable doit refuser le paiement d'une indemnité non justifiée (Instr. CP n° 87-131-M0, 3 nov. 1987). Il doit signaler au DDFIP toutes les difficultés qu'il rencontre en matière d'indemnités au personnel (Instr. CP n° 92-71-M0, 23 juin 1992).

La liste ci-après des indemnités imposables n'est pas exhaustive.

La suppression d'une indemnité ne figure pas au nombre des sanctions pouvant être infligées à un agent communal (CE, 11 juin 1993, n° 105576, *Angers*).

545 **Saisissabilité des primes.** Conformément à l'article L. 145-2 nouveau du Code du travail, « pour la détermination de la fraction saisissable, il est tenu

compte du montant de la rémunération, de ses accessoires, ainsi que, le cas échéant, de la valeur des avantages en nature, après déduction des cotisations obligatoires. La fraction saisissable des rémunérations est calculée à partir du salaire net annuel (hors remboursement de frais et allocations pour charge de famille) des douze mois précédant la notification de la saisie, même si les conditions de versement sont mensuelles comme le prévoit l'article R. 145-23 du Code du travail. » L'employeur adresse tous les mois au secrétariat-greffe une somme égale à la fraction saisissable du salaire.

S'agissant de primes annuelles, la rémunération comportant des éléments variables à périodicité particulière, la solution la plus satisfaisante préconisée par la jurisprudence consiste à appliquer le barème réglementaire de quotité saisissable à la rémunération de l'agent dont le principal et les accessoires ont été annualisés.

546 Caractère imposable des indemnités. Sont passibles de l'impôt les allocations spéciales destinées à couvrir les frais inhérents à la fonction ou à l'emploi et effectivement utilisées conformément à leur objet (CGI, art. 81, 1°).

Toutes les indemnités recensées aux articles du compte 625 « Déplacements, missions et réceptions » ne sont pas imposables.

547 Indemnités horaires pour travaux supplémentaires (IHTS). L'article 2 du décret du 14 janvier 2002 prévoit :

« Les indemnités horaires pour travaux supplémentaires peuvent être versées, dès lors qu'ils exercent des fonctions ou appartiennent à des corps, grades ou emplois dont les missions impliquent la réalisation effective d'heures supplémentaires, aux fonctionnaires de catégorie C et aux fonctionnaires de catégorie B. »

Les conditions d'attribution sont identiques pour toutes les filières sauf pour la sous-filière médico-sociale et médico-technique où les conditions sont celles en vigueur dans la fonction publique hospitalière (D. n° 2008-1451, 22 déc. 2008) ; à savoir : les indemnités concernent de plus les catégories A, le contingent maximal d'heures supplémentaires est de vingt heures et le travail supplémentaire de nuit débute à 21 heures.

Depuis le 21 novembre 2007, il n'existe plus d'indice plafond pour les agents de catégorie B.

Une délibération doit fixer la liste des emplois qui ouvrent droit aux heures supplémentaires.

Les travaux supplémentaires ne peuvent excéder un contingent mensuel de vingt-cinq heures (dimanches, jours fériés et nuits compris). Des dérogations exceptionnelles à ce contingent maximum peuvent être décidées par l'assemblée délibérante après avis du comité technique.

Les IHTS bénéficient de réductions des cotisations sociales (Caisse nationale de retraite des agents des collectivités locales – CNRACL – ou maladie pour le régime de sécurité sociale).

Indemnités horaires pour travaux supplémentaires (IHTS) : bénéficiaires par filière.

Filière administrative : agents C ou B et agents contractuels à temps complet de même niveau.

Filière technique : techniciens, agents de maîtrise, adjoints techniques, adjoints techniques des établissements d'enseignement.

Filière sanitaire et sociale :
- bénéficient des règles relatives à la fonction publique d'État : les agents spécialisés des écoles maternelles, agents sociaux, éducateurs ;
- bénéficient des règles relatives à la fonction publique hospitalière (D. n° 2008-1451, 22 déc. 2008, préc.) : les auxiliaires de puériculture et puéricultrices, les auxiliaires de soins, les techniciens paramédicaux, les infirmiers, les sages-femmes, les cadres de santé paramédicaux.

Filière culturelle : assistants de conservation, adjoints du patrimoine.

Filière sportive : éducateurs et opérateurs des activités physiques et sportives.

Filière police : chef de service de police municipale, agents de police, garde champêtre.

Filière animation : animateurs, adjoints d'animation.

Filière pompiers professionnels : lieutenant, sous-officiers, sapeurs et caporaux.

548 **Cas des agents employés à temps complet (IHTS).** Une heure supplémentaire :

$$\frac{\text{Traitement brut annuel + Indemnité de résidence annuelle}}{1\,820}$$

Cette rémunération horaire est multipliée par 1,25 pour les 14 premières heures supplémentaires et par 1,27 pour les heures suivantes dans la limite de 25 heures :
- majoration de 100 % entre 22 h 00 et 7 h 00 ;
- majoration des deux tiers dimanches et jours fériés.

549 **Cas des agents employés à temps partiel (IHTS).** Une heure supplémentaire :

$$\frac{\text{Traitement brut annuel + Indemnité de résidence annuelle}}{1\,820}$$

Ces agents ne peuvent pas normalement bénéficier d'IHTS. Leur durée de service étant strictement limitée, les travaux supplémentaires doivent avoir un caractère exceptionnel fondé sur les nécessités du service.

Un fonctionnaire à temps non complet amené à effectuer des heures au-delà de la durée normale définie lors de la création de l'emploi qu'il occupe est rémunéré sur une base horaire résultant d'une proratisation de son traitement (heures dites « complémentaires »), tant que le total des heures effectuées ne dépasse pas la durée du cycle de travail défini par la collectivité pour les agents à temps complet. Au-delà, le montant est calculé selon le décret n° 2002-60 du 14 janvier 2002.

550 **Règles d'attribution des IHTS.** Les IHTS sont cumulables avec le RIFSEEP, l'IAT et avec un logement concédé à titre gratuit par nécessité absolue de service. Elles peuvent se cumuler avec les IFTS.

Ces indemnités ne sont pas cumulables avec :
- un repos compensateur ;
- le régime spécifique des heures supplémentaires d'enseignement ;
- l'indemnité pour travail dominical régulier ;
- l'indemnité pour service de jour férié.

Elles ne pourront davantage être attribuées à un agent pendant les périodes où il bénéficie d'indemnités journalières pour frais de tournées ou de missions, ainsi que pendant les périodes d'astreinte (sauf si celles-ci donnent lieu à intervention).

	Sécurité sociale	Retraite	Impôts	CSG, RDS
Titulaires et stagiaires à temps complet affiliés CNRAC	non	non	non	oui
Titulaires et stagiaires à temps non complet non affiliés CNRACL	oui	non	non	oui
Contractuels	oui	non	non	oui

551 **Indemnités horaires pour travaux supplémentaires (IHTS) : bénéficiaires par filière.**

Filière administrative : agents C ou B et agents contractuels à temps complet de même niveau.

Filière technique : techniciens, agents de maîtrise, adjoints techniques, adjoints techniques des établissements d'enseignement.

Filière sanitaire et sociale :
- bénéficient des règles relatives à la fonction publique d'État : les agents spécialisés des écoles maternelles, agents sociaux, éducateurs ;
- bénéficient des règles relatives à la fonction publique hospitalière (D. n° 2008-1451, 22 déc. 2008) : les auxiliaires de puériculture et puéricultrices, les auxiliaires de soins, les techniciens paramédicaux, les infirmiers, les sages-femmes, les cadres de santé paramédicaux, pédicures-podologues, ergothérapeutes, orthoptistes et manipulateurs

d'électroradiologie, les masseurs-kinésithérapeutes, psychomotriciens et orthophonistes.

Filière culturelle : assistants de conservation, adjoints du patrimoine.

Filière sportive : éducateurs et opérateurs des activités physiques et sportives.

Filière police : chef de service de police municipale, agents de police, garde champêtre.

Filière animation : animateurs, adjoints d'animation.

Filière pompiers professionnels : lieutenant, sous-officiers, sapeurs et caporaux.

552 **Régime indemnitaire tenant compte des fonctions, sujétions, expertise et engagement professionnel (RIFSEEP).** Le RIFSEEP est exclusif de toutes autres primes et indemnités liées aux fonctions et à la manière de servir.

Le dispositif est centré sur une indemnité principale versée mensuellement, l'indemnité de fonctions, de sujétions et d'expertise (IFSE), à laquelle peut s'ajouter un complément indemnitaire versé annuellement (CIA) en fonction de l'engagement professionnel et de la manière de servir.

Les fonctionnaires sont répartis en groupes de fonctions pour l'attribution de l'IFSE et du CIA. L'organe délibérant compétent pour fixer les conditions d'attribution des primes est libre de déterminer le nombre (supérieur à un) de groupes de fonctions ainsi que la répartition des emplois dans chaque groupe de fonctions. Les collectivités territoriales peuvent s'inspirer des critères professionnels contenus dans le décret :
- fonctions d'encadrement, de coordination, de pilotage ou de conception ;
- technicité, expertise, expérience ou qualification nécessaire à l'exercice des fonctions ;
- sujétions particulières ou degré d'exposition du poste au regard de son environnement professionnel.

Le RIFSEEP concerne les filières administrative, technique, sanitaire et sociale, culturelle, sportive, animation.

Les agents titulaires et stagiaires peuvent en bénéficier ainsi que les contractuels si la délibération le prévoit.

Réf.
- D. nos 2020-771 et 2020-182, 27 févr. 2020
- D. no 2014-513, 20 mai 2014
- A., 29 juin 2015, pris pour l'application au corps des administrateurs civils des dispositions du décret no 2014-513 du 20 mai 2014 portant création d'un régime indemnitaire tenant compte des fonctions, des sujétions, de l'expertise et de l'engagement professionnel dans la fonction publique de l'État
- A., 27 août 2015 et 24 juin 2020

553 **Attribution individuelle du RIFSEEP dans les filières administrative, technique, culturelle, sportive et de l'animation.** Le montant de l'IFSE fait l'objet d'un réexamen en cas de changement de fonctions ou de grade, mais aussi, au moins tous les quatre ans, en l'absence de changement de fonctions et au vu de l'expérience acquise par l'agent.

Le CIA tient compte de l'engagement professionnel et de la manière de servir, appréciée dans le cadre de l'entretien professionnel. Il fait l'objet d'un versement annuel, en une ou deux fractions, non reconductible automatiquement d'une année sur l'autre. Son montant qui est fixé en fonction de l'évaluation professionnelle est compris entre 0 et 100 % du montant maximal annuel. Le Conseil constitutionnel a confirmé l'obligation pour les collectivités territoriales d'instaurer les deux parts (Déc. QPC n° 2018-727, 13 juill. 2018).

Filière administrative au 1er janvier 2022

Montants de référence par cadres d'emplois	Administrateurs	Attaché, secrétaire de mairie	Rédacteur	Adjoint administratif
Plafond annuel de l'IFSE				
Sans logement de fonction gratuit				
Groupe 1	49 980 €	36 210 €	17 480 €	11 340 €
Groupe 2	46 920 €	32 130 €	16 015 €	10 800 €
Groupe 3	42 330 €	25 500 €	14 650 €	-
Groupe 4	-	20 400 €	-	-
Avec logement de fonction gratuit				
Groupe 1	49 980 €	22 310 €	8 030 €	7 090 €
Groupe 2	46 920 €	17 205 €	7 220 €	6 750 €
Groupe 3	42 330 €	14 320 €	6 670 €	-
Groupe 4	-	11 160 €	-	-
Montants maximaux annuels du CIA				
Groupe 1	8 820 €	6 390 €	2 380 €	1 260 €
Groupe 2	8 280 €	5 670 €	2 185 €	1 200 €
Groupe 3	7 470 €	4 500 €	1 995 €	-
Groupe 4	-	3600 €	-	-

Filière technique

Montants de référence par cadres d'emplois	Ingénieurs en chef/ Ingénieurs/Techniciens	Adjoints techniques, agents de maîtrise adjoint technique enseignement
Plafond annuel de l'IFSE		
Sans logement de fonction gratuit		
Groupe 1	57 120 €/46 920 €/19 660 €	11 340 €
Groupe 2	49 980 €/40 290 €/18 580 €	10 800 €

.../...

Montants de référence par cadres d'emplois	Ingénieurs en chef/ Ingénieurs/Techniciens	Adjoints techniques, agents de maîtrise adjoint technique enseignement
Groupe 3	46 920 €/36 000 €/17 500 €	–
Groupe 4	42 330 €/31 450 €	–
Avec logement de fonction gratuit		
Groupe 1	42 840 €/32 850 €/13 760 €	7 090 €
Groupe 2	37 490 €/28 200 €/13 005 €	6 750 €
Groupe 3	35 190 €/25 190 €/12 250 €	–
Groupe 4	31 750 €/22 015 €	–
Montants maximaux annuels du CIA		
Groupe 1	10 080 €/8 280 €/2 680 €	1 260 €
Groupe 2	8 820 €/7 110 €/2 535 €	1 200 €
Groupe 3	8 280 €/6 350 €/2 385 €	–
Groupe 4	7 470 €/5 550 €	–

Filière culturelle

Montants de référence par cadres d'emplois	Directeur d'enseignement artistique, conservateur du patrimoine, conservateur de bibliothèques	Attaché de conservation du patrimoine, bibliothécaires	Assistant de conservation du patrimoine et des bibliothèques	Adjoint du patrimoine
Plafond annuel de l'IFSE				
Sans logement de fonction gratuit				
Groupe 1	36 210 €/46 920 €/ 34 000 €	29 750 €	16 720 €	11 340 €
Groupe 2	32 130 €/40 290 €/ 31 450 €	27 200 €	14 960 €	10 800 €
Groupe 3	25 500 €/34 450 €/ 29 750 €	–	–	–
Groupe 4	20 400 €/31 450 €	–	–	–
Avec logement de fonction gratuit				
Groupe 1	22 310 €/25 810 €/ 34 000 €	29 750 €	16 720 €	7 090 €
Groupe 2	17 205 €/22 160€/ 31 450 €	27 200 €	14 960 €	6 750 €
Groupe 3	14 320 €/18 950 €/ 29 750 €	–	–	–
Groupe 4	11 160 €/17 298 €	–	–	–
Montants maximaux annuels du CIA				
Groupe 1	6 390 €/8 280 €/ 6 000 €	5 250 €	2 280 €	1 260 €

.../...

Montants de référence par cadres d'emplois	Directeur d'enseignement artistique, conservateur du patrimoine, conservateur de bibliothèques	Attaché de conservation du patrimoine, bibliothécaires	Assistant de conservation du patrimoine et des bibliothèques	Adjoint du patrimoine
Groupe 2	5 670 €/7 110 €/ 5 550 €	4 800 €	2 040 €	1 200 €
Groupe 3	4 500 €/6 080 €/ *5 250 €*	–	–	–
Groupe 4	3 600 €/5 550 €	–	–	–

Filière sportive

Montants de référence par cadres d'emplois	Éducateur des APS/ Conseiller des APS	Opérateur des APS
Plafond annuel de l'IFSE		
Sans logement de fonction gratuit		
Groupe 1	17 480 € /25 500 €	11 340 €
Groupe 2	16 015 €/20 400 €	10 800 €
Groupe 3	14 650 €	–
Groupe 4	–	–
Avec logement de fonction gratuit		
Groupe 1	8 030 €/25 500 €	7 090 €
Groupe 2	7 220 €/20 400 €	6 750 €
Groupe 3	6 670 €	–
Groupe 4	–	–
Montants maximaux annuels du CIA		
Groupe 1	2 380 €/4 500 €	1 260 €
Groupe 2	2 185 €/4 500 €	1 200 €
Groupe 3	1 995 €	–
Groupe 4	–	–

Filière technique

Montants de référence par cadres d'emplois	Ingénieurs en chef/ Ingénieurs/Techniciens	Adjoints techniques, agents de maîtrise, adjoint technique enseignement
Plafond annuel de l'IFSE		
Sans logement de fonction gratuit		
Groupe 1	57 120 €/46 920 €/19 660 €	11 340 €
Groupe 2	49 980 €/40 290 €/18 580 €	10 800 €
Groupe 3	46 920 €/36 000 €/17 500 €	–
Groupe 4	42 330 €/31 450 €	–

…/…

Montants de référence par cadres d'emplois	Ingénieurs en chef/ Ingénieurs/Techniciens	Adjoints techniques, agents de maîtrise, adjoint technique enseignement
Avec logement de fonction gratuit		
Groupe 1	42 840 €/32 850 €/13 760 €	7 090 €
Groupe 2	37 490 €/28 200 €/13 005 €	6 750 €
Groupe 3	35 190 €/25 190 €/12 250 €	–
Groupe 4	31 750 €/22 015 €	–
Montants maximaux annuels du CIA		
Groupe 1	10 080 €/8 280 €/2 680 €	1 260 €
Groupe 2	8 820 €/7 110 €/2 535 €	1 200 €
Groupe 3	8 280 €/6 350 €/2 385 €	–
Groupe 4	7 470 €/5 550 €	–

554 Attribution individuelle du RIFSEEP filière sanitaire et sociale.

	Médecin	Psychologue	Biologiste vétérinaire et pharmacien	Sage-femme, cadre de santé infirmier et technicien paramédical, cadre de santé paramédical, puéricultrice cadre de santé, conseiller socio-éducatif	Puéricultrice, infirmier en soins généraux, assistant social éducatif, pédicure, podologue, ergothérapeute, psychomotricien, orthoptiste, technicien de laboratoire médical, manipulateur d'électro-radiologie médicale, préparateur en pharmacie hospitalière et diététicien, masseur kinésithérapeute et orthophoniste	Aide-soignant, auxiliaire de puériculture, infirmier, moniteur éducateur et intervenant familial, technicien paramédical	Éducateur de jeunes enfants	Auxiliaire de soins, ATSEM, agent social
Plafond annuel de l'IFSE sans logement de fonction gratuit								
Groupe 1	43 180 €	25 500 €	49 980 €	25 500 €	19 480 €	9 000 €	14 000 €	11 340 €
Groupe 2	38 250 €	20 400 €	46 920 €	20 400 €	15 300 €	8 010 €	13 500 €	10 800 €
Groupe 3	29 495 €	-	42 330 €	-	-	-	13 000 €	-
Plafond annuel de l'IFSE avec logement de fonction gratuit								
Groupe 1	43 180 €	25 500 €	49 980 €	25 500 €	19 480 €	5 150 €	14 000 €	7 090 €
Groupe 2	38 250 €	20 400 €	46 920 €	20 400 €	15 300 €	4 860 €	13 500 €	6 750 €
Groupe 3	29 495 €	-	42 330 €	-	-	-	13 000 €	-
Montants maximaux annuels du CIA								
Groupe 1	7 620 €	4 500 €	8 820 €	4 500 €	3 440 €	1 230 €	1 680 €	1 260 €
Groupe 2	6 750 €	3 600 €	8 280 €	3 600 €	2 700 €	1 090 €	1 620 €	1 200 €
Groupe 3	5 205 €	-	7 470 €	-	-	-	1 560 €	-

555 **Règles de cumul du RIFSEEP.** Le RIFSEEP n'est pas cumulable avec toutes autres primes et indemnités liées aux fonctions et à la manière de servir, à l'exception des indemnités compensant le dépassement régulier du cycle de travail (IHTS), les astreintes ainsi que le travail de nuit, les dimanches et les jours fériés. L'IFSE et le CIA sont exclusifs de toutes autres primes et indemnités liées aux fonctions et à la manière de servir, à l'exception de celles énumérées par un arrêté ministériel du 27 août 2015.

Cette indemnité est cumulable avec la prime de responsabilité des emplois administratifs de direction.

556 **Indemnité d'administration et de technicité (IAT).** Cette indemnité peut être attribuée aux fonctionnaires de catégorie C, aux fonctionnaires de catégorie B dont la rémunération est au plus égale à celle qui correspond à l'indice brut 380 et à ceux qui ont un indice supérieur mais bénéficient de l'IHTS prévu par le décret n° 2002-61 du 14 janvier 2002. L'indemnité doit faire l'objet d'une délibération de l'assemblée qui fixe l'enveloppe budgétaire nécessaire ; son attribution individuelle « est modulée pour tenir compte de la manière de servir de l'agent dans l'exercice de ses fonctions » (art. 5). Le montant individuel ne peut dépasser huit fois le montant de référence du grade. L'indemnité est exclusive de toute indemnité forfaitaire pour travaux supplémentaires (art. 7). Elle n'est pas cumulable avec la prime technique de l'entretien des travaux et de l'exploitation.

L'organe délibérant peut prévoir des dérogations à l'indice plafond 380.

Les agents non titulaires peuvent en bénéficier dès lors qu'une délibération le prévoit.

Cette indemnité est cumulable avec l'indemnité spéciale de fonction et l'IHTS.

Le versement de l'indemnité est mensuel depuis le 1er janvier 2003.

Cette prime a vocation à disparaître avec la mise en place du RIFSEEP dès le 1er mars 2020. Il ne reste aujourd'hui que quelques cadres d'emploi qui y sont encore éligibles dans les filières techniques, la police municipale et les sapeurs-pompiers.

Réf.
- D. n° 2002-61 du 14 janv. 2002
- D. n° 2020-182 du 27 févr. 2020

557 **Montants de référence annuels de l'indemnité d'administration et technicité.**

Cadres d'emplois et grades de la fonction publique territoriale	Montants de référence au 1er juillet 2022 (en €)
Filière police	
Chef de service de police municipale jusqu'au 2e échelon	616,62
Chef de police municipale (grade en voie d'extinction)	513,28
Brigadier-chef principal	513,28
Brigadier	491,94-486,32
Gardien	491,94
Garde champêtre chef principal	498,68
Garde champêtre chef	491,94-486,32
Filière sapeurs-pompiers	
Lieutenant 2e classe jusqu'au 2e échelon inclus	616,62
Adjudant	513,28
Sergent	513,28
Caporal-chef	498,68
Caporal	491,94
Sapeur	486,32-470,59

Le crédit global de l'indemnité d'administration et de technicité (IAT) peut être calculé en multipliant le montant moyen annuel applicable à chaque grade par un coefficient compris entre 0 et 8 (délibération) puis par l'effectif des membres de chaque grade.

Exemple : pour 7 adjoints techniques des établissements d'enseignement bénéficiant d'un taux de référence de 454,68 € et en retenant un coefficient 8, le montant maximum de l'IAT est de 25 462,08 €.

Le calcul se décompose de la manière suivante :

$$\frac{\text{Taux de référence} \times \text{Coefficient retenu} \times \text{Nombre de bénéficiaires}}{454{,}68\ € \times 8 \times 7 = 25\ 462{,}08\ €}$$

Dans ce cas, tous les agents pourront percevoir au maximum 3 637,44 €.

Si, pour ces mêmes agents, la collectivité retient le coefficient 4, le montant de l'IAT sera de :

$$454{,}68\ € \times 4 = 1\ 818{,}72\ € \times 7 = 12\ 731{,}04\ €$$

Dans ce dernier cas, si un agent perçoit le maximum, à savoir 3 637,44 €, les autres se partagent les 9 093,60 € restants.

Il faut, en effet, rappeler que s'il appartient au conseil municipal de fixer le coefficient et les critères d'attribution, l'attribution individuelle est de la seule responsabilité du maire.

Pour les cotisations sociales et fiscales, se reporter à l'IHTS.

558 Indemnités forfaitaires pour travaux supplémentaires (IFTS) des personnels de la filière culturelle et des sapeurs-pompiers. Le crédit global est calculé sur la base d'un taux moyen annuel maximum fixé par arrêté. Ces montants moyens annuels sont indexés sur la valeur du point de la fonction publique.

Les indemnités forfaitaires pour travaux supplémentaires ne sont désormais ouvertes qu'aux professeurs d'enseignement artistique chargés de direction, et à plusieurs grades de la filière sapeurs-pompiers. Dans les autres filières, le RIFSEEP a remplacé cette indemnité.

Pour les professeurs,le montant moyen annuel de référence au 1er juillet 2022 : 1 540,99 €.Ce montant correspond aux IFTS de 1re catégorie conformément au tableau d'assimilation concernant les professeurs certifiés fixé par l'arrêté du 25 février 2002. Aucune distinction n'est faite entre les grades de professeur de classe normale et de professeur hors classe.

Pour les apeurs pompiers les montants moyens annuels de référence au 1er juillet 2022 :
- 1re catégorie : 1 540,99 € ;
- 2e catégorie : 1 159,90 € ;
- 3e catégorie : 898,52 €.

Le crédit global affecté à chaque catégorie est égal au taux moyen annuel correspondant multiplié par le nombre de bénéficiaires pour chaque catégorie. Le montant individuel ne peut excéder 8 fois le montant moyen annuel attaché à la catégorie à laquelle appartient l'agent.

L'IFTS n'est pas cumulable avec l'IHTS, ni avec un logement concédé par nécessité absolue de service, ni avec l'indemnité d'administration et de technicité.

Pour les cotisations sociales et fiscales, se reporter à l'IHTS.

Il convient de souligner l'incompatibilité, posée par la réglementation, entre le bénéfice d'un logement de fonction à titre gratuit et la perception d'indemnités horaires ou forfaitaires pour travaux supplémentaires. Dès lors que la délibération, qui reconnaît à certains cadres d'emplois le bénéfice d'un logement de fonction concédé gratuitement par nécessité absolue de service, rappelle expressément cette interdiction de cumul, le comptable doit suspendre le versement des heures supplémentaires qui seraient mandatées au profit des agents bénéficiaires de ce logement, afin de sauvegarder sa responsabilité personnelle et pécuniaire.

Dans le cas où la délibération ne préciserait pas explicitement cette interdiction de cumul, le comptable doit procéder au paiement des heures supplémentaires mandatées. En effet, les comptables n'étant pas juges de la légalité interne des décisions, ils ne peuvent refuser le paiement d'un mandat pour le motif que les pièces qui y sont jointes, bien que suffisantes et régulières en la forme, contreviennent à un texte législatif ou réglementaire, quand bien même ce texte serait visé dans la délibération.

Toutefois, dans le cadre de sa mission d'aide au contrôle de légalité, le rôle du comptable consiste à alerter le DDFIP de l'illégalité manifeste que représente le cumul d'un logement gratuit avec le bénéfice d'heures supplémentaires, selon les modalités décrites par la circulaire n° 90-78-M0 du 10 juillet 1990 modifiée par celles n°s 90-100-M0 du 17 septembre 1990 et 92-59-M0 du 20 mai 1992, afin que celui-ci puisse en informer le préfet, seul chargé du contrôle de légalité.

Il convient de préciser également que la délibération attribuant un logement par nécessité absolue de service doit spécifier les avantages accessoires liés à l'usage du logement. Elle doit ainsi prévoir si la gratuité s'étend à la fourniture de l'eau, du gaz, de l'électricité et du chauffage ou à certains seulement de ces avantages (L. n° 99-586, 12 juill. 1999 ; L. n° 84-53, 26 janv. 1984, préc., art. 88 ; D. n° 91-875, 6 sept. 1991, préc.).

Réf.
- D. n° 2002-63, 14 janv. 2002

559 **Indemnités forfaitaires pour travaux supplémentaires (IFTS) : enseignement et sapeurs pompiers.** Professeurs d'enseignement artistiques :

- agents titulaires et stagiaires relevant du cadre d'emplois des professeurs d'enseignement artistique à la condition qu'ils exercent les fonctions de directeur d'un conservatoire à rayonnement communal ou intercommunal ou d'un établissement d'enseignement artistique non classé ou d'une école d'arts plastiques non habilitée à dispenser tout ou partie de l'enseignement conduisant à un diplôme d'État ou à un diplôme agréé par l'État (professeurs chargés de direction) ;
- agents contractuels dès lors qu'une délibération le prévoit.

Sapeurs pompiers :

- 1re catégorie :
  Fonctionnaires de catégorie A appartenant à un grade dont l'indice brut terminal est supérieur à 821 : contrôleurs généraux ; colonels hors classe ; colonels ; lieutenants-colonels ; commandants ; médecins et pharmaciens de classe exceptionnelle ; médecins et pharmaciens hors classe ; médecins et pharmaciens de classe normale ; cadres supérieurs de santé ; cadres de santé, infirmiers hors classe.
- 2e catégorie :
  Fonctionnaires de catégorie A appartenant à un grade dont l'indice brut terminal est au plus égal à 821 : capitaines ; médecins et pharmaciens de 2e classe ; infirmiers.
- 3e catégorie :
  Fonctionnaires de catégorie B dont l'indice brut est supérieur à 380 : lieutenants hors classe ; lieutenants de 1re classe sans considération d'indice ; lieutenants de 2e classe à partir du 3e échelon.

560 **Prime de responsabilité des emplois administratifs de direction de la filière administrative.** Cette prime est payable mensuellement en appliquant au montant du traitement soumis à retenue pour pension du bénéficiaire un taux individuel, fixé dans la limite d'un taux maximum de 15 %. Le versement de la prime est interrompu lorsque le bénéficiaire cesse d'exercer la fonction correspondant à son emploi, sauf en cas de congé annuel, de congé pris dans le cadre d'un compte épargne-temps, de congé de maternité, de maladie ordinaire, ou d'invalidité temporaire imputable au service. Le directeur général adjoint des services peut, pendant la période où le bénéficiaire n'exerce pas la fonction correspondant à son emploi, se voir attribuer le bénéfice de la prime. Une délibération doit fixer le taux de la prime qui est cumulable avec le régime indemnitaire tenant compte des fonctions, sujétions, expertise et engagement professionnel (RIFSEEP).

Pour les contractuels, cette prime est assujettie à toutes les cotisations sociales et fiscales. Pour les titulaires, elle n'est pas assujettie aux cotisations de sécurité sociale et de retraite, mais elle l'est à l'impôt et à la contribution sociale généralisée (CSG).

Réf.
- D. n° 88-631, 6 mai 1988

561 **Prime de responsabilité des emplois administratifs de direction : bénéficiaires.** En bénéficient les agents occupant les emplois fonctionnels de direction suivants :
- directeur général des services des communes de plus de 2 000 habitants ;
- directeur général des services des régions et des départements ;
- directeur général des services des mairies d'arrondissement des communes de Lyon et Marseille ;
- directeur général des conseils de territoire de la métropole d'Aix-Marseille-Provence ;
- directeur général et directeur des délégations du Centre national de la fonction publique territoriale ;
- directeur des établissements publics figurant sur la liste fixée par le décret n° 88-546 du 6 mai 1988 modifié, soit :
  - métropoles et établissements publics territoriaux de la métropole du Grand Paris,
  - communautés urbaines, communautés d'agglomération nouvelle et communautés d'agglomération,
  - communautés de communes sous réserve que la population totale des communes regroupées soit supérieure à 10 000 habitants,
  - syndicats d'agglomération nouvelle, sous réserve que la population totale des communes soit supérieure à 10 000 habitants,
  - syndicats intercommunaux, syndicats mixtes composés exclusivement de collectivités territoriales ou de groupements de ces collectivités,

sous réserve que les compétences desdits établissements publics, l'importance de leur budget, le nombre et la qualification des agents à encadrer permettent de les assimiler à des communes de plus de 10 000 habitants,
- centres interdépartementaux de gestion,
- centres de gestion, sous réserve que le total des effectifs d'agents qui relèvent des collectivités et établissements du ressort du centre soit au moins égal à 5 000,
- centres communaux d'action sociale et centres intercommunaux d'action sociale, sous réserve que l'importance de leur budget de fonctionnement et le nombre et la qualification des agents à encadrer permettent de les assimiler à des communes de plus de 10 000 habitants,
- caisses de crédit municipal ayant un statut d'établissement public administratif.

562 Indemnité de sujétions horaires de la filière technique. Elle concerne les agents titulaires et stagiaires relevant du cadre d'emplois de technicien territorial ainsi que les contractuels dès lors qu'une délibération le prévoit. Cette indemnité est cumulable avec le régime indemnitaire tenant compte des fonctions, des sujétions, de l'expertise et de l'engagement professionnel (RIFSEEP).

Cette indemnité vise à compenser les sujétions liées à une organisation du travail qui implique des vacations au moins égales à six heures de travail effectif continu par vacation ou un cycle de travail avec des heures de travail décalées (18 h 00-7 h 00 en semaine, du vendredi 18 h 00 au lundi 7 h 00 et 18 h 00-7 h 00 les jours fériés), il s'agit d'heures comprises dans l'horaire normal de travail :
- vacations ordinaires : 7,77 € ;
- vacations de nuit, samedi, dimanche ou jour férié : 15,56 € ;
- rémunération horaire : traitement brut annuel + indemnité de résidence/1820 ;
- horaires liés aux marées : 4 896 € annuels ;
- en cas de cycle de travail institué à titre permanent, chaque jour férié de fonctionnement du service donne lieu à un complément de 1,89 €, qui s'ajoute au montant calculé au titre des vacations ordinaires ;
- horaires décalés : le montant des attributions individuelles au titre de la seconde part de l'indemnité de sujétions horaires est calculé en application des taux de bonification à la rémunération versée au titre des heures décalées comprises dans l'horaire de travail. Ces taux sont les suivants :
  - heures de soirée (entre 18 h 00 et 22 h 00) : 10 %,
  - heures de nuit (entre 22 h 00, le soir, et 7 h 00, le matin) : 70 %,
  - heures du samedi, y compris heures de soirée (du vendredi 18 h 00 au samedi 18 h 00) : 15 %,
  - heures du dimanche, y compris heures de soirée (du samedi 18 h 00 au lundi 7 h 00) : 25 %,

- heures de jour férié, y compris heures de soirée (de la veille 18 h 00 au lendemain 7 h 00) : 55 %.

Réf.

- D. n° 2002-532, 16 avr. 2002

563 **Indemnités spéciales de risques aux agents des parcs zoologiques communaux chargés de donner leurs soins aux animaux sauvages.** Peuvent bénéficier de cette indemnité les titulaires, stagiaires et contractuels à temps complet ou non complet.

Le taux annuel maximum de cette indemnité est défini par référence à celui de l'indemnité spéciale de risques à certains personnels du Muséum national d'histoire naturelle (A., 28 déc. 2015, fixant, à compter du 1er janv. 2016, le taux annuel de l'indemnité spéciale de risques attribuée à certains personnels du Muséum national d'histoire naturelle chargés de donner leurs soins aux animaux sauvages). Il est fixé à 1 200 €/an.

Le crédit global est calculé sur la base du montant annuel maximum multiplié par le nombre de bénéficiaires. L'attribution individuelle est modulable.

Pour les cotisations sociales et fiscales, se reporter à l'IHTS.

Réf.

- D. n° 76-168, 3 déc. 1976

564 **Prime d'encadrement éducatif de nuit de la filière sanitaire et sociale.** En bénéficient les agents titulaires et stagiaires relevant du cadre des psychologues territoriaux sur délibération. Cette prime est liée à la charge éducative de nuit des mineurs et jeunes majeurs des services de la protection judiciaire de la jeunesse pendant 6 heures consécutives entre 21 h 00 et 6 h 00. Le montant de base est fixé à 15 €/nuit ; majoré à 20 €, le jour suivant ou précédant un jour férié ou un dimanche.

Depuis le 1er mars 2020, les psychologues territoriaux sont éligibles au RIFSEEP.Cette prime est cumulable avec le régime indemnitaire tenant compte des fonctions, des sujétions, de l'expertise et de l'engagement professionnel (RIFSEEP). Elle n'est pas cumulable avec l'indemnité horaire pour travail du dimanche et des jours fériés.

Les agents contractuels peuvent en bénéficier si la délibération le prévoit. Cette prime est non cumulable avec l'indemnité horaire pour travail du dimanche et des jours fériés et le RIFSEEP.

565 **Prime grand âge – Auxiliaires de soins territoriaux.** La prime « Grand âge » n'est pas une prime de la fonction publique de l'État susceptible d'être transposée aux agents territoriaux en application du principe de parité : le décret du 29 septembre 2020 est un texte propre à la fonction publique territoriale.

Il en résulte que les conditions d'octroi, le montant, ainsi que les modulations de la prime qu'il prévoit, s'imposent aux collectivités territoriales dès lors que l'organe délibérant a pris la décision d'instituer la prime.

Le décret prévoit une entrée en vigueur rétroactive : la prime peut être versée après délibération au titre des fonctions exercées auprès des personnes âgées depuis le 1er mai 2020.

Les bénéficiaires sont :
- les agents titulaires et stagiaires relevant du cadre d'emplois des auxiliaires de soins territoriaux ;
- les agents contractuels dès lors qu'une délibération le prévoit.

Les cadres bénéficiaires doivent exercer les fonctions d'aide-soignant ou d'aide médico-psychologique dans les établissements d'hébergement pour personnes âgées dépendantes (EHPAD), les services de soins infirmiers à domicile (SSIAD) ou toute autre structure spécialisée dans la prise en charge des personnes âgées.

Le montant mensuel au 1er mai 2020 : 118 €. Le montant est réduit, le cas échéant, dans les mêmes proportions que le traitement. En cas de pluralité d'employeurs, il est versé au prorata du temps accompli dans chacun des établissements ou structures concernés.

La prime est intégralement prise en charge par l'assurance maladie (note d'information DGCL n° 20-018937-D du 18 novembre 2020).

Cette indemnité est cumulable avec le régime indemnitaire tenant compte des fonctions, des sujétions, de l'expertise et de l'engagement professionnel

Réf.
- L. n° 96-1093, 16 déc. 1996, art. 68 : *JO* 17 déc. 1996
- D. n° 2020-1189, 29 sept. 2020 : *JO* 30 sept. 2020
- Note d'information DGCL n° 20-018937-D, 18 nov. 2020

566 **Indemnités forfaitaires pour travail des dimanches ou jour férié des personnels de la filière sanitaire et sociale.** Peuvent en bénéficier les cadres suivants :
- cadres de santé paramédicaux ;
- sages-femmes ;
- infirmiers en soins généraux ;
- infirmiers ;
- puéricultrices ;
- techniciens paramédicaux ;
- pédicures-podologues, ergothérapeutes, orthoptistes et manipulateurs d'électroradiologie ;
- masseurs-kinésithérapeutes, psychomotriciens et orthophonistes ;

- auxiliaires de puériculture ;
- auxiliaires de soins ;
- agents sociaux.

Les agents contractuels peuvent la percevoir si la délibération le prévoit.

Montant forfaitaire pour huit heures de travail effectif : 49,52 € (au 1er juillet 2022). L'indemnité est payée mensuellement. Elle peut être majorée au prorata de la durée du service au-delà de huit heures.

Ce montant est indexé sur la valeur du point d'indice de la fonction publique.

Cette indemnité est cumulable avec le RIFSEEP et les indemnités horaires pour travaux supplémentaires. Elle n'est pas cumulable avec l'indemnité horaire pour travail du dimanche et jours fériés en faveur des agents communaux.

Réf.
- D. n° 2008-797, 20 août 2008
- D. n° 92-1032, 25 sept. 1992
- D. n° 91-875, 6 sept. 1991

567 **Primes spéciales d'installation.** Peuvent en bénéficier :
- les agents titulaires et stagiaires qui, lors de leur accès à un premier emploi dans l'une des collectivités mentionnées à l'article 2 de la loi n° 84-53 du 26 janvier 1984 modifiée, reçoivent au plus tard au jour de leur titularisation une affectation dans l'une des communes de la région Île-de-France ou de la communauté urbaine de Lille ;
- les agents recrutés par voie de mutation ou de détachement sous réserve qu'ils aient eu la qualité de stagiaires ou de titulaires auprès d'une collectivité n'ouvrant pas droit à la prime spéciale d'installation.

La prime doit être instituée par délibération.

Pour bénéficier de l'intégralité de la prime, l'agent doit demeurer au service de la collectivité pendant une durée d'un an, décomptée à compter de la date de l'affectation.

La prime doit être versée intégralement au cours des deux mois suivant la prise effective des fonctions de l'agent dans la collectivité. Elle est d'un montant égal à la somme du traitement brut mensuel et de l'indemnité de résidence afférents à l'indice brut 500, que l'agent travaille à temps plein ou à temps partiel.

Elle est versée au cours des deux mois suivant la prise effective des fonctions.

Lors d'une nouvelle affectation, l'agent peut bénéficier à nouveau de la prime d'installation.

S'agissant des agents à temps non complet, le montant de la prime spéciale d'installation est calculé au prorata du temps de service effectué pendant une année dans la ou les communes y ouvrant droit.

Lorsque l'agent accomplit son service auprès de plusieurs collectivités, la charge de la prime spéciale d'installation doit être répartie entre chaque collectivité employeur au prorata de la durée de service effectuée auprès de chacune d'elle.

Si l'agent ou son conjoint bénéficie d'une indemnité compensatrice de logement, la prime spéciale d'installation est réduite du montant de l'indemnité à percevoir durant l'année qui suit l'affectation.

Pour les cotisations sociales et fiscales, se reporter à l'IHTS, sauf en ce qui concerne les contractuels puisque la prime spéciale d'installation ne leur est pas attribuée.

Réf.
- D. n° 90-938, 17 oct. 1990
- D. n° 89-259, 24 avr. 1989, mod.
- D. n° 2017-1137, 5 juill. 2017 (*JO* 7 juill. 2017)

568 **Prime d'intéressement à la performance collective des services.** Cette prime est entrée en vigueur le 5 mai 2012. En bénéficient les agents titulaires, stagiaires ou contractuels.

Une délibération de l'organe délibérant fixe après avis du comité technique :
- les objectifs à atteindre sur une période de 6 ou 12 mois consécutifs, le cas échéant dans le cadre d'un programme annuel ou pluriannuel ;
- les types d'indicateurs ;
- le montant maximal de la prime susceptible d'être attribué aux agents du service ou du groupe de services relevant du dispositif, dans la limite d'un montant individuel annuel de 600 €.

La prime doit être attribuée à l'ensemble des agents dans les services ayant atteint les résultats fixés par l'autorité territoriale après avis du comité technique. Seule l'insuffisance professionnelle caractérisée et l'absence effective dans le service d'au moins trois mois (objectifs semestriels) ou six mois (objectifs annuels) peuvent conduire à exclure un agent du bénéfice de la prime.

Cette prime est cumulable avec toute autre indemnité à l'exception des indemnités rétribuant une performance collective.

Réf.
- D. n°s 2012-624 et 2012-625, 3 mai 2012
- D. n°s 2019-1261 et 2019-1262, 28 nov. 2019

569 **Indemnités forfaitaires complémentaires pour élections (IFCE).** Certains agents ne pouvant bénéficier du régime classique de rémunération des heures supplémentaires, l'IFCE a été instaurée.

S'agissant d'une prime spécifique de substitution au régime habituel de paiement des heures supplémentaires, sont donc exclus de ce dispositif les agents de catégories C et B qui peuvent prétendre aux indemnités horaires pour travaux supplémentaires (IHTS), sachant que les heures réalisées les jours d'élections ne sont pas comptabilisées dans le plafond mensuel (vingt-cinq heures) compte tenu de leur caractère exceptionnel.

Ce sont donc les personnels de catégorie A, éligibles aux indemnités forfaitaires pour travaux supplémentaires (IFTS) qui sont les seuls bénéficiaires de l'IFCE.

Pour en bénéficier, les agents doivent accomplir des travaux supplémentaires à l'occasion des élections sans pouvoir ouvrir droit aux indemnités forfaitaires pour travaux supplémentaires.

1 – Élections présidentielles, législatives, régionales, départementales, municipales, référendum, Union européenne

Le crédit global affecté à ces indemnités est obtenu en multipliant la valeur mensuelle maximale de l'indemnité forfaitaire pour travaux supplémentaires (IFTS) des attachés territoriaux par le nombre des bénéficiaires remplissant les conditions d'octroi de l'indemnité pour élections, soit 1 097,15 € × 8 : 12 = 731,43 € au 1er juillet 2022.

Le montant individuel ne peut excéder le quart de l'indemnité forfaitaire annuelle d'attaché territorial, soit (1 097,15 € × 8 : 4 =2 194,30 € au 1er juillet 2022. Le crédit global est réparti selon les critères propres à la commune en fonction du travail effectué le jour des élections.

2 – Autres élections

Le crédit global :

$$\frac{\text{Valeur annuelle de l'indemnité d'attaché territorial} \times \text{Nb des bénéficiaires de l'indemnité)}}{36}$$

La somme individuelle maximale ne peut dépasser 1/12 de l'indemnité ci-dessus.

3 – Règles de cumul :

Cette indemnité pour élections n'est pas cumulable avec les indemnités horaires pour travaux supplémentaires (IHTS). Elle l'est avec l'IFTS et le RIFSEEP. Les montants sont doublés lorsque la consultation a lieu sur deux tours. Lorsque deux élections se déroulent le même jour, une seule indemnité est allouée. Les agents employés à temps non complet peuvent bénéficier de cette indemnité sans réduction au prorata de la durée hebdomadaire de travail.

Pour les cotisations sociales et fiscales, se reporter à l'IHTS.

Réf.
- D. n° 2002-63, 14 janv. 2002
- D. n° 86-252, 20 févr. 1986
- A., 14 janv. 2002

570 Forfait télétravail. Cette indemnité compense les frais engagés au titre du télétravail par les agents, sous la forme d'une allocation forfaitaire dénommée « forfait télétravail ».

En bénéficient :
- les agents titulaires et stagiaires ;
- les agents contractuels de droit public ;
- les apprentis.

Une délibération de l'organe délibérant institue le dispositif au profit des agents de la collectivité.

Les bénéficiaires doivent remplir les conditions individuelles suivantes :
- être agent public ou apprenti de la collectivité ;
- exercer leurs missions dans le respect des dispositions du décret n° 2016-151 du 11 février 2016 fixant le cadre réglementaire du télétravail dans la fonction publique (demande de l'agent, autorisation de l'employeur notamment) ;
- ne pas fréquenter un tiers lieu (principalement, espace de *coworking*) offrant un service de restauration collective financé par l'employeur.

Le montant du forfait est de 2,5 € par jour de télétravail effectué dans la limite de 220 € par an (sans seuil de déclenchement).

Le versement a lieu selon une périodicité trimestrielle.

Le forfait télétravail est totalement exonéré d'impôts sur le revenu et de charges sociales.

571 Indemnité de jurys de concours ou de formateurs. Les agents des collectivités locales assurant ces tâches à titre d'occupation accessoire peuvent percevoir à ce titre des indemnités spéciales.

Sauf dispositions particulières, les communes peuvent également faire bénéficier de ces avantages les fonctionnaires et agents de l'État en activité, les retraités des collectivités locales ou de l'État ainsi que des personnes étrangères à l'administration.

Le décret de 2010 applicable à compter de septembre 2010 concerne les agents de l'État : il ne s'impose pas aux collectivités territoriales qui peuvent cependant s'en inspirer. En l'absence de cadre juridique, les collectivités et établissements publics territoriaux organisateurs de formation ou de concours ont toute latitude pour fixer, par délibération, leur barème de rémunération.

Réf.
- D. n° 2010-235, 5 mars 2010

572 **Indemnité pour travail dominical régulier de la filière culturelle.** Bénéficient de cette indemnité les agents de la filière culturelle qui assurent durant l'année entière un service permanent normal pendant la journée du dimanche avec récupération en semaine (assurer au moins 10 dimanches/an).

Le montant annuel de l'indemnité est fixé à :

Pour 10 dimanches	Mise à jour du 11e au 18e dimanche	Mise à jour à partir du 19e dimanche
962,44 €	45,90 €	52,46 €

Les jours fériés sont exclus de décompte. Les dimanches de Pâques et de Pentecôte sont exclus mais peuvent être indemnisés au titre de l'indemnité pour service de jour férié.

Cependant, lorsque le travail est effectué un jour férié, une indemnité peut être versée. Son montant est de 3,59/30 du traitement indiciaire brut mensuel de l'agent, dans la limite de 3,59/30 du traitement brut mensuel correspondant à 449. Ce taux est majoré de 18 % lorsque l'établissement est ouvert au public.

Pour les cotisations sociales et fiscales : indemnité avec cotisations de sécurité sociale, retraite, RAFP, CSG et CRDS.

Indemnité non cumulable avec les indemnités pour travaux supplémentaires.

Réf.
- D. n° 2002-857, 3 mai 2002
- D. n° 91-875, 6 sept. 1991
- A., 23 févr. 2012, fixant les taux et les modalités d'attribution de l'indemnité pour travail dominical régulier susceptible d'être allouée à certains personnels exerçant leurs fonctions dans un musée national du ministère de la Défense

573 **Indemnité pour service de jour férié de la filière culturelle.** Bénéficient de cette indemnité les agents titulaires et stagiaires relevant du cadre d'emplois des adjoints territoriaux du patrimoine et les agents contractuels si la délibération le prévoit.

Le montant journalier maximum est de 3,59/30 du traitement brut mensuel de l'agent lorsque le service est fermé au public ; ce montant est majoré de 18 % si le service est ouvert.

Cette indemnité est cumulable avec le régime indemnitaire tenant compte des fonctions, des sujétions, de l'expertise et de l'engagement professionnel (RIFSEEP).

Elle n'est pas avec toute autre indemnisation au même titre et notamment avec les indemnités horaires pour travaux supplémentaires et l'indemnité pour travail dominical régulier.

Réf.
- D. n° 2002-856, 3 mai 2002

574 **Prime d'entrée dans le métier d'enseignement de la filière culturelle.** Peuvent en bénéficier : les professeurs d'enseignement artistique et les assistants d'enseignement artistique titulaires et stagiaires.

Il faut avoir été titularisé pour la première fois dans l'un de ces deux cadres d'emplois pour l'obtenir.

Montant annuel au 1er septembre 2008 : 1 500 €.

La prime est versée en deux fois.

Réf.
- D. n° 2008-926, 12 sept. 2008
- D. n° 91-875, 6 sept. 1991

575 **Indemnité de suivi et d'orientation des élèves allouée aux professeurs et assistants d'enseignement de la filière culturelle.ISOE** Peuvent en bénéficier : les professeurs d'enseignement artistique et les assistants d'enseignement artistique titulaires et stagiaires.

Part fixe : 1 255,48 € (taux moyen annuel par agent ; montant de référence au 1er juillet 2022).

Part modulable : 1 475,74 € (taux moyen annuel par agent ; montant de référence au 1er juillet 2022).

Réf.
- D. n° 93-55, 15 janv. 1993
- D. n° 91-875, 6 sept. 1991, mod.
- NdS n° 2017-029, 8 févr. 2017 : *BOEN* n° 9, 2 mars 2017

576 **Indemnités d'heures supplémentaires des personnels d'enseignement artistique de la filière culturelle.** Le personnel d'enseignement artistique de la filière culturelle bénéficie d'un régime spécifique d'indemnisation des heures supplémentaires. Ce personnel ne relève pas du décret n° 2002-60 du 14 janvier 2002 relatif aux indemnités horaires pour travaux supplémentaires (art. 5 : Les indemnités horaires pour travaux supplémentaires, etc., sont exclusives des indemnités perçues par les personnels enseignants

soumis à un régime spécifique d'indemnisation des heures supplémentaires et de toute autre indemnité de même nature).

Peuvent en bénéficier les professeurs, les assistants spécialisés et les assistants d'enseignement artistique qui effectuent des heures supplémentaires au-delà de la durée de service hebdomadaire fixée par le statut particulier.

Le crédit global est égal à :

$$\frac{\text{Nb de bénéficiaires} \times \text{Taux brut moyen du grade} \times 9/13}{\text{Service réglementaire maximum}}$$

(Service réglementaire maximum : 20 heures pour les assistants ; 16 heures pour les professeurs ; + 10 % pour les professeurs hors classe.)

Cette fraction est majorée de 20 % pour la première heure supplémentaire de service régulier.

Le traitement brut moyen du grade correspond à :

$$\frac{\text{Traitement brut annuel 1}^{\text{er}}\text{ échelon} + \text{Traitement annuel échelon terminal}}{2}$$

Pour les cotisations sociales et fiscales, se reporter à l'IHTS.

Le taux individuel est fixé par délibération.

Le décompte individuel s'effectue sur la base de 1/270 de l'indemnité annuelle pour chaque jour de présence.

Si le service supplémentaire est irrégulier, chaque heure est rémunérée selon la formule suivante au-delà de la première heure :

$$\frac{\text{Montant annuel} + 25\ \%}{36}$$

Cette majoration est portée à 25 % en cas d'heures irrégulières pour des remplacements de courte durée.

Non cumulable avec l'indemnité forfaitaire pour travaux supplémentaires (IHTS) ou l'indemnité forfaitaire pour travaux supplémentaires (IFTS) et le bénéfice d'un logement concédé par nécessité absolue de service.

Montant annuel des heures supplémentaires d'enseignement (au 1er sept. 2022) :

Professeur hors classe :
- première heure : 1 775,08 € (montant horaire : 51,36 €) ;
- au-delà : 1 479,24 €.

Professeur de classe normale :
- première heure : 1 613,71 € (montant horaire : 46,69 €) ;
- au-delà : 1344,76 €.

Assistant principal 1re classe :
- première heure : 1 183,39 € (montant horaire : 34,24 €) ;
- au-delà : 952,81 €.

Assistant principal 2e classe :
- première heure : 1 084,27 € (montant horaire : 31,37 €) ;
- au-delà : 903,56 €.

Assistant :
- première heure : 1038,33 € (montant horaire :, 30,04 €) ;
- au-delà : 865,28 €.

Réf.
- D. nº 91-875, 6 sept. 1991, mod.
- D. nº 50-1253, 6 oct. 1950, mod.
- D. nº 2005-1035, 26 août 2005

577 **Prime d'entrée dans le métier d'enseignement.** Les bénéficiaires sont :
- agents titulaires et stagiaires relevant des cadres d'emplois de :
  - professeurs d'enseignement artistique,
  - assistants d'enseignement artistique.

Pour en bénéficier, il faut avoir été titularisé pour la première fois dans l'un des deux cadres d'emplois suivants de la filière culturelle : professeur, assistant d'enseignement artistique.

Le crédit global se détermine selon la formule suivante :

montant annuel × nombre de bénéficiaires versement

La prime est versée en deux fois et des règles de versement différé sont prévues en fonction du type de cessation de fonctions (disponibilité, congé parental, etc.) ou de changement de position et du moment où ce changement intervient. La démission donne lieu au reversement de l'intégralité du montant perçu.

Cette prime ne peut être versée qu'une seule fois au même bénéficiaire durant sa carrière.

Réf.
- D. nº 91-875, 6 sept. 1991 mod. (*JO* 7 sept. 1991)
- D. nº 2008-926, 12 sept. 2008 (*JO* 13 sept. 2008)
- A. 12 sept. 2008 (*JO* 13 sept. 2008)

578 **Prime d'attractivité de début de carrière des enseignants.** En bénéficient les agents titulaires et les agents contractuels dès lors qu'une délibération le prévoit.

Montant au 1er février 2022

Fonctionnaire titulaire	
Échelon détenu dans le premier grade	**Montant annuel brut (en €)**
2e échelon	2 200
3e échelon	2 050
4e échelon	1 500

.../...

Fonctionnaire titulaire	
5e échelon	1 100
6e et 7e échelons	900
8e et 9e échelons	400
Agent contractuel	
Indice brut détenu	**Montant annuel brut (en €)**
Inférieur ou égal à 408	1 200
409 à 412	1 150
413 à 441	1 100
442	1 050
443 à 469	1 000
470 et 471	950
472 à 500	900
501	850
501 à 591	800
592	750
593	700
594 et 595	650
596	600
597	550
598 et 599	500
600	450
> 601	400

Cadres d'emplois concernés :
- professeurs d'enseignement artistique ;
- assistants d'enseignement artistique.

S'agissant des conditions d'octroi :
- une délibération de l'organe délibérant est nécessaire ;
- il convient d'exercer effectivement les fonctions de son grade ou de son emploi ;
- et pour les fonctionnaires, deux conditions doivent être réunies : appartenir au premier grade de leur cadre d'emplois (professeur de classe normale ou assistant) et être classé entre le 2e et le 7e échelon.

Les enseignants stagiaires bénéficient d'une prime spécifique dont le montant annuel au 1/9/2022 est de 1200 €. (D. n° 2022-14, 6 janv. 2022). Cette indemnité spécifique n'est pas cumulable avec la prime d'attractivité de début de carrière.

Les enseignants artistiques titularisés pour la première fois dans leur cadre d'emplois peuvent percevoir la prime d'entrée dans le métier d'enseignant.

Pour les agents contractuels : détenir un indice brut (IB) égal ou inférieur à l'IB 591.

La prime est versée mensuellement à terme échu.

Cette prime n'est pas cumulable avec la fourniture par l'employeur de moyens informatiques, matériels et logiciels pour l'exercice des missions.

Réf.
- D. n° 91-875, 6 sept. 1991 mod. (*JO* 7 sept. 1991)
- D. n° 2021-276, 12 mars 2021 (*JO* 14 mars 2021)
- A., 12 mars 2021 (*JO* 14 mars 2021)
- A., 14 déc. 2021

579 **Prime d'équipement informatique des enseignants.** En bénéficient :
- les agents titulaires et stagiaires ;
- les agents contractuels dès lors qu'une délibération le prévoit et qu'ils sont employés par un contrat à durée indéterminée (CDI) ; un contrat à durée déterminée (CDD) d'une durée d'au moins un an ; des contrats successifs d'une durée cumulée d'au moins un an, à condition que l'interruption entre deux contrats n'excède pas quatre mois.

Les cadres d'emplois concernés sont les professeurs d'enseignement artistique et les assistants d'enseignement artistique.

Une délibération de l'organe délibérant doit prévoir cette prime.

Pour en bénéficier il faut être en fonction au 1er janvier de l'année et exercer effectivement les fonctions de son grade ou de son emploi.

Le montant annuel au 1er janvier 2021 est de 176 €.

Les agents qui exercent à temps partiel ou occupent à temps non complet perçoivent la prime à taux plein.

La prime est versée annuellement.

Cette prime n'est pas cumulable avec la fourniture par l'employeur de moyens informatiques, matériels et logiciels pour l'exercice des missions.

580 **Indemnité de surveillance de cantines et d'études surveillées.** Les bénéficiaires sont en principe des personnels de l'État, ces activités étant organisées et financées par les communes (instituteurs, professeurs des écoles). Pour ce qui est des agents communaux, l'application stricte de la réglementation conduit à les exclure du bénéfice de ces indemnités au profit, le cas échéant, d'heures supplémentaires, pour les personnels en activité.

Une délibération de l'organe délibérant est nécessaire.

Pour en bénéficier, il faut assurer en dehors des heures d'activité scolaire la surveillance des enfants, notamment dans le cadre des cantines ou des études surveillées.

Le taux horaire maximum de l'indemnité de surveillance des cantines est calculé sur la base de 60 % du taux de l'heure d'enseignement prévu pour les instituteurs.

Le taux horaire maximum de l'indemnité de surveillance des études est calculé sur la base de 90 % du taux de l'heure d'enseignement (elle-même majorée de 25 %) prévu pour les instituteurs.

Ces taux *maxima*, calculés sur la base des indices de rémunération des instituteurs, sont revalorisés lors de chaque majoration de traitement ou modification de l'échelle indiciaire de ces personnels. Une note ministérielle fixe leur valeur actualisée.

La collectivité territoriale doit déterminer le montant de la rémunération des heures d'études surveillées ou de surveillance de cantines dans la limite des montants maximum ci-après.

	Heures d'enseignement	**Heures d'étude surveillée**	**Heures de surveillance**
Instituteurs exerçants ou non les fonctions de directeur d'école élémentaire	22,26	20,03	10,68
Instituteurs exerçant au collège	22,26	20,03	10,68
Professeurs des écoles classe normale exerçant ou non des fonctions de directeur d'école	24,82	22,34	11,91
Professeur des écoles de classe exceptionnelle et professeurs des écoles hors classe exerçante ou non des fonctions de directeur d'école	27,30	24,57	13,11
Professeur contractuel 2e catégorie	22,26	20,03	10,68
Professeur contractuel 1re catégorie	24,06	21,65	11,55

Réf.

- D. n° 66-787, 14 oct. 1966 (*JO* 23 oct. 1966) mod. en dernier lieu par le décret n° 2020-1415 du 18 novembre 2020 (*JO* 20 nov. 2020)
- D. n° 82-979, 19 nov. 1982 (*JO* 21 nov. 1982)
- A. interministériel 11 janv. 1985 (*JO* 16 janv. 1985)
- A. interministériel 18 nov. 2020 (*JO* 20 nov. 2020)
- NdS n° 2017-030, 8 févr. 2017 (*BPEN* n° 9, 2 mars 2017)

581 **Indemnité d'astreinte.** L'astreinte peut être définie comme une période pendant laquelle des agents sont tenus d'effectuer une permanence à domicile afin de répondre aux nécessités urgentes du service.

Les agents titulaires, stagiaires, ainsi que les contractuels, si cela est prévu par délibération, peuvent en bénéficier.

En revanche, cette indemnité ne peut être accordée aux agents logés par nécessité absolue de service ou à ceux qui bénéficient d'une nouvelle bonification indiciaire pour l'un des emplois figurant dans les décrets n°s 2001-1274 du 27 décembre 2001 et 2001-1367 du 28 décembre 2001.

Pour la filière technique, les taux sont les suivants (2015) :

Durée	Astreinte d'exploitation	Astreinte de sécurité	Astreinte de décision
Une semaine complète	159,20 €	149,48 €	121 €
Une astreinte de nuit en semaine	10,75 €	10,05 €	10 €
Astreinte fractionnée à moins de dix heures	8,60 €	8,08 €	0
Une astreinte couvrant une journée de récupération	37,40 €	34,85 €	25 €
Une astreinte le week-end (du vendredi soir au lundi matin)	116,20 €	109,28 €	76 €
Une astreinte le samedi	37,40 €	34,85 €	25 €
Une astreinte le dimanche ou un jour férié	46,55 €	43,38 €	34,85 €

Ces montants sont majorés de 50 % lorsque l'agent est prévenu moins de 15 jours francs avant. Pas de compensation en temps prévue.

S'agissant des autres filières, les taux sont les suivants :
- une semaine complète : 149,48 € ;
- du lundi matin au vendredi soir : 45 € ;
- une nuit de semaine : 10,05 € ;
- du vendredi soir au lundi matin : 109,28 € ;
- samedi : 34,85 € ;
- dimanche ou jour férié : 43,38 €.

À défaut d'indemnisation, il est possible de compenser en temps (filière technique). Pour les cotisations sociales et fiscales, se reporter à l'IHTS.

Réf.
- D. n° 2015-415, 14 avr. 2015
- A., 14 avr. 2015, fixant les taux de l'indemnité d'astreinte attribuée à certains agents du ministère des Transports, de l'Équipement, du Tourisme et de la Mer

582 **Indemnité d'intervention.** Cette indemnité dite d'intervention est octroyée par délibération. L'intervention est définie comme la période de travail effectif (y compris le trajet aller et retour pour se rendre sur le lieu de travail) accompli par un agent pendant une période d'astreinte. Depuis le 17 avril 2015, la filière technique bénéficie d'un régime spécifique d'indemnisation des interventions durant les périodes d'astreinte.

Barème en vigueur depuis 2015 toutes filières, hors filière technique

Entre 18 h 00 et 22 h 00	16 €/h
Entre 22 h 00 et 7 h 00	24 €/h
Samedi entre 7 h 00 et 22 h 00	20 €/h
Dimanche et jour férié	32 €/h

À défaut d'être indemnisées, les périodes d'intervention peuvent être compensées par une durée d'absence équivalente aux heures de travail effectif majoré :

Heures effectuées entre 18 h 00 et 22 h 00	+10 %
Heures effectuées le samedi entre 7 h 00 et 22 h 00	+10 %
Heures effectuées entre 22 h 00 et 7 h 00	+25 %
Heures effectuées les dimanches et jours fériés	+25 %

Régime spécifique concernant la filière technique

Nuit	22 €/h
Jour de semaine	16 €/h
Samedi	22 €/h
Dimanche et jour férié	22 €/h

À défaut d'être indemnisées, les périodes d'intervention peuvent être compensées par une durée d'absence équivalente aux heures de travail effectif majoré :

Samedi	+25 %
Repos imposé par l'organisation	+25 %
Nuit	+50 %
Dimanche et jour férié	+100 %

Réf.

- D. n° 2015-415, 14 avr. 2015
- A., 14 avr. 2015, fixant les taux de l'indemnité d'astreinte attribuée à certains agents du ministère de l'Équipement, des Transports, du Logement, du Tourisme et de la Mer

583 **Indemnité de permanence.** L'indemnité de permanence est octroyée par délibération.

La permanence est définie comme l'obligation faite à un agent de se trouver sur son lieu de travail habituel, ou un lieu désigné par son chef de service, pour nécessité de service, un samedi, un dimanche ou lors d'un jour férié sans qu'il y ait travail effectif ou astreinte. Toutefois, pour le ministère de l'Intérieur, l'indemnisation des permanences est possible pour les agents de la filière technique à tout moment de la semaine et notamment la nuit (Circ., 15 juill. 2005, NOR:MCTB0510009C).

Les barèmes sont les suivants :

Toutes filières hors technique	
Journée du samedi	45,00 €
Demi-journée du samedi	22,50 €
Journée du dimanche ou jour férié	76,00 €
Demi-journée dimanche ou jour férié	38,00 €
Filière technique	
Semaine complète	477,60 €
Permanence entre le lundi et le samedi ou nuit qui suit un jour de récupération	32,25 €
Permanence fractionnée	25,80 €
Permanence couvrant une journée de récupération	112,20 €
Permanence de WE	348,60 €
Permanence le samedi	112,20 €
Permanence dimanche ou jour férié	139,65 €

Ces montants sont majorés de 50 % lorsque l'agent est prévenu moins de 15 jours francs avant.

À défaut d'être indemnisées, les périodes de permanence peuvent être compensées par une durée d'absence équivalente au nombre de travail effectif majoré de 25 %.

L'indemnité de permanence est cumulable avec le RIFSEEP.

Comme pour l'indemnité d'astreinte, cette indemnité ne peut être accordée aux agents logés par nécessité absolue de service ou à ceux qui bénéficient d'une nouvelle bonification indiciaire pour l'un des emplois figurant dans les décrets n°s 2001-1274 du 27 décembre 2001 et 2001-1367 du 28 décembre 2001.

La rémunération et la compensation sont exclusives l'une de l'autre. Elles ne sont pas cumulables avec l'indemnisation ou la compensation des astreintes.

Réf.

- D. n° 2003-545, 18 juin 2003
- A., 28 déc. 2005, fixant les taux de l'indemnité d'astreinte attribuée à certains agents du ministère des Transports, de l'Équipement, du Tourisme et de la Mer
- A., 14 avr. 2015 fixant les taux de l'indemnité de permanence aux ministères chargés du Développement durable et du Logement

584 **Indemnités horaires pour travail normal de nuit et majoration pour travail intensif.** Les agents des communes qui assurent totalement ou partiellement leur service normal entre 21 h 00 et 6 h 00 peuvent percevoir des indemnités horaires. Sont notamment concernés les éboueurs, les receveurs placiers et les agents préposés à la police municipale et rurale. Le conseil municipal définit les emplois susceptibles de bénéficier de cet avantage.

Lorsque le service normal de nuit nécessite un travail intensif, l'indemnité horaire à laquelle ils peuvent prétendre peut être majorée.

Le taux est de 0,17 € par heure ; le taux horaire de la majoration pour travail intensif est de 0,80 € et 0,90 € pour la sous-filière médico-sociale. L'indemnité n'est pas cumulable avec les indemnités pour travaux supplémentaires pour les mêmes heures.

Cette indemnité est cumulable avec le RIFSEEP ; non cumulable avec l'IHTS ou tout autre avantage pour permanence de nuit.

Pour les cotisations sociales et fiscales, se reporter à l'IHTS.

Réf.
- D. n° 76-208, 24 févr. 1976
- D. n° 98-1057, 16 nov. 1998
- D. n° 88-1084, 30 nov. 1988
- A., 30 août 2001, fixant les taux de l'indemnité horaire pour travail normal de nuit et de la majoration spéciale pour travail intensif
- A., 27 mai 2005
- A., 1er août 2006
- A., 30 nov. 1988 (sous-filière médico-sociale)

585 **Indemnité pour travaux dangereux, incommodes, insalubres ou salissants.** Des indemnités spécifiques peuvent être allouées aux agents chargés d'effectuer des travaux pour l'exécution desquels des risques ou des incommodités subsistent malgré les précautions et les mesures de protection adoptées. La liste des travaux est fournie par l'arrêté du 25 octobre 1989.

Les travaux ouvrant droit aux indemnités spécifiques versées mensuellement sont rangés dans les trois catégories ci-après :
- 1re catégorie : travaux présentant des risques d'accidents corporels ou de lésion organique ;
- 2e catégorie : travaux présentant des risques d'intoxication ou de contamination ;
- 3e catégorie : travaux incommodes ou salissants.

Il ne peut être attribué plus d'un taux de base par demi-journée de travail effectif, sauf pour les indemnités de 1re catégorie pour lesquelles il ne peut être alloué plus de deux taux de base par demi-journée de travail effectif.

Les taux de base sont fixés à (montants de référence au 1er janv. 2002) :
- 1,03 € en 1re catégorie ;
- 0,31 € en 2e catégorie ;
- 0,15 € en 3e catégorie.

Les indemnités pour travaux dangereux ne sont pas cumulables entre elles mais elles le sont avec l'indemnité de panier lorsque les travaux sont effectués la nuit. Elles ne le sont pas avec celle de technicité pour conduite de certains véhicules et pontons-grues, les indemnités de risques et de sujétions spéciales, ni avec le RIFSEEP.

Pour les cotisations sociales et fiscales, se reporter à l'IHTS.

Réf.
- D. n° 67-624, 23 juill. 1967
- D. n° 98-1057, 16 nov. 1998
- A., 30 août 2001, fixant les taux de l'indemnité horaire pour travail normal de nuit et de la majoration spéciale pour travail intensif

586 **Indemnité pour usage d'une langue étrangère.** Cette indemnité forfaitaire mensuelle est allouée aux agents communaux se trouvant en relation directe avec des ressortissants étrangers effectuant des démarches ou remplissant des formalités auprès de certains services municipaux (accueil, état civil, affaires sociales). Elle est versée aux agents ayant subi un examen d'aptitude.

Elle s'élève à 43,30 € lorsque l'utilisation de la langue étrangère est permanente. S'il s'agit d'une utilisation facilitant l'exécution du service, elle s'élève à 13,69 € pour l'allemand, l'anglais, l'espagnol ou l'italien, et à 9,23 € pour les autres langues.

L'indemnité peut être allouée quel que soit le grade. L'emploi de plusieurs langues peut donner lieu au cumul de plusieurs indemnités. L'utilisation d'une langue régionale n'ouvre pas droit au bénéfice de l'indemnité (*JO Sénat*, 11 août 1979, n° 18011).

Le crédit global se calcule sur la base du taux retenu multiplié par le nombre de bénéficiaires. Aucune modulation pour l'attribution individuelle.

Pour les cotisations sociales et fiscales, se reporter à l'IHTS.

Réf.
- D. n° 74-39, 18 janv. 1974
- A., 6 août 1996, majorant les taux des indemnités pour utilisation de langues étrangères susceptibles d'être accordées aux fonctionnaires de la police nationale

587 **Indemnités allouées aux sapeurs-pompiers professionnels.** L'arrêté du 14 octobre 1968 fixe diverses indemnités relatives au logement, à la conduite de véhicules, aux tâches de mécanicien et de secrétaire comptable, aux fonctions d'instructeur d'entraînement physique, de secouriste, de plongeur, ainsi qu'une indemnité de qualification pour les officiers.

Pour les cotisations sociales et fiscales, se reporter à l'IHTS.

Réf.
- A., 14 oct.1968, relatif aux indemnités allouées aux sapeurs-pompiers professionnels
- D. n° 98-442, 5 juin 1998

588 **Sapeur-pompier professionnel : indemnités forfaitaires de lutte contre les feux de forêts.** Peuvent percevoir cette indemnité les sapeurs-pompiers professionnels mobilisés préventivement entre le 1er juillet et le 30 septembre en dehors de leur service normal pour la protection de la forêt contre l'incendie dans les régions Alpes-Provence-Côte d'Azur, Languedoc-Roussillon, Corse et les départements de la Drôme et de l'Ardèche.

Le montant de l'indemnité forfaitaire ne peut excéder dix vacations par période de vingt-quatre heures de mobilisation effective. Il est égal à (1er juillet 2022) :
- 11,14 € pour les officiers ;
- 8,99 € pour les sous-officiers ;
- 7,96 € pour les caporaux ;
- 7,42 € pour les sapeurs.

Cette indemnité est exclusive de toute autre indemnité servie au titre de cette activité ponctuelle.

Versée aux contractuels, l'indemnité est assujettie à toutes les cotisations sociales et fiscales. Pour les cotisations sociales et fiscales, se reporter à l'IHTS.

Réf.
- A., 18 août 2006, modifiant l'arrêté du 9 décembre 1988
- A., 9 déc. 1988, relatif aux indemnités susceptibles d'être allouées aux sapeurs-pompiers professionnels participant à la campagne de lutte contre les feux de forêts

589 **Indemnités forfaitaires pour travaux supplémentaires allouées aux sapeurs-pompiers (IFTS).**

1re catégorie : fonctionnaires de catégorie A appartenant à un grade dont l'indice brut terminal est supérieur à 821 (au 1er janv. 2020) :
- contrôleurs généraux ;
- colonels et colonels hors classe ;
- lieutenants-colonels ;
- commandants ;
- médecins et pharmaciens de classe exceptionnelle, hors classe et de classe normale ;
- cadres supérieurs de santé et cadres de santé.
- infirmiers hors classe.

2e catégorie : fonctionnaires de catégorie A appartenant à un grade dont l'indice brut terminal est au plus égal à l'indice brut 821 :
- capitaines ;
- médecins et pharmaciens de 2e classe ;
- infirmiers.

3e catégorie : fonctionnaires de catégorie B dont l'indice brut est supérieur à 380 :
- lieutenants hors classe ;
- lieutenants de 1re classe sans considération d'indice (depuis le 1er janv. 2019) ;
- lieutenant de 2e classe à partir du 3e échelon (depuis le 1er janv. 2019).

Montants moyens annuels de référence au 1er juillet 2022 :
- 1re catégorie : 1 540,99 € ;
- 2e catégorie : 1 159,90 € ;
- 3e catégorie : 898,52 €.

Réf.
- D. n° 2002-63, 14 janv. 2002
- D. n° 2016-2003, 30 déc. 2016
- D. n° 90-850, 25 sept. 1990
- A., 12 mai 2014, fixant les montants moyens annuels de l'indemnité forfaitaire pour travaux supplémentaires des administrations centrales

590 **Indemnité de responsabilité des sapeurs-pompiers.** Le taux maximum de cette indemnité est fixé dans le tableau annexé au décret n° 90-850 du 25 septembre 1990 modifié par le décret n° 2017-164 du 9 février 2017 Ce taux varie entre 6 et 34 % du traitement brut selon le grade.

Grades	Indice brut minimal (en €)	Indice brut maximal (en €)
Sapeur	297	388
Caporal	298	446
Caporal-chef	347	479
Sergent	351	479
Adjudant	358	529
Lieutenant 2e classe	362	560
Lieutenant 1re classe	379	638
Lieutenant hors classe	404	675
Capitaine	379	750
Commandant	520	881
Lieutenant colonel	560	966
Colonel, HC, contrôleur général	801	HEA
Infirmier de sapeurs-pompiers professionnels de classe normale	322	558
Infirmier de sapeurs-pompiers professionnels de classe supérieure	471	593
Infirmier de sapeurs-pompiers professionnels hors classe Cadre de santé de sapeurs-pompiers professionnels 2e classe	422 430	638 740
Cadre de santé de sapeurs-pompiers professionnels 1re classe	430	740

.../...

Grades	Indice brut minimal (en €)	Indice brut maximal (en €)
cadre supérieur de santé des sapeurs-pompiers professionnels	430	740
Médecin et pharmacien de sapeurs-pompiers professionnels de classe normale	563	881
Médecin et pharmacien de sapeurs-pompiers professionnels hors classe	650	966
Médecin et pharmacien de sapeurs-pompiers professionnels de classe exceptionnelle	830	HEB

Réf.
- D. n° 90-850, 25 sept. 1990 mod., art. 6-4
- D. n° 2017-164, 9 févr. 2017
- A., 20 avr. 2012 (*JO* 21 avr. 2012)

591 Indemnité de spécialité des sapeurs-pompiers.

Catégorie de la spécialité	Spécialités exercées	IB 100
Logistique	Conducteur d'engin-pompe, de moyens élévateurs aériens et d'engins spéciaux ; opérateurs/CTA CODIS ; personnel affecté au secteur logistique ou technique des moyens aériens	4 %
Opérationnelle	1er niveau	4 %
	2e niveau	7 %
	3e niveau et plus	10 %
Technique, formation, prévention, prévision, éducateurs sportifs	1er niveau	4 %
	2e niveau	7 %
	3e niveau et plus	10 %

Réf.
- D. n° 90-850, 25 sept. 1990, mod. art. 6-5

592 Indemnité de fonctionnalisation des directeurs départementaux et directeurs adjoints des SDIS – Filière sapeurs-pompiers. Le montant maximum de cette indemnité ne peut excéder un pourcentage du traitement soumis à retenue pour pension :
- 15 % pour les directeurs de catégorie A ;
- 10 % pour les directeurs de catégorie B ;
- 5 % pour les directeurs de catégorie C et les directeurs adjoints.

Réf.
- D. n° 2016-2003, 30 déc. 2016, art. 14

593 Indemnités spéciales mensuelles de fonctions allouées aux gardes champêtres de la filière police. Les gardes champêtres peuvent percevoir cette indemnité cumulable avec toutes autres indemnités perçues à un autre titre et déterminée en appliquant au traitement soumis à retenue pour pension un taux dont le maximum est fixé à 20 %.

Cette indemnité est cumulable avec l'indemnité forfaitaire pour travaux supplémentaires (IHTS) et l'IAT.

Pour les cotisations sociales et fiscales, se reporter à l'IHTS.

Réf.
- L. nº 96-1093, 16 déc. 1996
- D. nº 97-702, 31 mai 1997
- D. nº 2017-215, 20 févr. 2017

594 Indemnité spéciale mensuelle de fonction des agents, des chefs de service et des directeurs de la police municipale. Elle est déterminée en appliquant au montant mensuel soumis à retenue pour pension un taux (hors supplément familial et indemnité de résidence) de :
- 25 % : directeur de police municipale + une part fixe de 7 500 € maximum/an ;
- 30 % : chef de service de police principal de 1re et 2e classes, chef de service de police municipale à partir du 3e échelon ;
- 22 % : chef de service jusqu'au 2e échelon ;
- 20 % : autres grades du cadre d'emplois des agents de police municipale.

Elle est cumulable avec les indemnités pour travaux supplémentaires (IHTS) et l'IAT.

Pour les cotisations sociales et fiscales, se reporter à l'IHTS.

Réf.
- L. nº 96-1093, 13 déc. 1996
- D. nº 2006-1397, 17 nov. 2006
- D. nº 97-702, 31 mai 1997

595 Indemnités horaires pour travail du dimanche et jours fériés. Peuvent en bénéficier les agents effectuant un service le dimanche ou les jours fériés entre 6 h 00 et 21 h 00 dans le cadre de la durée hebdomadaire réglementaire du travail. Ces indemnités doivent faire l'objet d'une délibération de l'organe délibérant.

Taux : 0,74 € par heure effective de travail.

L'heure supplémentaire au taux de la tranche des quatorze premières heures (voir IHTS) est majorée de 100 % lorsqu'elle est effectuée de nuit

(22 h 00-7 h 00) et du 2/3 lorsqu'elle est accomplie un dimanche ou un jour férié.

Réf.

- D. n° 74-1065, 13 déc. 1974
- A., 31 déc. 1992, fixant l'indemnité horaire pour travail du dimanche et des jours fériés en faveur des agents territoriaux

596 **Indemnité d'utilisation d'outillage personnel.** Tous les agents utilisant un outillage personnel pour l'accomplissement de leurs tâches professionnelles peuvent bénéficier d'une indemnité dont le montant maximum annuel est de 12,96 €. Le cumul est possible avec d'autres indemnités et primes.

Cette indemnité n'est soumise à aucune cotisation fiscale ou sociale car elle constitue un remboursement de frais.

Réf.

- A., 10 juin 1980, relatif à l'indemnité pour l'utilisation d'outillage personnel susceptible d'être allouée à certains agents communaux

597 **Indemnité de panier.** Cette indemnité est allouée aux agents accomplissant leurs fonctions entre 21 h 00 et 6 h 00, pendant au moins six heures consécutives. Les agents logés par nécessité absolue de service sont exclus du bénéfice de cette indemnité non cumulable avec les indemnités pour travaux dangereux, incommodes, insalubres ou salissants. L'indemnité est fixée à 1,97 €/nuit et par agent. Elle n'est soumise à aucune cotisation fiscale ou sociale.

Elle peut être versée aux agents titulaires, stagiaires et contractuels dès lors que la délibération le prévoit pour ces derniers.

Il appartient à l'autorité territoriale de définir les emplois susceptibles de bénéficier de cet avantage.

Selon le ministère de l'Intérieur, les agents relevant des cadres d'emplois de la police municipale qui relèvent d'un régime indemnitaire spécifique ne sont pas éligibles à cette indemnité.

Réf.

- D. n° 73-979, 22 oct. 1973
- A., 31 déc. 1999, fixant le taux de l'indemnité de panier allouée à certains personnels des administrations de l'État

598 **Indemnités de chaussures et de petits équipements.** Une indemnité spéciale peut être allouée aux agents dont les fonctions entraînent une usure anormalement rapide des chaussures ou des vêtements de travail sans que ceux-ci soient fournis par la collectivité d'emploi.

L'indemnité atteint le taux maximum annuel de 32,74 € (A., 31 déc. 1999), fixant le taux de l'indemnité de chaussures et de petit équipement susceptible d'être allouée à certains fonctionnaires et agents de l'État pour les chaussures. Elle est de même montant pour le petit équipement. Les deux sont cumulables.

Aucune modulation individuelle n'est possible. Les collectivités peuvent effectuer un achat global et dans ce cas l'indemnité n'est pas versée.

Elles ne sont soumises à aucune cotisation fiscale ou sociale.

Réf.
- D. n° 74-720, 14 août 1974, modifiant l'article 1er du décret n° 60-1302 du 5 décembre 1960
- D. n° 60-1302, 5 déc. 1960
- A., 31 déc. 1999, fixant le taux de l'indemnité de chaussures et de petit équipement susceptible d'être allouée à certains fonctionnaires et agents de l'État

▪ Compte **6416** – Emplois aidés

599 **Emplois-jeunes.** Le versement de la rémunération par la collectivité au titre de l'emploi-jeune est imputé au débit du compte 64161 « Emplois-jeunes ».

L'aide forfaitaire de l'État (CNASEA) est enregistrée au crédit du compte 74711 « Emplois-jeunes ».

Réf.
- L. n° 97-940, 16 oct. 1997, relative au développement d'activités pour l'emploi des jeunes
- D. n° 97-954, 17 oct. 1997

600 **Emplois d'avenir.** Peuvent être recrutés en emploi d'avenir les jeunes sans emploi de 16 à 25 ans et les personnes bénéficiant de la reconnaissance de la qualité de travailleur handicapé (RQTH) de moins de 30 ans, sans emploi, à la date de la signature du contrat, qui :
- soit ne détiennent aucun diplôme du système de formation initiale ;
- soit sont titulaires uniquement d'un diplôme ou d'un titre à finalité professionnelle enregistré au répertoire national des certifications professionnelles et classé au niveau V de la nomenclature interministérielle des niveaux de formation (BEP ou CAP), et totalisent une durée de six mois minimum de recherche d'emploi au cours des douze derniers mois ; sur appréciation des organismes prescripteurs des emplois d'avenir, cette durée peut être inférieure à six mois si le parcours de formation des intéressés, leurs perspectives locales d'accès à l'emploi au regard de leur qualification ou des difficultés sociales particulières le justifient ;
- soit, à titre exceptionnel, s'ils résident dans les « quartiers prioritaires de la politique de la ville », dans une zone de revitalisation rurale (ZRR) ou dans un DOM, à Saint-Barthélemy, à Saint-Martin ou

à Saint-Pierre-et-Miquelon, ont atteint au plus le niveau du 1er cycle de l'enseignement supérieur (jusqu'au niveau bac + 3), et totalisent une durée de douze mois minimum de recherche d'emploi au cours des dix-huit derniers mois ; sur appréciation des organismes prescripteurs des emplois d'avenir, cette durée peut être inférieure à douze mois si le parcours de formation des intéressés, leurs perspectives locales d'accès à l'emploi au regard de leur qualification ou des difficultés sociales particulières le justifient.

Les emplois d'avenir s'inscrivent dans le cadre juridique du contrat unique d'insertion (CUI) et sont conclus sous la forme d'un contrat d'accompagnement dans l'emploi (CUI-CAE) à durée déterminée, d'au moins douze mois et d'au plus trente-six mois.

Le contrat doit être agréé par la direction départementale du travail et de l'emploi.

Le montant de l'aide de l'État pour les emplois d'avenir est fixé par arrêté. L'aide de l'État est versée mensuellement par l'Agence de services et de paiement (ASP). Le conseil départemental ou tout autre organisme qu'il conventionne à cet effet verse mensuellement son aide, lorsque le salarié embauché dans le cadre d'un emploi d'avenir est un bénéficiaire du revenu de solidarité active (RSA). Ce versement s'impute au compte 74712.

Réf.
– L. n° 2012-1189, 26 oct. 2012, portant création des emplois d'avenir

601 **Pièces justificatives – Contrats aidés/Paiement des dépenses des contrats aidés (emplois de droit privé).** Les pièces sont identiques à celles des agents contractuels de droit public (se référer aux pièces de la rubrique 2101, D. n° 2022-505, 23 mars 2022).

Ces recrutements ne donnent pas lieu à une délibération pour créer les emplois au sens de l'article 40 de la loi n° 84-53 du 26 janvier 1984, mais l'assemblée délibérante doit autoriser l'exécutif à signer les conventions et contrats en cause.

La conclusion d'une convention préalable au recrutement est parfois nécessaire.

Les personnels de droit privé ne peuvent se voir attribuer le régime indemnitaire des agents territoriaux.

Réf.
– D. n° 2022-505, 23 mars 2022, § 2101

602 **Contrats d'apprentissage.** La loi n° 92-675 du 17 juillet 1992 a ouvert la possibilité pour les collectivités locales de conclure des contrats d'apprentissage.

Un agrément préalable du préfet est nécessaire (D. n° 92-1258, 30 nov. 1992). Il s'agit d'un contrat de droit privé.

La rémunération des apprentis a été fixée par le décret n° 93-162 du 2 février 1993 en pourcentage du salaire minimum interprofessionnel de croissance. Elle varie selon l'âge de l'apprenti et le niveau de formation préparée. Ce dernier est affilié au régime général de sécurité sociale et au régime complémentaire de retraite de l'Institution de retraite complémentaire des agents non titulaires de l'État et des collectivités publiques (IRCANTEC).

L'État prend en charge, sur une base forfaitaire, la totalité des cotisations des assurances sociales, des accidents du travail, des allocations familiales dues par l'employeur, et la totalité des cotisations salariales dues au titre des salaires versés aux apprentis, y compris les cotisations patronales d'assurance chômage versées par les employeurs publics adhérant au régime d'assurance chômage. Ainsi, aucune cotisation salariale n'est due.

Par conséquent, restent à la charge des employeurs : la cotisation patronale de retraite complémentaire, la cotisation au fonds national d'aide au logement, le cas échéant, le versement de la taxe de transport.

L'État verse directement les cotisations qu'il prend en charge aux organismes concernés, les communes n'ont pas à en faire l'avance.

Les cotisations restant à la charge de la commune s'imputent à la subdivision 6457 « Cotisations sociales liées à l'apprentissage ».

▪ Compte **6419** – Remboursement sur rémunérations du personnel

603 **Fonctionnement du compte.** Cet article enregistre les remboursements sur rémunérations effectuées par les organismes sociaux, notamment le remboursement des indemnités journalières de maladie que le service a payées à son personnel, ainsi que les remboursements sur rémunérations en provenance du personnel.

Ce compte à terminaison 9 a pour vocation de retracer les atténuations de charges, ce qui est le cas des remboursements « à l'euro » (compensation).

Tout remboursement à caractère forfaitaire est quant à lui assimilé à une subvention ou à une participation (financement) et est à ce titre imputé au compte 74.

Si une erreur s'est glissée dans le calcul du traitement d'un agent, l'ordonnateur peut lui précompter la somme perçue à tort sur le mandat du mois suivant ou émettre un titre de même montant à l'encontre de l'agent. Cette solution est préférable, car elle traduit mieux la vérité budgétaire.

604 **Mise à disposition des agents communaux.** Le fonctionnaire mis à disposition continue à percevoir la rémunération correspondant à son grade ou à l'emploi qu'il occupe dans son administration d'origine. Cette rémunération est remboursée par l'organisme d'accueil (D. n° 85-1081, 8 oct. 1985).

La mise à disposition est la situation du fonctionnaire qui demeure dans son cadre d'emplois, emploi ou corps d'origine, est réputé y occuper un emploi, continue à percevoir la rémunération correspondante, mais qui effectue son service dans une autre administration que la sienne. Elle ne peut avoir lieu qu'en cas de nécessité de service, avec l'accord du fonctionnaire, au profit des collectivités et établissements concernés par la présente loi. Un fonctionnaire territorial peut, avec son accord, être mis à disposition :
- d'une association reconnue d'utilité publique ou d'une fondation ;
- d'un organisme à but non lucratif dont les activités favorisent ou complètent l'action des services publics locaux relevant de la collectivité ou de l'établissement d'origine, ou qui participe à l'exécution de ces services. »

Par dérogation au II de l'article 2 du décret du 18 juin 2008, en ce qui concerne les fonctionnaires, et à l'article 35-1 du décret du 15 février 1988, en ce qui concerne les agents contractuels, la convention mentionnée à l'article 29-1 de la loi du 4 février 1995 peut prévoir que la mise à disposition des fonctionnaires ou des agents contractuels territoriaux auprès des personnes morales qui participent aux maisons de services au public ou qui les gèrent, donne lieu au versement d'un remboursement qui peut être calculé de manière forfaitaire. Cette convention fixe la durée de cette dérogation ainsi que la périodicité du remboursement.

Réf.
- L. n° 84-53, 26 janv. 1984, art. 61
- D. n° 2008-580, 18 juin 2008
- D. n° 85-1081, 8 oct. 1985
- D. n° 2016-102, 2 févr. 2016

605 **Mise à disposition des agents de police municipale.** Le décret du 13 décembre n° 2021-1640 du 13 décembre 2021 (*JO* 15 déc. 2021), fixe les modalités de mise en commun entre communes des agents de police municipale lorsque ceux-ci sont recrutés par un syndicat de communes.

Les statuts du syndicat de communes doivent fixer les modalités d'organisation et de financement de la mise à disposition des agents et de leurs équipements. Ce décret crée un nouvel article R. 512-3-1 dans le Code de la sécurité intérieure selon lequel ces statuts doivent comporter parmi leurs dispositions les indications suivantes :
- les conditions de recrutement et de mise à disposition des fonctionnaires et, notamment, leurs conditions d'emploi et les modalités de contrôle et d'évaluation de leurs activités ;

- les modalités de conduite des opérations lorsque plusieurs agents interviennent sur un même territoire ;
- les modalités de répartition, entre les communes, des charges financières en personnels, équipements et autres charges de fonctionnement ou d'investissement.

Il est prévu un délai de six mois pour que les syndicats de communes, formés sur le fondement de l'article L. 512-1-2 du Code de la sécurité intérieure avant la publication de ce décret, mettent en conformité leurs statuts.

606 **Pièces justificatives mises à disposition :**

1 – Remboursement des rémunérations :
- délibération autorisant la conclusion de la convention ;
- convention de mise à disposition ;
- états liquidatifs.

2 – Complément de rémunération versé à l'agent mis à disposition :
- mention dans la convention précisant la nature et le montant du complément ;
- le cas échéant, délibération précisant la nature, les conditions d'attribution et le taux moyen, si l'indemnité complémentaire relève du régime indemnitaire institué dans la collectivité ;
- si la convention ne le précise pas, arrêté fixant le taux individuel de l'indemnité complémentaire.

Réf.
- D. n° 2022-505, 23 mars 2022, § 2154

Compte **645** – Charges de sécurité sociale et de prévoyance

607 **Affiliation à la caisse de Sécurité sociale.** Les agents dont l'activité est inférieure à 28 heures par semaine sont obligatoirement affiliés au régime général de sécurité sociale et ont vocation à bénéficier des prestations de ce régime.

Les agents qui accomplissent au moins 31 h 30 par semaine sont obligatoirement affiliés au régime spécial de la sécurité sociale (D. n° 60-58, 11 janv. 1960). La collectivité qui les emploie doit, en cas de maladie, leur verser des prestations en espèce. Ce versement est obligatoire.

Le compte 645 se ventile en huit sous-comptes.

▪ Compte **6451** – Cotisations à l'URSSAF

608 Assiette des cotisations.

Agents titulaires : se reporter à l'article 6453 « Cotisations aux caisses de retraite ».

Agents contractuels : totalité du traitement (rémunération principale, indemnité de résidence, supplément familial et heures supplémentaires).

609 Périodicité des versements. Le versement est effectué le mois suivant la période de travail au titre de laquelle les rémunérations sont dues, au plus tard aux échéances suivantes :

1° le 5 de ce mois pour les employeurs dont l'effectif est d'au moins cinquante salariés et dont la paie est effectuée au cours du même mois que la période de travail ;

2° le 15 de ce mois dans les autres cas.

> **Réf.**
> – CSS, art. R. 243-6

610 Accident de travail. Le compte 6451 permet de décrire les dépenses versées par la collectivité au titre de l'assurance accident de travail « titulaires ». La collectivité ne cotise pas pour les titulaires au titre du risque des accidents de travail. Mais elle est tenue de réparer les accidents de travail dont ses agents seraient victimes. Pour se conformer à cette obligation, elle peut choisir d'être son propre assureur mais elle peut aussi souscrire une assurance couvrant les risques de la protection sociale.

Le compte 6451 enregistre également les cotisations patronales pour accidents de travail « auxiliaires ».

▪ Compte **6453** – Cotisations aux caisses de retraite

611 Cotisations patronales pour retraite (CNRACL). Il s'agit de la Caisse nationale de retraites des agents des collectivités locales.

612 Retraites additionnelles de la fonction publique. L'article 76 de la loi n° 2003-775 du 21 août 2003 portant réforme des retraites institue, pour les agents de la fonction publique, un régime de retraite additionnelle obligatoire assis sur les primes et qui s'ajoute à la pension des fonctionnaires.

Ce régime est entré en vigueur le 1er janvier 2005.

La part employeur est imputée au compte 6453 et la part salariale au 6411.

Réf.
- L. n° 2003-775, 21 août 2003, art. 76
- D. n° 2004-569, 18 juin 2004
- A., 26 nov. 2004

613 **Assiette des cotisations et assujettis.** Elles sont précomptées sur le traitement principal à l'exclusion de l'indemnité de résidence, du supplément familial et des heures supplémentaires.

Sont obligatoirement affiliés à la Caisse nationale de retraite des agents des collectivités locales (CNRACL) :
- les fonctionnaires à temps complet investis d'un emploi permanent : l'affiliation prend effet à la date de recrutement des intéressés dans un emploi permanent. Elle ne devient définitive qu'après titularisation (D. n° 84-1157, 21 déc. 1984) ;
- les fonctionnaires territoriaux à temps non complet visés à l'article 107 de la loi n° 84-53 du 26 janvier 1984 qui stipule que le fonctionnaire nommé dans un emploi à temps non complet doit être affilié à la CNRACL s'il consacre à son service un nombre minimal d'heures de travail (28 heures) ;
- les agents stagiaires sont affiliés à la Caisse nationale de retraite des agents des collectivités locales (CNRACL) dès la date de leur recrutement, sous réserve d'être nommés sur un emploi qui répond aux conditions de durée d'affiliation à la CNRACL (28 heures).

Ils le sont également même en cas de travail à temps partiel (Rép. min. n° 13968 : *JOAN*, 15 mars 1993, p. 960 ; L. n° 84-53, 26 janv. 1984, art. 60).

Leur affiliation prend effet à la date à laquelle ils réunissent les conditions légales (Instr. CP n° 85-48-M0, 18 avr. 1985).

614 **Détachement.** Tout fonctionnaire territorial placé en position de détachement reste affilié à la Caisse nationale de retraite des agents des collectivités locales (CNRACL), quelle que soit la collectivité auprès de laquelle il est détaché (D. n° 85-1198, 14 nov. 1985).

615 **Agents intercommunaux.** Les agents permanents intercommunaux stagiaires ou titulaires, exerçant leurs fonctions pour une durée totale hebdomadaire de travail au moins égale à celle qui est requise des fonctionnaires employés à temps complet, doivent être affiliés à la Caisse nationale de retraite des agents des collectivités locales (CNRACL). Les collectivités doivent s'entendre pour qu'une seule d'entre elles verse les cotisations à la CNRACL et se fasse ensuite rembourser le montant des cotisations dues par les autres collectivités employeurs. Si ces agents exercent leurs fonctions pour une durée totale hebdomadaire de travail supérieure à la

durée légale, chaque collectivité doit verser sa quote-part à la CNRACL proportionnellement au nombre d'heures accomplies pour son compte.

616 **Pénalités de retard.** Au-delà de la date d'exigibilité, il est appliqué une majoration de retard de 5 % du montant des cotisations et contributions recouvrées ; à cette majoration s'ajoute une majoration complémentaire de 0,2 % du montant des cotisations et contributions dues, par mois ou fraction de mois écoulé, à compter de la date d'exigibilité des cotisations et contributions.

Réf.
- CSS, art. R. 243-16 et R. 243-18

▪ Compte **6455** – Cotisations pour assurance du personnel

617 **Assurances capital-décès « titulaires ».** Les régions, les départements, les communes, les centres communaux d'action sociale, les caisses des écoles, les syndicats intercommunaux, les EPCI, les OHLM, les services de protection contre l'incendie doivent supporter le paiement de prestations en cas de décès, d'invalidité ou d'accident du travail de leurs agents affiliés à la Caisse nationale de retraite des agents des collectivités locales (CNRACL).

De façon générale, le capital décès est attribué aux ayants droit de tout agent décédé avant l'âge minimum de départ à la retraite et se trouvant en activité au moment du décès (CSS, art. D. 712-9).

En cas d'accident de service ou de maladie professionnelle, le capital décès est égal à douze fois le montant du dernier traitement indiciaire brut mensuel du défunt. Il est versé trois années de suite, à hauteur de ce même montant, en cas de décès de fonctionnaire à la suite :
- d'un attentat ou d'une lutte dans l'exercice de ses fonctions ;
- ou d'un acte de dévouement dans un intérêt public ou pour sauver la vie d'une ou plusieurs personnes.

Le capital décès est versé aux personnes suivantes :
- pour 1/3 à l'époux non séparé ou partenaire de PACS depuis deux ans (100 % si pas d'enfants) ;
- pour 2/3 aux enfants du fonctionnaire âgés de moins de 21 ans.

Le capital décès n'est pas assujetti à la contribution sociale généralisée (CSG) (Circ. intermin., 13 août 1992).

Le refus de l'octroi du capital décès doit être motivé (Circ. Intérieur, 2 juin 1992, NOR:INTB9200150C).

618 **Règlement du capital décès aux ayants droit des agents disparus :** il ne peut intervenir qu'au vu du jugement d'absence rendu par le tribunal de grande instance après qu'un délai de dix ans s'est écoulé depuis le

jugement qui a constaté la présomption d'absence. Si la constatation de cette présomption d'absence n'a pas fait l'objet d'une décision judiciaire, le jugement ne peut être rendu qu'après la disparition de la personne pendant plus de vingt ans.

À l'appui du dossier de liquidation du capital décès, l'ordonnateur joint le jugement déclaratif d'absence et l'acte de naissance avec les mentions marginales (lettre CP, 7 févr. 1992). Si l'absent reparaît, l'annulation du jugement peut être poursuivie (C. civ., art. 129).

Une mesure d'urgence autorise le paiement du capital décès au vu d'un jugement de présomption d'absence rendu par le juge des tutelles.

619 **Assurance « capital décès » souscrite par la commune.** Pour éviter que les dépenses souvent élevées qui résultent des obligations précédentes ne soient une cause de déséquilibre financier pour la collectivité, la commune peut souscrire un contrat d'assurance collective annuelle qui garantit le remboursement des frais de maladie, d'accident de travail et de décès à la charge de la collectivité.

L'assureur verse à la collectivité des prestations sous forme d'indemnités journalières, rembourse les frais de soins de santé liés à l'accident de travail et assure le versement d'un capital décès.

Pour chaque agent assuré, la prime est assise sur le traitement brut annuel d'activité soumis à retenues pour pension à la date de souscription du contrat ou de renouvellement du contrat et augmenté de l'indemnité de résidence.

Le centre de gestion peut souscrire au nom, et à la demande, des communes des contrats d'assurance (D. n° 86-552, 14 mars 1986, relatif aux contrats d'assurance souscrits par les CDG pour le compte des communes).

Ce transfert de compétence nécessite une délibération du conseil municipal, ainsi qu'une convention passée entre la collectivité et le centre fixant les modalités de remboursement au centre des primes d'assurance.

620 **Pièces justificatives – Capital décès.**

1 – Décision de l'exécutif précisant le ou les bénéficiaires du capital décès, ainsi que le montant à verser pour chacun d'eux.

2 – État de liquidation et le cas échéant précisant la répartition du capital décès.

3 – Le cas échéant, certificat de non-imposition si des enfants ou des ascendants sont bénéficiaires.

Réf.

– D. n° 2022-505, 23 mars 2022

▪ Compte **6456** – Versement au Fonds national de compensation du supplément familial

621 **Fonds national de compensation du supplément familial.** Ce fonds répartit entre les communes les charges résultant pour elles du paiement du supplément familial de traitement qu'elles versent à leur personnel. Les communes sont tenues de s'affilier au Fonds national de compensation et les dépenses qui résultent tant du paiement du supplément familial que du fonctionnement du fonds constituent des dépenses obligatoires pour le budget.

Avant le 1er mars de chaque année, l'ordonnateur qui emploie au moins un agent à temps complet ou qui n'emploie que des fonctionnaires à temps complet adresse, par l'intermédiaire du préfet, au Fonds de compensation du supplément familial de traitement (SFT) un état certifié exact par le comptable indiquant :

- les rémunérations, déduction faite des cotisations pour la sécurité sociale, des retenues pour pensions et du SFT, versées pendant l'année précédente aux agents employés tant à temps complet qu'à temps partiel ;
- le SFT effectivement versé durant la même année aux fonctionnaires qui peuvent en bénéficier (D. n° 85-886, 12 août 1985).

Le Fonds détermine un coefficient de compensation égal au quotient du total du SFT augmenté des frais de fonctionnement du Fonds, par le total des rémunérations déclarées déduction faite des diverses retenues. La contribution de chaque collectivité est égale au produit des rémunérations déclarées par ce coefficient. La différence entre la contribution et les SFT alloués constitue la dette ou la créance de la collectivité envers le Fonds (Instr. CP n° 85-148-M0, 26 nov. 1985).

La contribution est prélevée automatiquement après accord de l'ordonnateur.

Réf.

- C. communes, art. L. 413-5 à L. 413-15 et s.
- L. n° 84-53, 26 janv. 1984, portant dispositions statutaires relatives à la fonction publique territoriale du 26 janvier 1984 modifiée, art. 106
- D. n° 85-885, 12 août 1985, modifiant la composition de la commission instituée par l'article L. 413-14 du Code des communes et modifiant les modalités de fonctionnement du Fonds national de compensation institué par l'article L. 413-13 du même code
- D. n° 85-886, 12 août 1985, pris pour l'application de l'article 106 de la loi n° 84-53 du 26 janvier 1984 portant dispositions statutaires relatives à la fonction publique territoriale et relatif aux modalités de la compensation du supplément familial de traitement et de l'allocation spécifique de cessation anticipée d'activité alloués aux fonctionnaires à temps non complet
- D. n° 2017-1102, 19 juin 2017, relatif aux modalités de financement mutualisé de l'allocation spécifique de cessation anticipée d'activité et aux modalités d'attribution de l'allocation différentielle aux agents publics reconnus atteints d'une maladie professionnelle provoquée par l'amiante

▪ Compte **6457** – Cotisations sociales liées à l'apprentissage

622 **Définition.** S'imputent à cet article les cotisations restant à la charge de la commune dans le cadre des contrats d'apprentissage (compte 6417).

▪ Compte **6458** – Cotisations aux autres organismes sociaux

623 **Médecine préventive professionnelle.** En application de l'article 108-2 de la loi n° 84-53 du 26 janvier 1984 portant dispositions statutaires relatives à la fonction publique territoriale, les collectivités territoriales et leurs établissements publics doivent disposer d'un service de médecine préventive, soit en créant leur propre service, soit en adhérant aux services de santé au travail interentreprises ou assimilés, à un service commun à plusieurs collectivités ou au service créé par le centre de gestion. Les dépenses en résultant sont à la charge des collectivités.

Le service de santé conseille le maire, les agents et leurs représentants sur l'hygiène des locaux de service, l'information sanitaire ou l'adaptation des postes à la physiologie humaine (D. n° 85-603, 10 juin 1985).

Les examens médicaux des agents sont obligatoires (D. n° 2012-135, 30 janv. 2012). Aucun agent contractuel ne peut être recruté s'il n'est pas apte physiquement (D. n° 88-145, 15 févr. 1988).

624 **Cotisations à l'IRCANTEC.** Créée par le décret n° 77-1277 du 23 décembre 1970, l'Institution de retraite complémentaire concerne les agents non titulaires de l'État et des collectivités publiques. Ces agents non affiliés à la Caisse nationale de retraite des agents des collectivités locales (CNRACL) sont affiliés à l'IRCANTEC au titre de la retraite complémentaire :
- agents contractuels ;
- agents titulaires à temps non complet ne relevant pas de la Caisse nationale de retraite des agents des collectivités locales (CNRACL) et travaillant moins de vingt-huit heures par semaine.

Les personnes embauchées sous contrats aidés (CUI-CAE, emplois d'avenir).

Ces agents relèvent du régime général de la Sécurité sociale pour l'ensemble des risques. L'employeur verse à l'URSSAF les cotisations et contributions de Sécurité sociale aux taux de droit commun, ainsi que le FNAL et le versement mobilité le cas échéant. En fonction de l'option choisie, l'employeur verse également les cotisations d'assurance chômage.

625 **Protection sociale des agents.** En application de l'article L. 827-9 du Code général de la fonction publique (CGFP), les collectivités territoriales et leurs établissements publics participent au financement des garanties de protection sociale complémentaire (PSC) destinées à couvrir les risques de santé et prévoyance de leurs agents.

À cet effet, une participation minimale obligatoire est prévue aux articles L. 827-10 et L. 827-11 du CGFP. Le décret n° 2022-581 du 20 avril 2022 relatif aux garanties de protection sociale complémentaire et à la participation obligatoire des collectivités territoriales et de leurs établissements publics à leur financement détermine cette participation obligatoire d'une part, à 50 % d'un montant de référence fixé à 30 €, pour la couverture des risques de santé et, d'autre part, à 20 % d'un montant de référence fixé à 35 €, pour les risques de prévoyance.

▪ Compte **6459** – Remboursements sur charges de sécurité sociale et de prévoyance

626 **Restitutions de cotisations.** Il s'agit de restitutions de la Caisse nationale de retraite des agents des collectivités locales (CNRACL) ou de la sécurité sociale sur des cotisations indûment versées par la collectivité (comptes 6453 et 6451).

Compte **647** – Autres charges sociales

▪ Compte **6471** – Prestations versées pour le compte du FNAL

627 **Allocations logement et primes de déménagement.** Il incombe à l'ordonnateur de verser aux agents titulaires ou contractuels, âgés de moins de 25 ans et réunissant les conditions requises, les allocations logement et les primes de déménagement. La commune agit en tant que payeur et non en tant que cotisant (compte 6332).

▪ Compte **6472** – Prestations familiales directes

628 **Prestations familiales.** Le décret n° 79-22 du 10 janvier 1979 a eu pour effet de transférer des collectivités locales aux caisses d'allocations familiales le service des prestations familiales dues aux agents de droit public en activité (sauf pour les DOM).

▪ Compte **6473** – Allocations de chômage

629 **Adhésion de la collectivité au régime d'assurance chômage (RAC).** Les employeurs publics ne sont pas soumis à l'obligation de s'affilier au régime d'assurance chômage, pour autant, ils se doivent d'assurer leurs salariés contre le risque chômage. La plupart s'assurent eux-mêmes mais peuvent demander à Pôle emploi de gérer pour leur compte les dossiers de leurs anciens agents, en signant une convention de gestion. Les autres choisissent d'adhérer au régime d'assurance chômage révocable ou pas.

▪ Compte **6475** – Médecine du travail, pharmacie

630 **Honoraires médicaux et frais pharmaceutiques.** Si le compte 60628 « Autres fournitures non stockées » supporte les achats de médicaments effectués par la collectivité pour ses besoins propres, le compte 6475 n'enregistre que les frais médicaux et pharmaceutiques dus par les tiers et supportés par la collectivité.

631 **Frais médicaux relatifs au permis de conduire.** Les frais médicaux concernant l'attestation à joindre au permis de conduire d'une ambulance ou d'un car de ramassage scolaire par des agents communaux peuvent être pris en charge par la collectivité.

632 **Frais médicaux relatifs aux conditions d'aptitude physique des agents.** Les honoraires et autres frais médicaux résultant des examens d'aptitude physique des agents, et éventuellement les frais de transport du malade examiné, sont à la charge de la commune (D. n° 87-602, 30 juill. 1987, art. 41). Le comité médical est chargé de donner à l'autorité compétente, dans les conditions fixées du décret susvisé, un avis sur les questions médicales soulevées par l'admission des candidats aux emplois publics, l'octroi et le renouvellement des congés de maladie et la réintégration à l'issue de ces congés, lorsqu'il y a contestation.

633 **Frais médicaux des élus accidentés.** Lorsque les élus sont victimes d'un accident survenu dans l'exercice de leurs fonctions, les communes versent directement aux praticiens, pharmaciens, auxiliaires médicaux, fournisseurs ainsi qu'aux établissements le montant des prestations afférentes à cet accident calculé selon les tarifs appliqués en matière d'assurance maladie (CGCT, art. L. 2123-32).

634 **Forfait journalier hospitalier.** Le forfait journalier a été institué par l'article 4 de la loi n° 83-25 du 19 janvier 1983. Les communes peuvent décider de participer à sa prise en charge dans le cadre de l'aide sociale facultative accordée directement par le centre communal d'action sociale.

635 **Accident de service et maladie professionnelle.** La commune rembourse les honoraires médicaux et les frais directement entraînés par la maladie ou l'accident d'un agent victime d'une maladie professionnelle ou d'un accident de service, même après sa mise à la retraite (Rép. min. n° 21771 : *JOAN*, 5 mars 1990, p. 1001).

Il existe une liste indicative des frais susceptibles d'être pris en charge par l'administration. La commune effectue la vérification matérielle des dépenses et l'examen de leur utilité dont la preuve doit être apportée par l'agent. Ce remboursement ne fait pas obstacle au versement éventuel de dommages-intérêts à l'agent.

636 **Pièces justificatives – Frais médicaux :**

1 – Médecine préventive :
- convention d'adhésion ;
- mémoire.

2 – Frais de transports et autres frais médicaux :
- convocation ;
- factures ;
- le cas échéant, décision de l'autorité compétente ou demande de l'intéressé (dans le cas d'une contre-visite).

3 – Accident du travail :

a) remboursement de frais médicaux : pièces justificatives afférentes aux frais médicaux et pharmaceutiques ou ceux entraînés par la situation du malade à la charge de la collectivité.

b) paiement direct de frais médicaux :
- certificat de prise en charge ;
- pièces justificatives afférentes aux frais.

4 – Frais d'obsèques et maladie professionnelle :

a) frais d'obsèques suite à un accident ou une maladie professionnelle :
- décision de prise en charge ;
- factures afférentes aux frais funéraires à la charge de la collectivité.

b) indemnités journalières de maladie :
- décision de l'autorité territoriale prescrivant le versement des indemnités journalières ;
- bulletin de paye de référence ;
- état liquidatif.

c) allocation journalière d'accompagnement d'une personne en fin de vie :
- décision de l'autorité territoriale prescrivant le versement de l'allocation ;
- état liquidatif.

d) protection fonctionnelle :
- décision de l'autorité territoriale autorisant la prise en charge des frais ou en cas d'indemnisation, fixant son montant ;
- factures, notes d'honoraires ou décompte de l'indemnisation.

Réf.
- D. n° 2022-505, 23 mars 2022, § 218

▪ Compte **6478** – Autres charges sociales diverses

637 **Titres-restaurants.** L'article 25 de la loi n° 2001-2 du 3 janvier 2001, modifiée par la loi n° 2007-148 du 2 février 2007, confère un fondement législatif à l'octroi de titres-restaurants aux fonctionnaires, en remettant en

cause la jurisprudence issue de l'arrêt du Conseil d'État du 21 octobre 1994 (n° 136310, *Département des Deux-Sèvres*).

En effet, cet article dispose que « les prestations d'action sociale, individuelles ou collectives, sont distinctes de la rémunération visée à l'article 20 de la loi n° 83-634 du 13 juillet 1983 et sont attribuées indépendamment du grade, de l'emploi et de la manière de servir ».

Il ressort de cet article que les prestations d'action sociale sont désormais définies comme distinctes de la rémunération, permettant ainsi d'éviter toute assimilation avec les régimes indemnitaires et d'échapper au respect du principe de parité tel que défini par l'article 88 de la loi n° 84-53 du 26 janvier 1984 et le décret n° 91-875 du 6 septembre 1991 pris pour son application.

Par conséquent, les collectivités locales peuvent désormais décider librement par délibération la nature et le montant des prestations qu'elles souhaitent accorder à leurs agents, parmi lesquelles peuvent figurer les titres-restaurants.

638 **Réglementation des titres-restaurants.** Les titres-restaurants sont soumis à la réglementation de droit commun applicable en matière d'assujettissement à cotisations sociales, contribution sociale généralisée (CSG) et contribution pour le remboursement de la dette sociale (CRDS).

639 **Pièces justificatives – Titres-restaurants.** Pour dégager sa responsabilité, le comptable doit disposer des pièces justificatives suivantes :
- une délibération de l'assemblée délibérante de la collectivité locale autorisant la mise en place du système ;
- une convention exécutoire signée entre l'ordonnateur et la société qui délivre les titres-restaurants, encadrant le système mis en place et prévoyant notamment le tarif des titres-restaurants et la participation des collectivités locales ainsi que les modalités de règlement ;
- les factures émises par la société ;
- les autorisations individuelles de précompte sur leurs traitements délivrées par les agents concernés.

Compte **648** – Autres charges

640 **Pièces justificatives – Dépenses de personnel des CEPL (D. n° 2022-505, 23 mars 2022, fixant la liste des pièces justificatives des dépenses des collectivités territoriales, des établissements publics locaux et des établissements publics de santé, § 210) :**

1 – Rémunération du personnel : pièces générales

a) premier paiement :
- acte d'engagement mentionnant :
  - la référence à la délibération créant l'emploi ou autorisant l'engagement pour les agents des SPIC, les contrats aidés ou les vacataires,

  - les modalités de recrutement[1] et les conditions d'emploi (temps complet, non complet, partiel) et la quotité de temps travail,
  - l'identité de l'agent, la date de sa nomination et le cas échéant, la durée de l'engagement,
  - le grade, l'échelon, l'indice brut de traitement ou le taux horaire ou les modalités de la rémunération de l'agent ;
- en cas de changement de comptable assignataire (ex. : mutation, détachement, etc.), certificat de cessation de paiement ;
- cas particulier de la reprise d'activité[2] : contrat dont l'agent disposait antérieurement à la reprise d'activité et délibération portant reprise de l'activité ;
- pièces exigées pour les paiements ultérieurs.

b) paiements ultérieurs : pièces générales :
- état nominatif décompté individuel (notamment bulletin de paye) ou collectif énonçant, le cas échéant, les mentions suivantes pour chaque agent :
  - le grade, l'échelon, l'indice majoré, l'indication du temps de travail, le taux horaire ou le taux de la vacation (horaire ou autre critère),
  - la période ouvrant droit à rémunération et le nombre d'heures effectives,
  - le traitement brut mensuel,
  - l'indemnité de résidence,
  - le supplément familial de traitement,
  - la NBI,
  - le montant des rémunérations soumis aux précomptes, les taux applicables et les montants des précomptes,
  - complément de traitement indiciaire (CTI) pour les personnels non médicaux ne relevant pas de la fonction publique hospitalière (EHPAD des CCAS ou des CIAS),
  - le traitement net mensuel,
  - la somme nette à payer,
  - les heures supplémentaires,
  - chaque prime ou indemnité de manière individualisée,
  - les indemnités d'astreintes ou de permanences ;
- état récapitulatif global par chapitre et article d'imputation budgétaire ;
- décision de l'autorité investie du pouvoir de nomination portant modification de la situation administrative de l'intéressé entraînant une modification de sa rémunération avec indication de la date d'effet, ou avenant au contrat de recrutement comportant les mêmes énonciations.

2 – Rémunération du personnel : pièces particulières

Ces pièces doivent être produites, en tant que de besoin, et à chaque changement des droits de l'agent.

Dans le cadre de la réforme du prélèvement à la source, il est ajouté parmi les pièces justificatives un décompte global précisant la période de versement, la date d'exigibilité, le montant total des prélèvements effectués au titre de la période, le cas échéant, les montants des régularisations positives et négatives et le montant total des sommes mises en paiement.

1. Par exemple, entrée dans la fonction publique, mutation, détachement, etc.

2. Il s'agit de la mise en œuvre de l'article L. 1224-3 du Code du travail, pour la période qui précède, soit le nouveau contrat de l'agent, soit son licenciement.

641 **Pièces justificatives – Retenue à la source.** En matière de paiement des traitements et/ou salaires, dans le cadre de la réforme du prélèvement à la source, il est ajouté parmi les pièces justificatives un décompte global précisant la période de versement, la date d'exigibilité, le montant total des prélèvements effectués au titre de la période, le cas échéant, les montants des régularisations positives et négatives et le montant total des sommes mises en paiement.

642 **Pièces justificatives – Capital décès (D. n° 2022-505, 23 mars 2022, §214) :**

- décision de l'exécutif précisant le ou les bénéficiaires du capital décès, ainsi que le montant à verser pour chacun d'eux ;
- état de liquidation et le cas échéant précisant la répartition du capital décès ;
- le cas échéant, certificat de non-imposition si des enfants ou des ascendants sont bénéficiaires.

643 **Pièces justificatives – Congés bonifiés (D. n° 2022-505, 23 mars 2022, § 2174) :**

- prise en charge des frais de voyage :
  - décision de l'autorité territoriale accordant le congé bonifié,
  - état de frais (voir ann. A du décret des pièces justificatives) ;
- prise en charge du supplément de rémunération :
  - mention de la durée du congé administratif afférente à la période de rémunération dans l'état nominatif décompté individuel ou collectif mentionné à la sous-rubrique 21021 du décret des pièces justificatives.

644 **Pièces justificatives – Transferts financiers des jours portés sur un compte épargne-temps dans le cadre d'une mutation ou d'un détachement (D. n° 2022-505, 23 mars 2022, § 2183) :**

- convention fixant les modalités financières de transfert des droits à congés accumulés par un agent bénéficiaire d'un compte épargne-temps ;
- état liquidatif.

645 **Pièces justificatives – Indemnisation de la perte d'emploi (D. n° 2022-505, 23 mars 2022, § 213) :**

1 – Indemnités de licenciement :

- décision de licenciement ;
- justification de la durée de l'emploi ;

- copie du ou des bulletins de salaire de la période de référence de liquidation des droits ;
- décompte des droits.

2 – Indemnité de rupture conventionnelle (agents de droit privé) :
- convention de rupture conventionnelle ;
- décision d'homologation de l'autorité administrative ou attestation de l'ordonnateur certifiant l'absence de rejet de la demande d'homologation dans le délai de quinze jours mentionné au 2e alinéa de l'article L. 1237-14 du Code du travail ;
- le cas échéant, délibération autorisant la convention de rupture (si les statuts de l'organisme le prévoient).

3 – Indemnité de rupture conventionnelle (agents de droit public) :
- convention de rupture fixant le montant de l'indemnité de rupture conventionnelle et la date de cessation définitive des fonctions du fonctionnaire concerné ou la date de fin de contrat arrêtée par l'autorité investie du pouvoir de nomination ou son représentant, signée des deux parties ;
- décompte déterminant le montant attribué à l'agent bénéficiaire de la rupture, dans le cas où les éléments liés à la liquidation ne sont pas présents dans la convention de rupture conventionnelle.

4 – Indemnisation des agents involontairement privés d'emploi :
- avance sur indemnisation :
  - décision d'ouverture des droits autorisant le versement de l'avance dans l'attente des calculs des droits définitifs,
  - état liquidatif du montant de l'avance ;
- indemnisation :
  - premier paiement :
    - décision d'ouverture de droits précisant la durée maximale d'indemnisation,
    - copie du ou des bulletins de salaire de la période de référence de liquidation des droits,
    - pièce prévue pour les paiements ultérieurs ;
  - paiements ultérieurs : état de liquidation.

6 – Indemnités compensatrices de congés non pris :
- décompte certifié, détaillant le nombre de jours de congé dus et non pris du fait de l'administration, liquidant l'indemnité de congés payés qui en résulte.

7 – Rémunération versée dans le cadre d'un congé spécial
- premier paiement :
  - arrêté d'admission en congé spécial précisant la période, ainsi que les éléments de liquidation de la rémunération ou arrêté modifiant les conditions de rémunération fixées initialement dans l'arrêté d'admission,
  - pièce prévue pour les paiements ultérieurs ;

– paiements ultérieurs :
  - état mensuel de liquidation du revenu de remplacement.

646 Pièces justificatives – Charges sociales, impôts, taxes et versements assimilés sur rémunération (D. n° 2022-505, 23 mars 2022, §212) :

1 – Cas général :
– décompte indiquant notamment l'assiette, le taux et le montant des charges à payer ;
ou
– état de proposition de rectification suite à un contrôle (URSSAF, Pôle Emploi, administration fiscale) ;
ou
– pour le remboursement à un agent d'un trop prélevé ;
– décision précisant l'objet du remboursement ;
– décompte.

2 – Prélèvement à la source :
– décompte global précisant :
  - la période de versement,
  - le montant total des prélèvements effectués au titre de la période,
  - le cas échéant, les montants des régularisations positives et négatives,
  - le montant total des sommes mises en paiement.

647 Pièces justificatives – Dépenses de personnel des associations syndicales de propriétaires. Les pièces justificatives prévues par le statut ou les textes spécifiques aux associations régies par des textes particuliers remplacent ou complètent, le cas échéant, les pièces visées au paragraphe 23 du décret n° 2022-505 du 23 mars 2022 concernant les pièces justificatives.

648 Pièces justificatives – Rémunérations d'agents d'autres collectivités publiques et autres agents publics (D. n° 2022-505, 23 mars 2022, § 215) :

1 – Agents d'autres collectivités

a) rémunérations publiques accessoires versées aux agents des services déconcentrés de l'État ou de ses établissements publics (L. n° 82-213, 2 mars 1982, art. 97) :
– premier paiement :
  - le cas échéant : délibération relative à l'octroi de l'indemnité indiquant le ou les bénéficiaires fixant le montant ou les modalités de calcul et faisant référence à l'arrêté interministériel de portée générale, ou arrêté individuel du représentant de l'État dans le département ou dans la région fixant le montant de l'indemnité et ses conditions d'attribution,
  - le cas échéant, décompte ;
– autres paiements : pièce prévue au 2 de la rubrique 21611 du décret des pièces justificatives.

2 – Versement d'indemnités à d'autres agents publics

a) premier paiement :
- délibération fixant le principe du recours à un fonctionnaire recruté pour exercer une activité publique accessoire, précisant les modalités de l'indemnité allouée ;
- le cas échéant, arrêté d'engagement[1] ;
- pièce exigée pour les paiements ultérieurs.

b) paiements ultérieurs : décompte.

1. L'arrêté n'est à produire que dans les cas où la délibération n'a pas désigné l'intéressé.

649 Pièces justificatives – Rémunérations accessoires (D. n° 2022-505, 23 mars 2022, § 21) :

1 – Primes et indemnités :
- décision de l'assemblée délibérante fixant la nature, les conditions d'attribution et le taux moyen des indemnités ;
- décision de l'autorité investie du pouvoir de nomination[1] fixant le taux individuel applicable à chaque agent (les montants individuels attribués aux agents contractuels peuvent figurer dans leur contrat d'engagement).

2 – Indemnités horaires pour travaux supplémentaires :
- délibération fixant la liste des emplois dont les missions impliquent la réalisation effective d'heures supplémentaires ;
- état liquidatif précisant pour chaque agent par mois et par taux d'indemnisation le nombre d'heures effectuées[2] ;
- le cas échéant, décision justifiant le dépassement du contingent mensuel autorisé.

3 – Supplément familial de traitement :
- état liquidatif précisant tous les éléments ayant conduit à la détermination des droits, notamment :
  - nombre d'enfants à charge,
  - en cas de séparation :
    - le nombre d'enfants pris en compte pour le calcul du SFT à répartir,
    - nombre d'enfants à charge de l'agent et/ou du ou des ex-conjoints issus de chaque nouvelle union,
  - le cas échéant[3], nombre d'enfants à charge et le traitement indiciaire brut et la NBI[4] de chaque ancien conjoint,
  - le cas échéant le ou les ex-conjoints bénéficiaires du versement.

4 – Nouvelle bonification indiciaire :
- décision de l'autorité investie du pouvoir de nomination fixant le nombre de points attribués à l'agent.

5 – Astreintes et permanences :
- délibération déterminant les cas dans lesquels il est possible de recourir à des astreintes ou à des permanences, la liste des emplois concernés[5],

les modalités de leur organisation et, le cas échéant, montant des crédits budgétaires alloués à cet effet[6] ;
- le cas échéant, état des crédits alloués aux astreintes ou permanences consommés[6] ;
- état liquidatif précisant l'emploi de l'agent la période d'astreinte ou de permanencc, lc taux applicable, et, le cas échéant, le nombre d'heures d'intervention réalisées pendant la période d'astreinte.

6 - Primes et accessoires au salaire des personnels des EPIC :
- convention, accord collectif de travail, convention de branche ou accord professionnel visés au contrat de travail, mentionnant la prime[7] ;

ou
- mention de la prime au contrat de travail[7] ;

ou
- décision du conseil d'administration.

Avantages accessoires

1 - Frais de représentation[8] :
- délibération précisant le montant plafond et la nature des frais pris en charge ou le montant forfaitaire alloué à l'agent ;
- lorsque l'indemnité n'est pas versée sous une forme forfaitaire :
  - factures,
  - état de consommation des crédits.

2 - Remboursements opérés au titre des avantages en nature :
- délibération précisant la liste des emplois concernés, la nature des avantages et leurs conditions d'attribution ;
- décision de l'autorité détentrice du pouvoir exécutif précisant le nom des bénéficiaires ;
- factures acquittées.

Prestations d'action sociales à caractère pécuniaire

Il s'agit du versement d'une somme d'argent collective ou individuelle visant à aider des agents publics : restauration, logement, loisirs, situations difficiles (L. n° 83-634, 13 juill. 1983, art. 9) :
- délibération précisant les conditions d'attribution des prestations ;
- décision de l'autorité détentrice du pouvoir exécutif précisant les bénéficiaires ;
- le cas échéant, pièces exigées par les décisions visées aux 1 et 2.

1 - Participation au financement de la protection sociale complémentaire :
- délibération(s) fixant les risques couverts par la participation, les modalités, le montant unitaire applicable à tous les agents non modulés, les conditions de modulation unitaire individuelle de la participation, et le mode de versement de la participation ;

- le cas échéant, la convention de participation, ou le contrat collectif ou de groupe[9] et le bulletin d'adhésion signé par l'employeur qui peut l'accompagner[9] ;
- état liquidatif établi par organisme de protection sociale complémentaire, faisant apparaître, par agent, le montant unitaire de la participation applicable à l'agent. Lorsque ce montant est modulé, l'état mentionne les éléments justifiant la modulation de la participation. L'état présente la somme des montants unitaires de la participation.

2 – Complément communal à l'indemnité représentative de logement : liste nominative notifiée par le préfet précisant le montant du complément communal.

1. Les montants individuels attribués aux agents contractuels peuvent figurer dans leur contrat d'engagement.

2. Cette pièce peut prendre la forme d'états automatisés, elle n'est pas exigée lorsque ses indications figurent dans l'état nominatif décompté individuel ou collectif visé au 1 de la rubrique 2102 du décret n° 2007-450 du 25 mars 2007 des pièces justificatives.

3. Exercice du droit d'option pour les anciens couples de fonctionnaire ou pour le versement du supplément familial de traitement (SFT) à l'ancien conjoint non fonctionnaire.

4. Pour les anciens couples de fonctionnaires.

5. Y compris les emplois d'encadrement de la filière technique relevant des astreintes de décision.

6. Lorsque l'assemblée délibérante confie le choix du mode de dédommagement des astreintes ou des permanences à l'exécutif.

7. Lorsque les conventions, accords collectifs de travail, conventions de branche, accords professionnels ou contrats de travail ne définissent pas les modalités de liquidation des primes et accessoires au salaire, une décision du conseil d'administration doit en préciser les modalités.

8. L'organe délibérant peut :
- soit instaurer le versement d'une somme forfaitaire non subordonnée à la production de justificatifs des frais exposés ;
- soit instituer une dotation permettant la prise en charge directe des frais par la collectivité elle-même ou le remboursement le cas échéant sous forme forfaitaire, des dépenses de représentation exposées et dûment justifiées. Dans ces hypothèses, un état de consommation de crédit permet de suivre l'emploi de la dotation votée par l'organe délibérant.

9. Lorsque la convention s'accompagne d'une opération collective facultative souscrite par l'employeur (D. n° 2011-1474, 8 nov. 2011, relatif à la participation des collectivités territoriales et de leurs établissements publics au financement de la protection sociale complémentaire de leurs agents, art. 31). Ce contrat peut régler les modalités de paiement par la collectivité.

COMPTE **65**

Autres charges de gestion courante

Compte **651** – Aides à la personne

650 **Pièces justificatives – Prêts et bourses :**

1 – Bourses :
- décision fixant les modalités d'attribution ;
- décision individuelle ou état collectif ;
- état de liquidation des bourses.

2 – Prêts :
- décision de l'assemblée délibérante relative à l'attribution des prêts fixant les conditions d'octroi, les modalités de remboursement et, le cas échéant, les bénéficiaires ;
- décision individuelle ;
- le cas échéant, engagement sur l'honneur souscrit par le bénéficiaire du prêt ou contrat de prêt comportant un tableau d'amortissement.

Réf.
- D. n° 2022-505, 23 mars 2022, § 62

651 Pièces justificatives – Remise de prix, prestations diverses, gratifications :

1 – Premier paiement :
- décision de l'assemblée délibérante fixant les modalités d'attribution de (des) prix, de la (des) prestation(s) (diverses) ;

ou
- décision de l'assemblée délibérante fixant les modalités d'attribution des gratifications prévoyant les catégories de bénéficiaires, les événements donnant lieu à l'octroi de tels avantages ;
- décision d'attribution ;
- le cas échéant, facture.

2 – Autres paiements :
- décision d'attribution ;
- le cas échéant, facture.

Réf.
- D. n° 2022-505, 23 mars 2022, § 63

652 Pièces justificatives – Dépenses d'aide sociale :

1 – Interventions directes

a) aide légale :
- le cas échéant[1], délibération précisant les conditions et les modalités de versement[2] ;
- le cas échéant[3], convention passée avec le département ;
- en cas de paiement à un tiers, décision de l'autorité exécutive ;
- état récapitulatif des bénéficiaires mentionnant le type d'aide, les bénéficiaires, les montants à verser ainsi que la période de versement.

b) aide facultative :
- délibération fixant les conditions d'octroi et les modalités de l'aide[4] ;
- en cas de paiement à un tiers, décision de l'autorité exécutive ;
- état nominatif ou collectif mentionnant le(s) bénéficiaire(s) et le montant des aides à verser ou ordre de paiement acquitté par le bénéficiaire en cas d'urgence.

c) reversements au bénéfice du département :
- avis des sommes à payer ;
- état des sommes encaissées, par bénéficiaire, pour le compte des personnes hébergées faisant apparaître la part versée au titre de l'argent de poche et le solde à reverser au département.

d) argent de poche :
- ordre de paiement nominatif acquitté ;

ou
- état de paiement collectif émargé par les bénéficiaires.

e) versements à un organisme à qui le versement d'aides a été confié[5] : pièces prévues à la rubrique 494.

Réf.
- D. nº 2022-505, 23 mars 2022, § 61

1. Une délibération n'est nécessaire que lorsqu'elle octroie des conditions et des montants plus favorables que la réglementation, par exemple, en vertu d'un règlement départemental d'aide sociale.

2. Le cas échéant, au moyen d'instruments de paiement (chèque emploi service universel pour le paiement de l'allocation personnalisée autonomie).

3. Le cas où un département délègue à une commune ses compétences en matière sociale (CASF, art. L. 121-6).

4. Le cas échéant, au moyen d'instruments de paiement (chèque d'accompagnement personnalisé, CGCT, art. L. 1611-6).

5. Le revenu de solidarité active (RSA), le fonds de solidarité pour le logement (FSL), par exemple.

653 Pièces justificatives – Prestations effectuées au moyen de bons :
- décision fixant les conditions d'octroi et les modalités de l'aide ;
- mémoire comportant le numéro du bon délivré, ou bon comportant les énonciations des mentions prévues à l'annexe C du décret nº 2016-33 du 20 janvier 2016 concernant les pièces justificatives (énonciations des mentions devant figurer sur les factures ou mémoires).

Réf.
- D. nº 2022-505, 23 mars 2022, § 6113

654 Pièces justificatives – Ressources des personnes hébergées au titre de l'aide sociale :

1 – Reversements au bénéfice du département :
- avis des sommes à payer ;
- état des sommes encaissées, par bénéficiaire, pour le compte des personnes hébergées faisant apparaître la part versée au titre de l'argent de poche et le solde à reverser au département.

2 – Argent de poche :
- ordre de paiement nominatif acquitté ;

ou
- état de paiement collectif émargé par les bénéficiaires.

Réf.
- D. nº 2022-505, 23 mars 2022, § 611-612

655 **Pièces justificatives – Dépenses d'aide sociale :**

1 – Versement auprès d'établissements d'hébergement

a) pièce commune : décision définissant les modalités d'intervention de la collectivité ou décisions individuelles faisant état des conditions de versement.

b) pièces particulières :
- avec le concours d'un EPSMS : mémoire portant référence à la décision arrêtant le prix de journée ou bordereau de versement ;
- avec le concours d'une collectivité publique ou d'une personne privée :
  - convention fixant les conditions de placement,
  - mémoire ou décompte.

Réf.
- D. n° 2022-505, 23 mars 2022, § 612

Compte **652** – Frais de séjour, frais d'hébergement et frais d'inhumation

656 Cette partie ne fait pas l'objet de commentaires.

Compte **653** – Indemnités

▪ Compte **65311** – Indemnités de fonction

657 **Montant des indemnités de fonctions des élus.** Elles sont déterminées par référence au montant du traitement correspondant à l'indice brut terminal de l'échelle indiciaire de la fonction publique.

Leur montant varie en fonction de la population de la commune.

Les indemnités allouées au titre de l'exercice des fonctions de maire et de président de délégation spéciale et les indemnités maximales pour l'exercice effectif des fonctions d'adjoint au maire des communes, de conseiller municipal des communes de 100 000 habitants et plus ou de membre de délégations spéciales qui fait fonction d'adjoint sont fixées par référence au montant du traitement correspondant à l'indice brut terminal de l'échelle indiciaire de la fonction publique.

L'élu municipal titulaire d'autres mandats électoraux ou qui siège à ce titre au conseil d'administration d'un établissement public local, du centre national de la fonction publique territoriale, au conseil d'administration ou au conseil de surveillance d'une société d'économie mixte locale ou qui préside une telle société ne peut percevoir, pour l'ensemble de ses fonctions, un montant total de rémunérations et d'indemnités de fonction supérieur à une fois et demie le montant de l'indemnité parlementaire telle qu'elle est définie à l'article 1er de l'ordonnance n° 58-1210 du 13 décembre 1958 portant loi organique relative à l'indemnité des membres du Parlement. Ce plafond s'entend déduction faite des cotisations sociales obligatoires.

Lorsqu'en application des dispositions du II, le montant total de rémunération et d'indemnité de fonction d'un conseiller municipal fait l'objet d'un écrêtement, la part écrêtée est reversée au budget de la personne publique au sein de laquelle le conseiller municipal exerce le plus récemment un mandat ou une fonction.

Lorsque l'assemblée locale est renouvelée, celle-ci doit obligatoirement délibérer sur les indemnités de ses membres dans les trois mois suivant son installation. Afin de garantir une certaine transparence et faciliter le contrôle, toute délibération concernant les indemnités de fonction est accompagnée d'un tableau annexe récapitulant l'ensemble des indemnités allouées.

Réf.
– CGCT, art. L. 2123-20

658 **Majorations des indemnités de fonction.** Conformément à l'article L. 2123-22 du Code général des collectivités territoriales (CGCT), une commune qui, au cours de l'un au moins des trois exercices précédents, a été attributaire de la dotation de solidarité urbaine et de cohésion sociale (DSU) peut voter des majorations d'indemnités de fonction dans les conditions prévues au 4° de l'article R. 2123-23 du même code.

Conformément à un principe général du droit (CE, ass., 3 févr. 1989, n° 74052, *Compagnie Alitalia*), aujourd'hui reprise à l'article L. 243-2 du Code des relations entre le public et l'administration, lorsqu'un acte administratif est devenu illégal suite à un changement de circonstances de fait ou de droit, l'autorité qui en est à l'origine est tenue de l'abroger. Les délibérations relatives aux élus locaux sont concernées par ce principe. C'est ainsi qu'une commune qui accordait des majorations indemnitaires sur le fondement de la DSU voit sa délibération devenir illégale à l'issue d'un délai de trois ans après la perte de cette dotation. Elle est alors susceptible d'annulation et les élus concernés s'exposent à l'obligation de rembourser les sommes indûment perçues.

659 **Saisie des indemnités de fonction.** La jurisprudence considère que les indemnités de fonction des élus ne présentent pas le caractère d'un salaire en l'absence de lien de subordination avec un employeur. Par conséquent, la saisie des rémunérations de droit commun ne leur est pas applicable.

Cependant, en application de l'article L. 1621-1 du Code général des collectivités territoriales, les indemnités de fonction des élus peuvent être appréhendées par voie de saisie administrative à tiers détenteur (SATD) pour la partie qui excède la fraction représentative des frais d'emploi telle que définie par l'article 81 du Code général des impôts. La SATD permet en effet de saisir toutes sommes exigibles et saisissables appartenant ou devant revenir aux redevables entre les mains d'un tiers détenteur.

660 Indemnités de fonctions brutes mensuelles des maires.

Valeurs du point d'indice du 1er juillet 2022 (CGCT, art. L. 2123-23)

Population (nombre d'habitants)	Taux maximal (en % de l'IB 1027)	Indemnité brute (en €)
Moins de 500	25,5	1 026,51
De 500 à 999	40,3	1 622,29
De 1 000 à 3 499	51,6	2 077,17
De 3 500 à 9 999	55	2 214,04
De 10 000 à 19 999	65	2 616,59
De 20 000 à 49 999	90	3 622,97
De 50 000 à 99 999	110	4 428,08
100 000 et plus (y compris Marseille et Lyon)	145	5 837,01
Maires d'arrondissement (Marseille et Lyon)	72,5	2 918,51

L'indice brut 1027 au 1er juillet 2022 est de 4025,53 €.

La part représentative pour frais d'emploi dans le cas d'un seul mandat indemnisé s'élève à 661,00 €.

En cas de cumul de mandats, la part représentative pour frais d'emploi s'élève à 991,00 € et le plafond indemnitaire à 8 434,85 €.

La loi n° 2019-1461 du 27 décembre 2019 relative à l'engagement dans la vie locale et à la proximité de l'action publique, dite « loi Engagement et proximité », permet une augmentation graduée des indemnités pour les trois premières tranches (communes de moins de 3 500 hab.).

Réf.
- CGCT, art. L. 2123-23
- L. n° 2019-1461, 27 déc. 2019, relative à l'engagement dans la vie locale et à la proximité de l'action publique, dite « loi Engagement et proximité »

661 Indemnités de fonctions brutes mensuelles des adjoints.

Valeurs du point d'indice du 1er juillet 2022 (CGCT, art. L. 2123-24)

Population (nombre d'habitants)	Taux maximal (en % de l'IB 1027)	Indemnité brute (en €)
Moins de 500	9,9	398,53
De 500 à 999	10,7	430,73
De 1 000 à 3 499	19,8	797,05

…/…

Population (nombre d'habitants)	Taux maximal (en % de l'IB 1027)	Indemnité brute (en €)
De 3 500 à 9 999	22	885,62
De 10 000 à 19 999	27,5	1 107,02
De 20 000 à 49 999	33	1 328,42
De 50 000 à 99 999	44	1 771,23
De 100 000 à 200 000	66	2 656,85
Plus de 200 000	72,5	2 918,51
Adjoints au maire d'arrondissement (Marseille et Lyon)	34,5	1 388,81

Réf.

- CGCT, art. L. 2123-24
- L. n° 2019-1461, 27 déc. 2019, relative à l'engagement dans la vie locale et à la proximité de l'action publique, dite « loi Engagement et proximité », permet une augmentation graduée des indemnités pour les trois premières tranches (communes de moins de 3 500 hab.)

662 Indemnités de fonctions brutes mensuelles des conseillers départementaux.

Valeurs du point d'indice du 1er juillet 2022 (CGCT, art. L. 2123-16)

Population (nombre d'habitants)	Taux maximal (en % de l'IB 1027)	Indemnité brute (en €)
Moins de 250 000	40	1 610,21
De 250 000 à moins de 50 000	50	2 012,76
De 500 000 à moins de 1 million	60	2 415,32
De 1 million à moins de 1,25 million	65	2 616,59
1,25 million et plus	70	2 817,87

Président du conseil départemental (CGCT, art. L. 3123-17) : IB 1027 majoré de 45 % = 5 837,01 €.

Vice-président ayant délégation de l'exécutif du conseil départemental ou du Conseil de Paris (CGCT, art. L. 3123-17, préc.) : indemnité de conseiller majorée de 40 %.

Membre de la commission permanente (CGCT, art. L. 3123-17, préc.) : indemnité de conseiller majorée de 10 %.

Nota bene

Le barème des conseillers départementaux s'applique aux conseillers régionaux dans les régions d'outre-mer (CGCT, art. L. 4432-6).

Réf.

- CGCT, art. L. 3123-16

663 Indemnités de fonctions brutes mensuelles des conseillers municipaux.

Valeurs du point d'indice au 1er juillet 2022

Type de commune	Taux maximal (en % de l'IB 1027)	Indemnité brute (en €)
Marseille, Lyon (CGCT, art. L. 2511-34)	34,5	1 388,81
Communes de 100 000 habitants et plus... conseillers municipaux (CGCT, art. L. 2123-24-1, I)	6	241,53
Communes de moins de 100 000 habitants (compris dans l'enveloppe maire et adjoints) conseillers municipaux (CGCT, art. L. 2123-24-1, II)	6	241,53

Ensemble des communes conseillers municipaux délégués (CGCT, art. L. 2123-24-1, III) : le taux maximal est compris dans l'enveloppe budgétaire maire et adjoints ; sans plafond, mais prise sur l'enveloppe globale de la commune.

664 Indemnités de fonctions brutes mensuelles des conseillers régionaux.

Valeurs du point d'indice au 1er juillet 2022

Population (nombre d'habitants)	Taux maximal (en % de l'IB 1027)	Indemnité brute (en €)
Moins de 1 million	40	1 610,21
De 1 million à moins de 2 millions	50	2 012,76
De 2 millions à moins de 3 millions	60	2 415,32
3 millions et plus	70	2 817,87

Président du conseil régional (CGCT, art. L. 4135-17) : IB 1027 majoré de 45 % = 5 837,01 €.

Vice-président ayant délégation de l'exécutif du conseil régional (CGCT, art. L. 4135-17, préc.) : indemnité de conseiller majorée de 40 %.

Membre de la commission permanente (CGCT, art. L. 4135-17, préc.) : indemnité de conseiller majorée de 10 %.

Réf.
- CGCT, art. L. 4135-16 et L. 4135-17

665 Indemnités de fonctions brutes mensuelles des présidents de communautés urbaines, d'agglomération et des métropoles.

Valeurs du point d'indice au 1er juillet 2022

Population (nombre d'habitants)	Taux maximal (en % de l'IB 1027)	Indemnité brute (en €)
De 20 000 à 49 999	90	3 622,97
De 50 000 à 99 999	110	4 428,08

.../...

Population (nombre d'habitants)	Taux maximal (en % de l'IB 1027)	Indemnité brute (en €)
De 100 000 à 199 000	145	5 837,01
Plus de 200 000	145	5 837,01

Réf.
- CGCT, art. L. 5211-12, L. 5215-16, L. 5216-4, R. 5215-2-1 et R. 5216-1

666 Indemnités de fonctions brutes mensuelles des vice-présidents de communautés urbaines, d'agglomération et des métropoles.

Valeurs du point d'indice au 1er juillet 2022

Population (nombre d'habitants)	Taux maximal (en % de l'IB 1027)	Indemnité brute (en €)
De 20 000 à 49 999	33	1 328,42
De 50 000 à 99 999	44	1 771,23
De 100 000 à 200 000	66	2 656,85
Plus de 200 000	72,5	2 918,51

Délégués des communes au conseil des CU, CA et métropoles	Taux maximal (en % de l'IB 1027)	Indemnité brute (en €)
De 100 000 à 399 999 habitants	6	241,53
De 400 000 habitants au moins	28	1 127,15
Communautés de moins de 100 000 habitants : conseillers communautaires (CGCT, art. L. 2123-241, III)	6 (dans l'enveloppe président + vice-présidents)	241,53
Ensemble des communautés : conseillers communautaires délégués (CGCT, art. L. 2123-24-1, III)	Indemnité comprise dans l'enveloppe budgétaire présidents + vice-présidents	-

Nota bene

Ces montants s'appliquent aux CU créées avant l'entrée en vigueur de la loi n° 99-586 du 12 juillet 1999 relative au renforcement et à la simplification de la coopération intercommunale, dont le seuil de constitution correspondait à une population regroupée d'au moins 20 000 habitants.

EPCI dotés d'une fiscalité propre autres que les communautés urbaines, les communautés d'agglomération et les métropoles. Les indemnités des présidents et des vice-présidents des EPCI sont fixées par le décret n° 2004-615 du 25 juin 2004.

Réf.
- CGCT, art. L. 5211-12, L. 5215-16, L. 5216-4, R. 5211-4, R. 5215-2-1 et R. 5216-1

667 Indemnités de fonctions brutes mensuelles des présidents des communautés de communes.

Valeurs du point d'indice au 1er juillet 2022

Population (nombre d'habitants)	Taux maximal (en % de l'indemnité du maire)	Indemnité brute d'une commune dont la population serait égale à celle de l'ensemble des communes composant l'EPCI
Moins de 500	12,75	513,25
De 500 à 999	23,25	935,94
De 1 000 à 3 499	32,25	1 298,23
De 3 500 à 9 999	41,25	1 660,53
De 10 000 à 19 999	48,75	1 962,44
De 20 000 à 49 999	67,50	2 717,23
De 50 000 à 99 999	82,49	3 320,66
De 100 000 à 199 000	108,75	4 377,76
Plus de 200 000	108,75	4 377,76

Réf.
– CGCT, art. L. 5211-12, R. 5211-4 et R. 5332-1

668 Indemnités de fonctions brutes mensuelles des vice-présidents des communautés de communes.

Valeurs du point d'indice au 1er juillet 2022

Population (nombre d'habitants)	Taux maximal (en % de l'indemnité de l'adjoint au maire d'une commune dont la population serait égale à celle de l'ensemble des communes composant l'EPCI)	Indemnité brute (en €)
Moins de 500	4,95	199,26
De 500 à 999	6,19	249,18
De 1 000 à 3 499	12,37	497,96
De 3 500 à 9 999	16,50	664,21
De 10 000 à 19 999	20,63	830,47
De 20 000 à 49 999	24,73	995,51
De 50 000 à 99 999	33,00	1 328,42
De 100 000 à 200 000	49,50	1 992,64
Plus de 200 000	54,37	2 188,68

Réf.
– CGCT, art. L. 5211-12 et R. 5332-1

669 **Indemnités de fonctions brutes mensuelles des présidents (syndicats de communes).**

Valeurs du point d'indice au 1er juillet 2022

Population (nombre d'habitants)	Taux maximal (en % de l'indemnité de l'adjoint au maire d'une commune dont la population serait égale à celle de l'ensemble des communes composant l'EPCI)	Indemnité brute (en €)
Moins de 500	4,73	190,41
De 500 à 999	6,69	269,31
De 1 000 à 3 499	12,20	491,11
De 3 500 à 9 999	16,93	681,52
De 10 000 à 19 999	21,66	871,93
De 20 000 à 49 999	25,59	1 030,13
De 50 000 à 99 999	29,53	1 188,74
De 100 000 à 200 000	35,44	1 426,65
Plus de 200 000	37,41	1 505,95

Réf.
- CGCT, art. L. 5211-12 et R. 5711-1

670 **Indemnités de fonctions brutes mensuelles des vice-présidents (syndicats de communes).**

Valeurs du point d'indice au 1er juillet 2022

Population (nombre d'habitants)	Taux maximal (en % de l'indemnité de l'adjoint au maire d'une commune dont la population serait égale à celle de l'ensemble des communes composant l'EPCI)	Indemnité brute (en €)
Moins de 500	1,89	76,08
De 500 à 999	2,68	107,88
De 1 000 à 3 499	4,65	187,19
De 3 500 à 9 999	6,77	272,53
De 10 000 à 19 999	8,66	348,61
De 20 000 à 49 999	10,24	412,21
De 50 000 à 99 999	11,81	475,41
De 100 000 à 200 000	17,72	713,32
Plus de 200 000	18,70	752,77

Réf.
- CGCT, art. L. 5211-12 et R. 5711-11634

671 Indemnités de fonction brutes mensuelles des présidents et vice-présidents (syndicats mixtes ouverts).

Valeur du point d'indice au 1er juillet 2022

Présidents		
Population (nombre d'habitants)	Taux maximal (en %)	Indemnité brute (en €)
Moins de 500	2,37	95,41
500 à 999	3,35	134,86
1 000 à 3 499	6,10	245,56
3 500 à 9 999	8,47	340,96
10 000 à 19 999	10,83	435,96
20 000 à 49 999	12,80	515,27
50 000 à 99 999	14,77	594,57
100 000 à 200 000	17,72	713,32
plus de 200 000	18,71	753,18
Vice-présidents		
Moins de 500	0,95	38,24
500 à 999	1,34	53,94
1 000 à 3 499	2,33	93,79
3 500 à 9 999	3,39	136,47
10 000 à 19 999	4,33	174,31
20 000 à 49 999	5,12	206,11
50 000 à 99 999	5,91	237,91
100 000 à 200 000	8,86	356,66
plus de 200 000	9,35	376,39

672 Régime social des indemnités de fonction. La contribution sociale généralisée (CSG) s'applique aux indemnités des élus sur leur montant brut. Le CRDS s'applique également sur les indemnités des élus.

Les indemnités versées aux élus locaux ne sont pas soumises à la contribution de solidarité de 1 %.

673 Indemnités des adjoints. Les indemnités votées par les conseils municipaux des communes de 100 000 habitants au moins pour l'exercice effectif des fonctions de conseiller municipal sont au maximum égales à 6 % du terme de référence mentionné au I de l'article L. 2123-20.

Dans les communes de moins de 100 000 habitants, il peut être versé une indemnité pour l'exercice effectif des fonctions de conseiller municipal dans les limites prévues par le II de l'article L. 2123-24. Cette indemnité est au maximum égale à 6 % du terme de référence mentionné au I de l'article L. 2123-20.

Les conseillers municipaux auxquels le maire délègue une partie de ses fonctions en application des articles L. 2122-18 et L. 2122-20 peuvent percevoir une indemnité allouée par le conseil municipal dans les limites prévues par le II de l'article L. 2123-24. Cette indemnité n'est pas cumulable avec celle prévue par le II du présent article.

Lorsqu'un conseiller municipal supplée le maire dans les conditions prévues par l'article L. 2122-17, il peut percevoir, pendant la durée de la suppléance et après délibération du conseil municipal, l'indemnité fixée pour le maire par l'article L. 2123-23, éventuellement majorée comme le prévoit l'article L. 2123-22. Cette indemnité peut être versée à compter de la date à laquelle la suppléance est effective.

En aucun cas l'indemnité versée à un conseiller municipal ne peut dépasser l'indemnité fixée pour le maire de la commune en application des articles L. 2123-22 et L. 2123-23.

674 Indemnités des adjoints – Jurisprudence. Les conseils municipaux déterminent librement le nombre des adjoints au maire, sans que ce nombre puisse excéder 30 % de l'effectif légal du conseil municipal. Pour l'attribution des indemnités versées aux adjoints, le conseil municipal ne peut prendre comme base de calcul le nombre théorique d'adjoints qu'il est en droit de nommer.

Le conseil municipal peut fixer des indemnités différentes pour chaque adjoint compte tenu de ses attributions et des délégations qui lui sont consenties par le maire (Rép. min. n° 18530 : *JO Sénat*, 1er sept. 2011, p. 2276). La décision d'attribution ou de retrait de délégation n'a pas à être motivée. L'adjoint qui n'a pas de délégation ou dont la délégation a pris fin ne peut justifier de l'exercice effectif de ses fonctions et ne peut prétendre au versement d'une indemnité (CE, 29 avr. 1988, n° 81371, *Commune d'Aix-en-Provence* ; Instr. CP n° 89-1-M0, 2 janv. 1989). La suppression ou la diminution des indemnités de fonctions sont liées au retrait total ou au retrait partiel des délégations consenties (CE, 29 avr. 1988, nos 81371 et 81567, *Aix-en-Provence*, préc.). Un adjoint démissionnaire pour cause de cumul de mandats ne peut se voir déléguer les mêmes attributions comme conseiller municipal (TA Strasbourg, 11 avr. 1990, *Metz*).

Le maire ou certains adjoints peuvent renoncer à percevoir en totalité l'indemnité que la loi leur autorise afin d'en faire bénéficier les autres adjoints. Le conseil municipal répartit alors la masse des indemnités maximales entre les adjoints qu'il aura désignés.

En cas d'élection d'un nouveau maire, les délégations des adjoints doivent être renouvelées pour que les indemnités puissent leur être versées (CE, 27 mars 1992, nos 101933, 101934, 101935 et 101936, *Saint-Paul*).

675 **Délégations de fonctions.** Seuls les adjoints peuvent, en principe, recevoir des délégations de fonctions (CGCT, art. L. 2122-18). Le choix du maire dans la délégation d'une partie de ses fonctions doit, à peine de nullité, porter sur un adjoint avant même de porter sur un conseiller municipal (CE, 30 nov. 1939, *Arrighi* : *Lebon*, p. 966). Toutefois, le maire est habilité à attribuer à un conseiller municipal la délégation d'un adjoint en l'absence ou en cas d'empêchement de celui-ci (Rép. min. n° 11617 : *JOAN*, 26 mars 1990, p. 1422).

Le maire a le pouvoir de mettre fin à tout moment (par arrêté) aux délégations confiées à un adjoint, dès lors que sa décision n'est pas inspirée par des motifs étrangers à la bonne marche de l'administration communale. Dans son arrêt du 4 juin 1997 (n° 158246, *Commune de Bompas*), le Conseil d'État a considéré que « si le maire peut, à tout moment, mettre fin aux délégations qu'il a consenti à un de ses adjoints, il ne peut légalement prendre une telle décision que pour autant qu'aucun conseiller municipal ne se trouve alors lui-même investi d'une délégation ». Il ressort de cette jurisprudence qu'un maire commet une illégalité en retirant les délégations à un adjoint alors qu'un conseiller municipal dispose par ailleurs d'une délégation de fonction.

676 **Conseillers municipaux ne percevant pas d'indemnités de fonction.** Les pertes de revenu subies par les conseillers municipaux, qui exercent une activité professionnelle salariée ou non salariée et qui ne bénéficient pas d'indemnités de fonction, peuvent être compensées par la commune ou par l'organisme auprès duquel ils la représentent, lorsque celles-ci résultent (CGCT, art. L. 2123-3) :

« – de leur participation aux séances et réunions mentionnées à l'article L. 2123-1 [du CGCT] ;
– de l'exercice de leur droit à un crédit d'heures, lorsqu'ils ont la qualité de salarié, ou, lorsqu'ils exercent une activité professionnelle non salariée, du temps qu'ils consacrent à l'administration de cette commune ou de cet organisme et à la préparation des réunions des instances où ils siègent, dans la limite du crédit d'heures prévu pour les conseillers de la commune.

Cette compensation est limitée à soixante-douze heures par élu et par an ; chaque heure ne peut être rémunérée à un montant supérieur à une fois et demie la valeur horaire du salaire minimum de croissance. »

677 **Majorations des indemnités.** Peuvent voter des majorations d'indemnités de fonction par rapport à celles votées par le conseil municipal dans les limites prévues par l'article L. 2123-23, par le I de l'article L. 2123-24 et par les I et III de l'article L. 2123-24-1 les conseils municipaux :

1° des communes chefs-lieux de département et d'arrondissement ainsi que des communes sièges du bureau centralisateur du canton ou qui avaient la qualité de chef-lieu de canton avant la modification des limites territoriales des cantons prévues en application de la loi n° 2013-403 du 17 mai 2013 relative à l'élection des conseillers départementaux, des conseillers municipaux et des conseillers communautaires, et modifiant le calendrier électoral ;

2° des communes sinistrées ;

3° des communes classées stations de tourisme au sens de la sous-section 2 de la section 2 du chapitre III du titre III du livre Ier du Code du tourisme ;

4° des communes dont la population, depuis le dernier recensement, a augmenté à la suite de la mise en route de travaux publics d'intérêt national tels que les travaux d'électrification ;

5° des communes qui, au cours de l'un au moins des trois exercices précédents, ont été attributaires de la dotation de solidarité urbaine et de cohésion sociale prévue aux articles L. 2334-15 à L. 2334-18-4.

L'application de majorations aux indemnités de fonction fait l'objet d'un vote distinct. Le conseil municipal vote, dans un premier temps, le montant des indemnités de fonction, dans le respect de l'enveloppe indemnitaire globale définie au II de l'article L. 2123-24. Dans un second temps, il se prononce sur les majorations prévues au premier alinéa du présent article, sur la base des indemnités votées après répartition de l'enveloppe. Ces deux décisions peuvent intervenir au cours de la même séance.

Réf.
- CGCT, art. L. 2123-22
- L. n° 2019-1461, 27 déc. 2019, art. 92

678 **Plafonnement des indemnités.** Selon les dispositions L. 2123-20, L. 2123-20-1, L. 2123-22, L. 2123-23, L. 2123-24, L. 2123-24-1 et R. 2123-23 du Code général des collectivités territoriales dans les communes de moins de 100 000 habitants, lorsque le conseil municipal décide d'attribuer des indemnités à des conseillers municipaux pour l'exercice effectif de leurs fonctions ou à raison d'une délégation du maire, la somme des indemnités fixées pour le maire, les adjoints et les conseillers municipaux concernés, avant majoration éventuelle des indemnités attribuées au maire et aux adjoints, ne doit pas excéder le plafond mentionné au II de l'article L. 2123-24, constitué du montant total des indemnités maximales, hors majoration, susceptibles d'être allouées au maire et aux adjoints, telles que mentionnées à l'article L. 2123-23 et au I de l'article L. 2123-24.

Pour la prise en compte du plafond mentionné à l'article L. 2123-24 du CGCT, le Conseil d'État précise dans sa décision n° 452223 que :
- sont pris en compte le nombre d'adjoints exerçant effectivement leurs fonctions (et non le nombre d'adjoints désignés en début de mandat en application de l'article L. 2122-22 du même code) ;

- ne sont pas inclus dans le calcul les conseillers municipaux, fussent-ils délégataires de fonctions précédemment exercées par un adjoint au maire (CE, 1er juill. 2022, n° 452223).

679 **Saisissabilité des indemnités de fonction.** Les indemnités de fonction perçues par les élus locaux en application des articles du présent code ne sont saisissables que pour la partie qui excède le montant représentatif des frais d'emploi défini à la dernière phrase du premier alinéa du 1° de l'article 81 du Code général des impôts.

Nonobstant toutes dispositions contraires, la fraction représentative des frais d'emploi n'est pas prise en considération pour le calcul des ressources ouvrant droit à une prestation sociale.

680 **Retenue à la source des indemnités de fonction.** L'indemnité de fonction perçue par l'élu local est soumise à une retenue à la source libératoire de l'impôt sur le revenu.

La base de cette retenue est constituée par le montant net de l'indemnité, minorée de la fraction représentative de frais d'emploi.

La retenue est calculée par application du barème prévu à l'article 197 déterminé pour une part de quotient familial, tel qu'il est applicable pour l'imposition des revenus de l'année précédant celle du versement de l'indemnité.

> **Réf.**
> - CGI, art. 197

681 **Pièces justificatives – Indemnités.** Compensation des pertes de revenu : état liquidatif précisant le motif de la perte de revenu, le nombre d'heures compensées et le nombre total d'heures compensées soit au titre de l'année civile soit au titre de la durée du mandat (pour les congés formations).

1 – Indemnités de fonction des élus

a) premier paiement :
- délibération fixant les conditions d'octroi de l'indemnité et son montant (cette pièce n'est pas exigée pour les indemnités des maires automatiquement fixées au taux plafond) ;
- le cas échéant, arrêté de délégation de fonction ;
- pièces prévues pour les paiements ultérieurs ;

b) paiements ultérieurs :
- état liquidatif précisant le montant brut de l'indemnité ;
- le montant des indemnités soumis aux précomptes, les taux et les montants de ces précomptes ;

- l'assiette, le taux et le montant de la retenue à la source prévue au 1° du 2 de l'article 204 A du Code général des impôts ;
- le montant net versé.

Réf.
- D. n° 2022-505, 23 mars 2022, § 31

▪ Compte **65312** – Frais de mission et de déplacement

682 **Frais de mission et de déplacement.** Les fonctions de maire, d'adjoint, de conseiller municipal, de président et membre de délégation spéciale donnent droit au remboursement des frais que nécessite l'exécution des mandats spéciaux. Les frais ainsi exposés peuvent être remboursés forfaitairement dans la limite du montant des indemnités journalières allouées à cet effet aux fonctionnaires de l'État.

Les dépenses de transport effectuées dans l'accomplissement de ces missions sont remboursées selon des modalités fixées par délibération du conseil municipal.

Les autres dépenses liées à l'exercice d'un mandat spécial peuvent être remboursées par la commune sur présentation d'un état de frais et après délibération du conseil municipal. S'agissant des frais de garde d'enfants ou d'assistance aux personnes âgées, handicapées ou à celles qui ont besoin d'une aide personnelle à leur domicile, le remboursement ne peut excéder, par heure, le montant horaire du salaire minimum de croissance.

Réf.
- CGCT, art. L. 2123-18 à L. 2123-18-4

683 **Frais de mission et de déplacement – Remboursement aux frais réels.** La règle est le remboursement forfaitaire dans le cadre du mandat spécial (nécessité d'une délibération). Cependant, la délibération du mandat spécial peut prévoir un remboursement des frais dans leur intégralité (repas et nuitées). La délibération doit fixer les conditions de remboursement et notamment le plafonnement du remboursement aux frais réels.

684 **Frais de garde des élus.** L'État prend en charge, depuis le mois de janvier 2021, les frais de garde d'enfants ou d'assistance engagés par les élu·es des communes de moins de 3 500 habitants pour leur permettre d'assister aux réunions indispensables à l'exercice de leur mandat électoral (CGCT, art. 2123-18-2). Dès qu'un membre du conseil municipal est amené à organiser la garde d'un enfant, d'une personne âgée, d'une personne handicapée, ou d'une personne ayant besoin d'une aide personnelle à son domicile, il bénéficie du remboursement des frais de garde correspondant par sa commune.

685 La notion de « mandat spécial ». Les mandats spéciaux ont été définis par le Conseil d'État le 24 mars 1950 (*Maurice c/ Commune de Langeais*). Il s'agit pour un maire de toutes les missions accomplies par lui avec l'autorisation du conseil municipal dans l'intérêt des affaires communales, à l'exclusion de celles qui lui incombent en vertu d'une obligation résultant d'une disposition législative ou réglementaire expresse (les déplacements à la préfecture ne sont pas remboursés). Le mandat spécial exclut le caractère automatique ou permanent du versement d'indemnités. Il doit correspondre à une opération déterminée de façon précise (Circ. Intérieur, 15 avr. 1992, préc.).

Le mandat spécial doit entraîner des déplacements inhabituels et indispensables. Dans ce cadre, le remboursement des frais n'est pas une possibilité mais une obligation. Le mandat qui permet aux élus locaux de bénéficier du remboursement de certains frais doit couvrir une mission expressément attribuée et clairement définie pour être qualifiée de « spéciale ».

Une délibération attribuant un mandat spécial, prise postérieurement au déplacement auquel elle se rapporte, est entachée d'une rétroactivité illégale ; les dépenses supportées par l'élu ne pourront pas être prises en charge par la collectivité (CE, 11 janv. 2006, n° 265325, *Département des Bouches-du-Rhône*) dans les conditions applicables aux agents de l'État (D. n° 2006-781, 3 juill. 2006).

Réf.
- CGCT, art. L. 2123-18, L. 2123-22-1 et L. 5211-14

686 Frais engagés par des personnalités extérieures à la ville. Une délibération du conseil municipal n'est pas nécessaire pour justifier le remboursement des frais engagés par des personnalités extérieures à la ville.

À ce titre, la cour a jugé que « l'ouverture d'un crédit budgétaire constitue l'autorisation de faire toutes les dépenses qui entrent dans l'objet défini par l'intitulé du chapitre, pour autant que d'autres autorisations ou formalités ne sont pas exigées par les lois et règlements » et qu'en l'espèce, il n'apparaissait pas que la dépense soit étrangère aux relations publiques. Ces dépenses peuvent donc être justifiées par la production de simples factures, dès lors qu'aucune réglementation spécifique n'exige soit une intervention de l'assemblée délibérante soit des pièces autres que celles mentionnées à la rubrique 40 de la nomenclature des pièces justificatives.

687 Pièces justificatives – Remboursement de frais des élus :

1 – Pièce générale : délibération accordant un mandat spécial.

2 – Pièces particulières :
- frais de déplacement et de mission ;
- frais d'aide à la personne et autres frais ;

- le cas échéant, délibération[1] ;
- état de frais.

3 – Frais de déplacement et de missions (D. n° 2022-505, 23 mars 2022, ann. A.) : frais de déplacement et de transport des agents (voir annexe A du décret).

4 – Dépenses exceptionnelles d'aide et de secours (CGCT, art. L. 213-18-3) :
- délibération décidant du remboursement des frais d'assistance ou de secours engagés par l'élu ;
- justificatifs.

5 – Frais d'aide à la personne (CGCT, art. L. 213-18-2, L. 5215-16, L. 2123-18-4 et L. 5214-8) :
- délibération fixant les conditions du droit à remboursement ;
- état de frais.

6 – Frais spécifiques des élus en situation de handicap (CGCT, art. L. 2123-18-1) : état de frais précisant les frais engagés mensuellement.

7 – Remboursement des frais exposés par les élus pour leur défense :
- délibération autorisant la prise en charge des frais ;
- factures.

8 – Accidents survenus dans l'exercice des fonctions :
- certificat de prise en charge ;
- état de frais, factures.

9 – Prise en charge des frais de formation engagés par les élus :
- indemnisation :
  - délibération autorisant la prise en charge de frais de formation engagés par l'élu,
  - décompte,
  - facture.

10 – Frais de déplacement : pièces prévues à la rubrique 322 ou 323 selon le cas.

11 – Frais de représentation[1] :
- délibération précisant le montant plafond et la nature des frais pris en charge ou le montant forfaitaire alloué à l'élu ;
- lorsque l'indemnité n'est pas versée sous une forme forfaitaire :
  - factures,
  - état de consommation des crédits.

Réf.
- D. n° 2022-505, 23 mars 2022, § 321 à 328 ; 331 à 333 et § 314

1. Si la délibération accordant un mandat spécial n'a pas décidé de la prise en charge de ces frais.

▪ Compte **65313** – Cotisations de retraite

688 **L'affiliation au régime général de la sécurité sociale des élus locaux.** La loi n° 2012-1404 du 17 décembre 2012 de financement de la sécurité sociale pour 2013 a affilié au régime général de la sécurité sociale les élus des communes, départements et régions dans lesquelles s'applique ce régime, ainsi que les délégués des collectivités territoriales membres d'un établissement public de coopération intercommunale (EPCI).

Les élus concernés doivent être affiliés au régime général de la sécurité sociale auprès de la caisse primaire d'assurance maladie de leur lieu de résidence même s'ils ne versent pas de cotisations.

Cet assujettissement au premier euro intervient dès lors que le montant total des indemnités de fonction dépasse une fraction de la valeur du plafond de la sécurité sociale (PASS) fixée par décret, ou que l'élu suspend ou cesse son activité professionnelle pour l'exercice de son mandat. Le décret n° 2013-362 du 26 avril 2013 relatif aux conditions d'affiliation des élus locaux au régime général de la sécurité sociale a fixé cette fraction du PASS à 50 %.

689 **Régime complémentaire de retraite IRCANTEC.** Les élus locaux qui perçoivent une indemnité de fonction sont affiliés au régime complémentaire de retraite institué au profit des agents non titulaires des collectivités publiques (IRCANTEC). Les pensions versées à ce titre sont cumulables sans limitation avec toutes autres pensions ou retraites. Aucune limite d'âge maximum n'est prévue pour les fonctions exercées par les élus. Ils peuvent donc cotiser même au-delà de 65 ans.

Depuis la loi n° 2012-1404 du 17 décembre 2012 de financement de la sécurité sociale pour 2013, les élus locaux dont les indemnités de fonction sont assujetties au régime général peuvent acquérir des droits à la retraite, sous réserve qu'ils ne soient pas déjà pensionnés à ce régime.

La loi n° 72-1201 du 23 décembre 1972 précise que les cotisations sont calculées sur le montant des indemnités effectivement perçues, qu'elles constituent une dépense obligatoire pour la commune et qu'elles ont un caractère personnel et obligatoire pour les maires et adjoints (CGCT, art. L. 2321-2).

Les élus locaux ne peuvent faire valoir simultanément leur droit à la perception d'une allocation de retraite versée par l'IRCANTEC au titre d'un mandat local dont l'exercice a pris fin et cotiser à ce même régime au titre du même mandat renouvelé ou d'un autre mandat local. Dans ce cas, le versement de la pension de retraite est suspendu et l'élu local cotise sur les indemnités qu'il perçoit. Une retraite calculée sur de nouvelles bases lui sera attribuée à la cessation de ses fonctions électives.

Le montant de la retraite des élus est fonction du nombre de points acquis à la fin de leur mandat. Chaque élu dispose d'un compte de points IRCANTEC évalués pour une année civile en divisant le total des cotisations par un salaire de référence dont le montant est fixé chaque année pour l'année précédente. La retraite est égale au produit du nombre total des points acquis par la valeur du point de retraite au moment du paiement.

Les conditions de cumul des indemnités de fonction avec une pension de retraite ont été assouplies la loi n° 2014-40 du 20 janvier 2014, article 19.

690 **Retraite par rente des élus locaux. Complément d'assurance retraite des élus locaux (CAREL) et fonds de pension des élus locaux (FONPEL).** « Les élus qui perçoivent une indemnité de fonction en application des dispositions du présent code ou de toute autre disposition régissant l'indemnisation de leurs fonctions peuvent constituer une retraite par rente à la gestion de laquelle doivent participer les élus affiliés » (CGCT, art. L. 2123-27).

La loi n° 2012-1404 du 17 décembre 2012 de financement de la sécurité sociale pour 2013 a étendu le droit à la constitution d'une retraite par rente à tous les élus locaux à la gestion de laquelle doivent participer les élus affiliés. La constitution de cette rente incombe pour moitié à la commune et pour moitié à l'élu concerné dans la limite du taux plafond de 8 % fixé par l'article R. 2123-24 du CGCT.

Les cotisations retraite des communes et celles des élus sont calculées sur le montant des indemnités effectivement perçues par les intéressés.

Depuis le 1er janvier 2011, la participation des collectivités au régime de retraite par rente des élus locaux constitue un avantage en nature et doit être déclarée dans le revenu imposable de l'élu (NdS DGFiP, 12 janv. 2011, relative à la notification du nouveau barème pour 2011 – Régime fiscal de la participation des collectivités territoriales aux régimes de retraite facultatifs par rente spécifiques aux élus locaux).

691 **Retraite par rente : CAREL ET FONPEL.** Le complément d'assurance retraite des élus locaux (CAREL) et le Fonds de pension des élus locaux (FONPEL) sont des régimes de retraite supplémentaires. Il s'agit de régime en points par capitalisation qui permettent la constitution d'une rente viagère. Ces pensions viennent s'ajouter à celles versées par les régimes de base et complémentaire (IRCANTEC).

Les cotisations versées par l'élu ne sont pas déductibles des indemnités de fonction.

▪ Compte **65315** – Formation

692 **Prise en charge des dépenses de formation des élus locaux.** La prise en charge par la commune des dépenses liées à l'exercice du droit des élus

locaux à la formation, dans les conditions prévues par les articles L. 2123-12 à L. 2123-16 et par le 3° de l'article L. 2321-2 du CGCT, ne peut intervenir que si l'organisme dispensateur du stage ou de la session a reçu un agrément délivré par le ministre de l'Intérieur dans les conditions fixées par les articles R. 1221-12 à R. 1221-22 du CGCT.

Les communes membres d'un EPCI-FP peuvent mutualiser au sein de ce dernier tout ou partie des charges correspondant à la formation de leurs élus, soit en transférant la pleine mise en œuvre des dispositions relatives à la formation des élus à leurs EPCI-FP, soit en optant pour des formes de coopération plus souple. Une mutualisation complète entraîne de plein droit la prise en charge par le budget de l'établissement des frais.

Les frais de déplacement des élus municipaux sont pris en charge par la commune dans les conditions définies par le décret n° 90-437 du 28 mai 1990 fixant les conditions et les modalités de règlement des frais occasionnés par les déplacements des personnels civils sur le territoire métropolitain de la France lorsqu'ils sont à la charge des budgets de l'État, des établissements publics nationaux à caractère administratif et de certains organismes subventionnés.

En application du troisième alinéa de l'article L. 2123-14 du Code général des collectivités territoriales (CGCT), les communes ont l'obligation d'inscrire à leur budget prévisionnel des dépenses de formation des élus correspondant à un montant « plancher » fixé à « 2 % du montant total des indemnités de fonction qui peuvent être allouées aux membres du conseil municipal en application des articles L. 2123-23, L. 2123-24, L. 2123-24-1 et, le cas échéant, L. 2123-22 ». Ce dernier autorise les conseils municipaux de certaines communes à voter des majorations indemnitaires au profit de leurs élus, lorsque la situation de la commune le justifie ; les taux de ces majorations sont fixés par voie réglementaire (art. R. 2123-23). Ainsi, lorsqu'une commune se trouve dans l'un des cas mentionnés à l'article L. 2123-22, elle doit appliquer au montant plancher qui résulte de ce qui précède les taux de majorations prévus à l'article R. 2123-23, qu'elle ait ou non choisi de majorer les indemnités de fonction de ses élus à ce titre.

Il est d'interprétation constante que le montant maximal des indemnités de fonction susceptibles d'être allouées en application des articles L. 2123-24 et L. 2123-24-1 du CGCT, communément qualifié « d'enveloppe indemnitaire », doit être calculé en fonction du nombre d'adjoints effectivement désignés au sein du conseil municipal. Lorsque la commune a désigné un nombre d'adjoints inférieur au nombre maximal possible en application de l'article L. 2122-2 du CGCT, il convient de prendre en compte le nombre réel d'adjoints.

Réf.

- CGCT, art. L. 2123-23, L. 2123-24, L. 2123-24-1, L. 2123-22, L. 3123-16, L. 3123-17, L. 4135-16 et L. 4135-17

693 **Organismes de formation des élus locaux.** La loi n° 2021-771 du 17 juin 2021 ratifiant les ordonnances n°s 2021-45 du 20 janvier 2021 et 2021-71 du 27 janvier 2021 portant réforme de la formation des élus locaux, apporte au fonctionnement de la formation des élus locaux des améliorations indispensables, qui portent aussi bien sur les garanties de qualité des formations délivrées (agrément des organismes, certification qualité) que sur les deux dispositifs de financement existants (financement par les collectivités, financement par le fonds du droit individuel à la formation des élus locaux [DIFE]).

Le principe de l'agrément préalable obligatoire des organismes de formation délivrant des formations liées à l'exercice du mandat local a été maintenu. La sous-traitance à un organisme non-agréé est interdite, le recours à un formateur extérieur, à titre individuel, est autorisé, afin de permettre aux petites structures de faire appel à une expertise pédagogique dont elles ne disposent pas en interne. La mise en place de la certification ne sera applicable que lorsque leur activité de formation des élus locaux dépassera un certain seuil, à définir par décret. Ce seuil permettra notamment d'exonérer les petites structures de démarches administratives plus importantes, sur la base d'un critère objectif fondé sur leur activité réelle en matière de formation des élus et non sur leur statut juridique. S'agissant du rapport annuel demandé aux organismes de formation, il consistera essentiellement en une liste des formations réalisées (objet, nombre de participants, prix, etc.) qu'ils pourront établir sans difficulté (QE n° 38627, Virginie Duby-Muller : *JO* 31 août 2021).

Le décret n° 2021-1708 du 17 décembre 2021 constitue une nouvelle mesure d'application de la réforme de la formation des élus locaux prévue par les ordonnances n°s 2021-45 du 20 janvier 2021 et 2021-71 du 27 janvier 2021.

694 **Droit individuel à la formation des élus (DIF).** Tous les élus (y compris ceux qui ne perçoivent pas d'indemnité de fonctions) bénéficient depuis le 1er janvier 2016 de 20 heures de droit individuel à la formation (DIF) par an cumulable sur toute la durée de leurs mandats.

Ce droit est financé par une cotisation de 1 % du montant annuel brut des indemnités de fonction versées (y compris sur les majorations) précomptée sur les bulletins d'indemnités des membres des assemblées délibérantes des communes, des EPCI à fiscalité propre, des départements, des régions et des collectivités territoriales de Guyane et Martinique et la Nouvelle-Calédonie.

Le versement est annuel et réalisé au plus tard au 31 décembre de l'année en cours auprès d'un fonds spécial créé par la Caisse des dépôts et consignations.

La loi n° 2019-1461 du 27 décembre 2019 relative à l'engagement dans la vie locale et à la proximité de l'action publique renforce le droit individuel à la formation des élus.

Les frais d'enseignement, mais aussi de déplacement et de séjour résultant de l'exercice du droit à la formation, donnent droit à un remboursement par la collectivité ou par l'EPCI.

Les pertes de revenus subies par l'élu du fait de l'exercice de son droit à la formation sont compensées par la collectivité ou l'EPCI, dans la limite de dix-huit jours par élu, pour la durée du mandat, et d'une fois et demie la valeur horaire du salaire minimum de croissance par heure.

Réf.
- D. n° 2016-870, 29 juin 2016, relatif aux modalités d'application du droit individuel à la formation des titulaires de mandats locaux
- D. n° 2016-871, 29 juin 2016, relatif à la cotisation des élus locaux bénéficiant d'indemnité de fonctions pour le financement du droit individuel à la formation des titulaires de mandats locaux
- L. n° 2019-1461, 27 déc. 2019, relative à l'engagement dans la vie locale et à la proximité de l'action publique
- CGCT, art. 2123-11-1 et 2123-12 (art. 105 et 106)

▪ Compte **65317** – Compensation pour pertes de revenus

▸ Compte **653171** – Compensation pour formation

695 **Perte de revenus des élus.** Les pertes de revenu subies par les conseillers municipaux qui exercent une activité professionnelle salariée ou non salariée et qui ne bénéficient pas d'indemnités de fonction peuvent être compensées par la commune ou par l'organisme auprès duquel ils la représentent, lorsque celles-ci résultent :
- de leur participation aux séances et réunions mentionnées à l'article L. 2123-1 ;
- de l'exercice de leur droit à un crédit d'heures lorsqu'ils ont la qualité de salarié ou, lorsqu'ils exercent une activité professionnelle non salariée, du temps qu'ils consacrent à l'administration de cette commune ou de cet organisme et à la préparation des réunions des instances où ils siègent, dans la limite du crédit d'heures prévu pour les conseillers de la commune.

Cette compensation est limitée à soixante-douze heures par élu et par an ; chaque heure ne peut être rémunérée à un montant supérieur à une fois et demie la valeur horaire du salaire minimum de croissance.

Réf.
- CGCT, art. L. 2123-3
- L. n° 2002-276, 27 févr. 2002, art. 66 et 67 : *JO*, 28 févr. 2002

696 **Allocation différentielle de fin de mandat.** À l'occasion du renouvellement général des membres du conseil municipal, tout maire d'une commune de 1 000 habitants au moins ou tout adjoint dans une commune

de 10 000 habitants au moins ayant reçu délégation de fonction de celui-ci qui, pour l'exercice de son mandat, avait cessé d'exercer son activité professionnelle perçoit, sur sa demande, une allocation différentielle de fin de mandat s'il se trouve dans l'une des situations suivantes :

- être inscrit à l'institution mentionnée à l'article L. 5312-1 du Code du travail conformément aux dispositions de l'article L. 5411-1 du même code ;
- avoir repris une activité professionnelle lui procurant des revenus inférieurs aux indemnités de fonction qu'il percevait au titre de sa dernière fonction élective.

Le montant mensuel de l'allocation est au plus égal à 80 % de la différence entre le montant de l'indemnité brute mensuelle que l'intéressé percevait pour l'exercice de ses fonctions, dans les conditions fixées aux articles L. 2123-23, L. 2123-24, L. 2511-34 et L. 2511-34-1, et l'ensemble des ressources qu'il perçoit à l'issue du mandat.

L'allocation est versée pendant une période d'un an au plus. Elle n'est pas cumulable avec celles prévues par les articles L. 3123-9-2 et L. 4135-9-2. À compter du septième mois suivant le début du versement de l'allocation, le taux mentionné au quatrième alinéa est au plus égal à 40 %.

Le financement de cette allocation est assuré dans les conditions prévues par l'article L. 1621-2.

Réf.
- CGCT, art. L. 2123-11-2
- L. n° 2017-257, 28 févr. 2017, art. 5, V

▸ Compte **653172** – Cotisations au fonds de financement de l'allocation de fin de mandat

697 **Montant des cotisations.** Un fonds de financement verse l'allocation de fin de mandat prévue par les articles L. 2123-11-2, L. 3123-9-2 et L. 4135-9-2. Sa gestion est assurée par la Caisse des dépôts et consignations. Ce fonds est alimenté par une cotisation obligatoire annuelle versée par les communes de plus de 1 000 habitants, les départements, les régions ainsi que les établissements publics de coopération intercommunale à fiscalité propre.

L'assiette de la cotisation obligatoire est constituée par le montant total des indemnités maximales susceptibles d'être allouées par la collectivité ou l'établissement à ses élus.

Le taux de la cotisation obligatoire est fixé par décret compte tenu des besoins de financement du fonds. Il ne peut excéder 1,5 %.

Réf.
- CGCT, art. L. 1621-2
- L. n° 2002-276, 27 févr. 2002, art. 70

▪ Compte **6532** – Indemnités des membres du conseil économique, social, environnemental, de la culture et de l'éducation – section économique, sociale et environnementale

698 Cette partie ne fait pas l'objet de commentaires.

▪ Compte **6533** – Indemnités des membres du conseil économique, social, environnemental, de la culture et de l'éducation – section de la culture, de l'éducation et des sports

699 **Pièces justificatives – Indemnité d'un membre du Conseil économique et social régional.**

1 – Premier paiement :
- délibération fixant le montant de l'indemnité et les conditions de sa modulation ;
- le cas échéant, arrêté de délégation de fonction ;
- pièces prévues pour les paiements ultérieurs.

2 – Paiements ultérieurs :
- état liquidatif précisant le montant brut des indemnités, le montant des précomptes, le montant net versé ;
- pièces particulières exigées par la délibération.

Réf.
- D. n° 2022-505, 23 mars 2022, § 312
- L. n° 2002-276, 27 févr. 2002, relative à la démocratie de proximité, art. 17
- D. n° 2004-517, 10 juin 2004, relatif au régime indemnitaire

Compte **654** – Pertes sur créances irrécouvrables

700 **Justifications des créances irrécouvrables.** Pour les créances d'un montant unitaire inférieur à 40 €, le motif de l'irrécouvrabilité n'est pas annoté sur l'état de non-valeur.

Pour les créances d'un montant unitaire compris entre 40 € et 160 €, le motif de l'irrécouvrabilité n'est pas annoté sur l'état de non-valeur.

Pour les créances d'un montant unitaire supérieur à 160 €, les pièces doivent être jointes à l'état de non-valeur.

Pour les créances d'un montant unitaire inférieur aux seuils de poursuites fixés au plan local, seule la décision fixant ces seuils est jointe au compte de gestion.

701 **Reprise des poursuites créances admises en non-valeur.** L'admission en non-valeur prononcée par l'assemblée délibérante et la décharge prononcée par le juge des comptes ne mettent pas obstacle à l'exercice des poursuites, la décision prise en faveur du comptable n'éteignant pas la dette du redevable.

L'admission en non-valeur ne doit pas être confondue avec la remise de dette qui est soumise aux mêmes conditions de forme et de fond que l'octroi d'une subvention à laquelle elle peut être assimilée.

702 Pièces justificatives – Admission en non-valeurs[1] :
- décision[2] ;
- état précisant pour chaque titre le montant admis.

> **Réf.**
> – D. n° 2022-505, 23 mars 2022, § 133

1. Les pièces 1 et 2 peuvent soit faire l'objet d'une délibération spécifique, soit être remplacées par une liste des créances admises en non-valeurs annexée au compte administratif. S'agissant d'un EPS, la décision émane de son directeur.

2. La décision peut être formalisée par la signature du bordereau de mandats lorsque l'ordonnateur dispose du pouvoir budgétaire (EPS).

Compte **655** – Contributions obligatoires

703 Portée des contributions obligatoires. Les collectivités doivent participer, en fonction de plusieurs critères tels que le chiffre de la population ou la richesse fiscale, aux dépenses de certains services de l'État ou d'autres collectivités locales. Il s'agit de dépenses obligatoires qui peuvent faire l'objet de la procédure de mandatement d'office ou d'inscription d'office en cas de non-mandatement.

▪ Compte **6553** – Service d'incendie

704 Service d'incendie. Selon l'article L. 1424-35 du Code général des collectivités territoriales (CGCT), contribuent au budget des services départementaux d'incendie et de secours, outre les communes et les départements, les seuls établissements publics de coopération intercommunale (EPCI) qui étaient compétents en matière d'incendie et de secours à la date de promulgation de la loi n° 96-369 du 3 mai 1996 relative aux services d'incendie et de secours ou qui résultent de la transformation d'un autre EPCI à fiscalité propre qui détenait, à la date de promulgation de la loi du 3 mai 1996, la compétence incendie et secours, en application de l'article L. 5111-3 du CGCT.

L'article 97 de la loi n° 2015-991 portant nouvelle organisation territoriale de la République (NOTRe) permet le transfert de cette contribution aux établissements publics de coopération intercommunale (EPCI) à fiscalité propre non compétents en matière de SDIS ou à ceux qui ont été créés après la loi n° 96-369 du 3 mai 1996 relative aux SDIS (CGCT, art. L. 1424-35, al. 5).

Les « contributions des communes, des établissements publics de coopération intercommunale et du département au budget du service départemental d'incendie et de secours constituent des dépenses obligatoires ».

Le conseil d'administration du SDIS, où siègent des représentants des communes, est compétent pour fixer le montant de la contribution financière des communes.

Réf.
- CGCT, art. L. 1424-35

▸ Compte **65572** - Aide sociale du département

705 **Calcul de la participation.** La dotation forfaitaire DGF des communes est diminuée, depuis l'année 2000, d'un montant égal à la participation de la commune aux dépenses d'aide sociale du département au titre de 1999 (CGCT, art. L. 2334-7-2). La base prise en compte pour ce mouvement financier est constituée par la participation de la commune aux dépenses d'aide sociale du département au titre de 1999 actualisée comme la dotation globale de fonctionnement mise en répartition.

Lorsque la participation de la commune est supérieure à la dotation forfaitaire (CGCT, art. L. 2334-7-2, III), la différence est prélevée sur le produit des impôts directs locaux. Chaque année, un arrêté ministériel fixe, avant le 31 mars, la liste des communes concernées par cette disposition ainsi que le niveau du prélèvement à effectuer. La loi organise un mécanisme d'abattement pour les communes les plus pénalisées par le mode de calcul des contingents (CGCT, art. L. 2334-7-2, I).

706 **Garanties données aux communes.** L'article L. 5211-27-1 du Code général des collectivités territoriales prévoit que la commune dont le contingent d'aide sociale est acquitté par un EPCI au titre de 1999 et qui subira une diminution de sa dotation forfaitaire ainsi que, s'il y a lieu, un prélèvement sur le produit de la fiscalité, bénéficiera chaque année d'un reversement d'un montant équivalent de la part de cet établissement.

▸ Compte **65573** - Indemnité de logement des instituteurs

707 **Principe.** Selon les articles L. 212-5, R. 212-7 et R. 212-9 du Code de l'éducation, les communes sont tenues de mettre un logement à la disposition des instituteurs exerçant dans les écoles publiques ou, à défaut, de leur verser une indemnité représentative de logement (IRL) dont le montant relève de la décision du préfet, après avis du conseil départemental de l'éducation nationale et du conseil municipal.

708 **Calcul.** L'État compense aux communes cette charge obligatoire au moyen d'une dotation spéciale pour le logement des instituteurs (DSI) dissociée

de la dotation globale de fonctionnement (DGF). Cette dotation spéciale est répartie par le comité des finances locales « proportionnellement au nombre des instituteurs exerçant dans les écoles publiques, qui sont logés par chaque commune ou qui reçoivent une indemnité de logement ». Le montant de cette dotation est ajusté chaque année afin de tenir compte des départs en retraite et de l'intégration progressive des instituteurs dans le corps des professeurs des écoles.

L'article L. 2334-26 du Code général des collectivités territoriales fixe au 1er octobre de l'année précédant celle au titre de laquelle la dotation est répartie la date à laquelle les instituteurs logés ou indemnisés sont pris en compte. Si le montant décidé par le préfet est supérieur à celui fixé l'année précédente, il est procédé à des rattrapages sur les versements mensuels d'IRL aux instituteurs. En effet, comme l'indique l'article L. 2334-30 du CGCT, lorsque le montant de l'indemnité communale est supérieur au montant unitaire de la dotation spéciale tel qu'il a été fixé par le comité des finances locales, la commune verse directement la différence à l'instituteur concerné.

▪ Compte **6558** – Autres contributions obligatoires

709 **Répartition intercommunale des charges de fonctionnement des écoles publiques.** École publique accueille des enfants de plusieurs communes, un mécanisme de répartition des charges de fonctionnement de ces écoles entre les communes concernées a été créé. Ce mécanisme, codifié à l'article L. 212-8 du Code de l'éducation, a été modifié en dernier lieu par la loi n° 2005-157 du 23 février 2005 relative au développement des territoires ruraux.

Lorsque les écoles maternelles, les classes enfantines ou les écoles élémentaires d'une commune reçoivent des élèves dont la famille est domiciliée dans une autre commune, la répartition des dépenses de fonctionnement se fait par accord entre la commune d'accueil et la commune de résidence.

Toutefois, selon l'alinéa 4 de l'article L. 212-8, la commune de résidence n'est pas tenue de contribuer financièrement à cette scolarisation « si la capacité d'accueil de ses établissements scolaires permet la scolarisation des enfants concernés, sauf si le maire de la commune de résidence, consulté par la commune d'accueil, a donné son accord à la scolarisation de ces enfants hors de sa commune ».

Par ailleurs, aucune obligation financière ne pèse dans le cas prévu à l'alinéa 5 de l'article L. 131-5 du Code de l'éducation où « les familles domiciliées à proximité de deux ou plusieurs écoles publiques ont la faculté de faire inscrire leurs enfants à l'une ou l'autre de ces écoles, qu'elle soit ou non sur le territoire de leur commune, à moins qu'elle ne compte déjà le nombre maximum d'élèves autorisé par voie réglementaire ».

En revanche, l'article R. 212-21 du Code de l'éducation précise les cas pour lesquels la commune de résidence est tenue de participer financièrement à la scolarisation d'enfants dans une autre commune, à savoir :

« 1° père et mère ou tuteurs légaux de l'enfant exerçant une activité professionnelle lorsqu'ils résident dans une commune qui n'assure pas directement ou indirectement la restauration et la garde des enfants, ou l'une seulement de ces deux prestations ;

2° état de santé de l'enfant nécessitant, d'après une attestation établie par un médecin de santé scolaire ou par un médecin agréé au titre du décret n° 86-442 du 14 mars 1986 relatif à la désignation des médecins agréés, à l'organisation des comités médicaux et des commissions de réforme, aux conditions d'aptitude physique pour l'admission aux emplois publics et au régime de congés de maladie des fonctionnaires, une hospitalisation fréquente ou des soins réguliers et prolongés, assurés dans la commune d'accueil et ne pouvant l'être dans la commune de résidence ;

3° frère ou sœur de l'enfant inscrit la même année scolaire dans une école maternelle, une classe enfantine ou une école élémentaire publique de la commune d'accueil, lorsque l'inscription du frère ou de la sœur dans cette commune est justifiée :
- par l'un des cas mentionnés au 1° ou au 2° ci-dessus,
- par l'absence de capacité d'accueil dans la commune de résidence,
- par l'application des dispositions du dernier alinéa de l'article L. 212-8. »

Dans la mesure où « la scolarisation d'un enfant dans une école d'une commune autre que celle de sa résidence ne peut être remise en cause par l'une ou l'autre d'entre elles avant le terme soit de la formation préélémentaire, soit de la scolarité primaire de cet enfant commencées ou poursuivies durant l'année scolaire précédente dans un établissement du même cycle de la commune d'accueil » comme précisé au dernier alinéa de l'article L. 212-8 du Code de l'éducation, la commune de résidence de l'enfant n'a cependant pas à participer aux frais de scolarisation des enfants bénéficiant du droit à achever le cycle entamé dans une école maternelle ou élémentaire de la commune d'accueil dès lors que la situation de l'enfant ne correspond plus à l'un des cas précités de l'article R. 212-21 du Code de l'éducation.

710 **Enseignement privé du premier degré.** La prise en charge, par les communes, des dépenses de fonctionnement des classes sous contrat d'association des établissements d'enseignement privé du premier degré résulte des dispositions de la loi Debré n° 59-1557 du 31 décembre 1959 modifiée. Depuis cette date, ces dépenses sont prises en charge dans les mêmes conditions que celles des classes correspondantes de loi n° 2004-809 du 13 août 2004 modifiée relative aux libertés et responsabilités locales. L'article 89 de cette loi étend à la répartition des

dépenses de fonctionnement des écoles élémentaires privées sous contrat d'association les procédures en vigueur pour les écoles publiques.

À défaut d'accord sur la prise en charge de ces dépenses, le préfet fixe la contribution de la commune de résidence, après avis du conseil départemental de l'éducation nationale.

Participation des communes aux frais de fonctionnement pris en charge en cas de scolarisation d'enfants résidant sur leur territoire et accueillis dans des écoles privées implantées dans d'autres communes. L'article L. 442-5-1 du Code de l'éducation, issu de la loi n° 2009-1312 du 28 octobre 2009 tendant à garantir la parité de financement entre les écoles élémentaires publiques et privées sous contrat d'association lorsqu'elles accueillent des élèves scolarisés hors de leur commune de résidence, met à la charge des communes un forfait communal destiné à compenser les charges d'une commune d'accueil d'un élève scolarisé hors sa commune de résidence.

Chaque commune est responsable de déterminer par convention le forfait communal avec la commune d'accueil, sur la base des grands principes définis par les articles L. 442-5 et L. 442-5-1 du Code de l'éducation (CE). Le montant du forfait doit être équivalent au coût des classes correspondantes de l'enseignement public, sans pouvoir le dépasser : c'est le principe dit « de parité ».

711 **Principe de parité.** L'article 89 de la loi n° 2005-380 d'orientation et de programmation pour l'avenir de l'école du 23 avril 2005 précise que « la contribution par élève mise à la charge de chaque commune ne peut être supérieure, pour un élève scolarisé dans une école privée située sur le territoire d'une autre commune au coût qu'aurait représenté, pour la commune de résidence, ce même élève s'il avait été scolarisé dans une de ses écoles publiques ou, en l'absence d'école publique, au coût moyen des classes élémentaires publiques du département ».

712 **Compétence d'un EPCI en matière scolaire.** L'article 87 de la loi du 13 août 2004 précise que lorsqu'un EPCI est compétent pour le fonctionnement des écoles publiques, cet établissement est substitué aux communes dans leurs droits et obligations à l'égard des établissements d'enseignement privés ayant passé un contrat avec l'État. L'EPCI est tenu de respecter les engagements pris par les communes jusqu'à l'échéance des conventions signées entre la commune et les écoles privées.

713 **Pièces justificatives : participations versées par une collectivité locale à une autre collectivité[1].**

1 – Premier paiement :
- le cas échéant, décision autorisant l'autorité compétente à passer la convention ;

- le cas échéant[2] :
  - convention entre les collectivités intéressées fixant le montant de la participation ; le cas échéant[1], convention entre les collectivités intéressées fixant le montant de la participation,
  - ou délibérations concordantes des collectivités concernées,
  - ou décision du (des) préfet(s) fixant le montant des contributions,
  - ou décision de répartition des contributions entre les collectivités concernées prises par le département,
  - titre de perception émis par la collectivité bénéficiaire de la contribution.

2 – Autres paiements :
- titre de perception émis par la collectivité bénéficiaire de la contribution.

Réf.
- D. n° 2022-505, 23 mars 2022, § 78

1. Il s'agit notamment des participations versées entre collectivités pour certaines dépenses des EPLE.

2. Dans le cadre d'une participation légale obligatoire (par exemple, l'obligation résultant de l'article L. 212-2 du Code de l'éducation, ou encore les contingents incendie versés au service départemental d'incendie et de secours – SDIS), le comptable peut effectuer le règlement sur la base de la seule production du titre de perception émis par la collectivité bénéficiaire.

Compte **656** – Participations

714 Cette partie ne fait pas l'objet de commentaires.

Compte **657** – Subventions

715 **Définition d'une subvention.** La loi n° 2014-856 du 31 juillet 2014 relative à l'économie sociale et solidaire donne une définition d'une subvention « constituent des subventions, au sens de la présente loi, les contributions facultatives de toute nature, valorisées dans l'acte d'attribution, décidées par les autorités administratives et les organismes chargés de la gestion d'un service public industriel et commercial, justifiées par un intérêt général et destinées à la réalisation d'une action ou d'un projet d'investissement, à la contribution au développement d'activités ou au financement global de l'activité de droit privé bénéficiaire. Ces actions, projets ou activités sont initiés, définis et mis en œuvre par les organismes de droit privé bénéficiaires. Ces contributions ne peuvent constituer la rémunération de prestations individualisées répondant aux besoins des autorités ou organismes qui les accordent ».

Pour bénéficier d'une subvention l'association doit avoir la personnalité juridique (déclaration à la préfecture et publication au *Journal officiel*). Dans le cas contraire, le maire risque d'être déclaré comptable de fait (CRC Champagne-Ardenne, 26 janv. 1994).

716 **Fonds de concours.** Le traitement budgétaire et comptable du fonds de concours diffère en fonction de son objet : deux cas peuvent être distingués.

Si le fonds de concours finance la construction, l'acquisition ou la réhabilitation d'un équipement, il est assimilé à une subvention d'équipement à des organismes publics et il est imputé sur l'article 2041 en dépenses, et à l'article 131 ou 132 en recettes.

À l'inverse, si le fonds de concours contribue au fonctionnement d'un équipement, la dépense doit être imputée à l'article 6573 « Subventions de fonctionnement aux organismes publics ». Le bénéficiaire du fonds l'inscrit à son tour en recettes en compte 747 « Participations ».

La loi n° 2004-809 du 13 août 2004 relative aux libertés et responsabilités locales prévoit le versement de fonds de concours entre un EPCI à fiscalité propre et ses communes-membres.

L'article 102 de la loi NOTRe a étendu le dispositif pour des projets d'aménagement numérique.

Réf.

– CGCT, art. L. 5214-16, V, L. 5216-5, VI, L. 5215-26 et L. 5722-11

717 **Modalités d'octroi de subventions.** L'article 10 de la loi n° 2000-321 du 12 avril 2000 précise que : « L'autorité administrative qui attribue une subvention doit, lorsque cette subvention dépasse un seuil défini par décret [23 000 € ; D. n° 2001-495, 6 juin 2001], conclure une convention avec l'organisme de droit privé qui en bénéficie, définissant l'objet, le montant et les conditions d'utilisation de la subvention attribuée. Cette disposition ne s'applique pas aux organismes qui bénéficient de subventions pour l'amélioration, la construction, l'acquisition et l'amélioration des logements locatifs sociaux prévues au livre III du Code de la construction et de l'habitation. »

L'article L. 2313-1 du CGCT prévoit que le compte administratif doit comporter une annexe comportant la liste des concours attribués par la commune sous la forme de prestations en nature ou de subventions. Cet article concerne également les EPCI et les départements. Des dispositions similaires sont prévues pour les régions par l'article L. 4313-2, 1°. Cette obligation ne s'impose qu'aux communes et EPCI de plus de 3 500 habitants. Ces engagements sont recensés dans une annexe dédiée, jointe au seul compte administratif.

Les articles L. 2311-7, L. 3311-7 et L. 4311-2 du CGCT prévoient : « L'attribution des subventions donne lieu à une délibération distincte du vote du budget. Toutefois, pour les subventions dont l'attribution n'est pas assortie de conditions d'octroi, le conseil municipal peut décider :

1° d'individualiser au budget les crédits par bénéficiaire ;

2° ou d'établir, dans un état annexé au budget, une liste des bénéficiaires avec, pour chacun d'eux, l'objet et le montant de la subvention.

L'individualisation des crédits ou la liste établie conformément au 2° vaut décision d'attribution des subventions en cause. »

718 **Conditions d'octroi et de retrait des subventions.** Par un arrêt du 27 mai 2021, le Conseil d'État a précisé qu'une décision accordant une subvention est un acte unilatéral qui crée des droits au profit de son bénéficiaire, dans la mesure où ce dernier respecte les conditions nécessaires à l'octroi d'une telle subvention et a indiqué qu'il appartient à l'administration de les fixer au plus tard à la date à laquelle cette subvention est octroyée.

De tels droits ne sont ainsi créés que dans la mesure où le bénéficiaire de la subvention respecte les conditions mises à son octroi, que ces conditions découlent des normes qui la régissent, qu'elles aient été fixées par la personne publique dans sa décision d'octroi, qu'elles aient fait l'objet d'une convention signée avec le bénéficiaire, ou encore qu'elles découlent implicitement, mais nécessairement de l'objet même de la subvention. Il en résulte que les conditions mises à l'octroi d'une subvention sont fixées par la personne publique au plus tard à la date à laquelle cette subvention est octroyée (CE, 27 mai 2021, n° 433660).

Une décision d'attribution de subvention crée des droits au profit de l'association bénéficiaire. Elle ne peut donc être « retirée » que dans des cas limitativement prévus par la loi.

Le retrait peut être une annulation ou une demande de restitution.

La subvention est annulée lorsque les conditions auxquelles la subvention est subordonnée ne sont plus respectées (ex. : CAA Bordeaux, 3 juill. 2017, n° 15BDX01786) ou lorsque la subvention a été obtenue par illégalité (CAA Bordeaux, 6e ch., 15 mars 2021, n° 18BX03997). Dans ce cas, l'annulation ne peut intervenir que dans les 4 mois qui suivent son adoption.

Il y a demande de restitution lorsque :
- la subvention octroyée n'a pas reçu l'emploi auquel elle était destinée (L. n° 96-314, 12 avr. 1996, art. 43, IV) ;
- l'association n'a pas respecté les conditions mises à son octroi (CAA Bordeaux, 6 mai 2014, n° 12BDX02248) ;
- l'association bénéficiaire ne respecte pas les obligations d'emploi de la langue française (L. n° 96-665, 4 août 1994, art. 15, al. 2 ; dans les lieux ouverts au public et dans les transports en commun et destinées à l'information du public : CAA Lyon, 4 juin 2020, n° 18LY01058, *Association de défense de la langue française en pays de Savoie*) ;
- l'association n'a pas, dans les six mois de la clôture de l'exercice au titre duquel l'aide lui a été allouée, communiqué à la collectivité publique l'ayant subventionnée ses comptes et éventuellement le compte rendu financier de l'emploi de la subvention.

Lorsque le retrait est envisagé pour manquement de l'association à ses obligations, la collectivité doit préalablement lui adresser une mise en demeure d'y remédier. À défaut, la personne publique violerait les droits de la défense et pourrait engager sa responsabilité. Cette responsabilité peut également être engagée si la personne publique ordonne un retrait en-dehors des cas prévus par la loi.

Selon le Conseil d'État si les conditions de retrait d'une décision individuelle créatrice de droit, à savoir, si elle est illégale, sont réunies, ce retrait intervient dans un délai de quatre mois suivant son édiction, sous réserve de dispositions législatives ou règlementaires contraires et hors les hypothèses d'inexistence de la décision en question, de son obtention par fraude ou de demande de son bénéficiaire.

719 Subvention de fonctionnement aux SPIC. Les budgets des services publics à caractère industriel ou commercial exploités en régie, affermés ou concédés par les communes, doivent être équilibrés en recettes et en dépenses. Il est interdit aux communes de prendre en charge dans leur budget propre des dépenses au titre des services publics visés à l'article L. 2224-1. Toutefois, le conseil municipal peut décider une telle prise en charge lorsque celle-ci est justifiée par l'une des raisons citées à l'article L. 2224-2 du CGCT.

720 Excédents ou déficits des SPIC. Les services publics industriels et commerciaux (SPIC) sont soumis à un principe d'équilibre strict : le financement de l'activité de ces services est assuré par une redevance perçue auprès des usagers. Ce principe a un effet direct sur les tarifs payés par les usagers du service. Toutefois, dans certaines situations exceptionnelles, les budgets annexes communaux peuvent présenter un solde d'exécution budgétaire excédentaire ou déficitaire. Le Conseil d'État a eu l'occasion de rappeler que « le solde du compte administratif du budget annexe d'un service public à caractère industriel et commercial ne constitue pas un bien qui serait nécessaire à l'exercice de ce service public, ni un ensemble de droits et obligations qui lui seraient attachés » (CE, 25 mars 2016, n° 386623, *La Motte-Ternant*). Un transfert des excédents ou des déficits n'est qu'une faculté et bien qu'en pratique le transfert des résultats budgétaires fasse l'objet d'une concertation entre la commune transférante et l'établissement public de coopération intercommunale (EPCI), ce transfert est soumis à la seule appréciation du conseil municipal. L'article 14 de la loi n° 2019-1461 du 27 décembre 2019 relative à l'engagement dans la vie locale et à la proximité de l'action publique permet un régime de transfert d'excédent : « Lorsque le schéma (de distribution d'eau potable) fait apparaître un taux de perte en eau supérieur au taux mentionné au deuxième alinéa du même article L. 2224-7-1, le transfert de compétence s'accompagne du transfert du solde positif du budget annexe du service d'eau à l'établissement public de coopération intercommunale, sauf disposition contraire prévue par convention. »

721 Subventions aux organismes politiques. Sont illégales les subventions accordées aux organismes ayant pour objet la propagande politique ou religieuse ou la défense d'intérêts privés ainsi que les subventions accordées sans affectation locale à des groupements dépendant directement d'organismes plus généraux dont l'objet reste étranger à l'intérêt communal (CAA Marseille, 10 déc. 2007, n° 06MA00284, *Commune de Narbonne*). Sont illégales les délibérations accordant des subventions à des comités politiques, la commune ne pouvant prendre parti dans un conflit de nature politique (CE, 23 oct. 1989, n°s 93331, 93847 et 93885, *Pierrefitte-sur-Seine*, subventions à « Un bateau pour le Nicaragua »). Sont également illégales les délibérations accordant une subvention aux associations réunissant les conseillers municipaux (TA Lyon, 16 juill. 1992, n° 92-00688, *Lavaurs*). Cette subvention ne pourrait que bénéficier aux membres du conseil municipal. Or, c'est la loi qui fixe le régime indemnitaire des élus locaux.

722 Subventions aux organismes religieux. La commune ne peut verser de subvention à des associations cultuelles (L., 9 déc. 1905, concernant la séparation des Églises et de l'État, art. 19). Toutefois, ne sont pas considérées comme subventions les sommes allouées pour réparations aux édifices affectés au culte public, qu'ils soient ou non classés monuments historiques (L. n° 1114, 25 déc. 1942 modifiant les articles 19, 4 et 6 de la loi du 9 décembre 1905).

Ainsi, la commune peut, sous quelque forme que ce soit, apporter son aide financière pour l'entretien et la réparation des édifices cultuels ouverts au public dont elle est ou non propriétaire (Rép. min. n° 36554 : *JOAN*, 18 avr. 1988, p. 1674).

723 Subventions aux clubs sportifs. Les associations sportives à but non lucratif dont l'activité présente un caractère d'intérêt général peuvent bénéficier de subventions des collectivités territoriales dans les conditions de droit commun.

La loi n° 2017-261 (art. 18) visant à préserver l'éthique du sport, à renforcer la régulation et la transparence du sport professionnel et à améliorer la compétitivité des clubs ouvre la possibilité pour les collectivités territoriales et leurs groupements d'accorder leur garantie aux emprunts contractés pour l'acquisition, la réalisation ou la rénovation d'équipements sportifs par les clubs ; dans le respect des articles L. 2252-1, L. 3231-4 et L. 4253-1 du Code général des collectivités territoriales.

724 Subventions aux organismes syndicaux. Est illégale une délibération par laquelle un conseil municipal décide de verser une subvention dans le cadre d'une souscription organisée par un syndicat en faveur de travailleurs en grève (CE, 2 oct. 1996, n° 170034, *Territoire de Belfort*). Une commune n'a pas à intervenir dans un conflit collectif du travail en apportant son soutien financier à l'une des parties en litige (CE, 11 oct. 1989, n° 89628, *Port-Saint-Louis-du-Rhône*). L'interdiction vaut également pour le centre communal d'action sociale qui ne peut subventionner des ouvriers grévistes (CE, 11 oct. 1989, n° 89325, *Gardanne*) bien que cet établissement public ait une vocation sociale (Instr. CP n° 91-102-M0, 30 août 1991).

Pourtant, en décidant la gratuité des restaurants scolaires pour les enfants des grévistes, la commune ne s'immisce pas dans un conflit collectif de travail mais entreprend une action présentant un objet d'utilité communale (CE, 11 oct. 1989, n° 89288, *Miramas*).

La commune ne peut subventionner le déplacement de personnes devant participer à une manifestation nationale syndicale. Il ne s'agit pas là d'affaires de la commune (TA Amiens, 15 sept. 1987, *Préfet de l'Aisne*). La commune peut néanmoins le faire pour des sections locales d'associations ayant pour objet principal une action sur le plan social local (CE, 21 oct. 1966, *Pantin*).

725 Subvention des salles de cinéma. Ces subventions ont été mises en place par la loi sur l'action des collectivités locales en faveur de la lecture publique et du cinéma (L. n° 92-651, 13 juill. 1992) pour permettre le maintien des salles de cinéma existantes à la campagne ou dans les quartiers périphériques des villes.

C'est ainsi que les communes peuvent attribuer des subventions à des entreprises existantes ayant pour objet l'exploitation de salles cinématographiques. L'attribution de ces aides se fait dans le cadre d'une convention conclue entre la ou les collectivités territoriales et l'exploitant.

Ce dernier doit répondre à certaines conditions :
- être titulaire de l'autorisation d'exercice délivrée par le Centre national de la cinématographique ;
- réaliser en moyenne hebdomadaire moins de 7 500 entrées ou faire d'objet d'un classement « art et essai ».

Le montant attribué par une ou plusieurs collectivités ne peut excéder 30 % du chiffre d'affaires de l'établissement ou 30 % du coût du projet si celui-ci porte exclusivement sur des travaux.

Le Conseil d'État a précisé le périmètre des subventions accordées par les collectivités en faveur des cinémas (CE, 10 mars 2021, n° 434564).

Le décret n° 2022-1164 du 18 août 2022 détermine les conditions d'attribution par une ou plusieurs collectivités territoriales compétentes de subventions en faveur de la création, par une entreprise existante, d'un nouvel établissement de spectacle cinématographique.

Le montant annuel de ces subventions ne peut excéder 30 % du coût du projet. Les subventions octroyées portent nécessairement sur le financement de travaux et d'investissements liés à la construction et à la création du nouvel établissement. À cet égard, le conseil d'administration du CNC détermine, conformément à l'article L. 112-2 du Code du cinéma et de l'image animée, la liste des travaux et investissements éligibles aux aides financières à la création et à la modernisation des établissements de spectacles cinématographiques, prévues à l'article L. 111-2 2° b du même code.

Cette liste figure dans le règlement général des aides financières du CNC reproduit à la suite du Code du cinéma et de l'image animée (RGAF, art. 232-18).

Réf.
- CGCT, art. L. 2251-4
- D. n° 2022-1164, 18 août 2022 : *JO* 20 août 2022

726 Contrôle des subventions. Lorsque la subvention est affectée à une dépense déterminée, l'organisme de droit privé bénéficiaire doit produire un compte rendu financier, en vertu de l'article 10 de la loi du 12 avril 2000, qui doit être déposé à la collectivité ayant versé la subvention dans les six mois suivant la fin de l'exercice pour lequel elle a été attribuée.

L'article L. 211-4 du Code des juridictions financières prévoit qu'une CRC peut assurer la vérification des comptes des établissements, sociétés, groupements et organismes, quel que soit leur statut juridique, auxquels les collectivités territoriales leurs établissements publics ou les établissements publics nationaux apportent un concours financier supérieur à 1 500 €. Lors de ces vérifications, les CRC s'assurent notamment que l'utilisation des sommes est conforme aux buts pour lesquels elles ont été versées.

Selon l'article R. 211-3 du Code des juridictions financières, lorsque le concours financier apporté à une association par une collectivité territoriale ou un établissement public local est attribué sous forme d'une subvention affectée à une dépense déterminée et qu'il ne dépasse pas 50 % des ressources totales du bénéficiaire, la vérification se limite au compte d'emploi que ce dernier doit établir. Mais si ce compte d'emploi n'est pas tenu, le contrôle porte alors sur l'ensemble des comptes et de la gestion.

727 Pièces justificatives – Subventions et primes de toute nature :

1 – Premier paiement :
- décision[1] arrêtant le bénéficiaire, le montant, l'objet et, le cas échéant, les modalités particulières de versement des fonds[2] ainsi que les conditions d'octroi et les charges d'emploi ;
- le cas échéant, justifications particulières exigées par la décision ;
- le cas échéant, convention entre le bénéficiaire et la collectivité ou l'établissement[2].

2 – Autres paiements :
- le cas échéant, justifications particulières exigées par la décision ;
- décompte portant récapitulation des sommes déjà versées.

Réf.
- CGCT, art. L. 5214-16, L. 5215-26 et L. 5216-5
- D. n° 2022-505, 23 mars 2022, § 72

1. Pour les collectivités territoriales, la décision prend la forme d'une délibération. Elle peut intervenir à l'occasion du vote du budget dans les conditions définies au deuxième alinéa de l'article L. 2311-7 du CGCT avec références sur le mandat au budget arrêtant le bénéficiaire et le montant. Elle peut aussi prendre la forme d'une délibération individualisée dans les conditions prévues au 1. Pour les subventions supérieures à 23 000 €, la collectivité fournit soit une délibération individualisée comportant les informations prévues au 1, soit une délibération prise à l'occasion du vote du budget accompagnée de la (ou des) convention(s) conclue(s) entre le(s) bénéficiaire(s) et la collectivité ou l'établissement. S'agissant de la Corse, la décision est un arrêté du président du conseil exécutif ; pour les établissements publics de santé, la décision d'octroi relève du directeur.

2. Les conventions ne sont produites que dans l'hypothèse où la décision ne précise pas les modalités particulières de versement des fonds.

728 Versement des aides aux employeurs d'apprentis.

1 – Premier paiement :
- le cas échéant, la convention[1] conclue entre la région et la DGFiP fixant les modalités de gestion du dispositif ;
- le cas échéant, la décision fixant les conditions d'octroi et les modalités de l'aide ;
- formulaire ou document établissant les droits de l'employeur ;
- état liquidatif des paiements.

2 – Autres paiements :
- formulaire ou document établissant les droits de l'employeur ;
- état liquidatif des paiements.

Réf.
- D. n° 2022-505, 23 mars 2022, § 722

1. Sur la base de cette convention, le comptable assignataire délègue le contrôle de l'existence des pièces justificatives au DGFiP.

729 Paiement d'une subvention à une société coopérative de production (SCOP) :
- copie de la liste des SCOP dressées par le ministère du Travail après avis de la Confédération générale des sociétés coopératives ouvrières de production (Instr. CP n° 80-129-M0, 23 juill. 1980) ;
- en cas de création en cours d'année, attestation du ministre du Travail selon laquelle la société bénéficiaire peut être considérée comme une véritable SCOP susceptible d'être inscrite sur la prochaine liste annuelle prévue ci-dessus.

Compte **658** – Charges diverses de gestion courante

730 Informatique « en nuage » (*cloud*). L'article 69 de la loi n° 2020-955 du 30 juillet 2020 de finances rectificatives a rendu éligibles au bénéfice du FCTVA les dépenses payées à compter du 1er janvier 2021 qui se rapportent à la fourniture de prestation de solutions relevant de l'informatique en nuage. Afin de prendre en compte ces dépenses dans le processus d'automatisation du FCTVA, le compte 651 « Redevances pour concessions, brevets, licences, procédés, droits et valeurs similaires » est subdivisé de la façon suivante :

- compte 65811 « Droits d'utilisation – Informatique en nuage » pour enregistrer les dépenses d'informatique en nuage (*cloud*) ;
- compte 65818 « Autres » pour enregistrer les redevances versées pour concessions, brevets, licences, marques, procédés ainsi que les droits et valeurs similaires qui ne sont pas inscrits dans les charges externes mais dans les autres charges de gestion courante, au débit du compte 6518.

La loi n° 2020-935 du 30 juillet 2020 de finances rectificative pour 2020 prévoit de rendre éligible au FCTVA les dépenses des services informatiques en nuage (*cloud*) avec un taux spécifique de 5,6 % à compter du 1er janvier 2021.

Réf.
- A., 17 déc. 2020, fixant la définition des dépenses de fourniture de prestations de solutions relevant de l'informatique en nuage mentionnées à l'article L. 1615-1 du Code général des collectivités territoriales, éligibles à l'attribution du fonds de compensation pour la taxe sur la valeur ajoutée pour les dépenses payées à compter du 1er janvier 2021

731 Pièces justificatives – Frais de fonctionnement des groupes d'élus :

1 – Dépenses de personnel :
- délibération de l'assemblée déterminant les conditions d'affectation des personnels auprès de chaque groupe d'élus ;
- pièces requises détaillées au paragraphe 3 du décret n° 2022-505 du 23 mars 2022 des pièces justificatives pour le paiement des rémunérations, primes et indemnités (compte 65312).

2 – Autres dépenses de fonctionnement : le comptable doit disposer de la délibération qui détermine les modalités de répartition et les montants des moyens matériels que la collectivité souhaite mettre à disposition de chaque groupe d'élus.

732 Pièces justificatives – Reversement d'excédents de budgets annexes[1] – Compte 65821. Délibération d'affectation de résultat.

Réf.
- D. n° 2022-505, 23 mars 2022, § 12

1. Cette rubrique ne concerne que les établissements publics locaux dont le statut ou le texte relatif au régime financier institue cette dépense.

COMPTE **66**

Charges financières

Compte 661 – Charges d'intérêts

733 Pièces justificatives – Remboursement d'emprunts souscrits auprès d'organismes prêteurs :

1 – Première échéance :
- le cas échéant[1], tableau d'amortissement actualisé ;
- avis d'échéance ou avis de domiciliation[2].

2 – Échéances suivantes :
- le cas échéant[3], tableau d'amortissement ;
- avis d'échéance ou avis de domiciliation[2].

Réf.
- D. n° 2022-505, 23 mars 2022, § 161

1. Cette pièce n'est pas à fournir lorsque les caractéristiques financières du prêt ne permettent pas la production du tableau d'amortissement dès la signature du contrat.

2. L'avis de domiciliation doit être produit en cas de recours à la procédure de débit d'office.

3. Un nouveau tableau d'amortissement doit être produit au comptable lorsque la variation du taux a un impact sur l'échéancier de remboursement du capital ou sur la durée résiduelle du prêt (ex. : emprunt à durée ajustable).

734 Pièces justificatives – Remboursement anticipé d'emprunt :

1 – Remboursement intégral :
- décision de remboursement de la collectivité ;
- le cas échéant, état de liquidation des sommes dues, produit par le prêteur.

2 – Remboursement partiel :
- décision de remboursement de la collectivité ;
- nouveau tableau d'amortissement ;
- à la première échéance suivant le remboursement partiel, pièces prévues aux paragraphes 1611 et 1612 du décret n° 2022-505.

Réf.
- D. n° 2022-505, 23 mars 2022, § 162

735 Pièces justificatives – Remboursement d'emprunts émis directement par la collectivité[1] :
- état récapitulatif établi, le cas échéant, par l'organisme financier ;
- le cas échéant, contrat de service financier.

Réf.
- D. n° 2022-505, 23 mars 2022, § 163

1. En cas de paiement de coupons prescrits, décision de l'assemblée délibérante et état récapitulatif des coupons prescrits (à l'exclusion des établissements publics de santé – EPS).

Comptes **665** à **668** – Escomptes accordés à Autres charges financières

736 Ces parties ne font pas l'objet de commentaires.

COMPTES **67** ET **68**

Charges spécifiques et Dotations aux amortissements, aux dépréciations et aux provisions

737 Ces parties ne font pas l'objet de commentaires.

TITRE 8

Classe 7 : Les comptes de produits

CHAPITRE 1

Les principes de comptabilisation

SECTION 1

Définition

738 **Les recettes des collectivités territoriales.** Les collectivités territoriales disposent de recettes fiscales et de recettes non fiscales.

L'État assure le recouvrement des impôts locaux par l'intermédiaire des services de la direction générale des Finances publiques (DGFiP). Les services de l'État traitent également les nombreuses réclamations, gracieuses et contentieuses, qu'entraînent ces impôts locaux. En contrepartie, l'État prélève des frais de gestion (CGI, art. 1641).

Les autres recettes des collectivités territoriales, majoritairement non fiscales, sont recouvrées directement par les comptables publics des collectivités.

Les modalités de recouvrement de ces recettes sont portées par l'instruction codificatrice NOR:ECOE2138833J du 20 décembre 2021 relative au recouvrement des recettes des collectivités territoriales et des établissements publics locaux, publiée au BOFIP-GCP-21-0043 du 23 décembre 2021.

Cette instruction traite des modalités de prise en charge et de recouvrement des ordres de recouvrer des collectivités territoriales et des établissements publics locaux. Elle décrit les procédures de recouvrement et précise les modalités d'optimisation du recouvrement des créances locales (seuils et sélectivité des poursuites, circuit court de relance, démarche conventionnelle).

739 Les recettes fiscales des collectivités territoriales. Afin d'assurer leur autonomie financière, certaines ressources fiscales sont mises à la disposition des collectivités locales pour assurer le financement de leur fonctionnement. Cette fiscalité locale comprend une part de fiscalité directe qui peut être obligatoire et facultative ainsi qu'une part de fiscalité indirecte qui peut être également obligatoire ou facultative. Les taxes obligatoires sont, par définition, imposées par la loi et ne peuvent être supprimées par la collectivité qui en bénéficie. Les taxes facultatives limitativement prévues par la loi peuvent être instaurées sur délibération de la collectivité et en fonction des compétences qui leur sont attribuées.

740 Le principe d'autonomie financière des collectivités territoriales. L'autonomie financière locale est une composante juridique du principe constitutionnel de libre administration. Afin de préserver la libre administration des collectivités territoriales, le législateur a introduit l'article 72-2 dans la Constitution (LC n° 2003-276, 28 mars 2003, art. 7), qui précise le contenu de l'autonomie financière des collectivités :

- les collectivités « bénéficient de ressources dont elles peuvent disposer librement » ;
- elles « peuvent recevoir tout ou partie du produit des impositions de toutes natures » et la loi peut les autoriser, dans certaines limites, à en fixer l'assiette et le taux ;
- « les recettes fiscales et les autres ressources propres des collectivités territoriales représentent, pour chaque catégorie de collectivités, une part déterminante de l'ensemble de leurs ressources » ;
- « tout transfert de compétences [...] s'accompagne de l'attribution de ressources équivalentes à celles qui étaient consacrées à leur exercice ;
- toute création ou extension de compétences ayant pour conséquence d'augmenter les dépenses des collectivités territoriales est accompagnée de ressources déterminées par la loi. La loi prévoit des dispositifs de péréquation destinés à favoriser l'égalité entre les collectivités territoriales. »

La loi organique du 29 juillet 2004 relative à l'autonomie financière des collectivités territoriales définit les ressources fiscales et autres ressources intégrées dans les ressources propres devant représenter une part prépondérante de l'ensemble des ressources perçues, à distinguer des dotations versées par l'État, des subventions de l'État, des avances, des emprunts, des revenus du patrimoine et des services rendus.

La part des ressources propres ne peut être inférieure au niveau constaté en 2003. Pour vérifier l'état de ce ratio, le Gouvernement transmet au Parlement, le 1er juin de chaque année, un rapport faisant « apparaître, pour chaque catégorie de collectivités territoriales, la part des ressources propres dans l'ensemble des ressources ainsi que ses modalités de calcul et son évolution ».

Suite à la suppression des taxes professionnelle et d'habitation, les ressources fiscales ont été redistribuées et spécialisées en fonction de la nature des collectivités.

SECTION **2**

Comptabilisation

741 Cette partie ne fait pas l'objet de commentaires.

CHAPITRE **2**

Le fonctionnement des comptes

COMPTE **70**

Produits des services, du domaine, et ventes diverses

Compte **701** – Ventes de produits finis

742 **Fourniture d'eau.** Pour les communes de moins de 500 habitants ayant opté pour la réintégration des opérations d'eau et d'assainissement dans le budget principal, le compte 7011 « Vente d'eau » enregistre le prix de l'eau et le compte 7012 « Taxes et redevances d'eau » les diverses redevances, telles la redevance perçue au profit du fonds national pour le développement des adductions d'eau en application des dispositions de l'article L. 371-6 du Code des communes et la redevance pour la détérioration de la qualité de l'eau instituée au profit des agences financières de bassin (L. n° 64-1245, 16 déc. 1964, mod., art. 14).

Les communes de moins de 500 habitants gérant un service d'eau ou d'assainissement dans le budget principal en application de l'article L. 2221-11 du Code général des collectivités territoriales peuvent créer des redevances pour pollution d'origine domestique (compte 70124).

Les modalités de recouvrement des redevances d'eau et d'assainissement sont fixées par les décrets n°s 2007-1357 du 14 septembre 2007 et 2007-1339 du 11 novembre 2007. Les redevances d'eau pourraient bénéficier du privilège de l'article 2101-5 du Code civil (Cass. com., 9 nov. 2004, n° 02-12706).

L'article 256 B du CGI assujettit obligatoirement à la TVA la fourniture de l'eau dans les communes d'au moins 3 000 habitants ou par les établissements publics de coopération intercommunale (EPCI) dont le champ d'action s'exerce sur un territoire d'au moins 3 000 habitants. Par ailleurs, les communes de moins de 3 000 habitants ou les EPCI dont le champ d'action s'exerce sur un territoire de moins de 3 000 habitants peuvent opter pour l'assujettissement à la TVA de leurs opérations de fourniture d'eau, en application de l'article 260 A du CGI.

743 **Les budgets annexes d'eau et d'assainissement.** Le conseil municipal ou l'organe délibérant de l'établissement public compétent pour tout ou partie du service public d'assainissement collectif ou non collectif institue une redevance d'assainissement pour la part du service qu'il assure et en fixe le tarif.

Le budget annexe du service d'assainissement ou le budget commun d'eau et d'assainissement établi dans les conditions fixées par l'article L. 2224-6 du Code général des collectivités territoriales ou l'état sommaire mentionné à l'article L. 2221-11 du même code doit faire apparaître dans un état complémentaire la répartition entre les opérations relatives respectivement à l'assainissement collectif et à l'assainissement non collectif. Le compte administratif doit faire apparaître cette répartition de la même manière.

Les services d'assainissement, en tant que services publics industriels et commerciaux, sont soumis aux principes d'équilibre du budget et de financement exclusif par le produit des redevances perçues auprès des usagers. L'article L. 2224-2 du Code général des collectivités territoriales prévoit pour l'ensemble des communes la possibilité d'abondement par le budget général, « lorsque le fonctionnement du service public exige la réalisation d'investissements qui, en raison de leur importance et eu égard au nombre d'usagers, ne peuvent être financés sans augmentation excessive des tarifs ». En outre, ce même article prévoit une dérogation générale à l'interdiction d'abondement par le budget général pour les communes de moins de 3 000 habitants et les groupements composés de communes de moins de 3 000 habitants.

En cas de délégation du service d'assainissement, le tarif de la redevance peut comprendre, outre une part fixée par la convention de délégation, revenant au délégataire au titre des charges du service qu'il assure, une part revenant à l'autorité délégante destinée à couvrir les dépenses qui demeurent à sa charge (D. n° 2000-237, 13 mars 2000 ; CGCT, art. R. 372-7 et 732-18).

744 **Tarifs eau et assainissement.** Le Conseil d'État valide des tarifs différenciés même dans des micro-zonages. La fixation de tarifs différents applicables, pour un même service rendu, à diverses catégories d'usagers d'un service public implique, à moins qu'elle ne soit la conséquence nécessaire d'une loi, soit qu'il existe entre les usagers des différences de situation appréciables,

soit qu'une nécessité d'intérêt général en rapport avec les conditions d'exploitation du service commande cette mesure (CE, 22 oct. 2021, n° 436256).

▪ Compte **701241** – Redevance pour pollution d'origine domestique

745 Cette partie ne fait pas l'objet de commentaires.

▪ Compte **701249** – Reversement de la redevance pour pollution d'origine domestique

746 **Dispositif.** Les exploitants eau et assainissement facturent et recouvrent en phase amiable et contentieuse ces redevances. Ils reversent ces sommes aux agences de l'eau selon des modalités fixées par convention. En avril N + 1, les exploitants établissent une déclaration à l'attention des agences de l'eau. Au-delà d'un seuil trimestriel fixé par arrêté ministériel, les exploitants adressent le 15 du mois suivant le trimestre un état des encaissements à l'agence et les reversent après émission du titre de recette.

747 **Comptabilité.** S'agissant du recouvrement, la prise en charge du titre s'effectue au compte 701241. Le reversement des sommes encaissées s'opère à l'agence du bassin *via* le compte 701249.

▪ Compte **7015** – Ventes de terrains aménagés

748 **Principe.** Le compte 7015 retrace les ventes de terrains aménagés et n'est utilisé qu'en cas de réalisation de lotissements par la commune.

Compte **702** – Ventes de récoltes et de produits forestiers

▪ Compte **7021** – Ventes de récoltes

749 **Procédure.** Les propriétés agricoles produisent des récoltes qu'il importe de commercialiser lorsque la commune ne peut toutes les consommer. Propriétaire de terrains, la commune peut être amenée à vendre le foin par la procédure d'adjudication. Propriétaire d'arbres, elle peut également mettre en vente les récoltes selon la même procédure. Le prix de vente est souvent symbolique et n'a pas d'autre but que de permettre le nettoiement des terrains et des bordures de fossés d'une végétation trop abondante.

750 **Pièces justificatives :**

1 – Délibération du conseil municipal décidant la vente des récoltes et la procédure de vente.

2 – Le cahier des charges dressé par le maire comprend l'énonciation de la décision qui a autorisé la vente, le jour, l'heure et le lieu de vente, le mode suivant lequel il y sera procédé, les autorités devant y assister, l'indication de la nature et de la situation des récoltes à vendre ainsi que le prix d'ouverture des enchères.

3 – Procès-verbal d'adjudication aux enchères : l'adjudicataire n'est désigné qu'après l'extinction de deux bougies successivement sur une même enchère. S'il ne se produit aucune enchère, la vente est ajournée et renvoyée à une séance dont la date sera fixée ultérieurement et annoncée dans les mêmes formes que la première.

▪ Compte **7022** – Coupes de bois

751 **Principes.** L'Office national des forêts (ONF) assure depuis 1966 la gestion du domaine forestier des communes. Certaines tirent l'essentiel de leurs revenus de la vente des coupes de bois exécutées suivant un programme préalablement établi par le service de l'ONF qui peut être chargé par convention de la réalisation d'opérations de gestion, d'études, d'enquêtes et de travaux en vue de la protection et du développement des ressources forestières (C. for., art. L. 121-4).

Le compte 702 enregistre notamment les coupes de bois (régime forestier) à la subdivision 7022, les menus produits forestiers à la subdivision 7023, le remboursement forfaitaire de la TVA à la subdivision 7024 ainsi que les autres produits forestiers à la subdivision 7028.

752 **Procédure de vente de bois.** Qu'il s'agisse de ventes en bloc, de ventes de bois façonnés ou de ventes par unité de produit, le principe retenu est celui de la vente avec publicité et appel à la concurrence (C. for., art. R. 134-4). Au choix de l'Office national des forêts (ONF), la vente peut prendre la forme soit de l'adjudication, soit de l'appel d'offres par soumissions cachetées. Exceptionnellement, la procédure de vente à l'amiable peut être autorisée. L'ONF estime les coupes, rédige les cahiers des charges communes à la vente, les catalogues et les affiches destinées à la publicité.

Un procès-verbal d'adjudication, une promesse de caution et une caution, sauf s'il y a paiement comptant, et des billets à ordre déterminent le résultat de la procédure de vente. À la réception des extraits de procès-verbal d'adjudication ou des extraits de comptes rendus de la vente par appel d'offres, le trésorier doit les contrôler pour s'assurer qu'ils comportent le prix principal, les noms et adresses des acheteurs et des personnes qui ont souscrit les promesses de caution. Il calcule aussi les frais accessoires, charges et droits d'enregistrement. Ces derniers fixés à 4,20 % (exceptionnellement à 7 %) ne sont dus que dans le cas de vente par adjudication. Les droits de timbre sont pris en charge par l'Office national des forêts.

753 Assujettissement à la TVA de certaines communes disposant de revenus forestiers. Les collectivités locales dont les revenus agricoles (y compris les revenus forestiers) dépassent en moyenne 46 000 € pendant deux années consécutives sont assujetties, à compter du 1er janvier de l'année suivante, au régime simplifié de l'agriculture (CGI, art. 298 *bis*, II, 5°). Les communes qui ne sont pas assujetties à la TVA pour leurs produits agricoles et forestiers du fait de l'insuffisance de leurs recettes continuent de bénéficier du régime de remboursement forfaitaire de TVA calculé en fonction du montant des ventes à des redevables de la TVA. Le remboursement obtenu s'impute à l'article 7024 (Instr. CP n° 92-33-M0, 26 févr. 1992). Pour en bénéficier, le maire doit adresser, chaque année, aux services fiscaux une déclaration. La TVA est appliquée aux ventes par adjudication ou appel d'offres des coupes de bois dans les forêts des collectivités locales.

Les ventes de bois en franchise de TVA sont développées dans l'instruction CP n° 84-134-A8-M0-M9 du 17 septembre 1984.

Le taux de TVA applicable aux ventes de bois est le taux réduit (CGI, art. 278 *bis*, 3° *bis*). Lors des ventes par adjudication, la lecture des rabais et l'annonce du prix sont faites hors TVA.

754 Contrôles de la TVA par le comptable. Les informations relatives à l'assujettissement ou au non-assujettissement des collectivités locales à la TVA, au taux de celle-ci et au régime appliqué (encaissement ou débits) sont consignées, pour chaque lot, dans les catalogues d'adjudication ou d'appel d'offres. Ces catalogues précisent, en outre, si la collectivité locale, ayant opté pour le régime des débits, se démarque de l'Office national des forêts (ONF) en n'exigeant pas le paiement intégral de la TVA au moment du paiement comptant du premier acompte du prix principal et des charges éventuelles.

Les DDFiP et les receveurs municipaux chargés du recouvrement du prix doivent, lors de la réception des paiements au comptant, des contrats de cautionnement et des billets à ordre, tenir compte, pour procéder aux contrôles qui leur incombent, des trois situations suivantes :

- collectivités locales non assujetties à la TVA : aucune modification n'est apportée aux procédures antérieures ; le montant des paiements au comptant, des contrats de cautionnement et des billets à ordre est toujours calculé hors TVA ;
- collectivités locales assujetties au régime simplifié de l'agriculture, mais ayant, comme l'ONF, opté pour le régime des débits en exigeant des acheteurs le paiement de la totalité de la TVA au comptant : l'incidence de la TVA n'apparaît que dans le montant des paiements au comptant. Les contrats de cautionnement et les billets à ordre sont, dans ce cas, également établis pour un montant hors TVA ;
- collectivités locales assujetties au régime simplifié de l'agriculture mais redevables de la TVA au moment de l'encaissement et collectivités locales

ayant opté pour le régime des débits sans exiger le paiement comptant de la TVA.

La TVA n'est exigible et n'est réclamée aux acheteurs qu'au fur et à mesure des échéances proportionnellement au montant de chaque acompte. Les paiements comptant, les contrats de cautionnement et les billets à ordre comprennent donc, outre le prix principal, les intérêts de retard et les charges éventuelles, la part de la TVA correspondante.

En ce qui concerne les factures, l'ONF les établit et les remet directement aux acheteurs, sauf décision contraire des représentants de la collectivité locale concernée.

755 **Imprimés et instructions ministérielles.** Les modèles d'état des produits constatés des forêts domaniales, d'état des recouvrements effectués pour le compte de l'Office national des forêts et de certificats d'escompte sont présentés en annexe de l'instruction CP n° 83-44-A8-M0-M9 du 25 février 1983.

Le régime simplifié de l'agriculture s'appliquant aux communes forestières a été défini dans l'instruction du 31 décembre 1982 de la DGI (Instr. CP n° 83-80-M0, 27 avr. 1983).

Les opérations comptables sont décrites dans l'instruction CP n° 83-121-M0 du 21 juin 1983.

756 **Exigibilité de la TVA.** Il existe deux régimes d'exigibilité de la TVA :
- régime de l'encaissement : la TVA doit être acquittée au moment de l'encaissement des acomptes ou du prix des ventes de bois (CGI, art. 298 *bis*). L'encaissement est constitué par la remise des espèces, du chèque bancaire ou postal, selon le cas. Dans l'hypothèse d'un paiement par traite, la TVA est due au jour de l'échéance de la traite sur la base de son montant nominal ;
- régime des débits : les communes peuvent demander aux services fiscaux l'autorisation d'acquitter la TVA selon le régime des débits (CGI, art. 269-2). Dans ce cas, la TVA est acquittée au moment de la facturation, c'est-à-dire lors de l'émission du titre de recette par l'ordonnateur.

757 **Contrôle de légalité des actes d'application du droit des sols.** C'est la règle du droit commun qui s'applique s'agissant de leur caractère exécutoire. Toutefois des dispositions particulières sont prévues en ce qui concerne les décisions relatives au permis de démolir et à l'autorisation de coupe et d'abattage d'arbres. Ces décisions ne deviennent exécutoires que quinze jours après leur notification et leur transmission au préfet (C. urb., art. L. 430-4 et L. 130-1). Elles sont en effet susceptibles d'une exécution complète, immédiate, ce qui ôterait toute utilité au contrôle de légalité *a posteriori* si elles étaient immédiatement exécutoires (Circ., 26 mars 1984, relative au contrôle de légalité des actes pris par les communes et les EPCI en matière d'urbanisme par les commissaires de la République).

758 Bois morts. Les bois morts appartiennent à la commune propriétaire du terrain. Cette dernière peut autoriser des prélèvements sans l'emploi d'instruments pouvant servir à couper des branches (C. for., art. R. 138-15). Dans les forêts communales soumises au régime forestier, l'Office national des forêts a mandat pour délivrer les autorisations, le prix étant fixé par la commune (C. for., art. R. 146-2). En l'absence d'autorisation, les contrevenants sont passibles de sanctions pénales (Rép. min. n° 23184 : *JOAN*, 18 juin 1990, p. 2877). Dans les cas d'enlèvement frauduleux de bois, il y a lieu, outre les amendes, à restitution des objets enlevés ou de leur valeur (C. for., art. L. 331-6).

759 Champignons. Tout enlèvement non autorisé de champignons est puni d'une amende proportionnelle au volume des produits extraits ou enlevés. L'amende maximum encourue par litre enlevé est égale au 1/200e du maximum de l'amende prévue pour les contraventions de la 5e classe. Le montant total de l'amende ne peut toutefois dépasser le montant maximum prévu pour les contraventions de la 5e classe (C. for., art. R. 331-2). Les champignons sont considérés comme les fruits naturels de la terre et appartiennent au propriétaire par droit d'accession (C. civ., art. 547). Leur vol est sanctionné par l'article 311-1 du Code pénal.

Une commune ne peut accorder aux seuls habitants permanents le bénéfice de la carte gratuite de ramassage des champignons sur les terrains communaux (CE, 31 mai 1989, n° 82234, *Dame Mazaurin c/ Commune de Chasseradès*). Les biens communaux sont en effet ceux à la propriété ou au produit desquels les habitants d'une commune ont un droit acquis (C. civ., art. 542). Certaines communes instituent des régies de recettes pour l'encaissement des droits de cueillette des champignons.

▪ Compte **7025** – Taxes d'affouage

760 Origine. L'effet conjugué de l'insécurité pour les populations et du goût prononcé que les héritiers des Francs avaient pour la chasse a fait qu'après la chute de l'Empire romain, de grandes étendues de bois se sont constituées loin de toute habitation. Ces forêts appartenaient au seigneur qui les gérait, avec l'aide d'officiers forestiers, principalement en vue de la chasse. Cependant, il pouvait en concéder la faculté d'y faire paître les bestiaux, moyennant un droit de pâturage, de pacage, de frésange lorsqu'il s'agissait de la glandée des porcs et de vif ou mort herbage pour les bêtes à laine. Pour pouvoir prendre du bois pour le chauffage ou la construction des maisons, des chariots et des outils, les habitants devaient payer un droit de ramage ou d'affouage (de l'ancien français « affouer », chauffer).

Il s'agit de taxes prélevées sur les habitants de la commune qui bénéficient d'un droit de jouissance du domaine privé de la collectivité. Les « communaux » sont des biens consistant en bois, pâturages, carrières, marais ou tourbières dont la jouissance est laissée à certains habitants. Généralement, ce droit a un caractère collectif, mais il arrivait parfois que plusieurs personnes avaient des droits identiques sur des parcelles différentes, dénommées « parts de marais » ou « parts ménagères ». Les droits de jouissance se transmettaient aux héritiers suivant des modes archaïques fondés souvent sur le droit d'aînesse. La loi n° 67-6 du 3 janvier 1967 a mis fin à tous les droits de jouissance n'ayant qu'un caractère viager. Elle autorise les communes à faire cesser, à tout moment, les autres droits de caractère privatif et fixe les modalités des indemnités à verser aux titulaires évincés.

761 Taxe d'affouage. Les taxes de pâturage et de tourbage (voir compte 7036) sont en constante régression. Seule la taxe d'affouage (compte 7025) résiste au temps. Cette taxe est le droit que les communes peuvent reconnaître à certains de leurs habitants de prendre du bois de chauffage ou de construction dans les forêts communales. Les conditions de délivrance, d'exploitation et de partage des produits de ces coupes montrent que les pouvoirs publics ont constamment eu le souci, tant technique que juridique, de limiter ces droits qui rendent la gestion forestière difficile et empêchent parfois un aménagement rationnel. Tout habitant ne peut enlever sa portion d'affouage qu'en présence de l'entrepreneur de la coupe qui ne doit y consentir que sur présentation de la quittance du receveur municipal constatant le paiement de la taxe et du permis du maire apposé au dos de cette quittance.

Les différents modes de répartition de l'affouage sont prévus aux articles L. 145-1 et suivants et à l'article 4145-2 du Code forestier. La loi du 19 avril 1901 sur l'affouage communal a prévu trois procédés de répartition lorsqu'il n'y a aucun « titre contraire » (notion soumise à l'appréciation du juge) : le partage par feu, par tête et mixte. Les portions d'affouage non enlevées faute de paiement de la taxe sont, à la diligence du receveur municipal, mises en vente par le maire, dans la forme des adjudications publiques, mais seulement jusqu'à concurrence du montant de la taxe non acquittée et des frais de vente. Le surplus est délivré, en nature, aux habitants, auxquels ces mêmes portions auraient été attribuées (Instr. gén., 20 juin 1859, art. 870).

Le produit de la taxe d'affouage ne peut être inférieur au montant des charges supportées par la commune. Lorsque le produit de la taxe excède ce qui est nécessaire pour l'acquittement des charges, la différence est acquise par la commune.

Réf.
- CGCT, art. L. 2411-1

762 Pièces justificatives – Taxe d'affouage (D. n° 2016-33, 20 janv. 2016) :
- délibération du conseil municipal donnant la jouissance des « communaux », fixant l'identité des parties et le montant annuel de la taxe ;
- certificat administratif du maire en cas de coupes affouagères distribuées en nature.

Compte **703** - Redevances et recettes d'utilisation du domaine public

▪ Compte **70311** - Concessions dans les cimetières (produit net)

763 **Définition.** La concession est une convention par laquelle une commune accorde à un particulier, moyennant le paiement d'une redevance, le droit de fonder sa sépulture et celle de ses parents sur une parcelle de terrain prise dans le cimetière communal (Instr. CP n° 59-112-M01, 23 juin 1959).

Le maire peut, par délégation du conseil municipal, prononcer la délivrance et la reprise des concessions dans les cimetières (CGCT, art. L. 2122-22, 8°). Les communes doivent avoir sur leur propre territoire des terrains consacrés aux inhumations (compte 2116). Cependant, il est possible qu'une commune obtienne l'autorisation de faire usage du cimetière d'une autre commune par une convention qui est un contrat de droit privé moyennant un prix de location établi d'après le chiffre de la population de chacune d'elles. La clôture des cimetières, l'entretien, les plantations, les frais de premier établissement, la translation dans un nouveau cimetière sont des dépenses obligatoires à la charge des communes. En contrepartie, la loi attribue aux communes tous les produits que peuvent donner les terrains affectés aux inhumations.

Le cimetière faisant partie du domaine public communal, le contrat de concession, même dans le cas d'une concession perpétuelle, ne peut être analysé comme une aliénation d'un terrain communal. Le concessionnaire ne jouit pas de droits aussi étendus qu'un propriétaire ou même qu'un locataire. La concession est hors du commerce et est incessible entre vifs (Rép. min. n° 47006, 26 oct. 1992, p. 4919). Le contrat de concession constitue donc pour la commune une affectation privative d'une parcelle du domaine communal et crée pour le concessionnaire un droit réel immobilier soumis à des règles spéciales. Les litiges entre les titulaires des concessions et la commune relèvent des tribunaux administratifs (CE, 11 oct. 1957, n° 33291). Les tribunaux judiciaires restent compétents si le titulaire invoque une voie de fait ou une emprise irrégulière sur sa concession (exhumation de corps, inhumation de personnes d'une famille étrangère).

764 **Bénéficiaires des concessions dans les cimetières.** Ce sont :
- les personnes décédées sur le territoire de la commune, quel que soit leur domicile ;
- les personnes domiciliées sur ce territoire, même si elles décèdent dans une autre commune ;
- les personnes qui ont droit à une sépulture de famille, même si elles n'étaient pas domiciliées dans la commune (C. communes, art. R. 361-10).

Est admis le droit à être inhumée dans une concession dite « de famille » pour une personne étrangère à la famille mais qu'unissaient des liens particuliers d'affection (CE, 11 oct. 1957, n° 33291, préc.). Le maire doit vérifier les demandes d'inhumation (Rép. min. n° 21280, 22 janv. 1990, p. 368).

Lorsque le titulaire d'une concession de famille décède, sa concession est laissée en dehors du partage. Elle passe aux héritiers en état d'indivision perpétuelle (Circ. intermin., 26 févr. 1991). Chacun des indivisaires a des droits égaux et ne peut prendre seul une décision susceptible de préjudicier aux autres titulaires (Rép. min. n° 47007, 26 oct. 1992, p. 4920). Toutefois, chaque indivisaire peut, sans l'assentiment des autres, user de la concession pour la sépulture de son conjoint et de lui seul (Rép. min. n° 46115, 8 juin 1992, p. 2905).

Rien n'interdit au titulaire d'une concession funéraire dans un cimetière d'en faire, avant toute inhumation, une donation par laquelle il s'en dépouille irrévocablement au profit d'un membre de sa famille ou d'un tiers (Cass., 23 oct. 1968, n° 15715). Le maire ne peut s'opposer à la donation que pour des motifs tirés de l'intérêt public (CE, 11 oct. 1957, n° 33291, préc.). Si la concession a déjà reçu une inhumation, la donation au profit d'un tiers est impossible (Rép. min. n° 28641, 5 août 1991, p. 3165). Le concessionnaire ne peut dès lors céder sa concession qu'à un descendant, voire à un héritier par le sang (Cass., 6 mars 1973, n° 71-11419). La commune ne perçoit aucun droit sur la donation.

765 **Durée des concessions.** Les communes peuvent accorder dans leurs cimetières :
- des concessions temporaires (quinze ans au plus) ;
- des concessions trentenaires ;
- des concessions cinquantenaires ;
- des concessions perpétuelles.

Les concessions centenaires ont été supprimées. Les concessions sont convertibles en concessions de plus longue durée. Dans ce cas, il est défalqué du prix de conversion une somme égale à la valeur que représente la concession convertie, compte tenu du temps restant encore à courir jusqu'à son expiration (CGCT, art. L. 2223-16).

À l'expiration de la période au cours de laquelle les concessions peuvent être renouvelées, la commune peut les reprendre sans que le maire ait publié un avis de reprise des concessions venues à expiration ni notifié ces reprises aux familles intéressées (CE, 26 juill. 1985, n° 36749). Lorsque des concessions temporaires n'ont pas été renouvelées, la commune peut les reprendre après l'expiration d'un délai de deux ans après l'expiration de la période pour laquelle le terrain a été concédé (CGCT, art. L. 2223-15). Cette reprise est tout à fait distincte de celle qui peut intervenir au cas où une concession est laissée à l'abandon depuis plus de trente ans (CGCT, art. L. 2223-17). Le maire doit motiver sa décision de reprise d'une concession funéraire (Circ. min. Intérieur, 2 juin 1992).

766 Renouvellement des concessions. Le renouvellement d'une concession peut être anticipé afin de lever l'obstacle de l'interdiction de reprise d'une sépulture dans un délai inférieur à cinq ans à compter de la dernière inhumation (QE n° 99572).

Le maire conditionne alors la délivrance d'une autorisation d'inhumation au renouvellement préalable de la concession lorsque son échéance doit intervenir tous les trois ou cinq ans. Le renouvellement s'effectue dans tous les cas au tarif en vigueur à la date de son échéance et non à celui en vigueur à la date de renouvellement (CE, 21 mai 2007, n° 281615, *Ville de Paris*).

Par ailleurs, il est autorisé au concessionnaire de la convertir à tout moment (CGCT, art. L. 2223-16). La conversion ne peut s'effectuer que pour une durée plus longue et conforme aux durées prévues par l'article L. 2223-14 précité. Il résulte de ces dispositions qu'une concession funéraire ne peut pas être renouvelée de manière anticipée pour une durée identique à celle originellement choisie et qu'au demeurant, une concession funéraire trentenaire peut être convertie à tout moment en concession cinquantenaire ou perpétuelle, dès lors que la commune offre cette possibilité au sein du cimetière concerné.

767 Reprise des concessions pour abandon. La reprise des concessions funéraires pour état d'abandon est une possibilité dévolue au maire au titre de l'article L. 2223-17 du Code général des collectivités territoriales (CGCT).

Cet article précise en effet : « Lorsque, après une période de trente ans, une concession a cessé d'être entretenue, le maire peut constater cet état d'abandon par procès-verbal porté à la connaissance du public et des familles. Si, trois ans après cette publicité régulièrement effectuée, la concession est toujours en état d'abandon, le maire a la faculté de saisir le conseil municipal, qui est appelé à décider si la reprise de la concession est prononcée ou non. Dans l'affirmative, le maire peut prendre un arrêté prononçant la reprise par la commune des terrains affectés à cette concession. »

Une sépulture en état d'abandon nuit au « maintien de l'ordre et de la décence dans les cimetières » qui incombe au maire au titre de son pouvoir de police spéciale en matière de funérailles et de lieux de sépultures (CGCT, art. L. 2213-9). Ce pouvoir de police du maire ne peut délégué à une personne privée (depuis CE, 17 juin 1932, *Ville de Castelnaudary*).

768 Montant des concessions. Les concessions sont accordées moyennant le versement d'un capital dont le montant est fixé par le conseil municipal (CGCT, art. L. 2223-15). L'étendue de la concession ne peut être inférieure à 2 m² et son maximum est fixé par le conseil municipal. La tarification a lieu par mètre carré. La redevance est payable en une seule fois à la caisse du receveur municipal. Il ne saurait donc exister de restes à recouvrer.

Des tarifs différenciés pour chaque catégorie de concession sont fixés par le conseil municipal. Ces tarifs peuvent être progressifs, suivant l'étendue de la surface concédée, pour la partie de cette surface qui excède 2 m^2 (CGCT, art. R. 361-20). Les tarifs des concessions perpétuelles peuvent être différenciés en fonction d'avantages particuliers : commodité d'accès, adossement à un mur, etc. (Circ. min. Intérieur n° 74-434, 9 août 1974, relative aux taxes communales en matière funéraire). Les majorations de tarifs doivent rester dans des limites raisonnables et être justifiées (Rép. min. n° 5976, 8 nov. 1993, p. 3944). Tous les tarifs des concessions doivent faire l'objet de réajustements périodiques (Instr. CP n° 62-52-T1, 12 avr. 1962). Aucune majoration ne peut être perçue à aucun titre et par aucun intermédiaire sur les concessions dans les cimetières (CGCT, art. L. 2223-34).

L'acquéreur de la concession doit supporter les droits de timbre et les droits d'enregistrement : le rédacteur de l'acte calcule le montant du droit ou de la taxe revenant au département (15,40 % est le taux du régime de droit commun ; LF 1984 n° 83-1179, 29 déc. 1983, art. 28 et 29) et, s'il y a lieu, celui des taxes additionnelles à recouvrer au profit de la commune et de la région (CGI, art. 1595).

Le montant des frais d'assiette à percevoir au profit de l'État est calculé au taux de 4 % et arrondi à l'euro inférieur (CGI, art. 1647, V, a). Le minimum de perception des droits et frais est fixé à 15 € (CGI, art. 647).

Des concessions gratuites peuvent être accordées à titre d'hommage public pour l'inhumation des soldats morts pour la France, le tiers revenant au centre communal d'action sociale (CCAS) est mis alors à la charge de la commune, sauf décision contraire du CCAS.

769 **Affectation du produit des concessions.** La commune peut librement décider des modalités de répartition du produit perçu à l'occasion de l'octroi de concessions de cimetières. Compte tenu de cette liberté d'affectation de la recette par la commune, le comptable public doit s'assurer, avant de procéder à tout règlement au profit du centre communal d'action sociale (CCAS), qu'il dispose d'une délibération arrêtant les modalités de répartition du capital versé en application de l'article L. 2223-15 du CGCT entre, d'une part, le budget de la commune et, d'autre part, celui du CCAS.

Il est précisé qu'une délibération qui déciderait d'attribuer la totalité du produit au seul budget communal est tout à fait légale (Instr. CP n° 00-078-M0, 27 sept. 2000).

Pour les droits de concessions dans les cimetières, la part de la recette versée au CCAS ne transite pas par le budget de la commune.

770 **Modalités de délivrance des concessions.** Les concessions sont inscrites avec un numéro d'ordre sur un registre spécial (Circ., 15 nov. 1920).

Le maire établit un titre provisoire de recette qu'il délivre à l'acheteur. Ce dernier se rend chez le receveur pour lui verser le prix de la concession. Un reçu lui est délivré.

Au vu de ce reçu, le maire établit le titre définitif en trois exemplaires et les transmet au receveur qui les envoie, avec le montant des frais d'enregistrement, à la recette principale des impôts. Ce service fait retour des trois exemplaires avec la mention d'enregistrement. Les deux exemplaires timbrés sont renvoyés à la mairie. L'un y est archivé et l'autre délivré à l'acheteur. Le troisième exemplaire est conservé par le receveur municipal pour être joint à l'appui du titre de recette (Instr. CP n° 59-112-M0, 23 juin 1959). Seul l'exemplaire du titre de concession destiné au comptable bénéficie de l'exemption de timbre de dimension en tant que document interne à l'administration (Instr. CP n° 59-134-M0, 31 juill. 1959).

771 **Translation de cimetière.** En cas de translation d'un cimetière, les concessionnaires sont en droit d'obtenir dans le nouveau cimetière un emplacement égal en superficie au terrain qui leur avait été concédé (CGCT, art. R. 2223-10). Les restes qui y avaient été inhumés sont transportés aux frais de la commune (CGCT, art. L. 2321-2).

772 **Pièces justificatives (D. n° 2016-33, 20 janv. 2016).**

1 – Concessions à titre onéreux :
- délibération du conseil municipal fixant le prix du mètre carré ;
- titre provisoire de recette mentionnant le numéro de la concession, l'identité des parties, le nombre de mètres carrés, leur prix unitaire et total ainsi que les droits de timbre et d'enregistrement ;
- titre définitif comportant les mêmes mentions que le titre provisoire avec toutefois en plus et, le cas échéant, les mentions d'enregistrement de la concession ;
- les comptables sont dispensés de servir l'imprimé P 627 dès lors que les indications inscrites sur ce relevé répartissant le produit des concessions figurent sur le P 503 (Instr. CP n° 85-73-T1, 17 juin 1985).

2 – Concessions à titre gratuit :
- délibération du conseil municipal ;
- en cas de renoncement du centre communal d'action sociale au tiers du produit évalué de la concession gratuite, délibération du conseil d'administration de cet organisme.

3 – Conversion des concessions : certificat administratif indiquant les éléments de liquidation utilisés pour la fixation du prix de l'acte de conversion (C. comptes, 12 mai 1936).

▪ Compte **70312** – Redevances funéraires

773 **Définition.** Cet article enregistre les droits de séjour dans les caveaux provisoires, et les redevances funéraires. L'article 121 de la loi n° 2020-1721 du

29 décembre 2020 de finances pour 2021 a, sur amendement, supprimé les taxes funéraires communales, et ce à compter du 1er janvier 2021. En effet, l'article L. 2223-22 du Code général des collectivités territoriales (CGCT) – qui prévoyait la possibilité d'instaurer des taxes sur les opérations funéraires – a été abrogé.

Cette suppression concerne les trois taxes communales, à savoir la taxe sur les convois, la taxe sur les crémations et la taxe sur les inhumations. Aucune compensation pour les communes n'est prévue en contrepartie de ces suppressions. Aussi, depuis le 1er janvier 2021, les communes doivent refuser la perception desdites taxes, les arrêtés municipaux instaurant/fixant les tarifs de ces taxes étant réputés caduques depuis cette date.

Sont toujours dues à la commune : la « taxe de superposition des corps » (« taxe de seconde et ultérieures inhumations » qui est une redevance facultative d'occupation domaniale), la « taxe de réduction et réunion de corps » (perçue par les communes à l'occasion de l'ouverture des cercueils et de la réunion des restes mortels exhumés dans un même cercueil ou boîte à ossements, permettant ainsi de libérer une ou plusieurs cases de caveau dans le but de procéder à des inhumations supplémentaires).

774 **Service des pompes funèbres.** La loi n° 93-23 du 8 janvier 1993 a supprimé le monopole des communes dans le domaine funéraire. Le service extérieur des pompes funèbres est désormais une mission de service public à caractère industriel et commercial comprenant :
- le transport des corps avant et après mise en bière ;
- l'organisation des obsèques ;
- les soins de conservation ;
- la fourniture des housses, des cercueils et des urnes cinéraires ;
- la fourniture des tentures extérieures des maisons mortuaires ;
- la gestion et l'utilisation des chambres funéraires ;
- la fourniture des corbillards et des voitures de deuil ;
- la fourniture de personnel, objets et prestations nécessaires aux obsèques, inhumations, exhumations et crémations, à l'exception des plaques funéraires (L. n° 93-23, 8 janv. 1993, art. 1er).

Cette mission peut être assurée par les communes, directement ou par voie de gestion déléguée. Les communes ou leurs délégataires ne bénéficient d'aucun droit d'exclusivité pour l'exercice de cette mission qui peut également être assurée par toute autre entreprise ou association dûment habilitée (CGCT, art. L. 2223-19). L'habilitation est délivrée par le préfet.

Dans le respect du règlement national des pompes funèbres, le conseil municipal peut arrêter un règlement municipal (CGCT, art. L. 2223-21).

Au terme d'une période transitoire dont la durée maximale était de cinq ans pour les régies existantes et à trois ans pour les contrats de gestion déléguée en cours (soit respectivement en 1998 et 1996), les services organisés par les communes ne bénéficient plus d'aucun droit d'exclusivité (CGCT, art. L. 2223-44).

Quant aux départements du Haut-Rhin, du Bas-Rhin et de la Moselle, régis par les accords concordataires de 1804, ils sont intégrés dans le régime de droit commun depuis 1998.

775 TVA sur les opérations des pompes funèbres. Les opérations effectuées par les régies de pompes funèbres sont soumises à TVA (Instr. n° 98-030-M4, 9 févr. 1998). La règle veut que « les personnes morales de droit public ne sont pas assujetties à la TVA pour l'activité de leurs services administratifs, sociaux, éducatifs, culturels et sportifs, lorsque leur non-assujettissement n'entraîne pas de distorsions dans les conditions de la concurrence » (CGI, art. 256 B). C'est pourquoi les opérations de gestion et d'entretien des cimetières (CGCT, art. L. 2321-2 et L. 223-1) et celles qui relèvent d'une mission de police administrative du maire constituent une activité placée en dehors du champ d'application de la TVA. Les activités des pompes funèbres sont imposables sur l'ensemble des services rendus. Les opérations réalisées dans le cadre du service extérieur des pompes funèbres relèvent du taux normal de TVA. Toutefois, les opérations de transport de corps, avant et après mise en bière, effectuées par des prestataires agréés dans des véhicules aménagés, bénéficient du taux réduit de 10 %. En revanche, les services annexes rendus par ces prestataires lors de ces transports de corps (constitution de dossiers, « présence », soins somatiques, etc.) demeurent passibles du taux normal. Il en est de même pour les régies chargées de la gestion d'un crématorium (*BOI*, n° 126, 6 août 2004).

776 Droits de séjour dans les caveaux provisoires. Tout cercueil peut être déposé temporairement dans un édifice cultuel, dans un dépositoire, dans un caveau provisoire, à la résidence d'un membre de la famille du défunt, ou, si le décès a eu lieu hors de la résidence du défunt, à cette résidence. L'autorisation du dépôt est donnée par le maire de la commune du lieu du dépôt qui précise la durée maximale du dépôt. À l'expiration de cette durée, le corps est inhumé ou incinéré (CGCT, art. R. 2213-1 et R. 2213-5).

Le maire doit motiver son refus d'autorisation de dépôt temporaire d'un corps (Circ. min. Intérieur, 2 juin 1992).

Les corps des personnes décédées peuvent, avant l'inhumation ou la crémation, être déposés dans des chambres funéraires (L. n° 93-23, 8 janv. 1993, art. 21). Ces dernières font désormais partie du service extérieur des pompes funèbres. Les locaux où l'entreprise gestionnaire de la chambre funéraire offre des prestations « commerciales » doivent être distincts de la chambre funéraire elle-même (CGCT, art. L. 2223-38).

Les établissements de santé publics ou privés qui remplissent des conditions fixées par décret en Conseil d'État doivent disposer d'une chambre mortuaire pour le dépôt des corps des personnes décédées (CGCT, art. L. 2223-39).

777 Inhumation dans un cimetière. L'inhumation dans le cimetière d'une commune du corps d'une personne décédée :
- dans cette commune est autorisée par le maire de la commune ;
- hors de cette commune est autorisée par le maire de la commune du lieu d'inhumation (CGCT, art. R. 2213-31).

Le service des pompes funèbres est gratuit pour les personnes dépourvues de ressources suffisantes. Lorsque le service n'est pas assuré par la commune, celle-ci prend en charge les frais d'obsèques de ces personnes. Elle choisit l'organisme qui assurera ces obsèques (CGCT, art. L. 2213-7 et L. 2223-19 à L. 2223-29). La commune prend en charge les frais d'obsèques pour les indigents : cercueil, transport, inhumation, crémation. Le seuil d'indigence n'est pas précisé dans l'article L. 2223-29 du CGCT. La prise en charge est totale ou partielle (enquête de la commune). Les frais funéraires sont prélevés sur l'actif successoral. Ils sont garantis par un privilège placé au deuxième rang des privilèges généraux sur les meubles et immeubles de l'article 2101 du Code civil. La commune peut engager une procédure de recouvrement des frais auprès des enfants du défunt sur la base de l'article L. 2213-7 du CGCT.

778 Exhumation. Toute demande d'exhumation est faite par le plus proche parent de la personne défunte. Celui-ci justifie de son état civil, de son domicile et de la qualité en vertu de laquelle il formule sa demande. L'autorisation d'exhumer un corps est délivrée par le maire de la commune où doit avoir lieu l'exhumation (CGCT, art. R. 2213-40 et R. 2213-41).

La loi n° 2008-1350 du 19 décembre 2008 relative à la législation funéraire codifie les textes relatifs aux opérations d'inhumation, d'exhumation, d'incinération et de transport de corps.

779 Vacations funéraires. Les fonctionnaires de police nationale et, dans les communes qui n'en ont pas, les gardes champêtres ou les agents de police municipale délégués par le maire sont seuls chargés par l'autorité compétente d'assister aux opérations d'exhumation, de réinhumation et de translation de corps, afin d'assurer l'exécution des mesures de police prescrites par les lois et règlements (CGCT, art. L. 2213-14). Ces opérations de surveillance donnent droit à des vacations fixées par le maire après avis du conseil municipal (CGCT, art. L. 2213-15). Le taux des vacations est fixé par le maire dans chaque commune, après avis du conseil municipal, pour une valeur comprise entre 20 et 25 € (Circ., 14 déc. 2009, NOR:IOCB0915243C).

Les conditions de versement des vacations funéraires dues aux fonctionnaires sont précisées par l'article R. 2213-50 du Code général des collectivités territoriales. Cet article précise qu'à la fin de chaque mois, le maire dresse, s'il y a lieu, un relevé comportant les vacations versées par les familles ainsi que la désignation des fonctionnaires ayant participé aux opérations éligibles aux vacations, c'est-à-dire donnant lieu à une surveillance obligatoire (fermeture de cercueil et pose de scellés, en cas de transport de corps hors de la commune de décès ou de dépôt et en l'absence d'un membre de la famille du défunt, ou lorsqu'il doit être procédé à la crémation du corps).

Les vacations ne sont jamais inscrites au budget de la commune en tant que recettes, elles ne font que transiter par la recette communale pour être reversées, selon le cas, au budget de l'État ou au fonctionnaire municipal ayant effectué la surveillance. Les mouvements sont retracés dans le compte 4643 « Vacations encaissées à reverser ». Ce compte est crédité du montant des vacations funéraires encaissées et débité du montant des versements effectués aux agents de police municipale.

Lorsque les opérations de surveillance sont effectuées par un fonctionnaire de la police nationale, le produit des vacations est assimilé à un fonds de concours pour dépense d'intérêt public et rattaché au budget du ministère de l'Intérieur (L. n° 95-73, 21 janv. 1995, art. 25). Le receveur municipal impute la totalité du produit des vacations encaissées au titre d'opérations de surveillance effectuées par un fonctionnaire de la police nationale au compte 302 « Encaissements divers », sous la rubrique « Vacations de police » (compte de la comptabilité de l'État).

780 Taxe de superposition. Dans certaines communes, chaque inhumation dans un terrain concédé (une concession) donne droit à une taxe dite « de superposition ». Ainsi, outre le prix de la concession réglé pour un laps de temps, les familles ont à verser une somme nouvelle pour chaque nouvelle inhumation. Aucun texte ne prévoit cette taxe qui est néanmoins légale à condition d'être prévue au moment de la concession. Quant au tarif de la taxe, c'est celui en vigueur au moment de la délivrance de la concession. Toutefois, le conseil municipal peut appliquer le tarif en vigueur à la date de la superposition.

781 Crémation. Les communes ou leurs groupements sont seuls compétents pour créer et gérer, directement ou par voie de gestion déléguée, les crématoriums (CGCT, art. L. 2223-40). Ces derniers n'ont pas été inclus dans le service extérieur des pompes funèbres. Ils conservent un statut juridique particulier puisque seuls les communes et les groupements sont compétents pour les créer et les gérer. Néanmoins, leurs opérations sont retracées dans le budget du service extérieur des pompes funèbres et font l'objet d'un état distinct en fin d'année.

Les crémations peuvent donner lieu à la perception de taxes dont les tarifs sont votés par les conseils municipaux (CGCT, art. L. 2223-22).

Le maire doit justifier son refus d'autoriser une crémation (Circ. min. Intérieur, 2 juin 1992).

Après crémation d'un corps, l'urne funéraire est remise à la famille pour être déposée, à sa convenance, dans une sépulture, un columbarium ou une propriété privée. Les cendres peuvent être dispersées en pleine nature, à l'exclusion des voies publiques, ou bien répandues dans le jardin du souvenir d'un cimetière communal qui en dispose.

782 **Pièces justificatives (D. n° 2016-33, 20 janv. 2016).**

1 – Droits de séjour dans les caveaux provisoires :
- délibération du conseil municipal fixant les tarifs unitaires des droits ou référence du titre auquel elle a été jointe ;
- état nominatif des débiteurs.

2 – Taxes d'inhumation et d'exhumation : se reporter au compte 70312.

3 – Vacations funéraires :
- décision fixant le montant de la vacation ;
- relevé des vacations versées par les familles avec colonne réservée à l'émargement des agents ayant procédé aux opérations funéraires.

▪ Compte **7032** – Droits de permis de stationnement et de location sur la voie publique, les rivières, ports et quais fluviaux et autres lieux publics

783 Cette partie ne fait pas l'objet de commentaires.

▪ Compte **7034** – Droits de péage, droit de passage, droit de pesage, mesurage, jaugeage

784 **Définition.** Des droits de péage peuvent être prélevés au passage de ponts construits par les communes, ou correspondent à des droits prélevés pour usage de bacs, bateaux, canaux appartenant aux communes.

Les communes peuvent instituer des bureaux de pesage, de mesurage et de jaugeage publics où chacun peut faire peser et jauger ses marchandises moyennant le paiement d'un droit. Nul ne peut exercer les fonctions de peseur, mesureur et jaugeur sans avoir prêté serment devant le président du tribunal de commerce ou le juge d'instance (CGCT, art. L. 2224-24). Dans les localités où il n'est pas nécessaire d'établir des poids publics, les fonctions de peseur, mesureur et jaugeur peuvent être confiées par le préfet à des citoyens d'une probité et d'une capacité reconnues, lesquels prêtent serment.

Parmi les différents droits du compte 7034, un seul est réellement utilisé par les communes rurales : celui de pesage. La modicité des sommes à percevoir, l'éloignement du poids public et la fréquence des opérations obligent à la création d'une régie de recettes pour les droits de pesage.

L'encaissement de ces droits se fait par ticket, mais l'automatisation évite la présence permanente d'un agent. Une bande enregistreuse numérotée traduit en clair et en double exemplaire toutes les pesées. Lorsque la bande est terminée, le régisseur la remplace par une nouvelle fournie par le comptable public et remet à ce dernier le duplicata de la bande usagée.

785 **Pièces justificatives – Bureaux de pesage :**
- décision de création de la régie et de nomination du régisseur ;
- état dressé par le régisseur, visé par l'ordonnateur et faisant ressortir le prix unitaire, le nombre et le montant des tickets reçus et vendus par le régisseur ainsi que ceux en stock chez ce dernier ;
- dans le cas d'automatisation des procédés, duplicata de la bande enregistreuse ;
- délibération du conseil municipal ou décision de l'ordonnateur fixant le prix unitaire ou référence du titre de recette auquel a été jointe la délibération.

■ Compte **7038** – Autres redevances

▸ Compte **70383** – Redevance de stationnement

786 Cette partie ne fait pas l'objet de commentaires.

▸ Compte **70384** – Forfait de poststationnement

787 **Redevance et forfait de poststationnement.** La loi n° 2014-58 du 27 janvier 2014 de modernisation de l'action publique territoriale et d'affirmation des métropoles (MAPTAM) a décentralisé le stationnement payant sur voirie en créant une redevance d'occupation du domaine public gérée de façon décentralisée par les collectivités territoriales et entraînant la suppression de l'amende pénale forfaitaire de 17 € (CGCT, art. L. 2333-87 ; D. n° 2017-1525, 2 nov. 2017, modifiant les dispositions réglementaires du CGCT relatives à la redevance de stationnement des véhicules sur voirie et à la commission du contentieux du stationnement payant).

Les tarifs de la redevance de stationnement et forfaits de poststationnement sont fixés par délibération.

La collectivité peut confier la surveillance de la voirie et l'encaissement du forfait de poststationnement à un prestataire privé.

Réf.
- A. 1er sept. 2016 relatif aux modalités de reversement aux collectivités bénéficiaires du forfait de post-stationnement prévu par l'article L. 2333-87 du Code général des collectivités territoriales modifié par l'arrêté du 4 août 2021

788 **Recouvrement du forfait de post stationnement.** Dans le cas où l'usager redevable d'un FPS n'a pas eu connaissance de l'avertissement théoriquement apposé sur son pare-brise, il lui appartient de saisir directement la Commission du contentieux du stationnement payant (CCSP) dans le mois suivant la notification du FPS majoré, qui pourra alors annuler la majoration. Sur ce point, la décision du 25 avril 2019 de la CCSP (n° 18011722, *MV c/commune d'Annemasse*) expose clairement qu'il résulte des dispositions combinées des II et IV de l'article L. 2333-87 du Code général des collectivités territoriales qu'en l'absence de notification préalable de l'avis de paiement du FPS, la majoration réclamée au redevable du FPS par un titre exécutoire est dépourvue de base légale. Lorsque le requérant soutient n'avoir pas reçu notification de l'avis de paiement, laquelle ne peut être présumée par son contenu établi par l'agent assermenté, il appartient à la commune ayant fait le choix d'y procéder par apposition sur le pare-brise du véhicule d'en apporter la preuve par tous moyens.

▸ Compte **70389** – Reversements sur redevances

789 **Définition.** Dans le cas d'installations s'étendant sur plusieurs communes, le montant et les conditions de perception de la redevance sont fixés sur délibérations conjointes des conseils municipaux concernés. Mais par dérogation, si aucune commune territorialement concernée ne s'y oppose, lorsqu'un EPCI ou un syndicat mixte, existant ou créé à cette fin, a reçu compétence pour la création et la gestion de pistes de ski de fond, l'assemblée délibérante décide la création de la redevance et en fixe le taux. La redevance est perçue à son profit et éventuellement reversée aux communes.

Des associations départementales, interdépartementales ou régionales peuvent être chargées de la perception de la redevance (CGCT, art. L. 2333-83). Une convention doit alors être conclue avec chacune des communes concernées. L'association est désignée comme régisseur de recettes communales devant être intégralement versées au budget des communes. Cette obligation n'empêche pas les communes de reverser tout ou partie de la redevance, sous forme de subvention, à ces associations.

790 **Pièce justificative – Reversement sur redevance :**
- avis de reversement.

Compte **704** – Travaux

791 Cette partie ne fait pas l'objet de commentaires.

Compte **705** – Études

792 ***Nota bene.*** Ces remboursements concernent des travaux d'entretien imputés en section de fonctionnement. Les travaux concernant la section

d'investissement sont financés par des ressources de la section d'investissement et enregistrés au sein des subdivisions des comptes 454, 456, 457 ou 458.

793 **Assainissement non collectif.** Le raccordement des immeubles aux égouts existants, disposés pour recevoir les eaux usées domestiques et établis sous la voie publique (systèmes d'assainissement collectif), est en principe obligatoire. Mais pour les immeubles qui ne sont pas raccordés (absence d'intérêt pour l'environnement, coût excessif, densité de population faible ; CGCT, art. L. 2224-10 et R. 2224-7), la réglementation du Code de la santé publique leur fait obligation d'être dotés d'un assainissement autonome dont les installations doivent être maintenues en bon état de fonctionnement (CSP, art. L. 1331-1).

Par assainissement non collectif, on désigne tout système d'assainissement autonome effectuant la collecte, le prétraitement, l'épuration, l'infiltration ou le rejet des eaux usées domestiques des immeubles non raccordés au réseau public d'assainissement (A., 6 mai 1996, fixant les prescriptions techniques applicables aux systèmes d'assainissement non collectif). Il peut s'agir d'installations pour des maisons individuelles, des immeubles ou groupes d'immeubles : fosses toutes eaux, fosses septiques, chimiques, bacs à graisses, puits d'infiltration, etc.

Conformément aux articles L. 2224-8 et L. 2224-9 du Code général des collectivités territoriales, les communes ou les EPCI ont obligatoirement en charge, depuis le 31 décembre 2005, les dépenses de contrôle des systèmes d'assainissement non collectif. Elles peuvent également prendre en charge les dépenses d'entretien de ces systèmes. À ce titre, elles instaurent une redevance d'assainissement non collectif (CGCT, art. R. 2333-126 et R. 2224-19). Les contrôles portent sur la conception, l'implantation, la bonne exécution et le bon fonctionnement des ouvrages, ainsi que sur leur entretien (vidange périodique) dans le cas où la commune n'a pas décidé de la prise en charge de leur entretien (A., 6 mai 1996, fixant les modalités du contrôle technique exercé par les communes sur les systèmes d'assainissement non collectif).

Réf.

- Instr. DGCP n° 04-065 M49, 16 déc. 2004
- CGCT, art. L. 2224-8
- CGI, art. 260 A

794 **Raccordement au réseau d'assainissement collectif.** Les sommes versées par les propriétaires d'immeubles au titre du branchement à l'égout, qu'il s'agisse de branchements incorporés au réseau public visés à l'article L. 1131-2 du Code de la santé publique ou de travaux exécutés d'office en lieu et place des propriétaires défaillants sur les parties privatives (CSP, art. L. 1331-6), constituent la contrepartie de travaux immobiliers taxés de plein droit à la TVA.

Ces sommes sont imputées au crédit du compte 704 « Travaux ». En contrepartie de leur imposition, la collectivité peut déduire la TVA ayant grevé les dépenses exposées pour effectuer ces travaux dans les conditions habituelles.

Les sommes versées à la collectivité au titre de l'article L. 1331-8 du Code de la santé publique par les propriétaires d'immeubles qui ne se sont pas conformés à l'obligation de se raccorder au réseau d'assainissement collectif ne sont pas soumises à la TVA et n'ont pas d'incidence sur les droits à déduction de la collectivité.

Ces sommes sont imputées au crédit du compte 754 « Redevances pour défaut de branchement à l'égout ».

795 Règles de gestion des services d'assainissement. Les services publics d'assainissement collectif et non collectif constituent deux services publics distincts, à caractère industriel et commercial, financés par deux redevances distinctes.

Chacun de ces services peut faire l'objet d'un mode d'exploitation spécifique (régie, concession, affermage, etc.).

Cependant, les services d'assainissement collectif et non collectif peuvent être organiquement unifiés dès lors que les opérations financières des deux services sont bien distinguées au sein du budget annexe.

Une commune ou un EPCI qui exploite directement ce service public d'assainissement autonome est placé hors du champ d'application de la TVA mais peut opter pour l'assujettissement à la TVA en application de l'article 260 A du Code général des impôts (CGI).

796 Pièces justificatives – Travaux :
- délibération du conseil municipal fixant le montant des participations, la nature des travaux et l'identité des débiteurs ;
- duplicata de la facture ou référence du mandat auquel elle a été jointe.

Compte **706** – Prestations de services

▪ Compte **7061** – Redevances d'enlèvement des ordures et des déchets

797 Modes de financement du service de collecte et traitement des ordures ménagères. Les communes ou leurs groupements peuvent financer le service de collecte et de traitement des ordures ménagères par :
- leur budget général ;
- la taxe d'enlèvement des ordures ménagères (TEOM) régie par les articles 1520 à 1526 et 1609 *bis* à 1609 *nonies* D du CGI (compte 7331) ;

- la redevance pour enlèvement des ordures ménagères (REOM) prévue à l'article L. 2333-76 du Code général des collectivités territoriales.

Par ailleurs, depuis le 1er janvier 1993, les collectivités qui n'ont pas institué la REOM ont l'obligation de percevoir une redevance spéciale afin d'assurer l'élimination des déchets industriels banals (DIB) des commerçants et artisans (CGCT, art. L. 2333-78). Il s'agit des déchets qui peuvent être collectés et traités sans sujétion technique particulière.

Toutes les autres sommes perçues par les collectivités à raison du dépôt de déchets par des personnes ne résidant pas sur leur territoire ou à raison du dépôt de certaines catégories de déchets (déchets volumineux, déchets spéciaux, déchets de certaines professions, etc.) doivent s'analyser comme des redevances spécifiques qui ne relèvent pas du service de collecte et de traitement des ordures ménagères. Tel est le cas des sommes perçues, le cas échéant, à raison des dépôts volontaires réalisés par les commerçants et les artisans dans les déchetteries.

Réf.
- Instr. CP n° 99-015-M0, 1er févr. 1999

798 Conditions de perception de la taxe ou de la redevance. L'article L. 2224-13 du Code général des collectivités territoriales a posé le principe selon lequel il convient d'assurer au moins la collecte pour percevoir la taxe d'enlèvement des ordures ménagères (TEOM) ou la redevance pour enlèvement des ordures ménagères (REOM) (L. n° 99-586, 12 juill. 1999).

Il existe trois schémas d'organisation :

1 - La commune conserve la compétence sur les activités de collecte et transfère à un EPCI à fiscalité propre le traitement :
- seule la commune peut percevoir la TEOM ou la REOM ;
- elle peut reverser une fraction du produit à l'EPCI (compte 70619).

2 - La commune transfère l'ensemble de la compétence à un EPCI à fiscalité propre qui exerce la collecte et adhère à un syndicat mixte pour le traitement :
- seul l'EPCI peut prélever la TEOM ou la REOM.

3 - L'ensemble de la compétence est exercé par un EPCI avec ou sans fiscalité propre :
- seul cet EPCI dispose du droit de prélever la ressource ;
- il ne peut plus renoncer à percevoir la TEOM ou la REOM.

799 Régime dérogatoire des EPCI à fiscalité propre. Les EPCI à fiscalité propre dotés de la compétence « collecte et traitement » des ordures ménagères et qui adhèrent à un syndicat mixte compétent pour la collecte et le traitement peuvent :
- soit instituer pour leur propre compte la TEOM ou la REOM, si le syndicat ne l'a pas instituée. Si ce dernier décide de l'instituer postérieurement,

la délibération ne s'applique pas sur le territoire de l'EPCI (CGCT, art. L. 2333-76) ;
- soit percevoir la TEOM ou la REOM en lieu et place du syndicat mixte qui l'aurait instituée sur l'ensemble du périmètre syndical.

Réf.
- LF 2002 n° 2001-1275, 28 déc. 2001, art. 109

À noter que la taxe d'enlèvement des ordures ménagères s'impute au compte 7331.

800 Fiscalité applicable à la taxe ou à la redevance.

1 – Régime de droit commun et régimes dérogatoires :
- régime de droit commun pour les communes, les syndicats et les EPCI à fiscalité propre : institution et perception de la taxe (CGI, art. 1379-0 *bis*, 1520 et 1609 *quater*) ;
- régime dérogatoire pour les EPCI à fiscalité propre : institution et perception de la taxe en lieu et place du syndicat mixte ou perception de la taxe en lieu et place du syndicat mixte qui l'a instituée (CGI, art. 1379-0 *bis*, VI, 2 a et 2 b) ;
- régime dérogatoire pour les communes : institution et perception de la taxe en lieu et place du syndicat mixte (CGI, art. 1379-0 *bis*, VI, 2 a) ;
- perception de la taxe et de la redevance d'enlèvement des ordures ménagères par une communauté d'agglomération issue d'un syndicat d'agglomération nouvelle en lieu et place de ses communes membres (CGI, art. 1639 A *bis*, III, al. 4).

2 – Autres règles fiscales :
- institution d'une part incitative de la taxe (CGI, art. 1522 *bis*) ;
- institution d'un lissage des taux (CGI, art. 1636 B *undecies*) ;
- institution d'un zonage de perception (CGI, art. 1636 B *undecies*) ;
- institution du plafonnement des valeurs locatives (CGI, art. 1522, II) ;
- suppression de l'exonération des locaux non desservis par le service d'enlèvement des ordures ménagères (CGI, art. 1521, III, 4) ;
- rattachement de commune ou d'EPCI (CGI, art. 1639 A *bis*, II, 1, al. 4) ;
- exonération des locaux à usage industriel et commercial (CGI, art. 1521, III, 1) ;
- exonération des immeubles munis d'un appareil d'incinération d'ordures ménagères (CGI, art. 1521, III, 2).

801 Règles générales de TVA applicables au service de collecte et de traitement des ordures ménagères.

1 – Lorsque la collectivité a choisi de financer ce service par l'impôt (budget général ou TEOM), elle exerce une activité située hors du champ d'application de la TVA (CGI, art. 256 B) et ne peut donc soumettre à la

TVA, de plein droit ou sur option, ni la TEOM ni la redevance spéciale obligatoirement perçue.

Elle ne peut alors pas récupérer par la voie fiscale la TVA grevant les dépenses d'investissement et de fonctionnement afférentes à l'activité de collecte et de traitement des ordures ménagères, qu'elle assume elle-même la collecte ou le traitement ou qu'elle confie ces opérations à un prestataire.

Elle reste néanmoins redevable de la TVA, sous réserve du bénéfice de la franchise en base, à raison des ventes de produits ou de sous-produits issus de la valorisation des déchets. De même, les redevances spécifiques qu'elle perçoit le cas échéant sont soumises de plein droit à la TVA. La collectivité bénéficie alors d'un droit à déduction partiel déterminé selon les règles prévues pour les assujettis partiels à la TVA.

2 – En revanche, lorsque la collectivité a choisi d'instituer la redevance pour enlèvement des ordures ménagères et qu'elle a opté pour l'assujettissement à la TVA de ce service (CGI, art. 260 A), elle peut déduire la TVA grevant les dépenses de fonctionnement et d'investissement y afférentes dans les conditions de droit commun.

3 – Dans tous les cas, les entreprises prestataires des collectivités doivent soumettre à la TVA leur rémunération. Il en va en principe de même des prestations rendues par un groupement intercommunal.

802 **Taux de TVA relatif à la gestion des déchets.** Les services publics de gestion des déchets sont soumis à une TVA soit au taux réduit de 5,5 %, soit au taux réduit de 10 %, soit au taux normal de 20 %.

Le M de l'article 278-0 *bis* du Code général des impôts (CGI) – issu de l'article 190 de la loi n° 2018-1317 du 28 décembre 2018 de finances pour 2019 a élargi l'application du taux de 5,5 % de la TVA aux prestations suivantes :

- les prestations de collecte séparée, de collecte en déchetterie, de tri et de valorisation matière des déchets des ménages que les collectivités peuvent, eu égard à leurs caractéristiques et aux quantités produites, collecter et traiter sans sujétions techniques particulières ;
- les prestations de services qui concourent au bon déroulement des opérations précitées.

Le h de l'article 279 du CGI – modifié par l'article 190 de la loi du 28 décembre 2018 précité – dispose que le taux réduit de 10 % s'applique aux prestations suivantes autres que celles prévues par le M de l'article 278-0 du CGI (susmentionnées) :

- les prestations de collecte et de traitement des déchets des ménages et des autres déchets que les collectivités mentionnées à l'article L. 2224-13 du Code général des collectivités territoriales peuvent, eu égard à leurs caractéristiques et aux quantités produites, collecter et traiter sans sujétions techniques particulières ;

- les prestations de services qui concourent au bon déroulement des opérations précitées.

Réf.
- L. n° 2018-1317, 28 déc. 2018, de finances pour 2019
- *https://bofip.impots.gouv.fr/bofip/13114-PGP.html/ACTU-2021-00192*

803 Taux de TVA applicables au service de collecte et de traitement des ordures ménagères. L'article 31 de la loi de finances pour 1999 (n° 96-1266, 30 déc. 1998), codifié à l'article 279, h du CGI, soumet au taux réduit de 5,5 % les prestations de collecte, de tri et de traitement des déchets visées aux articles L. 2224-13 et L. 2224-14 du Code général des collectivités territoriales, portant sur des matériaux ayant fait l'objet d'un contrat conclu entre une commune ou un établissement public à caractère industriel et commercial et un organisme, ou une entreprise, agréé au titre de la loi n° 75-533 du 15 juillet 1975 relative à l'élimination des déchets et à la récupération des matériaux (LF 1999 n° 98-1266, 30 déc. 1998, art. 31 ; Instr. CP n°s 99-080-M0, 23 juill. 1999 et 99-083-M0, 4 août 1999 : *BOI*, 20 mai 1999, n° 94).

804 Éligibilité au FCTVA des dépenses relatives au service de collecte et de traitement des ordures ménagères. Sous réserve de remplir les conditions particulières d'éligibilité des dépenses relatives à l'élimination des déchets, les collectivités peuvent bénéficier du Fonds de compensation pour la TVA au taux de 16,176 % au titre de leurs dépenses d'investissement exposées dans ces conditions, même si le taux de TVA qui a grevé ces dépenses est un taux réduit (Instr. CP n° 99-083-M0, 4 août 1999, préc.).

Dans un arrêt du 19 mars 2018, le Conseil d'État précise que : « Les dépenses susceptibles d'être couvertes par la TEOM sont constituées de la somme de toutes les dépenses de fonctionnement réelles exposées pour le service public de collecte et de traitement des déchets ménagers et des dotations aux amortissements des immobilisations qui lui sont affectées » (CE, 19 mars 2018, n° 402946, *SAS Cora*).

▸ Compte **70611** – Redevance d'enlèvement des ordures ménagères

805 Redevance d'enlèvement des ordures ménagères. Les communes, les établissements publics de coopération intercommunale et les syndicats mixtes qui bénéficient de la compétence prévue à l'article L. 2224-13 du CGCT peuvent instituer une redevance d'enlèvement des ordures ménagères calculée en fonction du service rendu dès lors qu'ils assurent au moins la collecte des déchets des ménages. Lorsque les communes assurent au moins la collecte et ont transféré le reste de la compétence d'élimination à un établissement public de coopération intercommunale à fiscalité propre, elles pourront, par délibérations concordantes avec ce dernier, établir un reversement partiel du produit de la redevance d'enlèvement des ordures ménagères au profit de ce dernier (CGCT, art. L. 2333-76 et s.).

Si la redevance est instituée, la taxe d'enlèvement des ordures ménagères est supprimée (CGI, art. 1520).

806 **Redevables de la redevance d'ordures ménagères.** Les personnes non desservies par le service de collecte doivent déposer leurs déchets en un lieu de réception fixé par arrêté municipal (RSDT, art. 73). Cependant, au cas où certains administrés n'auraient pas besoin de recourir au service, il n'est pas possible de leur imposer le paiement de la redevance (*JO Sénat*, 13 juill. 1989, p. 1083). Ce peut être le cas lorsque :
- il est établi que l'administré ne produit pas de déchets (logement inoccupé) ;
- l'administré produit des déchets mais les élimine par lui-même, tout dépôt sauvage ou brûlage à l'air libre étant interdit.

Sauf ces cas particuliers, l'usager du service ne peut se soustraire au paiement de la redevance pour service rendu.

Aux termes de l'article L. 2333-77 du Code général des collectivités territoriales : « Les communes ou établissements publics qui assurent l'enlèvement des ordures ménagères en provenance des terrains de camping ou aménagés pour le stationnement des caravanes peuvent assujettir les exploitants de ces terrains à une redevance calculée en fonction du nombre des places disponibles sur ces terrains. »

Le tarif applicable par place disponible n'est légalement établi, s'agissant d'une redevance pour service rendu, que s'il est proportionnel au coût du service, lequel est évalué par la collectivité locale en se fondant notamment sur la durée moyenne d'occupation des emplacements (CAA Marseille, 5e ch., 7 avr. 2021, n° 20MA01193).

807 **Montant de la redevance d'enlèvement des ordures ménagères.** Le montant de cette redevance se compose d'une part variable, liée à la quantité de déchets produits par l'usager, et d'une « part fixe » couvrant les dépenses correspondant aux coûts fixes du service rendu. L'article 210 de la loi de finances pour 2020 précise les dispositions relatives à la fixation de cette part en introduisant à l'article L. 2333-76 du CGCT la possibilité de prendre en compte les coûts correspondant à un nombre minimal de levées ou à un volume minimal de déchets ménagers et assimilés. Ainsi, le tarif de la REOM peut comporter une part fixe qui est déterminée selon les modalités suivantes :
- la part fixe correspond aux coûts non proportionnels du service d'enlèvement et de traitement des déchets ménagers ou assimilés. La part fixe ainsi déterminée ne peut excéder lesdits coûts ;

- les coûts non proportionnels du service précité peuvent inclure les coûts relatifs à un nombre minimal de levées ou à un volume minimal de déchets ménagers et assimilés.

Réf.
- LF 2020 n° 2019-1479, 28 déc. 2019, art. 210
- CGCT, art. L. 2333-76

808 **Règles budgétaires de la redevance d'ordures ménagères.** Lorsqu'une commune décide de financer son service d'enlèvement des ordures ménagères par une redevance calculée en fonction de l'importance du service rendu, ce service municipal doit être regardé comme ayant un caractère industriel et commercial. Les litiges ne relèvent pas alors des tribunaux administratifs (CE, avis, 10 avr. 1992, n° 132539, *SARL Hofmiller*).

S'agissant d'un service public à caractère industriel et commercial (SPIC), le budget doit être équilibré ; l'article 2224-2 du Code général des collectivités territoriales qui interdit aux communes de prendre en charge les dépenses d'un SPIC ne s'applique pas aux services des déchets ménagers lors de l'institution de la redevance pour enlèvement des ordures ménagères (REOM) et pendant les quatre premiers exercices. Dans le cas d'un transfert du traitement à un syndicat, la commune ayant gardé la collecte peut instituer la REOM à son profit (CGCT, art. L. 2333-76) ; dans ce cas le montant correspondant à la part des dépenses relatives au traitement est transféré au syndicat.

809 **Pièces justificatives – Redevance d'enlèvement des ordures ménagères :**
- rôle établi par l'ordonnateur mentionnant les numéros des articles de rôles, l'identité des débiteurs et leur adresse, le montant de la redevance ;
- délibération du conseil municipal fixant la redevance ou référence du titre de recette auquel elle a été jointe.

▸ Compte **70612** – Redevance spéciale d'enlèvement des ordures

810 **Déchets ménagers.** Dans le cadre de plans d'élimination des déchets, les communes assurent, éventuellement en liaison avec les départements et les régions, l'élimination des déchets des ménages (CGCT, art. L. 2224-13).

Aux termes du I de l'article 1520 du Code général des impôts, dans sa rédaction issue du V de l'article 57 de la loi du 29 décembre 2015 de finances rectificative pour 2015, applicable à compter du 1er janvier 2016 : « Les communes qui assurent au moins la collecte des déchets des ménages peuvent instituer une taxe destinée à pourvoir aux dépenses du service de collecte et de traitement des déchets ménagers et des déchets mentionnés à l'article L. 2224-14 du Code général des collectivités territoriales, dans la mesure où celles-ci ne sont pas couvertes par des recettes ordinaires n'ayant pas le caractère fiscal. »

Les déchets mentionnés à l'article L. 2224-14 du Code général des collectivités territoriales s'entendent des déchets non ménagers que ces collectivités peuvent, eu égard à leurs caractéristiques et aux quantités produites, collecter et traiter sans sujétions techniques particulières. Aux termes de l'article L. 2333-78 du CGCT, dans sa rédaction issue de la loi du 19 décembre 2015 précitée : « Les communes, les établissements publics de coopération intercommunale et les syndicats mixtes peuvent instituer une redevance spéciale afin de financer la collecte et le traitement des déchets mentionnés à l'article L. 2224-14.

Ils sont tenus de l'instituer lorsqu'ils n'ont institué ni la redevance prévue à l'article L. 2333-76 du présent code ni la taxe d'enlèvement des ordures ménagères prévue à l'article 1520 du Code général des impôts.

Ils ne peuvent l'instituer s'ils ont institué la redevance prévue à l'article L. 2333-76. [...]

Elle est calculée en fonction de l'importance du service rendu, notamment de la quantité des déchets gérés. Elle peut toutefois être fixée de manière forfaitaire pour la gestion de petites quantités de déchets. »

Le législateur a entendu permettre aux communes et aux établissements publics de coopération intercommunale compétents, à compter du 1er janvier 2016, de couvrir les dépenses exposées pour la collecte et le traitement des déchets non ménagers mentionnés à l'article L. 2224-14 du Code général des collectivités territoriales au moyen, concurremment, du produit de la redevance spéciale de l'article L. 2333-78 du même code et, en tant que de besoin, du produit de la taxe d'enlèvement des ordures ménagères (CE, 29 nov. 2021, n° 454684).

Les communes peuvent décider, par délibération motivée, d'exonérer de la taxe d'enlèvement des ordures ménagères les personnes assujetties à la redevance spéciale.

Les communes ou établissements publics qui assurent l'enlèvement des ordures ménagères en provenance des terrains de camping ou aménagés pour le stationnement des caravanes peuvent assujettir les exploitants de ces terrains à une redevance calculée en fonction du nombre des places disponibles sur ces terrains (CGCT, art. L. 2333-77).

En cas d'institution, par les communes ou les établissements publics concernés, de la redevance mentionnée à l'article L. 2333-77, la taxe d'enlèvement des ordures ménagères n'est applicable ni aux terrains de camping ou aménagés pour le stationnement des caravanes ni aux installations à usage collectif implantées sur ces terrains.

▸ Compte **70613** – Abonnement ou redevance pour enlèvement des déchets industriels et commerciaux

811 **Déchets industriels ou commerciaux.** Cet article regroupe des recettes prenant soit la forme de redevances calculées en fonction du tonnage des déchets, soit la forme d'abonnements pour une période donnée sans prise en cause directe du tonnage.

Lorsque le service d'élimination et de traitement des ordures ménagères est financé au moyen d'une taxe, la commune peut créer une redevance spéciale si elle assure également l'élimination des déchets autres que ménagers sans sujétions techniques particulières (CGCT, art. L. 2224-14). Celle-ci est perçue en contrepartie du service rendu. Le principe d'assujettissement à cette redevance et le montant de celle-ci sont librement déterminés par le conseil municipal (Rép. min. n° 25111 : *JOAN*, 28 déc. 1987, p. 6990).

Les déchets industriels peuvent être admis sur des décharges de type différent. Ainsi les déchets industriels appelés « spéciaux » parce qu'ils contiennent des éléments nocifs en concentration plus ou moins forte ne peuvent être admis que dans des décharges implantées sur des sites dont le substratum est imperméable, de façon à prévenir tout risque de pollution des eaux.

Les déchets industriels « banals », dont les caractéristiques s'apparentent à celles des ordures ménagères, peuvent être mis en décharge avec celles-ci.

Les communes qui acceptent des déchets industriels « banals » sur leur décharge peuvent percevoir auprès du déposant une redevance spéciale en fonction du service rendu (Instr. CP n° 85-18-M0, 15 févr. 1985).

Les communes sont tenues d'effectuer un service de collecte des déchets volumineux ou d'ouvrir un centre de réception pour les accueillir (D. n° 77-151, 7 févr. 1977). La collecte ou la réception doit être assurée au moins deux fois par an (Rép. min. n° 634 : *JOAN*, 19 sept. 1988, p. 2601).

812 **Pièces justificatives – Abonnement ou redevance pour enlèvement des déchets industriels et commerciaux (compte 70613) :**
- s'il s'agit de redevances, rôle établi par l'ordonnateur faisant mention des articles, de l'identité des débiteurs et leur adresse, le tonnage des déchets et le montant à payer ;
- s'il s'agit d'abonnements, rôle établi dans les mêmes conditions mais le tonnage des déchets est remplacé par un forfait annuel ;
- délibération dans les deux cas.

▪ Compte **7619** – Reversements sur redevances d'enlèvement des ordures et des déchets

813 Cette partie ne fait pas l'objet de commentaires.

▪ Compte **7064** – Taxe d'analyse et de désinfection

814 ***Nota bene.*** Ces taxes ne sont perçues que dans la mesure où la collectivité dispose de services communaux d'hygiène et de santé.

Le décret n° 52-247 du 3 janvier 1952 a modifié le décret du 10 juillet 1906 portant règlement d'administration publique sur les conditions d'organisation et de fonctionnement du service de désinfection. L'assiette de la taxe est fonction de la superficie de l'immeuble. Le taux doit être suffisant pour assurer la couverture des dépenses. Il peut être réduit pour les indigents et les locaux fréquemment désinfectés. Le fonctionnement des services communaux d'hygiène et de santé est défini par les articles L. 1422-1 et L. 1422-2 du Code de la santé publique.

815 **Pièces justificatives – Taxe de désinfection :**
- état dressé par l'ordonnateur faisant ressortir la nature des opérations et les noms et adresses des débiteurs.

▪ Compte **7065** – Droits de ports et de navigation (autres que stationnement et location)

816 **Définition.** Cet article ne retrace que les droits de ports et de navigation ; le stationnement et la location relatifs au domaine public portuaire et fluvial étant décrits au compte 70322.

Les communes sont compétentes pour fixer les droits de port soit directement, notamment dans les ports en régie, soit par l'exercice d'un pouvoir d'approbation dans le cas où le droit de port est perçu par un concessionnaire.

Toutefois, la fixation par décret du taux de la taxe sur les passagers et le prélèvement de 25 % de son montant au profit de l'État ne sont pas remis en cause.

Les procédures de fixation des droits de port dans les ports décentralisés sont décrites dans le décret n° 83-1147 du 23 décembre 1983.

817 **Communes bénéficiaires.** La loi n° 83-663 du 22 juillet 1983, modifiée par l'article 18 de la loi n° 83-1186 du 29 décembre 1983, dispose que les communes sont compétentes pour créer, aménager et exploiter les ports affectés exclusivement à la plaisance (Instr. CP n° 84-67-M0, 27 avr. 1984).

Lorsqu'une commune est concessionnaire d'installations de plaisance dans un ensemble portuaire dont la vocation est pour l'essentiel la pêche ou le commerce, cette commune demeure concessionnaire avec tous les droits et obligations qui y sont attachés (Circ. intermin., 2 févr. 1984).

818 **Modes de gestion des ports.** Les communes sont libres de choisir le mode de gestion de leurs ports :
- exploitation en régie des infrastructures et superstructures ;
- concession à des collectivités locales, chambres de commerce et d'industrie ou sociétés d'économie mixte notamment.

819 **Durée des concessions et des droits de postes à quai :**
- concessions : les concessions d'établissement ou d'exploitation d'infrastructures portuaires ne peuvent être consenties pour une durée supérieure à cinquante ans. Les autres concessions et autorisations d'occupation ne peuvent être consenties pour une durée supérieure à trente-cinq ans (C. ports mar., art. R. 631-3) ;
- droits de postes à quai : la disposition privative de postes à quai destinés à des navires de plaisance ne peut être consentie pour une durée supérieure à un an, renouvelable chaque année (D. n° 84-941, 24 oct. 1984).

Lorsqu'elle est consentie à des entreprises exerçant des activités de commerce et de réparation nautiques ou à des associations sportives et de loisirs, la durée est portée à cinq ans.

820 **Pièces justificatives – Droits de ports et de navigation :**
- délibération du conseil municipal ;
- état mentionnant la nature des droits et leur montant.

▪ Compte **7066** – Redevances et droits des services à caractère social

821 **Principes.** Ces services répondent à une logique de rétributions de services, qu'il s'agisse de services à caractère culturel, sportif ou social. Ils peuvent instituer des tarifs différenciés bien que le principe d'égalité des usagers devant les charges publiques interdise aux communes de traiter différemment des personnes se trouvant dans des situations identiques (CE, 29 nov. 1911, *Chomel* : *Lebon*, p. 1265). Des discriminations tarifaires entre usagers sont possibles si une loi les autorise ou s'il existe entre les usagers des différences de situations appréciables (administrés ou non de la commune, CE, 10 mai 1974, n°s 88032 et 88148, *Denoyez*), ou en cas de nécessité d'intérêt général en rapport avec les conditions d'exploitation ou l'objet du service (CE, 20 janv. 1989, n° 89691, *CCAS de La Rochelle*).

Les produits des services de l'accueil de loisirs, de crèches ou de garderies sont perçus, dans la majorité des cas, par un régisseur au moyen de tickets extraits d'un carnet à souches.

822 **Tarification de divers services :**

1 – Élèves : les communes peuvent instituer un tarif plus élevé applicable aux élèves ne résidant pas sur leur territoire pour couvrir les frais de fonctionnement des services publics municipaux à caractère facultatif (crèche, halte-garderie, école de musique). Mais le tarif majoré ne saurait excéder le prix de revient des prestations (CE, 2 déc. 1987, n° 71028, *Romainville*).

2 – Édifices : les communes peuvent instaurer un droit d'entrée pour la visite d'édifices cultuels contenant des objets classés monuments historiques. Une telle taxe ne saurait, en revanche, être instituée pour les églises dont le mobilier ne fait pas l'objet d'une protection artistique spéciale (Instr. CP n° 67-27-M0, 7 mars 1967).

3 – Photocopies : parmi les rétributions de services, il convient d'inclure la facturation des frais de photocopie dont le montant des droits est fixé par délibération du conseil municipal. Le paiement de ces prestations s'effectue par la perception de droits au comptant confiée soit au receveur municipal, soit à un régisseur de recettes.

823 **Produits de la crèche municipale.** Un centre communal d'action sociale (CCAS) peut, sans méconnaître le principe d'égalité entre les usagers du service public, fixer un barème de tarifs variant en fonction des ressources des familles (CE, 20 janv. 1989, n° 89691, *CCAS de La Rochelle*, préc.). Toutefois, les tarifs les plus élevés doivent demeurer inférieurs au coût de fonctionnement de la crèche (Rép. min. n° 59793 : *JOAN*, 15 févr. 1993, p. 614). La différenciation des tarifs est admise dès lors que la participation des usagers est un mode de financement significatif du service et qu'il y a un intérêt général à ce que toutes les familles, indépendamment de leurs possibilités financières, aient accès au service (Instr. CP n° 89-86-M0, 19 sept. 1989). La responsabilité des directeurs de crèches est engagée en cas de faute personnelle. Si cette dernière est commise dans le cadre du service, la victime peut demander réparation à l'agent fautif, à la collectivité si la crèche est dépourvue de personnalité juridique ou à la crèche si elle est dotée de la personnalité juridique (Rép. min. n° 3215 : *JOAN*, 17 janv. 1994, p. 265).

824 **Pièces justificatives :**

1 – Redevances et droits des services à caractère culturel (compte 7062) : état dressé par l'ordonnateur faisant ressortir la nature des opérations et les noms et adresses des débiteurs.

2 – Redevances et droits des services à caractère sportif (compte 7063) : se reporter à l'article 7062.

3 – Redevances et droits des services à caractère social (compte 7066) : se reporter au compte 7062.

Pour les services nécessitant la création d'une régie de recettes, il convient d'adjoindre les pièces justificatives suivantes :
- décision de création de la régie et de nomination du régisseur ;
- état dressé par le régisseur, visé par l'ordonnateur et faisant ressortir le prix horaire ou journalier, le nombre et le montant des tickets reçus, vendus par le régisseur, ainsi que ceux restant en stock chez lui ;
- délibération du conseil municipal fixant le prix horaire ou journalier ou la référence du titre auquel elle a été jointe.

▪ Compte **7067** – Redevances et droits des services périscolaires et d'enseignement

825 **Cantines scolaires.** Les cantines et restaurants d'enfants attachés aux écoles élémentaires et maternelles sont organisés en application de l'article 16 du décret n° 76-1301 du 28 décembre 1976 modifié qui prévoit qu'en dehors des heures d'activités scolaires, la garde des enfants peut être assurée dans les locaux de l'école avec l'avis du conseil d'école et qu'elle est organisée et financée par la commune ou par une association régulièrement constituée.

La création d'une cantine scolaire ne constitue pas une obligation pour la commune ou l'EPCI, le cas échéant. Elle n'est pas au nombre des charges incombant à la commune pour assurer le fonctionnement du service public de l'enseignement (CE, 5 oct. 1984, n° 47875, *COREP Ariège*).

La gestion d'une cantine scolaire peut être déléguée soit par concession, soit par affermage à une entreprise privée (CE, avis, 7 oct. 1986).

826 **Prix des repas.** Leur tarif résulte d'un budget extracomptable mais équilibré. Les cantines scolaires ont pour objet de distribuer, au plus juste prix ou gratuitement pour les familles indigentes ou nécessiteuses, des repas aux élèves et de protéger leur santé par des menus équilibrés (Circ. n° 2001-118, 25 juin 2001, relative à la nutrition de l'écolier).

Le prix des repas servis dans une cantine scolaire est soumis au contrôle des prix.

Les tarifs de la restauration scolaire fournie aux élèves des écoles maternelles, élémentaires, collèges et lycées de l'enseignement public sont fixés par la collectivité qui en a la charge. Les tarifs ne peuvent, y compris lorsqu'une modulation est appliquée, être supérieurs au coût par usager résultant des charges supportées au titre du service de restauration après déduction des subventions de toute nature bénéficiant à ce service (D. n° 2009-553, 15 mai 2009).

La commune peut fixer la participation financière des familles sur la base du quotient familial.

Le conseil municipal peut accorder la gratuité des cantines scolaires aux enfants de grévistes (CE, 11 oct. 1989, n° 89628, *Port-Saint-Louis*). Cette aide a une finalité sociale et ne porte pas atteinte au principe de l'égalité des citoyens (Instr. CP n° 91-102-M0, 30 août 1991).

Le décret n° 87-654 du 11 août 1987 a posé le principe selon lequel les tarifs des cantines scolaires et de demi-pension évoluent en fonction des charges d'exploitation du service (salaires, coût de l'énergie et des produits alimentaires).

Les communes n'ont pas l'obligation de créer des cantines scolaires. Il s'agit d'une dépense facultative. Dès lors, les communes peuvent fixer les conditions d'accès à ce service plus librement que s'il s'agissait d'un service public obligatoire. Cependant, cette liberté a été remise en cause par la Conseil d'État qui a considéré que si le service était créé, la commune ne pouvait conditionner l'accès à la cantine à certains critères comme l'obligation que les deux parents exercent une profession.

Les tarifs différenciés sont donc admis (Instr. CP n° 88-73-M0, 17 juin 1988).

Une commune peut fixer un tarif inférieur pour des élèves de la commune à condition que le tarif le plus élevé n'excède pas le prix de revient du repas (CE, 5 oct. 1984, n° 47875, *COREP Ariège*).

827 TVA – Cantines administratives. Les recettes provenant de la fourniture des repas dans les cantines d'entreprises et administratives sont désormais soumises de plein droit à la TVA. Elles peuvent bénéficier d'un taux réduit de 10 % en application de l'article 279 a *bis* du Code général des impôts sous réserve que les règles de fonctionnement de la cantine répondent aux conditions suivantes :

- l'objet de la cantine consiste à fournir de façon habituelle des repas au personnel qui doit être en mesure de justifier de son appartenance à l'administration ;
- la cantine est gérée par le comité d'entreprise, par l'employeur, par une association ou par un groupement de comités d'entreprise ou d'employeurs ;
- les repas doivent être fournis dans des locaux dont le gestionnaire de la cantine a la libre disposition ;
- le prix des repas doit être sensiblement inférieur à celui pratiqué, pour des prestations similaires, par les restaurants ouverts au public ;
- dans le cas où il fait appel à un prestataire extérieur, le gestionnaire de la cantine doit conclure avec ce dernier un contrat prévoyant les conditions de la fourniture des repas. Les collectivités locales, gestionnaires de cantines administratives, doivent souscrire auprès du centre des impôts dont elles relèvent une déclaration d'existence et d'identification.

Afin de répondre à l'obligation fiscale de comptabilité distincte, les collectivités gérant directement des cantines administratives doivent individualiser les dépenses et les recettes afférentes à cette activité dans un budget annexe M57.

828 **TVA – Cantines scolaires.** En revanche, les cantines scolaires et universitaires demeurent exonérées de TVA. De même, les repas servis aux patients dans les établissements de santé ne sont pas soumis à la taxe. Par conséquent, les dépenses d'investissement réalisées pour les cantines servant des repas exclusivement aux élèves ou aux patients des établissements de santé sont éligibles au fonds de compensation pour la TVA. Par contre sont inéligibles celles réalisées pour les cantines servant des repas exclusivement aux personnels administratifs.

829 **TVA – Portages de repas.** L'activité de portage de repas exercée au profit des personnes âgées par les centres communaux d'action sociale est placée hors du champ d'application de la TVA, sous réserve de ne pas créer de distorsion dans les conditions de la concurrence, lorsqu'ils dépêchent du personnel au domicile des personnes âgées pour apprêter les repas, les servir ou effectuer des prestations d'entretien ou de nettoyage.

830 **Études surveillées.** Elles sont organisées dans les écoles du premier degré, après la récréation de la classe du soir. Elles constituent un service public facultatif. Les dépenses afférentes à ces missions de service public n'ont pas le caractère de dépenses obligatoires (CAA Lyon, 22 oct. 1991, n° 89LY01556, *Privas*).

Sauf prise en charge totale ou partielle par la commune, la rémunération des maîtres est assurée par les contributions des familles des élèves.

C'est le conseil de l'Éducation nationale qui fixe les taux et barèmes des sommes qui peuvent être demandées et varient en fonction des charges de famille.

Les tarifs peuvent être modulés selon que l'enfant réside ou non dans la commune d'implantation de l'école à condition qu'une modulation au moins partielle desdits tarifs intervienne en fonction de l'usage effectif des services (TA Lyon, 13 avr. 1989, n° 86-35335, *Gardes*).

831 **Recouvrement.** Une régie de recettes assure la perception de ces produits. Dans son avis du 8 octobre 2007 (n° 0070013P), la Cour de cassation estime « qu'au sens de l'article L. 333-1 du Code de la consommation ne constituent pas des dettes alimentaires du débiteur surendetté les dettes à l'égard d'une collectivité publique pour des créances portant sur des frais de restauration scolaire, d'accueil périscolaire ou de centre de loisirs ». C'est pourquoi le comptable peut diligenter une procédure de saisie-attribution des allocations

familiales par le jeu des dispositions combinées des articles L. 553-4 du Code de la sécurité sociale et 203 du Code civil.

Cependant, la saisie reste limitée à la part de l'enfant au titre duquel la prestation est due et ne peut porter que sur le principal de la créance à l'exclusion des frais de poursuites.

832 Pièces justificatives :

1 – Cantines scolaires :
- décision de création de la régie et de nomination du régisseur ;
- état dressé par le régisseur, visé par l'ordonnateur et faisant ressortir le prix unitaire des repas, le nombre et le montant des tickets reçus, vendus par le régisseur, ainsi que ceux en stock chez ce dernier ;
- délibération du conseil municipal ou décision de l'ordonnateur fixant le prix unitaire ou référence du titre de recette auquel a été jointe la délibération.

2 – Études surveillées :
- état visé par le directeur de l'établissement et par l'ordonnateur, faisant mention de la qualité des enseignants, de leur nom, du nombre d'heures effectuées, du taux horaire et du montant total ;
- état dressé par l'ordonnateur mentionnant les familles débitrices, les noms et prénoms des enfants, la période concernée, le nombre d'heures de surveillance dont a bénéficié l'enfant, le taux horaire et le total à percevoir.

▸ Compte **70681** – Redevances d'assainissement collectif et pour modernisation des réseaux de collecte

833 Redevance d'assainissement. Dans les communes de moins de 500 habitants ayant opté pour la réintégration des opérations des services d'eau et d'assainissement dans le budget principal sont enregistrées au crédit du compte 70681 « Redevances d'assainissement et pour modernisation des réseaux de collecte » :
- la redevance d'assainissement instituée par l'article 1er du décret n° 67-945 du 24 octobre 1967 ;
- la majoration pour défaut de paiement dans le délai de trois mois à compter de la présentation de la quittance (D. n° 67-945, art. 12) ;
- la loi LEMA (L. n° 2006-1772, 30 sept. 2006, sur l'eau et les milieux aquatiques) a créé deux redevances : la redevance pour pollution d'origine domestique (compte 701241) et la redevance pour modernisation des réseaux de collecte (compte 706812). Ces redevances perçues en plus des redevances d'eau et d'assainissement par chaque service exploitant sont reversées aux agences de l'eau. En fin d'exercice, l'exploitant établit une déclaration détaillée ; l'agent comptable de l'agence de l'eau met en recouvrement le montant à payer par les exploitants.

L'article 28 de la loi n° 2010-1658 du 29 décembre 2010 de finances rectificative pour 2010 a créé la taxe d'aménagement à compter du 1er mars 2012 et supprimé la participation pour raccordement à l'égout (PRE) exigible des constructeurs. Cette dernière a été remplacée par la participation pour assainissement collectif (PAC) depuis le 1er juillet 2012 ; l'assiette de la PAC reste celle de la PRE. Elle est imputée au compte 706813.

834 **Obligations de raccordement au réseau.** Tant que le propriétaire d'un immeuble ne s'est pas conformé aux obligations prévues en matière de raccordement aux réseaux publics de collecte d'eaux usées domestiques, il est astreint au paiement d'une somme au moins équivalente à la redevance qu'il aurait payée au service public d'assainissement si son immeuble avait été raccordé au réseau ou équipé d'une installation d'assainissement autonome réglementaire.

Jusqu'à présent, le montant de cette somme pouvait être majoré dans une proportion fixée par le conseil municipal dans la limite de 100 %. Ce seuil est désormais rehaussé à 400 %, par la loi n° 2021-1104 du 22 août 2021, dite « Climat et résilience ».

▸ Compte **70682** – Location de compteurs

835 Cette partie ne fait pas l'objet de commentaires.

▸ Compte **70684** – Redevances d'archéologie préventive

836 **Principe.** Le compte 70684 enregistre les redevances d'archéologie préventive (L. n° 2003-707, 1er août 2003, art. 10 ; C. patr., art. L. 524-7 et R. 524-10). Le taux est fixé chaque année par arrêté.

C'est le décret n° 2016-1485 du 2 novembre 2016 relatif aux subventions accordées aux collectivités territoriales en compensation des travaux engagés pour les opérations de diagnostic d'archéologie préventive qui fixe les modalités de versement de la subvention aux articles suivants du Code du patrimoine :

« Art. R. 524-34. – Les subventions mentionnées à l'article L. 524-11 sont attribuées par arrêté du ministre chargé de la Culture. Ces subventions sont versées en fonctionnement.

La demande de subvention est adressée chaque année au plus tard le 31 décembre au ministre chargé de la Culture par la collectivité territoriale ou le groupement de collectivités territoriales mentionné à l'article L. 523-4.

Art. R. 524-35. – Le montant de la subvention est fixé sur la base d'une valeur forfaitaire par mètre carré de la surface des opérations de diagnostic d'archéologie préventive prescrites par le préfet de région et réalisées au cours d'une période de référence.

La valeur forfaitaire mentionnée au premier alinéa est majorée en fonction du niveau de complexité des opérations.

La période de référence, la valeur forfaitaire par mètre carré et les coefficients de majoration sont fixés par arrêté conjoint des ministres chargés de la Culture et du Budget.

Art. R. 524-36. – Lorsque la subvention est accordée, elle fait l'objet d'un versement unique. Ce versement est notifié au plus tard le 31 janvier de l'année suivant la demande. Cette notification est accompagnée d'un état récapitulatif des surfaces ayant fait l'objet d'une opération de diagnostic d'archéologie préventive. »

▸ Compte **70688** – Autres prestations de services

837 Cette partie ne fait pas l'objet de commentaires.

Compte **707** – Ventes de marchandise

838 **Compteurs d'eau.** Pour les communes de moins de 500 habitants ayant opté pour la réintégration des opérations des services d'eau et d'assainissement dans le budget principal, le compte 7071 « Compteurs » enregistre le produit des ventes de compteurs initialement acquis en vue d'être rétrocédés.

839 **Production d'énergie photovoltaïque.** L'activité est suivie au sein d'un budget M4 et gérée sous la forme d'une régie dotée *a minima* de l'autonomie financière. Cette activité est soumise de plein droit à la TVA. Lorsqu'une collectivité produit de l'électricité et la revend à Électricité réseau distribution France (ERDF), la TVA est due par le client. Les titres de recettes sont émis pour un montant sans TVA. La collectivité conserve son droit à déduction de la TVA. Dans le cas d'achat d'électricité par une régie à ERDF pour la revendre à des tiers, cette activité entre de plein droit dans le champ d'application de la TVA (Instr. n° 12-016-M0, 12 juill. 2012 ; CGI, art. 256 et 258).

Réf.
- CGI, art. 256 A et 293 B

Compte **708** – Autres produits

840 **Pièces justificatives – Mise à disposition de personnel par une autre collectivité publique.**

1 – Remboursement des rémunérations :
- délibération autorisant la conclusion de la convention ;
- convention de mise à disposition ;
- états liquidatifs.

2 – Complément de rémunération versé à l'agent mis à disposition :
- mention dans la convention précisant la nature et le montant du complément ;
- le cas échéant, délibération précisant la nature, les conditions d'attribution et le taux moyen, si l'indemnité complémentaire relève du régime indemnitaire institué dans la collectivité ;
- si la convention ne le précise pas, arrêté fixant le taux individuel de l'indemnité complémentaire.

Réf.
- D. n° 2022-505, 23 mars 2022, § 2154

COMPTE **71**

Production stockée (ou déstockage)

841 Cette partie ne fait pas l'objet de commentaires.

COMPTE **72**

Production immobilisée

842 **Évaluation des coûts de production.** Les immobilisations créées sont comptabilisées au coût d'acquisition des matières premières augmenté des charges de production (frais de personnel, location de matériel, etc., à l'exclusion des frais financiers). Les dépenses importantes de matériaux peuvent être imputées directement en section d'investissement.

Les logiciels créés par la commune pour ses besoins sont comptabilisés au coût lié à la conception, la programmation, la réalisation de tests et la rédaction de la documentation. Ils sont portés en investissement si le projet a des chances d'aboutir et si la commune souhaite produire le logiciel.

843 **Suivi comptable des travaux.** Le montant des dépenses se rapportant au travail ou au programme intéressé est inscrit sur l'état à l'aide d'indications extraites de la comptabilité où ces opérations doivent pouvoir être individualisées. L'état doit développer le montant des dépenses par comptes d'imputation budgétaire de la classe 6 avec mention des numéros de mandats afférents à ces dépenses.

Pour les dépenses de main-d'œuvre, il est fait un décompte des heures de travail précisant les tarifs horaires retenus selon la catégorie de personnel (Instr. CP n° 91-2-M11, 9 janv. 1991).

Les états sont préparés par le maire, arrêtés en toutes lettres et visés par lui. Il en conserve un exemplaire pour ses archives et adresse les deux autres au receveur municipal.

844 **Pièces justificatives – Production immobilisé :**
- état des travaux d'investissement effectués en régie établi en fin d'exercice avant la clôture des opérations. Cet état est dressé à l'aide d'un bordereau de mandats dont l'intitulé est modifié en conséquence. Il est établi un état distinct, en trois exemplaires, par nature de travaux ou par programme.

COMPTE **73**

Impôts et taxes

Compte **731** – Fiscalité locale

▪ Compte **7311** – Contributions directes

845 **Date du vote des taux d'imposition.** Le vote des taux d'imposition de fiscalité directe locale des collectivités territoriales et des établissements publics de coopération intercommunale (EPCI), prévu à l'article 1639 A, doit intervenir avant le 15 avril, ou au 30 avril, l'année où intervient le renouvellement des conseils municipaux, départementaux ou régionaux, de chaque année. Toutefois, lorsque les documents nécessaires à l'adoption du budget, énumérés à l'article D. 1612-1 du Code général des collectivités territoriales, n'ont pas été communiqués avant le 31 mars, les collectivités territoriales et EPCI disposent d'un délai supplémentaire de quinze jours calendaires à compter de la date de communication de ces documents.

846 **Les règles de lien entre les taux de fiscalité directe locale.** Suite à la suppression de la taxe d'habitation, le schéma général des règles de lien entre les taux de fiscalité directe locale est conservé. Le taux de TFPB remplace le taux de la taxe d'habitation comme référence aux règles de variation du taux de CFE et du taux de TFPNB. Le taux de la taxe d'habitation sur les résidences secondaires est également corrélé à celui de la TFPB à compter de 2023. Les deux mécanismes de variation de taux de fiscalité directe locale seront maintenus après la refonte de la fiscalité locale :
- les communes et les EPCI à fiscalité additionnelle pourront adopter une variation proportionnelle, consistant à faire évoluer les taux des impôts directs locaux, y compris la taxe d'habitation sur les résidences secondaires, dans une même proportion ;

- les communes et les EPCI à fiscalité propre pourront adopter une variation différenciée, consistant à faire évoluer différemment les taux de fiscalité directe locale.

847 **Variation différenciée des taux d'imposition.** Jusqu'en 2019, le taux de la taxe d'habitation était le pivot des règles de lien entre les taux de fiscalité directe locale. En cas d'utilisation de la variation différenciée, le taux de CFE adopté par les communes isolées ou membres d'EPCI à fiscalité additionnelle ne pouvait augmenter plus que le taux de la taxe d'habitation ou, s'il était moins élevé, le taux moyen pondéré (TMP) de la taxe d'habitation et des taxes foncières. Il ne pouvait diminuer moins que le taux de la taxe d'habitation ou, si la baisse était plus importante, que le TMP de la taxe d'habitation et des taxes foncières.

Pour les EPCI à FPU, le taux de CFE ne pouvait augmenter plus ou diminuer moins que le taux de la taxe d'habitation ou que le TMP de la taxe d'habitation et des deux taxes foncières constatées sur le territoire de l'intercommunalité. En outre, le taux de la taxe foncière sur les propriétés non bâties (TFPNB) adopté par les communes et les EPCI à fiscalité propre ne pouvait augmenter plus ou diminuer moins que le taux de la taxe d'habitation.

À compter de 2020 : en cas de variation différenciée, la TFPB devient le nouveau taux pivot des règles de lien entre les taux de fiscalité directe locale. Ainsi, pour les communes et les EPCI à fiscalité additionnelle, le taux de CFE ne peut pas augmenter plus que le taux de TFPB ou, s'il est moins élevé, que le TMP des deux taxes foncières. À l'inverse, le taux de CFE ne pourra pas diminuer moins que le taux de TFPB ou, si la baisse est plus importante, que l'évolution du TMP des deux taxes foncières. En outre, la TFPNB ne pourra désormais augmenter plus ou diminuer moins que la TFPB. Pour les EPCI à FPU, le taux de CFE ne pourra pas augmenter plus ou diminuer moins que le taux de TFPB ou le TMP des deux taxes foncières constatées sur le territoire de l'intercommunalité.

848 **Variation différenciée des taux d'imposition des communes et EPCI à fiscalité additionnelle.** Conformément aux dispositions du 1 du I de l'article 1636 B *sexies* du Code général des impôts (CGI), les communes et les établissements publics de coopération intercommunale (EPCI) à fiscalité propre ont le choix, pour la fixation de leurs taux de fiscalité directe locale, entre la variation proportionnelle et la variation différenciée. Lorsqu'il est fait usage de la variation différenciée, les taux peuvent varier librement. Toutefois, le taux de la cotisation foncière des entreprises et le taux de la taxe d'habitation sur les résidences secondaires et autres locaux meublés non affectés à l'habitation principale ne peuvent augmenter plus ou diminuer moins que le taux de la taxe foncière sur les propriétés bâties (TFPB) ou que le taux moyen des taxes foncières pondéré par l'importance

relative des bases de ces deux taxes. En outre, le taux de la taxe foncière sur les propriétés non bâties ne peut augmenter plus ou diminuer moins que celui de la TFPB.

La TFPB devient le nouveau taux pivot des règles de lien entre les taux de fiscalité directe locale. Ainsi, pour les communes et les EPCI à fiscalité additionnelle, le taux de CFE ne peut pas augmenter plus que le taux de TFPB ou, s'il est moins élevé, que le TMP des deux taxes foncières. À l'inverse, le taux de CFE ne pourra pas diminuer moins que le taux de TFPB ou, si la baisse est plus importante, que l'évolution du TMP des deux taxes foncières. En outre, la TFPNB ne pourra désormais augmenter plus ou diminuer moins que la TFPB. Pour les EPCI à FPU, le taux de CFE ne pourra pas augmenter plus ou diminuer moins que le taux de TFPB ou le TMP des deux taxes foncières constatées sur le territoire de l'intercommunalité.

849 **Variation proportionnelle des taux d'imposition.** La variation proportionnelle reste une possibilité pour les communes et les EPCI à fiscalité additionnelle. À compter de 2023, elle intègre la taxe d'habitation sur les résidences secondaires, qui devra évoluer comme les taux de taxes foncières et, le cas échéant, celui de la CFE.

850 **Taux de la taxe d'habitation sur les résidences secondaires.** Il sera, à compter de 2023, comme le taux de CFE, soumis à une règle de lien entre les taux. Il ne pourra augmenter plus que le taux de TFPB ou, s'il est moins élevé, que le TMP des deux taxes foncières. Il ne pourra diminuer moins que le taux de TFPB ou, si la baisse est plus importante, que le TMP des deux taxes foncières.

851 **Dérogations aux règles de lien des taux d'imposition.** L'article 16 de la loi de finances pour 2020 conserve la grande majorité des dérogations aux règles de lien entre les taux et notamment :

- les communes et les EPCI à fiscalité additionnelle et à FPU peuvent toujours baisser leurs taux de taxes foncières et de taxe d'habitation sur les résidences secondaires sans être contraints de baisser leur taux de CFE (mécanisme dit « de déliaison à la baisse ») ;
- les EPCI à FPU qui n'augmentent pas leur taux de CFE autant que l'évolution du taux de TFPB ou du TMP des deux taxes foncières peuvent reporter sur trois ans les droits non utilisés (mécanisme dit « de capitalisation des hausses de taux de CFE ») ;
- les EPCI à FPU dont le taux de CFE est inférieur à 75 % de la moyenne nationale de leur catégorie peuvent augmenter le taux de CFE, en franchise des règles de lien, au plus jusqu'à atteindre cette moyenne nationale et sans que l'augmentation soit supérieure à 5 % (mécanisme dit « de déliaison à la hausse ») ;
- les communes et les EPCI à fiscalité propre peuvent procéder à une majoration spéciale du taux de CFE, en franchise des règles de lien,

dans une limite fixée à 5 % du taux moyen national de l'ensemble des communes et EPCI, lorsque le taux de CFE est inférieur au taux communal moyen constaté l'année précédente dans l'ensemble des communes ou dans l'ensemble des communes et des EPCI et lorsque le TMP des deux taxes foncières est supérieur ou égal à celui de l'ensemble des communes ou de l'ensemble des communes et des EPCI la même année (mécanisme dit « de majoration spéciale du taux de CFE »).

852 **Versement du produit des impositions aux communes.** Ce produit est versé le 20 de chaque mois par la DGFiP à raison d'un douzième du montant total tel qu'il est prévu au budget de l'année en cours. Si ce montant n'est pas connu, les attributions mensuelles sont faites dans la limite du douzième du montant des taxes et impositions mises en recouvrement au titre de l'année précédente ou, à défaut, du montant des taxes et impositions prévues au budget de l'année précédente. La régularisation est effectuée dès que le montant des taxes et impositions prévues au budget de l'année en cours est connu (CGCT, art. L. 2332-2). Au cours de l'année, un ou plusieurs douzièmes peuvent être versés en anticipation sur le rythme normal si les fonds disponibles de la commune ou de l'établissement public se trouvent momentanément insuffisants. Les attributions complémentaires sont autorisées par arrêté du préfet sur la proposition du DDFiP.

▸ Compte **73111** – Taxes foncières et d'habitation

853 **Supression de la taxe d'habitation et réforme des indicateurs financiers.** La taxe d'habitation est en passe d'être totalement supprimée pour les résidences principales. Aujourd'hui, 80 % des foyers sont déjà totalement exonérés. Les 20 % de foyers restants ont bénéficié d'une exonération de 30 % en 2022, qui sera portée à 65 % en 2022. En 2023, la taxe d'habitation sur les résidences principales aura totalement disparu.

À titre transitoire et jusqu'à sa disparition en 2023, le produit de taxe d'habitation sur la résidence principale acquitté par les 20 % de foyers restants est affecté au budget de l'État.

Les collectivités locales sont intégralement compensées de la perte du produit de taxe d'habitation. Depuis 2021, elles reçoivent de nouvelles ressources de substitution :
- les communes perçoivent la part de taxe sur les propriétés bâties jusqu'alors perçue par les départements. Un coefficient correcteur est instauré afin de neutraliser les écarts de compensation liés à ce transfert ;
- les établissements publics de coopération intercommunale (EPCI) à fiscalité propre se voient attribuer une fraction de TVA en lieu et place du produit de taxe d'habitation ;

- pour les départements, la perte de taxe sur le foncier bâti transférée aux communes est compensée par une fraction de TVA.

La loi de finances pour 2022 a adapté en conséquence l'ensemble des indicateurs financiers utilisés pour la répartition des dotations de l'État et des mécanismes de péréquation (potentiel fiscal et financier, effort fiscal, coefficient d'intégration fiscale). Elle intègre en outre de nouvelles ressources aux indicateurs financiers communaux, afin de renforcer leur capacité à refléter la richesse relative des collectivités. Une fraction de correction est mise en place pour neutraliser complètement les effets de ces réformes en 2022 sur le calcul des indicateurs, puis d'en lisser graduellement les effets jusqu'en 2028.

854 **Taxe d'habitation sur les résidences secondaires.** Les communes et les EPCI à fiscalité propre conserveront le produit de la taxe d'habitation sur les résidences secondaires, renommée à compter de 2023 « Taxe d'habitation sur les résidences secondaires et autres locaux meublés non affectés à l'habitation principale ».

855 **Taxe d'habitation sur les logements vacants.** Les communes pouvant délibérer pour percevoir la taxe d'habitation sur les logements vacants (THLV) sont celles où ne s'applique pas la taxe sur les logements vacants (CGI, art. 232). L'article 113 de la loi n° 2010-1657 du 29 décembre 2010 de finances pour 2011 a étendu cette possibilité aux EPCI à fiscalité propre. Cette taxe est applicable sur le territoire des communes qui ne relèvent pas du régime de la taxe sur les logements vacants instituée par l'article 232 du Code général des impôts (D. n° 2013-392, 10 mai 2013).

La base d'imposition est déterminée selon les modalités retenues pour une résidence secondaire. La délibération de l'EPCI ne s'applique que sur le territoire des communes n'ayant pas institué la taxe. La délibération d'une commune prévaut systématiquement sur celle de l'EPCI.

L'article 16 de la loi n° 2012-1509 du 29 décembre 2012 de finances pour 2013 a renforcé la taxe annuelle sur les logements vacants (TLV) prévue à l'article 232 du Code général des impôts. La TLV est désormais applicable dans les communes appartenant à une zone d'urbanisation continue de plus de 50 000 habitants contre 200 000 précédemment où existent des difficultés sérieuses d'accès au logement pour l'ensemble de la population. La liste de ces communes est fixée par le décret n° 2013-392 du 10 mai 2013. Le taux de la TLV est porté à 12,5 % la première année d'imposition et à 25 % à compter de la deuxième.

Selon l'article 232 du CGI, un logement vacant au sens de la taxe sur les logements vacants est un logement :
- inoccupé « depuis au moins une année, au 1er janvier de l'année d'imposition » ;

- occupé 90 jours ou moins l'année précédant l'imposition à la TLV ;
- dont la vacance est « indépendante de la volonté du contribuable » ;
- situé dans une agglomération de plus de 50 000 habitants où existe un « déséquilibre marqué entre l'offre et la demande de logements ».

Réf.
- CGI, art. 232, 471 et 1407 *bis*
- L. n° 2006-872, 13 juill. 2006, portant engagement national pour le logement (ENL)

856 **Taxe d'habitation sur les résidences secondaires.** L'article 1407 *ter* du Code général des impôts (CGI) permet aux communes situées dans le périmètre d'application de la taxe sur les logements vacants, définie à l'article 232 du CGI, de majorer de 5 à 60 % la part communale de la cotisation de la taxe d'habitation des logements meublés non affectés à l'habitation principale, sous réserve que dans ces communes s'applique la taxe sur les logements vacants. Cette majoration ne peut ainsi s'appliquer que dans les communes classées dans les zones géographiques visées à l'article 232, I du Code général des impôts, c'est-à-dire les communes appartenant à une zone d'urbanisation continue de plus de 50 000 habitants où existe un déséquilibre marqué entre l'offre et la demande de logements, entraînant des difficultés sérieuses d'accès au logement sur l'ensemble du parc résidentiel existant.

857 **Fiscalité des conseils départementaux.** Pour compenser la perte de leur produit de TFPB, ils percevront en contrepartie une fraction du produit net de la TVA.

858 **Fiscalité des collectivités à statut particulier.** La loi prévoit un traitement spécifique pour les collectivités à statut particulier suivantes : la ville de Paris, la métropole de Lyon, le département de Mayotte, la collectivité territoriale de Guyane, la collectivité territoriale de Martinique et la collectivité de Corse.

859 **Le nouveau schéma de financement des conseils régionaux.** Aux termes du II de l'article 41 de la loi de finances pour 2014, les régions perçoivent une partie des frais de gestion de taxe d'habitation perçus par l'État pour assurer leurs missions en matière de formation professionnelle continue et d'apprentissage. À compter de 2021, ces frais de gestion seront remplacés par une dotation de l'État égale au montant des frais de gestion de taxe d'habitation perçus en 2020 par chaque conseil régional en application de l'article 41 de la loi de finances pour 2014 précitée.

860 **Les règles de plafonnement des taux de la TFPB.** En 2021, pour tenir compte du transfert de la TFPB perçue par les départements aux communes, les règles relatives au plafonnement des taux de fiscalité directe

locale sont aménagées : le taux de TFPB adopté par une commune ne pourra excéder deux fois et demie le taux le plus élevé entre :
- la somme du taux moyen de TFPB constaté dans l'ensemble des communes du département et du taux du département en 2020 ;
- la somme du taux moyen de TFPB constaté au niveau national dans l'ensemble des communes et du taux du département en 2020.

À compter de 2022, la règle de droit commun aujourd'hui applicable sera à nouveau en vigueur : le taux de TFPB adopté par la commune ne pourra être supérieur à deux fois et demie le taux moyen le plus élevé entre, d'une part, le taux moyen constaté l'année précédente dans l'ensemble des communes du département et, d'autre part, celui constaté au niveau national.

861 **Taxe foncière des terrains de sport.** En application des articles 1381 et 1393 du Code général des impôts (CGI), les terrains de sport, notamment ceux des hippodromes affectés à l'usage des courses hippiques, constituent des terrains non cultivés imposables à la taxe foncière sur les propriétés bâties (TFPB) lorsqu'ils font l'objet d'une exploitation commerciale et à la taxe foncière sur les propriétés non bâties (TFPNB) dans le cas contraire.

Les terrains hippiques sont soumis à la TFPNB dès lors qu'ils ne sont pas cultivés et qu'ils ne sont pas affectés à un usage industriel ou commercial. Lorsqu'ils présentent un usage commercial, les terrains affectés aux pistes d'entraînement ou de compétition sont imposables à la TFPB.

Dans ce cas, ils sont classés soit dans la catégorie des locaux des établissements ou terrains réservés à la pratique d'un sport ou à usage de spectacles sportifs, soit, le cas échéant, dans celle des locaux présentant des caractéristiques exceptionnelles.

862 **Exonération de TFPB.** Selon le b du 6° de l'article 1382 du Code général des impôts (CGI), « les bâtiments affectés à un usage agricole par les sociétés coopératives agricoles, par les associations syndicales ayant un objet exclusivement agricole, leurs unions, les associations foncières, les sociétés d'intérêt collectif agricole, les syndicats professionnels agricoles, les sociétés d'élevage, les associations agricoles reconnues par la loi et dépendant du ministère de l'Agriculture ayant pour objet de favoriser la production agricole, leurs unions et fédérations ainsi que les unions de sociétés coopératives agricoles ou unions de coopératives agricoles et de coopératives de consommation constituées et fonctionnant conformément aux dispositions légales qui les régissent et par les groupements d'intérêt économique constitués entre exploitations agricoles [...] » sont exonérés de taxe foncière sur les propriétés bâties (TFPB).

L'exonération de TFPB prévue b du 6° de l'article 1382 du CGI est maintenue aux sociétés de coopérative agricole qui mettent à la disposition d'un tiers tout ou partie de leurs locaux.

À compter du 1er janvier 2021, les constructions nouvelles, reconstructions et additions de construction à usage d'habitation sont exonérées de TFPB durant les deux années qui suivent celle de leur achèvement. Toutefois, les communes peuvent, pour la part qui leur revient limiter l'exonération entre 40 à 90 % de la base imposable pour tous les locaux à usage d'habitation ou uniquement ceux qui ne sont pas financés au moyen des prêts aidés de l'État prévus.

L'article 1395 E du Code général des impôts (CGI) exonère de taxe foncière sur les propriétés non bâties (TFPNB), pendant une période de cinq ans renouvelable, les terrains agricoles situés dans un site « Natura 2000 » et qui font l'objet d'engagements agro-environnementaux pris par leurs propriétaires au sein d'un contrat spécifique.

863 Les exonérations en faveur des zones de revitalisation des commerces en milieu rural. L'article 110 de la loi de finances pour 2020 permet aux collectivités territoriales et aux établissements publics de coopération intercommunale (EPCI) à fiscalité propre d'exonérer partiellement ou totalement de cotisation foncière des entreprises (CFE) et de taxe foncière sur les propriétés bâties (TFPB) les entreprises situées en zone de revitalisation des commerces en milieu rural. Ces nouvelles exonérations sont facultatives et applicables lorsque deux critères relatifs à la taille de l'entreprise et à sa localisation géographique sont réunis.

Réf.
- LF 2020 n° 2019-1479, 28 déc. 2019, art. 110
- CGI, art. 1382 I
- CGI, art. 1464 G

864 Les exonérations en faveur des zones de revitalisation des centres-villes. L'article 111 de la loi de finances pour 2020 permet aux collectivités territoriales et aux EPCI à fiscalité propre d'exonérer partiellement ou totalement de TFPB et de CFE les établissements exerçant une activité commerciale ou artisanale dans une zone de revitalisation des centres-villes. Ces établissements peuvent également bénéficier d'une exonération totale ou partielle de CVAE en application des dispositions des articles 1586 *ter* et 1586 *nonies* du Code général des impôts. Ces nouvelles exonérations sont facultatives et applicables lorsque deux critères relatifs à la taille de l'entreprise et à sa localisation géographique sont réunis.

Réf.
- LF 2020 n° 2019-1479, 28 déc. 2019, art. 111
- CGI, art. 1382 H
- CGI, art. 1464 F

865 **Les autres exonérations de fiscalité directe locale TFB et TFNB.** La loi de finances pour 2020 modifie plusieurs dispositifs d'allègement de fiscalité locale relatifs aux taxes foncières sur les propriétés bâties (TFPB) et non bâties (TFPNB). Certains de ces allègements sont facultatifs et nécessitent une délibération de l'organe délibérant des collectivités territoriales ou de leurs groupements, alors que d'autres, obligatoires, sont applicables de plein droit.

L'article 158 de la loi de finances pour 2019 :

- étend aux logements anciens réhabilités le bénéfice de l'exonération de TFPB pour une durée de 15 ans applicable aux constructions de logements neufs faisant l'objet d'un contrat de location-accession. L'article 25 de la loi de finances pour 2020 précise les modalités d'application de ce dispositif, notamment les conditions d'octroi de cette exonération et son point de départ ;
- réduit la durée d'exonération de TFPB en faveur des logements achevés avant le 1er janvier 1989 qui ont fait l'objet d'un montant minimal de dépenses d'équipement destinées à réaliser des économies d'énergie, de 5 à 3 ans, et possibilité pour les collectivités territoriales et les EPCI de fixer librement le taux d'exonération entre 50 % et 100 % (art. 118).

Réf.

- LF 2020 n° 2019-1479, 28 déc. 2019, art. 25, modifiant l'article 1384 A du CGI
- LF 2020 n° 2019-1479, 28 déc. 2019, art. 118, modifiant l'article 1383-0 B du CGI
- LF 2020 n° 2019-1479, 28 déc. 2019, art. 125, modifiant l'article 1519 I du CGI
- LF 2020 n° 2019-1479, 28 déc. 2019, art. 78, modifiant la loi n° 2004-639 du 2 juillet 2004 relative à l'octroi de mer

▸ Compte **73112** – Cotisations sur la valeur ajoutée des entreprises

866 **Conditions d'assujettissement.** Les personnes physiques ou morales ainsi que les sociétés non dotées de la personnalité morale et les fiduciaires pour leur activité exercée en vertu d'un contrat de fiducie qui exercent une activité dans les conditions fixées aux articles 1447 et 1447 *bis* sont assujetties à la cotisation sur la valeur ajoutée des entreprises. Le montant de la valeur ajoutée est défini à l'article 1586 *sexies* du CGI. Les taux d'imposition de CVAE sont définis à l'article 1586 *quater* du CGI.

867 **CVAE – Exonération des associations.** Les associations régies par la loi du 1er juillet 1901 sont exonérées de la cotisation sur la valeur ajoutée des entreprises dès lors que, d'une part, leur gestion présente un caractère désintéressé, et que, d'autre part, les services qu'elles rendent ne sont pas offerts en concurrence dans la même zone géographique d'attraction avec ceux proposés au même public par des entreprises commerciales exerçant une activité identique.

Toutefois, même dans le cas où l'association intervient dans un domaine d'activité et dans un secteur géographique où existent des entreprises commerciales, elle continue de bénéficier de l'exonération de cotisation sur la valeur ajoutée des entreprises si elle exerce son activité dans des conditions différentes de celles des entreprises commerciales, soit en répondant à certains besoins insuffisamment satisfaits par le marché, soit en s'adressant à un public qui ne peut normalement accéder aux services offerts par les entreprises commerciales, notamment en pratiquant des prix inférieurs à ceux du secteur concurrentiel et à tout le moins des tarifs modulés en fonction de la situation des bénéficiaires, sous réserve de ne pas recourir à des méthodes commerciales excédant les besoins de l'information du public sur les services qu'elle offre.

▸ Compte **73113** – Taxes sur les surfaces commerciales

868 **Taxe sur les surfaces commerciales (TASCOM) – Assujetissement.** Les commerces exploitant une surface de vente au détail de plus de 400 m², et réalisant un chiffre d'affaires hors taxe à partir de 460 000 €, sont soumis à la taxe sur les surfaces commerciales (TASCOM). La taxe est déductible du résultat fiscal de l'entreprise. Le montant de la taxe brute est déterminé par application, à la surface totale de vente au détail de l'établissement, d'un tarif qui varie en fonction du chiffre d'affaires annuel au m², de la superficie et de l'activité.La taxe sur les surfaces commerciales est due par les établissements, quelle que soit leur forme juridique, qui ont une activité de ventes au détail en l'état et qui remplissent les conditions suivantes : la date d'ouverture initiale de l'établissement est postérieure au 1er janvier 1960 ; l'établissement existe au 1er janvier de l'année au titre de laquelle la taxe est due ; la surface de vente au détail est supérieure à 400 m² ou, quelle que soit la surface de vente de l'établissement, celui-ci est contrôlé directement ou indirectement et exploité sous une même enseigne commerciale appartenant à une entreprise « tête de réseau » dont la surface cumulée des établissements est supérieure à 4 000 m². »

Sont hors du champ de la taxe, les établissements de commerce de gros qui s'adressent à une clientèle composée de professionnels qui se livrent à des achats pour les besoins de leur activité ou de collectivité et les établissements dont l'activité consiste en des prestations de services.

L'entreprise qui cesse définitivement l'exploitation d'un établissement est redevable de la TASCOM au titre de la période allant du 1er janvier à la date de cessation.

Réf.

- L. nº 72-657, 13 juill. 1972, art. 3
- D. nº 958-85, 26 janv. 1995
- *BOFIP* 5 avr. 2017, TASCOM BOI-TFP-TSC
- D. nº 2021-705, 2 juin 2021, mod. D. nº 95-85, 26 janv. 1995, relatif à la taxe sur les surfaces commerciales

869 **Taxe sur les surfaces commerciales (TASCOM) – Taux.** Une majoration est pratiquée à hauteur de 30 % pour les établissements de plus de 5 000 m², réalisant un chiffre d'affaires annuel HT au m² à 3 000 € et 50 % pour les établissements de plus de 2 500 m².

Le tarif de la taxe est réduit de : 30 % pour les commerces à titre principal de meubles, d'automobiles, de machinisme agricole de matériaux de construction et de fleurs, plantes, graines, engrais, animaux de compagnie et aliments pour ces animaux ; 30 % pour les pépiniéristes et les animaleries ; 20 % pour les établissements dont la surface est comprise entre 400 m² et 600 m², qui réalisent un chiffre d'affaires inférieur à 3 800 € par m² (l'article 136 de la loi de finances pour 2021 a étendu le bénéfice de la réduction de taux de 20 % aux établissements dont la surface des locaux destinés à la vente au détail est inférieure à 400 m²) ; de 1 500 € pour les établissements situés en zone urbaine sensible.

Cette taxe est perçue au profit des communes et des EPCI ; sur le territoire de laquelle est situé l'établissement imposable. Cependant, la majoration de 50 % de la TASCOM est perçue au profit de l'État.

Pour les établissements dont le chiffre d'affaires au m² est inférieur à 3 000 €, le taux de la taxe est de 5,74 € par m². Pour les établissements dont le chiffre d'affaires au m² est supérieur à 12 000 €, le taux de la taxe est de 34,12 € par m². Pour les établissements dont le chiffre d'affaires au m² est compris entre ces deux seuils, le taux de la taxe est établi selon une formule de calcul prévue par la loi.

S'agissant de la vente de détail de carburants : pour les établissements dont le chiffre d'affaires au m² est inférieur à 3 000 €, le taux de la taxe est de 8,32 € par m². Pour les établissements dont le chiffre d'affaires au m² est supérieur à 12 000 €, le taux de la taxe est de 35,70 € par m². Pour les établissements dont le chiffre d'affaires au m² est compris entre ces deux seuils, le taux de la taxe est établi selon une formule de calcul prévue par la loi.

L'organe délibérant de l'EPCI peut appliquer aux montants de la taxe, un coefficient multiplicateur compris entre 0,8 et 1,2 qui peut varier au maximum de 0,05 chaque année.

870 **Extension du champ de la TASCOM.** Lors d'une décision du 10 mars 2020, le Conseil d'État avait permis un élargissement de la TASCOM en considérant que le chiffre d'affaires des ventes effectuées via les « *drive* », devait être pris en compte pour déterminer le taux de la TASCOM. Un an après, la Haute Assemblée apporte une nouvelle pierre à l'édifice en confirmant que les m² des espaces non fermés aux clients et au sein desquels ces mêmes clients prennent livraison de leur achat rentrent bien dans l'assiette taxable de la TASCOM. Sont notamment incluses dans ce chiffre d'affaires les ventes relatives à des marchandises vendues par cet établissement sur internet et dont le client prend livraison dans un espace dédié du magasin, dont les surfaces ne sont, elles-mêmes, pas prises en compte dans l'assiette de la taxe (CE, 10 mars 2020, n° 436879).

▸ Compte **73114** – Imposition forfaitaire sur les entreprises de réseaux

871 **Imposition forfaitaire sur les entreprises de réseaux.** L'article 143 de la loi n° 2019-1479 du 28 décembre 2019 de finances pour 2020 a instauré un nouveau dispositif défini par le nouvel article 1519 HB du CGI. Cet article soumet les installations de production d'électricité d'origine géothermique à l'imposition forfaitaire sur les entreprises de réseaux. Cette imposition est due annuellement, au 1er janvier de l'année d'imposition, par l'exploitant des infrastructures, dès lors que leur puissance installée est au moins égale à 12 mégawatts. Le produit de cette IFER sera reversé à hauteur de 60 % aux communes et de 40 % aux régions.

872 **IFER photovoltaïque.** L'imposition forfaitaire sur les entreprises de réseaux (IFER) est due pour les installations photovoltaïques de plus de 100 kWc. Pour les centrales mises en service avant le 1er janvier 2021, le taux de cet IFER est de 7,57 € par kilowatt de puissance électrique installée. Pour les centrales mises en service après le 1er janvier 2021, celui-ci est de 3,155 € pendant les vingt premières années puis 7,57 €.

L'IFER photovoltaïque est actuellement répartie à 50 % pour le département et 50 % pour la commune pour les EPCI en fiscalité additionnelle, mais à 50 % EPCI et 50 % Département pour les EPCI à fiscalité professionnelle unique. C'est ensuite à l'EPCI de définir sa règle de répartition entre la commune d'implantation et l'EPCI.

▸ Compte **73118** – Autres contributions directes

873 Cette partie ne fait pas l'objet de commentaires.

▪ Compte **7312** – Publicité foncière et droit d'enregistrement

▸ Compte **73121** – Taxe départementale de publicité foncière et droit départemental d'enregistrement

874 **Calcul des droits de mutation.**

« Art. R. 3335-2. – Pour l'application de l'article L. 3335-2 :

1° le montant des droits de mutation à titre onéreux correspond à l'ensemble des droits perçus par les départements, en prenant en compte le cas échéant les recettes comptabilisées au cours du délai complémentaire mentionné à l'article R. 3311-3. Ces droits sont nets des frais d'assiette, de non-valeurs et de recouvrement prévus aux a et b du V de l'article 1647 du Code général des impôts ainsi que, le cas échéant, des contributions au profit du fonds de compensation de la fiscalité transférée prévu à l'article L. 1614-4 ;

2° la population, la superficie, le potentiel fiscal et le potentiel financier à prendre en compte pour le calcul des prélèvements et des reversements sont ceux pris en compte pour la répartition de la dotation globale de fonctionnement au titre de l'année où le fonds est réparti. Sauf mention contraire, la population à prendre en compte est celle définie à l'article L. 3334-2 ;

3° les régularisations mentionnées au IV correspondent à celles effectuées au titre de l'article L. 3335-2, ainsi qu'au titre du même article L. 3335-2, de l'article L. 3335-3 et du I de l'article 261 de la loi n° 2018-1317 du 28 décembre 2018 de finances pour 2019 dans leur rédaction antérieure à la loi n° 2019-1479 du 28 décembre 2019 de finances pour 2020 ;

4° le revenu pris en compte au titre des V à VII est le dernier revenu fiscal de référence connu. La population prise en compte pour déterminer ce revenu par habitant et le nombre d'habitants au kilomètre carré est celle définie au premier alinéa de l'article L. 3334-2 ;

5° les taux d'imposition de taxe foncière sur les propriétés bâties sont ceux de l'année précédant l'année de répartition ;

6° le taux de pauvreté mentionné au c du V est le taux publié sur le site de l'Institut national de la statistique et des études économiques au 1er janvier de l'année de répartition. Dans le cas où ce taux ne serait pas disponible pour un département, il est réputé supérieur à 15 % dans ce département ;

7° à compter de 2021, les prélèvements et les reversements mentionnés à la première phrase du sixième alinéa du 2° du V sont ceux de l'année précédant la répartition du fonds national de péréquation des droits de mutation à titre onéreux perçus par les départements ;

8° la garantie mentionnée au dernier alinéa du VI bénéficie aux départements qui étaient éligibles en 2019 à la répartition des ressources du fonds prévu à l'article L. 3335-2 dans sa rédaction antérieure à la loi n° 2019-1479 du 28 décembre 2019 de finances pour 2020, et qui ne sont pas éligibles en 2020 à la deuxième enveloppe du fonds.

Cette garantie bénéficie également aux départements qui ont cessé d'être éligibles en 2018 et en 2019 à la répartition des ressources du fonds prévu à l'article L. 3335-2 dans sa rédaction antérieure à la même loi.

Dans les deux cas mentionnés ci-dessus, le calcul de la garantie se fonde sur le montant perçu au titre de la répartition des ressources du fonds mentionné à l'article L. 3335-2 dans sa rédaction antérieure à la même loi. »

875 **Exonérations et abattements.** Le conseil départemental peut voter des abattements à titre facultatif par exemple : un abattement sur la base

imposable des acquisitions d'immeubles d'habitation et de garages, soit pour tout le département, soit seulement pour les zones de revitalisation rurale (CGI, art. 1594 F *ter*). Les autres abattements facultatifs sont codifiés aux articles 1594 GHIJ du CGCI.

876 **Taux d'imposition.** Le taux de la taxe de publicité foncière ou du droit d'enregistrement est fixé à 3,80 % par l'article 1594 D du Code général des impôts (CGI). Il peut être modifié par les conseils départementaux sans que ces modifications puissent avoir pour effet de le réduire à moins de 1,20 % ou de le relever au-delà de 4,50 %.

En outre, le conseil départemental a la faculté de voter une réduction jusqu'à 0,70 % du taux de la taxe de publicité foncière ou du droit d'enregistrement pour certaines mutations de logements occupés (CGI, art. 1594 F *sexies*).

877 **Notification des délibérations.** La notification aux services fiscaux des délibérations prises dans ce cadre (y compris celles d'exonération et d'abattement) a lieu par l'intermédiaire des services préfectoraux (CGI, art. 1639 A) avant le 15 avril d'une année (30 avr. pour les conseils municipaux et départementaux concernés par un renouvellement) et prend effet à compter du 1er juin de la même année.

▸ Compte **73122** - Taxe départementale additionnelle à certains droits d'enregistrement

878 Cette partie ne fait pas l'objet de commentaires.

▸ Compte **73123** - Taxe communale additionnelle aux droits de mutation ou à la taxe de publicité foncière

879 **Assiette de la taxe.** Pour les communes de plus de 5 000 habitants et les communes de population inférieure classées comme stations balnéaires, thermales, climatiques, de tourisme et de sports d'hiver, la taxe porte sur les mutations à titre onéreux :
- d'immeubles et de droits immobiliers situés sur leur territoire des communes ;
- de meubles corporels vendus publiquement dans la commune ;
- d'offices ministériels ayant leur siège dans la commune ;
- de fonds de commerce ou de clientèle établis sur leur territoire et des marchandises neuves dépendant de ces fonds ;
- de droit à bail ou de bénéfice d'une promesse de bail portant sur tout ou partie d'un immeuble, quelle que soit la forme donnée par les parties, qu'elle soit qualifiée cession de pas-de-porte, indemnité de départ ou autrement.

Réf.
- CGI, art. 1584

880 **Taux de la taxe.** Pour les mutations à titre onéreux, les taux de la taxe perçue au profit de la commune ou du fonds départemental de péréquation sont fixés à :
- 1,20 % pour les mutations à titre onéreux d'immeubles et de droits immobiliers situés sur le territoire de la commune (CGI, art. 1584) ;
- 0,40 % pour les mutations à titre onéreux de meubles corporels vendus publiquement dans la commune (CGI, art. 733, 2°).

Pour les mutations de fonds de commerce et de clientèle, les cessions d'offices publics ou ministériels et les cessions de droit à un bail d'immeubles, les taux sont fixés à (LF 1989 n° 88-1149, 23 déc. 1988, art. 16, I et 30, II) :
- 0 % pour la fraction de la valeur taxable n'excédant pas 23 000 € ;
- 0,40 % pour celle comprise entre 23 000 et 107 000 € ;
- 1 % pour celle supérieure à 107 000 € (CGI, art. 1584).

Depuis le 1er janvier 2004, le taux du droit de mutation pour les acquisitions de fonds de commerce et de clientèle sera réduit de 3,80 à 0 % dans les zones de revitalisation rurale, comme dans les zones franches urbaines. Le CGI prévoit en retour que l'acquéreur prenne « l'engagement de maintenir l'exploitation du bien acquis pendant une période minimale de cinq ans » (LF 2003 n° 2002-1575, 30 déc. 2002, art. 103 ; CGI, art. 722 *bis*).

Sur délibération, un taux réduit peut être appliqué au-delà de 0,50 % sous trois conditions : pour une opération de vente par lots déclenchant le droit de préemption ; pour un logement qui doit être occupé ; et à condition que l'acquéreur le loue dans les six ans.

881 **Les réductions et exonérations de la taxe.** Seules les communes de plus de 5 000 habitants ou celles classées stations de tourisme peuvent délibérer pour déterminer une réduction (CGI, art. 1584 *bis*, 1594 et 1639 A) ou une exonération (CGI, art. 1137, 1584 *ter*, 1594 E et 1639 A) de la taxe.

882 **Péréquation de la taxe.** Cette taxe est perçue au profit d'un fonds de péréquation départemental. Les ressources de ce fonds sont réparties entre les communes de moins de 5 000 habitants suivant un barème établi par le conseil général. Le système de répartition doit tenir compte de l'importance de la population, des charges de voirie de la commune, du montant du potentiel fiscal, du pourcentage officiel de sinistre et de l'effort fiscal fourni par la collectivité bénéficiaire (CGI, art. 1595 *bis*).

883 **Pièces justificatives – Taxe additionnelle aux droits de mutation :**
- fiche d'attributaire établie par le service de la DGI et mentionnant le service émetteur, le mois d'attribution, la commune, la désignation et le montant des produits. Il est fait mention des frais d'assiette et d'enregistrement.

▸ Compte **73128** - Autres droits d'enregistrement

884 Cette partie ne fait pas l'objet de commentaires.

▪ Compte **7313** - Taxes liées à l'urbanisation, aux déchets et à l'environnement

▸ Compte **73131** - Taxe d'aménagement - part départementale

885 Cette partie ne fait pas l'objet de commentaires.

▸ Compte **73132** - Taxe sur les pylônes électriques

886 **Pièces justificatives - Taxe sur les pylônes électriques :**
- état de répartition.

▸ Compte **73133** - Taxe d'enlèvement des ordures ménagères et assimilées

887 **Assiette de la TEOM.** Cette taxe fait l'objet des articles L. 2224-13 à L. 2224-17 du Code général des collectivités territoriales. Les matrices sont dressées par le service des impôts avec le concours de la commission communale des impôts directs (CGI, art. 316, ann. II). La taxe porte sur toutes les propriétés soumises à la taxe foncière sur les propriétés bâties. Elle est établie d'après le revenu net servant de base à la taxe foncière (CGI, art. 1522). Recouvrée en même temps que cette dernière, elle est établie au nom des propriétaires ou usufruitiers (CGI, art. 1523).

L'ensemble du territoire communal peut être considéré comme desservi par le service d'enlèvement des ordures ménagères lorsque toutes les propriétés imposables de la commune sont situées à proximité suffisante d'un conteneur. Il n'est pas possible de définir la notion d'éloignement. Conformément à la jurisprudence du Conseil d'État, l'octroi de l'exonération de taxe d'enlèvement des ordures ménagères, prévue au quatrième alinéa du II de l'article 1521 du Code général des impôts, dépend non seulement de l'éloignement d'une propriété par rapport au point où fonctionne le service mais aussi de l'accessibilité à ce point. À cet égard, la Haute Assemblée tend à considérer comme normale une distance n'excédant pas 200 m.

Les communes peuvent ne pas faire appel à un financement spécifique et couvrir ces dépenses par leurs autres recettes de fonctionnement.

888 **Montant de la TEOM.** Aux termes du I de l'article 1520 du Code général des impôts, « les communes qui assurent au moins la collecte des déchets des ménages peuvent instituer une taxe destinée à pourvoir aux dépenses du service de collecte et de traitement des déchets ménagers et des déchets mentionnés à l'article L. 2224-14 du Code général des collectivités territoriales, dans la mesure où celles-ci ne sont pas couvertes par des recettes ordinaires n'ayant pas le caractère fiscal ». La taxe d'enlèvement des ordures ménagères susceptible d'être instituée sur le fondement de ces dispositions n'a pas le caractère d'un prélèvement opéré sur les contribuables en vue de pourvoir à l'ensemble des dépenses budgétaires, mais a exclusivement pour objet de couvrir les dépenses exposées par la commune ou l'établissement de coopération intercommunale compétent pour assurer l'enlèvement et le traitement des ordures ménagères et des déchets mentionnés à l'article L. 2224-14 du Code général des collectivités territoriales et non couvertes par des recettes non fiscales affectées à ces opérations. Les dépenses susceptibles d'être prises en compte sont constituées de la somme de toutes les dépenses de fonctionnement réelles exposées pour le service public de collecte et de traitement des déchets ménagers et des déchets mentionnés à l'article L. 2224-14 du Code général des collectivités territoriales et des dotations aux amortissements des immobilisations qui lui sont affectées, telle qu'elle peut être estimée à la date du vote de la délibération fixant le taux de la taxe (CE, 22 oct. 2021, n° 434900).

« Peuvent être incluses dans les dépenses de fonctionnement à prendre en compte au titre du service public de collecte et de traitement des déchets ménagers, les dépenses correspondant à une quote-part du coût des directions ou services transversaux centraux de la collectivité, calculée au moyen d'une comptabilité analytique permettant, par différentes clés de répartition, d'identifier avec suffisamment de précision les dépenses qui, parmi celles liées à l'administration générale de la métropole, peuvent être regardées comme ayant été directement exposées pour le service public de collecte et de traitement des déchets ménagers et des déchets mentionnés à l'article L. 2224-14 du CGCT » (CE, 29 nov. 2021, n° 454684).

Le produit de cette taxe et, par voie de conséquence, son taux, ne doivent pas être manifestement disproportionnés par rapport au montant des dépenses exposées pour ce service, « déduction faite, le cas échéant, du montant des recettes non fiscales de la section de fonctionnement, telles qu'elles sont définies par les articles L. 2331-2 et L. 2331-4 du CGCT, relatives à ces opérations ».

889 Dispositions diverses. Dans les communes de moins de 5 000 habitants, les délibérations du conseil municipal peuvent prévoir que le produit total de cette taxe sera réparti entre les propriétaires des immeubles imposables d'après un barème indiciaire tenant compte de la valeur locative réelle de ces immeubles et des conditions de leur occupation (CGI, art. 1525).

Un syndicat intercommunal de collecte peut instituer la taxe en définissant des zones à des taux différents. Il peut pendant dix ans voter des taux différents à l'intérieur du périmètre de ces zones afin de lisser les hausses de cotisation (CE, 7 sept. 2009, n° 325918, *Ministre du Budget*).

Les exonérations sont définies aux articles 1521, II et III du CGI.

En cas de vacance d'une durée supérieure à trois mois, il peut être accordé décharge ou réduction de la taxe sur réclamation présentée dans les conditions prévues en pareil cas, en matière de taxe foncière (CGI, art. 1524 et 1389).

Le choix du mode de financement du service relève de la compétence exclusive des collectivités et rien ne fait obstacle à ce qu'une commune diminue, voire supprime la taxe.

Lorsque la collectivité est assujettie à la TVA au titre de l'enlèvement et du traitement des ordures, déchets et résidu, la taxe est obligatoirement remplacée par une redevance (voir développement aux comptes 70611 et 70612).

890 Part incitative de la TEOM. En application du I de l'article 1522 *bis* du Code général des impôts (CGI), les communes et les établissements publics de coopération intercommunale (EPCI) qui font application de la taxe d'enlèvement des ordures ménagères (TEOM) peuvent instituer une part incitative de la taxe, assise sur la quantité et, éventuellement, la nature des déchets à collecter, exprimée en volume, en poids et en nombre d'enlèvements et dans une ou plusieurs parties de leur territoire pour une période maximale de cinq ans. ; l'article 135 de la loi de finances pour 2021 proroge de deux ans la durée d'expérimentation de la part incitative de la TEOM en la portant de cinq à sept ans. À l'issue de cette période, la part incitative est étendue à l'ensemble du territoire de la collectivité, sauf si la collectivité la supprime.

Si la part incitative n'est mise en œuvre qu'à titre expérimental sur une partie du territoire de la collectivité, la baisse des frais de gestion ne s'applique pas. En revanche, si la collectivité décide d'étendre la part incitative à l'ensemble de son territoire à l'issue de la phase d'expérimentation, la baisse des frais de gestion s'appliquera pendant les cinq premières années de la généralisation de cette part incitative, conformément au I de l'article 1522 *bis* et au h du A de l'article 1641 du CGI.

Cette règle est sans incidence sur celle du plafonnement du produit de la TEOM la première année d'application de la part incitative prévue au 6 de l'article 1636 B *undecies* du CGI. Ainsi, le plafonnement de la taxe au montant du produit total de la TEOM tel qu'issu des rôles généraux au titre de l'année précédente majoré de 10 % en application de l'article 23 de la loi de finances pour 2019 s'applique, dès la première année de mise en place de la part incitative, à la part de la taxe collectée dans la ou les zones de la collectivité où la part incitative a été mise en place à titre expérimental (Rép. min. n° 21539, 22 oct. 2019, Tarification incitative de la taxe d'enlèvement des ordures ménagères, ministère de la Transition écologique et solidaire).

891 **Plafonnement.** En application de l'article 1522 du CGI, les communes et leurs EPCI ainsi que les syndicats mixtes peuvent décider, par une délibération prise dans les conditions prévues à l'article 1639 A *bis* du même code, de plafonner les valeurs locatives de chaque local à usage d'habitation et de chacune de leurs dépendances passibles de la TEOM, dans la limite d'un montant qui ne peut être inférieur à deux fois le montant de la valeur locative moyenne communale des locaux d'habitation. Ce dispositif de plafonnement a été modifié par l'article 33 de la loi n° 2017-1775 du 28 décembre 2017 de finances rectificative pour 2017 afin de permettre aux EPCI à fiscalité propre qui font usage du plafonnement de le déterminer dans la limite d'un montant qui ne peut être inférieur à deux fois le montant de la valeur locative moyenne intercommunale des locaux d'habitation.

▸ Compte **73134** – Taxe sur les déchets stockés

892 Cette partie ne fait pas l'objet de commentaires.

▸ Compte **73135** – Taxe de balayage

893 **Assiette et tarifs de la taxe de balayage.** Les communes peuvent, sur délibération du conseil municipal, instituer une taxe de balayage, dont le produit ne peut excéder les dépenses occasionnées par le balayage de la superficie des voies livrées à la circulation publique, telles que constatées dans le dernier compte administratif de la commune (CGCT, sect. 15, partie Réglementaire, chap. III, titre III ; art. L. 2333-97).

La taxe est due par les propriétaires riverains, au 1er janvier de l'année d'imposition, des voies livrées à la circulation publique ; lorsque l'immeuble riverain est régi par la loi n° 65-557 du 10 juillet 1965 fixant le statut de la copropriété des immeubles bâtis, la taxe est due par le syndicat des copropriétaires au 1er janvier de l'année d'imposition. Elle est assise sur la surface desdites voies, au droit de la façade de chaque propriété, sur une largeur égale à celle de la moitié desdites voies dans la limite de six mètres.

Le tarif de la taxe est fixé par le conseil municipal. Des tarifs différents peuvent être fixés selon la largeur de la voie.

La taxe est établie par l'administration municipale (LF 2019, art. 191). Elle est recouvrée comme en matière de contributions directes. Les réclamations et les recours contentieux sont instruits par l'administration municipale.

Elle peut être perçue, à la place des communes-membres, par l'EPCI (CGI, art. 1609 *nonies* D). La métropole, la communauté urbaine, la communauté d'agglomération et la communauté de communes se substituent à leurs communes-membres pour l'application des dispositions relatives à la taxe quand elles assurent le balayage.

894 **Pièces justificatives – Taxe ou redevance de balayage :**
- délibération du conseil municipal ;
- s'il s'agit d'une taxe, aucune pièce justificative n'est à exiger puisque les sommes sont perçues comme les contributions directes ;
- s'il s'agit d'une redevance, rôle établi par l'ordonnateur, mais le produit total ne peut excéder les dépenses occasionnées à la commune par le balayage de la superficie des voies livrées à la circulation publique qui incombe aux propriétaires riverains, chacun au droit de sa façade sur une largeur égale à celle de la moitié des voies dans la limite maximum de six mètres (CGI, art. 317).

▸ Compte **73136** – Taxe pour la gestion des milieux aquatiques et la prévention des inondations

895 **Départements et régions.** L'article 1er de la loi du 30 décembre 2017 a modifié l'article 59 de la loi MAPTAM en insérant un second alinéa au I. qui prévoit que « les départements et les régions qui assurent l'une de ces missions à la date du 1er janvier 2018 peuvent, s'ils le souhaitent, en poursuivre l'exercice au-delà du 1er janvier 2020, sous réserve de conclure une convention avec chaque commune mentionnée au V du même article L. 5210-1-1 ou chaque établissement public de coopération intercommunale à fiscalité propre concerné ».

▸ Compte **73137** – Taxe sur les passagers

896 Cette partie ne fait pas l'objet de commentaires.

▪ Compte **7314** – Impôts et taxes liés à la production et à la consommation énergétiques et industrielles

▸ Compte **73141** – Taxe sur la consommation finale d'électricité

897 **Réforme de la taxe d'électricité.** La loi du 29 décembre 2020 de finances pour 2021 réforme le régime de taxation de l'électricité.

Afin d'harmoniser le dispositif régissant la taxation sur la consommation finale d'électricité, l'ensemble des taxes la composant seront regroupées pour en confier à terme la gestion à la Direction générale des finances publiques et un taux unique au plan national sera fixé d'ici deux ans. La réforme poursuit deux objectifs : sécuriser et simplifier le dispositif des taxes sur la consommation finale d'électricité.

Ces taxes sont au nombre de trois :
- la taxe communale sur la consommation finale d'électricité (TCCFE) ;
- la taxe départementale sur la consommation finale d'électricité (TDCFE) ;
- la taxe intérieure sur la consommation finale d'électricité (TICFE).

Jusqu'à présent, les tarifs des TCCFE et TDCFE étaient modulés localement, en contradiction avec le droit communautaire. En regroupant l'ensemble des trois taxes sur la consommation finale d'électricité pour en confier la gestion à la Direction générale des finances publiques et en fixant un taux unique au plan national d'ici 2023, le Gouvernement entend répondre à ces objectifs de simplification et robustesse juridique.

898 **Assiette de la taxe d'électricité.** La taxe communale (TCCFE) et la taxe départementale (TDCFE) sur la consommation finale d'électricité s'appliquent sur les consommations d'électricité pour lesquelles la puissance souscrite est inférieure ou égale à 250 kVA. Ces quantités d'électricité concernent essentiellement des consommateurs non professionnels (usagers résidentiels) ou des petites et moyennes entreprises.

Elles sont prélevées par les fournisseurs d'électricité sur les factures des usagers. Ces fournisseurs reversent ensuite ces taxes aux collectivités bénéficiaires : TCCFE aux communes ou à TE38, TDCFE au département.

899 **Tarifs de la taxe.** Des tarifs de base sont déterminés par la loi et actualisés annuellement :
- 0,00078 €/kWh pour toutes les consommations effectuées sous une puissance souscrite inférieure ou égale à 36 kVA ;
- 0,00026 €/kWh pour les consommations professionnelles effectuées sous une puissance souscrite supérieure à 36 kVA et inférieure ou égale à 250 kVA.

Jusqu'à présent, les collectivités bénéficiaires de la taxe communale TCCFE, les syndicats d'énergies comme TE38 ou les communes de plus de 2000 habitants n'ayant pas transféré la perception de cette taxe pouvaient fixer le coefficient multiplicateur parmi les valeurs suivantes : 0 ; 2 ; 4 ; 6 ; 8 ou 8,5.

Dorénavant, la loi a mis en place un calendrier d'harmonisation progressive de ce coefficient sur deux ans, impliquant un alignement à la hausse pour certaines communes. Le coefficient multiplicateur ne doit plus être inférieur aux valeurs suivantes :
- 4 depuis le 1er janvier 2021 ;
- 6 à partir du 1er janvier 2022 ;
- 8,5 à partir du 1er janvier 2023.

D'autre part, à partir de 2023, les trois composantes actuelles de la taxe sur l'électricité (TCCFE, TDCFE et TICFE) seront a priori regroupées sous l'unique acronyme TICFE et seront versées par les fournisseurs d'électricité directement aux services fiscaux de l'État. À charge pour ces derniers de reverser ensuite aux collectivités la part qu'il leur revient, préservant ainsi les ressources des collectivités locales concernées.

À compter du 1er janvier 2021 la TICFE, dont le tarif de droit est de 22,5 € par mégawattheure, sera majorée d'une composante communale (l'ex. TCCFE) et d'une composante départementale (ex. : TDCFE), dont les tarifs resteront fixés par la délibération des conseils municipaux et de conseils départementaux, avec, cependant, moins de marge de manœuvre pour les communes.

À compter du 1er janvier 2022, la gestion de la TICFE et de la part départementale sera confiée à la DGFiP, puis de nouveaux ajustements de tarifs de la TCCFE seront effectués.

Le 1er janvier 2023, la gestion de la taxation sera également confiée à la DGFiP qui sera alors le guichet unique en matière d'accises applicables à l'électricité.

900 **Parts communale et départementale de la taxe sur la consommation finale d'électricité.** Un décret du 4 février 2022 n° 2022-129 détermine les modalités de calcul des produits de taxe sur la consommation finale d'électricité revenant aux communes, établissements publics de coopération intercommunale, départements et la métropole de Lyon, la ville de Paris en application de la réforme de la taxation sur la consommation finale d'électricité introduite par l'article 54 de la loi du 29 décembre 2020 de finances pour 2021.

Il précise la provenance des données utilisées, prévoit les conditions dans lesquelles sont constatées les quantités d'électricité fournies à l'échelle des territoires et précise la méthode et le calendrier utilisés ainsi que le service de l'administration fiscale compétent pour recevoir les délibérations concordantes.

901 **TVA.** Les personnes morales de droit public sont assujetties en tout état de cause à la taxe sur la valeur ajoutée pour certaines de leurs activités économiques dont notamment la distribution de gaz, d'électricité et d'énergie thermique. En matière de TVA, ces activités sont de celles qui, étant mentionnées au deuxième alinéa de l'article 256 B du Code général des impôts, sont imposables de plein droit.

L'électricité utilisée par les personnes qui ont une activité de transport de personnes et de marchandises par autobus hybride rechargeable ou électrique est taxée à taux réduit. Les personnes qui exploitent des installations industrielles situées au sein de sites industriels électro-intensifs ou d'entreprises industrielles électro-intensives bénéficient de taux réduits de TICFE pour les consommations finales d'électricité effectuées pour les besoins du site industriel électro-intensif ou de l'entreprise industrielle électro-intensive (LFR n° 2017-1775, 28 déc. 2017, art. 60 et 88).

902 **Exemption de la taxe.** Sont exemptées de la taxe les consommations pour l'éclairage du domaine public national, départemental et communal. Les producteurs d'électricité pour lesquels la puissance de production installée sur le site est inférieure à 1 000 kilowatts bénéficient d'une exonération de TICFE sur l'électricité produite et consommée sur le site de production. Les petits producteurs d'électricité qui exploitent des installations de production d'électricité dont la production annuelle n'excède pas 240 millions de kilowattheures par site de production et qui autoconsomment intégralement l'électricité produite bénéficient d'une exonération de TICFE (L. nº 2017-227, 24 févr. 2017, art. 7 ; LFR nº 2017-1775, 28 déc. 2017, art. 60 et 88).

903 **Recouvrement de la taxe.** Les fournisseurs d'électricité sont tenus d'adresser au comptable public assignataire une déclaration au titre de chaque semestre civil, comportant les informations nécessaires à la détermination de l'assiette, à la liquidation et au recouvrement de la taxe (CGCT, art. L. 2333-5).

904 **Pièces justificatives – Délibération du conseil municipal :**
- convention entre le concessionnaire et la collectivité fixant la rémunération du concessionnaire qui ne peut dépasser un certain pourcentage des recettes recouvrées, fixé par arrêté interministériel ;
- relevé du concessionnaire indiquant les quantités d'énergie consommées passibles de la taxe, le calcul du produit de la taxe et les redressements sur relevés antérieurs (C. comptes, 5 juill. 1972).

▸ Compte **73142** – Taxe intérieure de consommation sur les produits énergétiques (TICPE)

905 Cette partie ne fait pas l'objet de commentaires.

▸ Compte **73143** – Redevance des mines

906 **Répartition de la redevance applicable aux substances minérales autres que les hydrocarbures liquides et gazeux (CGI, art. 312, ann. II).** La redevance communale des mines est divisée en trois fractions respectives de 35, 10 et 55 % :
- la fraction de 35 % est attribuée pour chaque concession de mines ou chaque société minière aux communes sur les territoires desquelles fonctionnent les exploitations assujetties et, au cas où il y a plusieurs communes intéressées, répartie proportionnellement au revenu net des propriétés bâties à raison duquel l'exploitation est imposée à la taxe foncière dans chacune d'elles, augmentée du revenu net que comportent par comparaison les propriétés bâties de l'exploitant qui sont temporairement exonérées de ladite taxe. Dans cette répartition, il n'est fait

état que des propriétés bâties affectées à l'extraction et à la vente des matières extraites ainsi qu'aux opérations commerciales et industrielles consécutives et accessoires à l'exploitation minière proprement dite ;
- la fraction de 10 % est répartie entre les communes intéressées au prorata de la partie du tonnage extrait de leurs territoires respectifs au cours de l'année écoulée. Toutefois, la fraction de 10 % de la redevance frappant les charbons extraits sous territoire étranger et amenés au jour par des puits et installations sis en France est répartie par le conseil général entre les communes qu'il désigne et selon les modalités qu'il choisit ;
- la fraction de 55 % forme pour l'ensemble de la France un fonds commun qui est réparti chaque année entre les communes où se trouvent domiciliés les ouvriers ou employés occupés à l'exploitation des mines et aux industries annexes, et au prorata du nombre de ces ouvriers ou employés. Ne sont pas comprises dans cette répartition les communes pour lesquelles ce nombre est inférieur à dix ni celles dans lesquelles le nombre d'ouvriers ou d'employés ne représente pas un pour mille de la population totale communale.

907 **Recouvrement de la redevance.** Les exploitants adressent chaque année, avant le 1er mars, à l'ingénieur en chef des mines, une déclaration indiquant les concessions, permis d'exploitation et explorations dont ils ont disposé au cours de l'année précédente, ainsi que les noms des communes sous le territoire desquelles ont fonctionné lesdites exploitations.

Cette déclaration fait ressortir pour chaque exploitation, et pour l'ensemble de l'année, le tonnage net du produit extrait.

L'ingénieur en chef, après avoir vérifié la déclaration, transmet à la direction des services fiscaux les éléments nécessaires au calcul de la redevance (CGI, art. 287).

Les services fiscaux recouvrent la redevance et la répartissent entre les communes.

908 **Pièce justificative - Recouvrement de la redevance :**
- fiche d'attributaire établie par le service de la DGI.

▸ Compte **73144** - Surtaxe sur les eaux minérales

909 **Tarifs de la surtaxe sur les eaux minérales.** Le conseil municipal en fixe le montant dans la limite des plafonds prévus par la loi à savoir 0,70 € par hectolitre. Il peut fixer pour les récipients d'un litre ou moins, soit un tarif unique quelle que soit la contenance, soit des tarifs variant, proportionnellement ou non, avec la contenance des divers récipients. Le taux de la surtaxe ne peut varier en fonction des matériaux constituant les récipients (Instr. CP n° 78-37-M0, 17 févr. 1978 ; CGI, art. 1582 et 1698 A).

Lorsque le produit de la surtaxe excède le montant des ressources de fonctionnement de la commune pour l'exercice précédent, le surplus est attribué au département. Toutefois, lorsque les communes qui perçoivent cette surtaxe exécutent des travaux d'assainissement prévus à l'article L. 2231-2 du CGCT, elles conservent, à concurrence de la moitié au maximum du surplus, les sommes nécessaires pour porter les ressources qu'elles retirent de la surtaxe au montant, soit des travaux, s'ils sont payés directement par les communes, soit des charges d'emprunts contractés par elles pour leur exécution.

910 **Pièces justificatives – Surtaxe sur les eaux minérales :**
- délibération du conseil municipal ;
- relevé des litres d'eau débités et du montant de la surtaxe.

▪ Compte **7315** – Taxes liées aux transports, aux véhicules et aux droits de stationnement

▸ Comptes **73151** à **73153** – Taxe sur les permis de conduire à Taxe sur les certificats d'immatriculation des véhicules (taxe est perçue par les régions)

911 Ces parties ne font pas l'objet de commentaires.

▸ Compte **73154** – Droits de place

912 **Règlement.** La création des marchés, leur suppression et les modifications concernant leur date ou leur emplacement sont décidées par délibération du conseil municipal. Le régime des droits de place et de stationnement sur les halles et marchés est défini par un cahier des charges ou un règlement établi par l'autorité municipale après consultation des organisations professionnelles intéressées (CGCT, art. L. 2224-19).

Le maire peut établir un règlement fixant les principes de gestion et de priorité selon lesquels les emplacements individuels seront attribués (Rép. min. n° 25218 : *JOAN*, 9 juill. 1990, p. 3263). Ses décisions sont exécutoires de plein droit. Générales ou individuelles, elles peuvent s'appliquer non seulement aux marchands mais aussi aux acheteurs ou encore aux voisins du marché ou aux riverains des voies publiques.

913 **Taux.** Perçus à l'occasion des marchés, foires, installation de chapiteaux, halles, ces droits sont perçus par un régisseur au moyen d'un carnet à souches. La cour administrative d'appel de Nantes a considéré, dans un arrêt rendu le 19 novembre 1998 (n° 96NT01246), que les agents de police municipale ne peuvent se voir attribuer en cette qualité d'autres missions que celles limitativement définies par les textes. En

conséquence, la perception des droits de place versés à la commune par les commerçants non sédentaires ne peut être confiée à des policiers municipaux qu'avec leur accord. Ils ont un caractère mixte. Leur caractère fiscal fait qu'ils échappent à la législation des prix. Ils forment, de par leur caractère domanial, l'une des prestations de la convention conclue pour l'occupation du domaine public entre la collectivité et le redevable.

Il n'est pas possible de surtaxer les commerçants de passage ou les forains ni de taxer plus modérément les commerçants détaillants que les grossistes (Circ. min. Intérieur n° 318, 6 juill. 1960, relative à la fixation des droits de place des marchés). Les droits peuvent être fonction de la valeur des marchandises vendues et peuvent varier selon que l'emplacement est couvert ou non. Ces droits sont parfois si peu élevés que les maintenir devient une erreur budgétaire au vu des dépenses occasionnées : impression des tickets, salaires du régisseur, etc.

914 **Pièces justificatives :**
- décision de création de la régie et de nomination du régisseur ;
- état dressé par le régisseur, visé par l'ordonnateur, faisant ressortir le prix unitaire des tickets, les numéros des tickets pris en charge, vendus et en stock chez le régisseur, ainsi que les montants correspondants ;
- délibération du conseil municipal ou décision du maire fixant les tarifs au mètre carré.

▸ Compte **73156** – Versement mobilité

915 **Transports en commun : assujettis.** En dehors de la région d'Île-de-France, les personnes physiques ou morales, publiques ou privées, à l'exception des fondations et associations reconnues d'utilité publique à but non lucratif dont l'activité est de caractère social, peuvent être assujetties à un versement destiné au financement des services de mobilité lorsqu'elles emploient au moins onze salariés :

1° dans une commune ou une communauté urbaine dont la population est supérieure à 10 000 habitants ou, dans les deux cas, lorsque la population est inférieure à 10 000 habitants et que le territoire comprend une ou plusieurs communes classées communes touristiques au sens de l'article L. 133-11 du Code du tourisme ;

2° dans le ressort d'un établissement public de coopération intercommunale compétent pour l'organisation de la mobilité, lorsque la population de l'ensemble des communes membres de l'établissement atteint le seuil indiqué ;

3° dans le ressort d'une métropole ou de la métropole de Lyon, sous réserve des dispositions prévues à l'article L. 5722-7-1.

L'effectif salarié employé dans chacune des zones où est institué le versement destiné au financement des services de mobilité et le franchissement du seuil de onze salariés sont décomptés selon les modalités prévues à l'article L. 130-1 du Code de la sécurité sociale (CGCT, art. L. 2333-64 et L. 2531-2).

916 **Avance remboursable mobilité.** Le décret du 18 novembre n° 2021-1502 du 18 novembre 2021 (*JO* 19 nov. 2021) modifie les conditions de mise en œuvre des dispositions de l'article 10 de la loi n° 2020-1473 du 30 novembre 2020 de finances rectificative pour 2020, relatives à l'avance remboursable au bénéfice des autorités organisatrices de la mobilité.

Les versements complémentaires d'avance remboursable intervenant après le 30 juin 2021 sont constatés en recettes de leur compte administratif 2021. L'ordonnateur adresse sa demande par courrier au représentant de l'État dans le département et au directeur départemental des finances publiques, accompagnée du montant des recettes tarifaires enregistrées directement par l'autorité organisatrice de la mobilité ou par ses concessionnaires ainsi que les rapports des concessionnaires prévus à l'article L. 3131-5 du Code de la commande publique.

Le bénéficiaire de l'avance communique chaque année avant le 1er juin au directeur départemental des finances publiques le montant du versement mobilité et le montant des recettes tarifaires perçus l'année précédente sur la base des comptes définitifs, mais aussi des rapports des concessionnaires.

917 **Tarifs.** Le taux de versement est fixé ou modifié par délibération du conseil municipal ou de l'organisme compétent de l'établissement public qui est l'autorité organisatrice de la mobilité au sens de l'article L. 1231-1 du Code des transports (CGCT, art. L. 2333-67).

918 **Exonérations.** Le versement de transport ne s'applique pas à certaines entités dont l'activité revêt un caractère social. L'article 125 de la loi n° 2020-1721 du 29 décembre 2020 de finances pour 2021 ajoute les associations intermédiaires dans le périmètre des entités exonérées de versement mobilité. Ces structures bénéficiaient déjà de l'exonération de fait sur le fondement d'une circulaire de l'ACOSS du 13 mai 1988. Sont donc désormais explicitement exonérées par la loi les fondations et associations reconnues d'utilité publique à but non lucratif dont l'activité est de caractère social et les associations intermédiaires.

919 **Affectation des recettes.**

1 – Cas où la recette est utilisée pour financer des dépenses imputables à la section de fonctionnement : le versement mobilité peut financer les dépenses de fonctionnement, les travaux de voirie imputables en

section de fonctionnement, mais également les dotations aux amortissements, aux provisions (CGCT, art. L. 2331-10), le prélèvement pour dépenses d'investissement ainsi que les subventions d'équipement versées à un tiers.

2 – Cas où la recette encaissée est reversée aux personnes visées à l'article L. 2333-70 du Code général des collectivités territoriales : l'article L. 2333-70 du Code général des collectivités territoriales prévoit le reversement du versement mobilité, dans des cas particuliers, par la collectivité à des tiers, notamment aux entreprises qui logent ou transportent leurs salariés. Le reversement du versement mobilité est enregistré au compte 739156 « Reversements sur taxe de versement mobilité ».

3 – Cas où la recette est utilisée pour financer des dépenses d'investissement : la recette du versement mobilité destinée à financer la construction ou l'acquisition d'une immobilisation est enregistrée en section de fonctionnement. Le financement de la section d'investissement est obtenu par le biais du virement à la section d'investissement.

920 **Recouvrement.** La commune ou l'établissement public de coopération intercommunale mentionné à l'article L. 2333-64 est crédité mensuellement du montant encaissé au titre du versement mobilité, après déduction de la retenue mentionnée à l'article D. 2333-83 du CGCT.

Les modalités de reversement des sommes par l'Agence centrale des organismes de sécurité sociale et la Caisse centrale de la mutualité sociale agricole sont précisées par arrêté du ministre de l'Intérieur, du ministre chargé de la Sécurité sociale, du ministre chargé du Budget, du ministre chargé de l'Agriculture et du ministre chargé des Transports.

921 **Pièces justificatives – Versement mobilité :**
- délibération du conseil municipal ;
- relevé mensuel détaillant le produit perçu par les organismes relevant du régime général de la sécurité sociale ;
- relevé trimestriel détaillant le produit perçu par les organismes de mutualité sociale agricole.

▪ Compte **7317** – Impôts et taxes spécifiques liés à des activités de services

▸ Compte **73171** – Taxe sur les conventions d'assurance

922 Cette partie ne fait pas l'objet de commentaires.

▸ Compte **73172** – Taxe de séjour

923 Compte 731721 – Taxe de séjour

924 Communes bénéficiaires. Une taxe de séjour ou une taxe de séjour forfaitaire peut être instituée par délibération prise par le conseil municipal avant le 1er juillet de l'année pour être applicable à compter de l'année suivante :

1° des communes touristiques et des stations classées de tourisme relevant de la section 2 du chapitre III du titre III du livre Ier du Code du tourisme ;

2° des communes littorales, au sens de l'article L. 321-2 du Code de l'environnement ;

3° des communes de montagne, au sens de la loi n° 85-30 du 9 janvier 1985 relative au développement et à la protection de la montagne ;

4° des communes qui réalisent des actions de promotion en faveur du tourisme ainsi que de celles qui réalisent des actions de protection et de gestion de leurs espaces naturels ;

5° ou des communes qui ont adopté la délibération contraire mentionnée au I de l'article L. 5211-21 du CGCT.

Les EPCI peuvent instituer une taxe de séjour intercommunale.

Les départements peuvent instituer une taxe additionnelle de 10 % à la taxe de séjour perçue par les communes ou EPCI (CGCT, art. L. 3333-1).

Une taxe additionnelle de 15 % s'applique de plein droit dans la région Île-de-France dont le produit est reversé à la société du Grand Paris (CGCT, art. L. 2531-17).

La date limite d'adoption des délibérations des communes et établissements publics de coopération intercommunale relatives à la taxe de séjour est le 1er juillet de l'année N – 1.

Réf.
- CGCT, art. 5211-21, L. 2333-26, L. 2333-29 à L. 2333-39, L. 2333-40 à L. 2333-47

925 Assiette des taxes. La taxe de séjour est établie sur les personnes qui ne sont pas domiciliées dans la commune. Seul le critère de la domiciliation est retenu. Dans ces conditions, les personnes qui peuvent justifier être domiciliées, même ponctuellement, sur le territoire de la commune, quand bien même elles disposent par ailleurs d'une autre résidence, ne sont pas assujetties à la taxe de séjour (LF 2020 n° 2019-1479, 28 déc. 2019, art. 16, 112, 113 et 114).

L'assiette au réel correspond au nombre de personnes hébergées pendant la période de taxation ; au forfait, l'assiette correspond à la capacité maximale d'accueil multipliée par le nombre de jours d'ouverture.

926 Tarif des taxes. Le tarif de la taxe de séjour forfaitaire est fixé, pour chaque nature et pour chaque catégorie d'hébergement, par unité de capacité d'accueil et par nuitée. La collectivité peut choisir pour chaque nature d'hébergement la taxation au réel ou forfaitaire (CGCT, art. L. 2333-30 et L. 2333-41).

Le tarif de la taxe est fixé par délibération. Il précise, le cas échéant, les dates de début et de fin des périodes de perception au sein de l'année. Le tarif de la taxe de séjour forfaitaire est arrêté conformément au barème prévu à l'article L. 2333-41 du CGCT.

Le tarif le plus élevé adopté par une collectivité pour les hébergements classés, les hôtels par exemple, s'appliquera aux hébergements non classés, par exemple les logements meublés type Airbnb (CGCT, art. L. 2333-30). Les hébergements sans classement ou en attente de classement sont désormais taxés proportionnellement au coût par personne de la nuitée.

927 **Tarif de la taxe de séjour au forfait.** Les communes touristiques ou les EPCI à vocation touristique peuvent instituer une taxe de séjour au forfait (CGCT, art. L. 2333-41). Les modalités de la taxe sont fixées par une délibération du conseil municipal ou de l'organe délibérant de l'EPCI (période de perception, tarifs applicables en fonction de la nature et de la catégorie de l'hébergement, etc.). Pour calculer les montants de la taxe de séjour au forfait, il convient de multiplier le tarif applicable à chaque catégorie d'hébergement par le nombre de nuitées, puis par le nombre d'unités de capacité d'accueil, qui correspond au nombre de personnes susceptibles d'être hébergées. Ce nombre d'unités fait l'objet d'un abattement en fonction de la durée de la période d'ouverture de l'établissement, dont le taux était jusqu'à présent compris entre 10 et 50 %. Le taux maximum d'abattement applicable à la capacité d'hébergement prise en compte dans le calcul de la taxe de séjour forfaitaire passe de 50 à 80 %.

928 **Nature des hébergements à taxer.** Les natures d'hébergement mentionnées concernées par la taxe de séjour sont (CGCT, art. R. 2333-44) : les palaces, les hôtels de tourisme, les résidences de tourisme, les meublés de tourisme, les villages de vacances, les chambres d'hôtes, les emplacements dans les aires de camping-cars et les parcs de stationnement touristiques, les terrains de camping, les terrains de caravanage ainsi que tout autre terrain d'hébergement de plein air, les ports de plaisance, les hébergements en attente de classement et les hébergements sans classement qui ne relèvent pas des natures d'hébergement mentionnées ci-avant.

L'article 113 de la loi de finances pour 2020 a intégré la définition des auberges collectives dans le Code du tourisme.

929 **Recouvrement des taxes.** L'article 67 de la loi de finances pour 2015 a renforcé les modalités de recouvrement amiable et forcé de la taxe de séjour et de la taxe de séjour forfaitaire. En cas de défaut de déclaration,

d'absence ou de retard de paiement de la taxe collectée, le maire ou le président de l'EPCI compétent pourra mettre en œuvre une procédure de taxation d'office, après avoir mis en demeure le redevable défaillant de régulariser sa situation. À défaut de régularisation en temps utile, un avis de taxation d'office motivé pourra être communiqué au déclarant défaillant trente jours au moins avant la mise en recouvrement de l'imposition. Tout retard dans le versement du produit de la taxe donnera lieu à l'application d'un intérêt de retard égal à 0,75 % par mois de retard.

Les taxes sont versées par les logeurs, hôteliers ou propriétaires au receveur municipal selon une périodicité fixée par l'assemblée délibérante (CGCT, art. R. 2333-61) à l'appui des justificatifs comportant les informations suivantes :
- nombre de personnes ayant logé ;
- nombre de nuitées constatées ;
- montant de la taxe perçue ;
- motifs d'exonération de la taxe de séjour, le cas échéant ;
- date de la perception ;
- adresse du logement ;
- prix de chaque nuitée lorsque l'hébergement n'est pas classé ;
- numéro d'enregistrement de l'hébergement prévu à l'article L. 324-1-1 du Code du tourisme.

Afin de faciliter les contrôles opérés par les collectivités territoriales dans le cadre du recouvrement de la taxe de séjour dite « au réel », la date à laquelle débute le séjour devra également être transmise.

Le contrôle des déclarations déposées par les logeurs est effectué par le maire et les agents commissionnés par lui. Les manquements au versement sont sanctionnés (CGCT, art. R. 2333-58 et L. 2333-39).

930 Reversement des taxes par les plateformes. Si le régime est forfaitaire, c'est l'hébergeur ou l'intermédiaire qui verse directement à la collectivité, à charge de répercuter ou pas le montant sur le prix de la nuitée. Dans le cas d'une taxation au réel, l'hébergeur encaisse le montant auprès du touriste et le reverse ensuite à la collectivité.

L'article 114 de la loi de finances pour 2020 a modifié la périodicité de reversement de la taxe de séjour collectée par toutes les plateformes. Dorénavant, elles devront procéder à deux versements de la taxe de séjour, au plus tard le 30 juin et le 31 décembre de chaque année. La loi précise également que le versement du mois de juin inclut les sommes collectées au titre de l'année antérieure qui n'auraient pas été encore reversées. Le même raisonnement est applicable au versement qui intervient avant le 31 décembre : celui-ci doit contenir les éventuelles sommes collectées avant le 30 juin et qui n'ont pas été reversées à cette date par les plateformes.

Dans l'hypothèse d'un départ furtif d'un assujetti, les plateformes de location peuvent désormais faire une demande en exonération auprès de la commune du lieu de l'hébergement dans les deux mois après la facturation du séjour. En l'absence de signalement, les plateformes doivent s'acquitter du montant de la taxe due, tout comme les obligations existantes pour les autres professionnels.

931 **Taxation d'office.** En cas d'absence de déclaration, de déclaration erronée ou de retard de paiement de la taxe de séjour collectée ou de la taxe de séjour forfaitaire, l'exécutif de la collectivité adresse au propriétaire de l'hébergement une mise en demeure par lettre recommandée avec demande d'avis de réception. Faute de régularisation dans le délai de trente jours suivant la notification de cette mise en demeure, un avis de taxation d'office motivé est communiqué au déclarant défaillant.

Le montant dû fait l'objet d'un titre de recettes exécutoire mentionnant les bases de l'imposition retenues ; un autre titre de recettes peut être émis pour les intérêts de retard. Depuis le 1er janvier 2019, tout retard dans le versement du produit de la taxe de séjour, que ce soit au réel ou au forfait, donne lieu à l'application d'un intérêt qui est égal à 0,20 % par mois de retard. Cet intérêt était antérieurement de 0,75 % par mois de retard.

La loi de finances pour 2019 (art. 162) a renforcé les sanctions applicables aux professionnels devant collecter la taxe de séjour ainsi que ceux assujettis à la taxe de séjour forfaitaire. Les sanctions sont prononcées par le président du tribunal de grande instance, statuant en référé et sur demande de la commune ou de l'EPCI ayant institué la taxe de séjour. Le produit des amendes, allant de 150 € à 12 500 € en fonction du type de manquement, est versé à la structure locale.

Dans l'hypothèse d'un départ furtif d'un assujetti, les plateformes de location peuvent désormais faire une demande en exonération auprès de la commune du lieu de l'hébergement dans les deux mois après la facturation du séjour. En l'absence de signalement, les plateformes doivent s'acquitter du montant de la taxe due, tout comme les obligations existantes pour les autres professionnels.

> **Réf.**
> – CGCT, art. D. 2019-1062, 16 oct. 2019 ; art. R. 2333-48

932 **Exonérations et abattements.** Sont exemptés de la taxe de séjour (CGCT, art. L. 2333-31) :

1° les personnes titulaires d'un contrat de travail saisonnier employées dans la commune ;

2° les personnes bénéficiant d'un hébergement d'urgence ou d'un relogement temporaire ;

3° les personnes qui occupent des locaux dont le loyer est inférieur à un montant que le conseil municipal détermine.

Les communes peuvent moduler les tarifs en fonction de la durée d'ouverture selon un taux d'abattement entre 10 et 50 %.

933 **Affectation des taxes de séjour.** Sous réserve de l'application de l'article L. 133-7 du Code du tourisme, le produit de la taxe de séjour ou de la taxe de séjour forfaitaire est affecté aux dépenses destinées à favoriser la fréquentation touristique de la commune.

1 – Dans les communes qui ont institué la taxe de séjour ou la taxe de séjour forfaitaire au titre des actions de protection et de gestion de leurs espaces naturels, le produit de la taxe peut être affecté, sous réserve du même article L. 133-7, aux dépenses destinées à favoriser la protection et la gestion de leurs espaces naturels à des fins touristiques. Lorsque ces communes sont situées, dans leur intégralité ou en partie, sur le territoire d'un parc national ou d'un parc naturel régional géré par un établissement public administratif, le produit de la taxe peut être reversé par la commune ou l'établissement public de coopération intercommunale à l'organisme gestionnaire du parc, dans le cadre d'une convention.

2 – Lorsqu'un établissement public de coopération intercommunale doté d'une compétence en matière de développement économique comprend au moins une commune de montagne mentionnée au 3° du I de l'article L. 2333-26, l'ensemble des communes-membres peut reverser à cet établissement public tout ou partie de la taxe qu'elles perçoivent.

934 **Pièces justificatives – Taxe de séjour :**
- délibération du conseil municipal ;
- état dressé par le logeur ou l'hôtelier dans les conditions ci-dessus (Instr. CP n° 88-86-M0, 25 juill. 1988).

935 **Compte 731722** – Taxe additionnelle à la taxe de séjour

936 Cette partie ne fait pas l'objet de commentaires.

▸ Compte **73173** – Impôt et prélèvement sur les jeux

937 Compte **731731** – Impôt sur les cercles et maisons de jeux

938 **Tarifs d'imposition.** Les tarifs sont fonction du montant des recettes brutes annuelles (TTC) :
- 10 % pour la fraction comprise entre 10 000 et 100 000 € ;
- 30 % pour la fraction supérieure à 100 000 € et inférieure ou égale à 1 500 000 € ;
- 40 % pour la fraction supérieure à 1 500 000 € et inférieure ou égale à 2 600 000 € ;

- 55 % pour la fraction supérieure à 2 600 000 € et inférieure ou égale à 5 500 000 € ;
- 70 % pour la fraction supérieure à 5 500 000 €.

Réf.
- CGI, art. 1563 et 1560, II

939 Affectation de l'impôt. Le produit de l'impôt visé aux articles 1559 et 1560 est attribué aux communes sur le territoire desquelles les maisons de jeux ont leur établissement. Il est recouvré par les agents de la direction des finances publiques et versé mensuellement ; la perception de l'impôt est obligatoire dans toutes les communes.

Le produit de l'impôt visé aux articles 1559 et 1560 est attribué aux communes sur le territoire desquelles les maisons de jeux ont leur établissement. Il est recouvré par la DDFiP et versé mensuellement, sous déduction d'une retenue de 5 % pour frais d'assiette et de perception. Si la retenue de 5 % s'avérait insuffisante, elle pourrait être augmentée par arrêté ministériel. La perception de l'impôt est obligatoire dans toutes les communes.

Les communes sont tenues de verser aux centres d'action sociale une fraction du produit de l'impôt au moins égale au tiers des sommes perçues. Toutefois, le conseil municipal peut, après avis de la commission administrative, réduire le montant de l'attribution minimale précitée au cas où les versements effectués au cours d'une année se révéleraient supérieurs aux besoins réels de l'établissement.

Lorsqu'un établissement est installé sur le territoire de plusieurs communes, l'impôt est perçu d'après le tarif applicable dans la commune la plus imposée et son produit réparti entre les communes intéressées soit au prorata de leurs populations respectives d'après le dernier recensement, soit en fonction des superficies occupées par l'établissement en cause dans les communes limitrophes.

Des délibérations des conseils municipaux intéressés déterminent le critère de répartition à adopter. En cas de désaccord, le produit de la taxe est réparti au prorata des populations des communes.

940 Pièces justificatives – Impôt sur les cercles et maisons de jeux :
- fiche d'attributaire établie par le service de la DGI mentionnant le service émetteur, le mois d'attribution, la commune bénéficiaire, la désignation du produit ainsi que son montant, déduction faite des frais d'assiette et de perception.

941 Compte **731732** – Prélèvement sur les produits des jeux

942 Tarifs des prélèvements. Dans les communes qui réalisent des actions de promotion en faveur du tourisme, le conseil municipal peut instituer un prélèvement sur le produit brut des jeux dans les casinos.

Le taux maximum des prélèvements opérés par les communes sur le produit brut des jeux dans les casinos régis par les articles L. 321-1 et suivants du Code de la sécurité intérieure en vertu des clauses des cahiers des charges de ces établissements ne doit, en aucun cas, dépasser 15 %. Ces prélèvements s'appliquent à la somme totale des éléments constitutifs du produit brut des jeux mentionnés à l'article L. 2333-55-1 du CGCT, diminuée de 25 % et, le cas échéant, de l'abattement supplémentaire mentionné au I de l'article 34 de la loi de finances rectificative pour 1995 (nº 95-1347, 30 déc. 1995).

Lorsque le taux du prélèvement communal ajouté au taux du prélèvement de l'État sur la somme des éléments constitutifs du produit brut des jeux mentionnés aux 1°, 2°, 3°, 4° et 5° de l'article L. 2333-55-1 dépasse 83,5 %, le taux du prélèvement de l'État est réduit de telle façon que le total des deux prélèvements soit de 83,5 %.

Les communes peuvent, par convention, reverser tout ou partie du prélèvement au groupement de communes, à une métropole, à la métropole de Lyon ou au syndicat mixte dont elles sont membres lorsqu'il réalise des actions de promotion en faveur du tourisme.

943 **Affectation des recettes provenant des produits des jeux.** Les recettes sont consacrées, à concurrence de 50 % de leur montant, à des travaux d'investissement destinés à l'amélioration de l'équipement touristique de la commune où est exploité le casino (CGCT, art. L. 2333-57).

944 **Pièces justificatives – Prélèvement sur les produits des jeux :**
- délibération du conseil municipal ;
- relevé récapitulatif mensuel en double exemplaire (à produire même s'il est négatif).

Le dernier jour du mois, le comptable du Trésor arrête et certifie l'état de détermination de l'assiette du prélèvement.

▸ Compte **73174** – Taxe locale sur la publicité extérieure

945 **Tarifs.** La commune ou l'établissement de coopération intercommunale fixe les tarifs par une délibération prise avant le 1er juillet précédant l'année d'imposition (CGCT, art. L. 2333-10) dans le respect des tarifs maximaux fixés à l'article L. 2333-9 ou à un niveau inférieur (CGCT, art. L. 2333-9 à L. 2333-12).

946 **Affiches cinématographiques.** Selon les dispositions du Code du cinéma et de l'image, un complexe cinématographique est considéré comme un établissement de spectacles. L'article L. 212-2 de ce code dispose que « constitue un établissement de spectacles cinématographiques toute salle ou tout ensemble de salles de spectacles publics spécialement aménagées,

de façon permanente, pour y donner des représentations cinématographiques ». Dès lors, le matériel publicitaire tel que les affiches de films utilisées pour promouvoir les représentations cinématographiques ou encore l'affichage des horaires ou de la programmation est exonéré de taxe locale sur la publicité extérieure.

Néanmoins, cette exonération ne s'applique pas aux enseignes des lieux de spectacles qui ne visent pas à promouvoir les prestations artistiques.

▸ Compte **73175** – Taxe sur les remontées mécaniques

947 **Assiette.** Les entreprises exploitant des engins de remontée mécanique peuvent être assujetties en zone de montagne à une taxe communale portant sur les recettes brutes provenant de la vente des titres de transport et dont le produit est versé au budget communal. Le montant de la taxe est inclus dans le prix du titre de transport et perçu sur l'usager. L'assiette de la taxe ne comprend ni le montant de celle-ci, ni celui de la taxe départementale prévue à l'article L. 3333. La taxe communale est instituée par délibération du conseil municipal qui en fixe le taux dans la limite de 3 % des recettes brutes provenant de la vente des titres de transport.

Si l'exploitation des remontées mécaniques s'étend sur plusieurs communes ou plusieurs départements, la répartition de l'assiette de la taxe visée à l'article L. 2333-49 entre lesdites communes ou lesdits départements est fixée, à défaut d'accord entre eux, par le représentant de l'État dans des conditions fixées par décret en Conseil d'État.

948 **Perception.** Les entreprises concernées doivent adresser aux maires des communes sur lesquelles est située l'exploitation une déclaration des recettes brutes provenant de la vente des titres de transport au cours du trimestre précédent. Cette déclaration doit être envoyée avant le vingt-cinquième jour du premier mois de chaque trimestre (Instr. CP n° 87-38-M0, 18 mars 1987).

La liquidation est faite par le maire. L'entreprise est tenue de s'acquitter de la taxe mise à sa charge auprès du receveur municipal dans les dix jours suivant la réception de la notification des sommes dont elle est redevable.

Tout retard de paiement donne lieu à l'application d'une indemnité égale, pour le premier mois, à 3 % du montant des sommes dont le versement a été différé et, pour chacun des mois suivants, à 1 % dudit montant.

949 **Affectation.** Le produit annuel de la taxe communale est affecté, sous réserve des dispositions prévues au premier alinéa de l'article L. 2333-52 du CGCT :

1° a des interventions favorisant le développement agricole en montagne ;

2° aux dépenses d'équipement, de services, de promotion et de formation induites par le développement du tourisme en montagne et les besoins des divers types de clientèle ainsi qu'à l'amélioration des accès ferroviaires et routiers ;

3° aux dépenses de développement d'un tourisme d'initiative locale en montagne et des activités qui y contribuent ;

4° à des charges engagées par les clubs locaux de ski pour la formation technique de leurs jeunes adhérents ;

5° au financement d'actions de prévention des accidents en montagne conduites par des organismes compétents en la matière, et notamment par les sociétés de secours en montagne.

Réf.
- CGCT, art. L. 2333-53

950 **Pièces justificatives – Taxe sur les remontées mécaniques :**
- délibération du conseil municipal ;
- déclaration trimestrielle de l'exploitant ;
- attestation annuelle de l'exploitant ;
- état de liquidation établi par l'ordonnateur.

▸ Compte **73176** – Taxes funéraires

951 ***Nota bene.*** Voir aussi le compte 70312 « Redevance funéraire ».

▸ Compte **73177** – Taxes liées à l'insertion professionnelle

952 Compte **731771** – Fraction TICPE – Réforme de l'apprentissage à **731774** –TICPE FPA

953 Ces parties ne font pas l'objet de commentaires.

954 Compte **731775** – TICPE – Primes employeurs apprentis

955 **Taxe sur les permis de conduire.** Cette taxe est instituée et perçue par le conseil régional de La Réunion, la collectivité de Corse, la collectivité territoriale de Guyane, la collectivité territoriale de Martinique et par le département de Mayotte. En contrepartie de sa suppression, il est instauré un mécanisme de majoration du tarif de la taxe régionale sur la délivrance des certificats d'immatriculation institué par ces collectivités. Un arrêté ministériel constate le niveau de majoration appliqué par chaque collectivité. Enfin, ces dispositions s'appliquent aux impositions dont le fait générateur est intervenu au plus tard le 31 décembre 2019.

Réf.
- CGI, art. 1599 *terdecies* et 1599 *quaterdecies*

▸ Compte **7318** – Autres

956 **Conventions d'occupation du domaine public conclues entre deux personnes publiques.** Dans sa réponse écrite du 24 mars 2022, le Gouvernement rappelle le principe de la non-gratuité de l'utilisation du domaine public ; principe qui connaît un certain nombre d'exceptions, dont pour les conventions d'occupation du domaine public conclues entre personnes publiques et notamment entre collectivités territoriales. Ainsi, l'article L. 2125-1 du CGPPP prévoit que l'autorisation d'occupation ou d'utilisation du domaine public peut être délivrée gratuitement lorsqu'elle est la condition naturelle et forcée de l'exécution de travaux ou de la présence d'un ouvrage, intéressant un service public qui bénéficie gratuitement à tous.

Compte **732** – Fiscalité reversée

▪ Compte **7321** – Fiscalité reversée entre collectivités locales

▸ Compte **73211** – Attribution de compensation

957 **Principe.** Le dispositif des attributions de compensation relevant de la loi n° 92-125 du 6 février 1992 relative à l'administration territoriale assure la neutralité budgétaire des charges résultant des transferts de compétence entre l'EPCI et les communes-membres.

Selon le 2° du V de l'article 1609 *nonies* C du Code général des impôts, le montant des attributions est égal à la somme des impositions professionnelles dévolues à l'EPCI, corrigée, le cas échéant, du coût des transferts de charges.

L'attribution de compensation est :
- obligatoire pour les seuls EPCI à fiscalité professionnelle unique ;
- facultative pour les EPCI à fiscalité additionnelle avec fiscalité professionnelle de zone.

Le troisième alinéa du 1° du V de l'article 1609 *nonies* C du Code général des impôts impose aux organes délibérants des EPCI à FPU la communication à chaque « commune membre, avant le 15 février de chaque année, [du] montant prévisionnel des attributions » de compensation qui leur reviennent, quelle que soit la méthode de calcul employée. Cette compensation ne peut être indexée.

958 **Révision des attributions de compensation.** Le législateur a prévu plusieurs hypothèses dans lesquelles le montant des attributions de compensation peut être révisé. Il y a lieu de distinguer les procédures de révision liées à des modifications structurelles des composantes de l'attribution de

compensation (diminution des bases de fiscalité professionnelle ou changement du montant des charges transférées) et les procédures de révision dérogatoire liées à des facteurs tels qu'une modification du périmètre intercommunal. Sont ainsi possibles les révisions de compensation dans les cas suivants :
- nouveau transfert de charges entre les communes et l'EPCI ou diminution des produits de fiscalité professionnelle ;
- révision libre selon le 1° *bis* du V de l'article 1609 *nonies* C du CGI, dans sa rédaction issue de l'article 34 de la loi n° 2014-1655 du 29 décembre 2014 de finances rectificative pour 2014 (II), qui dispose qu'à compter du 1er janvier 2015 les attributions de compensation pourront « être révisées librement par délibérations concordantes du conseil communautaire, statuant à la majorité des deux tiers, et des conseils municipaux des communes membres » ;
- fusion d'EPCI ou modification de périmètre intercommunal par dérogation et uniquement lors de la première année de la modification de périmètre, une révision des attributions de compensation peut être décidée librement, par délibérations concordantes prises à la majorité qualifiée des conseils municipaux concernés et du conseil communautaire, sous réserve que l'ajustement à la baisse ou à la hausse n'excède pas un certain pourcentage du montant initial de l'attribution de compensation ;
- par application du 7° du V de l'article 1609 *nonies* C qui dispose que les établissements publics de coopération intercommunale appliquant le régime de fiscalité professionnelle unique : les conseils municipaux de leurs communes-membres peuvent procéder, par délibérations concordantes prises à la majorité qualifiée, prévue au premier alinéa du II de l'article L. 5211-5 du CGCT, à la diminution des attributions de compensation d'une partie des communes-membres lorsque les communes concernées disposent d'un potentiel financier par habitant supérieur à plus de 20 % au potentiel financier par habitant moyen de l'ensemble des communes-membres ; cette révision à la baisse de leurs attributions de compensation ne peut excéder 5 % du montant initial de celles-ci.

▸ Compte **73212** – Dotation de solidarité communautaire

959 **Principe.** La dotation de solidarité communautaire (DSC) vise à réduire les écarts de richesse entre les communes-membres d'un EPCI à fiscalité propre : aux EPCI à FPU et aux EPCI à FA.

La DSC est instituée de manière obligatoire ou facultative selon la nature de l'EPCI à fiscalité propre :
- elle est facultative pour : les communautés de communes, les communautés d'agglomération, la métropole du Grand Paris ;
- elle est obligatoire pour : les communautés urbaines, les métropoles, la métropole de Lyon, l'EPCI à fiscalité propre issu d'une fusion d'EPCI

depuis moins de trois ans s'il a adopté un pacte financier et fiscal et s'il existe, à la date de la fusion, un écart d'au moins 40 % entre la commune-membre disposant du potentiel financier agrégé par habitant le plus élevé et la commune-membre disposant du potentiel financier agrégé par habitant le moins élevé.

Réf.
- LF 2020 n° 2019-1479, 28 déc. 2019, art. 256
- CGI, art. 1609 *nonies* C
- CGCT, art. L. 5211-28-4

960 **Montant.** Le montant de la DSC est librement fixé par le conseil communautaire. Il est réparti entre les communes-membres de l'EPCI. Par ailleurs, lorsqu'une zone d'activités économiques est située sur tout ou partie du territoire de l'EPCI à fiscalité propre instituant la DSC, ce dernier peut étendre son versement aux EPCI à fiscalité propre constituant un ensemble sans discontinuité territoriale et limitrophe de son territoire.

961 **Les critères de répartition de la DSC.** Le II de l'article L. 5211-28-4 du CGCT définit les critères de répartition de la DSC. Cette dernière doit être répartie majoritairement selon deux critères obligatoires prévus par la loi :
- l'insuffisance du potentiel financier ou fiscal par habitant de la commune ;
- l'écart de revenu moyen par habitant de la commune par rapport à celui de l'EPCI.

Ces critères obligatoires sont pondérés par la population communale, soit INSEE, soit DGF, au choix de l'EPCI, et doivent justifier au moins 35 % de la répartition du montant de la DSC.

Le conseil communautaire peut librement définir des critères complémentaires, dès lors qu'ils poursuivent un objectif de réduction des disparités de ressources et de charges entre les communes. Afin de garantir le caractère majoritaire des deux critères obligatoires précités, un critère complémentaire choisi par le conseil communautaire ne peut, à lui seul, justifier la répartition de la DSC pour une proportion supérieure à la somme des deux critères obligatoires.

Ces critères de répartition ne s'appliquent pas à la métropole du Grand Paris qui répartit, le cas échéant, la DSC selon les modalités définies à l'article L. 5219-11 du CGCT.

962 **Modalités spécifiques d'institution de la DSC lorsqu'un EPCI à FPU est signataire d'un contrat de ville.** Lorsqu'un EPCI à FPU est signataire d'un contrat de ville défini à l'article 6 de la loi n° 2014-173 du 21 février 2014 de programmation pour la ville et la cohésion urbaine, il doit adopter dans un délai d'un an, à partir de la date de la signature du contrat de ville, un pacte financier et fiscal. L'EPCI à FPU, en concertation avec ses communes-membres, adopte par délibération ledit pacte.

▸ Compte **73213** - Reversement du prélèvement du bloc communal sur le produit brut des jeux

963 Cette partie ne fait pas l'objet de commentaires.

▸ Compte **73214** - Attribution de compensation CVAE - Département - Région

964 **Cotisation sur la valeur ajoutée des entreprises (CVAE).** La cotisation sur la valeur ajoutée (CVAE) est la deuxième composante de la contribution économique territoriale (CET) due par les entreprises et les travailleurs indépendants qui génèrent un certain montant de chiffre d'affaires. Cette taxe est instaurée au profit des collectivités territoriales.

Les personnes physiques ou morales ainsi que les sociétés non dotées de la personnalité morale et les fiduciaires pour leur activité exercée en vertu d'un contrat de fiducie qui exercent une activité dans les conditions fixées aux articles 1447 et 1447 *bis* et dont le chiffre d'affaires HT est supérieur à 500 000 € est redevable de la CVAE quel que soit le statut juridique, l'activité ou le régime d'imposition. Cependant, toutes les entreprises ou personnes exerçant une activité professionnelle non salariée et dont le chiffre d'affaires est supérieur à 152 500 € ont l'obligation de faire une déclaration de valeur ajoutée et des effectifs salariés, même si elles ne sont pas, au final, redevables de la CVAE.

Le décret n° 2021-1513 du 22 novembre 2021 modifie les modalités de répartition et de reversement aux collectivités territoriales du produit de la cotisation sur la valeur ajoutée (CVAE) des entreprises prévues par l'article 344 *quaterdecies* de l'annexe III au Code général des impôt (CGI).

Les articles 1379 et 1379-0 *bis* modifiés par l'article 8 de la loi n° 2020-1721 du 29 décembre 2020 de finances pour 2021 (communes et établissements publics de coopération intercommunale), 1586 (départements) et 1599 *bis* (régions) du CGI, fixent les modalités de répartition entre collectivités territoriales du produit de la cotisation sur la valeur ajoutée des entreprises.

Les communes et les EPCI, d'une part, et les départements, d'autre part, perçoivent désormais une fraction égale à respectivement 53 % et 47 % du produit de la CVAE afférent à leur territoire, tandis que les régions n'en perçoivent plus.

L'article 344 *quaterdecies* de l'annexe III au CGI précise le mode de répartition de la CVAE acquittée par chaque contribuable, entre les collectivités et le cas échéant les établissements publics de coopération intercommunale qui comprennent au moins une commune sur le territoire de laquelle la valeur ajoutée produite a été imposée.

▸ Compte **73215** – Reversements conventionnels de fiscalité

965 Cette partie ne fait pas l'objet de commentaires.

▪ Compte **7322** – Fiscalité reversée par l'intermédiaire d'un fonds

966 Cette partie ne fait pas l'objet de commentaires.

▪ Compte **7323** – Reversement du prélèvement sur les jeux et les paris hippiques

967 ***Nota bene.*** À compter de 2020, 75 % de la fraction de la taxe versée aux collectivités locales reste répartie au prorata des enjeux des courses hippiques organisées par les hippodromes et les 25 % restant le seront désormais au prorata du nombre de réunions de courses hippiques organisées. Le montant résultant de cette répartition ira pour moitié aux EPCI à fiscalité propre et pour moitié aux communes sur le territoire desquelles sont ouverts au public un ou plusieurs hippodromes. Néanmoins, sur délibération prise avant le 1er octobre de l'année pour application l'année suivante, les communes peuvent décider de transférer à leur EPCI à fiscalité propre la part du prélèvement dont elles bénéficient.

▪ Compte **7324** – Frais de gestion de la taxe foncière sur les propriétés bâties

968 Cette partie ne fait pas l'objet de commentaires.

Compte **733** – Fiscalité spécifique des collectivités d'Île-de-France

▪ Compte **7331** – Taxe annuelle sur les locaux à usage de bureaux

969 ***Nota bene.*** Son produit est réparti entre notamment la région Île-de-France, la Société du Grand Paris (SGP) et le Fonds national d'aide au logement (FNAL).

Les redevables de la taxe sont les personnes privées ou publiques propriétaires de locaux imposables ou titulaires d'un droit réel portant sur de tels locaux. Certains locaux sont exonérés de la taxe à raison de leur surface réduite ou de la qualité de leur propriétaire. L'article 231 *ter* du CGI fixe les tarifs applicables en fonction de la nature des locaux imposables. Ces tarifs varient en fonction d'un zonage défini à l'article 18 de la loi de finances pour 2020.

■ Comptes **7332** à **7334** – Taxe additionnelle aux droits de mutation à Dotation de soutien à l'investissement territorial

970 Ces parties ne font pas l'objet de commentaires.

Comptes **734** et **735** – Fiscalité spécifique à la collectivité de Corse et à l'outre-mer et Fraction de TVA

971 Ces parties ne font pas l'objet de commentaires.

Compte **738** – Autres impôts et taxes

972 **Taxe sur la plus-value de cession à titre onéreux des terrains nus rendus constructibles.** L'article 26 de la loi n° 2006-872 du 13 juillet 2006 portant engagement national pour le logement et l'article 19 de la loi n° 2006-1771 du 30 décembre 2006 de finances rectificative pour 2006 autorisent les communes pour les cessions intervenues à compter du 1er janvier 2007 à instituer une taxe (CGI, art. 1259) sur les cessions de terrains nus rendus constructibles. Les EPCI peuvent instituer cette taxe à leur profit.

L'article 38 de la loi n° 2009-323 du 25 mars 2009 de mobilisation pour le logement assoit cette taxe sur la plus-value réalisée, laquelle se calcule en faisant la différence entre le prix de cession et le prix d'acquisition actualisé de l'indice des prix à la consommation.

973 **Autres taxes diverses.** Le compte 738 enregistre aussi la taxe sur les éoliennes maritimes (CGI, art. 1379, 1519 et 1535) et la taxe sur les friches commerciales (CGI, art. 1530).

Compte **739** – Reversements et restitutions sur impôts et taxes

■ Compte **7391** – Reversements et restitutions sur fiscalité locale

▸ Compte **73911** – Reversements et restitutions sur contributions directes

974 Compte **739111** – Restitutions au titre des dégrèvements à la charge des collectivités locales

975 Compte **7391111** – Dégrèvement de taxe foncière sur les propriétés non bâties en faveur des jeunes agriculteurs à **7391112** – Dégrèvement de taxe d'habitation sur les logements vacants

976 Ces parties ne font pas l'objet de commentaires.

977 Compte **7391113** – Dégrèvement au titre du plafonnement de la CET sur la valeur ajoutée

978 **Principe.** La différence entre le montant du dégrèvement accordé à l'entreprise et le montant pris en charge par l'État est mise à la charge des collectivités et de leurs EPCI dotés d'une fiscalité propre. Le montant maximum de prélèvement vient en diminution des attributions mensuelles des taxes et impositions perçues par voie de rôle restant à verser au titre de l'année d'imposition : au budget figurent une recette au compte 7311 pour le montant brut des douzièmes et une dépense au compte 7391173 pour le montant du dégrèvement mis à la charge de la collectivité. Les collectivités et EPCI prennent en charge le coût du dégrèvement correspondant à l'augmentation de leur taux par rapport à un taux de référence sous réserve de plusieurs mécanismes de garantie (Instr. fiscale DGFiP n° 6E2009, relative à la taxe professionnelle : *BOI*, n° 21, 24 févr. 2009).

979 Compte **7391118** – Autres restitutions au titre de dégrèvements sur contributions directes

980 Cette partie ne fait pas l'objet de commentaires.

981 Compte **739115** – Prélèvements au titre de la contribution au redressement des finances publiques et **739116** – Prélèvements au titre de l'article 55 de la loi SRU

982 Ces parties ne font pas l'objet de commentaires.

▸ Comptes **73912** à **73917** – Reversements sur droits d'enregistrement à Reversements sur impôts et taxes spécifiques liés à des activités de services

983 Ces parties ne font pas l'objet de commentaires.

▪ Compte **7392** – Prélèvements pour reversements de fiscalité

984 Cette partie ne fait pas l'objet de commentaires.

▪ Compte **7393** – Reversements de fiscalité spécifique des collectivités d'Île-de-France

▸ Compte **73933** – Fonds de solidarité des collectivités d'Île-de-France

985 Compte 739331 – Communes (FSRIF)

986 **Pièces justificatives – Fonds de solidarité de la région Île-de-France :**
- état de répartition dressé par les services préfectoraux, transmis par le DDFIP et faisant mention du nom des collectivités et du montant de la dotation forfaitaire.

987 Compte **739332** – Départements (FSDRIF)

988 Cette partie ne fait pas l'objet de commentaires.

▸ Compte **73934** - Dotation de soutien à l'investissement territorial

989 Cette partie ne fait pas l'objet de commentaires.

▪ Compte **7394** - Reversements de fiscalité de la collectivité de Corse et de l'outre-mer

990 Cette partie ne fait pas l'objet de commentaires.

COMPTE **74**

Dotations et participations

Compte **741** - DGF

▪ Compte **7411** - DGF des communes et des établissements publics de coopération intercommunale (EPCI)

991 **Structure de la DGF des communes.** La DGF des communes est répartie en deux types de dotations :

1 – La dotation forfaitaire des communes qui comprend elle-même cinq composantes :
- dotation de base par habitant : elle fixe un montant de base par habitant en fonction de la taille de la commune ;
- dotation « superficiaire » : elle fixe un montant par hectare en prenant en compte la situation géographique de la commune ;
- complément de garantie : il vise à garantir pour chaque commune le montant de la dotation forfaitaire versée en 2004. Depuis 2009, ce complément est minoré chaque année ;
- part « compensation » : elle correspond à l'ancienne « part salaires » (CPS) de la taxe professionnelle ainsi qu'à la compensation des baisses de dotation de compensation de la taxe professionnelle (DCTP) supportées par certaines communes entre 1998 et 2001, incluses depuis 2004 dans la dotation forfaitaire ;
- dotation « parc national et naturel marin » : elle est composée d'une fraction destinée aux communes dont le territoire est tout ou partie compris dans le cœur d'un parc national, d'une fraction réservée aux communes insulaires de métropole classées en parc naturel marin, et

d'une fraction versée aux communes insulaires d'outre-mer également classées en parc naturel marin.

2 – Les dotations de péréquation des communes :

- dotation de solidarité urbaine et de cohésion sociale (DSU) : elle bénéficie essentiellement aux communes de plus de 10 000 habitants présentant une situation financière fragile. Elle se base sur un indice synthétique de charges et de ressources qui intègre le potentiel financier, la proportion de logements sociaux, la proportion de bénéficiaires des aides personnalisées au logement (APL) ainsi que le revenu imposable moyen des habitants ;
- dotation de solidarité rurale (DSR) : elle constitue le pendant de la DSU pour les communes rurales. Sont éligibles à la DSR les communes de moins de 10 000 habitants ayant un potentiel financier inférieur au double du potentiel financier de leur strate ;
- dotation nationale de péréquation (DNP) : sont éligibles les communes qui ont un potentiel financier par habitant inférieur au potentiel financier moyen par habitant majoré de 5 % des communes appartenant au même groupe démographique et qui possèdent un effort fiscal supérieur à l'effort fiscal moyen des communes de même strate démographique. Pour les communes d'outre-mer, les montants des enveloppes des dotations de péréquation sont déterminés en appliquant au montant total de la dotation de péréquation considérée un ratio de population majoré de 33 %.

992 Dotation d'amorçage – Communes nouvelles. Selon l'article L. 2113-22-1 du CGCT il est institué, au sein de la dotation globale de fonctionnement, une dotation d'amorçage en faveur des communes nouvelles mentionnées à l'article L. 2113-1.

Au cours des trois premières années suivant leur création, les communes nouvelles dont l'arrêté de création a été pris à compter du prochain renouvellement général des conseils municipaux suivant la promulgation de la loi n° 2019-1479 du 28 décembre 2019 de finances pour 2020, et regroupant une population inférieure ou égale à 150 000 habitants, bénéficient d'une attribution au titre de cette dotation.

L'attribution revenant à chaque commune qui en remplit les conditions est égale à 6 € par habitant. Ce montant est majoré de 4 € par habitant pour les communes nouvelles dont l'arrêté de création a été pris à compter du 1er janvier 2022 lorsqu'elles ne regroupent que des communes dont la population est inférieure ou égale à 3 500 habitants. Le montant de l'attribution revenant à chaque commune est calculé chaque année pour tenir compte de l'évolution de la population.

993 Potentiel fiscal. Le périmètre du potentiel fiscal et du potentiel financier des communes est élargi et intègre des ressources supplémentaires :

- la taxe sur les pylônes ;

- la taxe locale sur la publicité extérieure (TLPE) ;
- la majoration sur les résidences secondaires ;
- les DMTO (taxe additionnelle sur les droits de mutation à titre onéreux et le fonds de péréquation des DMTO) pris en compte de façon moyennée sur trois ans ;
- le prélèvement sur recettes de compensation des communes contributrices au FNGIR subissant une perte de bases de CFE institué l'an dernier (LFI 2021, art. 79).

Pour les intercommunalités, le potentiel fiscal intègre la TH sur les résidences secondaires et autres locaux meublés non affectés à l'habitation principale, la nouvelle fraction de TVA, la compensation des intercommunalités contributrices au FNGIR subissant une perte de bases de CFE.

994 **Calcul du potentiel fiscal.** En 2022, le nouveau calcul du potentiel fiscal utilisé pour le calcul des dotations de péréquation (dotation de solidarité rurale (DSR) et (dotation nationale de péréquation (DNP)) intègre en complément :

- la moyenne des trois dernières années des produits de la taxe additionnelle aux droits de mutation à titre onéreux (TADM) ou du fonds départemental de la TADM ;
- la majoration de TH sur les résidences secondaires ;
- la taxe locale sur la publicité extérieure – TLPE ;
- la taxe sur les pylônes électriques ;
- la taxe sur les déchets stockés ;
- une fraction de la TVA perçue par l'EPCI (ventilée au prorata de la population de la commune) ;
- le montant de la compensation CFE des établissements industriels de l'EPCI (au prorata de la population de la commune).

995 **Effort fiscal.** La nouvelle définition de l'effort fiscal soustrait désormais dans le calcul de l'effort fiscal d'une commune l'apport de la fiscalité intercommunale, y compris le poids de la TEOM/ REOM. La mesure de l'effort fiscal des communes n'intègre plus que les produits et potentiels fiscaux perçus par les communes, contre le total des produits communaux et intercommunaux jusqu'alors.

Les produits de TEOM/REOM, de taxe additionnelle au foncier non bâti (TAFNB), les compensations fiscales de TH et TFNB et l'ancien produit de TH relatif aux résidences principales de TH, sont également exclus du calcul.

Toutefois, l'effort fiscal et l'effort fiscal agrégé seront affectés d'une fraction de correction : la neutralisation de la réforme sera intégrale en 2022, et la fraction de correction décroîtra progressivement de 2023 à 2028.

996 **Structure de la DGF des EPCI.** Elle se décompose en deux parties :
- la dotation d'intercommunalité : elle est répartie entre les EPCI en fonction de leur population et de la catégorie d'EPCI à laquelle ils appartiennent. Plus un groupement est intégré, plus la dotation par habitant est élevée ;
- la dotation de compensation des EPCI : elle correspond à l'ancienne compensation « parts salaires » (CPS) et à la compensation que percevaient certains EPCI au titre des baisses de la dotation de compensation de la taxe professionnelle (DCTP) subies entre 1998 et 2001.

▸ Compte **74111** - Dotation forfaitaire des communes

997 **Pièces justificatives - Dotation forfaitaire :**
- état de répartition dressé par les services préfectoraux, transmis par le directeur départemental des finances publiques et faisant mention du nom des collectivités et du montant de la dotation forfaitaire.

▸ Compte **74112** - Dotation d'aménagement

998 Compte **741121** – Dotation de solidarité rurale (DSR) des communes

999 **Dotation de solidarité rurale.** Elle est attribuée aux communes de moins de 10 000 habitants et à certains chefs-lieux d'arrondissement de moins de 20 000 habitants pour tenir compte, d'une part, des charges qu'elles supportent pour contribuer au maintien de la vie sociale en milieu rural, d'autre part, de l'insuffisance de leurs ressources fiscales (CGCT, art. L. 2334-21).

Cette dotation comporte trois fractions :

1 – La première fraction de la dotation de solidarité rurale est attribuée aux communes dont la population représente au moins 15 % de la population du canton et aux communes chefs-lieux de canton.

Ne peuvent être éligibles les communes :

1° situées dans une agglomération :

a) représentant au moins 10 % de la population du département ou comptant plus de 250 000 habitants,

b) comptant une commune soit de plus de 100 000 habitants, soit chef-lieu de département ;

2° situées dans un canton dont la commune chef-lieu compte plus de 10 000 habitants ;

3° dont le potentiel financier par habitant est supérieur au double du potentiel financier moyen par habitant des communes de moins de 10 000 habitants.

Bénéficient également de cette fraction les chefs-lieux d'arrondissement, dont la population est comprise entre 10 000 et 20 000 habitants, qui n'entrent pas dans les cas prévus aux 1° et 3° ci-dessus.

L'attribution revenant à chaque commune est déterminée en fonction :

a) de la population prise en compte dans la limite de 10 000 habitants ;

b) de l'écart entre le potentiel financier moyen par habitant des communes de moins de 10 000 habitants et le potentiel financier par habitant de la commune ;

c) de l'effort fiscal pris en compte dans la limite de 1,2 ;

d) d'un coefficient multiplicateur égal à 1,3 pour les communes situées en zones de revitalisation rurale telles que définies à l'article 1465 A du Code général des impôts.

Lorsqu'une commune cesse de remplir les conditions requises pour bénéficier de cette fraction de la dotation de solidarité rurale, cette commune perçoit, à titre de garantie non renouvelable, une attribution égale à la moitié de celle qu'elle a perçue l'année précédente.

2 – La seconde fraction de la dotation de solidarité rurale est attribuée aux communes dont le potentiel financier par habitant, tel qu'il est défini à l'article L. 2334-4, est inférieur au double du potentiel financier moyen par habitant des communes appartenant au même groupe démographique.

Cette fraction est répartie :

1° pour 30 % de son montant, en fonction de la population pondérée par l'écart entre le potentiel financier par habitant de la commune et le potentiel financier moyen par habitant des communes appartenant au même groupe démographique ainsi que par l'effort fiscal plafonné à 1,2 ;

2° pour 30 % de son montant, proportionnellement à la longueur de la voirie classée dans le domaine public communal ; pour les communes situées en zone de montagne, la longueur de la voirie est doublée ;

3° pour 30 % de son montant, proportionnellement au nombre d'enfants de trois à seize ans domiciliés dans la commune, établi lors du dernier recensement ;

4° pour 10 % de son montant au maximum, en fonction de l'écart entre le potentiel financier par hectare de la commune et le potentiel financier moyen par hectare des communes de moins de 10 000 habitants.

3 – La troisième fraction de la dotation de solidarité rurale est attribuée aux dix mille premières communes de moins de 10 000 habitants parmi celles éligibles au moins à l'une des deux premières fractions de la dotation de solidarité rurale classées de façon décroissante d'un indice synthétique (CGCT, art. L. 2334-22-1). Un décret du 17 novembre étend le périmètre

d'éligibilité de l'aide aux communes attributaires en 2021 de la fraction de la dotation de solidarité rurale prévue par l'article L. 2334-22-1 du Code général des collectivités territoriales et leurs EPCI et réduit le délai de consultation des préfets de département sur les demandes d'aide de quinze à huit jours.

> **Réf.**
> – CGCT, art. L. 2334-20 à L. 2334-23

1000 **Dotation de solidarité rurale – Aide de soutien aux cantines scolaires.** Le décret n° 2021-1503 du 17 novembre 2021 (*JO* 19 nov. 2021) étend le périmètre d'éligibilité de l'aide aux communes attributaires en 2021 de la fraction de la dotation de solidarité rurale prévue par l'article L. 2334-22-1 du Code général des collectivités territoriales et leurs EPCI et réduit le délai de consultation des préfets de département sur les demandes d'aide de quinze à huit jours. Il s'agit d'une aide de soutien de leurs cantines scolaires dans le cadre du plan de relance.

1001 **Première fraction – La fraction bourgs-centres.** Pour la première fraction, sont éligibles les communes de moins de 10 000 habitants chefs-lieux de canton ou celles dont la population représente au moins 15 % de la population du canton à l'exception des communes :
- situées dans une agglomération ;
- représentant au moins 10 % de la population du département ou comptant plus de 250 000 habitants ;
- comptant une commune soit de plus sur 100 000 habitants, soit chef-lieu de département ;
- situées dans un canton dont la commune chef-lieu compte plus de 10 000 habitants ;
- bénéficiaires d'une attribution du fonds de solidarité des communes de la région Île-de-France (CGCT, art. L. 2531-12) ;
- dont le potentiel fiscal par habitant est supérieur au potentiel fiscal moyen par habitant des communes de moins de 10 000 habitants.

Bénéficient de cette fraction, sous certaines conditions, les chefs-lieux d'arrondissement dont la population est comprise entre 10 000 et 20 000 habitants (CGCT, art. L. 2334-21).

Lorsqu'une commune est éligible à la dotation de solidarité urbaine (DSU) et qu'elle remplit les conditions pour bénéficier de la première fraction de la dotation de solidarité rurale (DSR), la dotation lui revenant à ce dernier titre, calculée selon les modalités prévues ci-dessous, est diminuée de moitié.

L'attribution revenant à chaque commune est déterminée en fonction :
- de la population prise en compte dans la limite de 10 000 habitants ;
- de l'écart entre le potentiel fiscal moyen par habitant des communes de moins de 10 000 habitants et le potentiel fiscal par habitant de la commune ;
- de l'effort fiscal pris en compte dans la limite de 1,2.

Lorsqu'une commune cesse de remplir les conditions requises pour bénéficier de cette fraction de la DSR, cette commune perçoit, à titre de garantie non renouvelable, une attribution égale à la moitié de celle qu'elle a perçue l'année précédente.

1002 **Seconde fraction – La fraction péréquation.** Elle est destinée aux communes de moins de 10 000 habitants dont le potentiel fiscal par habitant est inférieur au double du potentiel fiscal moyen par habitant des communes de même strate.

Elle est répartie (CGCT, art. L. 2334-22) :
- pour 30 % de son montant, en fonction de la population pondérée par l'écart entre le potentiel fiscal par habitant de la commune et le potentiel fiscal moyen par habitant des communes appartenant au même groupe démographique ainsi que par l'effort fiscal plafonné à 1,2 ;
- pour 30 % de son montant, proportionnellement à la longueur de la voirie classée dans le domaine public communal ; pour les communes situées en zone de montagne, la longueur de la voirie est doublée ;
- pour 30 % de son montant, proportionnellement au nombre d'élèves relevant de l'enseignement obligatoire et pré-élémentaire, domiciliés dans la commune ;
- pour 10 % de son montant au maximum, en fonction de l'écart entre le potentiel fiscal par hectare de la commune et le potentiel fiscal moyen par hectare des communes de moins de 10 000 habitants.

Chacun des pourcentages de pondération peut être majoré ou minoré pour l'ensemble des communes bénéficiaires d'au plus 5 points (L. n° 93-1436, 31 déc. 1993, art. 12).

La dotation de solidarité rurale fait l'objet d'un versement annuel, avant la fin du troisième trimestre de l'exercice au titre duquel elle est versée (CGCT, art. L. 2334-14).

1003 Compte **741123** – Dotation de solidarité urbaine et de cohésion sociale (DSU) des communes

1004 **Calcul de la DSU.** L'indice synthétique de ressources et de charges mentionné pour les communes de 10 000 habitants et plus est constitué par :
- 45 % du rapport entre le potentiel fiscal par habitant des communes de 10 000 habitants et plus et le potentiel fiscal par habitant de la commune ;
- 15 % du rapport entre la proportion de logements sociaux dans le total des logements de la commune et la proportion de logements sociaux dans le total des logements des communes de 10 000 habitants et plus ;

- 30 % du rapport entre la proportion du total des bénéficiaires d'aides au logement et la proportion des personnes bénéficiaires de ces mêmes aides dans les communes de 10 000 habitants et plus ;
- 10 % du rapport entre le revenu moyen par habitant des communes de 10 000 habitants et plus et le revenu par habitant de la commune.

L'attribution revenant à chaque commune éligible de 10 000 habitants et plus est égale au produit de sa population par la valeur de l'indice qui lui est attribué, pondéré par un coefficient variant uniformément de 2 à 0,5 dans l'ordre croissant du rang de classement des communes éligibles, ainsi que par son effort fiscal, dans la limite de 1,3.

S'agissant des communes de 5 000 à 9 999 habitants, les règles de calcul des dotations sont identiques à celles appliquées pour les communes de 10 000 habitants et plus. Il n'existe pas, cependant de coefficient multiplicateur.

1005 **Garantie de versement de la DSU.** La loi de finances pour 2003 précitée a instauré un nouveau dispositif de garantie. En effet, lorsqu'une commune devient inéligible une année et que cette perte d'éligibilité résulte de l'impact du passage à la fiscalité professionnelle unique deux ans auparavant de l'EPCI dont est membre la commune, alors celle-ci bénéficie pendant cinq ans d'une garantie particulière.

Celle-ci est égale la première année à 90 % du montant perçu la dernière année où la commune était éligible, puis 80 % la deuxième année, puis 70, 60 et 50 %.

Réf.
- LF 2003 n° 2002-1575, 30 déc. 2002, art. 53
- CGCT, art. L. 2334-18-3

1006 **Pièces justificatives - Dotation de solidarité urbaine :**
- état de répartition dressé par les services préfectoraux, transmis par le directeur départemental des finances publiques et faisant mention du nom des collectivités et du montant de la dotation d'aménagement.

1007 Compte **741124** – Dotation d'intercommunalité des EPCI et **741126** – Dotation de compensation des EPCI

1008 Ces parties ne font pas l'objet de commentaires.

1009 Compte **741127** – Dotation nationale de péréquation (DNP) des communes

1010 **Pièces justificatives - Dotation nationale de péréquation :**
- état de répartition dressé par les services préfectoraux, transmis par le directeur départemental des finances publiques et faisant mention du nom des collectivités et du montant de la dotation.

▸ Comptes **74114** à **74119** – Régularisation de l'exercice écoulé à Reversement sur DGF

1011 Ces parties ne font pas l'objet de commentaires.

▪ Compte **7412** – DGF des départements

1012 **Structure de la DGF des départements.** La DGF des départements est constituée de quatre composantes :
- dotation de compensation : elle correspond aux montants dus en 2003 au titre de l'ancien concours particulier compensant la suppression des contingents communaux d'aide sociale (CCAS) et de 95 % de la dotation générale de décentralisation (DGD) ;
- dotation forfaitaire : elle comprend une dotation de base calculée en fonction de la population, et un complément de garantie ;
- dotation de péréquation urbaine (DPU) pour les départements urbains (soit un département dont la densité de population est supérieure à 100 habitants au kilomètre carré et dont le taux d'urbanisation est supérieur à 65 %) : elle est versée aux départements urbains dont le potentiel financier par habitant est inférieur à 1,5 fois le potentiel financier par habitant moyen de l'ensemble des départements urbains et dont le revenu par habitant est inférieur à 1,4 fois la moyenne ;
- dotation de fonctionnement minimale (DFM) pour les départements non urbains : elle est attribuée aux départements non urbains dont le potentiel financier est inférieur ou égal au double du potentiel financier par habitant moyen de l'ensemble des départements non urbains. Elle est répartie en fonction de la longueur de la voirie, du potentiel financier par habitant et du potentiel financier ramené à la superficie.

S'agissant des départements d'outre-mer, au titre de la DPU et de la DFM, des quotes-parts outre-mer sont prélevées sur les montants totaux mis en répartition au bénéfice des départements et collectivités d'outre-mer. Les montants des quotes-parts sont déterminés en utilisant un ratio de population égal au double du rapport, majoré de 10 %, entre la population des départements et collectivités d'outre-mer éligibles à la DGF et la population totale des départements.

▸ Compte **74121** – Dotation forfaitaire des départements

1013 Cette partie ne fait pas l'objet de commentaires.

▸ Compte **74122** – DGF – Concours particuliers

1014 Compte **741221** – Dotation de fonctionnement minimale des départements à **741223** – Dotation de compensation des départements

1015 Ces parties ne font pas l'objet de commentaires.

▸ Compte **74124** – Régularisation de l'exercice écoulé

1016 Cette partie ne fait pas l'objet de commentaires.

▪ Compte **7413** – DGF des régions

1017 **Structure de la DGF des régions.** La DGF des régions est composée d'une dotation forfaitaire et d'une dotation de péréquation.

La dotation forfaitaire est indexée selon un taux fixé par le comité des finances locales.

La dotation de péréquation se présente comme le solde de l'enveloppe totale de la DGF des régions après déduction de la part correspondant à la dotation forfaitaire.

Pour les régions d'outre-mer, au titre de la dotation de péréquation, une quote-part outre-mer est prélevée sur le montant total mis en répartition, au bénéfice des régions d'outre-mer. Cette quote-part est déterminée par application au montant total de la dotation de péréquation du triple du rapport entre la population des régions d'outre-mer et la population de l'ensemble des régions.

▸ Comptes **74131** et **74132** – Dotation forfaitaire des régions et Dotation de péréquation des régions

1018 Ces parties ne font pas l'objet de commentaires.

▪ Compte **7414** – DGF des permanents syndicaux

1019 Cette partie ne fait pas l'objet de commentaires.

Compte **742** – Dotations aux élus locaux

1020 **Calcul de la dotation.** Prévue à l'article L. 2335-1 du CGCT, elle compense les dépenses obligatoires relatives aux autorisations d'absence, les frais de formation des élus locaux et la revalorisation des indemnités des maires et adjoints.

« I. – En métropole, la dotation particulière prévue à l'article L. 2335-1 est composée de deux parts :

1° la première part est attribuée aux communes de moins de 1 000 habitants dont le potentiel financier par habitant, tel que défini à l'article L. 2334-4, est inférieur au potentiel financier moyen par habitant des communes de moins de 1 000 habitants majoré de 25 % ;

2° une deuxième part est attribuée en sus de celle mentionnée au 1° :

a) aux communes bénéficiaires de la première part dont la population, telle qu'elle résulte du dernier recensement, est inférieure à 200 habitants et dont le potentiel financier par habitant, tel que défini à l'article L. 2334-4, est inférieur au potentiel financier moyen par habitant des communes de moins de 1 000 habitants majoré de 25 %. Pour ces communes, le montant de l'attribution versée au titre de cette deuxième part est égal au montant versé au titre de la première part,

b) aux communes bénéficiaires de la première part dont la population, telle qu'elle résulte du dernier recensement, est comprise entre 200 et 500 habitants et dont le potentiel financier par habitant, tel que défini à l'article L. 2334-4, est inférieur au potentiel financier moyen par habitant des communes de moins de 1 000 habitants majoré de 25 %. Pour ces communes, le montant de l'attribution au titre de la deuxième part est égal à 50 % du montant versé au titre de la première part.

II. – Pour l'application du présent article :

1° la population prise en compte est, sauf mention contraire, celle définie à l'article L. 2334-2 ;

2° l'attribution versée au titre de la première part à chaque commune bénéficiaire de métropole et d'outre-mer est égale au rapport entre le montant de la dotation particulière prévue à cet effet, dans la limite du montant mentionné à l'article 82 de la loi n° 2018-1317 du 28 décembre 2018 de finances pour 2019, et le nombre de communes de métropole et d'outre-mer bénéficiaires. »

Se reporter aux articles : R. 2335-2 pour les communes d'outre-mer ; R. 2563-6, pour les communes de Guadeloupe, de Guyane, de Martinique, de La Réunion et de Mayotte et D. 2573-59 pour les communes de Polynésie française.

Compte **743** – Dotation spéciale pour le logement des instituteurs (DSI)

1021 **Modalités de répartition.** Cette dotation spéciale n'est plus intégrée dans la dotation globale de fonctionnement (DGF), mais elle continue d'évoluer comme celle-ci (L. n° 85-1268, 29 nov. 1985).

Elle est répartie par le comité des finances locales proportionnellement au nombre des instituteurs exerçant dans les écoles publiques, qui sont logés par chaque commune ou qui reçoivent d'elle une indemnité de logement.

La dotation est divisée en deux parts (CGCT, art. L. 2334-27) :
- la première est versée aux communes pour compenser les charges des logements effectivement occupés par des instituteurs ayant droit au logement (Instr. n° 89-91-M0, 2 oct. 1989) ;
- la seconde est destinée à verser l'indemnité aux instituteurs ayant droit au logement mais auxquels les communes ne sont pas en mesure de fournir un logement convenable (Rép. min. n° 6097 : *JOAN*, 30 janv. 1989, p. 487).

Les communes ne perçoivent que la première part, la seconde étant attribuée au Centre national de la fonction territoriale (LF 1989 n° 88-1149, 23 déc. 1988, art. 85) qui la verse au nom de la commune aux instituteurs non logés, sur la base du montant fixé par le préfet et dans la limite du montant unitaire national.

Lorsque le montant de l'indemnité revenant à un instituteur non logé est supérieur au montant unitaire de la dotation fixée par le comité des finances locales, la commune verse directement la différence à l'instituteur concerné.

Le système forfaitaire permet de tenir compte de la diversité des charges à compenser. La compensation est globale au niveau national et forfaitaire au niveau communal ; il ne s'agit donc pas d'un remboursement euro par euro des dépenses assumées par chaque commune.

1022 **Bénéficiaires.** Le Code de l'éducation précise les diverses catégories d'instituteurs ayant droit au logement ou à l'indemnité représentative (compte 65573).

Le recensement des instituteurs logés et indemnisés s'effectue au vu de la situation au 1er janvier de chaque année. Aucune modification de la dotation n'intervient en cours d'année.

1023 **Procédures budgétaires.**

1 – Cas des instituteurs logés :
- dépenses : la prise en charge par les communes de l'entretien et de l'aménagement des logements de fonction des instituteurs constitue une dépense obligatoire ;
- recettes : en compensation des charges ainsi supportées, les communes sont assurées de percevoir une dotation unitaire par instituteur légalement logé à la date du recensement général au titre de la première part de la dotation spéciale au titre des instituteurs.

2 – Cas des instituteurs indemnisés :
- dépenses : lorsque l'indemnité de logement est inférieure au montant unitaire de la dotation, aucune dépense n'est à inscrire au budget communal. Le directeur départemental des finances publiques verse directement pour le compte du Centre national de la fonction territoriale l'intégralité de l'indemnité due à l'instituteur. Lorsque l'indemnité de

logement est supérieure au montant unitaire de la dotation, le directeur départemental des finances publiques verse directement à l'instituteur la part de l'indemnité correspondant au montant unitaire de la dotation. Le complément, c'est-à-dire la différence entre l'indemnité due et le montant unitaire, constitue une dépense obligatoire pour les communes qui sont tenues de verser ce montant directement à l'instituteur ;
- recettes : aucune recette n'est à inscrire au budget communal.

1024 **Versement de la dotation.** Un acompte de 50 % de la dotation annuelle peut être perçu par les communes ayant au moins 5 instituteurs (Circ. min. Intérieur, 16 août 1984). Les autres communes ne peuvent percevoir un acompte qu'une fois le recensement des ayants droit effectué.

1025 **Pièces justificatives - Dotation spéciale au titre des instituteurs :**
- état de répartition transmis par le directeur départemental des finances publiques à l'appui de l'avis de règlement.

Comptes **744** à **746** - FCTVA à Dotation générale de décentralisation

1026 Cette partie ne fait pas l'objet de commentaires.

Compte **747** - Participations

▪ Comptes **7471** à **7476** - État à Sécurité sociale et organismes mutualistes

1027 Ces parties ne font pas l'objet de commentaires.

▪ Compte **7477** - Fonds européens

1028 **Le compte est subdivisé comme suit, selon la nature des crédits européens :**

▸ Comptes **74771** à **74778** - Fonds social européen à Autres fonds européens

1029 Ces parties ne font pas l'objet de commentaires.

▪ Compte **7478** - Autres organismes

▸ Compte **74781** - Dotations versées par la CNSA

1030 Cette partie ne fait pas l'objet de commentaires.

▸ Comptes **74782** à **74784** – Fonds départemental des personnes handicapées à CCAS et caisses des écoles

1031 Ces parties ne font pas l'objet de commentaires.

Compte **748** – Compensations, attributions et autres participations

▪ Comptes **7481** et **7482** – Attributions sur le versement représentatif d'impôt sur les cercles et maisons de jeux et Compensation pour perte de taxe additionnelle aux droits d'enregistrement ou la taxe de publicité foncière

1032 Ces parties ne font pas l'objet de commentaires.

▪ Compte **7483** – Attributions de péréquation et de compensation

▸ Compte **74831** – Dotations et compensations relatives à la fiscalité professionnelle

1033 Compte 748311 – Compensation des pertes de bases d'imposition à la CET

1034 **Modalités de versement des attributions du fonds.** Les préfets prennent les arrêtés nécessaires au versement des attributions aux collectivités bénéficiaires et les transmettent aux DDFIP pour exécution et versement aux receveurs municipaux (Instr. CP n° 93-35-A-R1, 4 mars 1993).

1035 **Pièces justificatives – Compensation des pertes de bases d'imposition à la CET :**

- état de répartition transmis à l'appui de l'avis de règlement du directeur départemental des finances publiques.

1036 Compte **748312** – DCRTP à **748315** – Compensation des pertes d'IFER

1037 Ces parties ne font pas l'objet de commentaires.

▸ Compte **74832** – État – Compensation au titre de la contribution économique territoriale (CVAE et CFE)

1038 **Exonérations de cotisation foncière des entreprises.** Différentes lois ont prévu des exonérations (voir colonne 13 de l'état 1259 COM) qui s'appliquent de plein droit mais auxquelles les collectivités peuvent s'opposer.

Ce type d'exonérations compensées a été successivement institué par la LOADT, la loi relative à la mise en œuvre du pacte de relance pour la ville (PRV) ou encore la loi de finances pour 2018 :

- les exonérations de CFE de plein droit dans les zones de revitalisation rurale (ZRR) et les anciennes zones de redynamisation urbaine (ZRU), définies par la LOADT (CGI, art. 1465 A et 1466 A, I *ter*) ;
- les exonérations de CFE de plein droit dans les nouvelles zones de redynamisation urbaine (ZRU) définies par le PRV : cette exonération s'appliquait pendant une durée de cinq ans, soit pour les derniers bénéficiaires jusqu'au 31 décembre 2014 (CGI, art. 1466 A, I *ter*). Corrélativement s'achève aussi l'exonération de cotisation sur la valeur ajoutée des entreprises (CVAE) correspondante, qui s'appliquait dans les conditions prévues à l'article 1586 *nonies* du CGI ;
- les exonérations de CFE et de foncier bâti de plein droit dans les zones franches urbaines (ZFU) (définies par le PRV) (CGI, art. 1466 A, I). L'article 97 de la loi de finances pour 2018 du 30 décembre 2017 exonère de cotisation foncière minimum les entreprises au chiffre d'affaires de moins de 5 000 €.

Pour les communes et groupements à fiscalité propre, la perte de recettes est compensée par l'État. La compensation correspond, pour chaque collectivité, aux bases minimum perdues à cause de l'exonération, multipliées par le taux de CFE appliqué en 2018 dans la commune ou le groupement. Cette exonération et la compensation pour les collectivités entrent en vigueur en 2019. Les compensations sont versées aux collectivités bénéficiaires par versement mensuel de 1/12 de leurs montants respectifs, tels qu'ils ont été déterminés pour chacune d'entre elles (Circ. intermin., 12 févr. 1987).

Dans la loi de finances pour 2019, l'article 173 élargit le champ d'application de l'exonération de cotisation foncière des entreprises (CFE) de deux à cinq ans. Les communes et leurs intercommunalités peuvent décider ainsi au bénéfice des médecins et des auxiliaires médicaux qui « s'établissent ou se regroupent dans une commune de moins de 2 000 habitants, ou une commune située dans une zone de revitalisation rurale (ZRR) ». L'article 174 ouvre la possibilité aux communes et intercommunalités qui ont décidé d'exonérer de CFE les librairies indépendantes de référence (LIR) d'étendre l'exonération aux autres librairies, à l'exception des plus grandes et de celles qui sont liées par un contrat de franchise.

1039 Pièces justificatives – Compensation au titre de la contribution économique territoriale :

- état de répartition transmis à l'appui de l'avis de règlement du directeur départemental des finances publiques.

▸ Compte **74833** – État – Compensation au titre des exonérations de taxes foncières

1040 **Exonérations de la TFNB.** Il existe un certain nombre d'exonérations permanentes de taxe foncière sur les propriétés non bâties concernant les particuliers et exploitants agricoles. Sont ainsi exonérés :
- à 100 %, les sols et terrains passibles de la taxe foncière sur les propriétés bâties (CGI, art. 1394) ;
- à 100 %, les propriétés agricoles situées en Corse appartement aux catégories terres, prés, pâturages, vergers, vignes, bois et landes, lacs, étangs et jardins de la nomenclature de 1908 (CGI, art. 1394 B) ;
- pour les agriculteurs, les terrains peuvent être exonérés des parts régionale et départementale, et jusqu'à 20 % de la part communale pour les propriétés agricoles appartenant aux catégories terres, prés, pâturages, vergers, vignes, bois et landes, lacs, étangs et jardins de la nomenclature de 1908 (CGI, art. 1394 B *bis*) ;
- les propriétés agricoles ou non agricoles plantées en oliviers, sur délibération du conseil municipal ou de l'intercommunalité à fiscalité propre ;
- les voies gérées par l'État ou les collectivités (routes nationales et départementales, chemins, voies communales, places, fleuves et rivières), ainsi que tous les terrains soumis à la taxe foncière sur les propriétés bâties.

La loi prévoit aussi des exonérations temporaires de taxe foncière sur les propriétés non bâties selon la nature des terres, leur localisation ou sur décision des collectivités locales.

> **Réf.**
> - Instr. min., 31 déc. 1908, art. 18 : *BOI*, ANNEXE-000248
> - CGI, art. 1394 B

1041 **Exonérations de la TFB.** Sont exonérés de plein droit :
- les propriétés bâties appartenant à l'État, aux collectivités territoriales, aux EPCI et aux établissements publics scientifiques, d'enseignement et d'assistance, au Centre national de la fonction publique territoriale et à ses centres de gestion, à condition :
  - d'être affectées à un service public ou d'utilité générale,
  - et d'être non productives de revenus ;
- les bâtiments ruraux affectés de manière permanente et exclusive à un usage agricole, qu'ils servent aux exploitations rurales ou aux sociétés coopératives agricoles ou à d'autres groupements agricoles.

Certains changements ouvrent droit, sous conditions, à une exonération temporaire de taxe foncière pendant les deux années qui suivent celle de leur réalisation définitive, ce sont :
- les constructions nouvelles ou reconstructions ;
- les additions de constructions ;

- certains changements d'affectation, limitativement énumérés par la loi, tels que la conversion d'un bâtiment rural en habitation, lorsque cette conversion s'accompagne de travaux importants de transformation.

Cette exonération temporaire s'applique de plein droit aux habitations principales ou secondaires :
- à la part départementale de taxe foncière ;
- aux parts communale et intercommunale de taxe foncière.

Toutefois, la commune et/ou l'EPCI à fiscalité propre peut décider, sur délibération prise avant le 1er octobre pour être applicable à partir de l'année suivante, pour la part qui lui revient :
- soit de supprimer cette exonération pour tous les locaux d'habitation ;
- soit de la limiter aux seuls logements financés au moyen de prêts conventionnés ou de prêts aidés par l'État pour un montant inférieur ou égal à 50 % de leur coût, ou de prêts à taux zéro.

1042 Exonération de TFPB pour les constructions nouvelles. À compter de 2021, l'article 1383 du CGI prévoit que les constructions nouvelles, reconstructions et additions de construction à usage d'habitation sont exonérées de taxe foncière sur les propriétés bâties (TFPB) durant les deux années qui suivent celle de leur achèvement.

S'agissant des locaux à usage d'habitation, les communes peuvent, par une délibération prise dans les conditions prévues à l'article 1639 A *bis* du CGI pour la part qui lui revient, limiter l'exonération entre 40 à 90 % de la base imposable. Les EPCI peuvent supprimer cette exonération.

S'agissant des locaux autres que ceux à usage d'habitation, l'exonération porte uniquement sur la part communale. Elle s'établit à hauteur de 40 % de la base imposable. Ces exonérations ne sont pas compensées.

1043 Pièces justificatives – Compensation au titre des exonérations des taxes foncières :
- état de répartition transmis à l'appui de l'avis de règlement du directeur départemental des finances publiques.

▸ Compte **74834** – État – Compensation au titre des exonérations de taxe d'habitation

1044 Pièces justificatives – Compensation au titre des exonérations de taxe d'habitation :
- état de répartition transmis à l'appui de l'avis de règlement du directeur départemental des finances publiques.

▸ Compte **74835** – Dotation pour transfert de compensations d'exonérations de fiscalité directe locale

1045 Cette partie ne fait pas l'objet de commentaires.

▸ Compte **74836** – Attribution du fonds départemental de péréquation de la taxe professionnelle

1046 **Gestion du fonds.** Les ressources de chaque fonds départemental de péréquation de la taxe professionnelle sont réparties, l'année de versement de la dotation de l'État, par le conseil départemental. La répartition est réalisée par ce dernier, à partir de critères objectifs qu'il définit à cet effet, entre les communes, les établissements publics de coopération intercommunale et les agglomérations nouvelles défavorisés par la faiblesse de leur potentiel fiscal, déterminé selon la législation en vigueur au 1er janvier de l'année de la répartition ou par l'importance de leurs charges.

Le conseil de la métropole de Lyon est substitué au conseil départemental du Rhône pour l'application du présent II dans le périmètre de la métropole de Lyon.

Réf.
- CGI, art. 1648 A

1047 **Pièces justificatives – Fonds départemental de la taxe professionnelle :**
- état de répartition transmis à l'appui de l'avis de règlement du directeur départemental des finances publiques.

▸ Compte **74837** – Dotations de développement

1048 **Conditions d'éligibilité.**

1° à compter de 2017, peuvent bénéficier de la dotation d'équipement des territoires ruraux :

a) les établissements publics de coopération intercommunale à fiscalité propre dans les départements de métropole qui ne forment pas un ensemble de plus de 75 000 habitants d'un seul tenant et sans enclave autour d'une ou de plusieurs communes centres de plus de 20 000 habitants, en prenant en compte la population issue du dernier recensement,

b) les établissements publics de coopération intercommunale à fiscalité propre dans les départements d'outre-mer et le département de Mayotte qui ne forment pas un ensemble de plus de 150 000 habitants d'un seul tenant et sans enclave autour d'une ou de plusieurs communes centres de plus de 85 000 habitants, en prenant en compte la population issue du dernier recensement ;

1° *bis* les établissements publics de coopération intercommunale éligibles en 2010 à la dotation globale d'équipement des communes ou à la dotation de développement rural ainsi que les syndicats mixtes créés en application de l'article L. 5711-1 et les syndicats de communes créés en application de l'article L. 5212-1 dont la population n'excède pas 60 000 habitants ;

2° les communes :

a) dont la population n'excède pas 2 000 habitants dans les départements de métropole et 3 500 habitants dans les départements d'outre-mer,

b) dont la population est supérieure à 2 000 habitants dans les départements de métropole et 3 500 habitants dans les départements d'outre-mer et n'excède pas 20 000 habitants dans les départements de métropole et 35 000 habitants dans les départements d'outre-mer et dont le potentiel financier par habitant est inférieur à 1,3 fois le potentiel financier moyen par habitant de l'ensemble des communes dont la population est supérieure à 2 000 habitants et n'excède pas 20 000 habitants,

c) les communes de Saint-Pierre-et-Miquelon bénéficient de la dotation,

d) les communes nouvelles issues de la transformation d'établissements publics de coopération intercommunale éligibles à la dotation d'équipement des territoires ruraux l'année précédant leur transformation ou issues de la fusion de communes dont l'une d'entre elles était éligible à cette dotation l'année précédant leur fusion sont réputées remplir, pendant les trois premiers exercices à compter de leur création, les conditions de population mentionnées aux a et b.

1049 **Critères d'éligibilité.** Il appartient au préfet, en lien avec la commission d'élus, de fixer la liste des opérations éligibles à subventionner. De façon générale, la DETR permettra de financer des projets d'investissement dans le domaine économique, social, environnemental et touristique, ou favorisant le développement ou le maintien des services publics en milieu rural. *A contrario*, la subvention accordée au titre de la DETR ne devra pas avoir pour effet de faire prendre en charge tout ou partie des dépenses de fonctionnement courant.

Les modalités de détermination des enveloppes départementales de métropole et d'outre-mer sont fixées par l'article L. 2334-35 du CGCT.

1050 Compte **748372** – Dotation politique de la ville (DPV)

1051 **Pièces justificatives :**
- état de répartition transmis à l'appui de l'avis de règlement du directeur départemental des finances publiques.

1052 Compte **748373** – Dotation de soutien à l'investissement local (DSIL)

1053 Cette partie ne fait pas l'objet de commentaires.

▸ Compte **74838** – Autres attributions de péréquation et de compensation

1054 Compte **748381** – Compensation liée au relèvement du seuil des personnes assujetties au versement mobilité

1055 Cette partie ne fait pas l'objet de commentaires.

1056 Compte **748388** – Autres

1057 **Dotation de soutien aux communes pour la biodiversité.** Il est institué, à compter de 2020, une dotation budgétaire destinée aux communes dont une part importante du territoire est classée en site Natura 2000 ou comprise dans un cœur de parc national ou au sein d'un parc naturel marin. Cette dotation comporte trois fractions (CGCT, art. L. 2335-17 ; L. n° 2019-1479, 28 déc. 2019, art. 252, V).

II. – La première fraction de la dotation, égale à 55 % du montant total de la dotation, est répartie entre les communes de moins de 10 000 habitants dont le potentiel fiscal par habitant est inférieur au double du potentiel fiscal moyen par habitant des communes de la même strate démographique et dont le territoire terrestre est couvert à plus de 75 % par un site Natura 2000 mentionné à l'article L. 414-1 du Code de l'environnement. L'attribution individuelle est déterminée au prorata de la population et de la proportion du territoire terrestre de la commune couverte par un site Natura 2000 au 1er janvier de l'année précédente.

III. – La deuxième fraction de la dotation, égale à 40 % du montant total de la dotation, est répartie entre les communes de moins de 10 000 habitants dont le potentiel fiscal par habitant est inférieur au double du potentiel fiscal moyen par habitant des communes de la même strate démographique, dont le territoire terrestre est en tout ou partie compris dans un cœur de parc national mentionné à l'article L. 331-1 du Code de l'environnement et qui ont adhéré à la charte du parc national mentionnée à l'article L. 331-3 du même code. L'attribution individuelle est déterminée en fonction de la population et de la superficie de chaque commune comprise dans le cœur de parc national. Pour les communes dont le territoire terrestre est en tout ou partie compris dans un cœur de parc national créé depuis moins de sept ans, l'attribution individuelle est triplée.

IV. – La troisième fraction de la dotation, égale à 5 % du montant total de la dotation, est répartie entre les communes de moins de 10 000 habitants dont le potentiel fiscal par habitant est inférieur au double du potentiel fiscal moyen par habitant des communes de la même strate démographique et dont le territoire est en tout ou partie situé au sein d'un parc naturel marin mentionné à l'article L. 334-3 du Code de l'environnement. L'attribution individuelle est calculée en rapportant le montant de cette fraction au nombre de communes concernées.

1058 **Dotation budgétaire pour la biodiversité. Éléments de calcul.** L'article R. 2335-16, pris pour l'application de l'article L. 2335-17, précise :

« 1° la population et le potentiel fiscal retenus pour la répartition de la dotation sont ceux qui sont calculés, au titre de la même année, pour la répartition de la dotation globale de fonctionnement en application respectivement des articles L. 2334-2 et L. 2334-4 ;

2° pour l'application du III, l'attribution individuelle est calculée au prorata de la population et de la proportion du territoire terrestre de la commune comprise dans le cœur du parc national au 1er janvier de l'année précédant l'année de répartition ;

3° l'adhésion à la charte du parc national est appréciée au 1er janvier de l'année au titre de laquelle la dotation est répartie ;

4° pour l'application du IV, la situation de tout ou partie du territoire d'une commune au sein d'un parc naturel marin est appréciée au 1er janvier de l'année précédant l'année de répartition.

II. – Par dérogation à l'article R. 2335-16 du Code général des collectivités territoriales, pour la répartition de la dotation de soutien aux communes pour la protection de la biodiversité effectuée au titre de l'année 2020 au profit des communes situées au sein d'un parc national créé après le 1er janvier 2019 :

1° la proportion du territoire terrestre de la commune comprise dans le cœur du parc national est appréciée au 1er janvier 2020 ;

2° l'adhésion à la charte du parc national est appréciée au 30 avril 2020. »

▪ Compte **7484** – Dotation de recensement

1059 **Critères de calcul de la dotation.** Les communes de moins de 10 000 habitants effectuent une enquête de recensement exhaustive tous les cinq ans. Les communes de 10 000 habitants et plus procèdent à une enquête auprès d'un échantillon tous les ans.

La dotation prend en compte les charges exceptionnelles liées aux enquêtes de recensement. Ces charges sont notamment liées au recours à du personnel pour réaliser les enquêtes, mais aussi aux actions d'accompagnement de l'opération. Elles sont donc étroitement liées au volume de collecte dans chaque commune, volume qui dépend lui-même de la population, du nombre de logements et du mode de collecte (exhaustive ou par sondage).

Elle est indexée sur la valeur du point budgétaire de la fonction publique.

S'agissant des modalités de calcul de la dotation forfaitaire de recensement, le décret n° 2015-1678 du 15 décembre 2015 remplace les dispositions du décret n° 2003-485 du 5 juin 2003.

1060 **Versement de la dotation.** La dotation est versée, une année déterminée, aux communes ou aux EPCI qui préparent et réalisent, cette année-là, une enquête de recensement.

La dotation n'est pas affectée : la commune en a le libre usage. Elle est forfaitaire et versée en une seule fois et *a priori*.

▪ Compte **7485** – Dotation pour les titres sécurisés

1061 **Montant de la dotation.** Les sommes attribuées aux communes au titre de cette dotation sont définies à l'article L. 2335-16 du CGCT.

▪ Compte **7486** – Dotation d'équilibre (métropole du Grand Paris)

1062 Cette partie ne fait pas l'objet de commentaires.

▪ Compte **7487** – Dotations des arrondissements ou des communes associées

1063 Cette partie ne fait pas l'objet de commentaires.

▪ Compte **7488** – Autres attributions et participations

1064 Cette partie ne fait pas l'objet de commentaires.

Compte **749** – Reversement et restitution sur dotations et participations

1065 Cette partie ne fait pas l'objet de commentaires.

COMPTE **75**

Autres produits de gestion courante

Compte **752** – Revenus des immeubles

1066 **Régime de la location.** Le maire peut, par délégation du conseil municipal, être chargé, en tout ou partie, et pour la durée de son mandat, de la conclusion et de la révision du louage de choses pour une durée n'excédant pas douze ans (CGCT, art. L. 2122-22-5).

Les différents types de contrats concernés sont les suivants : les locations de logements à usage d'habitation, les locations de locaux commerciaux et les baux ruraux.

La collectivité conserve la pleine propriété du bien et assume les charges relatives à son entretien. Elle pratique l'amortissement s'il s'agit d'immeubles productifs de revenus non affectés à un service public à caractère administratif. Le produit des locations s'impute au compte 752 ou au compte 7083 s'il s'agit de locations autres qu'immeubles.

1067 **Conditions dans lesquelles les actes de location sont exécutoires.** Les actes relevant du droit privé ne sont pas soumis aux règles de contrôle de légalité prévues par la loi n° 82-213 du 2 mars 1982 (CGCT, art. L. 2131-4).

Toutefois, si le contrat de location résulte d'une décision du maire prise par délégation du conseil municipal, il est soumis à l'obligation de transmission (CE, 30 janv. 1987, n° 70777, *Rheu*). Les contrats de location relèvent, en cas de litige, de la compétence du juge judiciaire dans les conditions de droit commun (Instr. CP n° 87-131-M0, 3 nov. 1987).

Dans un avis de la Cour de cassation du 29 juin 2001, la compétence du juge judiciaire pour accorder des délais de paiement au locataire a été réaffirmée indépendamment de la présence d'un comptable public (Instr. CP n° 01-127-M0, 26 déc. 2001).

1068 **Locations à des associations syndicales ou politiques.** Des locaux communaux peuvent être utilisés par les associations ou partis politiques qui en font la demande. Le maire détermine les conditions dans lesquelles ces locaux peuvent être utilisés, compte tenu des nécessités de l'administration des propriétés communales, du fonctionnement des services et du maintien de l'ordre public. Le conseil municipal fixe, en tant que de besoin, la contribution due à raison de cette utilisation (CGCT, art. L. 2144-3).

Les locaux communaux peuvent également être mis à la disposition des organisations syndicales, dans les conditions prévues à l'article L. 1311-18.

1069 **Jurisprudence.** La location ou la mise à disposition de salles communales à la demande de groupements ou de particuliers est une pratique courante qui ne présente pas *a priori* de caractère illégal (Rép. min. n° 2531 : *JOAN*, 9 août 1993, p. 2425).

Il appartient au conseil municipal de déterminer, par ses délibérations, les conditions dans lesquelles une salle des fêtes appartenant à la commune peut être louée à des personnes privées, dans la mesure compatible avec l'intérêt général et l'exécution des services publics (CE, 21 mars 1990, n° 76765, *La Roque-d'Anthéron*).

La mise à disposition des locaux n'est pas assimilable à une entreprise commerciale, dans la mesure où les bénéficiaires de la jouissance des salles communales peuvent s'entendre avec le traiteur de leur choix pour l'organisation de banquets ou buffets. Dans ce cas, la commune ne porte pas atteinte à la libre concurrence entre hôteliers et restaurateurs (CE, 30 sept. 1942, *Guillou* : *Lebon.*, p. 265).

En revanche, est illégale une délibération donnant à bail un local communal à une personne pour y exploiter une salle de restaurant, ce qui peut porter préjudice au propriétaire d'un café-hôtel-restaurant installé dans la commune (CE, 6 juin 1986, n° 38059, *Siméon*).

Un refus de location de salle municipale à un particulier ou à une association doit être motivé par des considérations fondées sur la bonne administration des biens communaux ou le maintien de l'ordre et de la tranquillité publique (Rép. min. n° 19560 : *JOAN*, 8 janv. 1990, p. 138).

Le maire ne peut refuser de louer une salle en faisant référence à un motif politique (TA Strasbourg, 10 mars 1992, n° 92976, *Front national*).

Les collectivités peuvent accorder des rabais sur le prix de vente et de location des bâtiments qu'elles cèdent ou louent aux petites et moyennes entreprises dans les zones prévues pour l'attribution de la prime d'aménagement du territoire pour les projets tertiaires (D. n° 95-149, 6 févr. 1995, ann. II).

1070 Location-vente. La location-vente est une convention qui prévoit qu'au terme d'une période de location, la propriété du bien est transférée au locataire (L. n° 84-595, 12 juill. 1984, définissant la location-accession à la propriété). Le bien reste à l'actif de la collectivité jusqu'au transfert. Le loyer perçu est comptabilisé au compte 752 ou au compte 1676 « Dettes envers locataires acquéreurs » en cas de paiement fractionné. Aux termes du contrat, le transfert de propriété fait l'objet d'un acte authentique.

1071 Bail emphytéotique. Une collectivité territoriale propriétaire d'un bien immobilier peut, si elle le souhaite, louer ce bien à un tiers sous la forme d'un bail emphytéotique. Le preneur, aussi nommé emphytéote, peut construire un ouvrage sur le domaine public et ensuite le louer à la collectivité propriétaire du terrain.

« Un bien immobilier appartenant à une collectivité territoriale peut faire l'objet d'un bail emphytéotique prévu à l'article L. 451-1 du Code rural et de la pêche maritime en vue de la réalisation d'une opération d'intérêt général relevant de sa compétence ou en vue de l'affectation à une association cultuelle d'un édifice du culte ouvert au public. Ce bail emphytéotique est dénommé bail emphytéotique administratif (CGCT, art. 1311-2). »

Le bail emphytéotique de biens immeubles confère au preneur un droit réel susceptible d'hypothèque (C. rur., art. L. 451-1).

Un contrat de bail emphytéotique n'est pas soumis aux règles de publicité et de mise en concurrence (CAA Nancy, 11 oct. 2007, n° 06NC00733, *Association Aubette Demain*).

1072 Bail rural. Le bail rural est régi par les dispositions du Code rural et de la pêche maritime (CRPM, art. L. 411-1 à L. 493-1). L'article L. 411-31 du

CRPM et l'article 1766 du Code civil, auquel renvoie l'article L. 411-27, alinéa 1er du CRPM, définissent l'essentiel des conditions de résiliation pour faute du preneur. Soumise à l'appréciation souveraine des juges du fond, la résiliation est encourue lorsque les agissements du preneur sont « de nature à compromettre la bonne exploitation du fonds » (art. L. 411-32, I, 2°), lorsqu'il y a péril pour l'exploitation du fonds et pour le fonds lui-même.

1073 **Bail commercial.** Le bail commercial est régi par les règles du Code de commerce (art. L. 145-1 à L. 145-60).

Le juge rappelle que bail commercial et domaine public ne sont pas compatibles (CAA Marseille, 5 mars 2021, n° 18MA05006).

1074 **Location des édifices cultuels.** Les édifices cultuels appartenant aux communes bénéficient du régime juridique de la domanialité publique. Étant mis gratuitement à la disposition des fidèles qui viennent y pratiquer leur religion, ils ne peuvent être loués ni faire l'objet d'un droit d'entrée, sauf pour les monuments historiques.

1075 **Location des gendarmeries.** Les conditions de prise à bail par l'État des locaux destinés aux unités de gendarmerie départementale, édifiés par les collectivités territoriales, sont définies par la circulaire du Premier ministre NOR:PRMX9210531C du 28 janvier 1993 relative aux conditions de prise à bail par l'État des locaux destinés aux unités de gendarmerie départementale, édifiés par les collectivités territoriales.

1076 **Location des logements d'instituteurs inoccupés.** Si le logement vacant est situé hors de l'enceinte des bâtiments scolaires, la commune peut en disposer librement.

Si le logement est situé dans l'enceinte des bâtiments scolaires, il est assimilé à un local scolaire (Rép. min. n° 22467 : *JOAN*, 3 sept. 1990, p. 4188). Il ne peut être désaffecté que par accord exprès entre la commune propriétaire et le préfet. L'intervention de ce dernier procède non du régime de l'autorisation préalable ou de l'approbation mais de l'exercice d'une compétence de l'État, dans les locaux communaux. La loi n° 82-213 du 2 mars 1982 n'a donc pas modifié le régime de désaffectation de ces locaux (Rép. min. n° 56411 : *JOAN*, 21 janv. 1985, p. 255).

Rien ne s'oppose cependant à ce que les communes qui entretiennent des logements de fonction d'instituteurs vacants situés dans une enceinte scolaire puissent les louer à des tiers. Mais cette occupation ne pourra être consentie qu'à titre précaire et révocable et ne comporter aucune gêne pour le service de l'enseignement puisque les logements restent continuellement grevés d'une servitude au profit des services scolaires (Rép. min. n° 9180 : *JO Sénat*, 22 oct. 1998, p. 3353).

1077 **TVA sur immobilisations louées.** Les locations de locaux à usage d'habitation sont des prestations de services entrant dans le champ d'application de la TVA (CGI, art. 256) et donc imposables de plein droit à la TVA. Il convient de distinguer trois catégories de locaux : les locaux à usage d'habitation, les locaux à usage professionnel et les bâtiments à usage agricole.

Ces locations bénéficient cependant d'une exonération de taxe, sans possibilité d'option pour leur imposition volontaire : locations de locaux nus à usage d'habitation (CGI, art. 261 D) et locations occasionnelles.

Bien que les locations occasionnelles, permanentes ou saisonnières des logements meublés ou garnis à usage d'habitation soient exonérées, l'exonération ne s'applique pas si l'exploitant :
- offre, en plus de l'hébergement, le petit-déjeuner, le nettoyage quotidien des locaux, la fourniture du linge de maison et la réception de la clientèle (Instr. n° 03-042-M0, 24 juill. 2003 : *BOI*, 30 avr. 2003) ;
- est immatriculé au registre du commerce au titre de cette activité (LF 1990 n° 89-935, 29 déc. 1989, art. 48-1).

L'absence de combinaison de ces deux conditions entraîne l'exonération des locations de gîtes communaux à la TVA et le bénéfice des opérations d'investissement du Fonds de compensation pour la TVA (CGI, art. 261 D, 4°).

Conformément aux dispositions de l'article 256 du Code général des impôts, les mises à disposition de biens immobiliers effectuées à titre gratuit ne sont pas soumises à la TVA.

Il convient de distinguer trois catégories de locaux : les locaux à usage d'habitation, les locaux à usage professionnel et les bâtiments à usage agricole.

1078 **Pièces justificatives :**

1 – Location à un particulier :
- décision du maire agissant par délégation du conseil municipal ;
- délibération du conseil municipal pour les baux d'une durée de plus de douze ans ;
- expédition du bail faisant mention de l'identité des parties, du montant de la location, de sa durée et des échéances de paiement, de la désignation de l'immeuble.

Toutes ces pièces sont transmises au receveur en double exemplaire. L'un est joint au titre de recette et l'autre est conservé par le receveur dans son dossier des titres sur plusieurs années.

2 – Location des bureaux de poste :
- décision du maire ou délibération du conseil municipal selon les cas ;
- convention entre le directeur régional de La Poste et l'ordonnateur faisant état des mentions développées dans le bail écrit. Une particularité fait que le paiement du loyer de La Poste intervient le 1er juillet en une seule échéance annuelle.

3 – Location des salles municipales :
- délibération du conseil municipal fixant les tarifs journaliers de location. Ces derniers doivent être révisés régulièrement ;
- le remboursement des prestations annexes (électricité, surveillance des sapeurs-pompiers) fait parfois l'objet de réduction ou d'exonération, sans que le conseil municipal ait été appelé à statuer sur le principe de ces réductions. Dans ce cas, il convient de produire un certificat administratif faisant connaître les mesures prises pour que le conseil municipal puisse se prononcer sur l'octroi d'exonérations totales ou partielles (C. comptes, 20 avr. 1972).

4 – Droit au bail :
- état du service des impôts établi par l'ordonnateur faisant mention de la durée du bail, du montant des loyers et du droit au bail ;
- titre de recette établi au compte 70878 si le conseil municipal décide de faire supporter au locataire le droit au bail annuel ;
- délibération du conseil municipal décidant, dans le cas contraire, de faire prendre en charge les droits de l'espèce par la commune. Dès lors, seul l'état du service des impôts est joint au mandat du compte 6358.

Compte **758** – Produits divers de gestion courante

▪ Compte **7581** – Redevances diverses

▸ Compte **75813** – Redevances versées par les fermiers et les concessionnaires

1079 **La délégation de service public.** L'ordonnance n° 2018-1074 du 26 novembre 2018 dans son article 18 donne la définition du contrat de service public : « Les contrats de concession sont les contrats conclus par écrit, par lesquels une ou plusieurs autorités concédantes soumises à la présente ordonnance confient l'exécution de travaux ou la gestion d'un service à un ou plusieurs opérateurs économiques, à qui est transféré un risque lié à l'exploitation de l'ouvrage ou du service, en contrepartie soit du droit d'exploiter l'ouvrage ou le service qui fait l'objet du contrat, soit de ce droit assorti d'un prix.

La part de risque transférée au concessionnaire implique une réelle exposition aux aléas du marché, de sorte que toute perte potentielle supportée par le concessionnaire ne doit pas être purement nominale ou négligeable. Le concessionnaire assume le risque d'exploitation lorsque, dans des conditions d'exploitation normales, il n'est pas assuré d'amortir les investissements ou les coûts qu'il a supportés, liés à l'exploitation de l'ouvrage ou du service.

I. – Les contrats de concession de travaux ont pour objet :

1° soit l'exécution, soit la conception et l'exécution de travaux dont la liste est publiée au *Journal officiel* de la République française ;

2° soit la réalisation, soit la conception et la réalisation, par quelque moyen que ce soit, d'un ouvrage répondant aux exigences fixées par l'autorité concédante. Un ouvrage est le résultat d'un ensemble de travaux de bâtiment ou de génie civil destiné à remplir par lui-même une fonction économique ou technique.

II. – Les contrats de concession de services ont pour objet la gestion d'un service. Ils peuvent consister à déléguer la gestion d'un service public. Le concessionnaire peut être chargé de construire un ouvrage ou d'acquérir des biens nécessaires au service.

III. – Lorsqu'un contrat de concession porte sur des travaux et des services, il est un contrat de concession de travaux si son objet principal est de réaliser des travaux.

IV. – Les contrats de concession de défense ou de sécurité sont les contrats de concession passés par l'État ou ses établissements publics ayant un caractère autre qu'industriel et commercial et ayant pour objet des travaux ou des services visés à l'article 6 de l'ordonnance du 23 juillet 2015.

Ne sont pas des contrats de concession, au sens de l'ordonnance du 26 novembre 2018 :

1° les délégations ou les transferts de compétences ou de responsabilités organisés entre autorités concédantes soumises à l'ordonnance en vue de l'exercice de missions d'intérêt général sans rémunération de prestations contractuelles ;

2° les subventions au sens de l'article 9-1 de la loi du 12 avril 2000. »

Un contrat ne peut donc être qualifié de délégation de service public que si plusieurs conditions sont réunies :
- il faut que le contrat porte sur une activité de service public local rendue aux usagers ;
- le service public doit être délégable ;
- la collectivité locale doit avoir décidé de la mise en place du service ;
- il ne suffit pas que le contrat concerne un service public : il faut que le délégataire s'en voie confier la responsabilité ;
- il faut une relation contractuelle entre l'usager du service et le gestionnaire délégué ;
- le prix du service doit être perçu par le titulaire auprès des usagers ;
- la rémunération du délégataire doit être substantiellement assurée par les résultats de l'exploitation du service.

Réf.
- CGT, art. L. 1411-1 à 19 ; 1412-1 et s. ; art. R. 1411-1 à 8 et R. 1412-1 à 4
- CCP, art. L. 1121-3, L. 1121-1
- Ord. n° 2018-1074, 26 nov. 2018

1080 **Différence entre marché et délégation de service public.** La délégation de service public s'oppose au marché public dans lequel l'entreprise est rémunérée par un prix, par le fait que la rémunération du délégataire est « substantiellement assurée par les résultats d'exploitation ». En l'absence d'une telle rémunération, le contrat doit être qualifié de marché et, dans le cas contraire, de délégation de service public (CE, 15 avr. 1996, n° 168325, *Préfet des Bouches-du-Rhône c/ Commune de Lambesc*).

L'arrêt du Conseil d'État du 30 juin 1999 (n° 198147, *Syndicat mixte de traitement des ordures ménagères du Centre-Ouest Seine-et-Marnais*) fixe un seuil d'environ 30 % pour considérer l'existence d'une rémunération substantiellement assurée par des résultats d'exploitation. Cependant, cette jurisprudence n'a pas été reprise dans la définition donnée dans l'article 3 de la loi MURCEF n° 2001-1168 du 11 décembre 2001.

1081 **Procédure de délégation de service public.** Les délégations de service public des collectivités territoriales, de leurs groupements et de leurs établissements publics sont passées et exécutées conformément aux dispositions du Code de la commande publique (CGCT, art. R. 1411-1).

Les conventions de délégation de services publics locaux sont soumises à une obligation de publicité préalable. Les assemblées délibérantes se prononcent auparavant sur le principe de toute délégation de service public local. Elles statuent au vu d'un rapport présentant le document contenant les caractéristiques des prestations que doit assurer le délégataire (CGCT, art. L. 1411-4). Les articles L. 1411-5 et suivants du CGCT définissent les modalités de la procédure.

Les membres de la commission chargée d'ouvrir les plis contenant les offres des candidats sont élus au scrutin de liste suivant le système de la représentation proportionnelle avec application de la règle du plus fort reste sans panachage ni vote préférentiel (CGCT, art. D. 1411-3). Lorsqu'ils y sont invités, le comptable de la collectivité et un représentant du ministre chargé de la Concurrence siègent également à la commission avec voix consultative (CGCT, art. L. 1411-5).

Au vu de l'avis de la commission, l'autorité habilitée à signer la convention engage librement toute discussion utile avec une ou des entreprises ayant présenté une offre (CGCT, art. L. 1411-5). Elle saisit l'assemblée délibérante du choix de l'entreprise auquel elle a procédé. Elle lui transmet le rapport de la commission présentant notamment la liste des entreprises admises à présenter une offre et l'analyse des propositions de celles-ci, ainsi que les motifs du choix de la candidate et l'économie générale du contrat.

L'assemblée délibérante se prononce sur le choix du délégataire et le contrat de délégation (CGCT, art. L. 1411-7).

Le Conseil d'État admet la possibilité pour une personne publique de conclure de gré à gré, sans publicité ni mise en concurrence préalable, un contrat de délégation de service public provisoire, en cas d'urgence (CE, 4 avr. 2016, n° 396191, *Communauté d'agglomération du centre de la Martinique*).

1082 **Contrôle des délégations de services publics.** Les conventions de délégation de service public sont soumises à l'obligation de transmission au contrôle de légalité (CGCT, art. L. 1411-9 ; L. 2131-2 ; L. 3131-2 ; L. 4141-2).

Les conventions relatives à des délégations de service public peuvent être transmises par le représentant de l'État dans le département à la chambre régionale des comptes. Il en informe l'autorité territoriale concernée. La chambre examine la convention, formule ses observations dans le délai d'un mois à compter de sa saisine et les adresse au maire et au préfet (CGCT, art. L. 1411-18).

1083 **Délégation d'un SPIC (service public à caractère industriel et commercial).** Les articles L. 1412-1 et suivants du CGCT énoncent : « Les collectivités territoriales, leurs établissements publics, les établissements publics de coopération intercommunale ou les syndicats mixtes, pour l'exploitation directe d'un service public industriel et commercial relevant de leur compétence, constituent une régie soumise aux dispositions du chapitre Ier du titre II du livre II de la deuxième partie, le cas échéant, après avoir recueilli l'avis de la commission consultative des services publics locaux prévue à l'article L. 1413-1.

Sont toutefois exclus les services qui, par leur nature ou par la loi, ne peuvent être assurés que par la collectivité locale elle-même.

La concession et l'affermage sont aussi possibles pour les services d'ordures ménagères, d'eau, d'abattoirs, de pompes funèbres et de distribution d'énergie calorifique (Circ., 23 nov. 1982, relative à la distribution d'énergie calorifique : *JORF* 5 mai 1988, NOR:MCLB8800176C). Ce sont des modes de gestion indirecte par opposition aux modes de gestion directe, telle la régie simple ou celle dotée de l'autonomie financière. »

1084 **Délégation des services d'eau et d'assainissement.** Les indicateurs techniques et financiers des délégation des services d'eau et d'assainissement sont codifiés au CGCT :

- service public d'eau potable : annexe V aux articles D. 2224-1 ; D. 2224-2 ; D. 2224-3 ;
- service public d'assainissement collectif et non collectif : annexe VI aux articles D. 2224-1 ; D. 2224-2 ; D. 2224-3 ;
- service public de prévention et de gestion des déchets ménagers et assimilés : annexe XIII aux articles D. 2224-1 ; D. 2224-2 ; D. 2224-3.

1085 **Service public administratif.** Certains services publics administratifs peuvent faire l'objet d'une création de régie. Les articles L. 1412-2 et 3 énoncent : « Les collectivités territoriales, leurs établissements publics, les établissements publics de coopération intercommunale ou les syndicats mixtes peuvent individualiser la gestion d'un service public administratif relevant de leur compétence par la création d'une régie soumise aux dispositions du chapitre Ier du titre II du livre II de la deuxième partie, le cas échéant, après avoir recueilli l'avis de la commission consultative des services publics locaux prévue à l'article L. 1413-1.

Sont toutefois exclus les services qui, par leur nature ou par la loi, ne peuvent être assurés que par la collectivité locale elle-même.

Les collectivités territoriales, leurs établissements publics, les établissements publics de coopération intercommunale ou les syndicats mixtes peuvent individualiser la gestion d'un service public culturel relevant de leur compétence par la création d'un établissement public de coopération culturelle soumis aux dispositions du chapitre unique du titre III du présent livre. »

En ce qui concerne le service des cantines scolaires, les communes ne peuvent confier à des personnes privées que la fourniture ou la préparation des repas, à l'exclusion des missions qui relèvent du service de l'enseignement public et, notamment, de la surveillance des élèves (CE, avis, 7 oct. 1986).

La télésurveillance des voies publiques ne peut être déléguée à une société privée : cette mission relève du pouvoir de police du maire défini à l'article L. 2212-2 du Code général des collectivités territoriales (TA Nice, 22 déc. 2006, n° 0303748, *Société Vigitel c/ Commune Fréjus*).

1086 **Nomination du comptable d'une régie à caractère administratif.** Pour les régies dotées de la seule autonomie financière, chargées de l'exploitation d'un service public à caractère administratif l'article R. 2221-96 prévoit que les « fonctions de comptable de la régie sont régies par le comptable de la commune ».

1087 **Mobilier urbain.** Les contrats autorisant le titulaire à afficher de la publicité sur du mobilier urbain peuvent être qualifiés soit de marchés publics (CE, ass., 4 nov. 2005, n° 247298, *Société Jean-Claude Decaux* ; CE, 14 nov. 2014, n° 373156, *SMEAG de la base de plein air et de loisirs de Cergy-Pontoise*), soit de convention d'occupation du domaine public (CE, 3 déc. 2014, n° 384170, *Tisséo*), soit de contrat de concession (CE, 25 mai 2018, n° 416825, *Société Philippe Védiaud Publicité*), en fonction de l'objet du contrat et de son caractère onéreux ou non.

Pour cela, il faut que le contrat d'exploitation publicitaire de mobilier urbain ne comporte « aucune stipulation prévoyant le versement d'un prix à son titulaire » et que ce dernier soit « exposé aux aléas de toute nature qui peuvent affecter le volume et la valeur de la demande d'espaces de mobilier urbain par les annonceurs publicitaires sur le territoire de la commune, sans qu'aucune stipulation du contrat ne prévoie la prise en charge, totale ou partielle, par la commune des pertes qui pourraient en résulter » (CE, 25 mai 2018, n° 416825, *Société Philippe Védiaud Publicité* ; voir également CE, 5 févr. 2018, n° 416581, *Ville de Paris et Société des mobiliers urbains pour la publicité et l'information*).

Dans l'hypothèse où le contrat de mobiliers urbains s'avère être un contrat de concession de services au sens des articles L. 1121-1 et L. 1121-3 du Code de la commande publique, et que la valeur estimée est inférieure au seuil européen (1° de l'article R. 3126-1 du Code de la commande publique), il bénéficie de règles de passation allégées. Ces règles permettent aux autorités concédantes d'adapter la procédure de passation du contrat à l'objet, à la nature et aux caractéristiques des prestations demandées aux concessionnaires. Il n'existe pas de « petit seuil » à l'instar de ce qui se fait en matière de marchés publics. En effet, les règles prévues sous ce seuil pour les contrats de concessions ne posent que peu d'exigences procédurales pour les autorités concédantes (formulaire simplifié, un seul support imposé pour les modalités de publicité, des délais de réception des candidatures et des offres adaptés aux caractéristiques de la concession, etc. ; *JO* 6 mai 2019, ministère Économie et Finances).

1088 Recouvrement des recettes dans le cadre d'une délégation. Lorsqu'une entreprise bénéficie d'une délégation de gestion d'un service public (eau ou assainissement, par exemple), elle gère l'activité et rend aux usagers un service en échange d'un prix réglé par ces derniers. Dans ce cadre, l'entreprise est naturellement chargée de la facturation du service rendu et de son recouvrement amiable et contentieux auprès des usagers. Le recouvrement des factures de la population concernée ne peut en aucun cas être confié aux services de la DDFIP.

1089 Commissions consultatives pour les services publics locaux. Cet organisme doit être créé pour un ou plusieurs services locaux exploités en régie ou dans le cadre d'une couverture de gestion déléguée (CGCT, art. L. 1413- 1). Cette obligation ne s'applique qu'aux services des communes de plus de 10 000 habitants. La commission peut être consultée sur toute question ayant une incidence directe sur les usages (Circ. Intérieur, 31 mars 1992, relative à la préparation du XIe plan).

1090 Concession. Les contrats de concession sont définis à l'article L. 1121-1 du Code de la commande publique :

« Les contrats de concession sont les contrats conclus par écrit, par lesquels une ou plusieurs autorités concédantes soumises au présent code confient l'exécution de travaux ou la gestion d'un service à un ou plusieurs opérateurs économiques, à qui est transféré un risque lié à l'exploitation de l'ouvrage ou du service, en contrepartie soit du droit d'exploiter l'ouvrage ou le service qui fait l'objet du contrat, soit de ce droit assorti d'un prix.

La part de risque transférée au concessionnaire implique une réelle exposition aux aléas du marché, de sorte que toute perte potentielle supportée par le concessionnaire ne doit pas être purement nominale ou négligeable.

Le concessionnaire assume le risque d'exploitation lorsque, dans des conditions d'exploitation normales, il n'est pas assuré d'amortir les investissements ou les coûts liés à l'exploitation de l'ouvrage ou du service, qu'il a supportés. »

Les contrats de concession sont codifiés dans le Code de la commande publique : « Lorsqu'une autorité concédante décide de conclure un contrat destiné à satisfaire des besoins, objectivement dissociables, qui relèvent, d'une part, du droit commun des contrats de concession prévu au livre Ier de la présente partie et qui relèvent, d'autre part, du régime juridique particulier applicable aux autres contrats de concession prévu au livre II de la présente partie ou du régime juridique particulier applicable aux autres marchés publics prévu au livre V de la deuxième partie, ce contrat est soumis au droit commun des contrats de concession prévu au livre Ier de la partie législative du Code de la commande publique.

Lorsque le contrat mentionné au premier alinéa couvre plusieurs activités dont l'une seulement constitue une activité d'opérateur de réseau, il est soumis aux dispositions applicables à son objet principal. Lorsque l'objet principal du contrat ne peut être objectivement identifié, le contrat est soumis aux dispositions du livre Ier de la présente partie (CCP, art. L. 3000-1). »

Réf.
- Ord. n° 2016-65, 29 janv. 2016
- D. n° 2016-86,1[er] févr. 2016
- CCP, 3e partie, « Concessions », livre Ier et II partie législative et réglementaire
- A., 22 mars 2019, fixant le modèle d'avis pour la passation des contrats de concession (*JO* 31 mars 2019)

1091 **Objet des contrats de concession.** La concession est un contrat administratif en vertu duquel le concessionnaire exploite un service public à ses risques et périls. Elle se caractérise par la mise à la charge du concessionnaire de l'avance des frais de premier établissement du service, de fonds de roulement nécessaire à l'exploitation et des charges d'exploitation. Le concessionnaire perçoit une rémunération sur les usagers.

Les contrats de concession de travaux ont pour objet :
- soit l'exécution, soit la conception et l'exécution de travaux dont la liste est publiée au *Journal officiel de la République française* ;
- soit la réalisation, soit la conception et la réalisation, par quelque moyen que ce soit, d'un ouvrage répondant aux exigences fixées par l'autorité concédante.

1092 **Modalités de passation des contrats de concession.** Les modalités relatives à la passation et à l'exécution des contrats de concession sont prévues par le décret n° 2016-86 du 1er février 2016. Le déroulement des procédures de publicité et d'attribution est prévu aux articles 13,et 19 à 32 du décret n° 2016-86 du 1er février 2016.

Désormais, il existe un seuil unique, applicable à l'ensemble des contrats de concession, qu'il s'agisse de concessions de travaux ou de services, permettant de déterminer les règles de passation et garanties procédurales devant être respectées par l'autorité concédante. Il est donc indispensable de procéder à une estimation de la valeur du contrat avant le lancement de la procédure de passation (selon les seuils relatifs aux procédures formalisées de marchés publics définis à l'article 42 de l'ordonnance n° 2015-899 du 23 juillet 2015).

1093 Règles de publicité des contrats de concession. Les règles de publicité des contrats de concession sont définies aux articles R. 3122-1 et suivants du Code de la commande publique. L'autorité concédante qui envisage d'attribuer un contrat de concession publie un avis de concession qui comporte notamment une description de la concession et des conditions de participation à la procédure de passation. Cet avis est établi conformément au modèle fixé par le règlement d'exécution (UE) 2015/1986 de la Commission du 11 novembre 2015 établissant les formulaires standards pour la publication d'avis dans le cadre de la passation de marchés publics et abrogeant le règlement d'exécution (UE) n° 842/2011. L'autorité concédante publie l'avis de concession dans les trois supports suivants :

1° au *Journal officiel de l'Union européenne* ;

2° au *Bulletin officiel des annonces des marchés publics* ou dans un journal d'annonces légales ;

3° sans une publication spécialisée correspondant au secteur économique concerné.

En matière de délégation de service public, aucune règle ni aucun principe n'impose à une collectivité qui entend déléguer la gestion de services de conclure autant de conventions qu'il y a de services. Elle ne peut toutefois donner à une délégation un périmètre manifestement excessif ni réunir dans la même convention des services qui n'auraient manifestement aucun lien entre eux (CE, 21 sept. 2016, nos 399656 et 399699 B, *Communauté urbaine du Grand Dijon et Société Kéolis*).

Les biens concédés demeurent dans le patrimoine du concédant. Cela s'explique par la durée relativement limitée des concessions et par la possibilité pour le concédant de poursuivre, dans certaines conditions, l'amortissement. Se référer aux articles 33 à 47 du décret précité en ce qui concerne l'exécution des contrats de concession.

Selon l'article 14 du décret n° 2016-86 du 1er février 2016, l'arrêté du 21 mars 2016 détermine le contenu minimal obligatoire de l'avis de concession pour les contrats de concession relevant de l'article 10 du décret précité, à l'exception des contrats relevant du c du 2° de cet article dont la valeur estimée est égale ou supérieure au seuil européen. L'arrêté prévoit aussi un contenu allégé pour les avis complémentaires publiés au niveau national. Dans les deux cas, les rubriques non renseignées des avis de publicité ne sont pas facturées à l'autorité concédante.

Un arrêté du 21 mars 2016 fixe le modèle d'avis pour la passation des contrats de concession.

1094 **Détermination de la valeur du contrat de concession.** L'article 7 du décret du 1er février 2016 définit la méthode pour déterminer la valeur prévisionnelle d'un contrat de concession : le I de l'article 7 dispose que la valeur estimée du contrat de concession « correspond au chiffre d'affaires total hors taxes du concessionnaire pendant la durée du contrat, eu égard à la nature des prestations qui font l'objet de la concession ». Le Code de la commande publique précise, dans les articles 3121-1 et suivants, que pour estimer la valeur du contrat de concession, l'autorité concédante prend notamment en compte :

1° la valeur de toute forme d'option et les éventuelles prolongations de la durée du contrat de concession ;

2° les recettes perçues sur les usagers des ouvrages ou des services, autres que celles collectées pour le compte de l'autorité concédante ou d'autres personnes ;

3° les paiements effectués par l'autorité concédante ou toute autre autorité publique ou tout avantage financier octroyé par l'une de celles-ci au concessionnaire ;

4° la valeur des subventions ou de tout autre avantage financier octroyés par des tiers pour l'exploitation de la concession ;

5° les recettes tirées de toute vente d'actifs faisant partie de la concession ;

6° la valeur de tous les fournitures et services mis à la disposition du concessionnaire par l'autorité concédante, à condition qu'ils soient nécessaires à l'exécution des travaux ou à la prestation des services ;

7° toutes primes ou tous paiements au profit des candidats ou des soumissionnaires.

1095 **Durée du contrat de concession.** L'article 34 de l'ordonnance du 29 janvier 2016 pose le principe d'une durée limitée, calculée en fonction de la nature et du montant des prestations ou des investissements. L'article 6 du décret du 1er février 2016 précise ce que recouvre la notion d'investissement : il est défini de manière très large et englobe « les investissements initiaux ainsi que ceux devant être réalisés pendant la durée du contrat de concession, nécessaires pour l'exploitation des travaux ou des services concédés » ; sont notamment considérés comme des investissements : « Les travaux de renouvellement, les dépenses liées aux infrastructures, aux droits d'auteur, aux brevets, aux équipements, à la logistique, au recrutement et à la formation du personnel. » Pour la détermination de la durée du contrat de concession, les investissements s'entendent comme les investissements initiaux ainsi que ceux devant être réalisés pendant la durée du contrat de concession, lorsqu'ils sont nécessaires à l'exploitation des travaux ou des services concédés.

Sont notamment considérés comme tels les travaux de renouvellement, les dépenses liées aux infrastructures, aux droits d'auteur, aux brevets, aux équipements, à la logistique, au recrutement et à la formation du personnel. Pour les contrats de concession d'une durée supérieure à cinq ans, la durée du contrat ne doit pas excéder le temps raisonnablement escompté par le concessionnaire pour qu'il amortisse les investissements réalisés pour l'exploitation des ouvrages ou services avec un retour sur les capitaux investis, compte tenu des investissements nécessaires à l'exécution du contrat (CCP, art. R. 3114-1 et 2).

1096 **Avenant au contrat de concession.** Avenant au contrat de concession. L'article R. 3135-5 du Code de la commande publique permet la modification d'un contrat de concession en cours d'exécution lorsque la modification est rendue nécessaire par des circonstances qu'une autorité concédante diligente ne pouvait pas prévoir. La conclusion d'un avenant de prolongation peut être envisagée sur le fondement de cette disposition et dans les limites fixées par les articles R. 3135-3 et R. 3135-4 du code.

Toutefois, il convient de rappeler qu'un contrat de concession est, juridiquement, un contrat dans lequel le concessionnaire encourt un risque d'exploitation. Aussi, un avenant de prolongation ne peut excéder le strict délai nécessaire pour faire face aux circonstances imprévues de la crise sanitaire et rétablir l'équilibre du contrat, ni avoir pour effet d'empêcher une remise en concurrence périodique. Le juge ne manquerait pas de censurer un allongement excessif qui procurerait un avantage injustifié au titulaire.

Pour prévenir, à l'avenir, les conséquences d'éventuelles nouvelles situations comparables à celles de la crise sanitaire, il est conseillé aux autorités concédantes d'insérer au sein de la convention à conclure des clauses de réexamen déterminant, dans les conditions de l'article R. 2194-1 du Code de la commande publique, les mesures applicables en cas notamment de baisse de fréquentation touristique imputable à de tels évènements. Ces mesures ne pourront cependant conduire à garantir le concessionnaire de tout risque d'exploitation en cas de survenance de tels évènements.

1097 **Concession de plages.** L'État peut accorder sur le domaine public maritime des concessions ayant pour objet l'aménagement, l'exploitation et l'entretien de plages (CGPPP, art. R. 2124-13).

Le concessionnaire est autorisé à occuper une partie de l'espace concédé, pour y installer des activités destinées à répondre aux besoins du service public balnéaire. Ces activités doivent avoir un rapport direct avec l'exploitation de la plage et être compatibles avec le maintien de l'usage libre et gratuit des plages, les impératifs de préservation des sites et paysages du littoral et des ressources biologiques ainsi qu'avec la vocation des espaces terrestres avoisinants.

La durée de la concession ne peut excéder douze ans.

Le concessionnaire peut confier à un ou plusieurs sous-traitants, par des conventions d'exploitation, tout ou partie des activités mentionnées au I, ainsi que la perception des recettes correspondantes. Dans ce cas, le concessionnaire demeure personnellement responsable, tant envers l'État qu'envers les tiers, de l'accomplissement de toutes les obligations de surveillance, d'équipement, de conservation et d'entretien que lui impose le contrat de concession. La date d'échéance des conventions d'exploitation ne doit pas dépasser la date d'échéance de la concession.

Les concessions de plages sont des délégations de services publics.

1098 **Concession d'aménagement.** La concession d'aménagement constitue un contrat de la commande publique qui s'analyse comme un marché public ou comme une concession. Sa passation fait l'objet d'une procédure de publicité et de mise en concurrence.

Le programme fonctionnel, mentionné à l'article 7 de l'ordonnance n° 2004-559 du 17 juin 2004 et à l'article L. 1414-7 du CGCT, indique au minimum les caractéristiques essentielles de la concession d'aménagement, le programme global prévisionnel des équipements et constructions ainsi que les conditions de mise en œuvre de l'opération. Lorsque le concédant est une collectivité locale, l'organe délibérant désigne en son sein à la représentation proportionnelle à la plus forte moyenne les membres composant la commission chargée d'émettre un avis sur les propositions reçues : il désigne la personne habilitée à engager les discussions et à signer la convention.

Réf.
- D. n° 2009-889, 22 juill. 2009

1099 **Affermage.** L'affermage est un type de concession dans lequel les frais de premier établissement sont à la charge de la collectivité, le fermier n'assurant que la gestion du service et faisant l'avance du seul fonds de roulement. La collectivité ne participe pas aux résultats financiers du service public, mais se borne à encaisser la redevance fixée par le contrat d'affermage.

Les équipements nécessaires à l'exploitation du service concédé sont fournis au « fermier » (le cocontractant) par l'autorité concédante. Le fermier est ainsi simplement chargé de l'exploitation du service. Le contrat peut néanmoins prévoir que certains travaux de maintenance ou de rénovation sont à la charge du fermier (CE, 29 avril 1987, n° 51022, *Commune d'Élancourt*). La rémunération du fermier est tirée de l'exploitation du service, mais le fermier est tenu de verser une contribution à la personne publique en contrepartie de la fourniture de l'ouvrage. La durée des conventions d'affermage est en général plus courte que celle des « concessions » au sens jurisprudentiel.

1100 Régie intéréssée. Il s'agit d'un contrat par lequel la collectivité publique confie à une personne de droit privé la gestion ou la gestion et l'entretien d'un service.

Cette personne exploite pour le compte de la collectivité qui demeure responsable su service et assure l'intégralité des dépenses et recueille la totalité des recettes du service.

Le gérant est rémunéré par la collectivité avec une partie fixe versée par la collectivité (« redevance ») et une partie indexée sur les résultats d'exploitation.

En fonction du niveau de risque assumé par le concessionnaire, la régie intéressée pourra être qualifiée de marché public ou de concession de service (par ex., sous l'empire de la loi du 29 janvier 1993, CE 30 juin 1999, n° 198147, *Syndicat mixte du traitement des ordures ménagères centre ouest Seine-et-Marnais*).

Les déficits des régies s'imputent au compte 65821.

> **Réf.**
> – CGCT, art. R. 2222-5 ; L. 1411-1 à L. 1411-18

1101 Gérance. Fondé sur les mêmes bases que le contrat de régie intéressée, le contrat de gérance s'en distingue dans la mesure où la collectivité décide seule de la fixation des tarifs. La collectivité conserve les bénéfices ou, en cas de déficit, rembourse celui-ci au gérant qui perçoit une rémunération forfaitaire. Le contrat de gérance s'apparente ainsi à un marché de services (CE, 7 avr. 1993, n° 156008, *Commune de Guilherand-Granges*).

1102 Pièces justificatives des délégations de service public – Les contrats de concession :

1 – Pièces générales des contrats de concession[1] :

a) contrat de concession, et le cas échéant, cahier des charges ;

b) le cas échéant, document matérialisant les modifications apportées au contrat, ordre de service, ayant des incidences financières ;

c) le cas échéant, pièces justificatives prévues dans le contrat, lorsqu'elles emportent des conséquences financières ;

d) facture ou mémoire du concessionnaire.

2 – Pièces des contrats de concession déléguant un service public dans le domaine de l'eau potable, de l'assainissement et du traitement des ordures ménagères et autres déchets :

a) pièces énumérées à la rubrique 421 ;

b) l'avis du DDFiP ou du DRFiP sur la durée du contrat, si elle dépasse vingt ans[2].

3 – Paiement à des tiers substitués au créancier initial :
- pièces communes ;
- pièces énumérées aux rubriques 421 et 422 selon l'objet du contrat.

4 – Paiement des créances afférentes à une cession ou à un nantissement de créances de droit commun :

a) notification de la cession (ou du nantissement) par lettre recommandée avec avis de réception, ou par tout autre moyen permettant de donner date certaine[3] ;

b) lorsque le paiement est dû en raison de la seule acceptation de la cession de créance, acte d'acceptation de la cession par l'ordonnateur.

5 – Paiement à un établissement de crédit cessionnaire ou bénéficiaire d'un nantissement dans le cadre d'une cession de créance prévue aux articles L. 313-23 et suivants du code monétaire et financier :

a) notification de la cession (ou du nantissement) par lettre recommandée avec avis de réception, ou par tout autre moyen permettant de donner date certaine ;

b) le cas échéant, notification de la transmission du bordereau par le bénéficiaire de la transmission par lettre recommandée avec avis de réception, ou tout autre moyen permettant de donner date certaine.

6 – Paiement au cédant (ou au titulaire de la concession) :
- mainlevée de la cession (ou du nantissement) donnée par l'établissement de crédit par lettre recommandée avec demande d'avis de réception, ou par tout autre moyen permettant de donner date certaine ;

ou
- pour une cession (ou un nantissement) de droit commun, attestation de désistement définitif délivrée par le cessionnaire (ou le bénéficiaire du nantissement) de droit commun par lettre recommandée avec avis de réception, ou par tout autre moyen permettant de donner date certaine.

7 – Paiement dans le cadre d'une délégation de créance afférente à un contrat de concession :

a) pièces énumérées aux rubriques 421 et 422 selon l'objet du contrat à l'origine de la créance ;

b) convention de délégation de créance.

8 – Les groupements d'autorités cédantes[4] :
- pièces à fournir dans tous les cas : convention constitutive du groupement ;
- pièces à fournir selon les cas : cas où chaque membre du groupement exécute sa propre partie ;
- pièces énumérées aux rubriques 421 et 422 selon les modalités de présentation de la dépense à l'ordonnateur.

9 – Cas où le coordonnateur exécute le contrat au nom de l'ensemble des membres du groupement :
- en cas de participation aux débours du coordonnateur :
  - pièces énumérées aux rubriques 421 et 422 selon les modalités de présentation de la dépense par l'ordonnateur,
  - demande du coordonnateur lorsque la convention constitutive ne prévoit pas le montant et les modalités du versement de la participation ;
- en cas de remboursement :
  - pièces énumérées aux rubriques 421 et 422 selon les modalités de présentation de la dépense par l'ordonnateur,
  - état liquidatif ou décompte établi par le coordonnateur.

Réf.

– D. n° 2022-505, 23 mars 2022, § 42

1. Le régime juridique des contrats de concession est fixé par le Code de la commande publique et par les articles L. 1411-1 et suivants du Code général des collectivités territoriales. Les mentions obligatoires devant figurer dans les contrats de concession sont décrites à l'annexe J de la présente liste.

2. Les contrats de la présente rubrique ne peuvent avoir une durée supérieure à vingt ans sauf examen préalable du DDFiP/DRFiP (CCP, art. L. 3114-8 et D. 3114-3).

3. Le bordereau de cession ou de nantissement n'a pas à être produit au comptable assignataire.

4. CCP, art. L. 3112-1 à L. 3112-4.

1103 Pièces justificatives – Énonciation des mentions devant figurer dans un contrat de concession. Un contrat de concession est nécessairement un contrat écrit devant contenir les mentions suivantes :

1 – Durée du contrat de concession[1].

2 – Montant et modes de calcul des droits d'entrée et des redevances versées par le concessionnaire à l'autorité concédante selon le contenu du contrat[2].

3 – Tarifs à la charge des usagers et incidence sur ces tarifs des paramètres ou indices qui déterminent leur évolution[3].

Les contrats de concession déléguant un service public dans le domaine de l'eau potable, de l'assainissement et du traitement des ordures ménagères et autres déchets. Le contrat de concession est nécessairement un contrat écrit devant contenir les mentions suivantes :

1 – Durée du contrat de concession[1].

2 – Tarifs à la charge des usagers et incidence sur ces tarifs des paramètres ou indices qui déterminent leur évolution[3].

Réf.

– D. n° 2022 -505, 23 mars 2022, ann. J, fixant la liste des pièces justificatives

1. CCP, art. L. 3114-7, L. 3114-8, R. 3114-1, R. 3114-2 et D. 3114-3.

2. CCP, art. L. 3114-4 et L. 3114-5.

3. CCP, art. L. 3114-6.

▪ Compte **7582** – Excédent ou déficit des budgets annexes à caractère administratif

1104 **Budgets annexes à caractère administratif.** Les liens entre le budget des services dotés ou non de la personnalité morale et celui de la collectivité qui l'a créé sont fonction de la nature juridique de ces services. Ainsi, les régies dotées de la personnalité morale, ayant leur patrimoine propre, ont un budget propre indépendant de celui de la collectivité. Les régies dotées de la seule autonomie financière ont un budget « distinct » (budget annexe avec un compte de dépôt de fonds au Trésor propre) de celui de la collectivité, mais font partie du patrimoine de cette dernière. Enfin, les régies simples ou directes font l'objet d'un budget annexe, relié au budget de la collectivité dont elles émanent par un compte de liaison (compte 45).

Le budget annexe est rattaché à la comptabilité communale par la subdivision du compte 45. Ce compte est ouvert à la fois dans la comptabilité principale de la collectivité et dans la comptabilité rattachée. Le compte de rattachement fonctionne de façon symétrique, mais de sens contraire, dans les deux comptabilités. L'existence d'un compte de liaison est donc justifiée lorsqu'il s'agit de retracer les mouvements de fonds entre la commune et son ou ses services érigés en régie simple, celui-ci ne disposant pas de compte propre au Trésor.

En revanche, quelle que soit la forme de la régie, la tenue des comptes de tiers propres au budget annexe est obligatoire au sein de la comptabilité de ce dernier.

1105 **Pièces justificatives – Budget annexe à caractère administratif :**
- délibération du conseil municipal décidant la création du service à comptabilité distincte, nommant les membres du conseil d'administration ;
- budget propre au service.

▪ Compte **7586** – Excédents reversés par les régies à caractère industriel et commercial

▸ Compte **75861** – Régies dotées de la seule autonomie financière

1106 Cette partie ne fait pas l'objet de commentaires.

▸ Compte **75862** – Régies dotées de la personnalité morale

1107 **Régies à caractère industriel et commercial.** Le maire peut, par délégation du conseil municipal, créer les régies comptables nécessaires au fonctionnement des services municipaux (CGCT, art. L. 2122-22). Les régies peuvent bénéficier d'une autonomie plus ou moins étendue.

Une régie sans personnalité morale ni autonomie financière est appelée régie simple ou régie directe. Elle ne comporte pas d'organe propre de gestion, celle-ci étant assurée par l'assemblée délibérante de la collectivité et les opérations financières et comptables intégrées au budget de la collectivité.

Une régie peut être dotée de l'autonomie financière mais sans personnalité morale : dans ce cas, elle ne possède pas d'organe de gestion mais elle tient sa propre comptabilité et dispose d'un compte au Trésor propre.

Enfin, il peut être créé une régie dotée de la personnalité morale et de l'autonomie financière (voir ci-après).

1108 **Régies dotées de la personnalité morale et de l'autonomie financière.** La régie dotée de la personnalité morale est administrée par un conseil d'administration et un directeur (CGCT, art. L. 2221-10). Sa création est décidée par délibération du conseil municipal (D. n° 2001-184, 23 févr. 2001). Elle possède un patrimoine distinct de celui de la collectivité et jouit d'un budget propre et fonctionne en grande partie selon les règles du droit privé.

« L'excédent comptable est affecté :

1) en priorité au compte Report à nouveau dans la limite du solde débiteur de ce compte ;

2) au financement des mesures d'investissement pour le montant des plus-values de cession d'éléments d'actif dans la limite du solde disponible ;

3) pour le surplus, au financement des charges d'exploitation ou d'investissement, en report à nouveau ou au renversement à la collectivité locale de rattachement. »

La règle de l'équilibre des budgets annexes des services publics industriels et commerciaux posée par l'article L. 2224-2 du Code général des collectivités territoriales ne fait pas obstacle à l'affectation au budget général de l'excédent dégagé par un tel budget.

Le Conseil d'État, dans son arrêt n° 170999 du 9 avril 1999, *Commune de Bandol*, a précisé que « même lorsque les conditions de l'article R. 2221-10 du Code général des collectivités territoriales étaient remplies, le conseil municipal ne peut, sans entacher sa délibération d'une erreur manifeste d'appréciation, décider le reversement au budget général d'un excédent qui serait nécessaire au financement de dépenses d'exploitation ou d'investissement devant être réalisées à court terme ».

Le reversement doit être envisagé comme un ultime recours, à défaut d'emploi, au profit du service concerné. Le budget général reçoit le versement comme un produit de gestion courante. Il peut être utilisé, selon les besoins de la collectivité, pour financer soit des dépenses de fonctionnement, soit des dépenses d'investissement.

Toutefois, le renversement au budget général d'un excédent d'un budget annexe, qui proviendrait d'une fixation de tarifs excessifs par rapport au coût du service rendu, pourrait être déclaré comme illégal par le juge administratif (CE, 30 sept. 1996, n° 165076, *Ville de Saint-Étienne*). Dans ce cas de figure, l'usager du service est fondé à demander le remboursement de la partie de la redevance qui ne correspond pas au coût du service rendu.

1109 **Pièces justificatives – Régies à caractère industriel et commercial :**
- délibération du conseil municipal ;
- contrat.

1110 **Nomination du comptable régie à caractère industriel et commercial.** Concernant les régies dotées de la personnalité morale et de l'autonomie financière, chargée de l'exploitation d'un service public à caractère industriel et commercial, les fonctions de comptable sont confiées soit à un comptable de la direction générale des finances publiques, soit à un agent comptable.

Le comptable est nommé par le préfet sur proposition du conseil d'administration, après avis du directeur départemental ou, le cas échéant, régional des finances publiques. Il ne peut être remplacé ou révoqué que dans les mêmes formes.

Toutefois, pour les régies créées à compter du 1er juillet 2020, le choix de confier les fonctions de comptable à un comptable de la direction générale des finances publiques est subordonné à un avis conforme du directeur départemental ou, le cas échéant, régional des finances publiques.

1111 **Nomination du comptable régie à caractère administratif.** Pour les régies dotées de la seule autonomie financière, chargées de l'exploitation d'un service public à caractère administratif, l'article R. 2221-96 prévoit que les « fonctions de comptable de la régie sont régies par le comptable de la commune ».

▪ Compte **7588** – Autres produits divers de gestion courante

1112 Cette partie ne fait pas l'objet de commentaires.

COMPTE **76**

Produits financiers

1113 Cette partie ne fait pas l'objet de commentaires.

COMPTE **77**

Produits spécifiques

1114 Cette partie ne fait pas l'objet de commentaires.

COMPTE **78**

Reprises sur amortissements, dépréciations et provisions

1115 Cette partie ne fait pas l'objet de commentaires.

COMPTE **79**

Transferts de charges

1116 Cette partie ne fait pas l'objet de commentaires.

TITRE **9**

Classe 8 : Les comptes spéciaux

CHAPITRE **1**

Les principes de comptabilisation

1117 Cette partie ne fait pas l'objet de commentaires.

CHAPITRE **2**

Le fonctionnement des comptes

1118 Cette partie ne fait pas l'objet de commentaires.

TITRE **10**

Modalités de comptabilisation des changements de méthodes comptables, des changements d'estimations comptables et des corrections d'erreurs sur exercices clos

1119 Cette partie ne fait pas l'objet de commentaires.

TITRE 11

Modalités de comptabilisation des événements post-clôtures

1120 Cette partie ne fait pas l'objet de commentaires.

Le cadre budgétaire

TOME **2**

1121 Textes de base de la gestion budgétaire et comptable. Les textes de base sont :
- le décret n° 2012-1246 du 7 novembre relatif à la gestion budgétaire et comptable publique ;
- l'arrêté du 25 juillet 2013 fixant les modalités d'accréditation des ordonnateurs auprès des comptables publics assignataires en application de l'article 10 du décret n° 2012-1246 du 7 novembre 2012 relatif à la gestion budgétaire et comptable publique ;
- l'arrêté du 25 juillet 2013 portant application du premier alinéa de l'article 42 du décret n° 2012-1246 du 7 novembre 2012 relatif à la gestion budgétaire et comptable publique et encadrant le contrôle sélectif de la dépense ;
- le décret n° 2022-1698 du 28 décembre 2022 modifiant le décret n° 2012-1246.

Le décret n° 2012-1246 du 7 novembre 2012 relatif à la gestion budgétaire et comptable publique (dit « décret GBCP ») prévoit la mise en place d'une comptabilité budgétaire, distincte de la comptabilité générale, pour les personnes morales de droit public relevant de la catégorie des administrations publiques (APU) au sens du règlement européen du 25 juin 1996 et, sous réserve des dispositions de leurs statuts, pour les organismes non APU.

L'introduction de la comptabilité budgétaire poursuit plusieurs objectifs :
- unifier le cadre budgétaire des organismes ;
- harmoniser et mettre en cohérence le cadre budgétaire des organismes APU avec celui de l'État pour faciliter le pilotage des finances publiques ;
- au niveau européen, l'harmonisation des cadres budgétaires et comptables permet notamment la production mensuelle de données budgétaires et comptables actualisées et fiables ;
- améliorer le pilotage budgétaire des organismes et la visibilité sur leur situation financière.

Le décret met en place dans les organismes relevant de son champ d'application un cadre budgétaire proche de celui fixé par la LOLF pour l'État avec une comptabilité budgétaire fondée sur des autorisations d'engagement, des crédits de paiement et des emplois limitatifs, complétée par la comptabilité générale en droits et obligations constatés apportant la vision patrimoniale.

TITRE **1**

Le budget

1122 **Règles relatives aux budgets.** Le budget primitif constitue le premier acte obligatoire du cycle budgétaire annuel de la collectivité.

Il doit être voté par l'assemblée délibérante avant le 15 avril de l'année à laquelle il se rapporte (L. n° 28-213, 2 mars 1982) et transmis au représentant de l'État dans les quinze jours qui suivent son approbation.

L'ordonnateur est autorisé à effectuer les opérations de recettes et de dépenses inscrites au budget, pour la période qui s'étend du 1er janvier au 31 décembre de l'année civile. Ce principe d'annualité budgétaire comporte des aménagements relatifs aux opérations prévues et engagées, mais non dénouées en fin d'année.

Nota bene

- les prévisions inscrites au budget primitif peuvent être modifiées en cours d'exercice par l'assemblée délibérante, qui votent des décisions modificatives ;
- le budget supplémentaire, établi le plus souvent au second semestre de l'année, a essentiellement pour objectif de reprendre les résultats budgétaires de l'exercice précédent ;
- ces résultats sont le plus souvent repris au budget primitif ou dans la décision modificative dite budget supplémentaire.

Les budgets annexes permettent d'établir le coût réel d'un service et de déterminer avec précision le prix à payer par ses seuls utilisateurs pour équilibrer les comptes.

Les budgets annexes, distincts du budget principal proprement dit, mais votés par l'assemblée délibérante, doivent être établis pour certains services locaux spécialisés (eau, assainissement, etc.).

Les budgets annexes autonomes sont établis par les établissements publics locaux gérant certains services (centre d'action sociale, caisse des écoles, par exemple), ainsi que les établissements publics de coopération intercommunale (syndicats, communautés de communes, communautés d'agglomération, etc.) : ils sont votés par les instances responsables de l'établissement.

1123 Le cycle budgétaire.

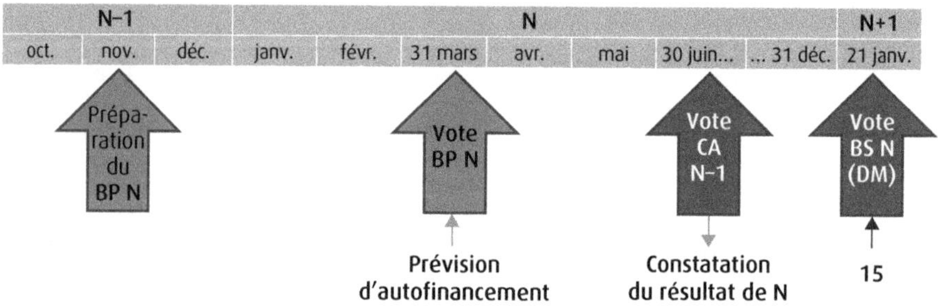

1124 L'équilibre du budget : schéma illustrant la notion d'équilibre budgétaire et d'autofinancement.

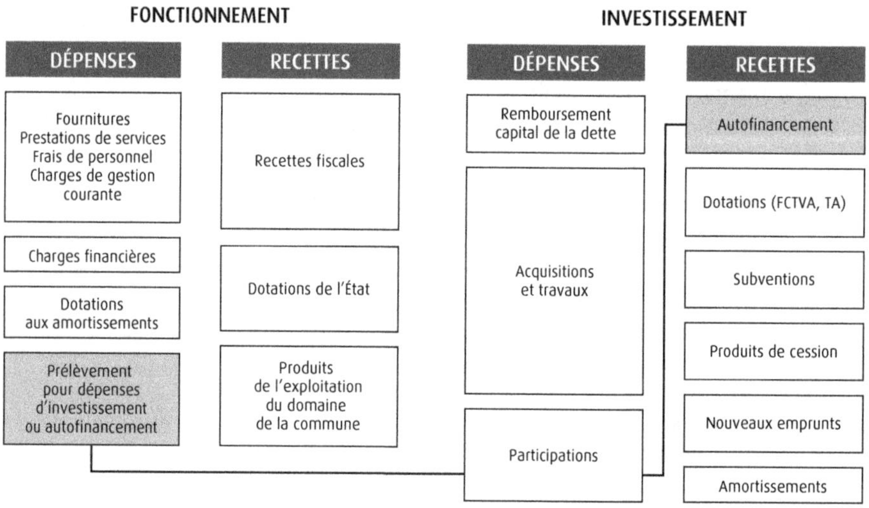

1125 La notion d'autofinancement : schéma illustrant la notion d'épargne brute ou autofinancement.

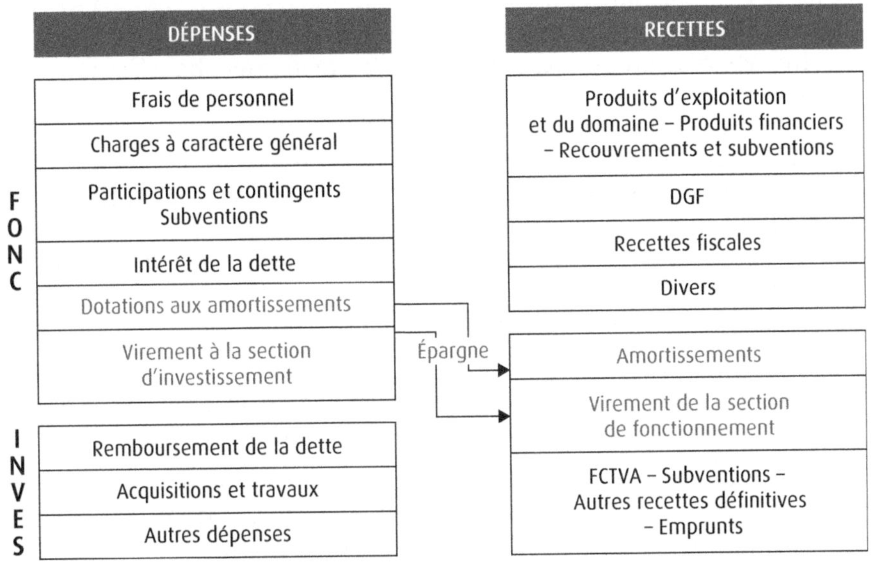

1126 Présentation de l'autofinancement en section d'investissement.

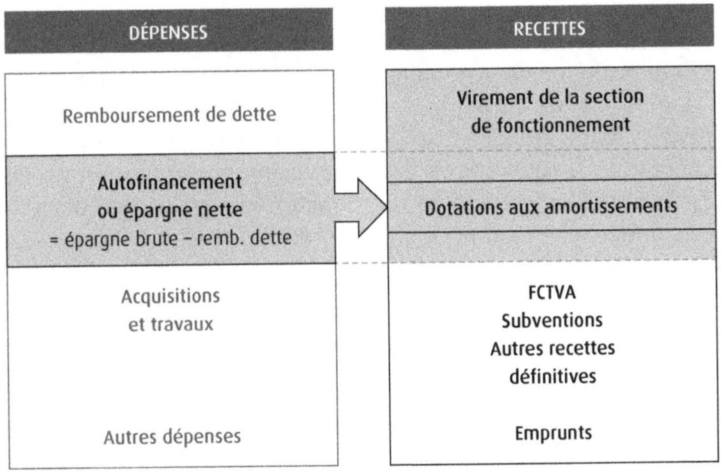

1127 **Présentation des budgets.** Le budget comprend deux parties, une section de fonctionnement et une section d'investissement.

Chacune de ces sections doit être présentée en équilibre, les recettes étant égales aux dépenses.

La section de fonctionnement du budget regroupe toutes les dépenses nécessaires au fonctionnement des services de la collectivité territoriale,

c'est-à-dire les dépenses qui reviennent régulièrement chaque année. Il s'agit principalement des postes suivants :
- charges de personnel ;
- achats de fournitures : papeterie, mobilier, etc. ;
- autres charges de gestion courante : électricité, téléphone, indemnités aux élus, etc. ;
- prestations de services : charges de publicité, de publication, missions et réceptions, transport de biens et de personnes, etc. ;
- participations aux charges d'organismes extérieurs : aide sociale, syndicats intercommunaux, etc. ;
- charges financières : intérêts des emprunts, frais financiers et perte de change, etc. ;
- dotations aux amortissements et aux provisions ;
- indemnités des élus.

Certaines dépenses de fonctionnement peuvent aussi être exceptionnelles : intérêts moratoires, amendes fiscales, subventions aux SPIC notamment.

L'excédent de recettes par rapport aux dépenses, dégagé par la section de fonctionnement, est utilisé en priorité au remboursement du capital emprunté par la collectivité, le surplus constituant de l'autofinancement qui permettra d'abonder le financement des investissements prévus par la collectivité.

La section d'investissement du budget comprend essentiellement des opérations qui se traduisent par une modification de la consistance ou de la valeur du patrimoine de la collectivité territoriale : achats de matériels durables, construction ou aménagement de bâtiments, travaux d'infrastructure, et acquisition de titres de participation ou autres titres immobilisés. Ces dépenses sont financées par les ressources propres de la collectivité, par des dotations et subventions et éventuellement par l'emprunt. Elle comprend également le montant du remboursement en capital des emprunts et diverses dépenses ayant pour effet de réduire les fonds propres (reprises ou reversements, moins-value, etc.).

Ces dépenses sont financées par les ressources propres de la collectivité, par des dotations et subventions et éventuellement par l'emprunt.

1128 Schéma de présentation d'un budget.

FONCTIONNEMENT

DÉPENSES	RECETTES
6	7
Charges obligatoires Charges facultatives Dépenses récurrentes	Dotations Recettes fiscales Revenu du domaine

INVESTISSEMENT

DÉPENSES	RECETTES
1 et 2	1 et 2
Dépenses exceptionnelles Dépenses d'équipement Remb. capital emprunts	Ressources propres Emprunts Subventions

1129 **Règles relatives à l'imputation des dépenses dans les sections du budget.** Pour connaître les règles visant à déterminer dans quelle section du budget il convient d'imputer une dépense, l'on pourra se reporter à la circulaire n° INTB0200059C du 26 février 2002 relative aux règles d'imputation des dépenses du secteur public local.

Cette circulaire a pour objet de décrire l'ensemble des règles d'imputation des dépenses du secteur public local et de préciser les notions qui permettront aux ordonnateurs et aux comptables de déterminer l'imputation comptable et budgétaire des dépenses.

Elle comporte :
- la nomenclature des biens pouvant être considérés comme valeurs immobilisées, quelle que soit leur valeur unitaire, et être intégrés, à ce titre, dans le patrimoine de la collectivité ;
- la nomenclature spécifique aux dépenses de voirie.

L'article 47 de la loi de finances rectificatives pour 1998 a modifié les articles L. 2122-21, L. 3221-2 et L. 4231-2 du Code général des collectivités territoriales en donnant à l'assemblée délibérante la compétence pour décider qu'un bien meuble de faible valeur peut être imputé en section d'investissement, s'agissant de biens ne figurant pas dans une liste et dont le montant est inférieur à un seuil, fixé par arrêté ministériel.

L'arrêté du 26 octobre 2001 (NOR:INT/BO100692A) fixe, à compter du 1er janvier 2002, à 500 € toutes taxes comprises, le seuil au-dessous duquel les biens meubles ne figurant pas dans la liste sont comptabilisés à la section de fonctionnement. Il dresse également la liste des biens meubles constituant des immobilisations par nature, quel que soit leur coût unitaire.

CHAPITRE **1**

Les principes budgétaires

1130 Cette partie ne fait pas l'objet de commentaires.

SECTION 1

L'annualité budgétaire

Sous-section 1 – La prévision

1131 Cette partie ne fait pas l'objet de commentaires.

Sous-section 2 – La pluriannualité budgétaire : les autorisations de programme et les autorisations d'engagement

▪ Paragraphe 1 – Les autorisations de programme et les crédits de paiement

1132 Cette partie ne fait pas l'objet de commentaires.

▪ Paragraphe 2 – Les autorisations d'engagement et les crédits de paiement

1133 Cette partie ne fait pas l'objet de commentaires.

▪ Paragraphe 3 – Le règlement budgétaire et financier

1134 **Réf.**

- CGCT, art. L. 5217-10-8 (métropoles de droit commun et collectivités utilisant le droit d'option), L. 3661-7 (métropole de Lyon), L. 4425-10 (collectivité de Corse), L. 71-111-7 (collectivité territoriale de Guyane) et L. 72-101-7 (collectivité territoriale de Martinique)

Sous-section 3 – L'exécution

1135 Cette partie ne fait pas l'objet de commentaires.

SECTION 2

L'unité budgétaire

1136 Cette partie ne fait pas l'objet de commentaires.

SECTION **3**

L'universalité budgétaire

1137 Cette partie ne fait pas l'objet de commentaires.

CHAPITRE **2**

Les autorisations budgétaires

SECTION **1**

La définition des chapitres et articles par nature

Sous-section **1** – Les chapitres et articles

■ Paragraphe **1** – La définition du chapitre

1138 **Réf.**

- CGCT, art. D. 5217-4 (métropoles de droit commun et les collectivités utilisant le droit d'option), D. 3661-3 (métropole de Lyon), D. 4425-14 (collectivité de Corse), D. 71-111-3 (collectivité territoriale de Guyane) et D. 72-101-3 (collectivité territoriale de Martinique)

■ Paragraphe **2** – La définition de l'article

1139 **Réf.**

- CGCT, art. D. 5217-5 (métropoles de droit commun et les collectivités utilisant le droit d'option), D. 3661-4 (métropole de Lyon), D. 4425-15 (collectivité de Corse), D. 71-111-4 (collectivité territoriale de Guyane) et D. 72-101-4 (collectivité territoriale de Martinique)

Sous-section **2** – Les chapitres de dépenses « opération » de la section d'investissement

1140 Cette partie ne fait pas l'objet de commentaires.

Sous-section **3** – Les chapitres globalisés

1141 Cette partie ne fait pas l'objet de commentaires.

Sous-section 4 – Les chapitres budgétaires particuliers

1142 Cette partie ne fait pas l'objet de commentaires.

Sous-section 5 – Les lignes budgétaires codifiées 00.

1143 Cette partie ne fait pas l'objet de commentaires.

SECTION 2

La définition des chapitres et articles par fonction

Sous-section 1 – Les opérations ventilables

▪ Paragraphe 1 – La définition du chapitre

1144 Cette partie ne fait pas l'objet de commentaires.

▪ Paragraphe 2 – La définition de l'article

1145 **Réf.**

- CGCT, art. D. 5217-7 (métropoles de droit commun et les collectivités utilisant le droit d'option), D. 3661-6 (métropole de Lyon), D. 4425-17 (collectivité de Corse), D. 71-111-6 (collectivité territoriale de Guyane) et D. 72-101-6 (collectivité territoriale de Martinique)

Sous-section 2 – Les opérations non ventilables

▪ Paragraphe 1 – La définition du chapitre

1146 **Réf.**

- CGCT, art. D. 5217-6 (métropoles de droit commun et les collectivités utilisant le droit d'option), D. 3661-5 (métropole de Lyon), D. 4425-16 (collectivité de Corse), D. 71-111-5 (collectivité territoriale de Guyane) et D. 72-101-5 (collectivité territoriale de Martinique)

▪ Paragraphe 2 – La définition de l'article

1147 **Réf.**

- CGCT, art. D. 5217-7 (métropoles de droit commun et les collectivités utilisant le droit d'option), D. 3661-6 (métropole de Lyon), D. 4425-17 (collectivité de Corse), D. 71-111-6 (collectivité territoriale de Guyane) et D. 72-101-6 (collectivité territoriale de Martinique)

Sous-section 3 – Les chapitres de prévisions sans réalisation

1148 Cette partie ne fait pas l'objet de commentaires.

Sous-section 4 – Les lignes budgétaires codifiées 00.

1149 Cette partie ne fait pas l'objet de commentaires.

CHAPITRE 3

Contenu et présentation

1150 Cette partie ne fait pas l'objet de commentaires.

CHAPITRE 4

Le contrôle des budgets par le préfet

1151 **Contrôle de l'équilibre budgétaire.** Dans le cas où le budget (primitif, supplémentaire, décisions modificatives) n'est pas voté en équilibre réel, le préfet saisit la chambre qui dispose d'un mois pour proposer à la commune les mesures nécessaires au rétablissement de l'équilibre budgétaire et demande au conseil municipal une nouvelle délibération.

La nouvelle délibération doit intervenir dans un délai d'un mois à partir de la communication des propositions de la chambre. Si le conseil municipal n'a pas délibéré dans le délai prescrit, ou si la délibération prise ne comporte pas de mesures jugées suffisantes par la chambre qui se prononce sur ce point dans un délai de quinze jours à partir de la transmission de la nouvelle délibération, le préfet règle le budget et le rend exécutoire. S'il s'écarte des propositions de la chambre, il assortit sa décision d'une motivation explicite (CGCT, art. L. 1612-5). Cette dernière décision doit invoquer les considérations de fait propres au cas particulier qui ont fondé la décision du préfet de modifier certaines recettes ou dépenses par rapport aux propositions formulées par la chambre. Le préfet ne peut donc se retrancher derrière une formule de style qui pourrait s'appliquer à tous les cas (CE, 10 oct. 1990, n° 101539, *Préfet du Val-d'Oise*).

La transmission du budget à la chambre a pour effet de suspendre l'exécution de ce budget jusqu'au terme de la procédure. Toutefois, le maire peut mettre en recouvrement les recettes de fonctionnement, engager, liquider et mandater les dépenses de fonctionnement dans la limite de celles inscrites au budget de l'année précédente ainsi que les dépenses d'investissement dans la limite de la moitié des crédits inscrits à ce titre (CGCT, art. L. 1612-10).

Le préfet ne peut déférer directement au tribunal administratif une délibération adoptant le budget communal au motif que celui-ci n'est pas en équilibre réel (TA Versailles, 20 mars 1986, n° 8248009). Avant tout recours en la matière, le préfet doit saisir la chambre, autorité compétente en première instance (Instr. CP n° 87-131-M0, 3 nov. 1987).

1152 **Contrôle du vote des budgets.** Le cas où le budget primitif n'est pas voté avant le 15 ou le 30 avril, l'année de renouvellement des conseils municipaux ou, dans le cas de défaut de transmission des actes budgétaires, au plus tard quinze jours après le délai limite fixé pour son adoption, le préfet saisit la chambre, qui dispose d'un mois pour formuler des propositions pour le règlement du budget. Le préfet règle le budget et le rend exécutoire. S'il s'écarte des propositions de la chambre, il assortit sa décision d'une motivation explicite (CGCT, art. L. 1612-2).

Ces dispositions ne sont pas applicables quand le défaut d'adoption résulte de l'absence de communication avant le 31 mars au conseil municipal d'informations indispensables à l'établissement du budget (CGCT, art. L. 1612-2).

Dans ce cas, le conseil municipal dispose de quinze jours à compter de cette communication pour arrêter le budget de la commune.

À compter de la saisine de la chambre et jusqu'au règlement du budget de la commune par le préfet, le conseil municipal ne peut adopter de délibération sur le budget de l'exercice en cours (CGCT, art. L. 1612-2). Les collectivités peuvent, en revanche, voter leur budget primitif après la date limite (15 ou 30 avr.) tant que le préfet n'a pas saisi la chambre.

Le fait générateur de la saisine de la chambre est non seulement l'absence de vote d'un budget primitif complet, c'est-à-dire budget principal et annexes, avant la date limite fixée par la loi, mais aussi l'absence de transmission au plus tard quinze jours après le délai limite fixé pour son adoption par les articles L. 1612-2 et L. 1612-9 du Code général des collectivités territoriales (CGCT, art. L. 1612-8).

Dès lors qu'un budget est réglé et rendu exécutoire par le préfet, il appartient à ce dernier de transmettre à la chambre tous les budgets supplémentaires afférents au même exercice. Le compte administratif doit alors être voté avant le budget primitif de l'exercice suivant (CGCT, art. L. 1612-9). Dans ce cas, les dates du 15 ou 30 avril, fixées pour l'adoption du budget primitif, sont reportées respectivement aux 1er et 15 juin, et le délai limite de transmission du compte de gestion par le comptable est ramené au

1er mai. Si le compte administratif fait apparaître un déficit, celui-ci est reporté au budget primitif, qui est alors transmis à la chambre régionale des comptes par le représentant de l'État.

1153 **Les dépenses obligatoires.** La notion de dépenses obligatoires est définie à l'article L. 2321-2 du CGCT.

Ne sont obligatoires pour les communes que les dépenses nécessaires à l'acquittement des dettes exigibles et les dépenses pour lesquelles la loi l'a expressément décidé (CGCT, art. L. 1612-15). L'inscription et le mandatement d'office ne peuvent être effectués que pour des dépenses obligatoires dans leur principe, liquides et non sérieusement contestées dans leur montant (CE, 11 déc. 1987, n° 26246, *Pointe-à-Pitre*). Par liquides, il faut entendre les dépenses dont le mode de calcul n'est pas de nature à soulever des difficultés (Circ. Intérieur, 16 oct. 1989). En outre, pour qu'une dépense soit sérieusement contestée, il ne suffit pas que le jugement ait fait l'objet d'un appel.

La cour administrative d'appel de Versailles a jugé qu'il résulte des articles L. 1612-15, L. 1612-16 et L. 2512-25 du Code général des collectivités territoriales qu'une dépense, qui correspond à une dette échue, certaine, liquide, non sérieusement contestée dans son principe et dans son montant et découlant de la loi, d'un contrat, d'un délit, d'un quasi-délit ou de toute autre source d'obligations, doit être regardée comme obligatoire et susceptible de faire l'objet, par le préfet, soit d'une inscription d'office au budget en application de l'article L. 1612-15, si les ressources ne sont pas déjà prévues dans ce budget, soit d'un mandatement d'office en application de l'article L. 1612-16 si des crédits suffisants ont déjà été inscrits au budget (CAA Versailles, 19 janv. 2017, n° 16VE00199).

1154 **Contrôle des inscriptions budgétaires et mandatement des dépenses obligatoires.** Dans le cas où une dépense obligatoire n'a pas été inscrite au budget ou l'a été pour une somme insuffisante, le préfet, le comptable public concerné ou toute personne y ayant intérêt, saisit la chambre. La chambre dispose d'un mois pour adresser à la commune une mise en demeure. Le refus d'adresser une mise en demeure, en tant que cette décision interrompt toute procédure, constitue une décision administrative susceptible de recours devant le tribunal administratif (CE, 10 juill. 1987, n° 66311, *Uvernet*).

Si, dans un délai d'un mois, cette mise en demeure n'est pas suivie d'effet, la chambre demande au préfet d'inscrire cette dépense au budget de la commune et propose, s'il y a lieu, la création de ressources ou la diminution de dépenses facultatives. Le préfet règle le budget et le rend exécutoire. S'il s'écarte des propositions de la chambre, il assortit sa décision d'une motivation explicite (CGCT, art. L. 1612-15).

L'inscription de crédit à laquelle procède soit le conseil municipal, soit le préfet s'analyse comme étant une décision budgétaire modificative emportant spécialisation du crédit concerné (Circ. intermin., 20 oct. 1988).

Le refus du préfet d'inscrire d'office une dépense obligatoire constitue une décision illégale et une faute lourde qui engage la responsabilité de l'État et ouvre droit à indemnité (CE, 29 avr. 1987, n°s 71430 et 71679, *Kernitron*).

Le préfet peut toutefois refuser de se conformer à la proposition de la chambre (CE, 10 févr. 1988, n° 78230, *Brives-Charensac*). Sa décision de refus doit être motivée et justifiée devant le juge administratif qui contrôle l'excès de pouvoir (Instr. CP n° 89-1-M0, 2 janv. 1989). Si le représentant de l'État s'abstient de faire usage des prérogatives qui lui sont conférées en matière de mandatement d'office, le créancier de la collectivité territoriale est en droit de se retourner contre l'État en cas de faute lourde commise dans l'exercice de ce pouvoir (CE, 5 juill. 2018, n° 406671, *Ministre de l'Intérieur c/ Département des Bouches-du-Rhône*).

À défaut de mandatement d'une dépense obligatoire par le maire dans le mois suivant la mise en demeure faite par le préfet, celui-ci y procède d'office. Si la commune a des difficultés de trésorerie, l'ordre de priorité du paiement des mandats en instance dressé par le maire ne peut faire échec au paiement du mandat émis d'office. Le comptable avisera le préfet, qui lui adressera un ordre de priorité qui primera celui du maire. Si le mandat émis d'office porte sur une somme importante, le préfet peut autoriser le comptable à payer ce mandat en plusieurs fois en fixant le montant minimum de ces acomptes (Circ. intermin., 20 oct. 1988).

Le délai d'un mois est porté à deux mois si la dépense est égale ou supérieure à 5 % de la section de fonctionnement du budget primitif (CGCT, art. L. 1612-16).

SECTION **1**

Le contrôle de légalité

1155 **Contrôle de légalité des actes soumis à l'obligation de transmission.** La vérification qui incombe au préfet ne doit concerner que la seule légalité de l'acte :
- légalité externe : incompétence, vice de forme, vice de procédure, etc. ;
- légalité interne : violation de la loi, détournement de pouvoir, erreur de droit, erreur de fait, erreur manifeste d'appréciation, etc.

Le préfet peut demander l'annulation d'actes non soumis à l'obligation de transmission (CE, 4 nov. 1994, n° 99643, *Département de la Sarthe*). Il peut aussi demander l'annulation de la délibération autorisant l'acte (convention, par exemple). Sans la délibération qui l'autorise, l'acte devient nul.

Le préfet peut déférer au tribunal administratif une décision non soumise à l'obligation de transmission (CE, 28 juill. 1989, n° 55497, *Grenoble*).

L'absence de transmission au préfet de la délibération autorisant le maire à signer un contrat avant la date à laquelle le maire procède à sa conclusion n'entraîne pas automatiquement l'illégalité du contrat (CE, 28 déc. 2009, n° 304802, *Commune de Béziers*).

1156 **Actes non soumis au contrôle de légalité.** Il s'agit de deux catégories d'actes.

1 – Actes pris au nom de l'État par les autorités locales

Sont concernés tous les actes pris au nom de l'État, quel que soit le domaine considéré : état civil, attributions en matière électorale, mesures de sûreté générale, etc.

Leur caractère exécutoire n'est pas subordonné à leur transmission au préfet mais dépend des dispositions particulières applicables aux actes en cause (Circ. Intérieur, 5 mars 1982, relative au contrôle de la légalité des actes administratifs des autorités communales, départementales et régionales [contrôle *a posteriori*]).

2 – Actes relevant du droit privé pris par les autorités locales. Ces actes, qui ne sont pas des actes administratifs, ne relèvent pas de la compétence du juge administratif. Ils ne peuvent donc être soumis aux règles de contrôle de légalité prévues par la loi (CE, 27 févr. 1987, n° 54847, *Commune de Grand-Bourg de Marie-Galante*).

Lorsqu'une collectivité locale se comporte comme une personne de droit privé, en particulier pour la gestion de son domaine privé, les actes qu'elle prend alors sont soumis au droit privé et relèvent, en cas de litige, de la compétence du juge judiciaire dans les conditions de droit commun.

La délibération décidant l'achat, la vente ou la location d'un bien faisant partie du patrimoine privé de la commune est soumise au contrôle de légalité alors que les actes d'acquisition, d'aliénation et les contrats de location y échappent.

Réf.
- L. n° 82-623, 22 juill. 1982, art. 1er
- L. n° 82-213, 2 mars 1982, art. 2, IV

1157 **Caractère illégal de certaines délibérations : la prise illégale d'intérêt.** Les conséquences de la présence d'un conseiller municipal intéressé lors du vote d'une délibération sont différentes d'un point de vue administratif et pénal. En matière administrative, l'article L. 2131-11 du Code général des collectivités territoriales (CGCT) précise que « sont illégales les délibérations auxquelles ont pris part un ou plusieurs membres du conseil intéressés à l'affaire qui en fait l'objet, soit en leur nom personnel, soit comme mandataires ». Toutefois, le juge administratif considère que la seule présence du conseiller intéressé à l'affaire, sans participer au vote, ne suffit pas à entacher d'illégalité la délibération. Sa participation aux travaux préparatoires et aux débats précédant l'adoption d'une telle délibération ne sera susceptible d'entraîner son illégalité que s'il apparaît que le conseiller municipal intéressé a été. En matière pénale, la Cour de cassation utilise des critères distincts pour caractériser le délit de prise illégale d'intérêts. Elle a ainsi jugé que « la participation, serait-elle exclusive de tout vote, d'un conseiller d'une collectivité territoriale à un organe délibérant de celle-ci, lorsque la délibération porte sur une affaire dans laquelle il a un intérêt, vaut surveillance ou administration à l'opération au sens de l'article 432-12 du Code pénal » (Cass. crim., 9 févr. 2011, n° 10-82988). Dans le même sens, le fait que le maire « se soit retiré sans prendre part au vote » du conseil municipal « s'avère sans incidence sur sa culpabilité » dès lors qu'il a pris une part active dans la procédure nécessaire pour l'adoption du plan local d'urbanisme tout en anticipant l'achat de terrains de la zone à urbaniser par la société dont il était l'associé principal (Cass. crim., 23 févr. 2011, n° 10-82880).

Les conseillers en exercice auxquels une disposition légale interdit de prendre part au vote ou leur enjoint de se retirer au moment de certaines délibérations ne doivent pas être pris en compte pour le calcul du quorum (CE, 19 janv. 1983, n° 33241). Afin que ces situations ne paralysent pas le fonctionnement d'un conseil municipal, l'article L. 2121-17 du CGCT lui permet de délibérer sans condition de quorum si celui-ci n'a pas été atteint après une première convocation régulièrement faite.

1158 Actes non soumis à l'obligation de transmission. Parmi les actes concernés peuvent notamment être cités les actes suivants dès lors qu'ils n'ont pas un caractère réglementaire :

- les actes de gestion courante des services ou du domaine public de la collectivité ;
- les actes d'administration interne, et notamment en matière de gestion du personnel à l'exception des décisions individuelles relatives à la nomination, à l'avancement de grade, aux sanctions soumises à l'avis du conseil de discipline et au licenciement d'agents ;
- les décisions d'avancement d'échelon ne sont plus transmissibles (L. n° 2004-809, 13 août 2004) ainsi que le licenciement des agents non titulaires et les sanctions disciplinaires du deuxième groupe (abaissement d'échelon, exclusion de 4 à 15 jours) et troisième groupe (rétrogradation et exclusion de 16 jours à 6 mois) ;
- les actes de nomination des régisseurs ne sont pas soumis à l'obligation de transmission ;
- les actes d'administration quotidienne et, notamment, les échanges de correspondance qui s'instaurent entre les élus locaux et leurs administrés ;

- les actes individuels relatifs à l'avancement de grade, à la mise à la retraite d'office et à la révocation des fonctions.

Ces actes sont exécutoires de plein droit dès qu'il a été procédé à leur publication ou à leur notification aux intéressés (Circ. Intérieur, 22 juill. 1982, relative aux nouvelles conditions d'exercice du contrôle de légalité des actes administratifs des autorités communales, départementales et régionales telles qu'elles résultent de la loi du 2 mars 1982, mod. par L., 22 juill. 1982 - contrôle *a posteriori*).

Réf.
- L. n° 82-623, 22 juill. 1982, art. 1er
- L. n° 2009-526, 12 mai 2009
- L. n° 82-213, 2 mars 1982, art. 2, III
- Ord. n° 2009-1401, 17 nov. 2009

1159 **Actes soumis à l'obligation de transmission.** Les catégories d'actes concernés sont les suivantes :
- les délibérations des assemblées locales, quel que soit le domaine d'attribution en cause ou la nature réglementaire ou individuelle de la délibération (y compris les pièces annexées aux délibérations) ;
- les décisions prises par délégation de l'assemblée délibérante : il s'agit des décisions prises par le maire par délégation du conseil municipal (CGCT, art. L. 2122-22) ;
- les décisions réglementaires ou individuelles prises par le maire dans l'exercice de son pouvoir de police (CGCT, art. L. 2212-1) ;
- les actes à caractère réglementaire pris par les autorités communales dans tous les autres domaines qui relèvent de leur compétence en application de la loi ;
- les articles L. 2131-2, L. 3131-2 et L. 4141-2 du Code général des collectivités territoriales soumettent les marchés publics passés par les collectivités territoriales, leurs groupements et leurs établissements publics à l'obligation de transmission au contrôle de légalité. Ces articles renvoient à un seuil « défini par décret » : lorsque le montant du marché est inférieur à ce seuil, l'acte n'est pas soumis au contrôle de légalité. Le seuil de transmission est donc automatiquement aligné sur le seuil à partir duquel les pouvoirs adjudicateurs doivent recourir à une procédure formalisée pour leurs marchés de fournitures courantes et services ;
- toutes les conventions de délégation de service public des communes et des établissements publics communaux ou intercommunaux transmises par application de l'article L. 2131-2 du Code général des collectivités territoriales au représentant de l'État dans le département ou à son délégué dans l'arrondissement, dans un délai de quinze jours à compter de leur signature (CGCT, art. L. 1411-9) ;
- les contrats de gérance ou régie intéressée n'échappent pas à la transmission au représentant de l'État dès lors que leur passation est soumise à une

décision de l'assemblée délibérante (CGCT, art. L. 1411-4). Échappent à cette obligation de transmission les contrats de gérance et régie intéressée soumis à la procédure de passation « allégée » (CGCT, art. L. 1411-12) ;
- les décisions individuelles relatives à la nomination en qualité de stagiaire et les arrêtés de recrutement par voie de mutation, de détachement, d'intégration directe, d'intégration suite à un détachement ;
- le permis de construire, les autres autorisations d'utilisation du sol, le certificat d'urbanisme et le certificat de conformité délivrés par le maire ou le président de l'établissement public de coopération intéressé lorsqu'il a reçu compétence dans les conditions prévues à l'article L. 421-2-1 du Code de l'urbanisme (L. n° 83-8, 7 janv. 1983, relative à la répartition des compétences entre les communes, les départements et les régions de l'État, art. 65) ;
- les ordres de réquisition du comptable pris par le maire ;
- les décisions relevant de l'exercice de prérogatives de puissance publique prises par les sociétés d'économie mixte locales pour le compte d'une commune ou d'un établissement public de coopération intercommunale (EPCI ; L. n° 93-122, 29 janv. 1993, art. 82).

Le préfet doit disposer des éléments lui permettant d'exercer effectivement le contrôle de légalité dont la loi l'a chargé (Circ. Intérieur, 19 avr. 1988, NOR:MCLB8800156C).

Les délibérations doivent être transmises dans leur intégralité. La transmission d'un simple extrait est insuffisante. En outre, les délibérations doivent être accompagnées des pièces qui leur sont annexées. Si l'acte qui lui est transmis par la commune est incomplet, le préfet doit demander au maire, dans le délai de deux mois à compter de la réception de l'acte, de le compléter.

L'acte est privé de ses effets juridiques tant que la transmission n'est pas complète (CE, 13 janv. 1988, n° 68188, *Mutuelle générale des personnels des collectivités locales et de leurs établissements*).

En matière de fonction publique territoriale, ne sont pas transmissibles certains actes de gestion ainsi que les actes de révocation ou de mise à la retraite d'office ; en matière de voirie routière, ne sont pas transmissibles les délibérations concernant la délimitation des voies communales et départementales, leur nature juridique et les redevances.

Réf.
- L. n° 82-213, 2 mars 1982, art. 2, II
- Circ., 13 déc. 2010, NOR:IOCB1030371C
- Circ., 17 janv. 2006, NOR:MCTB0600004C

1160 Conditions pour qu'un acte soit exécutoire. Les actes pris par les autorités communales sont exécutoires de plein droit dès qu'il a été procédé à leur publication ou à leur notification aux intéressés ainsi qu'à leur transmission au préfet ou au sous-préfet.

La preuve du caractère exécutoire résulte de l'acte lui-même dès lors qu'il comporte sa date de publication ou de notification. Les exécutifs peuvent certifier, sous leur responsabilité, le caractère exécutoire des actes : attestation portant mention des dates de publication ou de notification ou mentionnant la date à compter de laquelle l'acte est devenu exécutoire (L. n° 2004-809, 13 août 2004, relative aux libertés et responsabilités locales).

Réf.
- L. n° 82-623, 22 juill. 1982, art. 1er
- L. n° 82-213, 2 mars 1982, art. 2-I

1161 **Délai de transmission des actes au préfet.** S'agissant des marchés publics, l'article 43 de la loi d'orientation n° 92-125 du 6 février 1992 relative à l'administration territoriale de la République précise que les marchés publics des collectivités locales doivent être transmis dans un délai de quinze jours à compter de leur signature, accompagnés d'un ensemble de pièces dont la liste est fixée par décret en Conseil d'État.

Hormis ce cas et celui des délégations de service public, les autorités locales ne sont pas tenues de transmettre les actes concernés dans un délai donné mais elles ont tout intérêt à le faire rapidement puisque tant qu'ils n'ont pas été transmis, les actes ne peuvent être exécutés. La transmission tardive d'une décision au préfet ne saurait donner à cette dernière un caractère exécutoire avec effet rétroactif à la date où la délibération a été prise (CE, 20 janv. 1989, n° 70686, *Millau*).

1162 **Publication ou notification des actes réglementaires.** Ce sont les actes qui comportent des dispositions de portée générale ; ils doivent être publiés pour être exécutoires et opposables aux intéressés. La publication peut se faire soit par affichage, soit par publication dans un recueil ou un journal recueillant une audience suffisante pour que la décision puisse être considérée comme connue des intéressés.

L'affichage est un mode de publication valable dès lors qu'il est effectué dans les emplacements réservés à cet usage et librement accessible au public, ne serait-ce que quelques jours par semaine et quelques heures dans la journée (CE, 25 oct. 1967, n° 70929, *De Buyer*). L'affichage confère à un acte transmis au préfet un caractère exécutoire sans attendre la publication de cet acte au recueil des actes administratifs de la commune (Circ. Intérieur, 31 mars 1992, relative à la préparation du XIe plan).

Les arrêtés des maires doivent avoir été portés à la connaissance des intéressés, par voie de publication ou d'affiches, toutes les fois qu'ils contiennent des dispositions générales et, dans les autres cas, par voie de notification individuelle.

Les délibérations des conseils municipaux doivent être publiées sous forme d'un affichage du compte rendu de la séance à la porte de la mairie dans les huit jours (CGCT, art. L. 2121-25). Le compte rendu des séances est affiché par extraits à la porte de la mairie et est mis en ligne sur le site Internet de la commune lorsqu'il existe (CGCT, art. 2121-11).

Il n'est pas imposé de règles précises aux conseils municipaux quant au contenu du procès-verbal et du compte rendu de séance. Le compte rendu de séance, qui doit être affiché dans la huitaine à la porte de la mairie, doit reprendre par extraits le procès-verbal de la séance. Les établissements publics de coopération intercommunale sont soumis aux mêmes règles que celles fixées pour les conseils municipaux. L'affichage des comptes rendus de leurs séances s'effectue au siège de l'établissement (Circ. Intérieur, 31 mars 1992, préc.) et dans les communes-membres. Dans ce cas, la délibération de l'établissement public doit être transmise dans le mois suivant son adoption aux maires des communes concernées.

L'article R. 2131-1-A. du CGCT prévoit : « Les actes mentionnés au premier alinéa de l'article L. 2131-1 que la commune choisit de publier sous forme électronique sont mis à la disposition du public sur son site Internet dans leur intégralité, sous un format non modifiable et dans des conditions propres à en assurer la conservation, à en garantir l'intégrité et à en effectuer le téléchargement. » (CGCT, art. R. 2131-3).

1163 Publication ou notification des actes individuels ou collectifs. Ce sont les actes qui intéressent une personne ou un ensemble de personnes nommément désignées ; ils doivent être notifiés aux intéressés. Les autorités locales ont toujours la possibilité de procéder à une publication de ces actes, qui ne les dispense pas de la notification.

Il est obligatoire de mentionner à l'occasion de la notification des actes administratifs individuels, et notamment de celle des arrêtés concernant le personnel, le délai (deux mois en général) pendant lequel la décision en cause peut faire l'objet d'un recours devant le tribunal administratif.

À défaut de cette mention, le destinataire de l'acte peut saisir la juridiction administrative à tout moment, c'est-à-dire sans être tenu de respecter les délais fixés pour la présentation du recours contentieux (D. n° 83-1025, 28 nov. 1983, art. 9).

1164 Dépenses communales interdites. L'article 72 de la Constitution consacre le principe selon lequel les collectivités locales ont « la compétence de leurs seules compétences ».

Si la loi dresse une liste de dépenses obligatoires (CGCT, art. L. 1612-15) nécessaires à l'acquittement des dettes exigibles et pour lesquelles la loi l'a expressément décidé, *a contrario*, le législateur n'a pas créé de liste exhaustive de dépenses dites « interdites ».

Palliant le silence de ce dernier, le juge administratif, au gré d'une jurisprudence abondante, a érigé une telle liste.

C'est ainsi que sont notamment interdits :
- les dépenses dépourvues d'intérêt communal : la commune ne peut pas prendre en charge des dépenses qui ne relèvent pas de ses compétences ;
- les dépenses de nature politique : subventions à des groupes politiques, soutien de grévistes, etc. ;
- les dépenses relevant d'un intérêt privé : aide à des personnes privées, etc. ;
- les dépenses interdites par la loi ;
- les interventions de nature économique sans fondement légal ;
- le financement aux cultes.

Dans le cadre de son contrôle de légalité, le préfet peut être amené à déférer au TA des délibérations relatives à ce type de dépenses. Seul le juge administratif est compétent pour annuler la décision.

Le comptable public, dans le cadre de ses contrôles, n'est pas juge de la légalité d'une dépense (Instr. CP n° 04-016-M0, 3 févr. 2004 ; CE, 30 juill. 2003, n° 232430, *Marty*) ; il peut cependant alerter le préfet dans le cas de dépenses manifestement illégales.

1165 Le recours gracieux du préfet. La lettre par laquelle le préfet demande au maire de modifier une décision ou de compléter un dossier doit être regardée comme constituant un recours gracieux qui, ayant été formulé dans les deux mois, a interrompu ce délai, donnant naissance à un nouveau délai de deux mois (CE, 1er juill. 1988, n° 89692, *Montauban*).

L'exercice du recours gracieux est susceptible de proroger le délai de recours de deux mois suivant :
- une décision négative explicite de l'autorité locale ;
- une décision implicite de rejet, en cas de non-réponse dans le délai de quatre mois à partir de la date de recours gracieux (CE, 18 avr. 1986, n° 62470, *Commissaire de la République d'Ille-et-Vilaine*).

Dans l'hypothèse extrême, il peut donc s'écouler presque huit mois entre la date de réception des actes par le préfet et la saisine par ce dernier du tribunal administratif.

1166 Saisine du préfet par une personne lésée. Toute personne lésée peut également demander au représentant de l'État de saisir le juge administratif (L. n° 82-213, 2 mars 1982, art. 4). Le préfet n'est toutefois pas tenu de déférer l'acte attaqué au tribunal administratif. Son refus ne peut faire l'objet d'un recours pour excès de pouvoir (CE, 25 janv. 1991, n° 80969, *Brasseur*). Pour les actes soumis à l'obligation de transmission, la demande du tiers lésé ne peut avoir pour effet de prolonger le délai de recours de deux mois dont dispose le préfet à compter de la réception de l'acte litigieux. Pour les actes non soumis à l'obligation de transmission, le préfet a deux mois, à compter de la demande, pour saisir le tribunal administratif (L. n° 82-623, 22 juill. 1982, art. 1er).

1167 **Saisine du tribunal administratif par une personne lésée.** Aucune disposition ne fait obligation aux personnes lésées de s'adresser au préfet pour demander la mise en œuvre de la procédure de saisine du tribunal administratif. Les délibérations des conseils municipaux peuvent donc être déférées directement à la juridiction administrative par les personnes ayant intérêt à leur annulation (CE, 26 oct. 1984, n° 49919, *Heume-l'Église*). Le délai de deux mois court à partir de la publication de l'acte attaqué ou de sa notification (TA Châlons-sur-Marne, 21 janv. 1986, n° 77157, *Société Foseco*), et non à compter de sa réception en préfecture (CE, 13 mai 1992, n° 117908, *Marioge et autres*).

1168 **Saisine du tribunal administratif par le préfet.** S'il apparaît qu'un acte est contraire à la légalité, c'est au juge administratif qu'il appartient de se prononcer sur cette éventuelle illégalité. Le déféré préfectoral doit contenir l'exposé sommaire des faits et moyens. À défaut de motivation, le déféré est irrecevable (CE, 27 févr. 1987, n° 54847, *Commune de Grand-Bourg de Marie-Galante*).

Le préfet, lorsqu'il défère un acte au tribunal administratif, doit en informer l'autorité locale concernée et lui communiquer toute précision sur les illégalités invoquées à l'encontre de l'acte concerné.

1169 **Procédure du recours devant le tribunal administratif.** Le point de départ du délai de recours varie selon que l'acte est soumis ou non à l'obligation de transmission :

- pour les actes qui doivent être transmis au préfet, le recours doit être formé dans les deux mois suivant la transmission de l'acte. Le point de départ du délai est donc la date de réception par le préfet. En cas de transmission incomplète d'un acte, le préfet demande un complément d'information. Le délai de deux mois qui lui est imparti pour déférer l'acte au tribunal administratif court à compter de la réception du texte intégral ou du refus de compléter la transmission initiale. En revanche, si le préfet ne demande pas de complément d'information, le délai court à compter de la réception du texte incomplet (CE, 13 janv. 1988, n° 68166, *Mutuelle générale du personnel des collectivités locales*). Ceci est valable pour les marchés dans la mesure où les pièces demandées sont nécessaires pour l'appréciation de la légalité du contrat (CE, 31 mars 1989, n° 80272, *Septèmes-les-Vallons*) ;

- pour les actes qui n'ont pas à être transmis au préfet et pour lesquels celui-ci est saisi d'une demande de saisine par une personne lésée, le délai de deux mois court à compter de la saisine par la personne morale ou physique lésée.

1170 Sursis à exécution. Le préfet peut assortir son recours d'une demande de sursis à exécution. Il est fait droit à cette demande si l'un des moyens invoqués dans la requête paraît, en l'état de l'instruction, sérieux et de nature à justifier l'annulation de l'acte attaqué (L. nº 82-213, 2 mars 1982, art. 3). Il est statué dans le délai d'un mois (L. nº 92-125, 6 févr. 1992, art. 44). Cette disposition ne concerne que les actes soumis à l'obligation de transmission. Elle est sans effet sur le délai prévu pour les sursis à exécution concernant les actes de nature à compromettre l'exercice d'une liberté publique ou individuelle (Circ. Intérieur, 31 mars 1992, relative à la préparation du XIe plan).

Pour les autres actes, c'est la procédure de droit commun qui s'applique.

Dès que l'illégalité apparaît établie, le sursis à exécution est accordé par le juge (Circ., 22 juill. 1982, relative aux nouvelles conditions d'exercice du contrôle de légalité des actes administratifs des autorités communales, départementales et régionales telles qu'elles résultent de la loi du 2 mars 1982, mod. par L., 22 juill. 1982 – contrôle *a posteriori* –, pt 323).

Aux termes de l'article 27 de la loi nº 95-115 du 4 février 1995 d'orientation pour l'aménagement et le développement du territoire, jusqu'à ce que le tribunal ait statué, la demande de sursis à exécution en matière d'urbanisme, de marchés et de délégation de service public formulée par le représentant de l'État dans les dix jours à compter de la réception de l'acte entraîne la suspension de celui-ci. Au terme d'un délai d'un mois à compter de la réception, si le tribunal n'a pas statué, l'acte redevient exécutoire.

L'article 5 de la loi nº 2021-1109 du 24 août 2021 confortant le respect des principes de la République renforce l'efficacité du contrôle du juge sur les actes portant gravement atteinte aux principes de laïcité et de neutralité des services publics. Il prévoit que lorsque le préfet demande la suspension d'un acte mettant gravement en cause la laïcité ou la neutralité des services publics, le juge administratif se prononce sur cette demande de suspension dans un délai de quarante-huit heures, comme pour les actes de nature à compromettre l'exercice d'une liberté publique ou individuelle. Dans ce cadre, une instruction en date du 31 décembre 2021 a été diffusée aux préfets et publiée au bulletin officiel du ministère de l'Intérieur le 14 janvier 2022 (NOR:TERB2132392J).

Hormis les cas évoqués par la loi susvisée du 4 février 1995, un acte exécutoire conserve ce caractère exécutoire lorsque le préfet défère l'acte au tribunal administratif et demande le sursis à exécution. Il ne le perd que lorsque le tribunal administratif (ou le président du tribunal administratif pour les actes qui sont de nature à compromettre l'exercice d'une liberté publique ou individuelle) prononce le sursis à exécution, lequel s'impose au comptable si ce dernier a connaissance du jugement (ou de la décision du président du tribunal).

En matière de marché public, la demande de sursis à exécution du préfet, si elle est faite dans les dix jours suivant la réception de l'acte, suspend le caractère exécutoire de l'acte jusqu'au prononcé du juge ou pendant un mois si le juge ne s'est pas prononcé dans ce délai. Dans l'hypothèse où le comptable a payé au vu d'une décision exécutoire ou sur réquisition de l'ordonnateur, sa responsabilité personnelle et pécuniaire ne peut être engagée par le juge des comptes si le tribunal administratif, jugeant au fond, annule ultérieurement la décision de la collectivité. La régularisation de la situation ainsi créée incombe à l'ordonnateur. Le comptable n'est pas tenu – et la Cour des comptes a une jurisprudence bien établie à cet égard (C. comptes, 3 mai 1937, *Besson*) – de provoquer l'émission d'un ordre de reversement.

Il entre, en revanche, dans les compétences du comptable d'appeler l'attention de l'ordonnateur sur le fait que la collectivité est fondée à poursuivre la répétition de l'indu en vue de récupérer les sommes allouées sur la base d'une décision annulée par le juge administratif.

1171 **Procédure particulière de recours devant le tribunal administratif.** Elle a pour but d'éviter qu'un acte dommageable ne puisse être suivi d'un commencement d'exécution dans le cas d'atteinte à une liberté. C'est une procédure accélérée permettant au préfet d'obtenir une décision dans un délai extrêmement court sur une demande de sursis à exécution.

En première instance, la décision sur la demande de sursis doit être prise non par le tribunal administratif, mais par le président du tribunal administratif, dans un délai de quarante-huit heures.

Un appel peut être présenté au Conseil d'État dans la quinzaine suivant la notification de la décision au président du tribunal administratif. En ce cas, la décision au niveau du Conseil d'État doit intervenir dans un délai de quarante-huit heures. Elle est prise par le président de la section du contentieux du Conseil d'État.

1172 **Appel devant le Conseil d'État.** Si le tribunal administratif n'a pas fait droit à la demande d'annulation ou à la demande d'octroi du sursis à exécution, l'appel peut être interjeté devant le Conseil d'État.

Délai d'appel :
- dans le cas de l'appel d'un jugement rejetant la demande d'annulation, l'appel doit être fait dans le délai de deux mois à compter de la notification du jugement. Il peut être formulé soit par le préfet, soit

par la personne lésée si cette dernière a saisi directement le tribunal administratif ;
- dans le cas de l'appel d'un jugement refusant d'accorder le sursis à exécution, l'appel doit être fait dans le délai de quinze jours à compter de la notification du jugement.

Dans ce dernier cas, la saisine du juge administratif relève de la seule compétence du préfet, que ce soit en première instance ou en appel.

1173 **Saisine de la CRC en matière de marchés et délégations de service public.** Les conventions relatives aux marchés ou à des délégations de service public peuvent être transmises par le préfet à la chambre régionale des comptes.

Il en informe l'autorité territoriale concernée. La chambre examine cette convention et formule ses observations dans un délai d'un mois à compter de sa saisine. L'avis de la chambre est transmis à la collectivité territoriale ou à l'établissement public intéressé et au représentant de l'État. Les dispositions de l'article L. 244-1 du Code des juridictions financières sont applicables. L'assemblée délibérante est informée de l'avis de la chambre régionale des comptes dès sa plus proche réunion (CGCT, art. L. 1411-18). La collectivité peut, à sa demande, présenter oralement ses observations et être assistée par une personne de son choix (CJF, art. L. 242-2).

SECTION **2**

Le rôle de la chambre régionale des comptes

1174 **Le contrôle budgétaire.** La chambre régionale des comptes concourt au contrôle budgétaire des collectivités territoriales et de leurs établissements publics avec le préfet (voir au chapitre précédent, « Le rôle du préfet »).

1175 **Le jugement des comptes des comptables publics.** Voir partie « Comptabilité du comptable ; compte de gestion ».

1176 **Le contrôle de gestion des collectivités territoriales.** La chambre examine la gestion des collectivités territoriales. L'examen de la gestion est défini à l'article L. 211-8 du Code des juridictions financières. Les contrôles peuvent être engagés sur demande motivée du préfet ou de l'autorité locale mais surtout à l'initiative de la chambre régionale des comptes dans son programme annuel de vérification.

Le contrôle peut porter sur toutes les collectivités et tous les établissements publics locaux situés dans la zone géographique de compétence de la CRC. Il s'applique à un des organismes dotés ou non d'un comptable public. Lorsque l'organisme est doté d'un comptable public, l'examen de la gestion se fait en principe avec l'examen des comptes du comptable. L'examen de la gestion porte sur les opérations financières et comptables, mais aussi sur la régularité et la qualité de la gestion. Les chambres ne sont pas habilitées à apprécier l'opportunité des choix politiques des élus.

Selon la Cour des comptes, l'examen de la gestion porte sur :
- la régularité des actes de gestion, à savoir la conformité au droit des opérations de dépenses et de recettes ;
- l'économie des moyens mis en œuvre dans l'utilisation des fonds publics : examen du coût des programmes ;
- l'évaluation des résultats atteints par rapport aux objectifs fixés par l'assemblée délibérante ou par l'organe délibérant, c'est-à-dire l'efficacité de l'action de la collectivité.

1177 **Contrôle d'organismes en lien avec des collectivités territoriales.** La chambre peut assurer la vérification des comptes et de la gestion des établissements, sociétés, groupements et organismes, quel que soit leur statut juridique, auxquels les collectivités territoriales apportent un concours financier ou dans lesquels elles détiennent séparément ou ensemble plus de la moitié du capital ou des voix dans les organes délibérants, ou exercent un pouvoir prépondérant de décision ou de gestion (L. n° 82-213, 2 mars 1982, art. 87).

Les observations qu'elle présente à cette occasion sont communiquées au maire, aux représentants des établissements, sociétés, groupements et organismes concernés ainsi qu'au préfet.

1178 **Procédure du contrôle de gestion.** Les observations présentées par la chambre régionale des comptes ne peuvent être formulées sans un entretien préalable entre le magistrat rapporteur et l'ordonnateur de la collectivité. Lorsque des observations sont formulées, elles ne peuvent être arrêtées définitivement avant que l'ordonnateur ait été en mesure de leur apporter une réponse écrite (L. n° 88-13, 5 janv. 1988, art. 23, IV).

Les observations ne sont pas confidentielles. Elles sont considérées comme des documents administratifs communicables aux tiers (L. n° 90-55, 15 janv. 1990, art. 16, I). Seuls les travaux préparatoires de la chambre échappent à la communicabilité (Circ. Intérieur, 20 févr. 1990).

Les observations de la chambre font l'objet d'une inscription à l'ordre du jour de l'assemblée délibérante et sont jointes à la convocation adressée à chacun des membres de l'assemblée (L. n° 93-122, 29 janv. 1993, art. 75, II).

1179 **Évaluation des politiques publiques.** Les CRC peuvent être conduites à procéder à une évaluation des politiques publiques locales. La Cour des

comptes précise que cet examen permet à la chambre de formuler des observations visant à :
- apporter une information aux élus locaux leur permettant de prendre connaissance d'éventuels dysfonctionnements ;
- contribuer à l'amélioration de la gestion des organismes contrôlés, en invitant leurs responsables à suivre les recommandations de la chambre, à corriger ou prévenir les dysfonctionnements relevés ;
- participer à la démocratie locale en informant le citoyen sur l'emploi des deniers publics.

Un rapport d'observations provisoires (ROP) est adressé à la collectivité qui doit répondre dans un délai de deux mois. Une fois la réponse reçue, ou le délai écoulé sans réponse, la chambre arrête un rapport d'observations définitives (ROD) auquel une nouvelle réponse peut être apportée. Le rapport et la réponse doivent alors être communiqués à l'assemblée délibérante de la collectivité ou de l'organisme dès sa plus proche réunion. Passée cette date, ces documents deviennent des documents communicables à toute personne qui en fait la demande.

TITRE 2

L'exécution budgétaire

CHAPITRE 1

La détermination et l'affectation du résultat

SECTION 1

Le résultat (section de fonctionnement)

1180 Cette partie ne fait pas l'objet de commentaires.

SECTION 2

Le solde d'exécution (section d'investissement)

1181 Cette partie ne fait pas l'objet de commentaires.

SECTION 3

Les restes à réaliser

1182 **Schémas concernant l'affectation des résultats et la notion d'épargne.** Les schémas ci-dessous illustrent, d'une part, le mécanisme d'affectation du résultat et, d'autre par, la notion d'épargne ou « autofinancement », comprenant les amortissements et le virement de la section de fonctionnement.

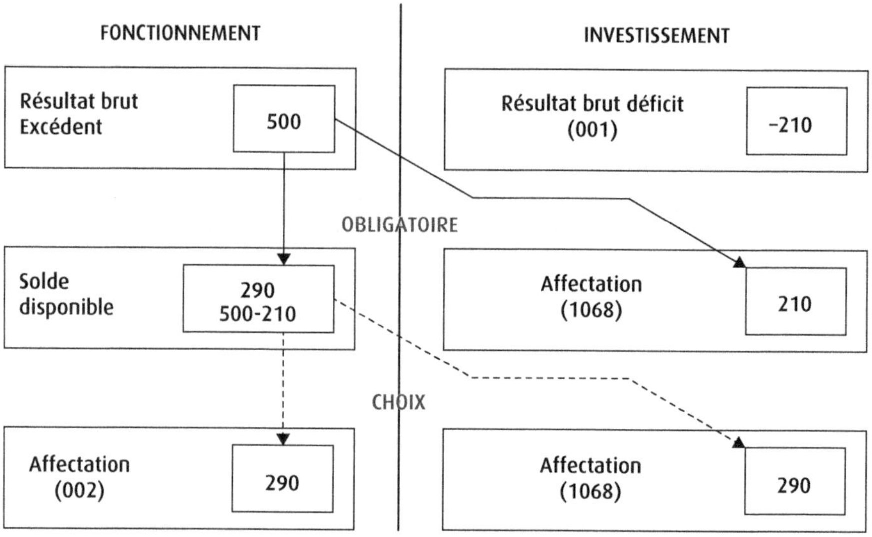
FONCTIONNEMENT
INVESTISSEMENT
Résultat brut
Excédent
500
Résultat brut déficit
(001)
-210
OBLIGATOIRE
Solde
disponible
290
500-210
Affectation
(1068)
210
CHOIX
Affectation
(002)
290
Affectation
(1068)
290

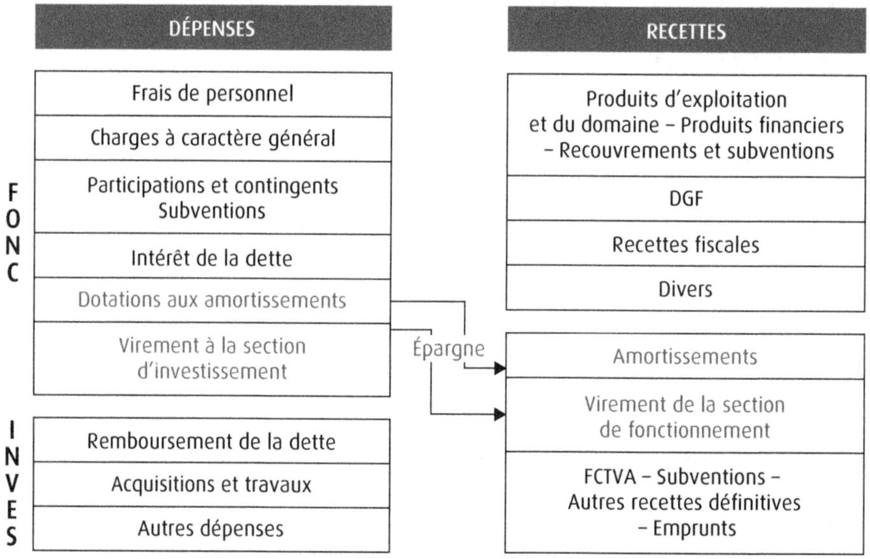
DÉPENSES
RECETTES
FONC
Frais de personnel
Charges à caractère général
Participations et contingents
Subventions
Intérêt de la dette
Dotations aux amortissements
Virement à la section
d'investissement
Produits d'exploitation
et du domaine – Produits financiers
– Recouvrements et subventions
DGF
Recettes fiscales
Divers
Épargne
INVES
Remboursement de la dette
Acquisitions et travaux
Autres dépenses
Amortissements
Virement de la section
de fonctionnement
FCTVA – Subventions –
Autres recettes définitives
– Emprunts

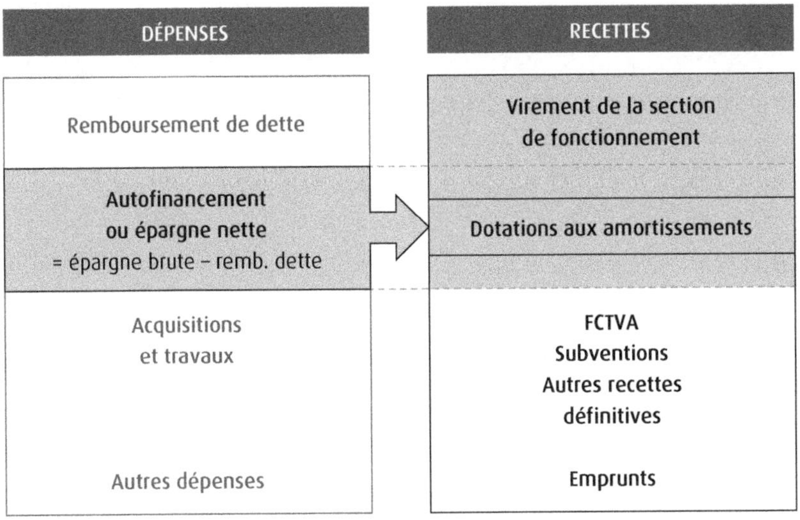

SECTION **4**

L'affectation du résultat

1183 **Réf.**

- CGCT, art. L. 5217-10-11 (métropoles de droit commun et les collectivités utilisant le droit d'option), L. 3661-11 (métropole de Lyon), L. 4425-14 (collectivité de Corse), L. 71-111-10 (collectivité territoriale de Guyane) et L. 72-101-10 (collectivité territoriale de Martinique)

SECTION **5**

Exemples

1184 Cette partie ne fait pas l'objet de commentaires.

SECTION **6**

Le cas particulier de la reprise anticipée des résultats

1185 **Réf.**

- CGCT, art. L. 5217-10-11 et D. 5217-14 (métropoles de droit commun et les collectivités utilisant le droit d'option), L. 3661-11 et D. 3661-13 (métropole de Lyon), L. 4425-14 et D. 4425-27 (collectivité de Corse), L. 71-111-10 et D. 71-111-13 (collectivité territoriale de Guyane) et L. 72-101-10 et D. 72-101-13 (collectivité territoriale de Martinique)

TITRE 3

La tenue des comptabilités

CHAPITRE **INTRODUCTIF**

Principes budgétaires et comptables : le cadre juridique

SECTION 1

La séparation des ordonnateurs et des comptables

1186 **La séparation des ordonnateurs et des comptables.** Les fonctions d'ordonnateur et celles de comptable public sont incompatibles.

L'article L. 2122-5 du Code général des collectivités territoriales dispose que :

« Les agents des administrations ayant à connaître de la comptabilité communale, de l'assiette, du recouvrement ou du contrôle de tous impôts et taxes ne peuvent être maires ou adjoints, ni en exercer même temporairement les fonctions, dans toutes les communes qui, dans leur département de résidence administrative, sont situées dans le ressort de leur service d'affectation.

La même incompatibilité est opposable dans toutes les communes du département où ils sont affectés aux comptables supérieurs du Trésor et aux chefs de service départementaux des administrations mentionnées au premier alinéa.

Elle est également opposable dans toutes les communes de la région ou des régions où ils sont affectés aux directeurs régionaux des finances publiques et aux chefs de service régionaux des administrations mentionnées au premier alinéa. »

Réf.
– D. n° 2012-1246, 7 nov. 2012, art. 9

1187 **La responsabilité des comptables et gestionnaires locaux.** L'ordonnance n° 2022-408 du 23 mars 2022 met fin à la responsabilité personnelle et pécuniaire des comptables, et vient créer un régime juridictionnel unifié de responsabilité des gestionnaires publics, comptables comme ordonnateurs.

À compter du 1er janvier 2023, seront poursuivies les infractions aux règles relatives à l'exécution des recettes et des dépenses ou à la gestion des biens publics constitutives d'une faute grave ayant causé un préjudice financier significatif. Le nouveau régime de responsabilité des gestionnaires publics tend à « limiter la sanction des fautes purement formelles ou procédurales qui doivent désormais relever d'une logique de responsabilité managériale. »

Ce texte qui découle de l'article 168 de la loi de finances pour 2022, instaure un régime de responsabilité unifiée des gestionnaires publics, comptables comme ordonnateurs qui met fin au régime de responsabilité personnelle et pécuniaire des comptables publics, établie par l'article 60 de la loi n° 63-156 du 23 février 1963 de finances pour 1963, et la sanction des infractions aux règles en matière de finances publiques, commises par l'ensemble des agents publics, devant la Cour de discipline budgétaire et financière.

L'ordonnance du 23 mars 2022 a prévu que seront poursuivies les infractions aux règles relatives à l'exécution des recettes et des dépenses ou à la gestion des biens de l'État, des collectivités, établissements et organismes soumis au contrôle des juridictions financières, constitutives d'« une faute grave ayant causé un préjudice financier significatif ». Pourront également faire l'objet de poursuites l'octroi d'un avantage injustifié à autrui, à soi-même ou à toute personne morale, par intérêt personnel direct ou indirect, la gestion de fait, l'inexécution d'une décision de justice conduisant au prononcé d'une astreinte ainsi que tout agissement ayant pour effet de « faire échec à une procédure de mandatement d'office ». La Cour des comptes pourra aussi sanctionner les négligences des titulaires d'emplois de direction.

Cette réforme « ne modifie pas l'organisation comptable et ne signifie pas la disparition des missions des comptables qui conservent pleinement leur rôle en matière de contrôle des fonds publics. » Les comptables publics seront toujours chargés de veiller à la régularité des opérations de dépenses et de recettes, conformément aux dispositions du décret n° 2012-1246 du 7 novembre 2012 relatif à la gestion budgétaire et comptable publique. Par ailleurs, elle réaffirme le principe fondamental de séparation des ordonnateurs et des comptables, qui reste le principe fort de l'organisation de la chaîne financière.

De même, la procédure de réquisition du comptable par un ordonnateur, qui est prévue par le décret n° 2012-1246 du 7 novembre 2012 relatif à la gestion budgétaire et comptable publique, est inscrit dans la loi. Le dispositif relatif à la gestion de fait est maintenu par l'ordonnance du 23 mars 2022 : « Les situations de gestion de fait, dès lors qu'une personne non habilitée vient agir dans le champ propre du comptable, constitueront une infraction du nouveau régime [de responsabilité financière des gestionnaires publics] qui sera sanctionnée en tant que telle. »

Sous-section 1 – Les ordonnateurs

1188 **Le rôle des ordonnateurs.** Les ordonnateurs prescrivent l'exécution des recettes et des dépenses (D. n° 2012-1246, 7 nov. 2012, art. 5). À cet effet, ils constatent les droits des organismes publics, liquident les recettes, engagent et liquident les dépenses.

Sous-section 2 – Les comptables

1189 **Le rôle des comptables.** En vertu de l'article 18 du décret n° 2012-1246 du 7 novembre 2012, les comptables publics sont seuls chargés :

- de la tenue de la comptabilité générale ;
- sous réserve des compétences de l'ordonnateur, de la tenue de la comptabilité budgétaire ;
- de la comptabilisation des valeurs inactives ;
- de la prise en charge des ordres de recouvrer et de payer qui lui sont remis par les ordonnateurs ;
- du recouvrement des ordres de recouvrer et des créances constatées par un contrat, un titre de propriété ou tout autre titre exécutoire ;
- de l'encaissement des droits au comptant et des recettes liées à l'exécution des ordres de recouvrer ;
- du paiement des dépenses, soit sur ordres émanant des ordonnateurs, soit au vu des titres présentés par les créanciers, soit de leur propre initiative, ainsi que de la suite à donner aux oppositions et autres significations ;
- de la garde et de la conservation des fonds et valeurs appartenant ou confiés aux personnes morales mentionnées à l'article 1er du décret n° 2012-1246 du 7 novembre 2012 ;
- du maniement des fonds et des mouvements de comptes de disponibilités ;
- de la conservation des pièces justificatives des opérations et des documents de comptabilité.

1190 Externalisation d'opérations relevant du comptable public. Le décret n° 2019-1443 du 23 décembre 2019 a été pris en application de l'article 201 de la loi n° 2018-1317 du 28 décembre 2018 de finances pour 2019, autorisant l'État à confier à un ou plusieurs prestataires extérieurs certaines opérations en espèces ou en carte bancaire relevant aujourd'hui de la compétence des comptables publics. Il précise notamment le contenu des contrats qui seront passés entre l'État et le ou les prestataires, la tenue d'une comptabilité séparée chez ces derniers concernant les mouvements financiers concernés par ces opérations, les modalités de reddition des comptes auprès de l'État, ainsi que le contrôle que celui-ci exercera.

1191 Installation des comptables. Les comptables publics sont, avant d'être installés dans leur poste comptable, astreints à la prestation d'un serment (D. n° 2012-1246, 7 nov. 2012, art. 14). Le serment professionnel est l'acte par lequel les comptables publics jurent de s'acquitter de leurs fonctions avec probité et fidélité et de se conformer exactement aux lois et règlements qui ont pour objet d'assurer l'inviolabilité et le bon emploi des fonds publics. Les comptables des communes prêtent serment devant la chambre régionale des comptes. Le serment n'est prêté qu'une fois, préalablement à l'installation du comptable dans son premier poste comptable. La prestation de serment a lieu à l'initiative du comptable ou de son supérieur hiérarchique. Pour être admis à prêter serment, le comptable doit, d'une part, produire en original ou en copie certifiée l'acte le nommant en qualité de comptable public et l'affectant à un poste comptable et, d'autre part, justifier de la réalisation du cautionnement ou de l'engagement d'une caution solidaire.

1192 Incompatibilité. L'article L. 2122-5 du Code général des collectivités territoriales dispose que :

« Les agents des administrations ayant à connaître de la comptabilité communale, de l'assiette, du recouvrement ou du contrôle de tous impôts et taxes ne peuvent être maires ou adjoints, ni en exercer même temporairement les fonctions, dans toutes les communes qui, dans leur département de résidence administrative, sont situées dans le ressort de leur service d'affectation.

La même incompatibilité est opposable dans toutes les communes du département où ils sont affectés aux comptables supérieurs du Trésor et aux chefs de services départementaux des administrations mentionnées au premier alinéa.

Elle est également opposable dans toutes les communes de la région ou des régions où ils sont affectés aux directeurs régionaux des finances publiques et aux chefs de services régionaux des administrations mentionnées au premier alinéa. »

SECTION **2**

Les résultats de gestion – Le compte financier unique

1193 **Le compte administratif est établi par l'ordonnateur.** L'ordonnateur rend compte annuellement des opérations budgétaires qu'il a exécutées.

À la clôture de l'exercice budgétaire, qui intervient au 31 janvier de l'année N + 1, il établit le compte administratif du budget principal ainsi que les comptes administratifs correspondant aux différents budgets annexes.

Le compte administratif :
- rapproche les prévisions ou autorisations inscrites au budget (au niveau du chapitre ou de l'article selon les dispositions arrêtées lors du vote du budget primitif) des réalisations effectives en dépenses (mandats) et en recettes (titres) ;
- présente les résultats comptables de l'exercice ;
- est soumis par l'ordonnateur, pour approbation, à l'assemblée délibérante qui l'arrête définitivement par un vote avant le 30 juin de l'année qui suit la clôture de l'exercice.

1194 **Le compte de gestion est établi par le comptable.** Avant le 1er juin de l'année qui suit la clôture de l'exercice, le trésorier établit un compte de gestion par budget voté (budget principal et budgets annexes). Le compte de gestion retrace les opérations budgétaires en dépenses et en recettes, selon une présentation analogue à celle du compte administratif.

Il comporte :
- une balance générale de tous les comptes tenus par le trésorier (comptes budgétaires et comptes de tiers notamment correspondant aux créanciers et débiteurs de la collectivité) ;
- le bilan comptable de la collectivité, qui décrit de façon synthétique l'actif et le passif de la collectivité ou de l'établissement local.

Le compte de gestion est également soumis au vote de l'assemblée délibérante qui doit constater la stricte concordance des deux documents (compte administratif et compte de gestion). Ce premier examen est suivi d'un second contrôle effectué par le juge des comptes. La reddition annuelle des comptes est une charge de fonction et une obligation d'ordre public. Au vu des pièces justificatives (titres, mandats, marchés, etc.), jointes en accompagnement du compte de gestion, le juge des comptes est à même d'apprécier la qualité de gestion du trésorier de la collectivité et peut, si des négligences sont constatées, engager la responsabilité personnelle et pécuniaire de celui-ci.

1195 **Vers un compte financier unique.** L'article 242 de la loi de finances pour 2019 modifié par l'article 137 de la loi de finances pour 2021 permet à des collectivités d'expérimenter un compte financier unique (CFU), pour une durée maximale de trois exercices budgétaires. L'expérimentation débute à partir des comptes de l'exercice 2021 et se poursuivra jusqu'aux comptes de l'exercice 2023.

Pendant la période de l'expérimentation, le CFU se substituera au compte administratif et au compte de gestion, par dérogation aux dispositions législatives et réglementaires régissant ces documents. L'expérimentation se déroulera en trois vagues :
- la « vague 1 » concerne les comptes des exercices 2021, 2022 et 2023 ;
- la « vague 2 » concerne les comptes des exercices 2022 et 2023 ;
- la « vague 3 » concerne uniquement les comptes de l'exercice 2023.

Le CFU a vocation à devenir, à partir de 2024, la nouvelle présentation des comptes locaux pour les élus et les citoyens, si le législateur en décide ainsi. Sa mise en place vise plusieurs objectifs :
- favoriser la transparence et la lisibilité de l'information financière ;
- améliorer la qualité des comptes ;
- simplifier les processus administratifs entre l'ordonnateur et le comptable, sans remettre en cause leurs prérogatives respectives.

En mettant davantage en exergue les données comptables à côté des données budgétaires, le CFU permettra de mieux éclairer les assemblées délibérantes et pourra ainsi contribuer à enrichir le débat démocratique sur les finances locales.

SECTION **3**

La nécéssité d'avoir des comptes bien tenus

1196 **Le contrôle interne et la certification des comptes.** La loi du 7 août 2015 portant nouvelle organisation territoriale de la République a prévu, en son article 110, « une expérimentation de dispositifs destinés à assurer la régularité, la sincérité et la fidélité des comptes des collectivités territoriales et de leurs groupements. Cette expérimentation doit permettre d'établir les conditions préalables et nécessaires à la certification des comptes du secteur public local. » Le premier exercice de certification a été fixé à 2020 ; un bilan de l'expérimentation a été prévu en 2022 en vue d'une éventuelle suite législative.

Depuis 2003, la DGFiP s'attache à proposer aux plus grandes collectivités un service de qualité, adapté à leurs attentes et à leurs besoins spécifiques. Le partenariat se formalise par la signature d'une « convention de services comptables et financiers » (CSCF), qui permet à l'ordonnateur et au comptable d'arrêter une liste d'objectifs communs, assortis d'indicateurs de suivi et d'un calendrier de réalisation. La question de l'amélioration de la qualité et de la fiabilité des comptes est, le plus souvent, au centre de la démarche.

Qu'elles soient ou non dans la perspective d'une certification de leurs comptes, les collectivités doivent se doter d'outils permettant la fiabilité des comptes. Pour les aider, le comité de fiabilité des comptes locaux propose des guides ou de référentiels à destination des cadres territoriaux et élus souhaitant s'engager dans une démarche de fiabilisation des comptes et des états financiers de la collectivité. Cette documentation permet d'initier une démarche d'analyse et de renforcement du dispositif de contrôle interne comptable et financier.

Guide du contrôle interne
https://www.collectivites-locales.gouv.fr/sites/default/files/migration/guide_de_renforcement_du_cicf_05_2019.pdf

CHAPITRE **1**

La comptabilité de l'ordonnateur

SECTION **1**

Principes

1197 **Les conseillers aux décideurs locaux.** Le conseiller aux décideurs locaux (CDL/DGFiP) se consacre, à temps plein aux demandes exprimées par les maires et présidents d'établissement public de coopération intercommunale (EPCI) de son périmètre de compétences qui correspond en règle générale aux frontières des intercommunalités.

Les départements, les régions et le secteur hospitalier, sanitaire, social et médico-social ne sont pas directement concernés par cette réforme. L'organisation actuelle n'est donc pas modifiée. Néanmoins, pour les plus petits départements, le schéma du nouveau réseau de proximité pourra prévoir la mise en place d'un service de gestion comptable (SGC) et, dans ce cas, l'ordonnateur pourra être conseillé par un CDL.

SECTION **2**

La comptabilité des dépenses engagées

1198 Cette partie ne fait pas l'objet de commentaires.

SECTION **3**

Comptabilisation des émissions de mandats et de titres de recettes

Sous-section 1 – Comptabilisation des mandats

1199 Cette partie ne fait pas l'objet de commentaires.

Sous-section 2 – Comptabilisation des titres de recettes

1200 **Dispositif permettant de fiabiliser les titres et leur recouvrement.** Les collectivités, leurs établissements publics et les établissements publics sociaux et médico-sociaux ont désormais la possibilité d'accéder à certains éléments d'identification de leurs débiteurs, l'objectif étant de fiabiliser les données d'identification des débiteurs et de permettre à ces derniers d'avoir connaissance, par voie électronique, des sommes mises à leur charge. Ces informations sont accessibles par l'interface de programmation applicative (API) de la direction générale des finances publiques (DGFiP). Le décret n° 2022-814 du 16 mai 2022 (*JO* 17 mai 2022) précise la nature des informations communiquées ainsi que les modalités de désignation et d'habilitation des agents des collectivités, établissements publics et établissements publics sociaux et médico-sociaux pouvant accéder à ces informations.

SECTION **4**

Comptabilité des recettes grevées d'affectation spéciale

1201 Cette partie ne fait pas l'objet de commentaires.

SECTION **5**

Confection des états spéciaux de fin d'exercice

1202 Cette partie ne fait pas l'objet de commentaires.

SECTION **6**

Établissement du compte administratif

1203 Cette partie ne fait pas l'objet de commentaires.

SECTION **7**

Le vote du compte administratif

Sous-section 2 – Le vote du compte administratif

1204 Cette partie ne fait pas l'objet de commentaires.

Sous-section 3 – Le rejet du compte administratif

1205 Cette partie ne fait pas l'objet de commentaires.

Sous-section 4 – Le compte administratif : équilibre et sincérité

▪ Paragraphe 1 – Le contrôle de l'équilibre du compte administratif (art. L. 1612-14)

1206 **Déficit de gestion.** La chambre régionale des comptes dispose d'un mois pour proposer à la commune les mesures nécessaires au rétablissement de l'équilibre budgétaire (CGCT, art. L. 1612-14).

Pour les établissements publics de coopération, le seuil de saisine de la chambre est fonction de l'importance de la population de l'ensemble des communes. Il est de 5 % des recettes de fonctionnement pour les groupements de communes totalisant 20 000 habitants ou plus, et de 10 % pour ceux qui groupent moins de 20 000 habitants.

Lorsque le budget d'un exercice a été réglé par le préfet en application de l'article 8 de la loi n° 82-213 du 2 mars 1982, le compte administratif de cet exercice doit être adopté avant le vote du budget primitif suivant et ce dernier doit reprendre, s'il existe, le déficit constaté au compte administratif (CGCT, art. L. 1612-9). Si l'une ou l'autre de ces conditions n'est pas respectée, le budget primitif est réputé ne pas avoir été adopté en équilibre réel et doit faire l'objet d'une saisine de la chambre par le préfet. Cette saisine suspend partiellement l'exécution du budget (CGCT, art. L. 1612-10).

La reprise d'un excédent d'un budget annexe SPIC vers la commune de rattachement est possible en vertu des articles R. 2221-48 et R. 2221-90 du CGCT. Le Conseil d'État (CE, 9 avr. 1999, n° 170999, *Commune de Bandol*) a cependant fixé trois conditions :
- l'excédent doit être exceptionnel et ne pas résulter de la fixation d'un prix trop élevé ;
- le reversement n'est possible qu'après affectation des plus-values nettes de cessions en investissement et après couverture du besoin de financement dégagé par la section d'investissement ;
- le reversement n'est possible que si les excédents ne sont pas nécessaires au financement des dépenses d'investissement ou d'exploitation qui devraient être réalisées à court terme.

▪ Paragraphe 2 – Le contrôle de la sincérité du compte administratif

▸ Sous-paragraphe 1 – Le contrôle du compte de gestion du comptable

1207 **Droit de communication.** Toute personne physique ou morale désireuse de se faire communiquer la copie des budgets ou des comptes d'une commune peut l'obtenir, à ses frais, aussi bien des services ordonnateurs que des services déconcentrés de l'État.

Le compte de gestion étant un document comptable, il est donc communicable de par la loi. Les comptables du Trésor peuvent le communiquer uniquement sur place et en délivrer des copies payantes. Les comptables du Trésor n'ont pas à envoyer, par voie postale, les copies des comptes, même aux frais du demandeur.

La communication de documents (droits de communication : Instr. CP n° 97-032-M0, 28 févr. 1997 ; CGCT, art. L. 2121-26 ; L. n° 92-125, 6 févr. 1992, préc., art. 17, I et II) notifie que toute personne physique ou morale a le droit de demander communication, de prendre copie totale ou partielle de procès-verbaux du conseil municipal, des budgets (et les annexes à l'exception des documents relatifs à la situation financière), des comptes de la commune (compte de gestion sur chiffres, compte administratif), des arrêtés municipaux.

Seuls les documents non nominatifs sont communicables. La jurisprudence considère que n'ont pas le caractère nominatif les documents qui, bien que comportant un nom, se bornent à énoncer des informations objectives : un mandat concernant le salaire d'une personne est communicable (CE, 12 juill. 1995, n° 161803, *Domarchi* ; CAA Lyon, 15 janv. 1998, n° 97LY00850, *Commune de Crémieu*).

Ces dispositions sont applicables à l'ensemble des collectivités territoriales, aux établissements publics administratifs des communes et aux établissements publics de coopération.

Le comptable local saisi d'une demande de communication de documents autres que les budgets et les comptes doit la transmettre à l'ordonnateur ou demander à celui-ci l'autorisation expresse et écrite de procéder à la communication des documents (Circ. n° 85-236, 4 oct. 1985, diffusée par Instr. n°s 86-20-M0, 13 févr. 1986, et 88-22-M0, 23 févr. 1988, rub. 113.3).

Il est souligné que selon la jurisprudence du Conseil d'État, les agents des services déconcentrés de l'État n'ont pas l'obligation d'attester la conformité à l'original de la copie qu'ils délivrent, dès lors que ce document ne concerne pas à titre individuel le demandeur (CE, 25 juill. 1919, *Bouysson*).

La personne qui désire obtenir communication des comptes et des budgets doit en faire la demande écrite. La communication peut s'effectuer soit sur place soit par envoi. Lorsque le montant des frais de photocopie est élevé, le paiement peut être imposé par l'administration avant l'envoi des documents.

Réf.
- L. n° 92-125, 6 févr. 1992, art. 17-1
- D. n° 2005-1755, 30 déc. 2005
- C. consom., art. L. 121-19

▪ Paragraphe **3** – Compte de gestion sur pièces

1208 Cette partie ne fait pas l'objet de commentaires.

▪ Paragraphe **5** – Jugement des comptes des comptables publics

1209 Cette partie ne fait pas l'objet de commentaires.

CHAPITRE **2**

La comptabilité du comptable public

SECTION **1**

Principes généraux

1210 Cette partie ne fait pas l'objet de commentaires.

SECTION **2**

La comptabilité budgétaire

1211 Cette partie ne fait pas l'objet de commentaires.

SECTION **3**

La comptabilité générale

1212 Cette partie ne fait pas l'objet de commentaires.

SECTION **4**

Description des opérations

Sous-section **1** – Opérations budgétaires

▪ Paragraphe **1** – Prise en charge des titres de recettes

1213 **Le rôle du comptable.** En matière de recettes, l'action du comptable public doit impérativement s'inscrire dans le cadre d'une concertation étroite avec les élus locaux et les services ordonnateurs afin de renforcer l'efficacité du recouvrement. Une gestion locale efficace du recouvrement suppose une approche rationnelle, sélective et hiérarchisée du recouvrement ainsi qu'une définition concertée des critères de mise en œuvre des poursuites et de dépôt des demandes d'admission. Il est donc recommandé de mettre en place une gestion partenariale du recouvrement.

1214 **Présentation des titres de recettes.** L'article 23 du décret n° 2012-1246 du 7 novembre 2012 prévoit qu'en matière de recettes, l'exécution des prévisions et des autorisations budgétaires est réalisée :
- au niveau de l'ordonnateur, par la constatation et la liquidation des créances ;
- au niveau du comptable, par la prise en charge et le recouvrement des produits.

Les recettes communales trouvent leur source dans :
- la loi (recettes fiscales) ;
- les actes de gestion du patrimoine (revenus domaniaux) ;
- les actes de disposition (vente de biens) ;
- les services rendus (redevance d'enlèvement des ordures ménagères, redevance d'assainissement).

1215 Le caractère exécutoire des titres de recettes. Quelle que soit leur origine, les recettes sont toujours recouvrées en vertu d'un titre ayant un double caractère juridique et comptable.

Les titres délivrés par les personnes morales de droit public sont qualifiés de titres exécutoires permettant l'exécution forcée par le comptable public (L. n° 91-650, 9 juill. 1991, art. 3-6 ; CGCT, art. R. 2342-4, R. 3342-8 et R. 4341-4 ; Instr. n° 11-008-M0, 21 mars 2011 ; Instr. n° 11-022-M0, 16 déc. 2011) : en effet, « la signature manuscrite ou électronique, conformément aux modalités fixées par arrêté du ministre en charge du Budget, du bordereau récapitulant les titres de recettes emporte attestation du caractère exécutoire des pièces justifiant les recettes concernées et rend exécutoires les titres de recettes qui y sont joints » (CGCT, art. D. 1617-23, al. 3).

Le débiteur pouvant contester cette force exécutoire, seul le bordereau de titres de recettes est signé pour être produit en cas de contestation (CGCT, art. L. 1617-5-4).

Toute créance fait l'objet d'un titre qui matérialise les droits de la collectivité : ce document peut présenter des formes différentes. Il peut être dématérialisé (CGCT, art. D. 1617-23).

1216 Annulation d'un titre de recettes. L'annulation d'un titre exécutoire pour un motif de régularité en la forme n'implique pas nécessairement, compte tenu de la possibilité d'une régularisation par l'administration, l'extinction de la créance litigieuse, à la différence d'une annulation prononcée pour un motif mettant en cause le bien-fondé du titre (CE, 10 juill. 2020, n° 42952).

1217 Autres supports exécutoires : jugements et contrats notariés.

1 – Créances contractuelles

« Les collectivités publiques peuvent, en matière contractuelle, soit constater elles-mêmes les créances qu'elles détiennent sur leurs cocontractants et émettre des titres exécutoires, soit saisir le juge administratif d'une demande tendant au recouvrement de ces créances » (CE, 26 déc. 1924, n° 77229, *Ville de Paris c/ Chemin de fer métropolitain* : *Lebon*, p. 1065).

Toutefois, la personne publique peut décider d'émettre un titre exécutoire pour obtenir le règlement de créances de nature contractuelle et également saisir le juge pour obtenir le paiement de la même somme, sous réserve d'invoquer un fondement extracontractuel (CE, 10 juill. 2020, n° 429522, *Commune de La Remaudière*).

2 – Jugement exécutoire

Une collectivité qui tient d'un jugement exécutoire une créance à l'encontre d'un tiers peut en poursuivre le recouvrement directement sur le fondement de ce jugement dès lors que le montant de sa créance est déterminé par le jugement lui-même. Dans le cas contraire, un titre de recette liquidant la créance de la collectivité doit être émis sur le fondement du jugement.

Les décisions juridictionnelles ayant « autorité de la chose jugée » et non suspendues par un recours peuvent faire l'objet d'un titre de recette mais ne peuvent pas faire l'objet de la procédure d'émission d'office par le préfet.

A contrario, pour le recouvrement des créances « passées en force de chose jugée » (définitives), l'ordonnateur a deux mois à compter de la notification du juge pour émettre l'état nécessaire à leur recouvrement. Passé ce délai, le préfet se substitue à l'ordonnateur pour l'émettre d'office.

Une ordonnance par laquelle le juge des référés accorde une provision constitue un titre exécutoire dont le recouvrement peut être poursuivi directement. Un titre émis aux mêmes fins par l'ordonnateur de la collectivité n'a pas de portée juridique propre et ne peut recevoir aucune exécution en cas d'annulation de l'ordonnance (CE, 22 juill. 2020, n° 426210, *B.*, *Société immobilière Massimi*).

3 – Contrats notariés revêtus de la formule exécutoire

Les créances qui résultent de contrats notariés ou de jugements exécutoires ne font l'objet de l'émission de titres de recettes que pour les besoins comptables et non pour donner force exécutoire à la créance. En effet, la force exécutoire des actes notariés ou de la copie exécutoire (ou « grosse ») du jugement est plus grande que celle d'un titre de recette et ne se trouve pas paralysée par l'opposition (les poursuites ne sont pas suspendues).

Le numéro d'émission du titre figurant sur le bordereau de titres doit être reporté sur le contrat ou la décision juridictionnelle.

Toutefois, dès lors que le jugement n'a pas liquidé lui-même le montant auquel le débiteur de la collectivité a été condamné, l'émission d'un titre de recette exécutoire par la collectivité est nécessaire.

1218 **Forme des titres de recettes.** Les mentions obligatoires à porter par l'ordonnateur sur chaque titre de recette sont :

- le numéro d'ordre pris dans une série annuelle continue, chaque budget annexe faisant l'objet d'une série particulière (si les besoins de l'organisme public le nécessitent, des séries distinctes à l'intérieur desquelles la numérotation est continue peuvent, toutefois, être ouvertes au sein d'un même budget) ;
- l'indication précise de la nature de la créance ;
- la référence aux textes ou au fait générateur sur lesquels est fondée l'existence de la créance ;
- les imputations budgétaires et comptables à donner à la recette aux niveaux les plus fins apparaissant dans les nomenclatures et éventuellement la codification fonctionnelle ;
- le cas échéant, le numéro d'inventaire ;

- les bases de la liquidation de la créance de manière à permettre au destinataire du titre d'exercer ses droits (à défaut, le titre serait entaché d'irrégularité : CE, 12 nov. 1975, *ROBIN*) ;
- le montant de la somme à recouvrer ;
- la désignation précise et complète du débiteur pour éviter toute hésitation sur son identité et faciliter la tâche du recouvrement (pour les personnes physiques : nom, prénom, adresse) ;
- si des intérêts sont exigibles, il est nécessaire de viser le texte ou la convention sur lequel est fondée cette exigence et d'indiquer le taux et la date à partir de laquelle ils courent ;
- la date à laquelle le titre est émis et rendu exécutoire ;
- la mention apparente des indications suivantes figurant sur tous les volets du titre de recette « Titre exécutoire en application de l'article L. 252 A du Livre des procédures fiscales, pris, émis et rendu exécutoire conformément aux dispositions des articles R. 2342-4, R. 3342-8-1 et R. 4341-4 du Code général des collectivités territoriales » ;
- l'indication relative aux modalités de règlement et aux délais et voies de recours.

Ces mentions doivent obligatoirement figurer sur les volets du titre adressé au redevable et au comptable. Les titres de recettes n'ont pas à être revêtus de la signature de l'ordonnateur. Il est rappelé qu'en cas d'activité assujettie à la TVA, la facturation au redevable doit distinguer le montant de la créance proprement dite et le montant de la TVA.

Matériellement, le titre de recette est individuel ou collectif (ce dernier comprend alors une liste de débiteurs). Il peut être émis sur support papier ou sur support électronique (A., 27 juin 2007, portant application de l'article D. 1617-23 du CGCT relatif à la dématérialisation des opérations en comptabilité publique, NOR:BCFR0750735A). Il est recommandé l'émission des titres et bordereaux sous forme dématérialisée au format du protocole d'échange standard d'Hélios CEPS, avec signature électronique de l'ordonnateur pour supprimer leur production au comptable sur support papier. Ceci diminue les coûts de gestion et renforce l'efficacité du recouvrement.

Il justifie la comptabilité de l'organisme public créancier tenue par le comptable public, notamment vis-à-vis des juridictions financières.

Réf.
- Instr. codificatrice n° 11-022-M0, 16 déc. 2011
- Formule exécutoire figurant sur le bordereau de titres : « Arrêté le présent bordereau-journal à la somme de ... € (*en toutes lettres*), comprenant les titres n^{os} ... à ... (sauf n° ...), en application de l'article L. 252 A du Livre des procédures fiscales, pris, émis et rendu exécutoire conformément aux dispositions des articles R. 2342-4 et D. 3342-11 du CGCT. » L'expression « (sauf n° ...) » vise les titres qui sont exécutoires par eux-mêmes.

1219 **Contrôles des titres par le comptable.** En matière de recettes, comme en matière de dépenses, le comptable n'est pas fondé à se faire juge de la légalité interne des actes des autorités locales. Il doit se borner à examiner si, en la forme, la recette est légalement établie, c'est-à-dire qu'elle a fait l'objet d'un rôle, d'un titre ou d'un tarif régulièrement approuvé par une décision exécutoire de la collectivité publique.

L'article 19 du décret n° 2012-1246 du 7 novembre 2012 précise que : « Le comptable public est tenu d'exercer le contrôle :

1° s'agissant des ordres de recouvrer :

a) de la régularité de l'autorisation de percevoir la recette,

b) dans la limite des éléments dont il dispose, de la mise en recouvrement des créances et de la régularité des réductions et des annulations des ordres de recouvrer. »

Le comptable n'est pas fondé à refuser la prise en charge du titre exécutoire au motif que la recette est susceptible d'être entachée d'illégalité. Si cet acte revêt un caractère exécutoire, il le prend en charge et avise le comptable centralisateur afin de lui permettre, s'il le juge utile, d'informer le préfet de l'illégalité manifeste de la recette (Instr. CP n° 04-043-M0, 29 juill. 2004).

Lorsqu'il est mis en place, un service spécialisé, placé sous l'autorité d'un comptable public, est chargé d'émettre et d'enregistrer les factures et titres établissant les droits acquis envers des débiteurs.

Dans ce cas, le montant de la recette est contrôlé par le comptable public au vu des créances constatées et de la certification d'acquisition du droit par l'ordonnateur.

Cette certification constitue l'ordre de recouvrer défini aux articles 11, 23, 24 et 28 du décret de 2012, modifié par le décret n° 2017-863 du 9 mai 2017 relatif à la gestion budgétaire et comptable publique. Ce service spécialisé est mis en place par convention signée par le comptable public et l'ordonnateur, dans les conditions fixées par arrêté du ministre chargé du Budget.

1220 Contrôle des titres par le comptable : jurisprudence. Contrairement aux dépenses, il n'existe pas de nomenclature des pièces justificatives des recettes. La responsabilité du comptable ne porte que sur le contrôle de la régularité formelle de l'acte qui fonde juridiquement le titre de recette sans avoir à rechercher si la recette est légalement fondée (C. comptes, 14 et 28 oct. 1971, *Casenave et Mazerolles*).

Le comptable doit seulement s'assurer que la recette a été autorisée (décision exécutoire fournie à l'appui du titre) par une autorité compétente, mais il ne lui appartient pas de vérifier si elle est prévue par un texte législatif ou réglementaire (Instr. CP n° 11-022-M0, 16 déc. 2011).

Si la recette résulte d'une tarification, le comptable doit s'assurer que le tarif a été légalement établi (C. comptes, 21 sept. 1989, *Fontenay-le-Fleury*).

1221 **Contrôle de la mise en recouvrement des créances.** Dans la limite des éléments dont il dispose, le comptable est tenu d'alerter l'ordonnateur sur la nécessité d'émettre les titres de recettes pour le recouvrement de créances dont il a connaissance.

L'obligation du comptable se limite à l'attention de l'ordonnateur, à charge pour ce dernier d'émettre le titre revêtu de la formule exécutoire. La preuve de ces démarches peut être rapportée par tous moyens, y compris par un certificat administratif de l'ordonnateur en fonction à l'époque des faits (C. comptes, 14 janv. 1998, *Syndicat de la vallée de la Risle*).

Toutefois, pour plus de sécurité et une plus grande facilité de preuve, il est conseillé de le faire par écrit.

S'il ne s'agit que d'une simple obligation de moyen, le comptable peut toutefois être rendu responsable de ne pas avoir demandé en temps utile toutes pièces justificatives relatives à la recette qui lui auraient permis d'exercer les diligences. S'agissant d'une créance résultant d'une décision de justice et si le jugement liquide le montant à recouvrer, le comptable ne doit pas attendre l'émission du titre de recette puisque le jugement lui permet d'engager les poursuites.

1222 **Le contrôle de l'identité du débiteur permet de garantir le recouvrement.** L'identification précise du débiteur évite au comptable des réexpéditions d'avis et, éventuellement, des admissions en non-valeurs. Très généralement, les nom, prénom et adresse du redevable suffisent mais, lorsque toute tentative de recouvrement amiable a échoué, que des poursuites s'avèrent obligatoires, l'ordonnateur, à la demande du comptable, doit s'efforcer de tenir compte des précisions.

Lorsque le débiteur est une personne morale de droit privé, il convient d'indiquer avec précision sa nature juridique ; s'il s'agit d'une société, sa forme ; si cette société est une société de personnes : les noms et adresses des associés solidairement tenus avec la personne morale ; si cette société est une société civile : les noms des associés et leur part dans la dette.

En cas de pluralité des redevables, il y a lieu de mentionner s'ils sont débiteurs conjointement et solidairement et, dans la première hypothèse, de préciser la quote-part de chacun ou, à défaut, dans le cas d'une succession, le lien de parenté déterminant cette quote-part. Le comptable devra veiller à détenir un titre exécutoire pour chacun des débiteurs, excepté lorsqu'il s'agit d'une succession, en raison des difficultés auxquelles donne souvent lieu, en pareil cas, la répartition de la dette.

Si le titre ne mentionne pas précisément ou incomplètement l'identité du débiteur, le comptable peut refuser sa prise en charge.

1223 **Le contrôle de l'imputation budgétaire et comptable.** L'imputation budgétaire ayant une incidence sur le résultat des comptes, il doit être apporté à ce contrôle toute l'attention nécessaire. En principe, la nature de la recette permet d'identifier cette imputation mais il peut parfois être utile de demander à l'ordonnateur toute pièce relative à la recette.

L'imputation budgétaire erronée justifie le refus de la prise en charge du titre par le comptable.

1224 **Refus de la prise en charge par le comptable.** Au titre des contrôles prévus à l'article 19 du décret n° 2012-1246 du 7 novembre 2012, le comptable peut être amené à refuser la prise en charge, notamment dans les cas suivants :

- le titre est émis par un ordonnateur qui n'est pas accrédité auprès du comptable ;
- l'autorisation de percevoir la recette a été prise par une autorité incompétente (C. comptes, 31 mai 2001, *Commune de Thonon-les-Bains*) ;
- l'acte autorisant la recette n'est pas exécutoire ;
- absence totale de pièce autorisant la recette ;
- la pièce justificative produite n'autorise pas la recette concernée ;
- le titre est incomplet (absence totale ou imprécision des éléments permettant d'identifier le débiteur ou de poursuivre le recouvrement) ;
- le titre n'est pas émis à l'encontre du véritable débiteur ;
- la créance portée sur le titre n'est pas celle de la collectivité ou de l'établissement public mais celle d'un tiers (tiers privé ou autre collectivité) ;
- les éléments de liquidation du titre sont absents ou erronés ;
- l'imputation budgétaire est erronée ;
- les modalités et références de règlement sont erronées.

Si le comptable n'est pas fondé à refuser la prise en charge d'un titre liquidant une recette susceptible d'être entachée d'une illégalité manifeste, il n'en demeure pas moins tenu par les dispositions du Code pénal relatives au délit de concussion. Le comptable avise le directeur départemental des finances publiques afin de lui permettre, s'il le juge utile, d'informer le représentant de l'État dans le département de l'illégalité manifeste de la recette.

1225 **La responsabilité du comptable dans la prise en charge des titres de recettes.** Dès l'instant où le comptable a pris en charge le titre de recette, il s'est engagé à mettre en œuvre les diligences nécessaires à son recouvrement.

Dès lors, le comptable ne pourra faire valoir devant le juge des comptes l'absence de régularisation d'une anomalie lors de la prise en charge pour s'exonérer de sa responsabilité résultant de diligences insuffisantes :

- en cas d'absence totale de pièce justificative (CRC Bourgogne, 7 févr. 1996, *Maison de retraite de l'Yonne* : responsabilité du comptable pour défaut de recouvrement d'un titre pris en charge sans justification) ;
- ou de pièces justificatives insuffisantes (CRC PACA, 6 oct. 1998, *Commune de Gignac-la-Nerthe* : la délibération autorisant la recette n'en précisait

pas le montant de telle sorte que le comptable l'avait assimilée à une contribution volontaire) ;
- ou d'erreur manifeste sur le débiteur.

Cependant, un arrêt du 6 octobre 1998 de la chambre régionale des comptes PACA, *Commune de Gignac-le-Nerthe*, avait mis en débet le comptable ayant pris en charge un titre de recette sans indication du domicile ni du numéro d'identification du débiteur. La Cour a infirmé ce jugement dans la mesure où, si la prise en charge a été faite sans vigilance, le recouvrement à l'encontre du débiteur était impossible en raison de circonstances particulières (débiteur sans adresse précise hospitalisé dans un asile, difficulté de recouvrement à l'encontre d'un organisme sanitaire étranger : C. comptes, 24 févr. 2000, *CHU de Nice*).

L'instruction n° 04-043-M0 du 29 juillet 2004 (chap. 2, § 1.1 et 1.2) précise que le contrôle de l'autorisation de percevoir la recette consiste à vérifier que la recette est légalement établie, c'est-à-dire qu'elle a fait l'objet d'un titre matérialisant les droits de la collectivité (nature de la créance, identité du débiteur et de la collectivité créancière, imputation budgétaire).

▪ Paragraphe **2** – Prise en charge des mandats

1226 **Le rôle du comptable en matière de dépenses.** Le mandat est la concrétisation de la fin du processus incombant à l'ordonnateur en matière de dépenses. Dans l'exécution des dépenses communales, le receveur municipal doit remplir deux missions :
- celle de payeur, qui consiste à contrôler les opérations d'engagement, de liquidation et d'ordonnancement du maire ;
- celle de caissier, qui se traduit par le paiement au véritable créancier afin d'obtenir un acquit libératoire pour la commune.

1227 **Contrôles des mandats par le comptable.** Selon les articles 19 et 20 du décret n° 2012-1246 du 7 novembre 2012, le comptable public est en outre amené à faire, sous sa responsabilité personnelle et pécuniaire, un certain nombre de contrôles formels à savoir : « Le comptable public est tenu d'exercer le contrôle :

1° s'agissant des ordres de recouvrer :

a) de la régularité de l'autorisation de percevoir la recette,

b) dans la limite des éléments dont il dispose, de la mise en recouvrement des créances et de la régularité des réductions et des annulations des ordres de recouvrer ;

2° s'agissant des ordres de payer :

a) de la qualité de l'ordonnateur,

b) de l'exacte imputation des dépenses au regard des règles relatives à la spécialité des crédits,

c) de la disponibilité des crédits,

d) de la validité de la dette dans les conditions prévues à l'article 20,

e) du caractère libératoire du paiement ;

3° s'agissant du patrimoine :

a) de la conservation des valeurs inactives,

b) des droits, privilèges et hypothèques.

Le contrôle des comptables publics sur la validité de la dette porte sur :

1° la justification du service fait ;

2° l'exactitude de la liquidation ;

3° l'intervention des contrôles préalables prescrits par la réglementation ;

4° dans la mesure où les règles propres à chaque personne morale mentionnée à l'article 1er le prévoient, l'existence du visa ou de l'avis préalable du contrôleur budgétaire sur les engagements ;

5° la production des pièces justificatives ;

6° l'application des règles de prescription et de déchéance. »

1228 **Réforme de la responsabilité des comptables et ordonnateurs.** L'ordonnance n° 2022-408 du 23 mars 2022, met fin à la responsabilité personnelle et pécuniaire des comptables, et vient créer un régime juridictionnel unifié de responsabilité des gestionnaires publics, comptables comme ordonnateurs.

À compter du 1er janvier 2023, seront poursuivies les infractions aux règles relatives à l'exécution des recettes et des dépenses ou à la gestion des biens publics, constitutives d'une faute grave ayant causé un préjudice financier significatif. Le nouveau régime de responsabilité des gestionnaires publics tend à « limiter la sanction des fautes purement formelles ou procédurales qui doivent désormais relever d'une logique de responsabilité managériale ».

Ce texte qui découle de l'article 168 de la loi de finances pour 2022, instaure un régime de responsabilité unifiée des gestionnaires publics, comptables comme ordonnateurs qui met fin au régime de responsabilité personnelle et pécuniaire des comptables publics, établie par l'article 60 de la loi n° 63-156 du 23 février 1963 de finances pour 1963, et la sanction des infractions aux règles en matière de finances publiques, commises par l'ensemble des agents publics, devant la Cour de discipline budgétaire et financière.

L'ordonnance du 23 mars 2022 a prévu que seront poursuivies les infractions aux règles relatives à l'exécution des recettes et des dépenses ou à la gestion des biens de l'État, des collectivités, établissements et organismes soumis au contrôle des juridictions financières, constitutives d'« une faute grave ayant causé un préjudice financier significatif ». Pourront également faire l'objet de poursuites l'octroi d'un avantage injustifié à autrui, à soi-même ou à toute personne morale, par intérêt personnel direct ou indirect, la gestion de fait, l'inexécution d'une décision de justice conduisant au prononcé d'une astreinte ainsi que tout agissement ayant pour effet de « faire échec à une procédure de mandatement d'office ». La Cour des comptes pourra aussi sanctionner les négligences des titulaires d'emplois de direction.

Cette réforme « ne modifie pas l'organisation comptable et ne signifie pas la disparition des missions des comptables qui conservent pleinement leur rôle en matière de contrôle des fonds publics ». Les comptables publics seront toujours chargés de veiller à la régularité des opérations de dépenses et de recettes, conformément aux dispositions du décret n° 2012-1246 du 7 novembre 2012 relatif à la gestion budgétaire et comptable publique. Par ailleurs, elle réaffirme le principe fondamental de séparation des ordonnateurs et des comptables, qui reste le principe fort de l'organisation de la chaîne financière.

De même, la procédure de réquisition du comptable par un ordonnateur, qui est prévue par le décret n° 2012-1246 du 7 novembre 2012 relatif à la gestion budgétaire et comptable publique, est inscrit dans la loi. Le dispositif relatif à la gestion de fait est maintenu par l'ordonnance du 23 mars 2022 : « Les situations de gestion de fait, dès lors qu'une personne non habilitée vient agir dans le champ propre du comptable, constitueront une infraction du nouveau régime [de responsabilité financière des gestionnaires publics] qui sera sanctionnée en tant que telle. »

1229 Contrôle partenarial. Le comptable public peut opérer les contrôles mentionnés au 2° de l'article 19 et à l'article 20 de manière sélective, en fonction des caractéristiques des opérations assignées sur sa caisse et d'une évaluation des risques afférents à celles-ci. L'intensité, la périodicité et le périmètre de ces contrôles, qui peuvent intervenir a priori ou a posteriori, sont adaptés conformément au plan de contrôle qu'il établit suivant des règles fixées par arrêté du ministre chargé du Budget.

L'ordonnateur peut être associé à l'évaluation des risques. Le ministre chargé du Budget précise par arrêté les conditions de ce contrôle allégé en partenariat.

Réf.
- D. n° 2012-1246, 7 nov. 2012 relatif, à la gestion budgétaire et comptable publique, art. 42
- D. n° 2022-1698, 28 déc. 2022, art. 5 mod. D. n° 2012-1246, 7 nov. 2012

1230 La portée des contrôles du comptable-jurisprudence. La portée des contrôles exercés par le receveur municipal tient en deux principes :

- l'exclusion de tout contrôle d'opportunité : le comptable ne peut subordonner ses actes de paiement à une appréciation de l'opportunité des décisions prises par l'ordonnateur (L. n° 82-213, 2 mars 1982, préc., art. 15) ;
- la limitation au contrôle de légalité.

Le Conseil d'État, dans son arrêt du 30 juillet 2003 (n° 232430), *M. Marty*, confirme que le comptable n'est pas juge de la légalité interne des actes (Instr. n° 04-016-M0, 3 févr. 2004) : « Si, pour apprécier la validité des créances, les comptables doivent exercer leur contrôle sur l'exactitude des calculs de liquidation et sur la production des justifications, ils n'ont pas le pouvoir de se faire juges de la légalité des décisions administratives. »

La Cour des comptes a jugé, dans l'arrêt *Commune de Marseille* du 7 octobre 1993 :

- d'une part, que la question de savoir si la commune peut légalement prendre en charge certaines dépenses n'est pas de la compétence du comptable payeur ni par conséquent du juge des comptes, mais relève du contrôle de légalité ;
- d'autre part, que l'ouverture d'un crédit budgétaire constitue l'autorisation de faire toutes les dépenses qui entrent dans l'objet défini par l'intitulé du chapitre, pour autant que d'autres autorisations ou formalités ne sont pas exigées par les lois et règlements.

Dans l'hypothèse où le comptable de la commune (ou le comptable de l'EPCI) reçoit un mandat de paiement ne relevant manifestement pas de la compétence de la commune (ou de l'EPCI), il doit suspendre le paiement pour défaut de pièce justificative et demander à la commune (ou à l'EPCI) une délibération indiquant qu'elle prend en charge ladite dépense.

Selon l'arrêt du Conseil d'État du 21 mars 2001, n° 195508, *Morel* : « Si le comptable n'a pas le pouvoir de se faire juge de la légalité aux décisions qui servent de fondement au mandat de paiement, il doit être en mesure d'identifier la nature de la dépense. Dans la mesure où les pièces justificatives produites sont contradictoires, il doit suspendre le paiement jusqu'à ce que l'ordonnateur ait produit les justifications nécessaires. »

La responsabilité du comptable s'apprécie au moment du paiement. Ainsi, la Cour des comptes a jugé que la production ultérieure de justifications de régularisation était sans effet sur sa responsabilité.

1231 Le contrôle partenarial de la dépense. « En complément du contrôle hiérarchisé de la dépense, le comptable et l'ordonnateur peuvent convenir de mettre en place un dispositif de contrôle allégé partenarial, selon la procédure décrite à l'arrêté du 11 mai 2011 modifié pris en application du préambule de l'annexe I du Code général des collectivités territoriales portant fixation des modalités de justification des dépenses des collectivités territoriales, de leurs établissements publics et des établissements publics de santé. Dans ce cas, l'ordonnateur est dispensé de produire les pièces justificatives, selon les modalités prévues par la convention signée à cet effet et dans la limite des dépenses inférieures ou égales aux montants définis par l'arrêté du 11 mai 2011 modifié susmentionné. »

Réf.
- D. n° 2016-1783, 19 déc. 2016, fixant la liste des pièces justificatives des dépenses des collectivités territoriales, des établissements publics locaux et des établissements publics de santé, mod. par D. n° 2016-33, 20 janv. 2016

1232 **Le contrôle des pièces justificatives jointes au mandat.** Le décret n° 2022-505 du 23 mars 2022 énumère les pièces justificatives de dépenses. Les principes concernant les opérations sont codifiés aux articles 50 à 52 du décret n° 2012-1246 du 7 novembre 2012 relatif à la gestion budgétaire et comptable : lorsqu'une opération de dépense n'a pas été prévue par une nomenclature, doivent être produites des pièces justificatives permettant au comptable d'opérer les contrôles mentionnés aux articles 19 et 20 du décret du 7 novembre 2012 précité.

Il revient au comptable d'apprécier si les pièces fournies présentent un caractère suffisant pour justifier la dépense engagée. Pour établir ce caractère suffisant, il lui appartient de vérifier, en premier lieu, si l'ensemble des pièces requises au titre de la nomenclature comptable applicable lorsqu'elle existe, ou à défaut, l'ensemble des pièces leur permettant d'opérer les contrôles qui lui incombent, lui ont été fournies et, en deuxième lieu, si ces pièces sont, d'une part, complètes et précises, d'autre part, cohérentes au regard de la catégorie de la dépense définie dans la nomenclature applicable et de la nature et de l'objet de la dépense telle qu'elle a été ordonnancée. Si ce contrôle peut conduire le comptable à porter une appréciation juridique sur les actes administratifs à l'origine de la créance et s'il lui appartient alors d'en donner une interprétation conforme à la réglementation en vigueur, il n'a pas le pouvoir de se faire juges de la légalité. Enfin, lorsque les pièces justificatives fournies sont insuffisantes pour établir la validité de la créance, il appartient au comptable de suspendre le paiement jusqu'à ce que l'ordonnateur leur ait produit les justifications nécessaires.

Toutes les pièces justificatives produites à l'appui du paiement doivent être mentionnées sur le mandat ; s'il s'agit d'un paiement pour lequel les pièces ont déjà été fournies (par exemple, marché, convention, etc.), l'indication du mandat au soutien duquel elles ont été produites doit être mentionnée, ainsi que le montant et la date d'émission de ce document.

1233 **La nomenclature des pièces justificatives (D. n° 2022 -505, 23 mars 2022).** La nomenclature est obligatoire. Elle constitue à la fois le minimum et le maximum exigibles par le comptable. Elle est opposable aux ordonnateurs, aux comptables et au juge des comptes.

La pièce émane, selon le cas, par exemple du conseil municipal, du conseil général, du conseil régional ou du conseil d'administration (« délibération ») ; de l'organe régulièrement habilité à agir en leurs lieu et place (commission permanente du conseil général ou du conseil régional) ou de l'autorité exécutive (arrêté municipal ou arrêté du président du conseil régional, par exemple).

Lorsque la pièce justificative est un certificat émis par l'ordonnateur, la valeur probante de cette attestation suppose qu'elle soit signée par l'ordonnateur ou son délégataire tout comme un arrêté. Cependant, l'ordonnateur n'a pas l'obligation de signer une délibération produite au comptable dans la mesure où il en certifie le caractère exécutoire (CGCT, art. D. 1617-23).

Le budget (budgets primitif et supplémentaire, budget principal et annexes, états annexes) constitue une délibération que l'ordonnateur exécute dans la limite des crédits ouverts.

Toutefois, en ce qui concerne la section de fonctionnement, une délibération spécifique doit être produite lorsque la réglementation en vigueur exige une intervention particulière de l'assemblée délibérante pour autoriser une dépense (approbation préalable de conventions ou de taux par l'assemblée).

De la même façon, en ce qui concerne la section d'investissement, le budget est considéré comme délibération suffisante pour permettre à l'ordonnateur d'effectuer la dépense sans autre autorisation, dans la mesure où les crédits font l'objet d'une inscription clairement individualisée et où la réglementation en vigueur ne prescrit pas expressément une décision particulière de l'assemblée délibérante.

L'état prévisionnel des recettes et des dépenses (EPRD) constitue une décision (décision du directeur pour les EPS) que le directeur exécute. Le directeur n'est tenu que par les crédits de personnels permanents inscrits à l'EPRD, ou par l'ensemble des crédits en cas d'arrêt de l'EPRD par le directeur de l'Agence régionale de santé (ARS), s'agissant des EPS.

Concernant particulièrement les établissements publics de santé, les décisions émanent essentiellement du directeur qui peut déléguer sa signature.

S'agissant des associations syndicales de propriétaires dotées d'un comptable public, l'assemblée délibérante est le syndicat.

1234 **Instruction relative aux pièces justificatives.** L'instruction rappelle les règles de justification des dépenses. Les deux principes sont la neutralité, c'est-à-dire le fait que les pièces justificatives sont celles demandées par le droit, et l'exhaustivité, au nom de laquelle seules les pièces nécessaires, mais toutes les pièces nécessaires sont demandées, sont appliqués par le comptable. Le caractère obligatoire de la liste complète ses deux principes.

Parmi les principales nouveautés de l'instruction figure notamment le contrôle par le comptable de la qualité d'ordonnateur, sans pour autant pouvoir contrôler ni la compétence de l'ordonnateur ni la légalité de l'acte

(CE, 4 mai 2018, Comptable de l'École nationale de formation agronomique [ENFA], n° 410880) ou encore le nouveau régime en matière de contribution de sécurité immobilière, se substituant au salaire de conservateur des hypothèques.

Il est également à noter que, désormais, dans le cas où la décision de justice administrative (revêtue de la formule exécutoire) ne ferait pas apparaître la mention du greffier relative à la certification conforme, seul l'accusé de réception émanant de la juridiction dans le cadre de la procédure Télérecours permet de suppléer valablement cette carence. Dans ce cas, cette décision devra obligatoirement être accompagnée de cet accusé de réception.

1235 **L'utilisation de la liste des pièces justificatives.** Les principes de mise en œuvre de la présente liste des pièces justificatives sont :

- la neutralité : la liste ne modifie pas les réglementations en vigueur. Elle n'en est que la conséquence ;
- l'exhaustivité : lorsqu'une dépense est répertoriée dans la liste, les pièces justificatives nécessaires au paiement de cette dépense y sont toutes énumérées. Lorsqu'une dépense n'est pas répertoriée dans la liste, le comptable doit demander, en se référant si possible à une dépense similaire répertoriée, les pièces justificatives qui lui permettent d'effectuer ses contrôles ;
- le caractère obligatoire : la liste est obligatoire en ce qu'elle constitue à la fois le minimum et le maximum des pièces justificatives exigibles par le comptable. Elle s'impose à la fois aux ordonnateurs, aux comptables et aux juges des comptes.

Le contrôle hiérarchisé de la dépense permet au comptable de moduler ses contrôles en fonction des risques et des enjeux identifiés dans le respect des normes définies par le ministre en charge du Budget. Cette modulation porte sur le moment du contrôle (contrôle *a priori* ou *a posteriori*) le champ du contrôle (contrôle exhaustif ou par échantillon) et l'intensité des contrôles (réaliser tout ou partie des contrôles), conformément aux dispositions émanant de l'arrêté du 25 juillet 2013 portant application du premier alinéa de l'article 42 du décret n° 2012-1246 du 7 novembre 2012 relatif à la gestion budgétaire et comptable publique et encadrant le contrôle sélectif de la dépense.

En complément du contrôle hiérarchisé de la dépense, le comptable et l'ordonnateur peuvent convenir de mettre en place un dispositif de contrôle allégé partenarial, selon la procédure décrite à l'arrêté du 11 mai 2011 pris en application du préambule de l'annexe I du Code général des collectivités territoriales portant fixation des modalités de justification des dépenses des collectivités territoriales, de leurs établissements publics et des établissements publics de santé.

1236 **Pièces justificatives de dépenses – Définition de la notion « le cas échéant ».** Le cas échéant, s'il y a lieu, production de la pièce justificative.

Ces termes sont utilisés dans la présente liste des pièces justificatives dans les cas suivants :
- première hypothèse : la production de la pièce justificative est subordonnée à la réalisation de conditions particulières prévues par la réglementation ou la collectivité.
  - exemple : prêts et avances (rubrique 71). La justification des sûretés n'est exigée à l'appui du paiement que dans l'hypothèse où la délibération portant octroi du prêt l'exige (rubrique 711). De même, une collectivité ou un établissement public local qui accorde à un organisme de droit privé une subvention d'un montant supérieur à certain seuil (article 10 de la loi n° 2000-321 du 12 avril 2000) doit justifier de la passation d'une convention avec ledit organisme (rubrique 7211) ;
- deuxième hypothèse : la réglementation spécifique à une collectivité ou à un établissement public pouvant déroger à une réglementation commune, la pièce justificative est elle-même spécifique : par exemple, reversement d'excédents de budgets annexes (rubrique 12).

La décision de reversement d'un excédent de budget annexe ne concerne que les établissements publics locaux dont le statut ou le texte relatif au régime financier l'autorise.

1237 **Le caractère régulier des pièces justificatives.** Les pièces sont régulières en la forme quand :
- elles ont été prises par la personne ou l'organe compétent ; une autorité est reconnue incompétente quand elle ne peut fournir les pièces requises pour une catégorie de dépenses car ces documents doivent être établis par une autre autorité (Instr. CP n° 87-131-M0, 3 nov. 1987). Dans cette hypothèse, le comptable doit suspendre le paiement pour insuffisance de pièces justificatives (C. comptes, 15 oct. 1975, *Brun*) ;
- elles comportent les mentions et énonciations réglementaires ;
- leur caractère exécutoire, lorsqu'il s'agit de décisions, a fait l'objet d'une certification de l'ordonnateur.

L'ordonnateur doit produire l'original des pièces mais cette règle admet des exceptions pour les factures et mémoires. L'original peut être remplacé par la copie mais également par la photocopie de la pièce justificative. Il en va ainsi pour la justification, dans la comptabilité de la collectivité mandante, des opérations effectuées par un mandataire soumis aux règles de droit privé (société d'économie mixte [SEM]).

S'agissant des paiements sur factures, un duplicata, revêtu de la mention « destiné au mandatement », est accepté dans le cas où l'original a été égaré (Instr. CP n° 02-046-B-M, 3 mai 2002). Depuis le 1er janvier 2018, la facturation électronique est devenue obligatoire.

1238 **Pièces justificatives – Contrôle de la qualité de l'ordonnateur (D. n° 2022-505, 23 mars 2022, § 011).** Le contrôle par le comptable de la qualité d'ordonnateur exclut le contrôle, la compétence de l'ordonnateur et la légalité de l'acte (CE, 4 mai 2018, Comptable de l'École nationale de formation agronomique [ENFA], n° 410880).

Qualité de l'ordonnateur[1] :

1 – Formulaire mentionnant :

1° un spécimen de la signature manuscrite de l'ordonnateur ;

2° l'indication, le cas échéant, du procédé de signature électronique utilisé par l'ordonnateur conformément à l'article 4 de l'arrêté du 27 juin 2007 portant application de l'article D. 1617-23 du Code général des collectivités territoriales relatif à la dématérialisation des opérations en comptabilité publique ;

3° la date de prise d'effet de la qualité d'ordonnateur ;

4° l'adresse postale professionnelle et, le cas échéant, l'adresse de messagerie électronique de l'ordonnateur.

2 – Délibération constatant son élection selon les modalités prévues par le Code général des collectivités territoriales et autres réglementations en vigueur ou décision de nomination selon les modalités prévues par le Code général des collectivités territoriales, le Code de l'action sociale et des familles, le Code de la construction et de l'habitation, le Code de l'éducation, le Code de la santé publique et autres réglementations en vigueur.

Qualité d'un suppléant ou d'un délégataire de l'ordonnateur[2] :

1 – Formulaire d'accréditation signé par l'ordonnateur accrédité auprès du comptable et par son délégataire et mentionnant :

1° un spécimen de la signature manuscrite de l'ordonnateur ;

2° l'indication, le cas échéant, du procédé de signature électronique utilisé par l'ordonnateur conformément à l'article 4 de l'arrêté du 27 juin 2007 portant application de l'article D. 1617-23 du Code général des collectivités territoriales relatif à la dématérialisation des opérations en comptabilité publique ;

3° la date de prise d'effet de la qualité d'ordonnateur ;

4° l'adresse postale professionnelle et, le cas échéant, l'adresse de messagerie électronique de l'ordonnateur.

2 – Décision de l'ordonnateur portant délégation qui précise la liste exhaustive des compétences de l'ordonnateur, énumérées par le décret du 7 novembre 2012 susvisé, que le délégataire est autorisé à exercer.

1. A., 25 juill. 2013, art. 7, fixant les modalités d'accréditation des ordonnateurs auprès des comptables publics assignataires en application de l'article 10 du décret n° 2012-1246 du 7 novembre 2012 relatif à la gestion budgétaire et comptable publique (NOR:BUDE1320177A).

2. A., 25 juill. 2013, art. 8, fixant les modalités d'accréditation des ordonnateurs auprès des comptables publics assignataires en application de l'article 10 du décret n° 2012-1246 du 7 novembre 2012 relatif à la gestion budgétaire et comptable publique (NOR:BUDE1320177A).

1239 **Justification du service fait et caractère exécutoire.** L'article D. 1617-23 du CGCT (D. n° 2007-450, 25 mars 2007) dispose que « la signature du bordereau récapitulant les mandats de dépense emporte justification du service fait des dépenses concernées ». Les pièces justificatives doivent également présenter un caractère exécutoire, qui peut être attesté de diverses manières. Cependant, si le comptable établit que la certification du caractère exécutoire d'une pièce est inexacte, il doit suspendre le paiement de la dépense correspondante sur le fondement de l'article 38 du décret n° 2012-1246 du 7 novembre 2012 relatif à la gestion budgétaire et comptable publique.

1240 **Contrôle de l'imputation budgétaire de la dépense.** Elle est faite par l'ordonnateur en fonction de la nature de la dépense. Sous cette rubrique doivent être portées les informations relatives à l'article budgétaire, le numéro de comptes par nature et, pour les communes de plus de 3 500 habitants, la codification fonctionnelle.

Le contrôle du comptable porte notamment sur l'exacte imputation des dépenses aux chapitres qu'elles concernent (D. n° 2012-1246, 7 nov. 2012, préc., art. 19). En ce qui concerne l'imputation budgétaire de la dépense, le comptable doit obligatoirement la contrôler au regard de la réglementation en la matière et ne saurait prendre en considération des dispositions contraires à celles-ci contenues dans une délibération ou une décision exécutoire.

Le comptable doit soumettre ses actes de paiement au contrôle de légalité qu'impose l'exercice de sa responsabilité personnelle et pécuniaire (L. n° 82-213, 2 mars 1982, préc.). Or, si ce contrôle ne s'effectuait pas par rapport aux textes réglementaires et aux instructions en matière financière et comptable qui organisent un classement des dépenses par nature, il perdrait toute sa signification et toute sa portée et ferait, de plus, obstacle au contrôle de la disponibilité des crédits qui s'apprécie selon ce classement. En outre, le législateur n'aurait pas prévu que le comptable ne doit pas déférer à un ordre de réquisition lorsque son refus de payer se fonde sur l'inexactitude de l'imputation budgétaire de la dépense (L. n° 82-213, 2 mars 1982, préc., art. 15), s'il avait admis que l'imputation pût être modifiée par simple décision ou délibération exécutoire de la collectivité.

Il incombe donc, par définition, au comptable de vérifier que la dépense correspond effectivement au chapitre sur lequel elle est imputée. Ce contrôle porte incontestablement sur les pièces justificatives produites à l'appui du mandat afin notamment de déterminer la nature exacte de la dépense au regard de sa classification budgétaire (Instr. CP n° 92-101-M0, 13 août 1992). Cette compétence exclusive du comptable est l'une des applications de la règle de séparation des fonctions d'ordonnateur et de comptable. En cas de mauvaise imputation budgétaire, le comptable doit procéder à la suspension de paiement.

1241 **Contrôle de la liquidation de la dépense.** Il convient de distinguer deux hypothèses au niveau du contrôle des éléments de la liquidation de la dépense :

- les éléments de la liquidation n'ont pas été fixés dans le cadre d'une délibération ou d'une décision exécutoire : dans ce cas, le comptable est tenu non seulement de vérifier l'exactitude des calculs de la liquidation mais aussi les éléments qui ont servi de base à cette liquidation, au regard de la réglementation en vigueur. Cette obligation résulte aussi bien des textes que de la jurisprudence constante de la Cour des comptes ;
- les éléments de la liquidation ont été fixés dans le cadre d'une délibération ou d'une décision exécutoire : dans ce cas, le comptable n'est pas fondé à refuser le paiement d'un mandat au seul motif que les pièces qui y sont jointes, bien qu'établies en forme régulière par une autorité compétente, contreviendraient à un texte législatif ou réglementaire. En effet, conformément à la jurisprudence constante du Conseil d'État (CE, 5 févr. 1971, n° 71173, *Balme*), les comptables doivent exercer leur contrôle sur la production des justifications mais n'ont pas le pouvoir de se faire juges de la légalité des décisions administratives. Dans ces conditions, les éléments de la liquidation qui ont été fixés expressément dans le cadre d'une délibération ou d'une décision exécutoire s'imposent au comptable. La facture doit comporter la nature des fournitures ou services, les quantités et le prix unitaire. La quantité est exprimée soit en unités du bien ou du service, soit en poids, volume ou taux horaire. Les comptables sont fondés à accepter les factures ou mémoires qui font apparaître la nature des fournitures ou services ainsi que leur prix, sans indication du détail des quantités (Instr. CP n° 88-65-M0, 20 mai 1988).

Les sommes forfaitaires ne sont admises que si elles se réfèrent à des devis d'égal montant précédemment établis. Les devis doivent être exigés dans ce cas.

Les ordonnateurs peuvent procéder d'office, sans l'approbation des fournisseurs ou entrepreneurs, aux redressements des erreurs matérielles de calcul. Il suffit, en marge de la facture et en regard de la ligne sur laquelle a été constatée l'erreur, de porter la mention : « Erreur de calcul, à déduire ou à ajouter … €. » En aucun cas, ces rectifications d'office ne doivent porter sur les éléments de liquidation tels que la quantité ou le prix des fournitures. De plus, les créanciers doivent être avisés des rectifications ainsi opérées par une mention sur les avis de crédit qui leur sont notifiés. Les ratures et surcharges sur les pièces justificatives doivent être approuvées et exigent toujours le visa de l'ordonnateur.

1242 **Retenues à précompter.** Les retenues constatées à l'initiative du comptable procèdent des cessions ou oppositions dont le comptable public assignataire de la dépense est seul habilité à recevoir notification et à assurer l'exécution (D. n° 2012-1246, 7 nov. 2012, préc., art. 37). Le comptable peut également être amené à effectuer des retenues qui procèdent des poursuites diligentées en vertu des titres qu'il détient à l'encontre des créanciers de la commune. Le comptable tient informé l'ordonnateur des retenues qu'il entend pratiquer sur les salaires des agents.

1243 **Contrôle de l'identité du créancier.** Le créancier doit être identifié avec précision pour que le paiement puisse être valablement effectué.

L'ordre de paiement doit être établi au nom du véritable créancier, même si le bénéficiaire du règlement est un tiers. Le mandat indiquera alors :
- en qualité de créancier : le vendeur, dont le nom patronymique doit être suivi du prénom usuel inscrit en toutes lettres. La seule tolérance de l'initiale du prénom ne peut être admise qu'en matière de paiement par virement ;
- en qualité de bénéficiaire : le bénéficiaire du règlement (notaire, par exemple). La clause du paiement à une autre personne doit être mentionnée dans les pièces justificatives, mais la règle fondamentale exige qu'il doit y avoir identité parfaite de noms, prénoms, professions et domiciles dans la désignation des créanciers sur le mandat de paiement et sur les pièces justificatives produites à son soutien.

Les ratures et les surcharges rectifiant l'identité du créancier doivent être approuvées par renvoi et exigent toujours une nouvelle signature de l'ordonnateur.

En cas de non-concordance entre l'identité du créancier sur le mandat et celle du fournisseur, le comptable peut suspendre le paiement en invoquant le défaut de caractère libératoire du paiement (L. n° 82-213, 2 mars 1982, préc., art. 15). Dans ce cas, l'ordonnateur ne peut pas réquisitionner le comptable. Le paiement à une personne autre que le véritable créancier n'a aucune valeur libératoire et engage la responsabilité du payeur (C. civ., art. 1985).

Pour les sociétés, les sigles usuels peuvent être retenus. Le représentant du créancier doit avoir reçu mandat par acte sous seing privé ou par acte authentique. Il est proscrit d'effectuer un virement au profit d'un compte ouvert au nom de l'établissement bancaire ou un virement postal à destination d'une banque sans mention du nom du véritable créancier (Instr. CP n° 86-7-B1, 22 janv. 1986).

1244 **Contrôle de la date de la facture ou du mémoire.** La date de la facture est celle de son émission (Instr. DGI n° BOI-E-1-93, 1er mars 1993). Un différé de la facturation est admis s'il ne dépasse pas les quelques jours que peuvent justifier les nécessités de la gestion administrative des entreprises (CGI, art. 242 *nonies*, ann. II).

Cette date est déterminante en raison de la prescription. Le comptable doit vérifier l'application des règles de prescription. Le délai de prescription est de quatre ans. Son point de départ est non pas le jour où la créance est née, mais le 1er janvier de l'année suivant celle au cours de laquelle les droits ont été acquis. La collectivité débitrice peut, par délibération dûment motivée, relever de la prescription les créanciers dignes d'intérêt.

Le maire, ou l'adjoint qu'il délègue à cet effet, a seule qualité pour opposer la prescription quadriennale au nom de la commune (CE, 29 juill. 1983, n° 23828, *Ville de Toulouse*). À propos d'une créance litigieuse, l'administration doit, pour pouvoir se prévaloir de la prescription prévue par la loi n° 68-1250 du 31 décembre 1968, l'invoquer avant que la juridiction saisie du litige au premier degré se soit prononcée sur le fond.

1245 **Pièces justificatives – Mention devant figurer sur les factures.** Aucun formalisme autre que celui prévu par le Code général des impôts n'est exigé pour les factures ou les mémoires transmis à titre de pièce justificative.

Il suffit que les mentions suivantes y figurent explicitement[1] :

1 – Le nom ou la raison sociale du créancier ;

2 – Le numéro individuel d'identification[1] ;

3 – La date d'exécution des services ou de livraison des fournitures et désignation de la collectivité débitrice ;

4 – Pour chacune des prestations rendues, la dénomination précise, selon le cas les prix unitaires et les quantités ou bien les prix forfaitaires ;

5 – Le montant et le taux de taxe sur la valeur ajoutée légalement applicable ou, le cas échéant, le bénéfice d'une exonération ;

Tous rabais, remises, ristournes ou escomptes acquis et chiffrables lors de l'opération et directement liés à cette opération.

Réf.
– D. n° 2022-505, 22 mars 2022, ann. C.

1. S'agissant du numéro individuel d'identification (numéros SIREN, SIRET, de TVA intracommunautaire, du registre du commerce et des sociétés [RCS], du répertoire des métiers [RM], du registre spécial des entrepreneurs individuels à responsabilité limitée [RSEIRL]), le comptable privilégiera le contrôle du numéro SIRET. En effet, la désignation du créancier (par un nom commercial ou une raison sociale) peut varier en fonction de sa politique commerciale, voire d'une facture à l'autre.

▪ Paragraphe 3 – Refus de prise en charge

1246 **La suspension de paiement.** Les comptables publics suspendent le paiement des dépenses lorsque les contrôles leur incombant à ce titre ont révélé des irrégularités ou lorsqu'ils ont pu établir que les certifications délivrées par l'ordonnateur sont inexactes.

Ils doivent également suspendre le paiement d'une dépense fondée sur un acte qui a perdu son caractère exécutoire à la suite d'une décision de sursis à exécution ou d'annulation prononcée par le juge. Dans ce cas, l'acte n'est plus régulier en la forme (Instr. CP n° 07-024-M0, 30 mars 2007). Mais il n'est pas possible aux comptables de différer le paiement d'une dépense au motif que l'acte fait l'objet d'une demande de sursis à exécution, sauf lorsque les conditions prévues par l'article 27 de la loi n° 95-115 du 4 février 1995 d'orientation pour l'aménagement et le développement du territoire sont remplies, ou d'un recours en annulation, car l'acte reste régulier en la forme et exécutoire jusqu'à l'intervention de la décision de justice.

S'il n'est pas possible d'établir une liste exhaustive des cas de suspension de paiement, il convient de rappeler les contrôles qui incombent au comptable et à l'occasion desquels il peut constater une irrégularité justifiant cette suspension (Instr. CP n° 84-40-M0, 8 mars 1984).

▪ Paragraphe 4 – Réquisition de paiement

1247 **Procédure.** En vertu des articles 38 du décret n° 2012-1246 du 7 novembre 2012 et 3 du décret n° 2017-863 du 9 mai 2017 relatifs à la gestion budgétaire et comptable publique, lorsqu'à l'occasion de l'exercice des contrôles prévus par le décret précité, le comptable public a constaté des irrégularités ou des inexactitudes dans les certifications de l'ordonnateur, il suspend le paiement et en informe l'ordonnateur. Ce dernier a alors la faculté d'opérer une régularisation ou de requérir par écrit le comptable public de payer. Il s'y conforme aussitôt, sauf en cas :
- d'insuffisance de fonds communaux disponibles ;
- de dépense ordonnancée sur des crédits irrégulièrement ouverts ou insuffisants ou sur des crédits autres que ceux sur lesquels elle devrait être imputée ;
- de défaut de caractère libératoire de paiement (L. n° 82-213, 2 mars 1982, préc., art. 15) ;
- d'absence de caractère exécutoire de l'acte fondant la dépense (L. n° 94-504, 22 juin 1994, art. 8).

1248 **Forme.** L'ordre de réquisition doit être écrit et signé par l'ordonnateur. Une simple annotation sur le mandat ne saurait être assimilée à un ordre de réquisition. L'arrêté du maire portant ordre de réquisition est exécutoire de plein droit dès sa transmission au représentant de l'État dans le département (L. n° 82-213, 2 mars 1982, préc., art. 45, mod. par L. n° 94-504, 22 juin 1994).

Si le législateur n'a pas posé de conditions formelles en la matière ni créé de modèle, il est indispensable que l'ordre de réquisition ne laisse aucune ambiguïté sur l'intention de l'ordonnateur de passer outre à la suspension de paiement et d'exiger celui-ci de la part du comptable. Il importe, afin que la responsabilité du comptable se trouve dégagée, que la réquisition, qui constitue à la fois le support fondant juridiquement la dépense et la pièce justificative, soit elle-même régulière, à savoir, qu'elle réponde aux conditions de forme et comporte tous les éléments de liquidation de la dépense ainsi que l'attestation de service fait. Ces dispositions permettent au comptable de s'assurer qu'il ne se trouve pas dans l'un des cas de refus de déférer à la réquisition.

La réquisition doit donc être incontestable mais ne saurait présenter un caractère permanent. Une réquisition « pour l'avenir » ne peut être admise.

Pour les dépenses répétitives ou donnant lieu à plusieurs paiements, si la réquisition est régulière pour le premier paiement, elle est dénuée de toute valeur juridique pour les paiements ultérieurs. Chaque mandat doit donner lieu éventuellement à une suspension de paiement de la part du comptable et à un ordre de réquisition particulier de l'ordonnateur.

1249 **Les effets.** En cas de réquisition, l'ordonnateur engage sa responsabilité propre (L. n° 82-213, 2 mars 1982, préc., art. 15). Sont justiciables de la cour de discipline budgétaire et financière lorsqu'ils ont engagé leur responsabilité propre à l'occasion d'un ordre de réquisition :

- les maires et, quand ils agissent dans le cadre des dispositions des articles L. 2122-17 à L. 2122-20 du CGCT, les adjoints et autres membres du conseil municipal ;
- les présidents élus de groupements de collectivités territoriales ou de syndicats mixtes et, quand ils agissent par délégation du président, les vice-présidents et autres membres de l'organe délibérant du groupement ou du syndicat mixte (L. n° 93-122, 29 janv. 1993, art. 78).

La réquisition dégage donc la responsabilité personnelle et pécuniaire du comptable. Le comptable n'est exonéré de sa responsabilité qu'en cas de réquisition régulière (LF n° 63-156, 23 févr. 1963, art. 60).

1250 **Conséquences.** Lorsque le comptable a reçu un ordre de réquisition régulier dans la forme et quant au fond, il lui appartient d'y déférer et de procéder au paiement dans les meilleurs délais.

Lorsque l'exécution de l'ordre de réquisition se heurte à l'un des cas cités ci-dessus, le comptable, sauf à engager sa responsabilité personnelle et pécuniaire, est dans l'obligation de refuser d'y déférer. Il doit, dans cette hypothèse, avertir immédiatement l'ordonnateur par écrit et de façon motivée, de son refus de déférer à la réquisition et de la nécessité de régulariser le dossier de dépense si celui-ci veut en obtenir le règlement.

Tous les ordres de réquisition (y compris ceux auxquels le comptable n'a pas déféré) doivent être notifiés à la chambre régionale des comptes. Les comptables doivent donc transmettre immédiatement les dossiers de réquisition au DDFiP, qui les notifie à la chambre. Ces dossiers doivent contenir l'ordre lui-même, le mandat afférent à la dépense considérée, la notification de la suspension de paiement, la décision de l'ordonnateur ayant arrêté la dépense et tous éléments d'informations susceptibles d'éclairer le juge des comptes (Instr. CP n° 84-40-M0, 8 mars 1984, préc.).

1251 Cas particuliers.

1 – En cas « d'absence totale de justification du service fait », ou lorsque les comptables sont conduits à suspendre le paiement d'une dépense, les ordonnateurs peuvent, exceptionnellement, et en engageant leur responsabilité propre, ne pas produire toutes les pièces prévues par la nomenclature et obtenir le paiement d'une dépense en réquisitionnant le comptable.

2 – En cas d'insuffisance d'une pièce justificative, l'ordre de réquisition peut être exécuté (Instr. CP n° 83-156-M0, 5 août 1983).

3 – En cas d'absence d'une pièce justificative, un ordre de réquisition ne peut alors être exécuté par le comptable que si la pièce manquante n'a pas pour objet de justifier le service fait. Si cela est, l'ordonnateur doit joindre à son ordre une attestation certifiant que le service a été fait, et justifiant le droit au paiement correspondant (D. n° 83-16, 13 janv. 1983, art. 2), car il est responsable des certifications qu'il délivre (D. n° 2012-1246, 7 nov. 2012, préc., art. 11).

4 – En présence d'une pièce justifiant une dépense non répertoriée dans la nomenclature si le comptable estime que la pièce produite par l'ordonnateur lui permet d'exercer ses contrôles de telle sorte que sa responsabilité ne soit pas susceptible d'être mise en cause par le juge des comptes, il peut procéder au paiement et une réquisition n'est pas nécessaire (Instr. CP n° 83-156-M0, 5 août 1983, préc.).

5 – Dans le cas particulier du « contrôle des crédits », aucune dépense ne peut être acquittée par le receveur municipal si elle n'a pas été préalablement ordonnancée sur un crédit régulièrement ouvert. En d'autres termes, et à titre d'exemples :
- n'est pas « régulièrement ouvert » un crédit qui procède d'une décision de la collectivité prise en début d'exercice avant l'adoption du budget primitif de ce même exercice ;
- n'est pas « régulièrement ouvert » un crédit qui proviendrait d'un report de l'exercice antérieur effectué en dehors des règles applicables en la matière ;
- n'est pas « régulièrement ouvert » (avant l'adoption du budget primitif lorsque celle-ci n'est pas intervenue avant le 1er janvier de l'exercice) un crédit sur lequel serait engagée une dépense de la section de fonctionnement en dépassement de la limite fixée à l'article 7 de la loi n° 82-213 du 2 mars 1982 ;
- n'est pas « régulièrement ouvert » un crédit qui aurait été ouvert par une décision de virement prise par l'ordonnateur lorsque pour des raisons tenant notamment au montant des crédits en cause le virement ne peut résulter que d'une délibération de l'assemblée délibérante.

Sous-section 2 - Opérations de trésorerie

▪ Paragraphe 1 - Encaissements

▸ Sous-paragraphe 1 - Encaissements après émission des titres de recettes

1252 **Procédure.** Le recouvrement des titres de recettes est codifié dans l'instruction n° BCRZ11000575 du 16 décembre 2011.

L'ensemble des recettes locales ne résultant pas de contrats ou de jugements exécutoires et perçus sans intervention des services de l'État s'exécutent par l'émission de titres de perception rendus exécutoires par l'ordonnateur (Instr. n° 98-041-M0, 24 févr. 1998 ; LFR n° 92-1476, 31 déc. 1992 ; CGCT, art. 98 et L. 1617-5).

L'ordre de recouvrer fonde l'action en recouvrement. Il a force exécutoire dans les conditions prévues par l'article L. 252 A du Livre des procédures fiscales (D. n° 2012-1246, 7 nov. 2012, art. 28).

Disposent de la procédure de recouvrement sur état exécutoire : les collectivités territoriales, leurs établissements publics, les régies non personnalisées des collectivités territoriales, les associations syndicales et les établissements publics d'aménagement. Les sociétés d'économie mixte ainsi que les personnes privées à qui a été confiée la gestion de services publics industriels et commerciaux n'en disposent pas.

Réf.
- Instr., 16 déc. 2011, NOR:BCRZ1100057J

1253 **Réclamation du débiteur : recours gracieux.** Toute réclamation formulée par le redevable et portant sur le décompte ou la mise à sa charge des sommes dues doit être adressée à l'ordonnateur, qui doit fournir au débiteur les explications nécessaires dans les moindres délais (avec copie au comptable) de manière à ne pas paralyser l'action du comptable responsable du recouvrement. Si la réclamation du débiteur est adressée à tort au comptable, celui-ci est dans l'obligation de la transmettre sans délai à l'ordonnateur.

Le silence gardé pendant plus de deux mois vaut décision de rejet de la collectivité. Par suite, si le redevable engage une instance contentieuse, la collectivité ou l'établissement public local créancier ne sera plus fondé à soutenir que la demande du redevable doit être rejetée faute de décision préalable de l'ordonnateur.

La réclamation du débiteur n'est pas suspensive. Les poursuites peuvent toujours être engagées par le comptable tant que le tribunal n'est pas saisi. Le recours gracieux n'est nullement obligatoire et la saisine directe du juge est toujours possible dans les deux mois de la réception du titre ou, à défaut, du premier acte de poursuites (CGCT, art. L. 1617-5-2). La réclamation gracieuse d'un titre introduite dans le délai de recours contentieux interrompt ce délai (CE, 24 juin 2009, n° 297636, *Agglomération de Bourges*).

Réf.
- CGCT, art. L. 1617-5
- Instr. n° 11-022-M0, 16 déc. 2011

1254 **Remise gracieuse.** La remise gracieuse d'une dette nécessite une décision de l'assemblée délibérante l'autorisant. En application de l'article L. 2121-29 du CGCT, le conseil municipal règle par ses délibérations les affaires de la commune. En application de ces dispositions, il est seul compétent pour décider de l'abandon d'une créance (CAA Bordeaux, 6 juill. 2004, n° 00BX02020, *Commune du Moule*). Une collectivité ne peut accorder de remise gracieuse de sommes mises à la charge d'un débiteur par décision de justice.

Réf.
- D. n° 2003-301, 2 avr. 2003
- Instr. n° 11-022-M0, 16 déc. 2011

1255 **Pièces justificatives – Réduction, annulation de titres et non valeur :**

1 – Réduction des créances et admission en non-valeurs.

2 – Restitution par la collectivité du trop-perçu et reversement.

3 – État de liquidation dressé par l'ordonnateur portant mention de la nature de la recette, du montant à restituer et des motifs de la restitution.

4 – Annulation ou réduction de recettes.

5 – État précisant, pour chaque titre, l'erreur commise.

6 – Admission en non-valeurs[1] :
- décision[2] ;
- état précisant pour chaque titre le montant admis.

Réf.
- D. n° 2022-505, 23 mars 2022, § 13

1. Les pièces 1 et 2 peuvent soit faire l'objet d'une délibération spécifique, soit être remplacées par une liste de créances admises en non-valeurs annexée au compte administratif. S'agissant d'un EPS, la décision émane de son directeur.

2. La décision peut être formalisée par la signature du bordereau de mandats lorsque l'ordonnateur dispose du pouvoir budgétaire (EPS).

1256 **Nature juridique des réclamations.** Les états exécutoires peuvent faire l'objet d'une opposition, laquelle ne peut porter que sur l'existence de la créance, sa quotité et son exigibilité : cette opposition doit alors être dirigée contre l'ordonnateur.

Elle doit cependant être distinguée de l'opposition à poursuites, qui ne concerne que la contestation en la forme de l'acte de poursuites émanant du comptable. Dans ce cas, elle doit être adressée au comptable (Instr. CP n° 89-1-M0, 2 janv. 1989). La compétence juridictionnelle en matière d'opposition à poursuites est toujours judiciaire lorsque le recours est formé aux fins d'annulation d'un acte de poursuites entaché d'irrégularité formelle (T. confl., 23 févr. 2004, n° C3366, *TPG Haute-Corse* ; CE, 5 févr. 1964, n° 60584, *Jacquemot* ; CE, 22 déc. 1969, n° 73549, *Sieur Vincent*).

1257 **Recours juridictionnel contre des titres exécutoires.** L'intéressé peut se pourvoir devant le tribunal dans un délai de deux mois à compter soit de la décision expresse de rejet du recours gracieux, soit de la décision implicite de rejet résultant du silence gardé pendant deux mois par l'ordonnateur sur la réclamation.

Lors des procédures contentieuses relatives aux titres de recettes, il appartient à l'ordonnateur de produire le bordereau récapitulant les titres et revêtu de sa signature. Si les titres sont dématérialisés, l'ordonnateur produit une justification du fichier qu'il a signé électroniquement.

Si la contestation porte sur le bien-fondé de la créance, la compétence juridictionnelle dépend de la nature de la créance contestée : elle est administrative si la créance est elle-même administrative, elle est judiciaire dans les autres cas. Si la contestation porte sur la régularité formelle de l'état exécutoire, elle ne relève de la compétence administrative que si la créance est administrative. Les tribunaux judiciaires restent compétents même si c'est la régularité formelle de l'état exécutoire qui est en cause, lorsque la créance concernée est de droit privé.

1258 **Caractère suspensif des recours.** L'opposition du débiteur fait perdre le caractère exécutoire au titre de recette dès l'introduction de l'instance sans qu'il soit besoin que le débiteur demande au juge le sursis à exécution (CGCT, art. L. 1617-5, 1°). Dans l'attente, le comptable ne peut plus exercer de poursuites sans risque de se voir opposer la prescription (Instr. CP n° 89-105-M0, 21 nov. 1989).

Devant les juridictions administratives, l'appel n'a pas de caractère suspensif et le comptable peut reprendre les poursuites contre le redevable à hauteur de la validation de la créance prononcée par le tribunal administratif sauf si un sursis à exécution est accordé.

Devant les juridictions judiciaires, l'appel a un effet suspensif sauf devant le juge de l'exécution (COJ, art. L. 311-12-1). Le comptable ne peut pas reprendre les poursuites à l'égard du redevable même si la créance de la collectivité a été validée par le juge d'instance, sauf si la collectivité a demandé au juge l'exécution provisoire du jugement.

Le pourvoi en cassation, quelle que soit la juridiction compétente, n'a pas d'effet suspensif.

1259 **Constitution de garanties.** Le comptable n'est pas en droit d'exiger la constitution de garanties de la part des redevables de produits locaux. Toutefois, si le titre n'est pas émis ou dans le cas où une contestation juridictionnelle suspend le caractère exécutoire du titre, le comptable peut solliciter du juge de l'exécution l'autorisation de pratiquer une mesure conservatoire.

Réf.
- Instr. n° 11-022-M0, 16 déc. 2011

1260 **Délais de paiement des créances.** Les comptables sont seuls compétents pour recevoir et instruire les demandes de délais de paiement des redevables.

S'agissant de locataires, le juge judiciaire peut accorder des délais de paiement en application de l'article 24 de la loi n° 89-462 du 6 juillet 1989 tendant à améliorer les rapports locatifs (mod. par L. n° 2015-990, 6 août 2015, art. 82). Dans son avis n° 0010006P du 29 juin 2001, la Cour de cassation a affirmé la compétence du juge judiciaire indépendamment de la présence d'un comptable public (Instr. CP n° 01-127-M0, 26 déc. 2001).

1261 **Surendettement du débiteur.** L'article L. 330-1 du Code de la consommation définit la situation de surendettement comme celle « caractérisée par l'impossibilité manifeste pour le débiteur de bonne foi de faire face à l'ensemble de ses dettes non professionnelles exigibles et à échoir » et/ou « de faire face à l'engagement qu'elle a donné de cautionner ou d'acquitter solidairement la dette d'un entrepreneur individuel ou d'une société ».

Le débiteur dans cette situation, après examen de son cas par une commission de surendettement, peut bénéficier d'un plan conventionnel de redressement conclu avec ses créanciers ou, à défaut de la conclusion d'un tel accord, de mesures imposées par la commission de surendettement ou de mesures recommandées par la commission et rendues exécutoires par le juge du tribunal d'instance.

Dans le cas où le débiteur surendetté au sens de la définition donnée ci-dessus « se trouve dans une situation irrémédiablement compromise caractérisée par l'impossibilité manifeste de mettre en œuvre les mesures de traitement », soit les mesures mises en œuvre en cas de situation de surendettement, deux autres procédures peuvent alors être envisagées :
- le rétablissement personnel sans liquidation judiciaire dans le cas où le patrimoine du débiteur au regard de sa nature et de sa consistance ne permet pas d'espérer un dédommagement des créanciers ;
- le rétablissement personnel avec liquidation judiciaire dans le cas où, au contraire, la nature et la consistance du patrimoine du débiteur laissent supposer que sa liquidation permettra un dédommagement au moins partiel des créanciers.

Pendant la phase d'instruction du dossier, le juge du tribunal d'instance peut, sur saisine de la commission, suspendre les procédures d'exécution diligentées contre le débiteur.

1262 **Sauvegarde, redressement et liquidation judiciaires du débiteur.** L'article L. 622-7 du Code de commerce dispose que « le jugement ouvrant la procédure emporte de plein droit interdiction de payer toute créance née antérieurement au jugement d'ouverture à l'exception du paiement par compensation de créances connexes. Il emporte également de plein droit interdiction de payer toute créance née après le jugement d'ouverture, non mentionnée au I de l'article L. 622-17. »

L'article L. 622-21 du Code de commerce prévoit que le jugement d'ouverture d'une procédure collective interdit toute mesure d'exécution et toute action en justice. Les délais de prescription sont suspendus.

Les créances à déclarer sont celles dont le fait générateur est antérieur au jugement (y compris celles non échues) dans le délai de deux mois de la parution au *BODACC*. Les créances nées postérieurement au jugement doivent être déclarées deux mois à compter de leur date d'exigibilité.

La déclaration au moyen d'un bordereau P 814 porte sur le montant des créances échues au jour du jugement déclaratif ainsi que sur le montant des créances à échoir dont le fait générateur est antérieur au jugement d'ouverture, avec indication des dates d'échéance. Cette déclaration de créance doit comporter le montant en principal, les intérêts, les accessoires et frais, l'origine de la créance, la nature du privilège et la sûreté dont elle est assortie.

Les créances des collectivités ne peuvent pas être déclarées et admises à titre provisionnel.

Les créances non déclarées sont inopposables au débiteur (C. com., art. L. 622-26 et L. 631-14). Un relevé de forclusion peut être sollicité auprès du juge dans les six mois de la publication du jugement d'ouverture.

Réf.

- Instr. n° 11-022-M0, 16 déc. 2011

1263 **Le paiement du débiteur.** Les redevables peuvent s'acquitter de leur dette soit en numéraire à la caisse d'un comptable du Trésor, soit par chèque ou par virement (bancaire ou postal) émis à l'ordre du Trésor public ou par TIP.

Les articles 25 et 26 du décret n° 2012-1246 du 7 novembre 2012 relatif à la gestion budgétaire et comptable publique élargissent la liste des moyens d'encaissement, avec le prélèvement automatique et la carte bancaire. L'instruction n° BUDE1320991J du 22 juillet 2013 relative aux modalités de gestion des moyens de paiement et des activités bancaires du secteur public précise l'organisation des chaînes de moyen de paiement. Depuis octobre 2018, le dispositif PayFiP, mis à la disposition des collectivités territoriales sans frais, permet de payer par prélèvement bancaire et par carte bancaire.

À partir du 1er janvier 2022, toutes les communes ayant des recettes supérieures à 5 000 € devront proposer aux usagers un paiement en ligne gratuit Avec PayFiP, non seulement le paiement par carte bancaire est possible, mais aussi le prélèvement lié à une facture.

Le décret n° 2019-1443 du 23 décembre 2019 a été pris en application de l'article 201 de la loi n° 2018-1317 du 28 décembre 2018 de finances pour 2019, autorisant l'État à confier à un ou plusieurs prestataires extérieurs certaines opérations en espèces ou en carte bancaire relevant aujourd'hui de la compétence des comptables publics. Il précise notamment le contenu des contrats qui seront passés entre l'État et le ou les prestataires, la tenue d'une comptabilité séparée chez ces derniers concernant les mouvements financiers concernés par ces opérations, les modalités de reddition des comptes auprès de l'État, ainsi que le contrôle que celui-ci exercera.

1264 **Paiement partiel d'une créance.** Le 4° du I de l'article 160 de la loi n° 2020-1721 du 29 décembre 2020 de finances pour 2021 crée un article L. 257 C dans le Livre des procédures fiscales (LPF) selon lequel le paiement partiel d'une créance publique s'impute en priorité sur le principal, puis sur les sanctions et autres accessoires de la dette, et enfin sur les intérêts. Cette disposition s'applique à compter du 1er janvier 2024 pour les créances recouvrées sur la base d'un titre de recettes en application de l'article L. 1617-5 du CGCT.

Le décret n° 2021-800 du 24 juin 2021 fixe les dates d'entrée en vigueur des 4° et 8° du I et du 1° du II de l'article 160 de la loi n° 2020-1721 du 29 décembre 2020 de finances pour 2021.

1265 **Le paiement en ligne.** Depuis le 1er juillet 2020, toutes les collectivités encaissant plus de 50.000 € de produits locaux par an sont tenues de proposer à leurs usagers une solution de paiement en ligne (D. n° 2018-689, 1er août 2018). Au 1er janvier 2022, l'obligation sera étendue aux collectivités dépassant le seuil annuel de 5 000 € de produits locaux.

Le montant des recettes annuelles correspond aux recettes des ventes de produits, de marchandises ou de prestations de services. Le montant des recettes pris en compte est celui constaté au 31 décembre N-2. L'obligation pour les collectivités créées après le 1er janvier 2020 s'applique au plus tard au 1er janvier N + 2 suivant la date de leur création.

Pour aider les collectivités à respecter facilement cette réglementation, la direction générale des Finances publiques (DGFiP) leur propose, « PayFiP » qui présente l'avantage de laisser l'usager choisir, pour chaque facture reçue, entre un paiement par carte de crédit ou une autorisation unique de prélèvement bancaire. L'utilisation de la plateforme PayFiP est gratuite, cependant les collectivités doivent payer un coût à la transaction.

Si une commune dont les recettes sont inférieures à 5 000 € n'a pas à proposer du paiement en ligne, elle devra tout de même s'équiper, comme toutes les autres communes, de terminaux de paiement électronique (TPE) au plus tard le 1er janvier 2022. La DGFiP indique qu'il est possible de substituer le TPE par une application sur mobile équipée d'un lecteur de carte, moins onéreux. Le paiement en ligne par carte bancaire ou prélèvement SEPA respecte l'obligation de paiement en ligne des collectivités.

1266 Paiement du débiteur – Intervention d'un prestataire extérieur. Dans le cadre du projet prévoyant la suppression du maniement des espèces dans les centres des finances publiques, l'article 201 de la loi n° 2018-1317 du 28 décembre 2018 de finances pour 2019 autorise l'État à confier à un prestataire extérieur les opérations en numéraire aujourd'hui réalisées dans les centres des finances publiques, notamment l'encaissement des recettes reversées par les régisseurs et leur réapprovisionnement en numéraire.

Les avis de sommes à payer établis par les éditeurs de la collectivité doivent obligatoirement être édités avec un code-barres à deux dimensions de la norme « datamatrix » (se reporter au cahier des charges pour l'émission du titre interbancaire de paiement au format SEPA (TIP SEPA) et du talon optique deux lignes (T02L) dans le secteur local de la direction générale des finances publiques, en ligne).

Compte tenu de la nature des opérations confiées, les prestataires désignés seront naturellement soumis au contrôle étroit de l'État : contrôles sur pièces et sur place, obligation de secret professionnel, comptabilité séparée, insaisissabilité des sommes, garantie financière et reversement des sommes collectées à l'État le jour ouvré suivant l'opération. À l'issue d'une procédure de mise en concurrence, le réseau des buralistes a été choisi pour accueillir les usagers souhaitant payer leurs factures en espèces.

Il est désormais possible de payer les factures de cantine, crèche, d'hôpital, amendes ou impôts dans les bureaux de tabac partenaires partout en France en espèces jusqu'à 300 € ou en carte bancaire sans limitation. Il n'est pas possible, en revanche, de payer par chèque.

Le décret n° 2019-1443 du 23 décembre 2019 est pris en application de l'article 201 de la loi n° 2018-1317 du 28 décembre 2018 de finances pour 2019, qui a autorisé l'État à confier à un ou plusieurs prestataires extérieurs certaines opérations en espèces ou en carte bancaire relevant de la compétence des comptables publics. Ce décret définit les modalités de mise en œuvre des opérations d'encaissement, d'approvisionnement et de dégagement en numéraire relevant de la compétence des comptables publics et confiées à un ou plusieurs prestataires externes.

1267 Monnaie locale. S'agissant des recettes, l'utilisation d'un titre de monnaie locale complémentaire au bénéfice des collectivités territoriales est autorisée, dans les conditions prévues par l'article 25 du décret du 7 novembre 2012 relatif à la gestion budgétaire et comptable publique, l'article 11 de l'arrêté du 24 décembre 2012, et l'article R. 1617-7 du CGCT.

La loi n° 2014-856 du 31 juillet 2014, relative à l'économie sociale et solidaire, a favorisé l'émergence des titres de monnaies locales complémentaires (TMLC), en reconnaissant leur statut, tout en soumettant leurs émetteurs aux règles applicables aux établissements de crédit ou aux établissements de paiement et aux établissements de monnaie électronique. Bien que le terme de monnaie locale soit couramment usité, il ne s'agit pas, en fait, d'une monnaie au sens juridique et littéral du terme mais d'un instrument de paiement (au même titre que les chèques emploi-service universel ou ceux émis par l'Agence nationale pour les chèques-vacances, par exemple).

Une collectivité peut, avec l'accord de ses créanciers (usagers, associations, etc.), avoir recours au dispositif du mandat civil pour offrir ce service en dépenses. Ce dispositif est d'ailleurs plébiscité par un certain nombre de collectivités, en ce qu'il permet notamment de s'affranchir du recours à un régisseur.

Son fonctionnement est simple : pour recevoir des paiements en TMLC, il faut que les usagers autorisent au préalable l'association gestionnaire de TMLC (à laquelle ils ont adhéré) à recevoir les fonds en leur nom. Une fois cet accord formalisé, le comptable public verse les fonds à l'association, qui se charge ensuite de les remettre à ses usagers.

1268 **Formalité préalable aux poursuites : la lettre de relance.** Les poursuites sont obligatoirement précédées de l'envoi d'une lettre de relance au débiteur.

Elle n'est pas un acte de poursuites mais un second avis mettant le débiteur en demeure de s'acquitter. Le comptable est tenu d'adresser la lettre de relance trente jours au moins avant la notification du premier acte de poursuites ; néanmoins le défaut d'envoi de la lettre de relance n'entraîne pas la nullité des poursuites ultérieures, à la condition cependant que le délai minimal de trente jours ait été respecté entre l'envoi du premier avis et la notification du premier acte de poursuites.

La lettre de relance est envoyée en pli simple et non signée. Cet acte de poursuites ne peut être contesté par voie d'opposition à poursuite. Par ailleurs, il ouvre un délai de trente jours avant tout acte de poursuites. Elle est exempte de frais.

Au-delà de trente jours, et à défaut de paiement, le comptable peut procéder à l'envoi d'une lettre de relance, demander une phase comminatoire par un huissier de justice et procéder à une opposition à tiers détenteur.

Réf.

- CGCT, art. L. 1617-5, 4° et 6°
- Instr. n° 11-022-M0, 16 déc. 2011

1269 **La mise en demeure.** L'envoi d'une mise en demeure de payer constitue une étape automatique de la chaîne automatisée des relances d'Hélios qui ne peut être exclue que par une action du comptable décidant soit de demander une phase comminatoire, soit d'engager une opposition à tiers détenteur.

La mise en demeure de payer informe à nouveau le redevable de sa défaillance mais en l'avertissant explicitement qu'un défaut prolongé de paiement l'expose à des mesures d'exécution forcée (CGCT, art. L. 1617-5, 4°). Elle présente des caractéristiques communes avec l'ancien commandement de payer mais elle en diffère sur deux points essentiels :
- elle n'est pas soumise à autorisation de poursuite par l'ordonnateur ;
- elle n'est jamais génératrice de frais à la charge du redevable.

1270 **La phase comminatoire.** « La phase comminatoire a pour objet d'inciter le redevable à s'acquitter de sa dette sous peine d'engagement d'une mesure d'exécution forcée par le comptable public ayant pris en charge la créance concernée.

Elle consiste pour l'huissier de justice :
- à mettre en œuvre les moyens qui lui paraissent utiles et nécessaires pour obtenir le recouvrement des créances qui lui sont confiées notamment par l'envoi de courriers ou messages de toute nature, par des relances téléphoniques, voire par des déplacements au domicile du débiteur ;
- à signaler au comptable les débiteurs en situation d'insolvabilité (carence précédemment constatée par l'huissier de justice à l'occasion du recouvrement d'autres créances prises en charge par les comptables de la DGFiP, etc.) ;
- à constater les situations de disparition du débiteur à l'adresse indiquée (retour du courrier non distribué, notamment au motif "pli non distribuable") ;
- à tenter d'obtenir la nouvelle adresse du redevable ainsi que toute information permettant de contribuer au recouvrement de la créance. Au cours de la phase comminatoire, l'huissier de justice n'établit pas de procès-verbal mais communique au comptable les informations qu'il a pu obtenir. »

La demande à un huissier de justice par le comptable d'une phase comminatoire reste une simple faculté et peut être demandée quelle que soit la nature de la mesure d'exécution forcée possible ultérieurement. Ainsi, d'un point de vue strictement juridique, la phase comminatoire peut être demandée dès lors que le titre de recette a été pris en charge et avant toute mesure d'exécution forcée. Elle n'est plus possible après une mesure d'exécution forcée.

1271 **Formalité préalable aux poursuites : l'autorisation de poursuites délivrée par l'ordonnateur.** L'article R. 1617-24 du CGCT indique que

« l'ordonnateur autorise l'exécution forcée des titres de recettes selon des modalités qu'il arrête après avoir recueilli l'avis du comptable ». Il convient de noter que le comptable peut envoyer une mise en demeure de payer sans autorisation préalable de l'ordonnateur car il ne s'agit pas d'une mesure d'exécution forcée. Le comptable soumet au visa de l'ordonnateur des états collectifs de redevables retardataires pour lesquels il convient de mettre en œuvre des mesures d'exécution forcée. S'agissant des produits locaux, ces mesures sont l'opposition à tiers détenteur et les différentes procédures civiles d'exécution.

Au regard de la demande d'autorisation des mesures d'exécution qui lui est présentée, l'ordonnateur peut adopter l'une des attitudes suivantes :
- viser ces états pour autorisation ;
- garder le silence, auquel cas, si cette situation se prolonge au-delà d'un mois, l'absence de réponse étant assimilée à un refus d'autorisation, le comptable sera fondé à présenter en non-valeur les créances pour le recouvrement desquelles il ne peut pas exercer de poursuites. Toutefois, le recours à cette procédure ne doit pas revêtir un caractère systématique, le comptable devant prendre le soin d'appeler l'attention de l'ordonnateur sur la situation et les conséquences de son silence ;
- refuser son autorisation en ce qui concerne l'ensemble ou certains seulement des redevables, et pour des motifs dont il est seul juge ; dans cette hypothèse, le refus est exprimé par écrit et décharge le comptable de toute responsabilité. Ce dernier présente immédiatement en non-valeur les créances concernées ;
- différer simplement l'exécution des mesures d'exécution, également par un ordre écrit qui décharge la responsabilité du comptable.

S'agissant de la vente des biens saisis dans le cadre d'une saisie-vente, celle-ci ne peut être engagée qu'après autorisation du DDFIP (LPF, art.*260 A-1).

En outre, en application de l'article L. 911-9, IV du Code de justice administrative (créance résultant d'un jugement), le représentant de l'État peut passer outre à un refus d'autorisation de l'ordonnateur dans le cas où l'état de recouvrement a été émis par ce dernier après mise en demeure. Le représentant de l'État peut également autoriser les mesures d'exécution forcée s'il s'est substitué à l'ordonnateur pour émettre l'état nécessaire au recouvrement. Pour mémoire, l'autorisation permanente et générale de poursuite accordée par un ordonnateur à son comptable a un caractère personnel (*intuitu personae*). Elle doit donc être renouvelée en cas de changement d'ordonnateur ou de son comptable.

1272 **Saisie administrative à tiers détenteur.** Les créances dont les comptables publics sont chargés du recouvrement peuvent faire l'objet d'une saisie administrative à tiers détenteur notifiée aux dépositaires, détenteurs ou débiteurs de sommes appartenant ou devant revenir aux redevables.

Dans le cas où elle porte sur plusieurs créances, de même nature ou de nature différente, une seule saisie peut être notifiée.

L'avis de saisie administrative à tiers détenteur est notifié au redevable et au tiers détenteur. L'exemplaire qui est notifié au redevable comprend, sous peine de nullité, les délais et voies de recours.

La saisie administrative à tiers détenteur emporte l'effet d'attribution immédiate prévu à l'article L. 211-2 du Code des procédures civiles d'exécution. Les articles L. 162-1 et L. 162-2 du même code sont applicables. Par dérogation au deuxième alinéa de l'article L. 162-1, lorsque le montant de la saisie administrative à tiers détenteur est inférieur à un montant fixé par décret, compris entre 500 et 3 000 €, les sommes laissées au compte ne sont indisponibles, pendant le délai prévu au même deuxième alinéa, qu'à concurrence du montant de la saisie.

La saisie administrative à tiers détenteur a pour effet d'affecter, dès sa réception, les fonds dont le versement est ainsi demandé au paiement des sommes dues par le redevable, quelle que soit la date à laquelle les créances même conditionnelles ou à terme que le redevable possède à l'encontre du tiers saisi deviennent effectivement exigibles.

Lorsque la saisie administrative à tiers détenteur porte sur un contrat d'assurance rachetable, elle entraîne le rachat forcé dudit contrat. Elle a pour effet d'affecter aux créanciers mentionnés au 1 la valeur de rachat du contrat d'assurance au jour de la notification de la saisie, dans la limite du montant de cette dernière.

Sous peine de se voir réclamer les sommes saisies majorées du taux d'intérêt légal, le tiers saisi, destinataire de la saisie administrative à tiers détenteur, est tenu de verser, aux lieu et place du redevable, dans les trente jours suivant la réception de la saisie, les fonds qu'il détient ou qu'il doit, à concurrence des sommes dues par ce dernier.

Pour les créances conditionnelles ou à terme, le tiers saisi est tenu de verser immédiatement les fonds lorsque ces créances deviennent exigibles.

Réf.
- L. n° 2017-1775, 28 déc. 2017, art. 73, V, mod. par L. n° 2018-1317, 28 déc. 2018, art. 204
- LPF, art. L. 262

1273 **Les débiteurs publics.** Lorsqu'il n'obtient pas le règlement d'une créance émise à l'encontre d'une collectivité locale ou d'un établissement public local, le comptable doit :
- adresser un rappel au débiteur ;
- si celui-ci n'est pas suivi d'effet, adresser au débiteur une mise en demeure par lettre recommandée avec avis de réception. Ce rappel et cette mise en demeure doivent faire expressément état de la possibilité

de recours à la procédure d'inscription ou de mandatement d'office prévue par les articles L. 1612-15 et L. 1612-16 du CGCT ;
- en cas d'échec de cette mise en demeure, saisir par écrit l'ordonnateur pour l'informer de l'échec du recouvrement amiable et lui indiquer qu'il envisage, sauf opposition écrite de sa part, de demander, soit à la chambre régionale des comptes, soit au préfet, la mise en œuvre de la procédure de l'inscription ou du mandatement d'office. Il va de soi que le comptable devra appuyer ses demandes, qu'il adressera sous couvert du DDFIP, de toutes pièces justifiant le recours à ces procédures et permettant leur mise en œuvre (Instr. CP n° 98-041-M0, 24 févr. 1998).

Ces dispositions ne sont pas applicables aux dépenses obligatoires résultant pour une collectivité publique d'une décision juridictionnelle passée en force de chose jugée. Ces opérations demeurent régies par la loi n° 80-539 du 16 juillet 1980 modifiée par la loi n° 2000-321 du 12 avril 2000 (Instr. CP n° 98-041-M0, 24 févr. 1998, ann. 10 et 11).

1274 Les conditions d'exercice. Lorsque deux personnes se trouvent débitrices l'une envers l'autre, il s'opère entre elles une compensation qui éteint les deux dettes (C. civ., art. 1289). La compensation s'opère de plein droit par la seule force de la loi, même à l'insu des débiteurs (C. civ., art. 1290). La compensation ne peut avoir lieu qu'entre deux dettes liquides et exigibles existant entre les mêmes parties et portant sur une somme d'argent ou des choses fongibles de la même espèce (sur ce dernier point, CE, 22 juin 1987, n° 69759, *Ville de Rambouillet* : compensation impossible entre une dette et une créance de nature juridique différente). Dans cette hypothèse, le recouvrement doit être poursuivi par voie de saisie-attribution entre les mains du receveur municipal. Toutefois, s'agissant des débiteurs de l'État qui sont créanciers des collectivités locales, les comptables doivent examiner avec compréhension les demandes de délais de paiement ou de remise de pénalités qui seraient formulées par ceux d'entre eux qui éprouveraient de réelles difficultés à s'acquitter de leurs obligations fiscales à l'échéance légale (Rép. min. n° 06973 : *JO Sénat*, 11 janv. 1990, p. 72).

Les conditions requises pour la compensation sont les suivantes :
- les créances doivent être réciproques (une créance communale et une créance d'impôt ne peuvent être compensées) ;
- les créances doivent être fongibles, liquides et exigibles ;
- les créances peuvent être connexes ; la notion de connexité permet de pallier les deux conditions de liquidité et d'exigibilité en matière de procédure collective. Ainsi sont compensables les dettes dont l'une est née avant le jugement non exigible et l'autre après.

À l'égard du débiteur privé, la compensation s'effectue à l'initiative du comptable public, qui est dans l'obligation de l'opposer lorsqu'elle est juridiquement possible.

1275 Les effets de la compensation. La compensation opère de plein droit sans qu'il soit besoin que l'autorité administrative compétente ait rendu exécutoire l'ordre de reversement (CE, 29 janv. 1988, n° 41928, *CREGUT*) ou ait autorisé les poursuites (Instr. CP n° 99-060-0-M2-M31, 28 mai 1999).

En vertu du principe d'insaisissabilité des deniers publics, une collectivité publique ne peut pas opposer la compensation à l'encontre d'une autre personne morale de droit public. Les parties conservent néanmoins la faculté de pratiquer la compensation par voie conventionnelle (Instr. CP n° 04-043-M0, 29 juill. 2004, § 441).

S'agissant des effets de la compensation à l'égard des tiers, l'article 1294, alinéa 1er du Code civil prévoit que la caution peut opposer au créancier la compensation de ce qu'il doit au débiteur principal.

Dès que la compensation a pu être constatée par le comptable (titre de recette et mandat de dépense pris en charge), toute mesure d'exécution forcée notifiée postérieurement entre les mains du comptable portant sur ces mêmes créances est inopérante à concurrence des sommes compensées.

En matière immobilière, le comptable qui a pris en charge le mandat correspondant au prix de vente de l'immeuble ne peut ni opposer la compensation avec le titre de recette émis par la collectivité pour la redevance, ni honorer une saisie-attribution qui lui serait notifiée par un tiers sur ce prix de vente, pour ne verser au notaire qu'un prix diminué des sommes compensées ou saisies-attribuées. En conséquence, tout créancier qui souhaite appréhender le prix d'acquisition d'un immeuble versé par un organisme public doit, pour être recevable, signifier une saisie-attribution directement entre les mains du notaire, seul compétent pour procéder à la purge selon l'ordre des créanciers.

1276 Procédure. L'admission en non-valeur est demandée par le comptable dès que la créance lui paraît irrécouvrable. La non-valeur n'éteint pas la créance vis-à-vis du débiteur. Elle relève de la compétence de l'assemblée délibérante.

Contrairement à la remise gracieuse, elle ne décharge pas le comptable, le juge des comptes pouvant estimer que des possibilités de recouvrement subsistent. Inversement, le refus de la collectivité d'admettre en non-valeur ne peut empêcher le juge des comptes de décharger la responsabilité du comptable.

À défaut de seuils de poursuite fixés au plan local, et pour les créances inférieures à 40 €, le motif d'irrécouvrabilité n'a pas à être porté sur l'état des créances présentées en non-valeur, mais les pièces devront être tenues à disposition de l'assemblée délibérante. Pour le juge des comptes :
- s'il existe un seuil de poursuite fixé au plan local, seule la décision fixant ces seuils doit être jointe au compte de gestion ;

- pour les créances inférieures à 40 €, le motif n'a pas à être annoté sur l'état de créances ;
- entre 40 et 160 €, seul le motif est annoté sur l'état de créances ;
- au-delà de 160 €, les pièces justifiant de l'irrécouvrabilité doivent être jointes au compte de gestion.

Dans tous les cas, les pièces doivent être conservées et tenues à disposition du juge des comptes (voir compte 654 pour les écritures comptables).

1277 **Règles de prescription relative à l'assiette des recettes non fiscales.** Les règles applicables sont celles de la prescription extinctive civile : les droits du créancier se perdent par l'inaction de leur titulaire pendant un certain laps de temps (C. civ., art. 2219 à 2254 ; L. n° 2008-561, 17 juin 2008 ; Instr. n° 11-022-M0, 16 déc. 2011).

Le Code civil détermine deux délais de prescription de droit commun en fonction de la nature des actions considérées. Le délai de prescription de droit commun des actions personnelles ou mobilières est fixé à cinq ans.

Les actions réelles immobilières obéissent à un délai de prescription de droit commun de trente ans.

L'émission d'un titre de recette par une collectivité territoriale ou un établissement public local relève en principe de la catégorie des actions personnelles ou mobilières puisqu'il s'agit d'assurer la reconnaissance ou la protection d'un droit personnel ou droit de créance dont la personne publique est titulaire.

L'action paulienne, qui a pour objet de faire révoquer les actes du débiteur portant préjudice au créancier et accomplis en fraude de ses droits, en ce qu'elle vise à protéger la créance du demandeur, présente un caractère personnel.

Les actions en répétition des salaires sont également soumises à une prescription quinquennale (C. trav., art. L. 3245-1).

Les produits et redevances du domaine public ou privé d'une personne publique mentionnés à l'article L. 1 du Code général de la propriété des personnes publiques se prescrivent par cinq ans, quel que soit leur mode de fixation (CGPPP, art. L. 2321-4). Toutefois, cette prescription commence à courir à compter de la date à laquelle les produits et redevances sont devenus exigibles.

Le Code civil ou d'autres textes prévoient des durées de prescription différentes selon les actions concernées :

1 – Prescription biennale :
- action en responsabilité contre un huissier pour non-conservation ou destruction des pièces qui lui ont été confiées (Ord. n° 45-2592, 2 nov. 1945, art. 2 *bis*) ;

- action des professionnels, pour les biens et services qu'ils fournissent aux consommateurs, étant admis que les entités publiques qui fournissent des biens ou des services à des usagers agissent en tant que professionnel (C. consom., art. L. 137-2).

2 – Prescription décennale :
- action en responsabilité dirigée contre les constructeurs désignés aux articles 1792 et 1792-1 du Code civil et leurs sous-traitants à compter de la réception des travaux (C. civ., art. 1792-4-3) ;
- action en recouvrement des jugements et autres titres exécutoires énumérés aux 1°, 2° et 3° de l'article 3 de la loi n° 91-650 du 9 juillet 1991.

3 – Prescription trentenaire :
- action en réparation des dommages causés à l'environnement par les installations, travaux, ouvrages et activités régis par le Code de l'environnement à compter du fait générateur du dommage (C. envir., art. L. 152-1).

1278 **Décompte du délai de prescription d'assiette.** S'agissant des recettes non fiscales, le délai de prescription d'assiette est celui au cours duquel le titre de perception doit obligatoirement être émis et rendu exécutoire. Ce délai court à compter du fait générateur jusqu'à l'émission du titre.

Le point de départ du délai de prescription est fixé par le Code civil au jour où le titulaire du droit a pris connaissance des faits (C. civ., art. 2224). La prescription ne court pas tant que le justiciable se trouve dans l'impossibilité d'agir : le délai de prescription est dans ce cas suspendu. La prescription est toutefois interrompue par la reconnaissance du débiteur, ou la demande en justice ou tout acte d'exécution forcé. La loi du 17 juin 2008 a instauré un délai butoir de vingt ans à compter de la naissance du droit (C. civ., art. 2232) : les événements ayant suspendu ou interrompu le cours de la prescription ne peuvent avoir pour effet de porter son délai au-delà de vingt ans.

1279 **Débiteurs publics – Prescription quadriennale de la loi du 31 décembre 1968.** L'article 1er de la loi du 31 décembre 1968 dispose que « sont prescrites au profit de l'État, des départements et des communes, sans préjudice des déchéances particulières édictées par la loi, et sous réserve des dispositions de la présente loi, toutes créances qui n'ont pas été payées dans un délai de quatre ans à partir du premier jour de l'année suivant celle au cours de laquelle les droits ont été acquis. Sont prescrites, dans le même délai et sous la même réserve, les créances sur les établissements publics dotés d'un comptable public. »

Il s'agit d'une prescription qui bénéficie aux collectivités publiques débitrices à l'encontre de leurs créanciers, publics ou privés (Instr. nos 69-099-B, 8 sept. 1969 et 99-066-B1-B2, 4 juin 1999).

Un créancier public d'une collectivité publique doit donc se préoccuper, pour réclamer son dû, non seulement des délais de prescription applicables en matière de recettes (prescription d'émission du titre par l'ordonnateur et prescription de l'action en recouvrement du comptable) mais également de celui existant au profit de son débiteur public.

Ainsi, si l'ordonnateur dispose, en droit, d'un délai supérieur à quatre ans pour émettre son titre, il est néanmoins tenu d'interrompre la prescription quadriennale de la loi du 31 décembre 1968 si le débiteur est public ; à défaut, son droit à réclamer le paiement de sa créance serait éteint sauf pour son débiteur à le relever de cette prescription dans les conditions fixées à l'article 6 de la loi de 1968.

1280 Règles de prescription relatives au recouvrement. En matière de prescription de créance où deux régimes juridiques coexistent, le régime applicable dépend de la nature, publique ou privé, de la créance. Le régime de droit public, consacré par la loi n° 68-1250 du 31 décembre 1968 relative à la prescription des créances sur l'État, les départements, les communes et les établissements publics prévoit une prescription quadriennale. En effet, la loi dispose que « sont prescrites, au profit de l'État, des départements et des communes, sans préjudice des déchéances particulières édictées par la loi, et sous réserve des dispositions de la présente loi, toutes créances qui n'ont pas été payées dans un délai de quatre ans à partir du premier jour de l'année suivant celle au cours de laquelle les droits ont été acquis. Sont prescrites, dans le même délai et sous la même réserve, les créances sur les établissements publics dotés d'un comptable public ». Le point de départ du délai de prescription est fixé au premier jour de l'année qui suit celle au cours de laquelle est intervenu l'acte juridique ou matériel qui donne naissance à la créance, sous réserve que le créancier ait pu avoir connaissance de sa créance.

L'article 2 de la loi précitée précise que la prescription est interrompue par toute demande de paiement ou toute réclamation écrite adressée par un créancier à l'autorité administrative, dès lors que la demande ou la réclamation a trait au fait générateur, à l'existence, au montant ou au paiement de la créance, alors même que l'administration saisie n'est pas celle qui aura finalement la charge du règlement. Ces créances doivent être certaines, liquides et exigibles.

L'action des comptables publics chargés de recouvrer les créances des régions, des départements, des communes et leurs établissements publics se prescrit par quatre ans à compter de la prise en charge du titre de recette (CGCT, art. L. 1617-5-3).

Les dispositions de la loi s'appliquent aux collectivités territoriales et aux établissements publics de santé (EPS). En revanche, elles ne s'appliquent pas aux d'associations syndicales autorisées (ASA) qui sont des établissements publics administratifs (EPA) soumis aux procédures de droit commun.

1281 Interruption des délais de prescription. Le délai est interrompu par tout acte comportant reconnaissance de dette (demande de délais, règlement partiel, etc.) et par tout acte interruptif de la prescription (acte de poursuites, recours juridictionnel notamment) (C. civ., art. 2244 ; L. n° 2008-561, 17 juin 2008). La prescription est interrompue par toute communication écrite de l'administration intéressée même si cette communication n'a pas été faite directement au créancier qui s'en prévaut dès lors que cette communication a trait au fait générateur, à l'existence, au montant ou au paiement de la créance (TA Nice, 28 janv. 2009, n° 0506631, *Commune Solliès-Toucas*).

L'interruption de la prescription anéantit la prescription déjà écoulée et fait courir un nouveau délai de quatre ans.

S'agissant des créances locales à recouvrer à l'encontre de débiteurs publics, le comptable doit veiller à interrompre la déchéance quadriennale (L. n° 68-1250, 31 déc. 1968) par tout moyen approprié, c'est-à-dire par l'envoi d'une mise en demeure par lettre recommandée avec accusé de réception (CAA Bordeaux, 20 nov. 2007, n° 05BX00103, *Commune de Brie-sous-Matha*). Toutefois, une simple lettre de rappel n'interrompt pas la prescription quadriennale si les instructions prévoient de saisir la direction générale (créances État), ou d'engager des procédures d'inscription et/ou de mandatement d'office.

Par ailleurs, le cours de la prescription est suspendu lorsque le créancier est empêché d'agir. Tel est le cas des créances locales à l'encontre des débiteurs en redressement ou liquidation judiciaires.

Le commandement interrompt la prescription de l'action en recouvrement (LFR n° 2009-431, 20 avr. 2009, art. 18) mais une relance sous pli simple ne l'interrompt pas.

▸ Sous-paragraphe 2 – Encaissements avant émission des titres de recettes

1282 Cette partie ne fait pas l'objet de commentaires.

▪ Paragraphe 2 – Paiements

▸ Sous-paragraphe 1 – Paiements après mandatement

1283 **Le paiement sans ordonnancement préalable : les dépenses concernées.** Ce sont les dépenses qui sont exécutées directement par le comptable et pour lesquelles un ordonnancement de régularisation interviendra *a posteriori*. Ces dépenses ont une traduction dans les comptes budgétaires de l'organisme.

L'article 3 de l'arrêté NOR:FCPE1430400A du 16 février 2015 définit les dépenses qui peuvent être exécutées sans mandatement préalable :

1° les dépenses payées par l'intermédiaire d'une régie d'avances : le régisseur paye les dépenses exhaustivement énumérées par l'acte constitutif de la régie et dans le respect de l'article R. 1617-11 du Code général des collectivités territoriales (CGCT). Ces dépenses font ensuite l'objet de l'émission par l'ordonnateur d'un mandat de régularisation au vu des pièces justificatives qui lui sont remises ;

2° l'arrêté reprend la liste des dépenses payées sans mandatement préalable telle qu'elle résultait des instructions en vigueur et qui font l'objet soit d'un débit d'office, soit d'un transfert comptable, soit d'un virement initié par le comptable :
- le remboursement d'emprunts,
- le remboursement de lignes de trésorerie,
- les abonnements et consommations de carburant ainsi que les péages autoroutiers,
- les abonnements et consommations d'eau,
- les abonnements et consommations d'électricité,
- les abonnements et consommations de gaz,
- les abonnements et consommations de téléphone fixe, de téléphone mobile, de télévision et d'Internet,
- les frais d'affranchissement postal et autres prestations de services relatives au courrier.

Par assimilation, l'arrêté ajoute les dépenses d'abonnements et de consommation de chauffage urbain. S'agissant des abonnements et consommations de téléphone fixe, de téléphone mobile, de télévision et d'internet, peuvent être assimilés à ce type de dépense certains services associés, tels que les abonnements et consommations de services informatiques en nuage (*cloud*) ;

3° l'arrêté étend cette liste à certaines prestations et aides, notamment payées *via* l'application Règlement magnétique Hopayra (RMH) :
- les prestations d'action sociale,
- les prestations au bénéfice des enfants scolarisés, des étudiants et apprentis,
- les prestations d'aide sociale et de secours,
- les aides au développement économique.

Enfin, l'arrêté étend cette procédure à toutes les dépenses qui peuvent être payées par prélèvement en permettant de s'affranchir de la procédure dite du mandat global qui soulevait de nombreuses difficultés et à laquelle il est mis fin.

Réf.
- Instr. « Section Gestion comptable publique » n° 20-0006, 14 août 2020, NOR:ECOE2021907J, « Dépenses des collectivités territoriales, de leurs établissements publics et des établissements publics de santé pouvant être payées sans ordonnancement, sans ordonnancement préalable ou avant service fait »

1284 Modalités de mise en œuvre du paiement sans ordonnancement préalable. Les modalités de mise en œuvre des dépenses exécutées sans mandatement préalable sont précisées aux articles 4 à 6 de l'arrêté de 2015. L'ordonnateur arrête la liste des dépenses qu'il souhaite voir payées sans ordonnancement préalable et communique cette décision à son comptable public pour exécution. Cette décision subsiste tant qu'elle n'est pas modifiée ou abrogée. Lorsque ces dépenses sans ordonnancement préalable sont réglées par prélèvement, cela nécessite en outre la signature d'une convention tripartite, en vertu de l'alinéa a) de l'article 2 de l'arrêté du 24 décembre 2012 portant application des articles 25, 26, 32, 34, 35, 39 et 43 du décret n° 2012-1246 du 7 novembre 2012.

1285 **L'ordonnancement de régularisation.** Le respect de la nature des dépenses couvertes par la procédure et les pièces justificatives obtenues doivent permettre au comptable de s'assurer que les opérations pourront être régularisées à brève échéance par l'émission d'un mandat dans un délai maximal de trente jours après paiement de la dépense considérée et avant la fin de l'exercice comptable auquel elle se rapporte.

1286 **Les dépenses pouvant être payées avant service fait.** Une dépense publique ne peut normalement intervenir avant l'échéance de la dette, l'exécution du service. C'est le principe du « paiement après service fait », prévu en particulier par l'article 33 du décret n° 2012-1246 du 7 novembre 2012 relatif à la gestion budgétaire et comptable publique (GBCP). Néanmoins, ce même article réserve au règlement la possibilité de fixer des exceptions à ce principe.

L'article 7 de l'arrêté du 17 février 2015 fixe la liste des dépenses qui peuvent être payées avant service fait sans préjudice des avances versées en application de dispositions légales ou réglementaires.

Avances pouvant être versées en application de dispositions légales et réglementaires : certains textes applicables aux organismes publics conduisent les collectivités territoriales à s'acquitter de leur dette avant leur échéance ou l'exécution du service auquel elle se rapporte. Il en est ainsi des avances : sur marchés, à un mandataire, sur frais de déplacements, frais de notaire, assurances, etc.

À ces avances s'ajoutent les dépenses payables avant « service fait » prévues par l'arrêté du 16 février 2015 :
- les abonnements à des revues et périodiques ;
- les achats d'ouvrages et de publications ;
- les fournitures d'accès à internet et abonnements téléphoniques ;
- les droits d'inscription à des colloques, formations et événements assimilés ;
- les acquisitions de logiciels ;
- les acquisitions de chèques-vacances, chèque-déjeuner et autres titres spéciaux de paiement ;
- les prestations de voyage ;
- les fournitures auprès de prestataires étrangers lorsque le contrat le prévoit ;

- les locations immobilières ;
- les fournitures d'eau, de gaz et d'électricité ;
- les contrats de maintenance de matériel ;
- ainsi qu'une dispense générale pour les achats effectués sur internet par l'intermédiaire d'une régie d'avances. L'article R. 1617-11 du Code général des collectivités territoriales prévoit que peuvent être payées par l'intermédiaire d'une régie « les dépenses de matériel et de fonctionnement non comprises dans un marché public passé selon une procédure formalisée et dans la limite d'un montant fixé par arrêté du ministre chargé du Budget » (2 000 € en application de l'A., 19 déc. 2005).

Enfin, dans le cadre de la loi ALUR, les acquisitions immobilières réalisées par préemption peuvent faire l'objet d'un paiement avant service fait.

1287 **Textes de références.** Les règles relatives au paiement figurent aux articles 33 à 42 du décret n° 2012-1246 du 7 novembre 2012 relatif à la gestion budgétaire et comptable publique, à l'arrêté du 24 décembre 2012 relatif aux moyens de paiement, à l'instruction NOR:BUDE1320991J du 22 juillet 2013 relative aux modalités de gestion des moyens de paiement et des activités bancaires du secteur public et au décret n° 2018-689 du 1er août 2018 relatif à l'obligation pour les administrations de mettre à disposition des usagers un service de paiement en ligne (NOR:CPAE1815650D).

1288 **Modes de paiement des dépenses.** Les dépenses communales sont obligatoirement réglées par virement de compte lorsque le montant du mandat excède 300 €. L'article 2 de l'arrêté du 24 décembre 2012 dispose que : « Les dépenses publiques sont réglées au moyen d'un virement bancaire », il prévoit toutefois qu'elles peuvent également être payées par carte de paiement : carte bancaire (établie au nom d'un agent comptable, d'un trésorier militaire ou d'un régisseur d'avances dans le respect de la réglementation applicable à ces derniers) ; carte d'achat (selon les modalités fixées par l'article 10 du présent arrêté) ; autres cartes de paiement sur autorisation préalable du directeur général des finances publiques.

Des paiements par « carte bancaire » peuvent aussi être réalisés par un régisseur d'avances (CGCT, art. R. 1617-11) pour des dépenses de matériel et de fonctionnement dans la limite de 2 000 €.

La carte « affaires », qui n'est pas une carte bancaire mais une « carte de paiement » délivrée sur autorisation préalable du directeur général des finances publiques. Elle est délivrée par une banque privée et après signature d'un contrat de services bancaires entre la collectivité et la banque émettrice de la carte affaires, cette carte est émise au nom de l'élu et est adossée à son compte bancaire personnel. Cette carte lui permet ensuite de se faire rembourser les frais engagés avant que son compte ne soit prélevé des opérations effectuées au moyen de la carte. Depuis 2016, le recours à la carte affaires a été simplifié car elle peut être utilisée sans institution préalable d'une régie. Avec cette carte spécifique, les élus peuvent s'acquitter de dépenses professionnelles comme les frais de mission, de déplacement ou de représentation (dans la limite des seuils fixés par la réglementation applicable) et seulement pour ce type de dépenses.

1289 **Caractère libératoire du règlement.** Il n'est pas possible de payer des mandats, aux lieux et place des créanciers véritables, sans que des procurations régulières aient été établies. Un paiement ne peut être effectué qu'aux véritables créanciers justifiant de leurs droits. Si ce n'était pas le cas, de tels paiements n'auraient, en comptabilité, aucune valeur libératoire et ne pourraient décharger la responsabilité du comptable (D. n° 2012-1246, 7 nov. 2012, préc., art. 36).

Le paiement doit être fait au créancier, ou à quelqu'un ayant pouvoir de lui, ou qui soit autorisé par justice ou par la loi à recevoir pour lui. Le paiement fait à celui qui n'aurait pas pouvoir de recevoir pour le créancier est valable si celui-ci le ratifie ou s'il en a profité (C. civ., art. 1239).

Pour les dépenses réglées par virement bancaire, le comptable doit s'assurer que la somme est portée sur le bon compte. Il doit être en possession d'une facture, d'un mémoire, d'un contrat ou de toute pièce justificative de dépense faisant apparaître la domiciliation bancaire du créancier. La plupart du temps, la facture mentionne les coordonnées bancaires. Dans le cas contraire, un relevé d'identité bancaire (RIB) doit être fourni au comptable. Dans le cas de mandatements successifs, le RIB est produit à l'appui du premier mandat (rub. 041 de la liste des pièces justificatives).

1290 **Paiement indu.** Selon l'article 40 du décret n° 2012-1246 du 7 novembre 2012, lorsque le comptable public constate qu'un paiement n'était pas dû en totalité ou partie, il peut exercer directement une action en répétition de l'indu à l'encontre du débiteur dans les conditions prévues par les articles 1376 à 1381 du Code civil. Il peut également en informer l'ordonnateur en vue de l'engagement par ce dernier d'une procédure visant au recouvrement de la créance.

1291 **Paiement par consignation.** Selon les articles 35 et 39 du décret n° 2012-1246 du 7 novembre 2012, le comptable ne peut procéder à des paiements par voie de consignation, sauf en application des dispositions de l'article 39 du décret et en matière d'expropriation pour cause d'utilité publique s'il existe des obstacles au paiement. L'article 39 prévoit que, lorsqu'un créancier refuse de recevoir le paiement, la procédure d'offres réelles prévue par les articles 1257 à 1264 du Code civil s'applique.

1292 **Paiement aux héritiers et indivisaires.** Le seuil en dessous duquel un certificat d'hérédité délivré par le maire de la commune de résidence du défunt (ou de la commune de résidence des héritiers) peut suffire à justifier la qualité héréditaire est fixé à 5 300 €. Le maire n'est pas tenu de délivrer un tel document. Il lui appartient d'apprécier souverainement dans chaque cas d'espèce s'il dispose des éléments d'informations suffisants pour établir ce document qui engage sa responsabilité (Circ. Budget, 30 mars 1989, relative à la simplification de la réglementation du paiement des dépenses publiques, NOR:BUDR8904017C). En cas de refus de sa part, l'héritier doit s'adresser au notaire (Rép. min. n° 40479 : *JOAN*, 7 oct. 1991). Le certificat d'hérédité est délivré sans frais.

Si le paiement excède 5 300 €, le comptable doit exiger l'un des modes de preuve admis par le Code civil :
- le certificat de propriété est délivré par les notaires, les greffiers des tribunaux de grande instance ou des cours d'appel et les juges d'instance ;
- l'acte de notoriété est dressé par un juge ou un notaire sur la déclaration de deux témoins ;
- l'intitulé d'inventaire est délivré par le notaire (préambule d'inventaire) ;
- le jugement d'envoi en possession permet de justifier de la qualité d'ayant cause universel, de faire inventaire et d'obtenir le paiement des créances.

1293 **Paiement par l'intermédiaire des avocats.** L'avocat remplit les obligations de son mandat sans nouveau pouvoir jusqu'à l'exécution du jugement, pourvu que celle-ci soit entreprise moins d'un an après que le jugement est passé en force de chose jugée (nouveau CPC, art. 420). Ces dispositions ne font pas obstacle au paiement direct à la partie de ce qui lui est dû.

C'est sans limitation de montant que les sommes dues pourront être versées aux avocats dans le délai d'un an précité (Instr. CP n° 89-41-B2-M0, 3 avr. 1989). Toutefois, une procuration sous seing privé et signée du créancier devra être produite au comptable. Les sommes seront versées au compte « Caisse des dépôts et consignations », ouvert au nom de la Caisse autonome de règlement pécuniaire des avocats (CARPA) créé par le barreau auquel cet avocat est inscrit, dans les écritures du comptable du Trésor en résidence de cette CARPA.

1294 **Paiement aux incapables mineurs.** Avant tout paiement au profit d'un mineur, le comptable doit exiger la production d'une fiche d'état civil pour connaître le régime d'administration des biens du mineur. Dans l'administration légale pure et simple, chacun des parents peut donner seul l'acquit pour la perception de capitaux au nom du mineur. Dans l'administration légale sous contrôle judiciaire, le parent qui exerce l'autorité parentale peut, sans l'accord du juge des tutelles, donner seul l'acquit pour la perception de capitaux au nom du mineur. Sous le régime de tutelle, le tuteur ne peut donner quittance des capitaux qu'il reçoit pour le compte du mineur sans le contreseing du subrogé tuteur (Instr. CP n° 89-41-B2-M0, 3 avr. 1989, préc.).

1295 **Paiement aux incapables majeurs.** Les majeurs sous tutelle ne peuvent accomplir seuls les actes courants de la vie civile. Les majeurs en curatelle ne peuvent, sans l'accord de leur curateur, recevoir des capitaux. Les majeurs sous sauvegarde de justice conservent le libre exercice de leurs droits. Dans tous les cas, le comptable doit exiger la production d'une fiche d'état civil ainsi que, le cas échéant, du jugement ouvrant ou modifiant la mise en œuvre de la protection du majeur.

1296 **Pièces justificatives[1] communes pour l'acquit libératoire du créancier :**

1 – Justification de l'identité :

- présentation d'une pièce d'identité ou d'une photocopie lisible[2] : par exemple, carte nationale d'identité, passeport, carte d'ancien combattant, carte d'invalide de guerre, carte d'invalide civil. La production de l'original peut être demandée conformément aux dispositions du décret n° 2000-1277 du 26 décembre 2000 ;
- à défaut, constat de la réalité du paiement dans les conditions du droit commun : preuve testimoniale ou quittance notariée[3]. La preuve testimoniale est admise pour les paiements ne dépassant pas 800 €. Au-delà, une quittance notariée est nécessaire.

2 – Justification de l'état civil :

- présentation du livret de famille ou copie du livret de famille ou production d'un extrait de l'acte d'enregistrement de la convention effectué auprès du greffe du tribunal d'instance (PACS) ou certificat sur l'honneur de l'intéressé justifiant la non-séparation de corps ;
- justification du domicile et de résidence ;
- justification par tous moyens y compris une déclaration sur l'honneur.

3 – Justification du domicile et de résidence :

- justification par tous moyens y compris une déclaration sur l'honneur.

Réf.

– D. n° 2022-505, 23 mars 2022, §02

1. Ces pièces sont à fournir par le bénéficiaire du paiement et non par l'ordonnateur et ne concernent que les règlements de mémoires en numéraire.
2. Par exemple, carte nationale d'identité, passeport, carte d'ancien combattant, carte d'invalide de guerre, carte d'invalide civil. La production de l'original peut être demandée conformément aux dispositions de l'article R. 113-6 du Code des relations entre le public et l'administration.
3. La preuve testimoniale est admise pour les paiements ne dépassant pas 1 500 €. Au-delà, une quittance notariée est nécessaire.

1297 **Pièces justificatives – Paiement à des créanciers ne sachant ou ne pouvant pas signer.**

1 – Lorsque la somme est inférieure à un montant fixé par décret[1] : déclaration établie par le comptable, sur le titre de paiement, indiquant que le créancier ne sait ou ne peut signer. Cette déclaration désigne deux témoins. Elle est signée par ces derniers et le comptable.

2 – Le cas échéant : quittance ou procuration notariée.

Réf.
– D. nº 2022-505, 23 mars 2022, §022

1. La preuve testimoniale est admise dans certains cas, quel que soit le montant de la dépense et notamment pour le paiement de secours à titre gratuit, des indemnités de dépossession de terrain pour cause d'utilité publique.

1298 Pièces justificatives – Paiement à des mandataires :

- de droit commun : mandat sous seing privé ou acte passé devant notaire ;
- avocat : mandat sous seing privé ou authentique justifiant des pouvoirs de l'avocat[1], ou jugement attestant de la qualité de représentant[2], et relevé d'identité bancaire du compte ouvert au nom de la CARPA créée par le Barreau auquel cet avocat est inscrit ;
- notaire : attestation du notaire[3].

Réf.
– D. nº 2022-505, 23 mars 2022, § 023

1. Au-delà du délai d'un an après que le jugement est passé en force de chose jugée.
2. CPC, art. 420 ; RIB du compte ouvert au nom de la CARPA créée par le Barreau auquel cet avocat est inscrit.
3. Cette attestation précise quel est le notaire chargé de la succession ou quel est le notaire de la personne qui doit recevoir les fonds.

1299 Pièces justificatives – Paiement aux ayants droit des créanciers décédés[1] :

1 – Pièce commune : acte de décès ou copie du livret de famille ou production d'un extrait de l'acte d'enregistrement de la convention effectué auprès du greffe du tribunal d'instance ou certificat sur l'honneur de l'intéressé.

2 – Pièces particulières

a) héritiers : certificat d'hérédité délivré par le maire de la commune de résidence du défunt ou certificat de propriété ou acte de notoriété ou intitulé d'inventaire ou jugement d'envoi en possession ou une attestation sur l'honneur de la qualité de l'héritier accompagnée d'une pièce justifiant du lien de parenté lorsque le montant de la dépense est inférieur ou égal à 1 000 €.

b) légataires :

1. Universel :

- expédition du testament ;
- en cas d'héritiers réservataires : preuve par tous les moyens de la délivrance du legs[2] ;
- en l'absence d'héritiers réservataires : un acte de notoriété établissant l'absence d'héritiers réservataires ou une copie conforme de l'ordonnance d'envoi en possession délivrée par le greffe du tribunal[3].

2. À titre universel ou à titre particulier :
- expédition du testament ;
- preuve de la délivrance du legs par les héritiers (réservataires ou non) ou par le légataire universel.

c) donataires :
- copie délivrée par le notaire du contrat de donation (avec mention expresse de l'acceptation du donataire) ou copie délivrée par le maire de l'offre de donation et de l'acceptation.

d) exécuteur testamentaire :
- expédition du testament ;
- le cas échéant, expédition de l'ordonnance d'envoi en possession ;
- acte de notoriété établissant l'absence d'héritiers réservataires ou pièce attestant de leur consentement.

e) paiement à un porte-fort :
- attestation de porte-fort[4] ;
- le porte-fort doit prouver sa qualité héréditaire et celle de ses cohéritiers dans les conditions de droit commun.

Réf.
- D. nº 2022-505, 23 mars 2022, §024

1. Le paiement des prorata de traitements et d'arrérages de pensions dus au décès peut, à moins d'opposition de la part des héritiers légataires ou créanciers, être effectué entre les mains du conjoint survivant sur présentation ou copie du livret de famille, et d'une déclaration sur l'honneur attestant qu'aucun jugement de séparation de corps n'est intervenu.

2. En cas de concours avec des héritiers réservataires, le légataire universel doit satisfaire à la formalité de la demande en délivrance.

3. En l'absence d'héritiers réservataires, si le testament est olographe ou mystique, le légataire universel sera tenu de se faire envoyer en possession.

4. Le ministre des Finances fixe les conditions et limites dans lesquelles un notaire ou un héritier se portant fort pour ses cohéritiers peut être habilité à recevoir les sommes dues aux héritiers d'un créancier.

1300 Pièces justificatives – Paiement des sommes dépendant de successions non réclamées vacantes ou en déshérence :

1 – Successions non réclamées : copie de l'ordonnance du président du TGI du lieu d'ouverture de la succession désignant un administrateur provisoire.

2 – Successions vacantes : copie du jugement du TGI du lieu d'ouverture de la succession déclarant la vacance et désignant un curateur (le service des domaines).

3 – Successions en déshérence : copie de l'ordonnance d'envoi en possession définitive délivrée par le greffe du tribunal.

4 – Paiement des sommes dues à des créanciers absents : jugement de présomption d'absence, ou jugement déclaratif d'absence.

Réf.
- D. nº 2022-505, 23 mars 2022, §025

1301 Pièces justificatives – Paiement à des mineurs ou à des incapables majeurs :

1 – Mineur

a) sous le régime de l'administration légale pure et simple ou sous contrôle judiciaire :
- pièce justifiant la qualité du représentant du mineur ;
- le cas échéant, ordonnance du juge des tutelles autorisant le paiement des sommes entrant dans le patrimoine successoral ;
- en cas de paiement direct entre les mains du mineur : autorisation expresse du représentant légal (ou tuteur), ou clause du contrat signé par le représentant, stipulant le paiement direct entre les mains du mineur.

b) mineur adopté :
- jugement d'adoption ;
- certification sur l'honneur que les parents adoptifs ne sont ni divorcés ni séparés, ou que l'un d'eux n'est pas décédé ;
- le cas échéant, ordonnance du juge des tutelles autorisant le paiement des sommes entrant dans le patrimoine successoral ;
- en cas de paiement direct entre les mains du mineur : autorisation expresse du représentant légal (ou tuteur), ou clause du contrat signé par le représentant, stipulant le paiement direct entre les mains du mineur.

c) mineur sous tutelle :
- le cas échéant, expédition du testament ou de la déclaration devant notaire contenant la nomination du tuteur testamentaire ;
- le cas échéant, extrait ou expédition de la délibération du conseil de famille qui a nommé le tuteur datif ;
- le cas échéant, extrait ou expédition du jugement ou de la décision qui a organisé la tutelle spéciale ;
- autorisation du subrogé tuteur ;
- le cas échéant, autorisation du conseil de famille ;
- et/ou autorisation du juge des tutelles ;
- en cas de paiement direct entre les mains du mineur : autorisation expresse du représentant légal (ou tuteur), ou clause du contrat signé par le représentant, stipulant le paiement direct entre les mains du mineur.

d) mineur émancipé :
- copie du livret de famille ou extrait de l'acte de mariage, ou copie de l'acte de mariage ou certificat sur l'honneur de l'intéressé, ou expédition du jugement qui a prononcé l'émancipation, ou déclaration des parents ou du conseil de famille reçue par le juge des tutelles.

e) mineurs étrangers isolés :
- déclaration établie et signée par deux témoins que le mineur est sans représentant légal et peut recevoir les sommes directement.

2 – Incapable majeur

a) majeur sous curatelle :
- jugement portant ouverture de la curatelle et désignant le curateur avec indication de ses pouvoirs d'assistance ou de représentation ;
- certificat de non-recours contre le jugement à moins que l'exécution provisoire n'ait été ordonnée ;
- le cas échéant, acquit du curateur ou autorisation supplétive du juge des tutelles.

b) majeur en tutelle :
- jugement portant ouverture de la tutelle et désignant, le cas échéant, le représentant légal ;
- certificat de non-recours contre le jugement à moins que l'exécution provisoire n'ait été ordonnée ;
- le cas échéant, délibération du conseil de famille qui a désigné le tuteur ;
- le cas échéant, autorisation du conseil de famille ou/et autorisation du juge des tutelles.

Réf.
- D. n° 2022-505, 23 mars 2022, § 027

1302 Pièces justificatives – Paiement des sommes dues à des personnes morales[1] :

1 – Sociétés commerciales : extrait des statuts délivrés par le greffe du tribunal de commerce ou extrait de l'acte de société délivré par un notaire ou extrait du journal d'annonces légales qui a publié les statuts de la société ;

2 – Associations :
- copie des statuts, à défaut numéro de SIRET ;
- référence de la publication au *JO*.

Réf.
- D. n° 2022-505, 23 mars 2022, § 028

1. À défaut des mentions du registre du commerce et des sociétés sur la facture ou le mémoire. Le paiement par virement à un compte ouvert au nom de la personne morale dispense celle-ci de produire les pièces justificatives. Le paiement à des groupements de fait (associations ou sociétés) se traduit soit par un paiement à un mandataire, soit nécessite l'acquit de tous les associés.

1303 Pièces justificatives – Paiement des sommes dues à des personnes morales faisant l'objet d'une procédure collective :

1 – Créanciers en redressement judiciaire

a) créanciers ayant fait l'objet d'un jugement d'ouverture de redressement judiciaire :
- copie du jugement d'ouverture désignant, le cas échéant, l'administrateur et définissant sa mission ;

- ou extrait du registre du commerce et des sociétés portant inscription du jugement, ou exemplaire du journal d'annonces légales (ex. : BODACC) portant avis de l'ouverture d'une procédure de redressement.

b) créanciers ayant fait l'objet d'un jugement arrêtant un plan de redressement :
- copie du jugement indiquant l'adoption du plan de redressement ou exemplaire du journal d'annonces légales portant publication de ce jugement ;
- ou exemplaire du registre du commerce et des sociétés portant inscription du jugement.

c) créanciers ayant fait l'objet d'un jugement arrêtant le plan de cession de l'entreprise :
- copie du jugement indiquant l'adoption du plan de cession et la désignation du commissaire à l'exécution du plan et, le cas échéant, de l'administrateur judiciaire ou exemplaire du journal d'annonces légales portant publication du jugement ;
- ou exemplaire du registre du commerce et des sociétés portant inscription du jugement.

2 – Créanciers en cours de liquidation judiciaire

a) dispositions communes aux créanciers en liquidation judiciaire : exemplaire du journal d'annonces légales ayant publié les statuts de la société, statuts qui ont déterminé les conditions dans lesquelles la liquidation devra être effectuée.

b) liquidation amiable :
- extrait des statuts délivrés par le greffe du tribunal de commerce, ou extrait de l'acte de société délivré par un notaire, ou exemplaire du journal d'annonces légales ayant publié la décision prononçant la liquidation amiable de ladite société et la nomination du liquidateur ;
- lettre dans laquelle ce dernier demande le paiement des sommes revenant à la société créancière.

c) liquidation sur décision de justice : copie du jugement du tribunal ordonnant la liquidation de la société et nommant le liquidateur, ou exemplaire du journal d'annonces légales portant publication de ce jugement, indiquant, s'il y a lieu, le maintien en fonction de l'administrateur.

Réf.
- D. n° 2022-505, 23 mars 2022, §029

1304 Pièces justificatives – Paiement des créances non salariales frappées d'opposition :

1 – Saisie attribution :
- acte de signification de l'opposition énonçant le titre exécutoire en vertu duquel l'opposition est pratiquée, la qualité du comptable assignataire, du saisi, du saisissant, la somme pour laquelle est pratiquée l'opposition et la désignation de la créance saisie ;

- certificat de non-contestation (délivré par le greffe ou établi par la banque ou par l'huissier qui a procédé à la saisie) ou déclaration du débiteur autorisant le tiers saisi à payer sans délai la créance objet de la saisie.

2 – Cession ferme ou nantissement

a) paiement à un établissement de crédit cessionnaire ou bénéficiaire d'un nantissement :
- notification de la cession ou du nantissement par lettre recommandée avec AR ou tout autre moyen permettant de donner date certaine ;
- le cas échéant, notification de la transmission du bordereau par le bénéficiaire de la transmission par lettre recommandée avec AR ou tout autre moyen permettant de donner date certaine (le bordereau de cession ou de nantissement n'a pas à être produit au comptable assignataire).

b) paiement à un cessionnaire ou un bénéficiaire de nantissement de droit commun :
- exemplaire original de signification de la cession (ou du nantissement) énonçant la qualité du comptable assignataire du cédant (ou du créancier à l'initiative du nantissement), du cessionnaire (ou du bénéficiaire du nantissement) et désignant la créance cédée (ou nantie) ;
- original de l'acte de cession.

c) paiement au cédant (ou au créancier à l'initiative du nantissement) :
- mainlevée de la cession (ou du nantissement) donnée par l'établissement de crédit par lettre recommandée avec demande d'AR ou par tout autre moyen permettant de donner date certaine ou pour une cession ou un nantissement de droit commun, attestation de désistement définitif délivrée par le cessionnaire (ou le bénéficiaire du nantissement) de droit commun par lettre recommandée avec demande d'AR ou par tout autre moyen permettant de donner date certaine ;
- avis à tiers détenteur ou opposition à tiers détenteur : avis reçu, le cas échéant, par lettre recommandée, avec demande d'avis de réception.

3 – Saisie à tiers détenteur (SATD) : avis reçu, le cas échéant, par lettre recommandée, avec demande d'avis de réception.

Réf.
– D. n° 2022-505, 23 mars 2022, §031

1305 Pièces justificatives – Paiement des créances salariales frappées d'opposition :

1 – Cession, saisie des rémunérations

a) cession : notification de l'acte de cession par le secrétariat-greffe du tribunal.

b) saisie des rémunérations : notification de l'acte de saisie établi par le secrétariat-greffe du tribunal énonçant la qualité du saisi, du saisissant, la somme pour laquelle est pratiquée la saisie, le mode de calcul de la fraction saisissable et la désignation de la créance saisie.

2 – Oppositions pratiquées en vertu des créances alimentaires :
- demande de paiement direct formulée par un huissier de justice sous forme de lettre recommandée avec demande d'avis de réception ;
- domiciliation bancaire.

3 – Avis ou opposition à tiers détenteur : avis reçu, le cas échéant, par lettre recommandée avec demande d'avis de réception.

4 – Saisie à tiers détenteur (SATD) : avis reçu, le cas échéant, par lettre recommandée, avec demande d'avis de réception.

Réf.
- D. n° 2022-505, 23 mars 2022, § 032

1306 **Pièces justificatives – Paiement par virement.** Le RIB doit être produit en l'absence de la mention des coordonnées bancaires sur la pièce justificative de la dépense qui fait foi ; cette pièce ne peut qu'émaner du créancier qu'elle soit délivrée ou signée par celui-ci.

Réf.
- D. n° 2022-505, 23 mars 2022, § 041

1307 **Pièces justificatives – Paiement consécutif à une autorisation de prélèvement :**
- l'autorisation de prélèvement visée par l'ordonnateur (à produire seulement lors du premier paiement) ;
- facture ou relevé de consommation (premier paiement et prélèvements suivants).

Réf.
- D. n° 2022-505, 23 mars 2022, §042

1308 **Pièces justificatives – Marché d'émission de cartes d'achat :**

1 – Premier paiement :
- marché d'émission de la carte d'achat ;
- le cas échéant, copie du marché exécuté par carte d'achat ;
- le cas échéant, annexes du contrat ayant des incidences financières ;
- relevé d'opérations relatif à la créance à payer à l'émetteur ;
- le cas échéant, toutes pièces justificatives définies dans les documents contractuels ;
- le cas échéant, facture de la prestation d'émission de cartes d'achat.

2 – Autres paiements par carte d'achat :
- relevés d'opérations par carte d'achat détaillant la créance à payer à l'émetteur ;
- le cas échéant, facture de la prestation d'émission de cartes d'achat.

Réf.
- D. n° 2022-505, 23 mars 2022, § 4185

1309 Pièces justificatives – Paiement des sommes dues à des créanciers étrangers :

1 – Version française des pièces ou, le cas échéant, traduction des pièces rédigées en langue étrangère par la collectivité ou l'établissement public local.

2 – Dans l'hypothèse d'une facture émise par le représentant fiscal ou le mandataire d'un créancier étranger, copie de la convention, traduite en français le cas échéant, passée entre l'entreprise étrangère et le représentant fiscal (ou le mandataire) précisant l'étendue de la délégation accordée.

Réf.
– D. nº 2022-505, 23 mars 2022, § 05

1310 Pièces justificatives – Relevé de prescription :
- décision de l'assemblée délibérante de ne pas opposer la prescription ou copie de l'acte interruptif de prescription.

Réf.
– D. nº 2022-505, 23 mars 2022, §06

1311 Pièces justificatives – Paiement à un transporteur routier ou à un voiturier titulaire d'une lettre de voiture :
- lettre de voiture ou tout élément susceptible de constater l'existence d'un contrat de transport ;
- mise en demeure de la collectivité ou de l'EPL par le transporteur ou le voiturier.

Réf.
– D. nº 2022-505, 23 mars 2022, §07

1312 Pièce justificative – Consignation de fonds. Convention ou décision de justice passée en force de chose jugée[1] ou, le cas échéant, décision de consignation de l'ordonnateur.

Réf.
– D. nº 2022-505, 23 mars 2022, §101

1. Seule l'acceptation par le créancier de la consignation a les effets d'un paiement. Dans le cas contraire, la consignation tient lieu de paiement pour le débiteur, mais elle ne constitue pas un paiement pour le créancier qui n'a pas été satisfait.

1313 Pièce justificative – Paiement sur décisions de justice. Décisions de justice rendues par des juridictions administratives ou civiles :

1 – Copie de la décision de justice[1] exécutoire[2] ou le cas échéant, décision d'abandon de l'instance ou transaction.

2 – Le cas échéant, décompte portant référence à la décision de justice.

Réf.
– D. n° 2022-505, 23 mars 2022, §15

1. Y compris les décisions non contentieuses telles les provisions destinées aux commissaires enquêteurs dans le cadre de l'ouverture d'une enquête publique (C. envir., art. R. 123-27). Dans le cas où la décision de justice administrative (revêtue de la formule exécutoire) ne ferait pas apparaître la mention du greffier relative à la certification conforme, seul l'accusé de réception émanant de la juridiction dans le cadre de la procédure Télérecours permet de suppléer valablement cette carence. Dans ce cas, cette décision devra obligatoirement être accompagnée de cet accusé de réception.

2. Décision exécutoire dès sa notification s'agissant d'une décision rendue par une juridiction administrative ou exécutoire à partir du moment où elle est passée en force de chose jugée s'agissant d'une décision rendue par une juridiction judiciaire.

▸ Sous-paragraphe 2 – Paiements avant mandatement

1314 **Dépenses obligatoires.** Ne sont obligatoires pour les communes que les dépenses nécessaires à l'acquittement des dettes exigibles et les dépenses pour lesquelles la loi l'a expressément décidé (Instr. CP n° 82-217-SPE-M0, 29 déc. 1982). Le Code général des collectivités territoriales donne dans son article L. 2321-2 une liste non exhaustive.

Une dépense dont le principe ou le montant est sérieusement contestable ne peut être considérée comme obligatoire au sens de l'article L. 1612-16 du Code général des collectivités territoriales. En conséquence, le préfet ne peut utiliser la procédure de mandatement d'office visée à cet article à l'encontre de la commune (CE, 27 juill. 2005, n° 248111, *Saint-Amand-les-Eaux*).

1315 **Procédure d'inscription et mandatement d'office d'une dépense obligatoire.** La chambre régionale des comptes saisie, soit par le représentant de l'État dans le département, soit par le comptable public concerné, soit par toute personne y ayant intérêt, constate qu'une dépense obligatoire n'a pas été inscrite au budget ou l'a été pour une somme insuffisante. Elle opère cette constatation dans le délai d'un mois à partir de sa saisine et adresse une mise en demeure à la collectivité considérée.

À défaut de mandatement d'une dépense obligatoire par le maire, dans le mois suivant (deux mois si la dépense est égale ou supérieure à 5 % de la section de fonctionnement du budget primitif) la mise en demeure qui lui en a été faite par le représentant de l'État dans le département, celui-ci y procède d'office.

Si, dans un délai d'un mois, cette mise en demeure n'est pas suivie d'effet, la chambre régionale des comptes demande au représentant de l'État d'inscrire cette dépense au budget et propose, s'il y a lieu, la création de ressources ou la diminution de dépenses facultatives destinées à couvrir la dépense obligatoire. Le représentant de l'État dans le département règle et rend exécutoire le budget rectifié en conséquence. S'il s'écarte des propositions formulées par la chambre régionale des comptes, il assortit sa décision d'une motivation explicite.

Les dépenses obligatoires résultant d'une décision juridictionnelle passée en la force de chose jugée permettent au préfet de faire procéder directement tant à l'inscription qu'au mandatement (CGCT, art. L. 1612-17).

Si le représentant de l'État s'abstient de faire usage des prérogatives qui lui sont conférées en matière de mandatement d'office, le créancier de la collectivité territoriale est en droit de se retourner contre l'État en cas de faute lourde commise dans l'exercice de ce pouvoir.

Réf.
- CGCT, art. L. 1612-15, L. 1612-16 et L. 1612-17
- CAA Douai, 1re ch., 13 juill. 2017, nº 15DA02080

Sous-section 3 – Opérations particulières

1316 **Contrôle des réductions et annulations de titres.** Le comptable doit vérifier que le titre de réduction ou d'annulation est motivé soit par une erreur matérielle, soit par une annulation résultant d'un contentieux relatif au bien-fondé de la créance.

Le juge des comptes reste seul compétent pour apprécier la réalité de l'erreur invoquée par l'administration, quelle que soit la nature de l'acte administratif sur lequel le titre est fondé (notamment une délibération, C. comptes, 16 déc. 1999, *CCAS de Saint-Jean-Cap-Ferrat*).

Les réductions ou annulations concernant un titre de l'année en cours sont inscrites en réduction de l'article mouvementé dans la comptabilité budgétaire. Dans la comptabilité générale, si le titre a été recouvré, c'est le compte 466 qui est mouvementé ; dans le cas contraire, il convient de créditer les comptes de tiers débités lors de la prise en charge.

Les réductions ou annulations de titres d'années antérieures font l'objet de l'émission d'un mandat. Elles sont comptabilisées au crédit du compte 466 si le titre a été recouvré ou du compte où le titre figure en reste par soit le débit du compte 673 s'il s'agit d'une opération de la section de fonctionnement, soit le débit du compte d'origine s'il s'agit d'une opération d'investissement.

▪ Paragraphe 1 – Réductions et annulations de titres de recettes

1317 Cette partie ne fait pas l'objet de commentaires.

▪ Paragraphe 2 – Réductions et annulations de mandats

1318 Cette partie ne fait pas l'objet de commentaires.

Sous-section 4 – Rectification d'écritures

1319 Cette partie ne fait pas l'objet de commentaires.

SECTION 5

Comptabilité des valeurs inactives

1320 Cette partie ne fait pas l'objet de commentaires.

SECTION 6

Arrêté des écritures

1321 Cette partie ne fait pas l'objet de commentaires.

SECTION 7

Compte de gestion

Sous-section 1 – Dispositions générales

▪ Paragraphe 1 – Présentation du compte de gestion

1322 Cette partie ne fait pas l'objet de commentaires.

▪ Paragraphe 2 – Délais de présentation du compte de gestion

1323 Cette partie ne fait pas l'objet de commentaires.

▪ Paragraphe 3 – Jugement des comptes

1324 **Apurement administratif par la DGFiP.** La Cour des comptes n'assure pas la totalité des vérifications. L'autorité compétente de l'État en matière d'apurement administratif visée aux articles L. 211-2 et L. 231-5 à L. 231-7 du Code des juridictions financières susvisés est le chef du Pôle national d'apurement administratif (PNAA) (*JO* n° 0151, 3 juill. 2018, NOR:CPAE1817538A).

Les procédures d'apurement sont décrites aux articles D. 231-18 à D. 231-31 du Code des juridictions financières.

1325 **Procédure juridictionnelle : la chambre contentieuse de la cour des comptes.** L'ordonnance n° 2022-408 du 23 mars 2022 a créé un régime de responsabilité unifiée des gestionnaires publics, qu'ils exercent des fonctions d'ordonnateur ou de comptable.

Le schéma contentieux de la responsabilité des gestionnaires publics a été unifié au profit de la 7e chambre de la Cour des comptes. Dans le même temps, la Cour de discipline budgétaire et financière (CDBF) a été supprimée et les CRTC ont perdu leurs compétences juridictionnelles. Cette chambre juridictionnelle a été créée par le décret n° 2021-604 du 18 mai 2021 modifiant la partie réglementaire du Code des juridictions administratives, à partir du 1er septembre 2021. À partir du 1er janvier 2023, une chambre du contentieux succèdera à la 7e chambre, et exercera l'ensemble des compétences juridictionnelles dévolues à la Cour des comptes.

Elle sera composée à parité de magistrats de la Cour des comptes et de magistrats de CRTC, affectés à la chambre du contentieux à temps plein ou à temps partiel. Un nouvel ordre juridictionnel financier nouveau est créé, avec la création d'une cour d'appel financière, qui devrait être instituée au 1er janvier 2023. Elle sera présidée par le premier président de la Cour des comptes et sera composée de quatre conseillers d'État, quatre conseillers maîtres à la Cour des comptes et deux personnalités qualifiées justifiant d'une expérience supérieure à dix ans dans le domaine de la gestion publique, nommés pour cinq ans par décret du Premier ministre. L'appel sera suspensif et le juge de cassation demeure le Conseil d'État.

1326 **Rôle des CRC.** La loi n° 2022-217 du 21 février 2022 relative à la différenciation, la décentralisation, la déconcentration et portant diverses mesures de simplification de l'action publique locale a reconnu aux chambres régionales des comptes (CRC) une nouvelle mission d'évaluation des politiques publiques territoriales. Ainsi, l'article L. 211-15 du Code des juridictions financières dispose désormais que la « chambre régionale des comptes contribue, dans son ressort, à l'évaluation des politiques publiques ». Jusqu'à présent, les CRC ne pouvaient prendre part à de telles évaluations que dans le cadre d'enquêtes menées conjointement avec la Cour.

Les exécutifs locaux peuvent saisir, de leur propre initiative ou de celle de l'organe délibérant, la CRC régionalement compétente aux fins de réaliser l'évaluation d'une politique publique relevant de la compétence des collectivités territoriales ou établissements publics auteurs de la saisine. Ils peuvent aussi saisir la CRC pour avis « sur les conséquences de tout projet d'investissement exceptionnel dont la maîtrise d'ouvrage est directement assurée par la collectivité territoriale ou l'établissement public de coopération intercommunale à fiscalité propre ».

1327 **Apurements administratifs : décharge de gestion, quitus et débet.** Pour les comptes soumis au régime de l'apurement administratif, les arrêtés du Pôle d'apurement administratif emportent décharge définitive du comptable.

Tous les arrêtés de décharge sont transmis à la chambre. La chambre peut exercer son droit d'évocation et de réformation sur ces arrêtés dans le délai de six mois à dater de leur notification au comptable (L. n° 88-13, 5 janv. 1988, préc., art. 23, I).

La décharge et le quitus sont réputés acquis au comptable dès lors qu'un délai de cinq ans se sera écoulé à compter de la production du compte (L. n° 2008-1091, 28 oct. 2008, préc.). Cette disposition s'applique depuis le 1er janvier 2009 y compris à ceux soumis à l'apurement administratif.

Les décisions d'apurement assorties, le cas échéant, de toute observation pouvant entraîner la mise en débet du comptable sont transmises à la chambre.

1328 **La notion jurisprudentielle du préjudice.** Lorsque le manquement du comptable aux obligations telles qu'elles découlent du décret du 7 novembre 2012 (voir partie « Responsabilité du comptable ») n'a pas causé de préjudice financier à l'organisme public concerné, le juge des comptes peut l'obliger à s'acquitter d'une somme non rémissible arrêtée, pour chaque exercice, en tenant compte des circonstances de l'espèce. Lorsque le manquement du comptable aux obligations susvisées a causé un préjudice financier à l'organisme public concerné ou que, par le fait du comptable public, l'organisme public a dû procéder à l'indemnisation d'un autre organisme public ou d'un tiers ou a dû rétribuer un commis d'office pour produire les comptes, le comptable a l'obligation de verser immédiatement de ses deniers personnels la somme correspondante.

À l'inverse, lorsque le manquement du comptable aux obligations qui lui incombent au titre du paiement d'une dépense porte seulement sur le respect de règles formelles que sont l'exacte imputation budgétaire de la dépense ou l'existence du visa du contrôleur budgétaire lorsque celle-ci devait, en l'état des textes applicables, être contrôlée par le comptable, il doit être regardé comme n'ayant pas par lui-même, sauf circonstances particulières, causé de préjudice financier à l'organisme public concerné.

Le manquement du comptable aux autres obligations lui incombant, telles que le contrôle de la qualité de l'ordonnateur ou de son délégué, de la disponibilité des crédits, de la production des pièces justificatives requises ou de la certification du service fait, doit être regardé comme n'ayant, en principe, pas causé un préjudice financier à l'organisme public concerné lorsqu'il ressort des pièces du dossier, y compris d'éléments postérieurs aux manquements en cause, que la dépense repose sur les fondements juridiques dont il appartenait au comptable de vérifier l'existence au regard de la nomenclature, que l'ordonnateur a voulu l'exposer, et, le cas échéant, que le service a été fait (CE, 6 déc. 2019, n°s 425542 et 418741).

1329 **Débet et remise gracieuse.** Lorsque le manquement a porté un préjudice financier à l'organisme public, le comptable doit verser immédiatement, sur ses deniers personnels, la somme correspondante. Il peut toutefois obtenir un sursis de versement.

Les sanctions pécuniaires des manquements n'ayant pas provoqué de préjudice financier ne peuvent donner lieu à remise gracieuse : une somme forfaitaire fixée par décret est laissée à charge. En revanche, les sanctions pécuniaires des manquements ayant provoqué un préjudice financier peuvent donner lieu à remise gracieuse par le ministre chargé du Budget.

Une remise gracieuse totale n'est possible qu'en cas de décès du comptable ou dans le cadre du contrôle hiérarchisé de la dépense si la sélectivité des contrôles a respecté les consignes nationales. Hormis ces deux situations, la remise gracieuse ne peut être que partielle, avec un plancher fixé par décret.

1330 **Recouvrement du débet.** Le directeur des finances publiques adresse au maire le jugement fixant le montant du débet ou de l'amende. Le maire émet un titre de recette qu'il transmet au comptable pour prise en charge (Instr. CP n° 90-47-A-B-M, 3 mai 1990).

Le comptable doit solder le débet à la caisse de la trésorerie générale des créances spéciales du Trésor qui transfère la recette par avis de règlement dans la comptabilité de la commune.

L'avis de l'ordonnateur doit être obligatoirement requis lorsque le budget de la collectivité supporte tout ou partie de la décharge de responsabilité ou de la remise gracieuse.

Les projets de remise gracieuse d'un débet prononcé par la chambre régionale des comptes sont soumis à l'avis de la Cour des comptes si le montant est supérieur à 10 000 € ; les projets de remise prononcés par le ministre sont soumis à l'avis de la Cour des comptes au-delà de 200 000 € ; tout projet de remise prononcé par l'autorité administrative dont dépend un régisseur est soumis à l'avis de la Cour des comptes au-delà de 200 000 €.

1331 **Gestion de fait.** Le ministère public défère à la chambre les opérations présumées constitutives de gestion de fait, sur communication des préfets, du DDFiP ou du procureur général près la Cour des comptes. Il requiert en cas de besoin l'application de l'amende pour immixtion dans les fonctions de comptable public (D. n° 2000-337, 14 avr. 2000).

La chambre est seule compétente pour statuer sur les gestions de fait, même lorsque la gestion concerne un organisme public local dont les comptes sont soumis à l'apurement administratif (Instr. CP n° 89-64-T1, 27 juin 1989).

Dans une décision du 26 juin 2019 (n° 417386), le Conseil d'État a précisé la notion de recettes publiques utilisée pour déterminer si les recettes perçues par un cocontractant de l'administration sont susceptibles de caractériser une gestion de fait.

Sous-section 2 – Contexture du compte de gestion

1332 Cette partie ne fait pas l'objet de commentaires.

TITRE 4

La nomenclature fonctionnelle

1333 Cette partie ne fait pas l'objet de commentaires.

Index

Les chiffres renvoient aux numéros de paragraphe.

A

B

C

D

F

G

H

I

J

L

M

N

O

P

Q

R

S

T

U

V

Z

Table des matières